lonely

Cornwall
& Devon

Exmoor & Norddevon
S. 131

Exeter & Ostdevon
S. 42

Newquay & die Nordküste
S. 212

Plymouth & Dartmoor
S. 103

Bodmin & Ostcornwall
S. 170

Süd-cornwall
S. 179

Torquay & Süddevon
S. 66

Westcornwall & die Isles of Scilly
S. 238

Oliver Berry,
Belinda Dixon

REISEPLANUNG

Willkommen in Cornwall & Devon 4

Karte von Cornwall & Devon 6

Cornwalls & Devons Top 16 8

Gut zu wissen 16

Wie wär's mit 18

Monat für Monat 21

Reiserouten 24

Outdoor-Aktivitäten 30

Reisen mit Kindern 36

Cornwall & Devon im Überblick 38

CLOVELLY S. 167

TREEN & LOGAN ROCK S. 254

REISEZIELE IN CORNWALL & DEVON

EXETER & OSTDEVON 42
Exeter 43
Ostdevon 55
Topsham 56
Exmouth 59
Sidmouth 61
Beer & Umgebung 63

TORQUAY & SÜDDEVON 66
Torquay 67
Brixham 76
Teignmouth & Umgebung ... 78
Süddevon 80
Totnes & Umgebung 80
Dartmouth & Umgebung ... 85
Start Bay 91
Kingsbridge & Umgebung 94
Salcombe & Umgebung ... 96
Hope Cove 99
Thurlestone 100
Bantham 100
Bigbury-on-Sea & Burgh Island 101

PLYMOUTH & DARTMOOR 103
Plymouth 104
Dartmoor National Park 113
Tavistock & Umgebung ... 117
Princetown 120
Postbridge & Umgebung ... 118
Widecombe-in-the-Moor 123
Ashburton 124
Moretonhampstead 124
Chagford 125
Lydford 127
Okehampton 129

EXMOOR & NORDDEVON 131
Exmoor National Park 132
Dulverton 135
Exford & Umgebung 137
Dunster & Umgebung ... 138
Porlock & Umgebung ... 140
Lynton & Lynmouth 143
Norddevon 145
Ilfracombe 145
Croyde, Braunton & Umgebung 147
Barnstaple & Umgebung ... 149
Bideford, Appledore & Umgebung 164
Westward Ho! 166
Clovelly 167
Hartland Peninsula 168

BODMIN & OSTCORNWALL ... 170
Bodmin 171
Lanhydrock 173
Bodmin Moor 173
Camelford & das nördliche Moor ... 173
Das zentrale & östliche Moor 174
Liskeard & das südliche Moor 177

SÜDCORNWALL 179
Falmouth, Truro & Roseland 180
Falmouth 180
Trebah, Glendurgan & Helford River 186
Penryn 187
Flushing & Mylor 188
Restronguet Creek & Devoran 189
Trelissick Gardens 189

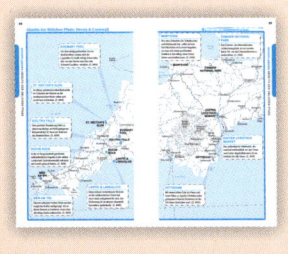

Inhalt

Truro 189	**WESTCORNWALL & DIE ISLES OF SCILLY 238**	**CORNWALL & DEVON VERSTEHEN**
Die Roseland Peninsula . . . 174		
Südostcornwall 198		
Charlestown 199	**Westcornwall 239**	Cornwall & Devon aktuell 278
Mevagissey & Gorran Haven 199	St. Ives 239	Geschichte 280
Lost Gardens of Heligan . . . 201	Gwithian & Godrevy Towans 245	Essen & Trinken 289
Eden Project 201	Hayle 246	Kunst & Kultur 295
Lostwithiel 201	Die Penwith Peninsula . . . 247	Natur & Umwelt 300
Fowey 202	Penzance 255	Allgemeine Informationen 306
Golant 206	Newlyn 261	
Polperro 206	Mousehole 261	
Looe 207	Marazion 262	**PRAKTISCHE INFORMATIONEN**
Die Rame Peninsula 209	Von Perranuthnoe nach Praa Sands 263	
Tamar Valley 210	**Der Lizard 264**	
	Helston 264	Verkehrsmittel & -wege 313
NEWQUAY & DIE NORDKÜSTE 212	Trelowarren 265	Sprache 319
	Porthleven & der Loe 265	Index 329
Bude & der Atlantic Highway 214	Gunwalloe 265	Kartenlegende 334
Bude 214	Mullion 266	
Crackington Haven 215	Lizard Point & Umgebung 266	
Boscastle 215	St. Keverne & Umgebung 268	
St. Juliot 217		
Tintagel 217	Der Helford 268	
Port Isaac 217	**Isles of Scilly 269**	
Padstow & Umgebung . . . 219	St. Mary's 271	
Rock & Polzeath 219	Tresco 273	
Padstow 221		
Wadebridge 225		
Newquay & Umgebung 226		
Von Perranporth nach Portreath 231	**SPECIALS**	
Perranporth 231	Abseits der üblichen Pfade 28	
St. Agnes & Chapel Porth 232	Outdoor-Aktivitäten 30	
Porthtowan 234	Reisen mit Kindern 36	
Portreath 234	Essen & Trinken 289	
Tehidy Woods 235	Kunst & Kultur 295	
Camborne, Redruth & das Bergbau-Weltkulturerbe 235	Natur & Umwelt 300	

Willkommen in Cornwall & Devon

In Sachen weißer Sand, wilde Brandung und weiter Himmel kann es keine andere Region Großbritanniens mit Cornwall und Devon aufnehmen.

Küste & Natur

Die beiden Grafschaften am Westrand Großbritanniens sind berühmt für ihre natürliche Schönheit, mit von Ginster überwucherten zerklüfteten Klippen, Felshügeln in einsamen Mooren und von der Brandung umspülten goldenen Stränden. Jedes Jahr zieht es Millionen Besucher an die endlose Küste: Sie möchten den Sand zwischen den Zehen spüren und im Meer planschen. Und so kann es im West Country recht voll werden, doch mit einer guten Karte und ein wenig Abenteuergeist kann man leicht ein Stückchen Strand ganz für sich allein finden.

Geschichte & Kultur

Zwar ist die Landschaft zweifellos die Hauptattraktion, doch haben Cornwall und Devon mehr zu bieten als glitzernden Sand und weite Ausblicke. Tausende Jahre Geschichte haben unauslöschliche Spuren hinterlassen, von neolithischen Monumenten und Dörfern der Bronzezeit bis zu verlassenen Bergwerken und mittelalterlichen Burgen. Geschichtsinteressierte können außerdem die vielen Herrenhäuser und Gärten der Region erkunden, und Kulturfreunde können an zahlreichen Festivals, Feiern, Straßenfesten und Kulturevents teilnehmen.

Kulinarische Genüsse

In den letzten Jahren hat sich das West Country einen Namen als einer der gastronomischen Hotspots des Landes gemacht. Dank der phantastischen Zutaten, die es hier direkt vor der Haustür gibt, beeindrucken Cornwall und Devon heute mit einigen sehr innovativen Restaurants und talentierten Köchen. Ob man einen frischen Krebs aufbricht, am Strand gerade gefangenen Fisch grillt oder sich eine echte *Cornish pasty* einverleibt – Gourmets kommen hier im Südwesten Englands voll auf ihre Kosten.

Outdoor-Abenteuer

Wer die atemberaubenden Landschaften der Region hautnah erleben möchte, muss das Auto stehen lassen und aktiv werden. Wander- und Radwege durchqueren die Landschaft, und der South West Coast Path zieht sich vorbei an versteckten Stränden, verwehten Dünen und majestätischen Klippen. Doch das Angebot an Aktivitäten in der freien Natur ist noch viel größer, ob man an den Felsklippen der Küste entlangkraxelt, auf schmalen Flüsschen durch Wälder paddelt oder den abendlichen Sternenhimmels über dem Exmoor betrachtet. Diese Landschaften warten nur darauf, erkundet zu werden.

Warum ich Cornwall & Devon so liebe
von Oliver Berry

Cornwall ist meine Heimat. Ich bin auf der ganzen Welt herumgereist, aber Cornwall hat etwas ganz Besonderes, und früher oder später komme ich immer wieder hierher zurück. Im Lauf der Jahre habe ich wahrscheinlich so gut wie jeden Strand entdeckt, den es hier gibt, und doch gibt's auch immer wieder was Neues: Das Licht, das Wetter und die Jahreszeiten zeigen Cornwall stets von einer neuen Seite. Für mich sind der Lizard und die Penwith-Küste genauso spektakulär wie exotischere Orte, die ich besucht habe.

Mehr über unsere Autoren siehe S. 335.

Oben: Bedruthan Steps (S. 226), Cornwall

Cornwall & Devon

ENTFERNUNGEN (Meilen)

Hinweis: Die Entfernungen sind ungefähre Angaben

	Exeter	Newquay	Penzance	Plymouth	St. Ives	Torquay
Newquay	80					
Penzance	108	31				
Plymouth	43	49	77			
St. Ives	108	31	9	74		
Torquay	21	80	108	31	105	
Truro	86	12	27	55	24	86

ATLANTIK

North Coast
Den eigenen geheimen Strand entdecken (S. 193)

Eden Project
Die Artenvielfalt der Welt erfahren (S. 201)

Newquay
In Cornwalls Surferhochburg eine Welle erwischen (S. 226)

St. Ives
Im künstlerischem Erbe Cornwalls schwelgen (S. 239)

Isles of Scilly
Auf dem entlegenen Archipel relaxen (S. 269)

St. Michael's Mount
Den Dammweg zur Inselabtei überqueren (S. 262)

Lost Gardens of Heligan
Einen von Cornwalls schöne Gärten besuchen (S. 201)

The Lizard
Zwischen Klippen, Buchten und Dörfern wandern (S. 264)

Exmoor National Park
Auf einer Safari Rotwild beobachten (S. 132)

Clovelly
Devons hübschestes Dorf besuchen (S. 167)

South West Coast Path
Durch phantastische Küstenlandschaften flanieren (S. 31)

Exeter
Die gotischen Türme der Kathedrale erklimmen (S. 44)

South Hams
Die Landsitze und Fischerdörfer erkunden (S. 66)

HÖHE
- 500 m
- 400 m
- 300 m
- 200 m
- 100 m
- 0

0 — 50 km
0 — 25 Meilen

Cornwalls & Devons
Top 16

Eden Project

1 Die futuristischen Biome außerhalb von St. Austell sind zu einem Symbol für die kreative Renaissance Cornwalls geworden. Die Gewächshäuser mit ihrer wundervollen Sammlung von Pflanzen, Bäumen und botanischen Kuriositäten aus aller Welt sind die größten weltweit. Schon seit mehr als zehn Jahren zieren die Kuppeln die kornische Skyline, und ein Besuch in Eden (S. 201) lohnt sich zu jeder Jahreszeit, ob zu einer Blumenschau im Frühjahr, einem Konzert im Sommer, einem kulinarischen Fest im Herbst oder zum Eislaufen im Winter. Aber egal wann – vorbeischauen sollte man auf jeden Fall!

Isles of Scilly

2 Der 45 km von Land's End entfernte abgeschiedene Inselarchipel im Atlantik (S. 269) ist Cornwalls Antwort auf die Karibik. Von den rund 140 Inseln sind nur fünf dauerhaft besiedelt, und der Rest bleibt Seevögeln, Robben und dem gelegentlichen Riesenhai überlassen. Die Inseln sind mit einem entspannten Lebensstil, stahlblauem Wasser und einigen der besten Strände Großbritanniens gesegnet, und daher kann man sich von dort auch nur schwer wieder losreißen – besonders, wenn sich die innere Uhr schon auf Scilly-Zeit umgestellt hat.

Dartmoor National Park

3 Die zauberhaft raue Heide- und Granitlandschaft von Dartmoor (S. 113) verströmt eine Wildheit, die sie vom restlichen Devon unterscheidet. Hier hat noch immer die Natur das Sagen, und die einzigen Zeichen menschlicher Besiedlung sind ein paar verstreute Bauernhäuser und Trockenmauern. Hierher kommen Besucher zum Wandern und Radfahren, und dies ist eines der wenigen Gebiete Großbritanniens, in denen man noch wild zelten darf, um unter einem wilden Sternenhimmel zu nächtigen.

Exeter Cathedral

4 Diese mächtige gotische Kathedrale (S. 44) im Zentrum der ältesten Stadt Devons ist das wichtigste Gotteshaus der Region. Sie entstand größtenteils im 13. Jh., und ihre bedeutendsten Teile sind die Zierfassade und die fabelhafte Gewölbedecke – doch die meisten Besucher sind vor allem daran interessiert, auf die Türme der Kirche zu steigen. Von oben genießt man einen tollen Rundumblick über ganz Exeter; an klaren Tagen erspäht man vielleicht sogar Dartmoor und die Küste von Devon.

REISEPLANUNG CORNWALLS & DEVONS TOP 16

St. Ives

5 Was Orte am Meer betrifft, ist die Lage von St. Ives (S. 239) kaum zu toppen. Der am Ende einer langen Bucht gelegene Ort bietet mit seinen Schieferdächern, engen Gassen und goldenen Stränden einen der schönste Anblicke in ganz Cornwall. Und dazu ist der Ort noch bekannt für seine Kunst: Barbara Hepworth gründete hier in den 1930er-Jahren eine Künstlerkolonie, und auch heute noch gibt es in St. Ives zahlreiche Ateliers, Galerien und Werkstätten – und nicht zu vergessen die historische Leach Pottery und die renommierte Tate St. Ives.

South West Coast Path

6 Egal, wo man in Cornwall oder Devon ist, man ist nie weit entfernt vom South West Coast Path (S. 31). Dieser wundervolle Wanderweg führt an zahllosen Klippen, Buchten, Dörfern, Halbinseln und Landspitzen entlang. Ambitionierte Wanderer nehmen die gesamte 725 km lange Route, die auch durch Dorset und Somerset führt, in Angriff. Andere konzentrieren sich auf Cornwall und Devon, aber auch schon eine einstündige Wanderung ist ein atemberaubendes Erlebnis. Oben rechts: Leuchtturm am Hartland Point (S. 169), Devon

Cream Teas

7 An einem sonnigen Nachmittag im Südwesten Englands gibt's kaum etwas Besseres als eine Kanne Tee, dazu heiße Scones, hausgemachte Marmelade und *clotted cream,* dicke Sahne. Das Hauptproblem dabei ist, wie man seinen Scone bestreicht – in Devon ist die Reihenfolge zweifellos erst Sahne, dann Marmelade, in Cornwall erst Marmelade, dann Sahne. Eine kornische Variante dieser Köstlichkeit ist *thunder and lightning,* bei dem die Marmelade durch Sirup ersetzt wird.

Clovelly

8 Clovelly (S. 167) ergießt sich einen steilen Hügel an der Küste des nördlichen Devon hinab und verströmt das Flair vergangener Tage. Der Ort, durch eine von Lehmziegelhäusern und Fischerkaten gesäumte Kopfsteinpflasterstraße zweigeteilt, könnte direkt einer Filmkulisse entsprungen sein. Besonders am späten Nachmittag, wenn die gewundenen Gassen sich von ihrer ruhigsten und urigsten Seite zeigen, bieten sich hier zahllose Fotomotive.

Surfen in Newquay

9 Surfer dürfen sich freuen: Die Küsten von Cornwall und Devon warten mit einer der verlässlichsten Brandungen in ganz Europa auf. Das Surfermekka ist Newquay (S. 226), dicht gefolgt von Croyde in Devon, aber an den Küsten der Region findet man auch noch jede Menge ruhigere Surfspots. Die Grundlagen kann man an einem Tag erlernen, zur Meisterschaft bringt man es jedoch erst nach Jahren. Der einzige Nachteil hier ist die Wassertemperatur: Die ist nämlich recht niedrig, aber mit einem guten Neoprenanzug spürt man davon nichts.

Cornish Pasties

10 Es hat lange gedauert, aber nun ist die berühmteste kulinarische Erfindung Cornwalls herkunftsgeschützt, sodass sich nur *pasties* aus Cornwall *Cornish pasties* nennen dürfen. Und das wurde auch Zeit, denn nichts schmeckt so wie eine echte *Cornish pasty*. Die mit Rindfleisch, Rüben, Kartoffeln und Zwiebeln gefüllten Teigtaschen mit dem gewellten Rand sind ein authentischer kornischer Snack: Sie entstanden als unkompliziert mitzunehmendes Mittagessen für die Arbeiter auf den Feldern und in den Zinnminen.

Lost Gardens of Heligan

11 Von bunten Magnolien bis zu seltenen Rhododendren: Die Gärten des West Country sind ein Muss für Gartenfreunde. Das gemäßigte Klima und die subtropischen Täler bieten exotischen Pflanzen ideale Wachstumsbedingungen, darunter vielen Arten, die anderswo in Großbritannien nicht überleben könnten. Besonders eindrucksvoll sind die Lost Gardens of Heligan (S. 201) mit ihren Küchengärten und wilden Dschungeltälern, die von einem Team engagierter Gärtner liebevoll restauriert wurden.

St. Michael's Mount

12 Cornwalls Antwort auf den Mont St-Michel liegt auf einer felsigen Insel gegenüber der alten Hafenstadt Penzance. Die Abtei (S. 262) wurde ursprünglich von Benediktinermönchen errichtet, hat jedoch über die Jahre unterschiedlichste Zwecke erfüllt: So war sie Küstenfestung, stattliche Residenz und sogar Munitionsdepot. Heute ist sie das Zuhause der Familie St. Aubyn, gehört aber offiziell dem National Trust. Bei Ebbe kann man über den berühmten gepflasterten Damm zur Insel spazieren.

REISEPLANUNG CORNWALLS & DEVONS TOP 16

Der Lizard

13 Diese Halbinsel (S. 264) mit dem merkwürdigen Namen zeigt an der kornischen Südküste wie ein Felsfinger ins Meer und galt früher als eine der gefährlichsten Landspitzen Cornwalls – zahllose Schiffe verdankten den versteckten Riffen und dunklen Klippen im Verlauf der Jahrhunderte ihren Untergang. Heute wandert man hier auf den Klippen entlang und erkundet Buchten und die Tierwelt – mit Glück erspäht man eine Alpenkrähe: Nach Jahren des Rückgangs erholt sich der Bestand wieder. Oben: Kynance Cove (S. 267)

South Hams

14 Diese Landschaft zwischen Plymouth Sound und Torbay verkörpert alles, was an Devon grün und gut ist. Mit ihren Feldern und Dörfern und Flussstädtchen ist sie wie gemacht für Erkundungstouren. Unterwegs kommt man vorbei an Agatha Christies Feriendomizil in Greenway (S. 85), den stattlichen Häusern Coleton Fishacre (S. 90) und High Cross House (S. 81) sowie den schicken Yachthäfen von Salcombe (S. 94) und Dartmouth (S. 85). Unten: River Dart, Dartmouth

Exmoor National Park

15 Der kleinste Nationalpark Großbritanniens (S. 132) erstreckt sich an der Grenze von Devon und Dorset. Zwar ist er nicht so spektakulär wie Dartmoor, doch er verfügt über ganz eigene Reize, von der einzigartigen, mit Wasserkraft angetriebenen Eisenbahn in Lynton bis zum Aussichtspunkt Dunkery Beacon. Aber auch hier steht die Landschaft im Mittelpunkt: ein malerischer Flickenteppich aus Feldern, alten Eichenwäldern und tiefen *coombes* (Tälern), und man kann zudem toll wilde Rotwildherden beobachten.

Die Strände der Nordküste

16 Wer diese Ecke Großbritanniens besucht, will auf jeden Fall auch immer eins: am Strand relaxen und im Meer herumplantschen. Die Strände von Cornwall und Devon zählen zu Recht zu den wichtigsten Attraktionen der Region, egal ob es sich um weltberühmte Strände oder versteckte Juwele handelt, die man nur mit Hilfe einer Karte aufspürt. Am schönsten sind vielleicht die Strände der Nordküste Cornwalls, besonders die spektakulären Buchten zwischen Bude (S. 214) und Padstow (S. 221). Unten: Polzeath (S. 219)

Gut zu wissen

Weiteres siehe Praktische Informationen (S. 305)

Währung
Britisches Pfund (£)

Sprache
Englisch und Kernewek (Kornisch)

Einreise
Deutsche, Österreicher und Schweizer benötigen für die Einreise nur ihren Personalausweis.

Geld
In größeren Städten gibt es überall Geldautomaten, in kleinen Dörfern eher selten.

Handy
Außerhalb der wichtigsten Städte kann die Netzabdeckung recht lückenhaft sein.

Zeit
Greenwich Mean Time (GMT): MEZ minus 1 Stunde

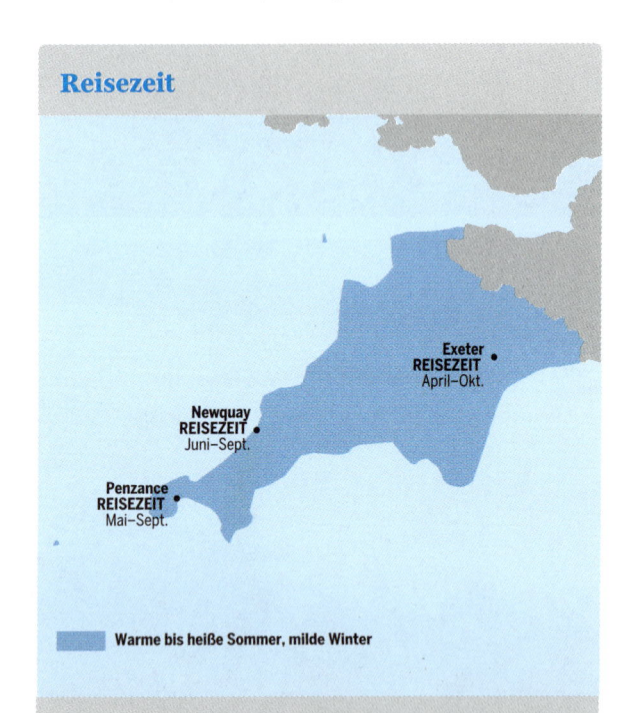

Reisezeit

Exeter REISEZEIT April–Okt.

Newquay REISEZEIT Juni–Sept.

Penzance REISEZEIT Mai–Sept.

Warme bis heiße Sommer, milde Winter

Hochsaison
(Juni–Aug.)
- Die Preise sind hoch und Hotels, B&Bs und Campingplätze gewöhnlich voll
- An Stränden und bei Attraktionen kann es unangenehm voll sein
- Viel Verkehr, besonders um Feiertage herum

Zwischensaison
(März–Mai & Sept.–Okt.)
- Günstiger als in der Hochsaison, teils mit Angeboten
- Das Wetter ist unter Umständen beständiger als im Sommer
- Am ruhigsten ist es zur Schulzeit, voll dagegen in den Ferien

Nebensaison
(Nov.–Feb.)
- Günstigste Preise in Hotels und B&Bs
- Einige Sehenswürdigkeiten sind geschlossen oder haben kürzere Öffnungszeiten
- Um Weihnachten und Neujahr herum sind Unterkünfte und Züge ausgebucht

Websites

Visit Cornwall (www.visitcornwall.co.uk) Offizielle Tourismusseite: Unterkünfte, Aktivitäten und mehr.

Visit Devon (www.visitdevon.co.uk) Ähnliche Infos für Devon.

Simply Scilly (www.simplyscilly.co.uk) Informationen über die Isles of Scilly.

Traveline SW (www.travelinesw.org.uk) Infos über öffentliche Verkehrsmittel im Südwesten Englands.

Wichtige Telefonnummern

Ländervorwahl Großbritannien	✆44
Internationaler Zugangscode	✆00
Notruf (Polizei, Feuer, Ambulanz, Bergrettung und Küstenwache)	✆999

Wechselkurse

Eurozone	1 €	0,86 £
Schweiz	1 SFr	0,69 £

Aktuelle Wechselkurse siehe www.xe.com

Tagesbudget

**Budget
bis 80 £**

➡ Hostelbett 15–20 £
➡ Zeltstellplatz 10–20 £
➡ Öffentliche Verkehrsmittel 5–10 £
➡ *Pasty* und Pint 6–7 £

**Mittelklasse
80–150 £**

➡ Doppelzimmer im B&B 80–120 £
➡ Mittag- und Abendessen in Restaurants 20–30 £

➡ Eintritte und Aktivitäten 10–20 £
➡ Benzin pro Tag 10–20 £

**Gehoben
über 150 £**

➡ Zimmer im Luxushotel ab 150 £
➡ Mahlzeiten in Top-Restaurants 50–70 £

Öffungszeiten

Die Öffnungszeiten schwanken im Verlauf des Jahres. Im Buch sind die Öffnungszeiten der Hochsaison angegeben; zu anderen Zeiten sind die Öffnungszeiten in der Regel kürzer.

Banken Montag bis Freitag 9.30–17, Samstag 9.30–13 Uhr.

Museen Kleinere Museen sind evtl. montags und/oder dienstags sowie in der Nebensaison unter der Woche geschlossen.

Postfilialen Montag bis Freitag 9–17, Samstag 9–12.30 Uhr (Hauptstellen bis 17 Uhr).

Pubs Sonntag bis Donnerstag 11–23, Freitag und Samstag länger. Auf dem Land schließen einige Pubs von 15 bis 18 Uhr.

Restaurants Mittags 12–15, Abendessen 18–23 Uhr.

Cafés & Teesalons 9–17 Uhr.

Geschäfte Montag bis Samstag 9–17.30, Sonntag 10–16 Uhr. Auf dem Land kürzer.

Ankunft in Cornwall & Devon

Exeter Airport (S. 313) Billigflüge nach Großbritannien und auf den Kontinent. Bus 56 fährt vom Busbahnhof in Exeter und vom Bahnhof St. David's zum Flughafen.

Newquay Airport (S. 314) Regelmäßige Flüge nach London, Belfast, Birmingham, Cardiff, Edinburgh und zu den Isles of Scilly. Bus 556 fährt vom Bus-

bahnhof von Newquay zum Flughafen.

Unterwegs vor Ort

Cornwall und Devon lassen sich bestens mit öffentlichen Verkehrsmitteln bereisen; zwischen den wichtigsten Orten verkehren Busse, ergänzt durch einige reizvolle Bahnstrecken.

Bus Gut, um in kleinere Orte und Dörfer zu gelangen, aber außerhalb des Sommers unregelmäßige Verbindungen. Viele Busse verkehren sonntags nicht.

Zug Einige wichtige Orte wie Exeter, Plymouth, St. Austell, Truro und Penzance liegen an der Hauptstrecke ab London Paddington. Davon zweigen mehrere Nebenstrecken zu kleineren Orten ab.

Fahrrad Kleine Landstraßen und Radwege ermöglichen tolle Radtouren, jedoch sollte man auf Anstiege gefasst sein. In den meisten größeren Orten werden Fahrräder verliehen.

Auto Am einfachsten gestaltet sich die Erkundung mit einem eigenen Fahrzeug, doch sollte man die Aspekte Verkehr, Parken, Benzinkosten und schmale Straßen nicht außer Acht lassen.

Boot Über die meisten größeren Flüsse der Region fahren Fähren, so über den Fal, Fowey, Helford, Dart und Tamar; einige befördern Fahrräder und Autos, andere nur Fußgänger.

Mehr zum Thema
Unterwegs vor Ort
ab S. 315

Wie wär's mit ...

Ausblicke

Südwestengland wartet an jeder Ecke mit umwerfenden Ausblicken auf – also auf keinen Fall das Weitwinkelobjektiv vergessen!

Land's End Hier ist England zu Ende – nächster Halt Scilly Isles. (S. 253)

Carn Brea Panoramablicke von einem zerklüfteten Berg im Herz des kornischen Bergbaugebiets. (S. 234)

Brown Willy Der höchste Berg Cornwalls, mitten in Bodmin Moor. (S. 173)

Exeter Cathedral Vom Turm hat man einen weiten Blick über Exeter. (S. 44)

Dunkery Beacon Toller Rundumblick von der höchsten Erhebung von Exmoor. (S. 137)

Jurassic Coast Rostrote Klippen voller Fossilien, am schönsten zwischen Beer und Branscombe. (S. 60)

Lizard Point Die südlichste Landspitze Großbritanniens, zerklüftet und spektakulär. (S. 266)

Strände

Nur wenige Ecken Großbritanniens könnte es in puncto Strände mit Cornwall und Devon aufnehmen. Hier warten hunderte Strände darauf, erkundet zu werden, egal ob zum Baden oder zum Surfen.

Fistral Der bekannteste Surfstrand Großbritanniens, toll zum Lernen – wenn einem die Besuchermassen nichts ausmachen. (S. 227)

Perranporth Über eine Meile langer familienfreundlicher Strand an der Nordküste Cornwalls. (S. 231)

Porthminster Der größte von drei Sandstränden nur einen Katzensprung von St. Ives. (S. 240)

Kynance Cove Die Postkartenbucht des Lizard, eingerahmt von Klippen und Inseln. (S. 267)

Porthcurno Perfekter Sandstrand unterhalb des Minack Theatre. (S. 254)

Croyde Das Surfermekka Devons und genauso spannend wie Fistral. (S. 147)

Bantham Süddevons schönster Strand mit Blick auf Burgh Island. (S. 100)

Salcombe Durch Fähren verbundene Sandbuchten. (S. 96)

Outdoor-Abenteuer

Angesichts so viel unberührter Natur sind Unternehmungen im Freien ein Highlight jeder Reise nach Südwestengland.

Radfahren Am bekanntesten ist der **Camel Trail** in Cornwall, aber es gibt noch viel mehr Radwege. (S. 223)

Surfen Newquay (S. 228) und Croyde (S. 148) sind die Surf-Hotspots, aber es gibt auch ruhigere Möglichkeiten.

Wandern Das wilde Dartmoor (S. 115) ist ein wunderbares Wanderrevier, und der South

---

WIE WÄR'S MIT ... STERNEGUCKEN?

Wer sich gerne zurücklehnt und in den Sternenhimmel blickt, der hat Glück: Seit 2011 ist Exmoor das einzige Dark Sky Reserve (Sternenlichtreservat) Europas – wegen des tollen Nachthimmels über dem Moor und weil es hier keine Lichtverschmutzung gibt. Die National Park Authority (NPA) bietet Himmelsbeobachtungs-Safaris und geführte Nachtwanderungen, oder man schaut mit dem eigenen Fernglas allein in die Sterne.

West Coast Path (S. 31) ist nie weit entfernt.

Schwimmen In den Freibädern von **Plymouth** (S. 108) und **Penzance** (S. 257) ein Bad nehmen.

Kajakfahren Die Flussmündungsgebiete wie das des River Fowey lassen sich perfekt per Kajak erkunden. (S. 202)

Coasteering Eine Mischung aus Klettern, Schwimmen und Erkunden von Gezeitentümpeln; ausprobieren kann man es gut in Newquay (S. 227).

Essen wie die Einheimischen

Die Spezialitäten Südwestenglands zu probieren ist ein wunderbarer Einstieg in den Alltag der Einheimischen. Von frisch gebackenen Pasteten bis zu frisch gefangenem Fisch – der Tisch ist reich gedeckt.

Philps Bakery Angeblich der beste Pastetenbäcker Cornwalls – aber die Konkurrenz ist stark. (S. 232)

Riverford Field Kitchen Nachhaltige Speisen vom Bauernhof bei Totnes. (S. 83)

Trevaskis Farm Einer der besten der vielen Farmläden Cornwalls, bei Gwithian. (S. 246)

Jelbert's Ices Dieser Eisladen in Newlyn produziert nur eine Sorte: Vanille mit dickem Rahm. (S. 261)

Fischhändler in Newlyn Krebse, Hummer und Fisch direkt vom Boot. (S. 261)

Beer Fisch kaufen und ihn dann wie die Einheimischen am Strand grillen. (S. 63)

Salcombe Smokies Hier werden Makrelen über Holzfeuer geräuchert. (S. 99)

(Oben) Ladram Bay (S. 60), Jurassic Coast
(Unten) St. Michael's Mount (S. 262), Cornwall

WIE WÄR'S MIT … ÜBERLEBENSTRAINING?

Im Unterholz nach Essbarem herumzustöbern entwickelt sich in Südwestengland zu einem echten Trend, und diese Art von Überlebenstraining wird vielerorts angeboten, z. B. von Fat Hen bei Penzance, mit Wildbeuter-Kursen und einem Mahl unter freiem Himmel, sowie von 7th Rise bei St. Mawes, wo man Kaninchenjagen, Speerfischen, Feuermachen und Nahrungssuchen trainieren kann. (S. 255) (S. 198)

Alte Landsitze

Prächtige Landsitze und Gärten zieren die Landschaft, eine Erinnerung an die Tage, als Cornwall und Devon eine Spielwiese des Landadels waren. Heute gehören die Häuser dem National Trust.

St. Michael's Mount Cornwalls Inselabtei ziert Millionen Postkarten. (S. 262)

Lanhydrock Typisch viktorianisch, von den Rauchersalons bis zu den großen Küchen. (S. 173)

Port Eliot Das Gut in Südostcornwall ist nur ein paar Wochen im Jahr geöffnet. (S. 210)

Arlington Court Regency-Haus mit einer wunderbaren Sammlung von Kutschen. (S. 149)

Coleton Fishacre Prächtiges Art-déco-Haus in Süddevon mit entsprechenden Gärten. (S. 90)

Kunst & Kultur

Zahllose Dichter, Maler und Philosophen haben sich im Verlauf der Jahrhunderte von den Landschaften der Region inspirieren lassen.

Greenway In Agatha Christies Sommerresidenz Hercule Poirot spielen. (S. 85)

St. Ives Barbara Hepworth war eine von vielen Künstlerinnen und Künstlern, die sich hier niederließen. (S. 239)

Exmoor In den düsteren Hügeln ließ R. D. Blackmorne *Lorna Doone* spielen. (S. 132)

Newlyn Stanhope Forbes und andere Künstler verwandelten diesen Fischerort in ein Künstlermekka. (S. 261)

Trebetherick John Betjeman liebte Cornwall mit der Leidenschaft eines Dichters, besonders die Daymer Bay. (S. 220)

Alles hinter sich lassen

Devon und Cornwall sind beliebte Reiseziele, besonders im Juli und August, aber es gibt genügend Orte, um den Massen zu entgehen.

Penwith Moors Nur wenige Besucher erkunden diese wilden Moore im Westen mit ihren uralten Monumenten. (S. 249)

Fal River Eine Fahrt auf diesem reizenden Fluss ist eine stille Alternative zu Cornwalls vollen Stränden. (S. 189)

Unbewohnte Scilly-Inseln Die abgelegenen Inseln sind zu 100 % menschenleer. (S. 274)

Lundy Island Die Insel voller Wildtiere zwei Stunden nördlich von Norddevon ist eine ganz eigene Welt. (S. 147)

Dartmoor Mit Wanderstiefeln und Rucksack – der weite Horizont von Dartmoor ist nicht weit entfernt. (S. 113)

Braunton Burrows Weit abseits der ausgetretenen Pfade: Devons größte Dünenlandschaft. (S. 148)

Camping

Nichts ist so schön wie eine Nacht unter den Sternen, und überall in Cornwall und Devon gibt's tolle Campingplätze, von primitiv bis luxuriös.

Treloan Camping mit viel Platz auf dem ländlichen Roseland. (S. 194)

Lovelane Caravans Retro-Wohnwagen – Oma würde vor Neid erblassen! (S. 268)

Henry's Schräg, wunderbar und nur einen Spaziergang vom Dorf Lizard entfernt. (S. 267)

Cornish Tipi Holidays Der ursprüngliche Tipi-Platz in Cornwall, in reizender Waldlage. (S. 220)

Blackdown Yurts Luxuriöses Camping mit Holzöfen und Komposttoiletten. (S. 54)

Wood Life Waldcamping in luxuriösem handgefertigtem Zelt. (S. 54)

Vintage Vardos Drei restaurierte Wohnwagen auf einer Farm in Devon. (S. 149)

Wildes Zelten in Dartmoor Stellplatz aussuchen, Zelt aufbauen – und man hat Dartmoor ganz für sich allein. (S. 116)

Monat für Monat

TOP-EVENTS

'Obby 'Oss Festival, Padstow

Flora Day, Helston

British Fireworks Championships, Plymouth

Port Eliot Festival, bei St. Germans

Eden Sessions, bei St. Austell

Februar

Der Februar ist ruhig: Das Frühjahr ist noch weit entfernt, der Winter regiert.

☆ Animated Exeter

Bei diesem dreitägigen Festival Ende Februar werden in Exeter jede Menge Trick- und Animationsfilme gezeigt, und für Möchtegern-Walt-Disneys werden Workshops angeboten.

März

Narzissen und Schneeglöckchen in den Hecken deuten an, dass sich der Winter bald verabschiedet; der Veilchendienstag markiert den Beginn der Osterzeit.

🏃 St. Columb Hurling

Bei dem uralten kornischen Fest jagen die Bewohner von St. Columb einem Silberball hinterher. Das Spiel beginnt am Veilchendienstag und ist genauso gefährlich, wie es aussieht.

🎊 St. Piran's Day

Am 5. März finden zu Ehren des kornischen Schutzheiligen St. Piran verschiedenste Veranstaltungen statt. Eine der größten ist eine Massenprozession über den Strand von Perranporth zur verfallenen Kapelle St. Piran's Oratory in den Dünen.

April

Es wird langsam wärmer, und der April ist oft ein guter Reisemonat, um die ersten Sonnenstrahlen zu genießen.

🍴 Southwest Food & Drink Festival

Das größte kulinarische Fest Südwestenglands findet Ende April in Exeter statt, mit allem Möglichen von Kochvorführungen bis zu Lebensmittelmärkten.

Mai

Der Frühling wird mit mehreren Festen begrüßt, deren Ursprünge in heidnischer Zeit liegen.

🎊 'Obby 'Oss

Eines der buntesten (und chaotischsten) Feste des Südwestens findet am 1. Mai in Padstow statt; dabei ziehen zwei bunte „Pferde", ein blaues und ein rotes, durch die Straßen, gefolgt von Sängern, Musikanten und angetrunkenen Feiernden. Zügellos und laut – und ein toller Spaß!

🎊 Flora Day

Das andere berühmte Frühlingsfest Cornwalls findet Anfang Mai statt. Dabei führen die Bewohner von Helston den alten Furry Dance auf, einen walzerähnlichen Tanz, zu dem eine ganz eigene Musik erklingt.

🏃 World Pilot Gig Championships

Diese große Regatta bei den Scilly-Inseln Anfang Mai wird mit *pilot gigs* ausgetragen, den langen kornischen Ruderbooten, die früher an den Küsten Südwestenglands überall zu sehen waren. Dazu reisen Teams aus der ganzen Welt an.

Devon County Show

Anfang Mai treffen sich die Bauern und Lebensmittelerzeuger Devons zu dieser jährlichen Landwirtschaftsschau, die schon seit 1872 zu den Hauptevents in der Grafschaft zählt.

Fowey Festival

Dieses Literaturfest begann als Daphne du Maurier Festival, hat sich jetzt aber umbenannt, um auch anderen Literaturgrößen zu huldigen; auch mit Theater, Tanz und Musik.

Juni

Gewöhnlich ein guter Reisemonat, mit verlässlichem Wetter, einigen interessanten Events und relativ wenigen *grockles* und *emmets*, wie in Devon und Cornwall die Touristen genannt werden.

Royal Cornwall Show

Cornwalls größte Landwirtschaftsschau findet Anfang Juni auf einem extra für diese Veranstaltung angelegtem Gelände bei Wadebridge statt. Neben Paraden mit preisgekröntem Vieh gibt's Essensstände, Kochvorführungen und Kultur-Events.

Golowan Festival

Das größte Sommer- und Kulturfestival von Penzance findet Mitte Juni über mehrere Tage zu Ehren des hl. Johannes statt. Mit Musik, Umzügen, Theater, Partys sowie einem großen Fest am Mazey Day.

Rock Oyster Festival

Das Freiluftfestival auf dem Gelände des Dinham House zwischen Rock und Wadebridge hat sich zu einem der großen Sommerevents in Cornwall gemausert. Im Mittelpunkt steht Essen, aber es gibt auch Livemusik und Aktivitäten für Kinder.

Maker Festival

Kleines Musikfestival auf der reizenden Rame Peninsula mit Blick aufs Meer. Mitte Juni.

Falmouth Sea Shanty Festival

Bei diesem Gesangsfest Mitte Juni in Falmouth liegen Shantys in der Luft – den Rum muss man allerdings selbst mitbringen.

Juli

Anfang Juli halten sich die Besuchermassen noch in Grenzen, aber wenn Mitte Juli die Schulferien beginnen, ändert sich das. Was das Wetter betrifft, ist der Juli unvorhersehbar: sonnig in einem Jahr, regnerisch im nächsten.

Ways With Words

Lesungen, Autorengespräche und Diskussionen im angemessen akademischen Ambiente der Dartington Hall. In der ersten Juliwoche.

Eden Sessions

Im Schatten der Eden-Biome geben namhafte Bands Freiluftkonzerte. Die Konzerte finden gewöhnlich im Juli und August statt.

Port Eliot Festival

Das zauberhafte Festival mit Literatur, Kunst, Tanz, Dichtung und Livemusik findet auf dem weitläufigen Gelände eines kornischen Landsitzes in St. Germans statt.

August

Hauptreisezeit: An sonnigen Tagen scheint halb England hier im Südwesten zu sein. Es herrscht viel Verkehr und ist überall voll, und auch mit dem einem oder anderen sommerlichen Regenschauer darf durchaus gerechnet werden.

Sidmouth Folk Week

Das seit 1955 in der ersten Augustwoche stattfindende einwöchige Festival lockt nach wie vor Top-Namen aus der Welt der Folkmusik an.

Dartington International Summer School

Einmonatiges Festival klassischer Musik im herrschaftlichen Ambiente der Dartington Hall bei Totnes, mit jeder Menge Konzerten sowie Musikworkshops.

Rip Curl Boardmasters

Das größte Surf-, Skating- und Musikfestival Europas. Surfen und Extremsport finden am Fistral Beach in Newquay statt, die Bands spielen auf den Klippen oberhalb von Mawgan Porth.

Newlyn Fish Festival

Bei diesem Seafood-Fest gibt's am Fischmarkt und Hafen von Newlyn jede Menge Essensstände, an denen man ausführlich Fischiges probieren kann.

British Fireworks Championships

Mitte August erstrahlt der Himmel über Plymouth bei diesem zweiabendlichen Feuerwerkswettbewerb in bunter Farbenpracht. Spektakulär, laut – und kostenlos.

Beer Regatta

Bei dem einwöchigen Fest im hübschen Dorf Beer in Devon wird dem maritimen Erbe des Orts gehuldigt. Höhepunkt sind die Bootsrennen, die Beer Lugger Races, auf der Bucht.

Dartmouth Regatta

Bei diesem Seglerfest, das immer am letzten Freitag im August beginnt, treffen sich in Dartmouth alle möglichen Boote und Schiffe.

September

Die Sommerhorden sind jetzt fast alle wieder zu Hause, sodass dies ein guter Monat für Leute ist, die gegen Menschenmassen allergisch sind.

St. Ives September Festival

Das muntere Kulturfest mit Literatur, Musik und Theater findet Anfang September an verschiedenen Orten in der malerischen kornischen Stadt St. Ives statt.

Cornwall Food & Drink Festival

Kulinarische Events in einem Festzelt am Lemon Quay in Truro. Hier kann man sich mit Chutneys, Schokolade und Wurst eindecken, Köchen beim Zaubern zuschauen und einige der besten Lebensmittelproduzenten aus Cornwall treffen.

Torbay Week

Bei diesem Segelfest im September kreuzen Yachten und Dingis über die Gewässer der Englischen Riviera.

Oktober

Im Oktober erstrahlt das West Country in Herbstfarben – ein toller Monat für Besuche in den Gärten und auf den Landsitzen der Region.

Falmouth Oyster Festival

Massenhaftes Austernessen am Hafen von Falmouth sowie Kochvorführungen, Bootsrennen und Konzerte. Ende Oktober.

November

Im November wird's schon recht kühl, also warm anziehen und den Regenschirm nicht vergessen!

Blazing Tar Barrels

Am 5. November tragen die verrückten Bewohner von Ottery St. Mary jedes Jahr brennende Teerfässer durch die vollen Straßen – Sanitäter und Sicherheitsbeauftragte sehen mit Grausen zu.

Cornwall Film Festival

Das jährliche Filmfest Cornwalls mit Workshops, Gesprächen mit Regisseuren und Diskussionen sowie natürlich jeder Menge Filmen.

Dezember

Kalte Nächte, verkaufsoffene Abende und Straßenumzüge kennzeichnen den Festmonat Dezember: Ohne Kastanien und Glühwein läuft nichts.

City of Lights

Zu Beginn der Festzeit Anfang Dezember werden große Bastlaternen durch Truro getragen.

Time of Gifts

Das Eden Project baut im Dezember neben den Biomen eine riesige Eisbahn auf und veranstaltet verschiedene Events von Essensverkostungen bis zum Kranzflechten.

Montol Festival

Bei diesem heidnischen Fest in Penzance wird mit Maskenumzügen, über die der unheimliche Lord of Misrule wacht, die Wintersonnenwende gefeiert.

Christmas Lights

Das winzige kornische Fischerdorf Mousehole erstrahlt zur Festzeit in wirklich umwerfender Weise.

Reiserouten

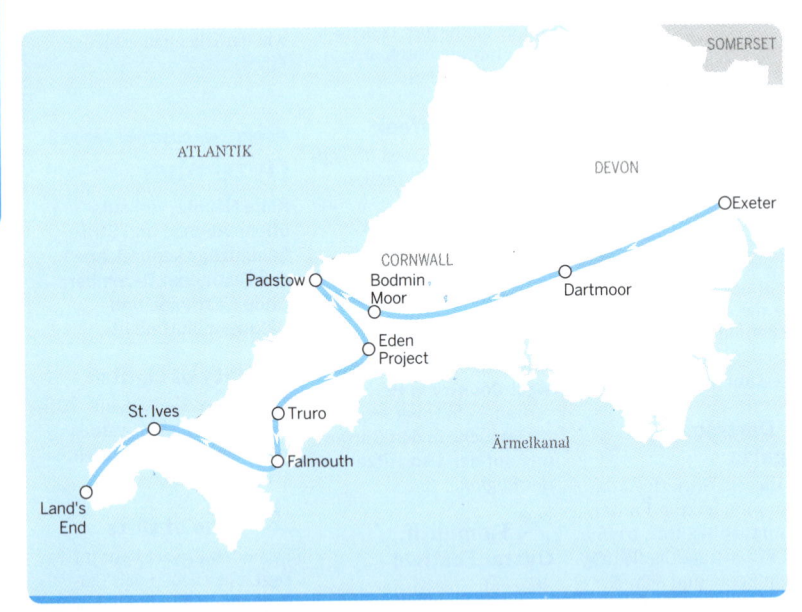

2 WOCHEN · West-Country-Klassiker

Bei diesem Trip von einem Ende der Region zum anderen erlebt man alle klassischen Sehenswürdigkeiten von Cornwall und Devon. Los geht's in der Stadt **Exeter**, wo man von den Türmen der Kathedrale einen wundervollen Rundumblick genießt. Weiter geht die Fahrt Richtung Westen in die Wildnis von **Dartmoor**, einer merkwürdigen Landschaft mit offener Heide, zerklüfteten Felshügeln und hübschen Dörfern wie Chagford und Widecombe-in-the-Moor. Mehr weite Landschaft bietet sich auf der Fahrt über das windgepeitschte **Bodmin Moor** nach **Padstow**. Die kleine Hafenstadt ist heute ein kulinarischer Hotspot Cornwalls.

Südlich von Padstow erheben sich in einer aufgelassenen Kaolingrube die gewaltigen Gewächshäuser des **Eden Project** mit Bäumen und Pflanzen aus aller Welt. Richtung Südwesten gelangt man über die kornische Hauptstadt **Truro** zur historischen Hafenstadt **Falmouth**, einer lebendigen Universitätsstadt mit dem National Maritime Museum. Anschließend folgt das Künstlerstädtchen **St. Ives** mit seinen vielen Galerien und Kunstgewerbeläden sowie der renommierten Tate St. Ives. Den Abschluss bildet ein Bummel über die Landspitze von **Land's End**, wo das britische Festland endet.

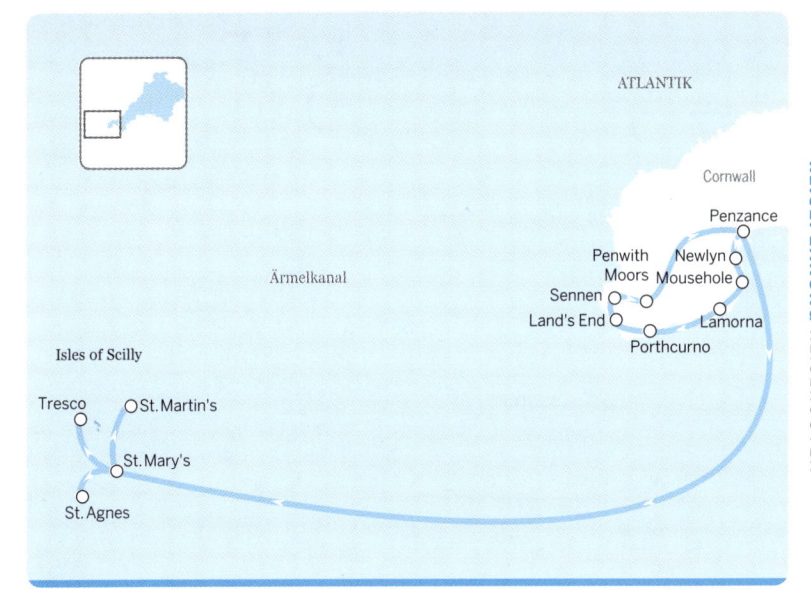

2 WOCHEN — Nach Westen zu den Inseln

Diese Reise beginnt ganz im Westen und führt dann noch weiter nach Westen. Ausgangspunkt ist die alte Hafenstadt **Penzance** mit ihren vielen georgianischen Gebäuden und einem alternativen und künstlerischen Flair. Das nahe **Newlyn** beherbergt auch heute noch die größte Fischfangflotte Cornwalls, sodass man hier wunderbar frische Krebse und Hummer direkt vom Boot genießen kann. Das künstlerische Erbe lässt sich in der hundert Jahre alten Newlyn Art Gallery erkunden. Das Dorf **Mousehole** ist mit seinen schiefergedeckten Häuschen, den gewundenen Gassen und dem hufeisenförmigen Hafen vielleicht das hübscheste in Westcornwall und daher auf jeden Fall einen Abstecher wert.

Anschließend erkundet man weiter die Küste mit den Buchten von **Lamorna** und **Porthcurno**, wo man im berühmten, direkt in die Granitklippen gehauenen Minack Theatre eine unvergessliche Theateraufführung erleben kann. Jetzt ist es nicht mehr weit bis nach **Land's End** und zur wunderschönen Bucht **Sennen**; von hier sind über den Küstenpfad einige wirklich einsame Strände zu erreichen. Wer Zeit hat, kann noch die nahen **Penwith Moors** mit ihren alten Hügelfestungen, geheimnisvollen Steinkreisen und verlassenen Bergwerken erkunden: ein perfektes Wanderrevier.

Dann geht es übers Meer zu den **Isles of Scilly**, entweder per Fähre von Penzance oder mit dem Flugzeug vom winzigen Land's End Airport. Auf jeden Fall kommt man auf der Hauptinsel **St. Mary's** an, der größten und lebendigsten der rund 140 Inseln des Archipels. Von hier kann man einfach eins der regelmäßig verkehrenden Boote zu den anderen Inseln nehmen, vielleicht nach **Tresco**, einer privaten Insel, die für ihre subtropischen Gärten bekannt ist; diese wurden im Mittelalter von Mönchen angelegt und strotzen vor exotischen Blüten. Noch stiller als Tresco sind **St. Martin's**, **Bryher** und **St. Agnes**; hier leben nur eine Handvoll Menschen, und hierher sollte man fahren, wer gerne leere Strände und stille Küsten mag. Und wem das immer noch nicht weit genug von der Zivilisation entfernt ist, der kann ein Boot chartern und eine der rund hundert **unbewohnten Inseln** ansteuern, auf denen Tölpel und Möwen die einzige Gesellschaft bilden.

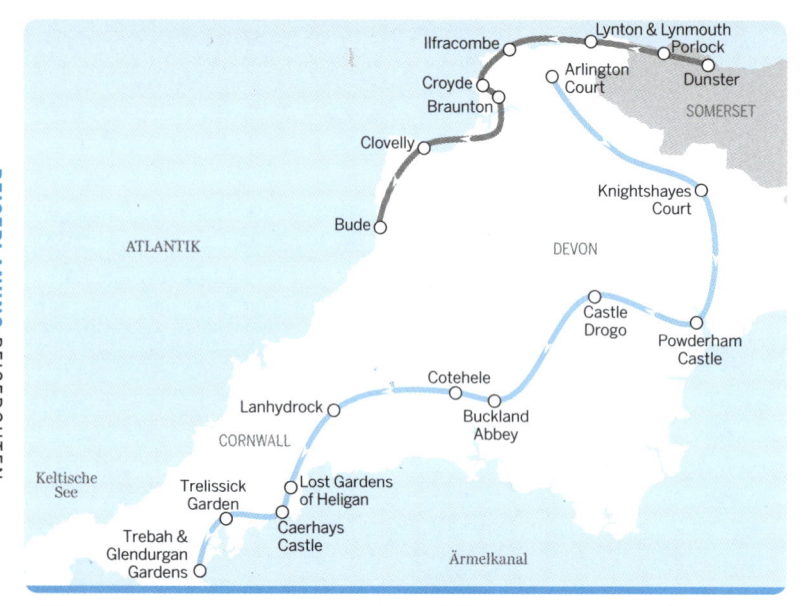

5 TAGE — Die Nordküste entlang

Wilde Ausblicke und von der Brandung umtoste Küste prägen diese Route, die in Exmoor beginnt und sich nach Westen zur atemberaubenden Nordküste Cornwalls windet. Los geht's in **Dunster** mit einem Besuch der rubinroten Burg, dann durch das Dorf **Porlock** zur spektakulären Serpentinenstraße über den Porlock Hill. Man folgt der Straße entlang der Nordküste des Moors bis zu den beiden Seeorten **Lynton** und **Lynmouth** und plant am besten auch Zeit ein für einen Spaziergang durch das schöne Valley of the Rocks.

Weiter westlich kann man in **Ilfracombe**, einem klassischen Badeort mit viktorianischen Villen und vollen Stränden, ein bisschen altmodisches Seebadflair schnuppern. Noch weiter westlich folgen die Strände von **Braunton** und **Croyde**, wo man surfen lernen oder einfach durch die Dünen bummeln kann. Als nächstes kommt **Clovelly**, ein in der Zeit stehengebliebenes Dorf mit Lehmziegelhäusern und Kopfsteinpflastergassen; dann überquert man die kornische Grenze nach **Bude** mit Sandstränden wie dem familienfreundlichen Summerleaze und dem von Klippen gesäumten Crackington Haven.

10 TAGE — Herrliche Herrensitze

Dieser Trip führt zu einigen der eindrucksvollsten Landsitze und Gärten Südwestenglands. Die Route beginnt bei **Arlington Court** mit seinen alten Kutschen und führt dann Richtung Südosten zum viktorianischen **Knightshayes Court** und zum zinnenbewehrten **Powderham Castle**, beides einfache Tagesausflüge von Exeter. Westlich liegt **Castle Drogo**, ein architektonisches Phantasiegebilde aus dem frühen 20. Jh.; älter ist **Buckland Abbey**, das Zuhause von Francis Drake.

Cotehele auf der kornischen Seite ist ein zumeist im Tudorstil erbauter Landsitz mit einem wunderbaren alten Hafen. **Lanhydrock** am Rand von Bodmin Moor vereint Stile des 17. und des 19. Jhs., z. B. mit der Great Hall und den wunderbaren viktorianischen Küchen. Südlich liegen die **Lost Gardens of Heligan**, fast ein Jahrhundert vergessen, bis sie von Tim Smit, der das Eden Project schuf, wiederentdeckt wurden. Das nahe **Caerhays Castle** ist für seine Rhododendren berühmt, aber nur im Frühjahr geöffnet; im restlichen Jahr kann man die drei extravaganten Gärten **Trelissick**, **Trebah** und **Glendurgan** um Falmouth herum ansteuern.

Zwei Halbinseln — 5 TAGE

Diese Route führt über zwei der malerischsten Halbinseln Cornwalls, Lizard und Roseland. Von **Penzance** geht's um die Mount's Bay nach **Marazion**, wo man mit dem Boot oder über den Damm zu Fuß die Inselabtei des **St. Michael's Mount** erreicht. Oder man fährt weiter zum Hafen **Porthleven** mit mehreren ausgezeichneten Restaurants.

Anschließend geht's auf den Lizard, eine wilde, leere Halbinsel, die für ihre Tiere und ihre tückische Küste bekannt ist. Nachdem man den Blick auf die **Kynance Cove** genossen hat, erkundet man den **Lizard Point** und das reetgedeckte Dorf **Cadgwith**. Auf Roskilly's Farm bei **St. Keverne** kann man hausgemachte Eiscreme probieren und dann am Helford River entlang nach **Gweek** mit seinem Robbenschutzgebiet weiterfahren.

Von hier geht's weiter zum hügeligen **Trelissick** und dann mit der King Harry Ferry auf die **Roseland Peninsula**. Wichtige Stationen sind hier das schicke **St. Mawes** mit seiner Tudor-Burg, der nahe Leuchtturm am **St. Anthony's Head** und die fotogenen Dörfer **Portscatho** und **Veryan**.

Über den Tamar — 1 WOCHE

Diese Route führt um das Tamar Estuary, die uralte Grenze zwischen Devon und Cornwall. Ein guter Startpunkt ist **Fowey** mit seinen pastellfarbenen Häusern und den Pubs am Fluss. Dann geht's ostwärts über den altmodischen Hafen **Polperro** in den vom River Looe geteilten Küstenort **Looe**, wo meist eine frische Brise weht. In der Nähe gibt's jede Menge Strände wie den der großen **Whitsand Bay**.

Anschließend führt die Route auf die **Rame Peninsula** mit den Landsitzen **Mount Edgcumbe** und **Antony House**, danach mit der Torpoint Ferry über den Tamar nach **Plymouth**. Devons größte Stadt ist vielleicht nicht gerade hübsch, strotzt aber vor Geschichte, besonders um den historischen Barbican herum. Außerdem wartet die Stadt mit einer florierenden Gourmetszene auf.

Von Plymouth ist es nicht weit in die South Hams für ein Bad in **Bantham** und **Hope Cove**, einen Bummel durch **Salcombe** und ein Essen in **Dartmouth**. Zum Abschluss kredenzt der Sharpham Vineyard Wein und serviert die Riverford Field Kitchen ein Mittagessen, bevor man im urigen **Totnes** das Ziel erreicht.

Cornwall & Devon: Abseits der üblichen Pfade

DOZMARY POOL
Um den windgepeitschten See in Bodmin Moor ranken sich die Legenden: Es heißt, König Artus habe hier von der Herrin vom See sein Schwert Excalibur erhalten. (S. 174)

ST. NECTAN'S GLEN
An dieser geheimnisvollen Badestelle im Schatten der Bäume an der nordkornischen Küste sollen sich auch Feen erfrischen. (S. 219)

GOLITHA FALLS
Eine perfekte Wanderung führt zu einem herrlichen, im Wald gelegenen Wasserfall bei St. Neot am Südrand von Bodmin Moor. (S. 177)

ROCHE ROCK
In der in Vergessenheit geratenen mittelalterlichen Kapelle in der wilden Landschaft Zentralcornwalls soll einst ein Eremit gehaust haben. (S. 200)

LANTIC & LANSALLOS
Diese schwer erreichbaren Strände an der südkornischen Küste hat man meist weitgehend für sich. Der Küstenweg ist an diesem Abschnitt besonders spektakulär. (S. 207)

MÊN-AN-TOL
Dem seltsamen hohlen Stein werden magische Kräfte nachgesagt. Um in deren Genuss zu kommen, muss man allerdings hindurchkriechen. (S. 250)

MORTEHOE

Wer eine Schwäche für Schafherden und Hütehunde hat, sollte sich ins Dorf Mortehoe in Exmoor begeben, wo man sich einen praktischen Einblick in den Alltag eines Schafhirten verschaffen kann. (S. 146)

EXMOOR NATIONAL PARK

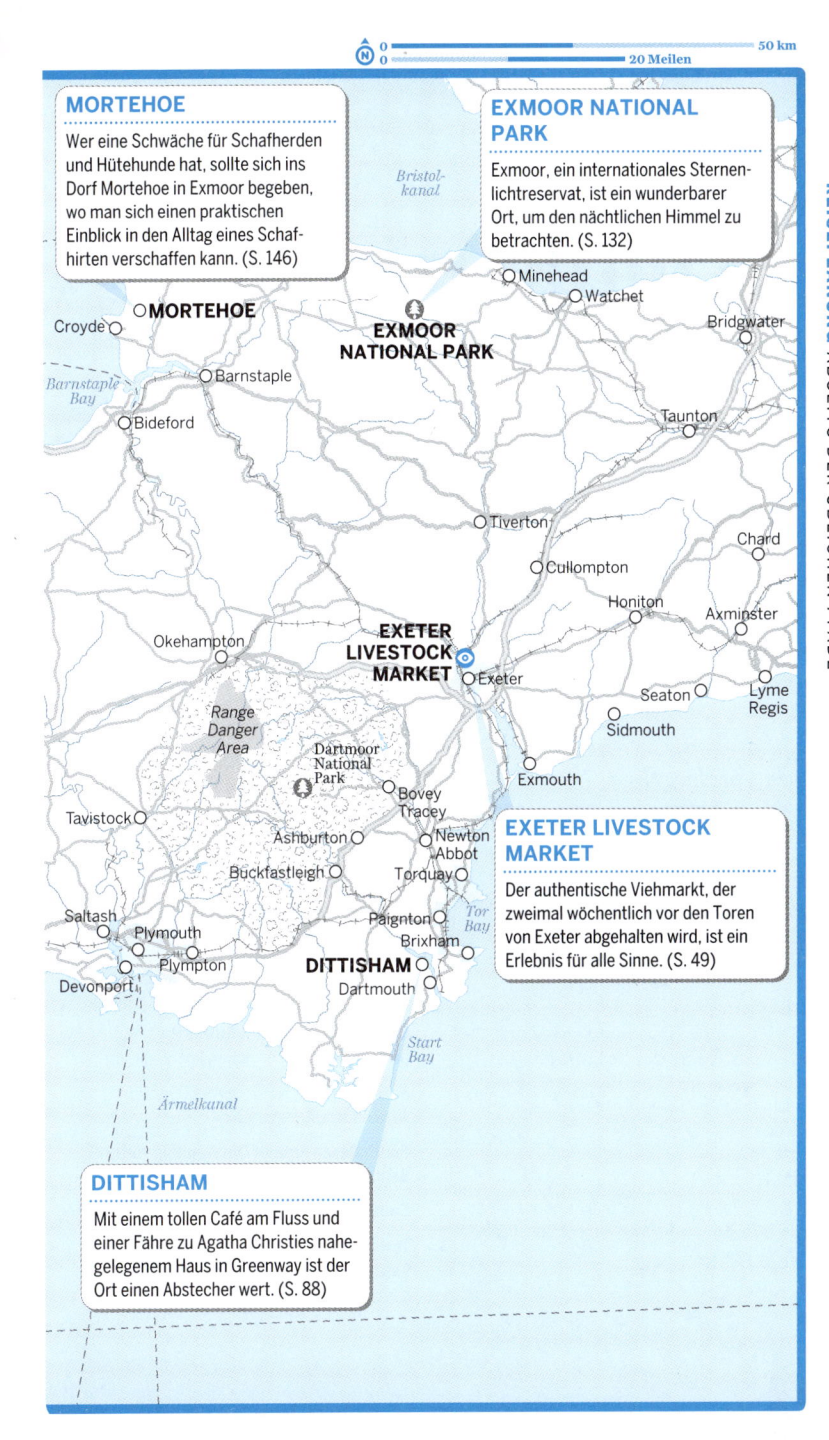

Exmoor, ein internationales Sternenlichtreservat, ist ein wunderbarer Ort, um den nächtlichen Himmel zu betrachten. (S. 132)

EXETER LIVESTOCK MARKET

Der authentische Viehmarkt, der zweimal wöchentlich vor den Toren von Exeter abgehalten wird, ist ein Erlebnis für alle Sinne. (S. 49)

DITTISHAM

Mit einem tollen Café am Fluss und einer Fähre zu Agatha Christies nahegelegenem Haus in Greenway ist der Ort einen Abstecher wert. (S. 88)

REISEPLANUNG ABSEITS DER ÜBLICHEN PFADE

Reiseplanung
Outdoor-Aktivitäten

Cornwall und Devon sind wie für Abenteuer geschaffen. Ihre Nationalparks und wundervollen Küsten warten mit Wanderwegen, tollen Wellen und Radwegen durch einsame Moore auf. Dazu kann man reiten, auf einer Yacht dem Alltag entfliehen und über Felshügel kraxeln. Dieser Urlaub könnte ganz neue Passionen entfachen.

Highlights

Fernwanderungen
Der gewaltige, 1014 km lange South West Coast Path; der Two Moors Way in Devon; der Saints Way in Cornwall; der Coleridge Way in Exmoor.

Kurze Spaziergänge
Nationalparks Dartmoor und Exmoor; Bodmin Moor; zahllose Küstenpfade.

Surfstrände
Das Surfermekka Newquay zieht die Massen an. Ruhiger sind Polzeath, Bude und Sennen Cove in Cornwall sowie Croyde und Bantham in Devon.

Radwege
Der West Country Way verbindet Exmoor mit Nordcornwall. Dazu gibt's die Coast-to-Coast-Routen in Devon und Cornwall, den Granite Way und den Tarka Trail in Devon und den Camel Trail in Cornwall.

Reiten
Die Nationalparks Dartmoor und Exmoor bieten Wildnisritte; Exmoor hat den pferdefreundlichen Coleridge Way.

Wichtige Informationsquellen

Active Exmoor (www.activeexmoor.com)

Active Dartmoor (www.dartmoor.co.uk/active-dartmoor)

Adventure Activities Cornwall (www.adventure-cornwall.co.uk)

Bodmin Moor (www.bodminmoor.co.uk)

Cornwall Area of Outstanding Natural Beauty (AONB; www.cornwall-aonb.gov.uk)

Dartmoor National Park Authority (DNPA; www.dartmoor.gov.uk)

Exmoor National Park Authority (ENPA; www.exmoor-nationalpark.gov.uk)

National Trust (NT; 0844 800 1895; www.nationaltrust.org.uk)

South Devon Area of Outstanding Natural Beauty (AONB; www.southdevonaonb.org.uk)

Southwest Tourism (www.visitsouthwest.co.uk)

Torbay Coast and Countryside Trust (www.countryside-trust.org.uk)

Wandern

Allein die Vielfalt der Landschaften in Cornwall und Devon lässt Wanderern die Füße kribbeln. Der längste Wanderweg Großbritanniens, der South West Coast Path, verzaubert und fordert auf seinem Weg die Küste entlang gleichermaßen. Dartmoor, Exmoor und Bodmin Moor bieten hunderte Kilometer Wildniswanderwege. Außerdem erschließt ein Netz aus weniger frequentierten Wegen das ländliche Herz der beiden Grafschaften.

Der South West Coast Path

Ein 1014 km langes Abenteuer: Der South West Coast Path (SWCP) führt auf dem Weg von Poole in Dorset nach Minehead in Somerset an der gesamten Küste von Cornwall und Devon entlang, vorbei an steilen Klippen, glitzernden Buchten und hübschen Fischerdörfern. Der Weg ist so schön, dass man ihm die Anstiege in Höhe dreier Everest-Besteigungen gern verzeiht.

65 % des Weges führen durch sogenannte Areas of Outstanding Natural Beauty, über die Hälfte durch Heritage Coast und 5 % durch Nationalparks. Besonders die Vogelwelt präsentiert sich eindrucksvoll: Hier sieht man Wanderfalken, Tölpel, Eissturmvögel, Klippenmöwen und Lummen. Vor der Küste erblickt man oft Robben, Delphine und Haie. Im Frühjahr und Sommer beeindruckt die Region mit ihren Wildblumen, einer Palette mit rosa Grasnelken, cremefarbenem Leimkraut, lila Heide und gelbem Ginster.

Tageswanderungen

Es gibt jede Menge tolle kurze Klippenwanderungen. Hier ein paar Tipps:

➡ **Lynmouth–Combe Martin** (21 km) Das Reich des Rotwilds, wo steile Klippen auf offenes Moor treffen.

➡ **Pendeen Watch–Sennen Cove** (15 km) Tolle Ausblicke und die noch aktive Levant Mine.

➡ **Sennen Cove–Porthcurno** (10 km) Von Surfstränden über Land's End zu einem Klippentheater.

➡ **Salcombe–Hope Cove** (13 km) Von einem schicken Seglerhafen zu einem reizenden Fischerdorf in Devon.

➡ **Portreath–Trevaunance Cove** (15 km) Bergbaugeschichte, ein Surferstrand, eine sandige Bucht und eine 192 m hohe Landspitze.

➡ **Von Branscombe nach Beer** (3 km) Vom Fischerdorf über einzigartige Geologie zu einem Schiffswrack-Strand. Badezeug mitnehmen!

Planung

Nur wenige Leute nehmen den gesamten Weg (56 Wandertage) auf einmal in Angriff. Viele gehen jedes Jahr einen anderen Abschnitt. Die offizielle Website des Wegs (www.southwestcoastpath.com) bietet einen Überblick sowie einen Entfernungsrechner. Außerdem werden Tageswanderungen vorgestellt. Die South West Coast Path Association (www.swcpa.co.uk) produziert den *South West Coast Path Guide* (10 £) mit detaillierten Informationen zur Strecke, zu Transport und Unterkunft.

Sicherheit

Einige Abschnitte des Weges bergen Gefahren, von Schießübungen bis zu Erdrutschen. Auf der Website des Wegs sind die entsprechenden Abschnitte genannt; unterwegs sollte man immer die Warnschilder beachten. Bevor man einen Fluss durchwatet, sollte man sich vor Ort immer zuerst nach den Bedingungen erkundigen. Ins Gepäck gehören Wasser, Kopfbedeckung und wasserfeste Kleidung.

Praktische Tipps

Der Weg kann das ganze Jahr über begangen werden, am schönsten ist er jedoch von April bis September; im Juli und August können Betten knapp werden. Im Winter ist es oft sehr feucht, schlammig und windig. Der Weg ist mit Eichel-Symbolen markiert. Manchmal fehlen diese, und das Durchqueren von Dörfern und Städten kann kompliziert sein. Es empfiehlt sich, Ordnance Survey Maps mitzunehmen.

Die Unterkünfte rangieren von 5-Sterne-Häusern bis zu altmodischen B&Bs; viele Wanderer nächtigen in Jugendherbergen. Das Begehen des Weges selbst ist kostenlos.

Dartmoor National Park

Das 953 km² große Dartmoor ist die leerste, höchste und wildeste Landschaft Südenglands. Rundhügel *(tors)* spicken die hügelige, urwüchsige Landschaft. Hier kommt man an Steinkreisen und -reihen, Begräbnishügeln und großen Bronzezeit-Siedlungen vorbei; außerdem trifft man auf freilaufende Dartmoor-Ponys, Schafe und Kühe.

Die Parkverwaltung gibt Tipps für Tageswanderungen und bietet geführte Wanderungen zu verschiedenen Themen (Erw. 4 £, Kinder gratis); Näheres erfährt man auf www.dartmoor-npa.gov.uk und im kostenlosen Besucherguide *Enjoy Dartmoor*.

Längere Wanderungen durch Dartmoor sind der Two Moors Way (188 km; S. 32) und der Templar Way (29 km, 2–3 Tage).

Gute Stützpunkte sind Princetown mit dem Haupt-Besucherzentrum sowie Okehampton und Widecombe-in-the-Moor.

Exmoor National Park

Dartmoor ist zwar größer, aber der 691 km² große Exmoor National Park wartet mit einem zusätzlichen Pluspunkt auf: einer 55 km langen, atemberaubenden Küste. Dazu kommen uralte Wälder, Dörfer, in denen die Zeit stehengeblieben ist, Rotwild und Exmoor-Ponys. Das Ergebnis ist ein echtes Paradies für Wanderer.

Die Parkverwaltung bietet ein wunderbar vielfältiges Programm an geführten Wanderungen (Erw. 3–5 £, Kinder gratis), z. B. Wildbeobachtung in der Morgendämmerung, Himmelsbeobachtung, Nachtnavigation und Pilzsuche. Außerdem gibt sie Broschüren für Tageswanderungen heraus.

Fernwege, die auch durch Exmoor führen, sind z. B. der 188 km lange Two Moors Way (S. 32) und der 58 km lange Coleridge Way (S. 32).

Zu den besten Stützpunkten für Wanderer zählen die Küsten-Zwillingsdörfer Lynton und Lynmouth, beide Ausgangspunkt für tolle Schluchtenwanderungen. Vom verschlafenen Dulverton am Südrand des Moors startet ein toller 19 km langer Rundweg über die Tarr Steps. Eine gute Basis im Zentrum des Moors ist das malerische Exford.

Bodmin Moor

Auch Cornwall lässt sich nicht lumpen und bietet sein eigenes Moor: Bodmin. Ruinen von Zinnminen spicken eine stimmungsvolle, mythische Landschaft mit Sümpfen, Steinzeitstätten und hohen *tors* (Hügeln). Zu den Highlights zählen Wanderungen vom alten Bergbaudorf Minions mit eigenem Steinkreis sowie zu den hohen Hügeln Rough Tor und Brown Willy.

Eine praktische Basis ist Bodmin mit der Atmosphäre einer Moorsiedlung.

Andere Wanderrouten

Two Moors Way (www.devon.gov.uk/walking/two_moors_way) Ein Wanderweg von Küste zu Küste (188 km, 8 Tage) von Lynmouth in Exmoor durch Devon und Dartmoor nach Wembury an der Südküste.

Coleridge Way (www.coleridgeway.co.uk) Der 58 km lange Weg (3–4 Tage) führt auf den Spuren des Poeten Samuel Taylor Coleridge von Exmoor zu den Quantocks.

Saints' Way Der 48 km (3–4 Tage) lange ehemalige Pilgerweg durch Cornwall führt von Padstow im Norden nach Fowey im Süden.

Templar Way Leichte Wanderung (29 km, 2 Tage) von Haytor nach Teignmouth am Meer.

Wanderfeste

Diese geführten Wanderungen und Events erlauben ein intensiveres Kennenlernen der Region. Sie finden zu ruhigeren (und billigeren) Zeiten des Jahres statt.

Walk Scilly (www.simplyscilly.co.uk) Ende März bis Anfang April.

Ivybridge Walking Festival (www.iwcdevon.org.uk) Ende April bis Anfang Mai.

North Devon and Exmoor Walking Festival (www.exmoorwalkingfestival.co.uk) Ende April bis Anfang Mai sowie Anfang Oktober.

Fal River Walking Festival (www.falriver.co.uk/whats-on/walking-festival) Ende Oktober bis Anfang November.

Sicherheit & Umwelt

Einige Wanderreviere in Cornwall und Devon, besonders die Moore, bergen Gefahren. So nutzt die Armee z. B. Teile von Dartmoor zu Schießübungen mit scharfer Munition. An einigen Wegen (besonders in Dartmoor) gibt es kaum Wegweiser, sodass man Karte und Kompass dabeihaben und auch wissen sollte, wie man damit umgeht. In der gesamten Region kann einem das Wetter übel mitspielen: warme wasserfeste Kleidung, Trinkwasser, Kopfbedeckung und Sonnencreme sind ein Muss.

Wanderer haben das Recht, auf Fuß-, Reit- und Seitenwegen zu gehen. In Nationalparks darf man oft auch durch *open country* laufen; im Zweifel sollte man bei den Parkverwaltungen oder örtlichen Behörden nachfragen. Wanderer sind gehalten, historische Stätten zu achten und Pferde und andere Tiere nicht zu füttern.

Wassersport

Nur wenige Regionen warten mit so vielen idyllischen Plätzchen auf, an denen man Wassersport treiben kann. Hier findet man hunderte Kilometer schöner Strände, jede Menge alte Seglerhäfen und einige geschützte Flussmündungsgebiete. In Cornwall kommt noch die verlässlichste Brandung für Surfer in ganz England dazu – so hat man insgesamt endlose Möglichkeiten zum Surfen, Bodyboarden, Segeln, Kajakfahren und Tauchen.

Surfen

Die Surfkultur Südwestenglands hat dazu beigetragen, dass sich die Region als cooles Reiseziel neu erfinden konnte. Überraschenderweise reichen die Wurzeln des Surfens hier über ein Jahrhundert zurück: Alte Fotos zeigen schon 1904 Menschen beim Surfen. So richtig ging's aber erst in den 1950er-Jahren los, und heute zieht es Tausende auf die Wellen.

Die selbsternannte Surfer- und Party-Hauptstadt ist Newquay. Ruhigere Surfzentren sind Polzeath, Perranporth, Bude und Sennen Cove in Cornwall sowie Croyde, Woolacombe und Bantham in Devon.

Braunton bei Croyde wartet außerdem mit dem ultracoolen Museum of British Surfing (S. 148) auf, dem ersten und einzigen Museum des Landes zum Surfsport.

Surfen lernen

Surfing GB (www.surfinggb.com), früher die British Surfing Association, akkreditiert im ganzen Land Surfschulen. Zweieinhalb Stunden Unterricht kosten ab etwa 30 £, und zwei Unterrichtseinheiten sind schon notwendig, um die Grundlagen zu lernen.

An allen beliebten Surferstränden in Cornwall und Devon gibt's Ausrüstungsverleih. Ein Neoprenanzug und ein Surfbrett kosten für einen halben Tag jeweils 10 £. Eine andere Option ist das leichtere Bodyboarden; auch dafür sind Ausrüstungsverleihe leicht zu finden, und auch die Kosten sind ähnlich wie beim Surfen.

Jedes Jahr geraten Leute in den Wellen in Not, und einige ertrinken auch; am besten nutzt man nur von der RNLI überwachte Strände – die wichtigsten Surferstrände gehören dazu – und folgt den Ratschlägen der Rettungsschwimmer.

Mit dickeren Neoprenanzügen kann man das ganze Jahr über surfen; die stärkste Brandung herrscht zur Herbstmitte und im Winter. Im Sommer sind gute Bedingungen nicht garantiert.

An der Nordküste von Cornwall und Devon sind die Surfbedingungen gewöhnlich besser als im Süden, jedoch hängt es von den Wind- und Dünungsrichtungen ab, welcher Strand an einem bestimmten Tag gerade gut ist. Über die aktuellen Bedingungen informiert Magic Seaweed (www.magicseaweed.com).

Kitesurfen & Windsurfen

Kitesurfen erfreut sich wachsender Beliebtheit. Die **British Kite Surfing Association** (☎ 01305-813555; www.britishkitesurfingassociation.co.uk) listet anerkannte Schulen auf; die Preise beginnen bei rund 90 £ für einen halben Tag. Exmouth in Devon eignet sich besonders gut zum Lernen.

Auch Windsurfen ist nach wie vor beliebt; die Royal Yachting Association (S. 34) informiert über Unterricht. Schnupper-Sessions kosten ab etwa 45 £. Orte mit anerkannten Schulen sind z. B. Bude und Falmouth in Cornwall sowie Plymouth und Exeter in Devon.

Wildwasser

Dank Dartmoors tiefer, steiler Schluchten entwickelt sich der River Dart nach

---

UNBERÜHRTE STRÄNDE

Saunton Sands 5 km unerschlossene Küste in Norddevon mit der größten Dünenlandschaft des Landes.

Porthcurno Einer der stimmungsvollsten Strände Westcornwalls: eine sandige Bucht inmitten dramatischer Klippen.

Slapton Sands Ein großer Kieselstrand an einem gewässerreichen Naturschutzgebiet in Süddevon.

Gwithian & Godrevy Weg von den Massen: an den größten Stränden Cornwalls.

Bantham Ländlicher, bei Ebbe riesiger Dünen-Strand in Süddevon.

Perranporth 5 km langer Strand mit grasbewachsenen Dünen.

den schweren Regenfällen des Winters streckenweise in sprudelndes, reißendes Wildwasser – ein spannendes Abenteuer. Die Stromschnellen sind nur von Oktober bis März zugänglich. Winterliches Wildwasserkajaken gibt's auch auf den Flüssen Barle und East Lyn in Exmoor. Infos dazu gibt's bei den Nationalparksverwaltungen.

Die **British Canoe Union** (BCU; 0845 370 9500; www.bcu.org.uk) akkreditiert Trainingszentren; viele erfordern einen BCU-2-Sterne-Standard, bevor man auf „bewegtes Wasser" darf. Die Preise beginnen bei 40 £ für einen halben Tag.

Kajakfahren

Die geschützten Flussmündungen und zerklüfteten Küsten Südwestenglands laden zum Paddeln ein, ebenso wie die häufigen Sichtungen von Robben, Delphinen und Riesenhaien. An vielen beliebten Stränden kann man für ab ca. 15 £ pro Stunde (ab 40 £ pro Tag) Sit-on-top-Kajaks leihen.

Wer richtige Kajaks vorzieht: Die British Canoe Union hat ein Verzeichnis mit Schulen. Diese gibt's in Falmouth, St. Mawes, Plymouth, Exeter, Okehampton und Bude. Auf dem Fal River kann man auch Kanadier fahren.

Wer längere Strecken paddeln möchte, dem bietet Sea Kayak and SUP (S. 96) in Salcombe zweitägige Anfängerkurse für 180 £. **Sea Kayaking Cornwall** (www.seakayakingcornwall.com) in Falmouth bietet eintägige Einführungskurse (ab 234 £).
Sea Kayaking South West (01271-813271; www.seakayakingsouthwest.co.uk) in Norddevon hat einen zweitägigen Anfängerkurs für 160 £ im Angebot und organisiert Expeditionen (3 Tage ab 250 £).

Segeln

Die Geschichte Südwestenglands ist unauflöslich mit dem Segeln verbunden, mit den Zinnhändlern der Eisenzeit, den Fischern des 17. Jhs., die in den neufundländischen Kabeljaubänken fischten, der Königlichen Marine, den schnellen Klippern, die zu den Azoren rasten, um frisches Obst zu holen, und den Fischfangflotten, die näher bei der Heimat fischten.

Segeln lernen

Die **Royal Yachting Association** (RYA; 023-8060 4100; www.rya.org.uk) hat ein Verzeichnis anerkannter Schulen. Viele davon befinden sich in den traditionellen Seefahrtszentren wie Falmouth, Mylor, St. Mawes, Fowey, Rock und den Isles of Scilly in Cornwall sowie Salcombe, Dartmouth, Torquay und Plymouth in Devon.

Halbtagessessions in kleineren Booten kosten etwa 40 £. Ein Wochenendkurs mit Übernachtung an Bord für einen RYA-Schein kostet ab etwa 200 £ pro Person.

Tauchen

Segler machen die vielen Schiffswracks vor der südwestenglischen Küste nervös. Aber zusammen mit Riffen und kristallklarem Wasser bilden sie ein tolles Tauchrevier, in dem Lippfische, Meeraale und Dornhaie an den Tauchern vorbeigleiten.

Eine der größten Attraktionen für Taucher ist die **Scylla** (www.divescylla.com). Dieses alte Kriegsschiff der Royal Navy wurde 2004 vom National Marine Aquarium bei Plymouth versenkt, um zu erforschen, wie sich Riffe bilden. Vor der Küste von Cornwall und Devon liegen mehr als 4600 Schiffswracks; allein bei den Isles of Scilly gibt's mehr als 150 anerkannte Tauchspots.

Der **British Sub Aqua Club** (0151-3506200; www.bsac.uk) akkreditiert Tauchzentren. Beliebte Taucherstützpunkte sind Exmouth, Plymouth und die Isles of Scilly. Ein Halbtages-Schnupperkurs kostet ca. 50 £, ein viertägiger Kurs ab 375 £.

WASSERSPORT-SPOTS

Newquay Surfen lernen am Fistral Beach oder in der Watergate Bay.

Croyde Norddevons cooles Surfermekka, mit urigen reetgedeckten Cottages.

Widemouth Bay Schöner Surfer-Hotspot in Cornwall, 5 km südlich von Bude.

Bantham & Bigbury Surfen lernen, Standup-Paddleboarding probieren oder ein Sit-on-top-Kajak ausleihen.

Perranporth Wind *und* Wellen? Dann hier Kiteboarden ausprobieren!

Salcombe Das Segelmekka Süddevons; segeln lernen oder an einer Seekajak-Expedition teilnehmen.

Radfahren

Autofreie Strecken und abwechslungsreiche Landschaften machen den Südwesten zu einem der besten Radlerreviere in Großbritannien. Viele Radwege verlaufen auf alten Bahnlinien.

Dartmoor bietet gute Routen; die Parkverwaltung verkauft eine Karte (13 £). Die Mountainbike-Trails in Exmoor sind in *Exmoor for Off-Road Cyclists* (10 £) wie Skipisten klassifiziert.

Top-Radrouten

West Country Way Ein Teil dieses Trails erstreckt sich von Exmoor über Bodmin nach Padstow in Nordcornwall.

Devon Coast to Coast (S. 132) Von Ilfracombe 164 km nach Plymouth, 112 davon autofrei.

Camel Trail (S. 223) 27 km autofrei von Bodmin Moor zur Küste Nordcornwalls.

Granite Way (S. 128) 18 spektakuläre Kilometer entlang einer alten Bahnstrecke durch Dartmoor.

Cornwall Coast to Coast (S. 189) 18 km entlang der Strecke einer alten Mineralbahn.

Tarka Trail (S. 165) Schöne 48-km-Rundtour durch das Tiefland von Norddevon.

Outdoor-Zentren

Diese Anbieter haben jeweils verschiedene Sportarten im Programm.

Adventure Okehampton (www.adventure okehampton.com) Im Dartmoor National Park

BF Adventure (www.bfadventure.org) Im Falmouth National Park

Exmoor Adventures (www.exmooradventures.co.uk)

Mountains+Moor (www.mountainsandmoor.co.uk) Im Exmoor National Park

Outdoor Adventure (www.outdooradventure.co.uk) In Bude

Klettern

Cornwall und Devon warten mit unzähligen Klippen zum Klettern auf. Dartmoor

TIERBEOBACHTUNG

Exmoor Hirschbeobachtung zur Morgendämmerung.

Penwith Die Westspitze Cornwalls ist Haibeobachtungs-Territorium.

Dartmoor Herden stämmiger Dartmoor-Ponys streifen durch die windgepeitschte Wildnis.

Isles of Scilly Schnorcheln mit Robben.

Topsham Top-Vogelbeobachtungsspot in Devon und Cornwall.

bietet jede Menge zugänglicher Kletterstrecken; die Parkverwaltung gibt eine kostenlose Broschüre heraus. Auch Torbay und Bodmin sind gut.

Der **British Mountaineering Council** (0161-4456111; www.thebmc.co.uk) hat eine Datenbank mit Klettermöglichkeiten. Unterricht bieten z. B. das Rock Centre (S. 114) und Adventure Okehampton (S. 114) in Devon. Ein halber Tag kostet etwa 20 £.

Reiten

In Devon und Cornwall können sich Reiter den Traum vom Querfeldeinreiten erfüllen. Es gibt Ritte über spektakuläres Moorland und filmreife Brandungsritte.

Zwar darf man nicht auf öffentlichen Fußwegen reiten, doch gibt's ein riesiges Netz an Reitwegen – Exmoor (S. 132) hat allein fast 650 km davon. Ein Großteil von Dartmoor (S. 113) steht Reitern offen, genauso wie einige Wege der Region wie der Coleridge Way (S. 32). Wo immer man reiten möchte, sollte man sich zuerst darüber informieren, ob das erlaubt ist.

Viele Reitställe in Dartmoor und Exmoor liegen entweder direkt im Moorgebiet oder ganz in der Nähe. Sie wenden sich sowohl an Anfänger als auch erfahrene Reiter – ein zweistündiger Ausritt kostet etwa 40 £. Die **British Horse Society** (02476-840500; www.bhs.org.uk) hat ein Verzeichnis akkreditierter Reiterhöfe.

Viele Reiterhöfe bieten auch Unterkünfte, von luxuriösen Bauernhäusern bis zu einfachen Zelten.

Reiseplanung
Reisen mit Kindern

Es ist gut zu wissen, dass es in unserer digitalen, virtuellen Welt immer noch Spaß macht, die einlaufende Flut um Sandburgen herumzuleiten. Und tolle Strände sind nicht die einzigen kindgerechten Pluspunkte von Cornwall und Devon: Eine Fülle von Aktivitäten und Attraktionen machen sie zu einem wunderbaren Ziel für Kinder – und Erwachsene können das Kind in sich wiederentdecken.

Die besten Regionen für Kinder

Newquay & die Nordküste
Wassersportzentren mit jeder Menge Strand, einem Aquarium, Farmen und Dampfbahnen. Auch Bude, Perranporth und St. Agnes sind interessant.

Torquay & Süddevon
Torquay bietet neben Strand auch einen Öko-Zoo, eine große Freiluft-Voliere, prähistorische Höhlen und ein Modelldorf. Süddevon wartet mit Surfstränden und Flussfahrten auf.

Südcornwall
Hier gibt's das Eden Project, ein Schiffswrackmuseum, ein kinderfreundliches Seefahrtsmuseum und Schutzgebiete für niedliche Robben und Affen.

Exmoor & Norddevon
Norddevon bietet tolle Surfbedingungen, lange Dünenstrände und als Mega-Attraktion das Big Sheep. Exmoor wartet mit der Gelegenheit auf, Rotwild und andere Tiere zu beobachten.

Cornwall & Devon für Kinder

Südwestengland ist ein tolles Ziel für einen Familienurlaub. Zahlreiche Attraktionen sind bestens auf Kinder eingestellt, mit Ausstellungen für junge Köpfe, Cafés mit Gerichten für Kinder und Wickelräumen. Viele Hotels, Pubs und Restaurants sind ebenfalls gut auf Kinder vorbereitet, jedoch ist es besser, sich vorher zu vergewissern. Wie überall wird das offene Stillen von Babys teils beargwöhnt, teils gar nicht wahrgenommen.

Sicherheit

Die Strände von Cornwall und Devon bergen ein paar Risiken; leider ertrinken immer wieder Kinder. Die meisten touristischen Strände werden überwacht; am besten sucht man also einen solchen auf. Besonders gefährlich sind Brandungsrückströme und schnell einlaufende Fluten. Rettungsschwimmer sind oft nur von Ostern bis September vor Ort und auch nur bis 17 oder 18 Uhr. Auf der RNLI-Website (www.rnli.org) sind die überwachten Strände mit den Zeiten aufgeführt.

Einige Abschnitte der Küste von Cornwall und Devon sind anfällig für Klippenabbrüche; Warnschilder beachten!

Highlights für Kinder

Attraktionen für Familien

➡ **Paignton Zoo**, Torquay (S. 68)

➡ **Flambards**, Helston (S. 264)

➡ **The Big Sheep**, Norddevon (www.thebigsheep.co.uk)

➡ **Crealy Adventure Parks** (www.crealy.co.uk) Einer in Devon, einer in Cornwall

➡ **Land's End Theme Park**, Land's End (S. 263)

Attraktionen für Regentage

➡ **Eden Project, Südostcornwall** Beheizte Öko-Attraktion mit spielerischem Flair. (S. 201)

➡ **National Marine Aquarium, Plymouth** Unterwasserwege mit Haien, Schildkröten und riesigen Rochen. (S. 108)

➡ **Kents Cavern, Torquay** Höhlenmenschen und Steinzeit-Handabdrücke. (S. 69)

➡ **National Maritime Museum, Cornwall** Mit jeder Menge interaktiven Exponaten. (S. 181)

➡ **Underground Passages, Exeter** Uralte Tunnel und Geschichten von Geistern und der Cholera. (S. 45)

Historische Stätten

➡ **Arlington Court, Norddevon** Herrensitz mit Kutschen, Pfauen und Fledermäusen. (S. 149)

➡ **Pendennis Castle, Falmouth** Wehrgänge, Waffen und interaktive Exponate. (S. 181)

➡ **RAMM, Exeter** Kinderfreundliche Exponate im Museum des Jahres 2012. (S. 46)

➡ **Geevor Tin Mine, Pendeen** Unterirdische Touren und Mineralienwaschen in bekannter Mine in Cornwall. (S. 249)

➡ **Castle Drogo, Dartmoor** Zinnen und Theater in der letzten in England gebauten Burg. (S. 125)

➡ **Porthcurno Telegraph Museum** Geheime Tunnel der Kriegszeit und Telegrafie. (S. 254)

Planung

Reisezeit

In den Schulferien sind Unterkünfte knapp und teuer. Dafür haben die Attraktionen im Sommer, zu Ostern und in anderen Ferienzeiten länger geöffnet und bieten oft besondere Veranstaltungen für Kinder. Und falls sich mal was zusammenbraut, gibt es ein tolles Angebot für Regentage.

Übernachtung

Familien kommen in Cornwall und Devon gut unter; in diesem Buch sind B&Bs und Hotels mit Familienzimmern erwähnt. Einige Unterkünfte bieten außerdem Zustellbetten.

Selbstversorgung und Camping bieten ein hohes Maß an Flexibilität. Interessant ist auch die neue Welle des Luxus-Campens, bei dem Wohnwagen und Safari-Zelte mit eigenen Kaminen ausgestattet sind.

Kinderfreundliche Organisationen

In ganz Cornwall und Devon bieten Organisationen tolle Events für Kinder wie Piratenumzüge, Felstümpel- und Nachtwanderungen und Bogenschießen.

Cornwall Wildlife Trust (www.cornwallwildlifetrust.org.uk)

Dartmoor National Park Authority (DNPA; www.dartmoor.gov.uk)

National Trust (NT; www.nationaltrust.org.uk)

English Heritage (EH; www.english-heritage.org.uk)

Exmoor National Park Authority (ENPA; www.exmoor-nationalpark.gov.uk)

South Devon Area of Outstanding Natural Beauty (AONB; www.southdevonaonb.org.uk)

Torbay Coast & Countryside (www.countryside-trust.org.uk)

Nützliche Websites

Cornwall Beach Guide (www.cornwallbeachguide.co.uk)

Day out with the Kids (www.dayoutwiththekids.co.uk) Aktivitätenverzeichnis, nach Region durchsuchbar.

Visit Cornwall (www.visitcornwall.com) Informationen für Familien mit Kindern.

Visit Devon (www.visitdevon.co.uk) Infos zu Attraktionen und kostenlosen Tagesausflügen.

Visit South West (www.visitsouthwest.co.uk) Mit umfangreichen Infos zu Familienferien.

Cornwall & Devon im Überblick

Küste und Binnenland, Städte und Dörfer, Klippen und Buchten – die schiere Vielfalt der Landschaften von Cornwall und Devon ist eine der Hauptattraktionen der Region. Jede Ecke bietet etwas Besonderes, vom Surfen an der Küste des nördlichen Cornwall bis zu guten Weinen in Süddevon. Das größte Problem ist sich zu entscheiden, wohin man zuerst möchte.

Da die Region insgesamt eher klein ist, lässt sie sich leicht erkunden, egal ob per Auto oder Bahn, zu Fuß oder per Fahrrad. Und für das Reisen sollte man sich genügend Zeit lassen, denn von A nach B zu kommen ist Teil des Abenteuers, und unterwegs entdeckt man garantiert ein paar unerwartete Schätze.

Exeter & Ostdevon

Geschichte
Küste
Landschaft

Exeter Cathedral

Das elegante Exeter mit der riesigen gotischen Kathedrale im Zentrum geht auf die Zeit der Römer zurück. Nicht versäumen sollte man den schönen Kathedralenbezirk und die unheimlichen unterirdischen Gänge der Stadt.

Jurassic Coast

Die rostroten Klippen von Ostdevon gehören zur Jurassic Coast, einer uralten Landschaft, die für ihre brüchigen Klippen und die Möglichkeit, Fossilien zu finden, bekannt ist.

Die Landschaft Ostdevons

Die Landschaft von Ostdevon ist wunderbar vielfältig, von den sumpfigen Ufern des Exe Estuary bis zu den alten Häfen von Sidmouth und Branscombe.

S. 42

Torquay & Süddevon

Strände
Geschichte
Landschaft

Die Küste um Torbay

Das Gebiet um Torbay, die Englische Riviera, ist eines der Haupt-Urlaubsgebiete der Region und bietet sich bestens für einen klassischen Strandurlaub an.

Stattliche Landsitze

Einige der reizendsten Landhäuser Devons verstecken sich im Hinterland von Süddevon: das modernistische High Cross House, das pompöse Coleton Fishacre und Agatha Christies Refugium in Dartmouth, Greenway.

South Hams

Die South Hams sind eine typische Landschaft Devons, mit Feldern, Wäldern, Flüssen, Häfen und verschlafenen Weilern. Dartmouth und Salcombe sind Flussschönheiten, Totnes wirkt alternativ.

S. 66

Plymouth & Dartmoor

Aktivitäten
Essen & Trinken
Geschichte

Outdoor-Abenteuer
Ob wandern in Dartmoor, Radeln auf dem Tarka Trail oder windsurfen auf dem Plymouth Sound – diese Ecke von Devon eignet sich wunderbar für Aktivurlauber.

Plymouth für Gourmets
In Plymouth öffnen immer mehr erstklassige Restaurants mit Spitzenköchen wie Hugh Fearnley-Whittingstall, Garry Rhodes und den Gebrüdern Tanner die Pforten.

Maritimes Erbe
Plymouth blickt auf eine lange Geschichte als Seefahrtszentrum zurück: Von hier erspähte Francis Drake die spanische Armada und brachen die Pilgerväter in die Neue Welt auf.

S. 103

Exmoor & Norddevon

Dörfer
Aktivitäten
Szenerie

Städte & Dörfer
Von Bauerndörfern bis zu Küstenhäfen – Norddevon bietet jede Menge geschichtsträchtige Orte. Lynton, Ilfracombe, Porlock und Clovelly sind klassische Ziele am Meer, Dulverton, Challacombe und Exford präsentierten sich ländlicher.

Die Moore erkunden
Exmoors Landschaften lassen sich auf vielfältige Weise erkunden: zu Pferd, zu Fuß, mit dem Rad oder auf einer Tierbeobachtungs-Safari.

Meer & Land
Exmoor hat eine gespaltene Persönlichkeit: halb Küste, halb Binnenland. Man kann vormittags schwimmen, nachmittags wandern und abends den Sternenhimmel betrachten.

S. 131

Bodmin & Ostcornwall

Ausblicke
Natur
Uralte Stätten

Das Dach Cornwalls
Bodmin Moor, eine echte Wildnis zwischen der Nord- und Südküste Cornwalls, ist von einer ganz eigenen rauen Schönheit. Wanderer zieht es zu den Höhepunkten Brown Willy und Rough Tor.

Tiere im Moor
Das Moor ist ein Paradies für seltene Tiere, von Nattern und Echsen bis zu Schwarzkehlchen und Lerchen. Außerdem soll hier das Beast of Bodmin Moor herumspuken, ein großes katzenähnliches Wesen, das angeblich schon oft gesichtet wurde.

Steinkreise
In der Jungsteinzeit war das Moor ein Waldgebiet, in dem viele prähistorische Menschen lebten. Ihr Erbe hat in der Form von Steinkreisen überdauert.

S. 170

Südcornwall

Strände
Landschaft
Dörfer

Südküste
Die Strände der kornischen Südküste sind sanfter als die der Nordküste: Hier sind die goldenen Sicheln eher von Feldern als von Klippen gesäumt.

Die Pracht der Halbinseln
Zwei der reizendsten Halbinseln Cornwalls erstrecken sich von der Südküste ins Meer: das ländliche Roseland mit seinen hübschen Dörfchen und Höfen und die abgeschiedene Rame Peninsula mit ihren tollen Herrensitzen.

Orte am Meer
Die Südküste Cornwalls säumen malerische Dörfer, die früher ganz im Zeichen des Fischfangs standen. Zwar gibt's hier heute nur noch eine Handvoll Boote, aber das maritime Flair hat überdauert.

S. 179

Newquay & Nordküste

Strände
Wassersport
Essen & Trinken

Klassische Küste

An der Nordküste liegen die klassischen Strände Cornwalls: goldene Sandstrände mit Dünen und Felsklippen. In Fistral, Perranporth und Gwithian ist im Sommer viel los, aber es gibt auch einsame Strände zu entdecken.

Surfen in Newquay

Am Atlantik gibt's die beste Brandung Cornwalls: Hier kann man gut surfen lernen. Das Surfermekka ist Newquay, aber Bude, Perranporth und Polzeath sind genauso gut.

Edle Küche

Promiköche sind hier jede Menge am Werk, aber auch unbekannte Restaurants sollte man nicht verschmähen: Hier verstecken sich einige echte Schätze.

S. 212

Westcornwall & die Isles of Scilly

Geschichte
Küste
Inseln

Prähistorische Stätten

Die Penwith-Moore bieten mehr prähistorische Stätten als die meisten anderen Orte im West Country. Hier gibt's zahlreiche Steinkreise sowie viele Quoits, Dolmen, Menhire und Bergfestungen.

Letzter Halt

Im wilden Westen geht auch dem Land die Puste aus. Land's End ist der westlichste Punkt des britischen Festlands, und die umtoste Küste hier ist noch einmal besonders spektakulär.

Inselrefugien

Die Scilly-Inseln liegen 45 km westlich von Land's End. Mit schönen Stränden, einzigartiger Flora und nur wenigen Bewohnern bilden sie eine idyllische Fluchtstätte abseits der Zivilisation.

S. 238

Reiseziele in Cornwall & Devon

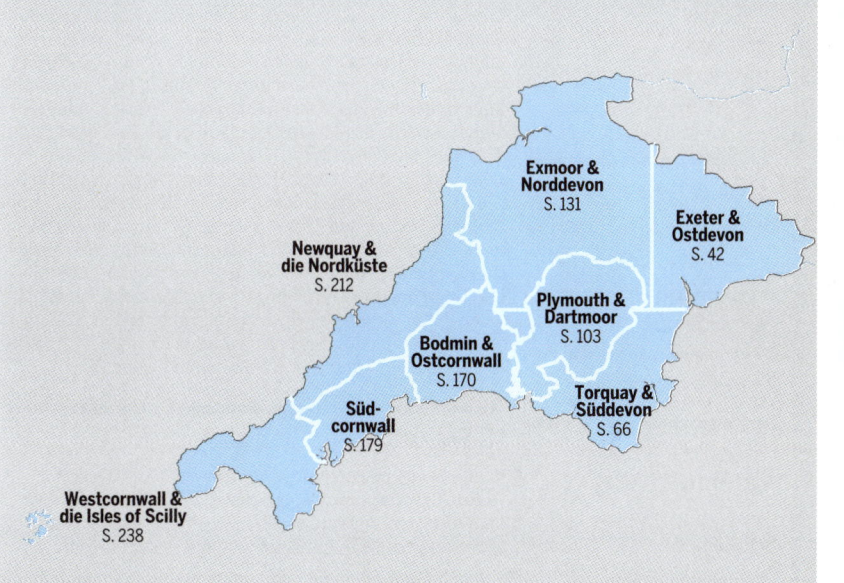

Exmoor & Norddevon
S. 131

Exeter & Ostdevon
S. 42

Newquay & die Nordküste
S. 212

Plymouth & Dartmoor
S. 103

Bodmin & Ostcornwall
S. 170

Torquay & Süddevon
S. 66

Südcornwall
S. 179

Westcornwall & die Isles of Scilly
S. 238

Exeter & Ostdevon

Inhalt ➜

Exeter	43
Rund um Exeter	53
Ostdevon	55
Topsham	56
Exmouth	59
Sidmouth	61
Beer & Umgebung	63

Gut essen

- River Cottage HQ (S. 62)
- Salutation (S. 58)
- Rusty Bike (S. 50)
- River Exe Cafe (S. 60)
- Pebblebed Wine Cellar (S. 58)

Schön übernachten

- Magdalen Chapter (S. 50)
- Wood Life (S. 54)
- Reka Dom (S. 58)
- Salty Monk (S. 62)
- Bay View (S. 65)

Auf nach Exeter & Ostdevon

Eine Stadt voll Kulturdenkmäler, ländliche Idylle, spektakuläre Küsten – die östliche Ecke von Devon hat all das in petto. Die Steilküste entlang der Jurassic Coast ist von der Brandung stark zerklüftet. Zwischen den Felsen liegen lange Kiesstrände, vornehme Ferienanlagen und malerische Fischerdörfer: perfekt zum Wandern, Kitesurfen, Angeln oder für einen Spaziergang auf der Promenade. Im geschichtsträchtigen Exeter gibt es römische Mauern, eine imposante Kathedrale und eine lebhafte Kunstszene. Der verschlungene Mündungsarm des Flusses Exe lädt zu einem Ausflug mit dem Boot, auf dem Fahrrad oder auch zu Fuß ein. Hinter den sanft ansteigenden, roten Hügeln verstecken sich entlegene Dörfer und stattliche Landhäuser. Es gibt zahlreiche Gelegenheiten, exzellentes Essen und gute Getränke zu genießen, sei es auf Weingütern, in den Restaurants berühmter Chefköche oder beim Grillen selbst gefangener Makrelen am Strand. Das Übernachtungsangebot erstreckt sich von der mongolischen Jurte bis hin zu schicken Stadtwohnungen. Besucher tauchen hier in eine andere Art zu leben ein – auf Viehmärkten, dörflichen Strandpartys oder im ländlichen Pub.

Reisezeit

➜ **Juli–Aug.** Im Allgemeinen wärmeres und trockeneres Wetter. Schulferien bedeuten ansteigende Besucherzahlen und Übernachtungspreise; Straßen und Ferienanlagen sind überfüllt. Beer veranstaltet seine gefeierte Dorf-Regatta.

➜ **Juni & Sept.** Beste Besuchszeit: weniger Menschen und Verkehr und alle Sehenswürdigkeiten sind geöffnet. Im September ist das Meer am wärmsten und das Wetter meist recht gut.

➜ **April–Mai** Die Urlaubssaison beginnt mit Ostern; Sehenswürdigkeiten und Campingplätze öffnen ihre Türen und Schiffsausflüge starten. Ende April zieht es Feinschmecker zum South West Food and Drink Festival in Exeter.

➜ **Okt.–Nov.** Viele Sehenswürdigkeiten sind geschlossen, aber die Übernachtungspreise sinken rapide. Eine prima Zeit, um die Stürme an der Küste zu beobachten.

EXETER

119 600 EW.

Exeter ist reich an Zeugnissen aus den vergangenen Jahrhunderten, in denen die Stadt kulturelles und administratives Zentrum der Grafschaft Devon war. Davon zeugen die alte Kathedrale und Reste einer römischen Mauer, während einzelne ultramoderne Bauten und eine quicklebendige Kunstszene für frischen Wind sorgen. Der schöne Quai am Fluss Exe bietet den idealen Ausgangspunkt für Fahrrad- oder Kajaktouren und das Filmmuseum, unterirdische Führungen und eine Handvoll schicker Hotels und Restaurants sind weitere Gründe, die für Exeter sprechen.

Geschichte

Die Geschichte der Stadt lässt sich leicht anhand ihrer Gebäude verfolgen. Um 55 v. Chr. bauten die einfallenden Römer eine Festung, die von einer 3,2 km langen Verteidigungsmauer umbaut wurde. Unter den Sachsen und Normannen wuchs die Stadt: 1068 wurde ein Schloss hochgezogen, die Kathedrale dann 40 Jahre später. Die Wollindustrie der Tudorzeit machte Exeter reich und brachte Fachwerkhäuser ins Stadtbild. Rund um die Stadt weideten Schafe, deren Wolle in der Stadt gefärbt und gewoben wurde. Die Stoffe wurden dann vom Exeter Quay nach ganz Europa verschifft.

In der späten georgianischen Ära entwickelte Exeter sich zu einem vornehmen städtischen Zentrum. Kaufleute bauten noble Stadthäuser, von denen heute viele als Hotels oder B&Bs dienen. Durch die Luftangriffe im Zweiten Weltkrieg wurde die Stadt stark zerstört. 1942 starben in nur einer Nacht 156 Menschen und 12 ha der Stadt wurden dem Erdboden gleichgemacht. In der Nachkriegszeit ging es zügig an den Wie-

Highlights

❶ Auf dem Dach der herrlichen gotischen **Exeter Cathedral** (S. 44) spazieren

❷ Rund um Branscombe an der phantastischen, jahrtausendealten **Jurassic Coast** (S. 60) entlang wandern

❸ Das Abendessen selbst fangen und am Strand von **Beer** (S. 63) zubereiten

❹ Das von Marschland durchzogene Mündungsgebiet des Exe erkunden und danach ein herrliches Essen im hübschen **Topsham** (S. 56) genießen

❺ Im malerischen **Yearlstone Vineyard** (S. 53) in der Nähe von Bickleigh an alten Weinen nippen und leckeres Essen spachteln

❻ Hinter Exmouth den Kick beim windumtosten **Kitesurfen** (S. 59) suchen

❼ Einen Blick auf das Leben der Dienerschaft im herrschaftlichen **Powderham Castle** (S. 53) werfen

❽ Die Hektik und das Feilschen auf dem zweimal in der Woche stattfindenden **Exeter Viehmarkt** (S. 49) erleben

❾ Während der **Folk Week** (S. 62) in Sidmouth bei einer spontanen Jamsession mitmachen

Exeter

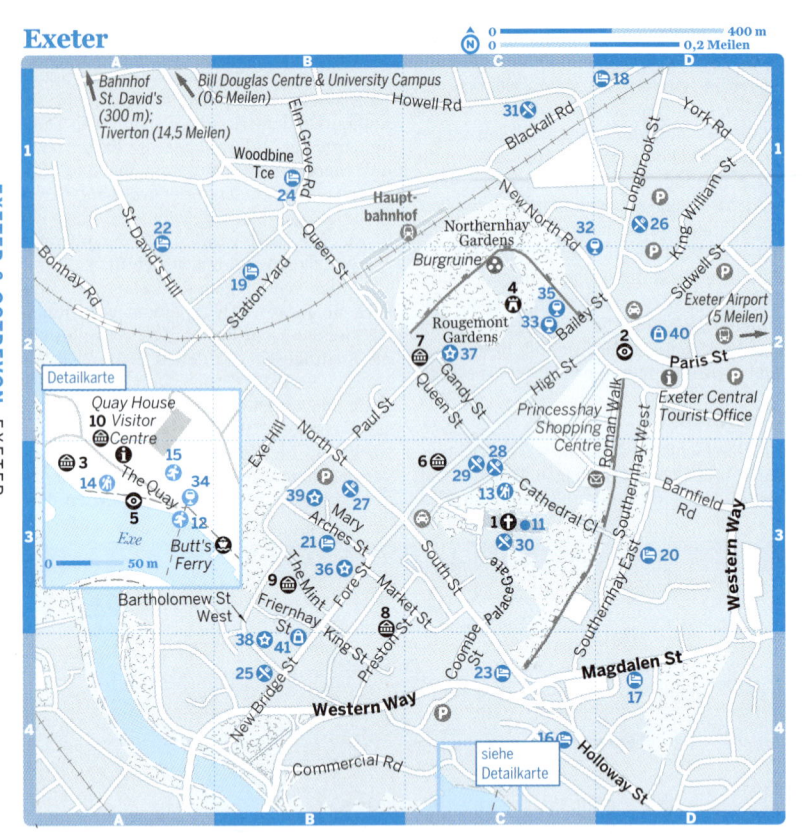

deraufbau der Stadt – mit rotem Backstein, hellem Naturstein und klaren Linien, wie sie in der Hauptstraße oberhalb der Ladenfronten zu sehen sind. Die Architektur des für 220 Mio. £ erbauten Einkaufszentrums Princesshay führt ins 21. Jh. Die glänzende Glas- und Stahlkonstruktion, mit kantigen Teilen in Würfelform und mit Reminiszenzen an die 1950er-Jahre, zieht sich durch das Stadtzentrum und eröffnet eine neue Epoche in die Architektur-Chronik der Stadt.

Sehenswertes

Exeter Cathedral
KATHEDRALE
(01392-285983; www.exeter-cathedral.org.uk; The Close; Erw./Kind 6 £/frei; Mo–Sa 9–16.45 Uhr) Die prächtige Kathedrale St. Peter in einem warmen, honigfarbenen Stein, umringt von schiefen Fachwerkhäusern und Wiesen, auf denen sich die Menschen beim Klang der Glocken zum Picknick treffen, ergibt eine typisch englische Szenerie. Hier war schon mindestens seit dem 5. Jh. eine religiöse Stätte, auf der die Normannen 1114 anfingen, die Kathedrale zu bauen. Die Türme stammen noch aus dieser Zeit. 1270 begann ein insgesamt 90-jähriger Umbau, durch den die englischen Gotikvarianten Early English und Decorated Style in den Kirchenbau eingeführt wurden. An der **Westfassade** zieren Dutzende von verwitterten Figuren eine ursprünglich in leuchtenden Farben bemalte, riesige Bildwand, die Figuren gelten heute als die größte englische Ansammlung von Skulpturen aus dem 14. Jh.

Im Inneren zieht die Decke die Besucher in ihren Bann: das weltweit längste durchgehende gotische Gewölbe, dessen atemberaubend hohe Fächerrippen am Scheitelpunkt mit verzierten Schlusssteinen in Bronze und lebhaften Farben enden. Ein weiterer Hingucker befindet sich im nördlichen Querschiff: die **Exeter Clock**. Die Uhr stammt aus dem 15. Jh. und zeigt die Erde nach den astronomischen Annahmen des

Exeter

◎ Highlights
1 Exeter Cathedral....................................C3
2 Underirdische Gänge D2

◎ Sehenswertes
3 Customs House A3
4 Exeter Castle..C2
5 Exeter Quay...A3
6 Guildhall..C3
7 RAMM..C2
8 Spacex..B3
9 St. Nicholas Priory B3
10 Wharfinger's House A2

◎ Aktivitäten, Kurse & Touren
11 Exeter Cathedral Roof Tours C3
12 Exeter Cruises.....................................A3
13 Red Coat Tourstart Kathedrale C3
14 Red Coat Tourstart Quay A3
15 Saddles & Paddles A3

◎ Schlafen
ABode, Royal Clarence ....(s. 29)
16 Globe Backpackers C4
17 Magdalen Chapter D4
18 Raffles...D1
19 Silversprings B2
20 Southernhay House D3

21 St. Olaves..B3
22 Townhouse A1
23 White Hart..C4
24 Woodbine...B1

◎ Essen
25 @Angela's B4
26 Harry's..D1
27 Herbies...B3
28 MC Cafe, Bar & Grill C3
29 Michael Caines C3
30 Refectory C3
31 Rusty Bike C1

◎ Ausgehen & Nachtleben
32 Old Firehouse D2
33 Old Timers C2
34 On the Waterfront A3
35 Timepiece C2

◎ Unterhaltung
36 Bike Shed Theatre...............................B3
37 Exeter Phoenix C2
38 Exeter Picturehouse B4
39 Mama Stone's......................................B3

◎ Shoppen
40 Real Food Store..................................D2
41 The Real McCoy B4

Mittelalters im Zentrum des Universums, die von der Sonne (in Lilienform) umkreist wird. Bis heute dreht sich das Uhrwerk zuverlässig und zu jeder vollen Stunde schlägt die Uhr.

Der riesige Eichenbaldachin über dem **Bischofsstuhl** wurde 1312 geschnitzt und die Sängertribüne von 1350 schmücken zwölf Engel, die Musikinstrumente spielen. Das Personal in der Kathedrale verweist gerne auf die berühmte Skulptur der Dame mit zwei linken Füßen und die winzige St. James Chapel, die eine während eines Luftangriffs zerstörte Kapelle ersetzt und mit den ungewöhnlichen Schnitzereien einer Katze, einer Maus und seltsamerweise einem Rugbyspieler überrascht.

Neben den phantastischen Dachtouren (S. 48) bietet die Kathedrale kostenlose 45-minütige **Führungen** (◎ Mo-Sa 11 & 12.30 sowie Mo-Fr 14.30 Uhr). Bewegende Abendandachten mit Chorgesang finden Montag bis Freitag um 17.30 Uhr und Samstag und Sonntag um 16 Uhr statt.

★**Unterirdische Gänge** KANALISATION
(☎01392-665887; www.exeter.gov.uk/passages; Paris St; Erw./Kind 5/3,50 £; ◎ Juni-Sept. Mo-Sa 9.30-17.30 Uhr, Okt.-Mai Di-So 11.30-16 Uhr) Wer sich nicht scheut, einen Helm aufzusetzen, in die Knie zu gehen und eventuell sogar Geistern zu begegnen, kann Englands einzige öffentlich zugängliche Kanalisation besichtigen. In den Gewölben der mittelalterlichen Tunnel verliefen einst Rohre, die die Stadt mit frischem Trinkwasser aus den Quellen der Umgebung versorgten und leider relativ oft undicht wurden. Im Gegensatz zu manch einem Versorgungsunternehmen unserer Tage entschied sich die Stadtverwaltung in einer selten genialen Anwandlung dafür, die Einstiege offenzuhalten, statt bei jeder Reparatur die Straßen aufreißen zu müssen.

Unterhaltsame Führer begleiten ihre Gruppen durch einen Teil dieses riesigen, klammen Tunnelsystems und würzen den Rundgang mit Geschichten über Geister, Bürgerkrieg, Fluchtwege, Bombennächte und Cholera. Der Sinn des obligatorischen Baustellenhelms offenbart sich beim ersten steinernen Gewölbebogen und in den engen Kurven. An einer Stelle müssen die Besucher auch tatsächlich in die Knie gehen (wer zu groß ist oder unter Klaustrophobie leidet, kann allerdings einen leichteren Umweg nehmen).

Die letzte Führung beginnt eine Stunde vor Schließung. Am klügsten ist: hingehen, eine spätere Führung buchen und dann wieder zurückkommen.

Bill Douglas Centre — MUSEUM
(☎01392-724321; www.exeter.ac.uk/bdc; Old Library, Prince of Wales Rd; ⊙ Mo–Fr 10–17 Uhr; Ⓟ) GRATIS Eine ebenso charmante wie lebhafte Liebeserklärung an Film und Slapstick ist dieses Filmmuseum. Zur Sammlung gehören diverse Exemplare der *Laterna magica* aus dem 18. Jh., Schattentheater, ein tragbares Panoramaband der Krönung von George IV., Zograskope und ein Mutoskop, so eine Art frivoler Daumenkinoapparat.

Daneben sind noch diverse Erinnerungsstücke wie Programme, Notenblätter, Spiele und Spielzeug zu sehen. Highlights sind hier Flaschenverschlüsse im Charlie-Chaplin-Look, Spielkarten mit Ginger-Rogers-Konterfei und Spielzeug aus *Star Wars*. Gleich nebenan veranschaulichen interessante Exponate die verschiedensten Themen von Disneymania über das Kino als Institution bis zum Promikult.

Das Bill Douglas Centre befindet sich auf dem Campus der Universität von Exeter und ist in 15 Minuten von der Stadtmitte aus leicht zu Fuß zu erreichen.

RAMM — MUSEUM
(Royal Albert Memorial Museum & Kunstgalerie; ☎01392-265858; www.rammuseum.org.uk; Queen St; ⊙ Di–So 10–17 Uhr) GRATIS Der imposante Ziegelsteinbau sieht aus wie ein viktorianisches Museum, aber ein 24 Mio. £ teurer Umbau hat die Ausstellung in die Moderne katapultiert. Interaktive Bildschirme erklären die Geschichte Exeters von der Ur- und Frühgeschichte bis heute, die Erkundung der Welt und das Prinzip des Sammelns. Es gibt Gegenstände aus der Zeit der Römer zu entdecken sowie Schnitzereien aus der Tudorzeit und eindrucksvolle ethnographische Schautafeln. Glanzstücke sind afrikanische Masken, Samuraiwaffen und die Mumie Shep en-Mut. Das **Museumscafé** (Queen St; ⊙ Di–So 10–16.30 Uhr) überzeugt mit einer riesigen Auswahl von Pasteten, Kuchen und Broten aus Devon.

St. Nicholas Priory — HISTORISCHES GEBÄUDE
(☎01392-265858; www.exeter.gov.uk/priory; Mint Lane; Erw./Kind 3,50/1,50 £; ⊙ Sa 10–17 Uhr, in den Schulferien auch Mo–Fr) Wer einen Eindruck vom Leben in einem Stadthaus der späten elisabethanischen Ära bekommen möchte, sollte dieses ehemalige Benediktinerkloster besuchen. Es wurde vor 900 Jahren aus rotbraunem Gestein gebaut und beeindruckt mit der Einrichtung, die die wohlhabende Familie Hurst umgab, als sie 1602 hier lebte: Möbel in hellen Farben, raffinierte Stuckdecken und aufwendige Eichenvertäfelungen.

Guildhall — HISTORISCHES GEBÄUDE
(☎01392-265524; www.exeter.gov.uk/guildhall; High St) GRATIS Die ältesten Teile der Guildhall von Exeter stammen aus dem Jahr 1330. Es ist damit das älteste öffentliche Gebäude dieses Landes, das noch genutzt wird. Über den hölzernen Bänken und Wappen der Würdenträger wölbt sich ein verziertes Tonnendach. Der Bürgermeister sitzt noch immer in einem großen, thronartigen Stuhl am Ende des Raums. An Wochentagen ist häufig geöffnet, wenn es die Stadtgeschäfte erlauben; am besten anrufen oder auf der Website nachschauen.

Exeter Quay — FLUSSUFER
(The Quay; Ⓟ) An schönen Tagen zieht es die Menschen in Exeter an den Kai. Kopfsteinpflasterwege verlaufen zwischen alten Lagerhäusern, die sich in Antiquitätenläden, kuriose Geschäfte, Ateliers, Restaurants und Pubs (mit beliebten Plätzen unter freiem Himmel) verwandelt haben.

Entlang des gesamten Kais stolpert man über Details, die von Exeters Vergangenheit zeugen, als Wollverarbeitung und Export dafür sorgten, dass sich die Stadt im 18. Jh. zur drittwichtigsten Importdrehscheibe entwickelte. Besonders schön: das aus roten Ziegeln gebaute, kanonenbewehrte **Zollhaus** aus dem 17. Jh. und **Wharfinger's House** (18. Jh.), die Residenz des Mannes, der bei den Schiffen die Anlegegebühren eintrieb.

In der Nähe steht auch das 1680 erbaute **Quay House**, das ursprünglich ein Wolllager war. Heute ist darin das Quay House Visitor Centre untergebracht. Ausgestellt sind Stücke, die mit dem Wollhandel zu tun hatten, z. B. die *Tillet Blocks* – geschnitzte Holzschindeln, mit denen Händler ihr Wappen auf Stoffe aufbrachten. Außerdem zu sehen ist ein Weber am Webstuhl. Faltblätter informieren zu weiteren Sehenswürdigkeiten am Exeter Woollen Trail, der Wollstraße von Exeter.

Der Kai ist auch Ausgangspunkt für Spaziergänge, Fahrrad- und Kanutouren. Hier starten Schiffsausflüge und kostenlose Führungen im Sommer. Wer den Fluss überqueren möchte, nimmt die badewannenähnliche **Butt's Ferry** (The Quay; Erw./Kind 30/20 p; ⊙ Juni–Aug. tgl. 11.30–16.30 Uhr, Ostern–Mai &

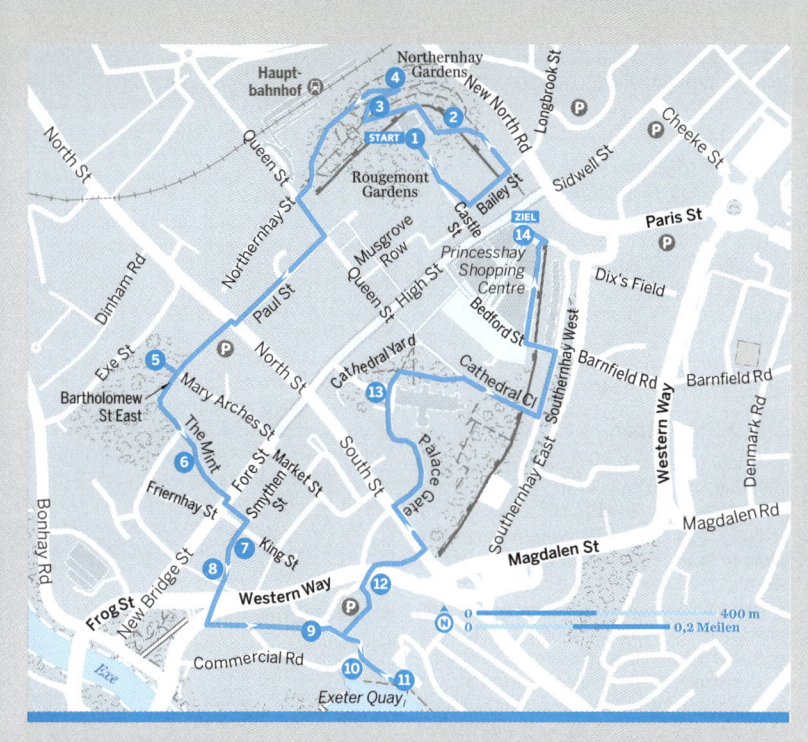

Spaziergang
Entlang der Stadtmauer von Exeter

START EXETER CASTLE
ZIEL ROMAN WALK
LÄNGE 3,2 KM; 2,5 STD.

Los geht's am Torhaus des ① **Exeter Castle**, das die Normannen nach 18 Tagen Belagerung erbauten. Eine Tafel erinnert an drei Frauen aus Devon, die hier 1685 wegen Hexerei gehängt wurden. In Northernhay Gardens dem Weg entlang der Mauer mit einer ② **Brüstung aus der Zeit des Bürgerkriegs** folgen; Exeter musste sich gegen Royalisten wie auch gegen Parlamentsanhänger verteidigen.

Beim Torbogen des ③ **Athelstan's Tower** aus dem 12. Jh. hat die römische Mauer noch ihre echte Höhe, wie das homogene Gestein und der kieselige Mörtel zeigen. Den Abhang hinunter folgend geht's rechts durch ein ④ **Tor** zurück in die Northernhay Gardens. Queen und Paul Street führen zum ⑤ **Bartholomew Friedhofs** über den Katakomben des 19. Jhs.

An der Rechtskurve der Bartholomew Street in The Mint abbiegen und in der ⑥ **St. Nicholas Priory** (S. 46) die Rekonstruktion des spätelisabethanischen Alltags bewundern. Rechts in die Fore Street abbiegen und gleich wieder links in eine Gasse, die zu dem herrlichen, gepflasterten Abhang des ⑦ **Stepcote Hill** führt. Fachwerkhäuser führen zur rostroten ⑧ **St Mary's Steps Church** und ihrer mit Figuren verzierten Uhr.

Den stark befahrenen Western Way überqueren und links an der ⑨ **Stadtmauer** vorbei bis zum stimmungsvollen ⑩ **Exeter Quay** (S. 46). Hier ist das Lokal ⑪ **On the Waterfront** (S. 51) ideal für eine Pause. Danach den Hügel und nach links die Stufen zum Parkplatz hinauf; der Fußweg auf seiner Ostseite verläuft auf der historischen Mauer. Weitere Stufen hoch geht's zur Fußgängerbrücke mit Blick auf ⑫ **römisches Mauerwerk** und vulkanisches Gestein.

Von der South Street in die Palace Gate abbiegen und die Architektur des ⑬ **Cathedral Close** bewundern. Am Princesshay Shopping Centre entlang endet der Spaziergang an einem gut erhaltenen Teil der römischen Mauer, dem ⑭ **Roman Walk**.

Sept. Sa & So), die ein Fährmann, sich an einem Drahtseil entlang hangelnd, über den Fluss zieht.

Spacex
GALERIE

(01392-431786; www.spacex.org.uk; 45 Preston St; Di–Sa 10–17 Uhr) GRATIS Das innovative und freundliche Spacex ist ein Aushängeschild der äußerst lebendigen Kunstszene von Exeter und verteidigt seinen Ruf mit durchgehend guten, leicht zugänglichen Ausstellungen zeitgenössischer Kunst. Die Betreiber bieten auch fesselnde Workshops für Erwachsene und Kinder sowie regelmäßig kostenlose Gespräche mit Künstlern.

Aktivitäten

Die Rad- und Wanderwege am Exeter Quay münden in den Exe Valley Way, der auf einer Länge von etwa 16 km zwischen dem Exeter Canal und dem immer breiter werdenden Fluss ans Meer führt. Er eignet sich für Rad-, Wander- und Kajaktouren; auf den ersten 5 km wechseln sich historische Stadtausläufer mit Ackerland und Leichtindustrie ab, aber später wird's dann ländlicher.

Das Quay House Visitor Centre hat Faltblätter zum Exe Valley Way. Etwa 2,5 km südlich vom Exeter Quay liegt das äußerst relaxte Pub Double Locks (www.doublelocks.com; Canal Banks) mit hervorragendem Real Ale und einer Terrasse am Wasser.

Gut 3 km weiter beginnt das Naturschutzgebiet Exminster Marshes Nature Reserve, um das sich die Royal Society for the Protection of Birds (RSPB, Königliche Gesellschaft zum Schutz der Vögel) kümmert. Wer hineinfährt, trifft nach weiteren 3 km auf das Turf Pub (S. 59), der umgeben von Wasser auf einer winzigen Landzunge sitzt und ein wunderschöner Ort für gutes Essen und im Sommer für Leckereien vom Grill ist. Von dort gibt's einen etwas holprigen Übergang zum Weg auf das hübsche Powderham Castle (S. 53). Diese Route kann man auch größtenteils mit dem Kajak abfahren – ein Paddelvergnügen, das nirgends von Gezeiten beeinträchtigt ist und an diversen Pubs vorbeiführt.

Saddles & Paddles
FAHRRADVERMIETUNG, KAJAKTOUREN

(01392-424241; www.sadpad.com; 4 King's Whaf, Exeter Quay; 9.30–17.30 Uhr) Vermietet Fahrräder (Erw. pro Std./Tag 6/15 £), Kajaks (10/35 £) und Kanadier für drei Personen (15/50£).

Exeter Cruises
BOOTSTOUREN

(07984 368442; Exeter Quay; Erw./Kind/Familie hin & zurück 6/3,50/14 £; Juni–Aug. tgl. stündl. 11.30–16.30 Uhr, Ostern–Mai & Sept. nur Sa & So) Die *Southern Comfort* braucht für die Fahrt auf dem Exeter Ship Canal vom Exeter Quay zum Double Locks Pub 45 Minuten. Vom Quay legen die Schiffe immer zur halben Stunde, am Pub zur vollen Stunde ab.

Quay Climbing Centre
ABENTEUERSPORT

(01392-426850; www.quayclimbingcentre.co.uk; Haven Rd; pro Std. 13 £; Mo-Fr 10–22, Sa & So 12–20 Uhr) In diesem riesigen Indoor-Kletterzentrum gibt es unzählige Kraxelmöglichkeiten, von kinderfreundlichen, aufblasbaren Türmen bis zu 15 Meter hohen Wänden für Könner. Beim „Leap of Faith" (Sprung des Glaubens) versuchen Wagemutige, sich zu einem fast unerreichbaren Griff zu hangeln – trotz Sicherheitsgurten ein echter Test für die Nerven. Das Zentrum liegt gleich südlich vom Exeter Quay.

Geführte Touren

Redcoat Tours
SPAZIERGÄNGE

(01392-265203; www.exeter.gov.uk/guidedtours; tgl. 14–17 Uhr) GRATIS Diese 1½-stündigen Spaziergänge fördern auf wunderbare Weise die lange Geschichte Exeters zutage. Die Themen reichen von den Römern über Religion und Revolten zu Pest und Handel oder Verbrechen und Bestrafung. Sie beginnen außerhalb des Royal Clarence Hotel im Cathedral Yard oder am Exeter Quay. Die abendliche Geister- und Legendentour (ganzjährig Di 19 Uhr, vom Cathedral Yard) ist ein besonders schauerliches Vergnügen.

DER EXETER CATHEDRAL AUFS DACH STEIGEN

Einen sensationellen Blick auf die Kathedrale bieten die hoch hinaus führenden, 75-minütigen geführten Spaziergänge (01392-285983; www.exeter-cathedral.org.uk; Erw./Kind 10/5 £; April–Sept. Di–Do 14, Sa 11 Uhr). Nach 251 Stufen auf einer Wendeltreppe geht es hinauf auf das weitläufige Dach bis zur Spitze des Nordturms, von wo man die ganze Stadt überblickt. Die Dachtouren sind beliebt, also mindestens zwei Wochen vorher buchen. Das Ticket für die Tour beinhaltet auch den Eintritt zur Kathedrale (Mindestalter 11 Jahre).

🎉 Festivals & Events

Animated Exeter   FILM
(www.animatedexeter.co.uk) Das bedeutendste Filmfest dieser Art in England feiert während des Trimesters im Februar eine Woche lang Animationen jeder Art. Es werden rund 140 Filme gezeigt und Workshops zu z. B. Stop Motion oder Games Jams geboten. Bei früheren Festivals sind u. a. die Macher von Wallace and Gromit oder Aardmann Animations aufgetreten.

South West Food & Drink   ESSEN
(www.exeterfoodanddrinkfestival.co.uk) Die Festzelte dieser dreitägigen Feinschmeckerparty füllen die Northernhay Gardens von Exeter mit einer unwiderstehlichen Vielfalt von erstklassigen Lebensmitteln aus Devon. Führende Chefköche zeigen ihre Künste, einige der besten Restaurants der Region tischen auf und im coolsten Laden von Exeter, im Mama Stone's, wird live aufgespielt.

🛏 Schlafen

Raffles   B&B £
(☎01392-270200; www.raffles-exeter.co.uk; 11 Blackall Rd; EZ/DZ/FZ 48/78/96 £; P 🛜) Das B&B ist überladen mit knarzenden Antiquitäten und einem Sammelsurium viktorianischer Kinkerlitzchen, aber trotzdem eine schöne Mischung aus alten Holzmöbeln und geschmackvollen, modernen Stoffen. Pflanzen, Wandleisten und Reklameschilder von Pear's Soap vollenden die Zeitreise ins letzte Jahrhundert. Frühstück in (überwiegend) Bioqualität, der ummauerte Garten und die überaus begehrten Parkplätze runden das Angebot ab.

White Hart   GASTHOF £
(☎01392-279897; www.whitehartpubexeter.co.uk; 66 South St; EZ/DZ 50/70 £; P 🛜) In diesem Haus übernachten Gäste seit der Herrschaft der Plantagenets im 13. Jh. Der gepflasterte Hof wird von Blauregen eingerahmt und die Bar hat Balkendecke und Bücherregale an den Wänden. Die Zimmer sind geschmackvoll modern in Honig- und Goldtönen eingerichtet, mit Wildlederstühlen und blitzblanken Badezimmern. Das Angebot für Sonntagnacht im Doppelzimmer (ab 50 £) ist ein Schnäppchen.

Townhouse   B&B £
(☎01392-494994; www.townhouseexeter.co.uk; 54 St David's Hill; EZ/DZ/FZ 40/80/100 £; P 🛜) Einfache, aber reizende Zimmer mit abgezogenen Holzböden und klarem, übersichtlichem Design werden durch kräftige Farbspritzer aufgemuntert. Die viktorianische Fassade ist efeuumrankt und alle Zimmer sind nach literarischen Figuren benannt. Auf wen fällt die Wahl: Moneypenny, Dorian Gray oder Darcy?

Woodbine   B&B £
(☎01392-203302; www.woodbineguesthouse.co.uk; 1 Woodbine Tce; EZ/DZ 38/66 £; P 🛜) Hinter der Tür dieses typischen, blumenumrankten Reihenhauses wartet eine Überraschung: frische, moderne Zimmer mit flachen Betten und Farbtupfern in Burgunderrot – und in den Badezimmern gibt es sogar Fußbodenheizung.

Globe Backpackers   HOSTEL £
(☎01392-215521; www.exeterbackpackers.co.uk; 71 Holloway St; B/DZ 17,50/43 £; 🛜) Diese makellos saubere, weitläufige Unterkunft mit drei Doppelzimmern, geräumigen Schlafsälen und Duschräumen, die ein wahrer Luxus sind, ist zu Recht ein beständiger Favorit bei den Rucksackreisenden.

> **ABSEITS DER ÜBLICHEN PFADE**
>
> ### DER VIEHMARKT VON EXETER
>
> Die rötlich gefärbten Hügel rund um Exeter werden überwiegend landwirtschaftlich genutzt. Häufig haben die gleichen Familien über Generationen hinweg immer das gleiche Stück Land bestellt. Auch wenn das alles sehr hübsch anzusehen ist, lässt sich kaum erahnen, wie das Leben am Ende der Feldwege wirklich ist. Einblick gewähren die zweimal wöchentlich stattfindenden Auktionen auf dem **Viehmarkt** von Exeter (☎01392-251261; www.kivells.com; Matford Park Rd, Exeter; ⊙Verkäufe meist Mo & Fr 9.30 Uhr, aktuelle Termine auf der Website) GRATIS. Die Bauern hängen dann an den runden Geländern der Vorführmanegen, während der monotone Gesang des Auktionators die Preise in die Höhe treibt. Und wenn man sich mittags in der Gaststätte zu den Käufern und Verkäufern gesellt, kann man beim Fachsimpeln lauschen (Schlachtvieh und Nutztiere, Mutterkuh und Zuchtbullen) und am Bauernhofduft schnuppern. Hier wird ein authentischer Einblick in das ländliche Leben von Devon geboten.

Silversprings
APARTMENT ££

(☎01392-494040; www.silversprings.co.uk; 12 Richmond Rd; Apt. mit 1/2 Schlafzi. pro Nacht 85/95 £; P 🛜) Es gibt viele Gründe diese Apartments mit Zimmerservice zu seiner Zweitwohnung in Exeter zu machen. Etwas versteckt hinter einem Platz und nur einen kurzen Weg vom Stadtzentrum entfernt bieten die Apartments Schlafzimmer, Salon und eine kleine Küche sowie Wohnkomfort wie DVD-Spieler und Satellitenfernsehen. Die Möblierung ist fabelhaft: Isca ist modern und schick, Richmond schmückt sich mit Rokoko-Rüschen und St. Just erstrahlt in edwardianischer Eleganz mit Holzvertäfelungen an den Wänden und einer Klingel für den Butler (der Diener ist im Preis nicht inbegriffen).

St Olaves
HOTEL ££

(☎01392-217736; www.olaves.co.uk; Mary Arches St; DZ 85-130 £, Suite 100-160 £, FZ 170 £; P) Die schwindelerregende Wendeltreppe in St Olaves ist so großartig, dass man sein Nachtquartier am liebsten direkt daneben aufschlagen möchte. Aber die Zimmer sind mit ihrem Charme des 18. Jhs. und ihrem modernen Komfort natürlich bequemer: verzierte Spiegel, Messingbettgestelle und vornehme Möbel.

★ Magdalen Chapter
BOUTIQUEHOTEL £££

(☎01392-281000; www.themagdalenchapter.com; Magdalen St; DZ 150-250 £; @🛜🏊) Das zweifellos coolste Hotel von Exeter (das Personal trägt Converse-Turnschuhe und lässige Hosen) ist überreichlich mit flippigen Details ausgestattet. Flure in sattem Lila führen zu taubengrauen Schlafzimmern, jedes mit iPad, Kaffeemaschine und Beleuchtungssystem für jede Stimmung - von strahlend hell bis entspannend gedimmt. Am besten aber ist der winzige beheizte Pool, der von draußen in einen kleinen Raum führt, der von einem eigenen Holzofen angeheizt wird.

Southernhay House
BOUTIQUEHOTEL £££

(☎01392-439000; www.southernhayhouse.com; 36 Southernhay East; Zi. 150-240 £; 🛜) Im 18. Jh. war es ein angesehenes Herrenhaus. Heute ist es eine tadellos geführte Luxusherberge. Antiquitäten und samtbezogene Möbel sorgen zwischen Schieferwänden und exotischen Kunstwerken für Gemütlichkeit und geschwungene Holzgeländer führen zu riesigen Flachbildschirmfernsehern. Das vielleicht schönste Zimmer könnte „Sugar" sein, in dem die Art-déco-Einrichtung auf das jazzige Schwesterhaus Burgh Island (S. 101) hinweist.

ABode, Royal Clarence
HOTEL £££

(☎01392-319955; www.abodehotels.co.uk/exeter; Cathedral Yard; Zi. 150-330 £; @🛜) Im ABode trifft georgianische Eleganz auf minimalistischen Chic. Unebene Böden und Buntglasfenster verbinden sich mit Einbauleuchten, zurückhaltendem Mobiliar und neutralen Farbtönen. Die Zimmernamen lauten „Komfortabel", „Beneidenswert" und „Fabelhaft". Letzteres stimmt ganz und gar: Es ist größer als so manche Wohnung und die schrägen Decken rahmen einen Logenplatzblick auf die Kathedrale. Die Preise hängen von der Verfügbarkeit ab. Die Schnäppchen gibt's bei früher Buchung.

🍴 Essen

Herbies
VEGETARISCH £

(15 North St; Hauptgerichte 6-10 £; ⏱Mo-Sa 11-14.30, Di-Sa 18-21.30 Uhr; 🌱) Das gemütliche Herbies mit seinem entspannten Groove füttert Exeters Vegetarier seit über 20 Jahren fröhlich durch. Sehr lecker sind die Pastete mit dicken Bohnen und Gemüse, die marokkanische Tajine, das Cashew-Brot oder das Kürbis-Thymian-Risotto. Die Salate mit gegrilltem Gemüse sind schlichtweg ein Gedicht und auch für Veganer ein ganz heißer Tipp.

Refectory
CAFÉ

(Cathedral Green; Hauptgerichte 7 £; ⏱Mo-Sa 10-17 Uhr; 🌱) Im Speisesaal der Kathedrale gibt's unter der gewölbten Decke und zwischen Buntglasfenstern und Büsten großartiger, heiliger und toter Menschen an Biertischen Kuchen, Pasteten und Suppen.

★ Rusty Bike
MODERN BRITISCH ££

(☎01392-214440; www.rustybike-exeter.co.uk; 67 Howell Rd; Hauptgerichte 14 £; ⏱tgl. 18-22 Uhr sowie Sa & So 12-15 Uhr) Der alte Kicker und gebeizte Stühle strahlen Beatnik-Atmosphäre aus, aber das Essen ist stylisch-rustikal. Die Karte wechselt täglich, je nachdem, was von den ansässige Qualitätsherstellern geliefert wird. Es gibt Seltenheiten wie Wild- und Ententerrine; Ochsenschulter und Möhren, Rote Bete, Meerrettich und Fasan - natürlich geliefert vom örtlichen Wildhüter.

MC Cafe, Bar & Grill
BISTRO ££

(www.michaelcaines.com; Cathedral Yard; Hauptgerichte 10-20 £, 2/3 Gänge mittags 11/16 £; ⏱9-22 Uhr) Das MC im Namen steht für den bekannten Chefkoch Michael Caines. Gäste können sich also auf kreative Interpretationen von Bistroklassikern gefasst machen: Risotto aus Pilzen und Devon-Blauschimmelkäse oder Fisch in Otter-Ale-Bierteig. Unbedingt Platz für die herrliche Crème Brûlée lassen.

Harry's BISTRO ££
(01392-202234; www.harrys-exeter.co.uk; 86 Longbrook St; Hauptgerichte 10 £; tgl. 12–14 & 18–23 Uhr) Harry's ist so ein freundliches Nachbarschaftslokal, wie es sich jeder in seiner Nähe wünschen würde. Die Ausstattung besteht aus Holzstühlen, Speisekarten auf Kreidetafeln und vergoldeten Spiegeln. Zu essen gibt's spanischen Schinken mit marinierten Feigen, knusprige Pizza und ein herzhaftes 3-Bohnen-Chili.

Michael Caines GOURMETRESTAURANT £££
(01392-223638; www.michaelcaines.com; Cathedral Yard; Hauptgerichte 25 £; Mo–Sa 12–14.30 & 18–21.30 Uhr) Der Namensgeber dieses Restaurants ist natürlich auch sein Chefkoch; sein anderes Lokal in Devon, Gidleigh Park (S. 127), wurde mit zwei Michelin-Sternen ausgezeichnet. Sein Kochstil kreiert auch hier die perfekte Symbiose von heimischen Zutaten und französischer Raffinesse. Unbedingt probieren: die Sellerie-Trüffelsuppe oder den Salat aus Devon-Wachteln mit geräuchertem Schinken, Wachtelei und karamellisierten Haselnüssen. Für das 7-Gänge-Menü (65 £, mit Wein 96 £) sollte man sich Zeit lassen. Die Menüs am frühen Abend (2/3 Gänge 17/23 £) gehören zum Besten, was die Stadt zu bieten hat.

@Angela's MODERN BRITISCH £££
(01392-499038; www.angelasrestaurant.co.uk; 38 New Bridge St; Hauptgerichte abends 21 £; Mo–Sa 18–21.30 Uhr, Fr & Sa mittags nur auf Reservierung) Hier sorgt der Koch persönlich dafür, dass frische regionale Ware auf den Tisch kommt. Und wenn das bedeutet, dass er vor Sonnenaufgang aufsteht, um den besten Fisch vom Brixham Market zu erstehen. Allein wegen seines gedämpften Petersfischs mit Jakobsmuscheln lohnt sich der Weg. Das Lamm- und Rindfleisch kommt von Tieren, die auf den Weiden der Umgebung gegrast haben. Ein Gericht, das unvergesslich bleiben wird, ist Ente mit einer gehaltvollen karamellisierten Orangensauce.

Ausgehen & Nachtleben

Mama Stone's LIVEMUSIK
(www.mamastones.com; 1 Mary Arches St; 18–24 Uhr, bei Livekonzerten 21–3 Uhr) Supercoole Location, die nahezu jede Musikrichtung von Akustikcombos über Pop und Folk bis zu Impressions auf die Bühne bringt. Viele der auftretenden Künstler haben das Artist Development Programm besucht, das hier angeboten wird. Auch die illustre Tochter von Mama Stone (doch, tatsächlich *die* Joss Stone) gibt sich manchmal die Ehre.

Old Firehouse PUB
(www.oldfirehouseexeter.co.uk; 50 New North Rd; So–Do 12–1.30, Fr & Sa bis 2.30 Uhr) Wer diese lauschige, kerzenbeschienene Institution Exeters betritt, fühlt sich gleich wie zu Hause. Von den Dachsparren hängt getrockneter Hopfen, der Fußboden ist gefliest, die Wände sind unverputzt. Es gibt eine eindrucksvolle Auswahl gezapfter Cidres und Ales vom Fass und die Pizza, die nach 21 Uhr aufgetischt wird, hat schon zahllose Studenten gesättigt.

On the Waterfront BAR
(www.waterfrontexeter.co.uk; The Quay) 1835 war dies ein Lagerhaus. Heute ist in das Ziegelstein-Gewölbe eine moderne Bar eingezogen. Die Tische vor der Tür für ein Pint am Fluss sind begehrt.

Old Timers WEINBAR
(www.oldtimersexeter.co.uk; Little Castle St) Abgetretene Holzdielen, dicht gedrängte Tische und Wände, die mit unzähligen, merkwürdigen Sammlerstücken behängt sind, machen die Atmosphäre in diesem Schuppen aus.

Timepiece CLUB
(www.timepiecenightclub.co.uk; Little Castle St) Die DJ-Sets für jeden Geschmack: Salsa (dienstags) und Weltmusik (sonntags), Indie, Glamrock und Elektro (freitags) und Pop, Dubstep, House, R&B und Hiphop (samstags).

Unterhaltung

Exeter Picturehouse KINO
(0871 902 5730; www.picturehouses.co.uk; 51 Bartholomew St West;) Gemütliches, kleines Programmkino. Zu sehen sind sowohl Mainstream- als auch Kunstfilme. Das Café mit Lizenz zum Alkoholausschank ist beliebt bei Kinogängern.

Exeter Phoenix KUNSTZENTRUM
(01392-667080;www.exeterphoenix.org.uk;Bradninch Pl, Gandy St; Mo–Sa 10–23 Uhr, Snacks bis 21 Uhr;) Die Seele der Kunst von Exeter – das Phoenix bietet eine Mischung aus unabhängigem Kino, Kunstperformances, Galerien und einer angesagten Café-Bar.

Bike Shed Theatre THEATER, BAR
(www.bikeshedtheatre.co.uk; 162 Fore St) The Bike Shed ist ein Neuling im Kulturleben

von Exeter. In einem kahlen, von Backsteinwänden umgebenen Bühnenraum im Keller werden Nachwuchsautoren vorgestellt. In der Vintage-Cocktailbar gibt's Freitagabend Livemusik und samstags legen DJs auf.

🛍 Shoppen

The Real McCoy SECONDHAND
(www.therealmccoy.co.uk; 21a McCoy's Arcade, Fore St) Dies ist ein bisschen wie mit Retrogewändern gefüllte Höhle und schon lange ein Magnet für Modebegeisterte. Stolz wird mit Klamotten geworben, die aus einer Zeitspanne von hundert Jahren (1880er bis 1980er) stammen sollen. Im Untergeschoss gibt es alles, was zu Cricket-Jacketts, Krawatten oder perlenbesetzten Abendkleidern passt, während oben Lederjacken aus den 1950er-Jahren und Jeans und karierte Hemden aus den 1970ern dominieren.

Real Food Store LEBENSMITTEL
(www.realfoodexeter.co.uk; 11 Paris St; ⏰Mo-Fr 9–18, Sa bis 17 Uhr) Kisten und Taschen gefüllt mit frischem Gemüse direkt vom Feld, Regale mit duftendem Brot, Stände mit Käse aus der Region und Berge von geräuchertem Fleisch und Fisch – rund 70 % der Lebensmittel in diesem kommunalen Ladencafé kommen aus Devon und die restlichen 30 % kommen aus dem weiteren Südwesten. Dieses Bekenntnis für die Erzeugnisse der Region brachte den Betreibern ins Finale der Food & Farming Awards von Radio 4.

ℹ Praktische Informationen

Exeter Central Touristeninformation
(☏01392-665700; www.heartofdevon.com; Dix's Field; ⏰Mo–Sa 9.30–16 Uhr)
Quay House Visitor Centre (☏01392-271611; www.heartofdevon.com; The Quay; ⏰Ostern–Okt. tgl. 10–17 Uhr, Nov.–Ostern nur Sa & Sa 11–16 Uhr)

ℹ An- & Weiterreise

ZUM/VOM FLUGHAFEN
Exeter International Airport (S. 314) liegt 8 km östlich der Stadt. Bedient werden Ziele innerhalb der Britischen Inseln (z. B. Belfast, Dublin, Glasgow, Manchester, Newcastle und die Scilly-Inseln) und auf dem europäischen Festland (Amsterdam, Paris). Eine der wichtigsten Airlines ist FlyBe (S. 314).

Die Buslinie 56 fährt zwischen Busbahnhof bzw. dem Bahnhof St. David's und dem Flughafen von Exeter (stündl. bis 18 Uhr, Sa bis 17 Uhr, 20–30 Min.).

BUS
Bude (6,50 £, 2 Std., Mo–Sa 5-mal tgl.) Bus X9, über Okehampton.
Exmouth (30 Min.; 2- bis 4-mal stündl.) Bus 57; über Topsham (15 Min.).
Moretonhampstead (1 Std., Mo–Sa 5-mal tgl.) Bus 359.
Plymouth (6,50 £, 1¼ Std., Mo–Sa alle 2 Std., So alle 3 Std.) Bus X38.
Sidmouth (1 Std., 1- bis 3-mal stündl.) Bus 52A/B, über Sidford.
Totnes (1 Std., Mo–Sa 9-mal tgl., So 2-mal) Bus X64.
Jurassic Coastlinx (Bus X53) 5- bis 7-mal täglich nach Beer und nach Lyme Regis und Weymouth.
Transmoor Link (Bus 82) Im Sommer (Mitte Mai–Mitte Sept.) nur samstags und sonntags. Eine Fahrt von Exeter nach Tavistock über Moretonhampstead, Postbridge, Princetown und Yelverton.

ZUG
Hauptstrecken und Nahverkehrszüge fahren vom Exeter St. David's und Exeter Hauptbahnhof:
Barnstaple (10 £, 1¼ Std., 1- bis 2-mal stündl.)
Bristol (16 £, 1¼ Std., halbstündl.)
Exmouth (5 £, stündl., 40 Min.)
London Paddington (40 £, 2½ Std., halbstündl.)
Paignton (7 £, 50 Min., halbstündl.)
Penzance (18 £, 3 Std., stündl.)
Plymouth (8 £, 1 Std., halbstündl.)
Topsham (4 £, stündl., 15 Min.)
Torquay (6 £, 45 Min., halbstündl.)
Totnes (6 £, 35 Min., halbstündl.)

ℹ Unterwegs vor Ort

AUTO
Exeter liegt am südlichen Ende der Autobahn M5; die Autobahnausfahrten 29 und 30 sind eine gute, wenn leider auch stauanfällige Verbindung in die Stadt. Die meisten Autovermietungen haben Zweigstellen in der Stadt oder am Flughafen. Die Innenstadt von Exeter ist für Autos (aber nicht für Busse) gesperrt.

PARKEN
Auf dem Parkplatz von Kathedrale und Quay ist oft noch Platz, wenn andere bereits voll sind. Park-and-Ride-Busse fahren von Sowton (nahe M5, Autobahnausfahrt 30), Matford (nahe M5, Autobahnausfahrt 31) und Honiton Road (nahe M5, Autobahnausfahrt 29) alle 10 Minuten von Mo–Sa 7–18 Uhr. Das Parken ist kostenlos, nur das Busticket muss bezahlt werden (Erw./Kind hin & zurück 2,25/1,50 £).

TAXI

Taxistände gibt es am Bahnhof St. David's und an der High Street. Daneben gibt's noch die privaten Taxiunternehmen **Capital Taxis** (☏ 01392-434343; ⊗ 24 Std.), **Club Cars** (☏ 01392-213030; ⊗ 24 Std.) und **Gemini** (☏ 01392-666666; ⊗ 24 Std.).

Rund um Exeter

Nördlich von Exeter beginnt das ländliche Herz Devons. Die bunt gescheckte, hügelige Landschaft aus leuchtend grünen und gelben Feldern wird von Flecken aus hellroter Erde unterbrochen. Die Gegend hier gehört zu den am wenigsten touristisch erschlossenen Regionen des Landes und bietet dafür einen Einblick in das alltägliche Bauernleben. Schnell erreicht sind auch die wunderschönen Herrenhäuser Powderham Castle und Knightshayes Court – und wem das zu viel Kultur ist, dem stehen auch eine Hausbrauerei, ein Winzer oder eine Kahnfahrt auf dem Kanal mit echter Pferdestärke zur Auswahl.

⊙ Sehenswertes & Aktivitäten

★ **Powderham Castle** HISTORISCHES GEBÄUDE
(☏ 01626-890243; www.powderham.co.uk; Erw./Kind/Familie 11/8,50/33 £; ⊗ April–Okt. So–Fr 11–16.30 Uhr, Aug. auch Sa; P) Irgendwie schafft es das 1391 erbaute Herrenhaus, gleichzeitig herrschaftlich und häuslich zu wirken. Der zinnenbewehrte Stammsitz des Earl of Devon wurde während des Englischen Bürgerkriegs beschädigt und in der viktorianischen Ära wieder aufgebaut. Die heute ausgestellten Möbel im Regency- und Tudor-Stil sind eine echte Seltenheit. Zu den Highlights gehören die schöne, holzgetäfelte Great Hall, die viktorianische Küche (die einen Einblick in das Leben der Angestellten gewährt) und der Park mit 650 Hirschen. Da der Earl und die Gräfin bis heute in Powderham wohnen, beschleicht die Besucher trotz allem Pomp immer mal wieder das Gefühl, durch jemandes Wohnzimmer zu stiefeln.

Powderham liegt am Fluss Exe bei Kenton, 13 km südlich von Exeter, und ist mit der Buslinie 2 von Exeter erreichbar (30 Min., Mo–Sa alle 30 Min.). Wer's sportlicher mag, fährt mit dem Fahrrad oder geht zu Fuß an Kanal und Fluss entlang.

★ **Yearlstone Vineyard** WEINGUT
(☏ 01884-855700; www.yearlstone.co.uk; Bickleigh; Eintritt 3 £; ⊗ Ostern–Nov. Mi–So 11–16 Uhr; P) Der Winzer ist besonders stolz darauf, dass sein Weinberg auf dem gleichen Längengrad liegt wie das Moseltal. Auf alle Fälle ist die Umgebung genauso lieblich, denn das Weingut liegt mitten in einem dicht bewaldeten Talkessel und zu seinen Füßen rauscht der Fluss Exe. Die hier produzierten Weiß-, Rot-, Rosé- und Schaumweine sind mehrfach preisgekrönt, darunter der hellgoldene Sekt Vintage Brut, der leichte, fruchtige Rotwein Yearlstone No 4 und der spritzig-trockene Weißwein Yearlstone No 1. Die Palette der Führungen reicht vom selbstständigen Rundgang (3,50 £) bis zur ausführlichen Erläuterung des Weinkelterns, einschließlich Mittagessen und einer kostenlose Flasche Wein (50 £). Bei allen ist eine professionelle Weinprobe im Preis enthalten. Das feine Essen im Café (S. 55) ist den Abstecher auf jeden Fall wert. Yearlstone liegt am Rand des Dorfes Bickleigh, 16 km nördlich von Exeter auf der A396.

Knightshayes Court HISTORISCHES GEBÄUDE
(NT; ☏ 01884-254665; www.nationaltrust.org.uk; Bolham; Erw./Kind 7,20/3,15 £; ⊗ Anfang Feb.–Okt tgl. 11–17 Uhr; P) Knightshayes Court bietet eine Überdosis viktorianischen Exzesses. Der exzentrische Architekt William Burges entwarf es 1869 für seinen Auftraggeber, den Parlamentsabgeordneten John Heathcoat Mallory aus Tiverton. Darin vereint sich der ausgeprägte Mittelalterspleen des Architekten (überall Steinschnörkel, reich verzierte Simse und Figürchen) mit einer üppigen viktorianischen Ausstattung. Insbesondere das Raucher- und das Billardzimmer sehen aus wie aus einem privaten Herrenclub.

Der Garten bietet einen Seerosenteich, kunstvoll gestutzte Buchsbäume, schöne Aussichtsterrassen und einen inspirierenden Küchengarten. Knightshayes liegt etwa 1,6 km östlich von Tiverton bei Bolham. Die Buslinie 398 verkehrt zwischen Bolham und Tiverton (10 Min., Mo–Sa 7-mal tgl.).

Grand Western Canal KANAL
(☏ 01884-254072; www.devon.gov.uk/grandwesterncanal; Canal Hill, Tiverton; ⊗ frei zugänglich; P) Der 1814 gebaute Kanal schlängelt sich um die Hügel oberhalb von Tiverton und bietet einen faszinierenden Eindruck von dem Leben auf einer vom Menschen geschaffenen Wasserstraße. 130 Jahre lang transportierten Lastkähne Kalkstein aus den hiesigen Steinbrüchen, bevor diese Transportart aus der Mode kam. Stück für Stück wurde das Kanalnetz aufgegeben und schließlich blieb nur dieser 18 km lange Abschnitt übrig. 2012 haben schwere Hochwasser und Stürme bei

Halberton einen massiven Bruch des Kanals verursacht. Das Wasser donnerte in die umliegenden Felder und 20 Familien mussten aus ihren Häusern evakuiert werden. An der Stelle des durchbrochenen Ufers stauten Ingenieure den Kanal in beiden Richtungen und der Gemeinderat versprach 3 Mio. £, um den Kanal noch vor seinem 200. Geburtstag 2014 zu flicken.

Der Uferbruch hat das Leben am Kanal bei Tiverton nicht beeinträchtigt. Infotafeln am Ufer stellen die Geschichte des Kanals dar. Es gibt das süße **Ducks Ditty** (April-Okt. Di-So 12-16 Uhr), eine schwimmende Café-Bar und einen **Bootsverleih** (01884-253345; www.tivertoncanal.co.uk; Mai-Sept. Di-So 12-15.30 Uhr, Juli & Aug. So-Fr ab 10.30 Uhr) für Motorboote (1/4 Std. 40/90 £), Ruderboote (1/4 Std. 10/25 £) und Kanadier (1/4 Std. 15/30 £). Ebenfalls nett ist die Fahrt auf einem bunt bemalten vom **Treidelkahn** (01884-253345; www.tivertoncanal.co.uk; Erw./Kind ab 9,50/7 £; Mai-Sept. 1-2 Fahrten tgl.). Mit gurgelndem Wasser und Hufgetrappel im Hintergrund kann man in Ruhe nach Moorhühnern, Eisvögeln, Zwergtauchern und Rehen Ausschau halten.

Der Grand Western Canal and Country Park liegt am Ortsrand von Tiverton, 24 km nördlich von Exeter an der A396.

🛏 Schlafen

★ Wood Life   CAMPING £
(01392-832509; www.thewoodlife.org; The Linhay, nahe Kenn; 5 Nächte für 6 Pers. 500-620 £, 7 Nächte 620-1150 £; April-Okt.; P) Zu den Verführungen dieses luxuriösen Safarizelts für sechs Personen gehören Messingbetten mit Bezügen aus ägyptischer Baumwolle und dicke Läufern auf dem Boden. Außerdem gibt es eine Feuerstelle (einschließlich Kessel), einen Kübel frische Kräuter und altmodische Spiele. Das komfortable Campingparadies wird perfekt durch mit Feuer erwärmte Duschen, einige Sturmlampen und ein eigenes, 3,5 ha großes Stück Wald. Das alles liegt versteckt am Rand des Dorfes Kenn, 11 km südlich von Exeter.

Blackdown Yurts   CAMPING £
(01884-266699; www.blackdownyurts.co.uk; nahe Kentisbeare; 4-Pers.-Jurte pro Woche 400-480 £; April-Sept.; P) Diese original mongolischen Jurten sind ganz und gar unwiderstehlich. Hell gestrichenes Holz wird von bunten Stoffen umspielt. Ein Holzofen in der Mitte sorgt für angenehme Wärme. Zu jeder Jurte gehören ein Kompostklo, eine Feldküche und eine Feuerstelle. Weitere Annehmlichkeiten sind eine gemeinschaftliche Koch- und Essecke und warme Duschen. Im Willkommenskorb stecken Tee, Kaffee und eine kostenlose Flasche Wein. Zu finden auf einem verschlafenen Kleinbauernhof, rund 24 km südöstlich von Tiverton.

Fisherman's Cot   GASTHOF £
(01884-855237; www.fishermanscot-bickleigh.com; Bickleigh; DZ/FZ 73/92 £; P) Das Cot ist mit seinen gewölbten Reetdächern und einer traumhaften Lage direkt am rauschenden Exe das perfekte Postkartenmotiv. In den Schlafzimmern empfangen weiße Bettwäsche und schokoladenbraune Überdecken die Gäste. Am schönsten sind die Zimmer über dem Pub mit Blick aufs Wasser. Das Pub bietet die üblichen Pub-Gerichte (Hauptgerichte 11 £, 12-21 Uhr), der Biergarten am Ufer (11-23 Uhr) ist der beste Ort, um zu beobachten, wie das Wasser durch die berühmte, fünfbogige Brücke von Bickleigh aus dem 17. Jh. stürzt.

Bickleigh Castle   B&B ££
(01884-855363; www.bickleighcastle.com; Bickleigh; EZ/DZ/FZ 60/120/140 £; P) Wie oft hat man schon Gelegenheit, in einem Schloss zu pennen? Lauschige Schlafzimmer in reetgedeckten Cottages stehen rund um einen blumengeschmückten Hof, im Hintergrund die Befestigungen aus dem 11. Jh. Hier gibt's Balken, Möbel im Landhausstil und absolute Ruhe. Das Dorf von Bickleigh liegt weniger als 1,5 km entfernt. Bei den Preisen ist das ein echtes Schnäppchen.

Halsbeer Farm   SELBSTVERSORGER ££
(018842-66699; www.halsbeerfarm.co.uk; 4-Pers.-Hütte pro Woche 340-900 £; P) Nach einer Woche Aufenthalt wird es wirklich schwer wieder abzureisen. Flauschige Bademäntel und Vorhänge neben verwitterten Balken und unglaublich gut ausgestattete Küchen, in denen man sich richtig austoben kann. Es gibt auch einen langgestreckten, komfortablen Wintergarten (mit Holzofen), ein Spielezimmer (mit Billardtisch und Tischtennisplatte) und einen kleinen, überdachten und beheizten Swimmingpool. Direkt neben Kentisbeare.

Combe House   HISTORISCHES HOTEL £££
(01404-540400; www.combehousedevon.com; Gittisham, nahe Honiton; DZ 215-450 £; P) Das luxuriöse Combe House ähnelt eher einem historischen Denkmal als einem Hotel. Der große Saal dieses elisabethanischen Landhauses ist vom Boden bis zur Decke holzvertäfelt; die Einrichtung besteht aus alten

Eichenholzmöbeln und Originalgemälde aus der Tudorzeit. Gäste freuen sich über frische Baumwolle, Badetücher mit Monogramm, Regenwaldduschen und herrliche Überdecken – ein Zimmer hat sogar eine breite Kupferwanne zum Baden. Das gefeierte Restaurant (3 Gänge mittags/abends 33/52 £, tgl. 12–14.30 & 19–21.30 Uhr) zaubert exquisite Kreationen aus Zutaten, die überwiegend aus der Region stammen. Das Anwesen liegt auf einem 1400 ha großen Grundstück, auf dem Araberhengste herumgaloppieren, 22,5 km östlich von Exeter.

Essen & Ausgehen

Deli Shack Cafe BISTRO £
(01884-855700; www.delishackcafe.co.uk; Yearlstone Vineyard, Bickleigh; Hauptgerichte 9 £; Ostern–Nov. Mi–So 11–16 Uhr;) In dem Restaurant des Yearstone Vineyard blicken die Gäste weit über das üppig-grüne Exe Valley. Die Weine stammen von den Rebstöcken vor dem Fenster und das Essen ist sehr aromatisch, z. B. die Rotzunge mit eingelegtem Gemüse, Pasta mit heißem geräuchertem Lachs und gebratene Strauchtomaten mit Basilikumtarte. Dies ist der perfekte Ort für ein Mittagessen, an warmen Tagen ist es auch toll für ein Abendessen bei alten Weinen auf der sonnigen Terrasse.

Beer Engine BRAUEREI, PUB
(01392-851282; www.thebeerengine.co.uk; Newton St Cyres; Hauptgerichte 11 £; Bar 11–23 Uhr, Küche tgl. 12–14.15, Di–Sa 18.30–21.15, So & Mo bis 20.15 Uhr) Für Ale-Liebhaber werden hier Träume wahr: Ein Pub braut sein eigenes Bier. Das Ambiente setzt sich zusammen aus lackierten Bodendielen, Ledersofas und roten Backsteinwänden. Aber das Allerbeste ist im Keller, wo in edelstahlglänzenden Behältern und Rohren das Bier gebraut wird. Das Gebäude selbst war früher das Bahnhofshotel und nach dieser Vergangenheit sind die Biere des Hauses benannt: das fruchtige Rail Ale, das scharfsüße Piston Bitter und das gut abgerundete Sleeper Heavy. Zu den schmackhaften Gerichten gehören die langsam gegarte Schulter eines heimischen Lamms, diverse *ploughman's lunches* (rustikale Brotzeiten mit regional produziertem Quickes-Cheddarkäse) und die Pastete mit Steak und Sleeper Ale.

Newton St. Cyres liegt 8 km nördlich von Exeter an der A377. Züge fahren oft genau rechtzeitig zum Abendessen in das Örtchen ein. Ganz besonders praktisch ist vor allem die Verbindung zurück nach Exeter kurz nach 23 Uhr.

Praktische Informationen

Tiverton Touristeninformation (01884-255827; www.discovertiverton.co.uk; Phoenix Lane; Mo–Sa 9.15–15 Uhr)

An- & Weiterreise

Die Buslinien 55, 55A und 55B fahren von Exeter über Bickleigh nach Tiverton (1 Std., Mo–Sa halbstündl., So 8-mal).

Der Bahnhof Tiverton Parkway bedient die Hauptroute von London Paddington nach Penzance und hat stündliche Verbindungen nach Exeter (15 Min.). Der Bahnhof liegt 16 km von Tiverton entfernt, von wo aus einmal pro Stunde ein Bus in Richtung Bahnhof fährt (20 Min.).

OSTDEVON

Östlich von Exeter erstrecken sich sanfte Hügelketten mit roten Feldern und Steilklippen in Richtung Dorset. Einige Kilometer südlich der Stadt liegt Topsham, ein charmanter, alter Hafen mit unzähligen netten Restaurants und Übernachtungsmöglichkeiten. Bald danach folgt der verblichene Urlaubsort Exmouth, Ausgangspunkt für Schiffsausflüge entlang der Jurassic Coast und adrenalintreibendere sportliche Aktionen. Regency-Sidmouth kann mit altmodischem Strandcharme, einer Sternwarte und einem unwiderstehlichen Naturschutzgebiet für Wildpferde aufwarten. Im bezaubernden Beer können Urlauber das eigene Mittagessen an Land ziehen oder ein uraltes Höhlennetzwerk erkunden. Und weiter landeinwärts tischen die River-Cottage-Restaurants von TV-Chefkoch Hugh Fearnley-Whittingstall wirklich denkwürdiges Essen auf.

Praktische Informationen

Exmouth Touristeninformation (01395-222299; www.exmouth-guide.co.uk; 3 Rolle St; Mo–Fr 9–17, Sa bis 16 Uhr)
Sidmouth Touristeninformation (01395-516441; www.visitsidmouth.co.uk; Ham Lane; Mai–Okt. Mo–Sa 10–17, So bis 16 Uhr, Nov.–April Mo–Sa 10–13.30 Uhr)

An- & Weiterreise
BUS
X53 Jurassic Coastlinx fährt zwischen Exeter und Weymouth (5- bis 7-mal tgl.), mit Halt in Beer und Lyme Regis.

Bus 57 (2- bis 4-mal stündl.) fährt zwischen Exeter, Topsham (15 Min.) und Exmouth (30 Min.).

Bus 157 verbindet Exmouth mit Sidmouth (1 Std., Mo–Sa stündl., im Sommer auch So 4-mal).

Bus 52A/B verbindet Exeter mit Sidmouth (1 Std., 1- bis 3-mal stündl.) und Sidford.

ZUG

Stündliche Züge auf einer Nahverkehrsstrecke von Exeter nach Topsham (15 Min.) und Exmouth (25 Min.); Axminster liegt auf der gut bedienten Strecke zwischen Exeter und Waterloo.

Topsham

5520 EW.

Topsham zieht sich träge am Ufer des Flusses Exe entlang. Die stimmungsvolle Fore Street wird von denkmalgeschützten Häusern flankiert und das lange Ufer bietet malerische Blicke auf eine Flussmündung, die Richtung Meer immer breiter wird. Auch wenn dieser ansprechende Ort nur 6,5 km südlich von Exeter liegt, konnte er die Atmosphäre einer Marktstadt bewahren. Dazu gibt es ein paar außergewöhnliche Lokale und Hotels, ein unwiderstehliches Weingut und einige überwältigende Schiffstouren und heraus kommt ein wirklich reizvoller Standort am Rand von Exeter.

◉ Sehenswertes

Historic Topsham HISTORISCHE GEBÄUDE

Topsham war seit dem Mittelalter ein wichtiger Handelshafen, der Wohlstand in die Stadt gebracht hat. Zu sehen ist das an den holländischen Giebelhäusern der Kaufleute, die sich mitten durch die Stadt ziehen. Auf dem Weg die kurvige Fore Street entlang bis zu The Strand und zurück ans Wasser kommt man an unabhängigen Geschäften, Restaurants, dem Stadtmuseum und Fähranlegern vorbei.

Pebblebed Vineyard WEINGUT

(☏07814 788348; www.pebblebed.co.uk; Clyst St George, nahe Topsham; pro Pers. 15 £) Ein bisschen mehr als nur ein Hauch Südeuropa kommt einem auf den Führungen durch das Weingut entgegen: Südhänge, gepflegte Weinstöcke und der berauschende Duft von gärenden Weintrauben. Die einstündigen Spaziergänge enden mit einer angeleiteten Verkostung von vier Weinen: einem fruchtigen Rotwein, einem frischen Rosé, einem trockenen Weißwein und dem Devon-Schaumwein. Die Führungen finden nur im Sommer ein paar Mal in der Woche statt, unbedingt vorab buchen. Wer das verpasst, kann sich im Weinkeller des Guts in Topsham mit den Rebensäften trösten.

Topsham Museum MUSEUM

(25 Strand; ⊙April–Okt. Sa–Mo & Mi 14–17 Uhr) GRATIS Gegenstände aus der salzigen Vergangenheit von Topsham „bewohnen" dieses Ufergebäude aus dem 17. Jh., darunter Modellsegelboote, Schiffsbauwerkzeuge und bottichförmige historische Schiffe. Es gibt auch eine Überraschung: einen Vivien-Leigh-Raum (sie war die Schwägerin des Museumsgründers), u. a. mit dem Nachthemd, das der Filmstar in *Vom Winde verweht* trug.

🏃 Aktivitäten

Sea Dream BOOTSTOUREN

(www.topshamtoturfferry.co.uk; The Quay; Erw./Kind hin & zurück 5/3 £; ⊙April–Sept. tgl. 4–6 Touren) Eine Kostprobe von Topshams maritimer Verbundenheit bieten die Touren der Sea Dream, wenn Schiffe durch Schlick und Marschen am städtischen Panorama vorbeigleiten. Die 15-minütigen Ausflüge führen zu einem schmalen Streifen Land,

---

BAUERNSPEKTAKEL

Auf den jährlichen Landwirtschaftsschauen von Devon trifft sich das Landvolk, um sich zu messen, zu tratschen und ihre Produkte vorzuführen. Neben Ställen mit Rindern, Schafen, Ziegen und Schweinen gibt es Festzelte und Essensstände, die voll bester Erzeugnisse überquellen, riesige Bierzelte, Springreitparcours, Hunderennen und Ponyspiele. Insgesamt bieten sie ganz unterhaltsame Eindrücke vom Landleben. Am größten ist die dreitägige **Devon County Show** (www.devoncountyshow.co.uk), die jeden Mai in der Nähe von Exeter stattfindet.

Aber auch diese eintägigen Schauen lohnen sich:

Mid Devon (www.middevonshow.co.uk) Ende Juli, bei Tiverton.

Totnes (www.totnesshow.com) Ende Juli.

North Devon (www.northdevonshow.com) Anfang August, bei Barnstaple.

Okehampton (www.okehamptonshow.co.uk) Anfang August.

Kingsbridge (www.kingsbridgeshow.co.uk) Anfang September.

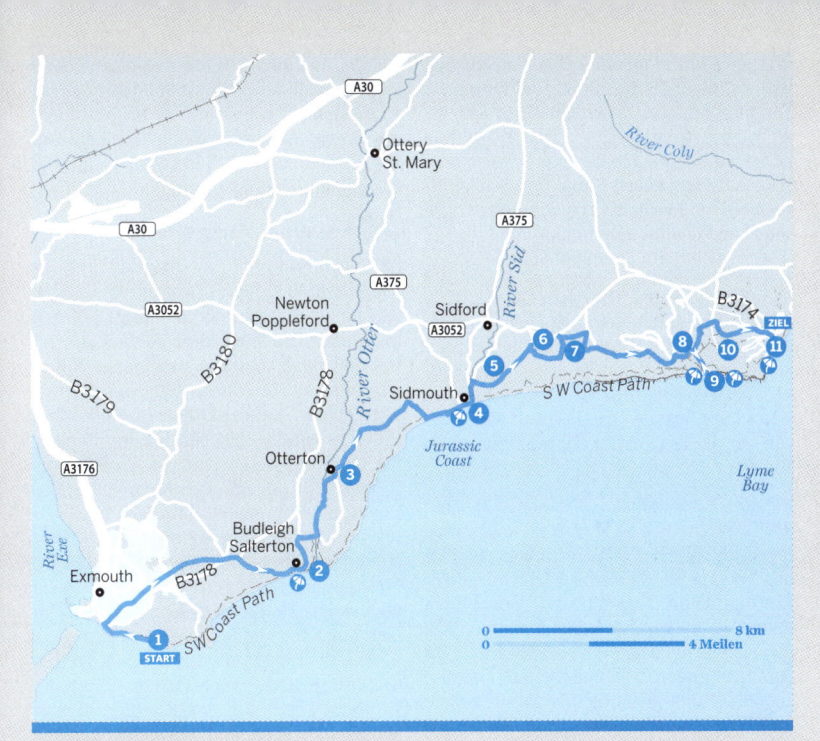

Autotour
Die Küste von Ostdevon

START ORCOMBE POINT, EXMOUTH
ZIEL BEER
LÄNGE 32 KM; 1 TAG

Viele wählen statt Ostdevons steilen Landstraßen die schnelleren Hauptstraßen. Sie verpassen versteckte Dörfer und Meerblick, wie am ❶ **Orcombe Point**, der Westspitze der Jurassic Coast. Eine „Geo-Nadel" zeigt Gesteinsproben der letzten 185 Mio. Jahre. Die B3178 windet sich bis ❷ **Budleigh Salterton**, dessen Hauptstraße verschiedene Architekturstile verkörpert. Der Strand aus 250 Mio. Jahre altem Kies der frühen Trias wird von Steilküsten eingerahmt. Wo die B3178 gen Norden Budleigh verlässt, rechts auf eine kurvige Landstraße nach ❸ **Otterton** abbiegen. Hier stehen neben Wassergräben gut erhaltene Reetdachhäuser und Teestuben. Nebenstraßen führen in das Regency-geprägte ❹ **Sidmouth** (S. 61). Die Esplanade führt an verzierten Gebäuden und unzähligen Restaurants vorbei, im Hintergrund leuchten die roten Küstenfelsen. Dann geht's die Küste hinauf über die steile Salcombe Hill Road, vorbei am ❺ **Norman Lockyer Observatory** (S. 61). Nach einer scharfen Abfahrt folgt das verschlafene ❻ **Salcombe Regis**. Die Straße knickt durch das Dorf ab, vorbei an alten Cottages und einer hübschen Kirche. Das ❼ **Donkey Sanctuary** (S. 61) lohnt einen Abstecher. An dem kleinen Kreisverkehr auf einer flachen, geraden Strecke den Schildern nach Branscombe folgen. Es wird wieder hügelig und die idyllische Fahrt führt über einspurige Bergstraßen, zwischen hohen Hecken und durch enge Kurven. In ❽ **Branscombe** windet sich die Straße an reetgedeckten Häusern vorbei zu einer zentralen Abzweigung. Nach einer Mittagspause im Mason's Arms rechts Richtung Strand abbiegen zum hübschen ❾ **Branscombe Mouth**, dem perfekten Ort für ein Bad. Der Anstieg aus Branscombe ostwärts ist schmal und steil. Oben angekommen folgt die Abfahrt hinunter zu den ❿ **Beer Quarry Caves** (S. 63), einem interessanten Abstecher. Die Restaurants und B&Bs im Dorf ⓫ **Beer** (S. 63) sind ausgezeichnet. Für eine Küstenwanderung ist der Rundweg zwischen Beer und Branscombe toll.

der am Südufer aus dem Fluss herausragt und auf dem das herrliche Turf Pub steht. Von hier kann man noch gut einen Kilometer weiter stromabwärts wandern bis zum herrschaftlichen Powderham Castle oder stromaufwärts neben Kanal und Schlickflächen bis zur Topsham Ferry, die zurück nach Topsham fährt.

Topsham Ferry BOOTSTOUREN
(Erw./Kind 1 £/50 p; ⊙ Ostern–Sept. Mi–Mo 9.30–17.30 Uhr, Okt.–Ostern Sa & So 10–17 Uhr) In Windeseile fährt die Fähre an der schmalsten Stelle der Exe von Topsham zum Südufer der Exe. Die ruhigen Uferwege führen 3 km lang flussabwärts bis zum Turf Pub, von wo die Sea Dream Fähre zurück nach Topsham fährt.

Bowling Green Marsh VOGELBEOBACHTUNG
(RSPB; www.rspb.org.uk; Bowling Green Rd; ⊙ frei zugänglich) GRATIS Dies ist während der Flut der wichtigste Vogelschlafplatz am River Exe und damit in Devon und Cornwall ein toller Ort, um Vögel zu beobachten. Der Weg zum Aussichtsturm ist ausgeschildert. Im Sommer sind hier Grünschenkel, Sandregenpfeifer und kleine Reiher zu entdecken; im Winter kommen Scharen von Pfeifenten, Spießenten und Krickenten sowie schwarze und weiße Säbelschnäbler. Die beste Zeit für einen Besuch ist zu Beginn der Flut. Das Reservat liegt am Ende des Weges Goat Walk, am Ende von The Strand.

🛏 Schlafen

★ Reka Dom B&B ££
(☎ 01392-873385; www.rekadom.net; 43 The Strand; DZ 80–100 £; P) Der Blick aus dem Salon im 4. Stock der Turmsuite dieses weitläufigen B&B ist außerordentlich – er schweift einmal rundum über den Fluss, die Hänge und die Stadt. Aufs Wasser blickt man durch die Fenster der kabinenartigen Schlafzimmers und des herrlichen Badezimmers. Die Powderham Suite mit zwei Schlafzimmern verfügt über ein kleines Wohnzimmer mit Blick auf den Fluss und das gleichnamige Schloss. Das gesellige Frühstück wird an einem großen Tisch serviert, mit frischen Früchten, selbst gebackenem Brot und selbst gemachter Marmelade.

Globe INN ££
(☎ 01392-873471; www.theglobetopsham.co.uk; Fore St; DZ 100 £; P 🛜) Die abgetretenen Stufen zur Tür dieser feinen Herberge und ehemaligen Poststation lässt einen das Alter (16. Jh.) erahnen. Die Bar hat einen schrägen Boden, Holzvertäfelung und gusseiserne Kronleuchter, während die Schlafzimmer etwas moderner sind: weißgestrichene Balken, hübsch gefliese Badezimmer und weiche goldene Überdecken.

🍴 Essen & Ausgehen

★ Salutation GOURMETRESTAURANT ££
(☎ 01392-873060; www.salutationtopsham.co.uk; 68 Fore St; Probiermenüs 5/9 Gänge 38/92 £, inkl. Wein 66/150 £; ⊙ Mo–Sa 18.30–21 Uhr; P) Der Anspruch dieses ausgezeichneten Restaurants mit Übernachtungsmöglichkeiten liegt förmlich auf der Zunge: Chefkoch Tom Williams-Hawkes hat bei den Rothschilds, bei Gordon Ramsay und im Zwei-Sterne-Restaurant Gidleigh Park gearbeitet. Das Edelrestaurant bietet fachlich hochwertige Probiermenüs, während das Bistro (Hauptgerichte 8–13 £, Mo–Sa 7.30–17 Uhr) Miesmuscheln aus dem Exe und langsam geschmorte Eintöpfe serviert; oder auch einfach nur Kaffee und Kuchen. Das Backwerk in Pariser Qualität gibt es zu Devon-Preisen (3 £). Die Schlafzimmer (DZ 126–165 £) sind so phantastisch wie das Essen: moderner Schick in grauen und schwarzen Streifen und klaren Linien.

★ Pebblebed Wine Cellar WEINBAR
(www.pebblebed.co.uk; Ferry Rd; ⊙ Fr & Sa 17–22, Sa auch 11–14 Uhr) Diese Bar gehört unbedingt in die Reiseplanung. Biertische, gekalkte Wände und Regale mit ausgewogenen Flaschen verleihen dem Gewölbekeller eine rustikale Atmosphäre. Zu essen gibt es Pizza, heimischen Käse und Wurstplatten (7 £), aber natürlich dreht sich hier alles um die Weine des eigenen Weinguts. Angeleitete Weinproben finden freitags und samstags um 18 Uhr und an Sonntagen um 12 Uhr statt.

Petite Maison GOURMETRESTAURANT ££
(☎ 01392-873660; www.lapetitemaison.co.uk; 35 Fore St; 2/3 Gänge 32/38 £; ⊙ Di–Sa 19–21.30 Uhr) Der Schwerpunkt hier liegt auf der Intensivierung der Aromen von schon aromatischen Zutaten. Aus Ente wird Confit, Fleisch aus der Region wird langsam gebraten oder geräuchert, Gemüse wird glasiert und zum Fisch wird eine samtige Sauce auf Krebsbasis serviert. Und dann sind da noch die Nachspeisen – Luxus kann nicht verführerischer sein als der noch warm servierte Schokoladen-Mousse-Kuchen.

Turf
PUB ££

(%01392-833128; www.turfpub.net; Hauptgerichte 9 £; ⊙ Küche Ostern–Okt. Mo–Fr 12–14.30, Sa & So bis 15 Uhr; im Winter wechselnde Zeiten) Die Lage dieses ehemaligen Schleusenwärterhäuschens ist einfach großartig: am Ende eines schmalen Landstrichs, der zwischen dem Watt des Exe und dem Exeter Canal verläuft. Der Ausblick von den Tischen auf dem Rasen ist phantastisch, die Einrichtung ist gemütlich, das Essen besser als üblich und es gibt Campingmöglichkeiten (5 £/Pers.) sowie ein rustikal-schickes B&B. Man erreicht das Pub mit der Fähre von Sea Dream oder über einen 1,5 km langen Fußweg vom RSPB Exminster Marshes Nature Reserve – beide Wege lohnen sich.

Avocet
CAFÉ £

(86 Fore St; Hauptgerichte 7 £; ⊙ Mo–Fr 9–17, Sa bis 13 Uhr) In diesem süßen Café sind nicht nur die riesigen, selbst gebackenen Kuchen erstklassig, auch die leichteren Happen sind eine wahre Gaumenfreude. Serviert werden auch Raritäten wie geräucherte Forelle mit Zwiebelrelish sowie herzhafte Sandwiches (z. B. mit Krabben vom heimischen Kutter) und Suppen.

Exmouth

47 950 EW.

Exmouth bietet eine merkwürdige Kombination aus verwittertem georgianischen Seebad und Adrenalinrausch. Die exponierte Lage der Stadt an der Mündung des Exe zieht den Wind und Scharen von Kitesurfern an, die an stürmischen Tagen über das Wasser flitzen. In der Umgebung gibt es ein einzigartiges, winziges Anwesen des National Trust. Genau hier liegt der Anfang – oder das Ende – der Jurassic Coast.

Im 19. Jh. war Exmouth ein beliebtes und elegantes Ausflugsziel mit kleinen Skandälchen. Hier lebte Mary Anne Clarke, die Geliebte des Duke of York. Lady Nelson verbrachte hier ihre letzten Jahre (nachdem Horatio mit Lady Emma Hamilton davongelaufen war), während nur ein paar Türen weiter Lady Byron (deren Gatte selbst ein ziemlicher Don Juan gewesen ist) zuhause war.

⊙ Sehenswertes & Aktivitäten

À la Ronde
HISTORISCHES GEBÄUDE

(NT; %01395-265514; www.nationaltrust.org.uk; Summer Lane; Erw./Kind 7,50/3,80 £; ⊙ April–Okt. Di–Do 13–17 Uhr, Juni–Aug. auch So; P) Dieses wunderbar kuriose, sechzehneckige Cottage führt eine Art anschaulich vor Augen, was man alles unter „Do It Yourself" verstehen kann. Ein ältliches, unbemanntes Cousinenduo ließ das Haus 1796 eigens als Behausung einer riesigen Sammlung von Mitbringseln von einer zehnjährigen Endlostour über das europäische Festland bauen. Besucher in diesem kleinen Reich aus verglasten Nischen, niedrigen Türrahmen und winzigen Türchen fühlen sich wie im Puppenhaus. Zu sehen sind unter anderem detaillierte Scherenschnitte (von den Cousinen selbst hergestellt) und ein zartes Federfries im Salon. Das Highlight ist aber die Decke der Empore im obersten Stock, die ein einziges Mosaik aus Tausenden von Muscheln ist. Das Haus wirkt, als würden die Bewohner jeden Moment zurückkommen. Das Klavier ist gestimmt, der Tisch im Essraum ist gedeckt und im Schlafzimmer hängt am Schrank ein Nachthemd bereit. Das Haus liegt 3 km nördlich von Exmouth an der A376. Bus 57 (2- bis 4-mal pro Std.) hält ganz in der Nähe.

Edge Kitesurfing
WASSERSPORT

(%01395-222551; www.edgewatersports.com; 3 Royal Ave) Bei Exmouth peitscht der Wind über die weite Mündung des Exe und sorgt für erstklassige Kite- und Surfbedingungen. Ein paar vorgelagerte Sandbänke bieten aber auch gute Lernbedingungen für Anfänger in seichtem Wasser. Edge bietet Unterricht im Kitesurfen für Anfänger (95 £/3 Std.) und Fortgeschrittene (50 £/Std.) sowie im Wakeboarden für Anfänger (40 £/Std.). Erfahrene Wakeboarder können ein Boot mit Fahrer für 65 £/Std. mieten.

Stuart Line
BOOTSTOUREN

(%01395-222144; www.stuartlinecruises.co.uk; Erw./Kind 2–3 Std. 8/6 £; ⊙ April–Okt. 1- bis 3-mal pro Woche) Stuart Line bietet eine Reihe von Touren vom Hafen in Exmouth. Die Fahrt den Fluss hinauf ist ein angenehmer Ausflug, besonders wenn das Wetter zu rau für eine Fahrt aufs Meer ist. Highlights des Angebots sind aber die Segeltouren entlang der Jurassic Coast von Devon vorbei an den rostroten Steilküsten und den imposanten Kliffpfeilern, die bei Ladram Bay aus dem Wasser ragen. Möglicherweise begegnen einem auf der Fahrt auch Delphine.

ExePlorer Water Taxi
BOOTSTOUR

(%07970 918418; www.exeplorer.co.uk; Exmouth Marina; Erw./Kind hin & zurück 4/2,50 £; ⊙ April–Sept. tgl. 8–17 Uhr) Wer einmal einen Eindruck davon bekommen möchte, wie

JURASSIC COAST

Die Jurassic Coast ist das erste Weltnaturerbe Englands und damit ähnlich bedeutend wie das Great Barrier Reef und der Grand Canyon. Die eindrucksvolle Küste bietet die Art praktischen Geologieunterricht, den man sich in der Schule immer gewünscht hätte. Sie erstreckt sich von Exmouth in Ostdevon bis nach Swanage in Dorset und umfasst auf nur 150 km 185 Mio. Jahre Erdgeschichte. In geologischer Zeit gemessen, wandert man hier im Grunde genommen in nur ein paar Stunden an vielen Millionen Jahren vorbei.

Es begann, als sich Felsschichten bildeten, deren unterschiedliche Zusammensetzung von dem jeweils herrschenden Klima abhing. Wüstenbedingungen führten erst zu einem höheren, dann zu einem niedrigeren Meeresspiegel, bevor massive Erdbewegungen die ganzen Felsschichten nach Osten kippten. Als Nächstes legten Erosionen die verschiedenen Schichten frei, im Westen die älteren Gesteinsformationen, im Osten die jüngeren.

Die Unterschiede sind sichtbar. Östlich von **Exmouth** erstrecken sich die in der Trias entstandenen rostroten Felsen. Am eindrucksvollsten sind die 200 bis 250 Mio. Jahre alten Felsen am **Orcombe Point**, in **Ladram Bay** und **Sidmouth**. Dazwischen liegt **Budleigh Salterton**, der berühmte Kiesstrand, der aus einigen der ältesten Gesteine der Küste besteht: Quarzit-Klumpen, die sich langsam aus der Felswand lösen und vom Meer geglättet werden. Eine geologische Laune folgt dann in **Beer**, wo ein cremeweißer Abschnitt die sonst rostrote Steilküste unterbricht. Dies ist Kalk aus der Kreidezeit und mit 65 Mio. Jahren noch vergleichsweise jung. Der Kalkstein konnte in Beer überdauern, weil die Kräfte der Erde diese Schicht falteten, sodass sie nicht abgetragen werden konnte wie anderswo. Die Überbleibsel können in den faszinierenden Beer Quarry Caves (S. 63) und auf der herrlichen Wanderung zwischen Branscombe und Beer (S. 64) bewundert werden.

Die Website www.jurassiccoast.org ist eine hervorragende Informationsquelle. Vor Ort ist der sehr lesenswerte *Official Guide to the Jurassic Coast* (4,95 £) zu empfehlen, der auch online auf www.jurassiccoasttrust.org bestellt werden kann.

---

breit die Mündung des Exe wirklich ist, sollte das Ästuar mit diesen Barkassen ähnelnden rot-blauen Wassertaxis in einer 15-minütigen Fahrt überqueren und zum Dawlish Warren Nature Reserve (S. 78) fahren, der windumtosten Landzunge aus Sand, die in den Fluss ragt. Das Taxi fährt auch zu dem ausgezeichneten, schwimmenden River Exe Café. Abgelegt wird im Hafen von Exmouth, meist zur vollen und halben Stunde.

Schlafen

New Moorings — B&B £
(01395-223073; www.newmoorings.co.uk; 1 Moreton Rd; EZ 30 £, DZ 60–70 £; P 🛜) Die schnörkellosen, aber reizenden Zimmer sind mit neutralen Baumwollstoffen und geschliffenem Holz herausgeputzt. Die Badezimmer sind klein, aber makellos, das Frühstücksangebot ist üppig und die Gastgeber herzlich – das Schild am Eingang bedeutet einfach „Bitte lächeln!"

Dolphin — HOTEL £
(01395-263832; www.dolphinhotelexmouth.co.uk; 2 Morton Rd; EZ/DZ 40/80 £; P 🛜) Die Schlafzimmer sind äußerst einfach, aber sie sind auch ziemlich niedlich. Sie sind in warmem Rot und Kiefer oder in Blau und Creme gehalten. Es gibt eine eindrucksvolle Zahl an Einzel- und Familienzimmern.

Royal Beacon — HOTEL ££
(01395-264886; www.royalbeacon.co.uk; The Beacon; EZ 65 £, DZ 105–145 £; P 🛜) Das beste Haus von Exmouth liegt stolz an der nobelsten Straße – an einem von Villen bebauten Anstieg mit Seeblick. Es strahlt das angenehme Gefühl eines gut geführten, lange etablierten Hotels aus. Vornehme Möbel, sanftes Licht und guter Service sorgen für hohen Komfort und der großartige Ausblick auf das Meer kann die Augen stundenlang beschäftigen.

Essen & Ausgehen

⭐ **River Exe Cafe** — MODERN BRITISCH ££
(07761 116103; www.riverexecafe.com; nahe Exmouth; Hauptgerichte 10–15 £; ⊙ April–Okt.) Diese lockere Restauranthütte auf einem schwimmenden Floß inmitten des breiten Exe ist eine wahre Idylle. Glücklicherweise kann das superfrische Essen mit dem Ambi-

ente mithalten: gebratene Jakobsmuscheln, in Zitrone und Chili gedämpfte Muscheln, Tintenfisch aus dem Kanal mit Zaziki oder vor Ort gezogener Meerfenchel mit wilden Steinpilzen. Wer kein eigenes Boot hat, muss zusammen mit dem Tisch ein Wassertaxi aus Exmouth bestellen. Das Taxi fährt bis 23 Uhr.

Les Saveurs FUSION ££
(01395-269459; www.lessaveurs.co.uk; 9 Tower St; Hauptgerichte 17 £; Di-Sa 19-22 Uhr) Saftiges Seafood weist die Richtung in diesem kleinen Restaurant im Shabby-Chic. Es gibt Butt, Seezunge und Jakobsmuscheln aus der benachbarten Lyme Bay. Die Küche ist französisch inspiriert und mutig; neben exzellenten Stücken von Lämmern, Schweinen und Rindern aus der Region gibt es auch Blutwurst oder Niere. Die schweren Saucen werden mit Madeira, Marsala oder Champagner abgeschmeckt.

Sidmouth

13 135 E.W.

Im vornehmen Sidmouth zeigt Englands Seebadkultur sein repräsentativstes, ruhigstes und gesündestes Gesicht: weniger Ballermann und mehr Seele-baumeln-Lassen. Und nicht nur die Promenade selbst ist eine Wohltat; Hunderte von denkmalgeschützten Häusern blicken in würdevoller Eleganz auf sie herab. Entsprechend schön haben sie sich auch herausgeputzt, mit frischem Farbanstrich und gepflegten Blumenkästen. In diesem Stückchen Old England findet aber auch ein feuriges Folkmusik Festival statt, es gibt ein unglaublich süßes Tierheim und die Gelegenheit, in die Sterne zu schauen.

Das Dorf Sidforth mit Restaurants und B&Bs liegt an der befahrenen A3052, 3 km Richtung Norden.

Sehenswertes

Historic Sidmouth HISTORISCHES GEBÄUDE
Die Touristeninformation (s. S. 55) verkauft den Prospekt *Historic Sidmouth* (2 £), mit dem man die 30 mit blauen Plaketten gekennzeichneten Bauten abklappern oder einzelne näher unter die Lupe nehmen kann. Tipp: An der Strandpromenade wird man besonders schnell fündig. Ganz am westlichen Ende steht z. B. direkt am Meer eine Reihe hübscher, hauptsächlich georgianischer Häuschen, genannt Clifton Place. Auch schön ist das Beacon Cottage (1840) im Stil einer Schweizer Sennhütte (allerdings mit Reetdach) mit seinen spitzen, schwarzen Fensterrahmen.

Weiter östlich steht ein zinnengekröntes Tor am Eingang zum Belmont Hotel. Darauf folgen das elegante cremefarbene Riviera Hotel (Baujahr 1820) mit seinen riesigen runden Erkern und das imposante zitronengelbe Kingswood Hotel (erbaut in den 1890er-Jahren), in dem sich früher heiße und kalte Solbäder befanden. Das schwarzweiße Beach House wurde 1790 erbaut, 1826 auf gotisch getrimmt und war einst ein beliebter Treff des britischen Adels.

Schon fast am östlichen Ende der Promenade steht das erste Gebäude, das in Sidmouth tatsächlich auch schon bei seinem Bau als Hotel geplant war: das Royal York and Faulkner (Baujahr 1810). Berühmtester Gast zwischen den blau-weißen Säulen seiner langen Veranda war Edward VII., als er noch Kronprinz war.

Donkey Sanctuary ESELASYL
(01395-578222; www.thedonkeysanctuary.org.uk; Sidmouth; 9 Uhr-Sonnenuntergang; P) GRATIS
Hier ist endlich mal eine Attraktion mit großem Knuddelfaktor. Das Tierheim für Esel ist die neue Heimat von über 400 der langohrigen Vierbeiner. Manche wurden aus Misshandlung oder Vernachlässigung gerettet, andere genießen nach einem langen Arbeitsleben am Strand hier ihren Ruhestand. Wege führen an glücklichen Langohren vorbei, die Gras mampfen, herumtrotten oder sich genüsslich wälzen. Im Haupthof warten einige besonders menschenfreundliche Exemplare auf streichelwütige Besucher. Zur leichteren Verständigung mit den Vierbeinern stehen am Rand Schilder, die ihre Körpersprache erläutern: Kopf unten heißt „Ich ruhe", Ohren aufgestellt: „Du interessierst mich", hin- und herpeitschender Schwanz: „Bleib mir bloß von der Pelle". Das Halsband des jeweiligen Tiers verrät, wessen Bekanntschaft man gerade gemacht hat. Esel schließen sehr enge Freundschaften. Wenn sie also gemeinsam ins Heim kommen, dürfen sie auch den Rest ihres Lebens zusammenbleiben. Muss einer ins Tierkrankenhaus, gehen seine Freunde mit, um ihm das Händchen – Pardon, den Huf – zu halten.

Norman Lockyer Observatory STERNWARTE
(01395-579941; www.normanlockyer.com; Salcombe Hill Rd; Erw./Kind 6/3 £; 2- bis 6-mal pro Monat, wechselnde Öffnungszeiten; P) Wer

möglichst viele Sterne sehen will, findet in Ostdevon nahezu ideale Bedingungen dafür: wenig Lichtverschmutzung, hohe Klippen und viel Meer. An vielen abgelegenen Küstenstrichen ist schon relativ viel zu sehen, aber die volle Dröhnung gibt's im Norman Lockyer Observatory, wo Hochleistungsteleskope mehr Sterne herbeizaubern, als man sich je hätte träumen lassen. Die abendlichen Öffnungszeiten hängen vom aktuellen Himmelsgeschehen ab, z. B. Saturn in Opposition zur Sonne, Merkur und Venus oder der Perseiden-Meteorstrom. Astronomiebegeisterte sollten im Voraus buchen – und dann auf einen klaren Himmel hoffen. Die Sternwarte liegt nur wenige Autominuten östlich von Sidmouth' Stadtmitte entfernt.

Sidmouth Museum MUSEUM
(01395-516139; Church St; April–Okt. Di-Sa 10-16 Uhr) GRATIS Die Geschichte von Ostdevon wird hier aktiv erzählt – mit einer interaktiven Darstellung der Jurassic Coast und einem Spiegel aus der Eisenzeit, mit Tafeln über die Architektur von Sidmouth und einer ausgedehnten Sammlung örtlicher, handgemachter Klöppelarbeiten (auch bekannt als Honiton-Spitze). Und es gibt ein aufwendiges Collier, das einst Königin Victoria getragen hat.

Festivals & Events

Sidmouth Folk Week MUSIK
(www.sidmouthfolkweek.co.uk) Jedes Jahr Anfang August verwandelt Sidmouth sich in einen pulsierenden Festivalort für traditionelle und Weltmusik. Rund 700 Auftritte finden an verschiedenen Orten überall in der Stadt statt, auch in Pubs und Biergärten – häufig mit einer spontanen Fortsetzung auf den Straßen.

Schlafen & Essen

Salty Monk B&B ££
(01395-513174; www.saltymonk.co.uk; Church St, Sidford; EZ 85 £, DZ 130–180 £; P) Im noblen Salty Monk herrscht eine unwiderstehlich genussvolle Atmosphäre. Besonders stilvoll sind die Badezimmer, herrlich ausgeleuchtete, kostspielige Stoffe und Antiquitäten reihen sich zwischen alte Balken ein. Entspannen in der heißen Wanne, der Sauna und bei der Massage und dann erstklassig im Restaurant speisen (z. B. Pasteten mit gebratener Taube und Wildjus; 3 Gänge 43 £) oder in der Brasserie essen (Ente mit Knoblauchpilzen; Hauptgerichte 13-22 £). In beiden Küchen werden nur ausgewählte Zutaten aus der Region verarbeitet. Serviert wird von Donnerstag bis Sonntag 12-13.30 Uhr und täglich 18.30–21 Uhr.

> **ABSTECHER**
>
> ### SCHLEMMERPARADIES RIVER COTTAGES
>
> Auf den sanft hügeligen Ackerböden und in den glitzernden Buchten von Ostdevon gedeihen die herrlichsten Erzeugnisse. Da ist es keine Überraschung, dass der engagierte Fernsehkoch Hugh Fearnly-Whittingstall hier zwei Restaurants eröffnet hat, die auf regionale und nachhaltig angebaute Zutaten setzen, inklusive Kochschule, in der alles vom Schlachten bis zur Zusammenstellung der Zutaten unterrichtet wird.
>
> **River Cottage HQ** (01297-630300; www.rivercottage.net; nahe Axminster; 4 Gänge mittags/abends 50/80 £; Fr-So 12–16, Fr & Sa 19.30–23 Uhr, Reservierung erforderlich;) liefert einen guten Vorgeschmack auf HFWs Entwurf des guten Lebens im 21. Jh. Gäste holpern mit dem Traktor über einen Feldweg, bevor sie von den ausgefeilten Gerichten kosten, in denen sich die Aromen der Hügel und Küsten von Devon entfalten. Es ist eine fröhliche Angelegenheit, die man von der Mattscheibe kennt, mit einem warmen, wohligen Gefühl, das Menschen packt, wenn sie sich treffen und gutes Essen genießen.
>
> **River Cottage Canteen** (01297-631715; www.rivercottage.net; Trinity Sq, Axminster; Hauptgerichte 6–10 £; tgl. 9–17, Mi-Sa 18.30–21 Uhr;) liegt mitten in der Marktstadt Axminster. In einem rustikalen, ehemaligen Pub werden herzhafte Gerichte aufgetischt, wie geräuchertes Wildschwein, Schottische Eier mit Reh und Mehrpersonenplatten mit Fleisch, Fisch und Käse aus der Region. Zu den flüssigen Spezialitäten des Hauses gehört Stinger Beer, gebraut aus (sorgfältig) handverlesenen Brennnesseln aus Dorset. Das Ergebnis ist würzig und beißt nur noch ein ganz kleines bisschen. In Plymouth gibt es noch eine River Cottage Canteen (S. 62).

Lavenders Blue B&B ££
(☎01395-576656; www.lavendersbluesidmouth.com; 33 High St, Sidford; DZ 90 £; P) Die frischen, lichtdurchfluteten Zimmer duften nach Blumen und erstrahlen in einem Farbspektrum von Zitronengelb bis Lila und Aquamarin. Ein Zimmer hat Seeblick. Das Frühstück ist großzügig und gesund: der exotische Salat enthält Melone, Ananas und Weintrauben, die mit frischer Zitrone beträufelt werden.

Longhouse B&B ££
(☎01395-577973; www.holidaysinsidmouth.co.uk; Salcombe Hill Rd, Sidmouth; DZ 85–95 £; P) Wirklich bemerkenswerte Ausblicke bietet dieses B&B mit Kieselfassade hoch in den Bergen oberhalb von Sidmouth. Der Garden Room hat eine eigene Terrasse und ein großes Panoramafenster; die ruhige Innenausstattung bleibt im Hintergrund. Das B&B liegt direkt neben dem Norman Lockyer Observatory, perfekt für Sternengucker.

Royal York & Faulkner HOTEL ££
(☎01395-513043; www.royalyorkhotel.co.uk; The Esplanade, Sidmouth; DZ 125–180 £; P 🛜) Mit Details wie der außerordentlich knarrenden Drehtür und dem *Daily Telegraph* in den Empfangszimmern vermittelt das im Regency-Stil erbaute Hotel am Meerufer eine Vorstellung von den guten alten Zeiten in Sidmouth. Die Möblierung ist konsequent altmodisch und einige der Installationen etwas ermattet. Aber die Balkon-Zimmer zum Meer entschädigen mit phantastischen Blicken auf bröckelnde, rosige Felswände.

Ausgehen

Anchor PUB
(Old Ford St) Während des Folk-Festivals musizieren rund um die Uhr Geiger, Sänger und Akkordeon im und um den Anchor herum. Aber auch das restliche Jahr über ist dies ein geselliges Fleckchen für ein Pint mit den Einheimischen.

Beer & Umgebung

1500 EW.

Tief in einer Felsbucht zwischen cremeweißen Felswänden hockt Beer und bringt das Kunststück fertig, ein echter Fischerhafen zu sein und trotzdem postkartenverdächtig auszusehen. Am steil abfallenden Kiesstrand stehen unzählige Fischerboote neben den Winden und Drähten, die sie an Land ziehen; Liegestühle und Krebsfangkörbe liegen verstreut herum. Wassergräben und Häuser mit Kalk- oder Kieselsteinfassaden rahmen die Hauptstraße (Fore Street) ein. Mit seinem ungewöhnlichen Höhlennetz, herrlichen Küstenwegen und netten Restaurants und Herbergen bietet sich das Dorf als Ausgangsstation für die Erkundung von Ostdevon an.

Das malerische Dorf **Branscombe** liegt nur 5 km westlich – ein Band reetgedeckter Häuser, Teestuben und Pubs, das sich hinter dem Strand Branscombe Mouth an der Felsküste entlang zieht.

Sehenswertes & Aktivitäten

Beer Quarry Caves HÖHLENFÜHRUNGEN
(☎01297-680282; www.beerquarrycaves.co.uk; Quarry Lane, Beer; Erw./Kind/Familie 5/3/22 £; ⊙Ostern–Sept. 10–16.30 Uhr, Okt. bis 14.30 Uhr) Der gewaltige geologische Druck, der die Kreideklippen zwischen die roten Felsen der Küste setzte, hat auch dem Maurerhandwerk eine Ader aus hervorragendem Arbeitsmaterial zugänglich gemacht: den sogenannten Beer Stone. Zahllose namhafte Bauwerke wurden aus diesem Stein gebaut, darunter 24 Kathedralen, der Tower von London und Windsor Castle. Bereits die Römer hatten mit dem Abbau begonnen, der dann seit dem Mittelalter durchgängig bis ins 20. Jh. fortgesetzt wurde.

Vor dem Start zu einer erinnerungswürdigen Tour durch das unterirdische Labyrinth der Minentunnel muss ein Baustellenhelm aufgesetzt werden. Spannend sind die 2000 Jahre alten Pickelspuren an den Wänden und die Schmugglergeschichten, wie die über Jack Rattenbury, der im 18. Jh. französischen Brandwein schmuggelte und die Fässer in diesen Höhlen verstaute. Und wer immer schon wissen wollte, woher der englische Ausdruck *stone deaf* kommt (wörtlich: steintaub, zu Deutsch: stocktaub), bekommt hier die Antwort: vom Gehörschaden durch den Lärm des unablässigen Hämmerns und Meißelns unter Tage.

Fishing Trips FISCHEN
Wer sich im wahrsten Sinne das Mittagessen verdienen will, sollte am Strand von Beer mit den Fischern zum Makrelenfang in See stechen (Erw./Kind pro Std. 8/5 £). Zum leichteren Einstieg wird ein Bootssteg auf Rädern ins Wasser geschoben und dann geht's los auf die Suche nach den besten Fischgründen. Dabei tuckert der Kahn um die schneeweißen Klippen Richtung Brandscombe und dümpelt dann vor der Küste

Küstenwanderung
Von Beer nach Branscombe

START CLIFF TOP PARKPLATZ, BEER
ZIEL BEER
LÄNGE 9,5 KM; 4 STD.

Für diese tolle Wanderung an der Steilküste entlang und über Strände braucht man gute Schuhe und Badezeug. Der Kies-Küstenweg beginnt südlich von Beer am ❶ **Cliff Top Parkplatz** und führt hinauf zum ❷ **Beer Head** mit herrlichem Ausblick. Die cremeweißen Klippen liegen im Rücken, vor einem die rostroten Felsen der Jurassic Coast bis nach Exmouth. Am Küstenstreifen ❸ **Hooken Landslip** rutschten 1790 150 Mio. Tonnen Felsen hinab. An der Weggabelung geht es nach links hinunter zum Rand der Klippe. Die steilen, unbegehbar aussehenden Stufen und Kurven führen direkt in die vom Erdrutsch entstandene Lücke – eine baumbewachsene Landschaft, wo die Vögel das Meeresrauschen übertönen. Schon bald knickt der Weg nach links zu einem ❹ **Kiesstrand**, Badepause! Der riesige Anker neben dem Strand von ❺ **Branscombe Mouth** gehörte der MSC Napoli, einem 62 000-Tonnen-Frachter, der 2007 auf Grund lief. Fast 60 Container mit Dingen wie BMW-Motorräder und Katzenfutter landeten am Strand von Branscombe Bay und lösten eine verrückte Schlacht um ihren Inhalt aus. Es dauerte 18 Monate, um das Wrack zu bergen. Ein Weg führt hinauf zum grünen ❻ **West Cliff Hill**, der ins Land hinein führt. Dann rechts Richtung Branscombe abbiegen bis zur ❼ **St. Winifred's Church**, einer hübschen, normannischen Kirche mit Balkengewölbe. Wieder rechts, vorbei an der ❽ **National Trust Bakery** und dem aktiven ❾ **Schmiedeofen**. Der Weg führt hinter dem Lokal ❿ **Mason's Arms** vorbei, passend für eine Pause. An der nächsten Kreuzung rechts, Richtung Strand, danach links und wieder rechts, steil hinauf zu ⓫ **Stockham's Hill**. Wenn zwei Wege auftauchen, den zweiten nehmen bis zu einem abwärts führenden Weg mit herrlichem Blick auf die Lyme Bay. Wo die Mare Lane auf eine T-Kreuzung stößt, nach links abbiegen und gleich danach, in der Kurve, wieder rechts auf zwei leicht zu verfehlende öffentliche Fußwege, die zwischen Häusern entlang zurück zum ⓬ **Dorf Beer** führen.

herum, bis etwas anbeißt. Wer einen Fisch gefangen hat, sollte den Skipper bitten ihn auszunehmen und es sich dann zum Grillen am Strand gemütlich machen. Zu den Fischern, die Hobbymatrosen an Bord nehmen, gehören **Paul** (07779-040491), **Cyril** (07815-669796) und **Kim** (07989-631321).

Festivals & Events

Die große Party von Beer steigt mit der **Regatta** (www.beer-regatta.co.uk) Mitte August. Eine Woche messen sich die Teilnehmer bei Kutterrennen, Angelwettbewerben, Schnitzeljagden, beim Floßbauen und vergnügen sich mit Seemannsliedern, verrückten Verkleidungen und vielen Strandbarbecues.

Schlafen

Durham House B&B £

(01297-20449; www.durhamhouse.org; Fore St; EZ/DZ 45/80 £; P) Die Zimmer im lockeren und luftigen Durham House sind eine sanfte Kombination aus cremefarbenen, leichten Balken, Korbstühlen und Kiefer. Das alles wird ausgeschmückt mit Details aus der guten alten Zeit: einem Türbogen am Eingang, hellen Fliesen und Buntglas. Zum Frühstück gibt's Croissant, Zimttoast oder auch das volle Frühstücksprogramm.

Colebrooke B&B £

(01297-20308; www.colebrookehouse.com; Fore St, Beer; EZ/DZ/FZ 45/75/85 £; P) Zimmer in Creme und heller Kiefer, süße Verzierungen und einige echte Kamine zieren dieses große viktorianische Stadthaus. Die Familienzimmer sind besonders geräumig.

★ Bay View B&B ££

(01297-20489; www.bayviewbeer.com; Fore St; EZ/DZ 43/98 £; P) Der Fußweg zum Strand liegt nur 10 m von diesem heimeligen B&B entfernt. Die Zimmer – vier mit Meerblick – haben Messingbetten, cremefarben gestrichenes Holz und kitschige Badezimmer. Zum Frühstück gibt's geräucherten Schellfisch und Waffeln mit Ahornsirup.

Sea Shanty HÜTTE ££

(01297-625710; www.seashantyholidays.co.uk; pro Woche 775–875 £; P) Unter den friedvollen Feriendomizilen an der Felsküste ist das Sea Shanty schwer zu schlagen. Direkt am Küstenweg zwischen Beer und Branscombe liegen die 2-Zimmer-Hütten Osprey und Avocet auf einem weitläufigen Gelände. Beide Hütten haben eine Veranda mit Meerblick. Zum Strand am Branscombe Mouth sind es nur 5 Minuten zu Fuß.

Mason's Arms INN ££

(01297-680300; www.masonsarms.co.uk; Branscombe; DZ 80–180 £; Küche 12-14.15 & 18.30-21Uhr; P) Zum Teil freigelegtes Mauerwerk, Eichenbalken und neutrale Farben zeichnen die geschmackvollen Zimmer aus; die blitzblanken Badezimmer glänzen mit schicken Toiletten. Die Bar mit vielen Messing-Pferdeandenken und Bierkrügen (Hauptgerichte 14 £) serviert Leckereien aus der Region, wie eingelegte Branscombe-Krabben und Ente von Creedy Carver. 20 Minuten Fußmarsch bis zum Strand von Branscombe.

Essen & Ausgehen

An Sommertagen findet das Leben von Beer unter freiem Himmel statt – beim Picknick mit großartiger Aussicht auf das Meer: Im **Dorfladen** (Fore St; Mo-Sa 8-18, So 9-13 Uhr) gibt's Einweggrills, frischen Fisch bekommt man am Strand beim **Fishmonger's Shack** (Fore St; Mo-Sa 8.30-16.30, So ab 10 Uhr), Brot gibt es beim **Bäcker** (Fore St; 10-17 Uhr) und Öl und Zitrone bei **Woozies Deli** (01297-20707; Fore St; 10-16 Uhr, Di geschl.).

Seafood Platter MODERN BRITISH ££

(01297-20099; www.theseafoodplatter.co.uk; Fore St; Hauptgerichte 13 £; 12-14 & 18-21 Uhr) Der Name verrät's – in diesem ansprechenden Gastro-Pub dreht sich alles um fangfrischen Fisch. Der gleichnamige Fischteller für zwei (60 £) ist beladen mit Hummer und Krabben. Außerdem auf der Karte: in Cidre geschmorter Schweinebauch, überbackener Seelachs oder würziger Käse aus der Region mit Kürbis-Chutney und selbst gebackenem Brot.

Steamers MODERN BRITISSH ££

(01297-22922; www.steamersrestaurant.co.uk; New Cut, Beer; Hauptgerichte 12–20 £, 2/3 Gänge 15/18 £; Di-Sa 12-14 & 19-21 Uhr) Im Steamers landen Produkte von den Hügeln und Buchten der Umgebung auf der einfallsreichen Karte. Zu den Klassikern gehören Seaton Bay Krabben mit Mango, holzkohlegegrilltes Devon-Schwein mit Orangen und Brandy und einige wirklich klebrige Nachtische. Die Kenner aus der Region reservieren einen Tisch für die günstigen Mittag- und Abendessen.

Anchor Inn PUB

(Fore St) Sicherlich einer der besten Biergärten mit Seeblick in Devon. Die grüne Terrasse des Anchors geht bis an den Rand der Steilküste und bietet weite Blicke über die Bucht und die Fischerboote auf dem Kiesstrand weiter unten.

Torquay & Süddevon

Inhalt ➡

Torquay 67
Brixham 76
Teignmouth &
Umgebung 78
Süddevon 80
Totnes & Umgebung 80
Dartmouth &
Umgebung 85
Start Bay 91
Kingsbridge &
Umgebung 94
Salcombe &
Umgebung 96
Bantham 100

Gut essen

- ➡ Riverford Field Kitchen (S. 83)
- ➡ Room in the Elephant (S. 75)
- ➡ Seahorse (S. 90)
- ➡ Millbrook Inn (S. 95)
- ➡ Britannia@the Beach (S. 93)

Schön übernachten

- ➡ Burgh Island (S. 101)
- ➡ Pippin (S. 82)
- ➡ Cary Arms (S. 74)
- ➡ Alf Resco (S. 89)
- ➡ Seabreeze (S. 93)

Auf nach Torquay & Süddevon

Dieses Stück Devon ist ein wahres Urlaubsparadies. Der flotte, familienfreundliche Ferienort Torquay trumpft mit zahlreichen Stränden, einzigartigen Attraktionen, stilvollen Unterkünften und erstklassigen Restaurants auf. Schiffsausflüge und Zoos, freche Postkarten, Fischerhäfen, Palmen und Promenaden – all das gibt's hier.

Außerhalb des Ferienorts verändert sich das Bild. Aus befestigten Promenaden werden steile Küstenfelsen und Strände mit Vergnügungsangeboten weichen wilden Sandstreifen. In den malerischen South Hams gibt es schicke Yachthäfen, erstklassige Surfwellen, hippe Ökoläden, Miss-Marple-Dörfer und historische Häuser. Ganz zu schweigen von den herrlichen Restaurants und Unterkünften. Ob mit dem Kajak einen ruhigen Flussarm hinaufpaddeln, von einer Hafenmauer Krebse fangen oder barfuß auf einer riesigen Sandfläche nach Muscheln suchen – egal ob am Strand oder im Landesinneren, die zerklüftete Küste ist nie weit.

Reisezeit

➡ **April & Mai** Die Sehenswürdigkeiten sind geöffnet und die Schiffstouren starten. Hotels und B&Bs nehmen noch nicht die höchsten Preise.

➡ **Juli & Aug.** Hochsaison bedeutet hohe Übernachtungspreise, aber das Wetter ist meist besser. Die Regatten in Torquay und Dartmouth stechen in See; in Totnes finden große Literatur- und Musikfestivals statt.

➡ **Sept.** Die Besuchermassen des Sommers reisen ab; die Hotelrechnung wird günstiger. Die Sehenswürdigkeiten sind noch geöffnet und das Meer ist jetzt am wärmsten.

➡ **Okt.** Das Food Festival von Dartmouth bringt die bekanntesten Chefköche in die Stadt.

➡ **Feb. & März** Die Brandung ist besser und die Übernachtungspreise sind in vielen erstklassigen Hotels niedrig.

TORQUAY

Torquay liegt zwar am Ärmelkanal und nicht am Mittelmeer, aber die Palmen, Bootsstege und rostroten Klippen verleihen dem Küstenabschnitt rund um Torquay schon lange den Beinamen „Englische Riviera". Auf den ersten Blick ist Torquay ein typisches englisches Seebad mit etwas verblasstem Charme, das bei Rentnern auf Kaffeefahrt genauso beliebt ist wie bei Partywütigen auf Junggesellenabschied. Mittlerweile haben das milde Mikroklima und das türkisblaue Was-

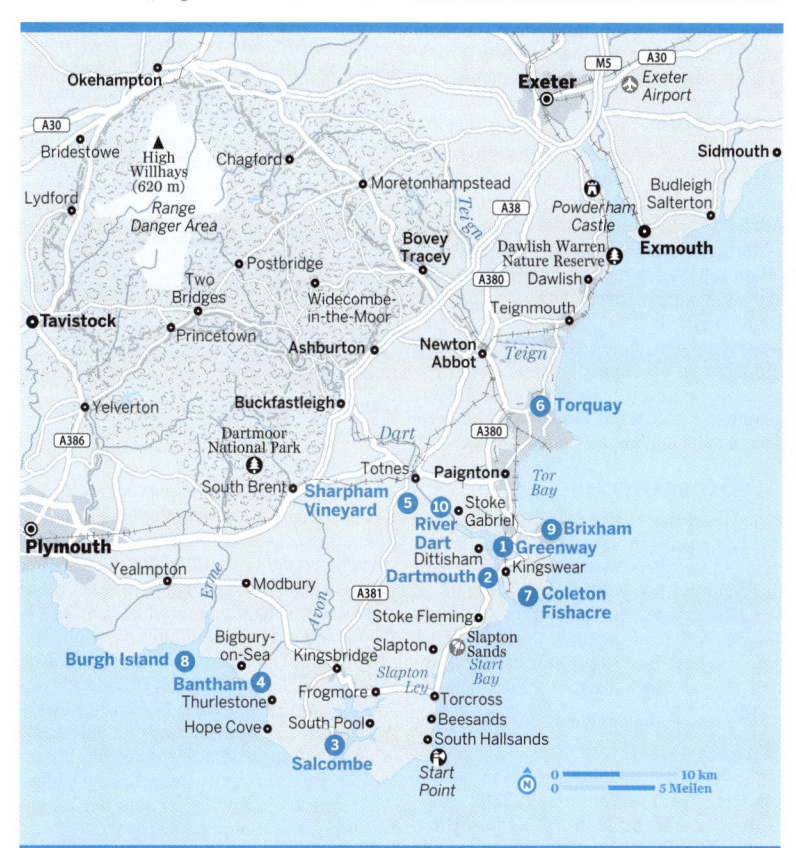

Highlights

❶ In Agatha Christies Ferienhaus **Greenway** (S. 85) allen Spuren nachgehen

❷ Im Bilderbuchidyll **Dartmouth** (S. 85) prachtvolle Architektur bestaunen und exzellentes Essen kosten

❸ Vom schicken Yachthafen in **Salcombe** (S. 96) mit einer Fähre zu einer großartigen Sandbucht schippern

❹ Im relaxten **Bantham** (S. 100) Surfen lernen

❺ Im malerischen **Sharpham Vineyard** (S. 84) tolle Aussichten genießen und gute Weine kosten

❻ Familienspaß in **Torquay** (S. 67) erleben, mit Öko-Zoo, prähistorischen Höhlen und einem Modelldorf

❼ In Haus und Gärten von **Coleton Fishacre** (S. 90) den Glamour der Jazz-Ära bewundern

❽ Mit dem einzigen Seetraktor der Welt zur wellenumtosten **Burgh Island** (S. 101) übersetzen

❾ Einmal sehen, wo das Abendessen herkommt – bei einer „Hinter die Kulissen"-Tour auf dem **Brixham Fish Market** (S. 76)

❿ Den Massen entkommen und friedvolle Geheimplätze beim Paddeln auf dem **River Dart** (S. 82) entdecken

ser auch eine gehobenere Klasse angezogen, sodass die kulinarische Szene in Torquay inzwischen als brandheiße Konkurrenz für die Gourmethochburg Dartmouth gilt. Wenn man dann noch einmalige Attraktionen wie eine riesige Voliere, prähistorische Höhlen, die Hinterlassenschaften Agatha Christies, Fischerhäfen und Dampflokomotiven dazu nimmt, darf man sich auf ein paar unvergessliche Tage am Meer gefasst machen.

Geschichte

Torquay hat sich seit der Kriege mit Frankreich im 18. Jh. zu einem beliebten Seebad entwickelt, weil Reisen ins europäische Festland ihren Reiz verloren hatten. In der viktorianischen Ära schossen dutzendweise Villen mit Meerblick aus dem Boden – wo sie bis heute an den Hängen stehen wie Dominoreihen. Der damalige Kronprinz räumte auf den angesagten Wellen Torquays in mehreren Segelregatten den ersten Preis ab. Auch heute wird hier noch um die Wette gesegelt: Ende August nehmen Hunderte von Segelbooten an der Torbay Week teil.

⊙ Sehenswertes

Einige Kilometer weiter südlich entlang der Tor Bay (nicht zu verwechseln mit Torbay, dem Namen der Gemeinde) geht Torquay in Paignton über. Nach weiteren 8 km folgt der Fischerhafen Brixham. Das Strandbad Teignmouth liegt knappe 13 km nördlich von Torquay, das Naturschutzgebiet Dawlish Warren noch weitere 8 km Richtung Norden.

★ Living Coasts ZOO

(📞 0844 474 3366; www.livingcoasts.org.uk; Beacon Quay; Erw./Kind/Familie 10/8/32 £; ⊙ 10–17 Uhr, Nov.–März bis 16 Uhr; 🅿) Diese Großraumvoliere direkt an der Steilküste neben dem Hafen von Torquay ermöglicht seinen Besuchern faszinierende Einblicke in das Leben der unterschiedlichsten gefiederten Gesellen. Das riesige Gehege bietet aber auch eine Reihe von Unterwassertunneln und künstlichen Minibiotopen (z. B. *Penguin Beach*, *Auk Cliff* und *Fur Seal Cove*) mit der einmaligen Gelegenheit, freilaufende Pinguine, Papageientaucher mit Punkerfrisur und entwaffnend süße Küstenscharben aus nächster Nähe zu erleben. Im Biotop Local Coasts sind die Bewohner der küstennahen Meeresregionen um Großbritannien zu sehen: Seesterne, skurrile Sepien und die Schönheiten dieses Parks, die Seepferdchen. Den maximalen Quäk- und Watschelfaktor bekommt, wer die Pinguine zum Frühstück (10.30 Uhr) oder Mittagessen (14.30 Uhr) besucht.

Strände STRAND

Torquay hat entlang einer sage und schreibe 35 km langen Küstenlinie 20 Strände. Die Urlauber scharen sich am zentral gelegenen **Torre Abbey Sands**, der bei sehr hoher Flut unter Wasser steht. Die Einheimischen gehen eher an die Sand- und Kiesstrände neben den 73 m hohen roten Felsen in **Babbacombe**. Eine großartige **Seilbahn** aus den 1920er-Jahren (📞 01803-328750; www.babbacombecliffrailway.co.uk; Babbacombe Downs Rd; Erw./Kind hin & zurück 2/1,30 £; ⊙ Feb.–Okt. 9.30–16.45 Uhr, Juni–Sept. bis 18 Uhr) führt dorthin; die Schienen sind im Fels verankert und die Fahrt in der winzigen Holzgondel ist ein Abenteuer für sich. **Meadfoot Beach** ist ein langer, schmaler Kiesel- und Sandstrand; **Livermead Sands** ist recht klein und relativ ruhig. Weiter im Westen bei Paignton liegt der breite, rotbraun marmorierte Sandstrand von **Paignton Sands**.

Paignton Zoo ZOO

(📞 0844 474 2222; www.paigntonzoo.org.uk; Totnes Rd, Paignton; Erw./Kind/Familie 13/10/41 £; ⊙ 10–17 Uhr, Nov.–März bis 16 Uhr; 🅿) Eine Naturschutzorganisation betreibt diesen innovativen Zoo. Die Tiergehege imitieren auf insgesamt 32 ha die unterschiedlichsten Lebensräume von Savanne über Feuchtbiotop und tropischen Regenwald bis zur Wüste. Highlights sind die Orang-Utan-Insel, das riesige, von Glaswänden begrenzte Löwengehege und der Lemurenwald, in dem Besucher zwischen den herumturnenden Primaten über eine hölzerne Hängebrücke laufen.

Der absolute Knüller ist aber der Krokodilsumpf. Das dampfige Biotop ist über und über mit tropischen Pflanzen bewachsen; dazwischen schlängeln sich erhöhte Wege vorbei an furchterregenden Nil-, Kuba- und Salzwasserkrokodilen, die bis zu 6 m lang sind. Außerdem wartet in einem unverglasten Bereich eine 10 m lange Netzpython auf Besucher, die gerade noch unerreichbar bleiben.

Torquay Museum MUSEUM

(📞 01803-293975; www.torquaymuseum.org; 529 Babbacombe Rd, Torquay; Erw./Kind 5/3 £; ⊙ Juli-Mitte Sept. Mo–Sa 10–17, So 11–16 Uhr) Die einzigartige Sammlung an Agatha-Christie-Erinnerungsstücken umfasst unzählige Fotos, handschriftliche Notizen und Schaukästen, die ihren berühmten Spürnasen gewidmet sind. Besucher des Museums bekommen einen ausgezeichneten Eindruck des vornehmen Seebads Torquay an der Wende zum 20. Jh., das die Kindheit von Agatha Christie prägte.

Kents Cavern HÖHLE
(☏ 01803-215136; www.kents-cavern.co.uk; 89 Ilsham Rd, Torquay; Erw./Kind 9/8 £; ⊙ April–Okt. 9–17 Uhr, Nov.–März 10–16.30 Uhr; P) Besucher dieser stimmungsvollen Höhlen tauchen bei Temperaturen um die 14 °C ein in eine Welt der tropfenden Stalaktiten. Die einstündige Führung geht durch rostrote, unebene Tunnel vorbei an Galerien, Arkaden und Kammern mit teilweise kathedralenartigem Ausmaß.

Knochenfunde zeigen, welche Tiere in prähistorischen Zeiten die Gegend um Torbay bevölkerten: Höhlenlöwen, Riesenmammuts und Säbelzahnkatzen. Die Tour führt auch vorbei an Höhlen von Hyänen und Bären; aus dem Gestein der Wassergalerie (*Water Gallery*) ragt außerdem noch der Schädel eines *ursus deningeri*, einem eiszeitlichen Höhlenbären.

Kents Cavern ist auch die älteste menschliche Siedlung Großbritanniens. Hier wurden Faustkeile aus Flintstein gefunden, die auf ein Alter von 450 000 Jahren datiert werden. Die Entdeckung eines auf ein Alter von 35 000 Jahren datierten Unterkieferknochens weist auf die ältesten Menschenknochen in Großbritannien hin.

Babbacombe Model Village MINIATURDORF
(☏ 01803-315315; www.model-village.co.uk; Hampton Ave, Torquay; Erw./Kind/Familie 10/8/33 £; ⊙ 10 Uhr–Sonnenuntergang; P) Tausende von winzigen Gebäuden und noch kleineren Menschen ergeben eine faszinierende Sehenswürdigkeit voller britischer Exzentrik. Ganze Dorfszenen im Liliputformat wurden hier mit erstaunlich viel Phantasie und Detailverliebtheit gestaltet – mal witzig, mal skurril, mal unheimlich.

TORQUAY UND AGATHA CHRISTIE

In Torquay stand die Wiege des Literaturphänomens **Dame Agatha Mary Clarissa Christie** (1890–1976). Was die Verkaufszahlen angeht, wird die mordlustige Autorin nur von William Shakespeare und der Bibel übertroffen und ihre Protagonisten sind weltweit ein Begriff: Hercule Poirot, der arrogante belgische Privatdetektiv mit Schnauzer, und Miss Marple, die erstaunlich scharfsinnige alte Jungfer.

Schon mit 11 Jahren, als sie noch Agatha Miller hieß und in der Barton Road in Torquay wohnte, veröffentlichte sie ihr erstes Stück. Beim Ausbruch des Ersten Weltkriegs war sie bereits mit Leutnant Archie Christie verheiratet und arbeitete in einem Lazarett des Roten Kreuzes, das im Rathaus von Torquay eingerichtet worden war. Dabei lernte sie auch einiges über Gifte, die sie besonders gerne als Mordwaffe einsetzte – so bereits in ihrem ersten Krimi *Das fehlende Glied in der Kette* (1920). Sechs Jahre später verhalf ihr der geniale Plot von *Alibi* zum Durchbruch. Als dann ihre Mutter starb und Archie noch im gleichen Jahr die Scheidung einreichte, verschwand sie einfach zehn Tage lang von der Bildfläche. Ihr verlassenes Auto löste eine gigantische Suchaktion aus, schließlich spürte man sie in einem Hotel in Harrogate auf. Sie hatte dort unter dem Namen der Frau eingecheckt, die ihr Mann heiraten wollte. Sie selbst behauptete immer, sie hätte an Gedächtnisschwund gelitten, doch manche Kritiker hielten das für einen medienwirksamen Bluff.

Ihre zweite Ehe schloss sie mit dem Archäologen Sir Max Mallowan, den sie mehrmals in den Nahen Osten begleitete. Wohl nicht nötig zu erwähnen, dass diese gemeinsamen Reisen massenhaft Material für neue Krimis lieferten. Bei ihrem Tod 1976 hinterließ Agatha Christie 75 Kriminalromane und 33 Bühnenstücke.

Die Grande Dame des Krimis hat in ganz Devon ihre Spuren hinterlassen: in Torquay natürlich, aber auch in der Nähe von Dartmouth, wo ihr Ferienhaus Greenway steht (S. 85). Eine kombinierte **Schiffs- und Oldtimer-Bustour** (☏01803-844010; www.greenwayferry.co.uk; Erw./Kind hin & zurück 15/11 £; ⊙April–Okt. einmal tgl.) führt von Torquay zum Ferienhaus. Das Royal Castle Hotel in Dartmouth stand Pate für das Royal George in *Tödlicher Irrtum*, während das Burgh Island Hotel (S. 101) in den Romanen *Und dann gab's keines mehr* und *Das Böse unter der Sonne* eine Rolle spielt. Auf weitere Spurensuche führt das Buch *Exploring Agatha Christie Country* (4 £, nur auf Englisch) von David Gerrard.

Torquay

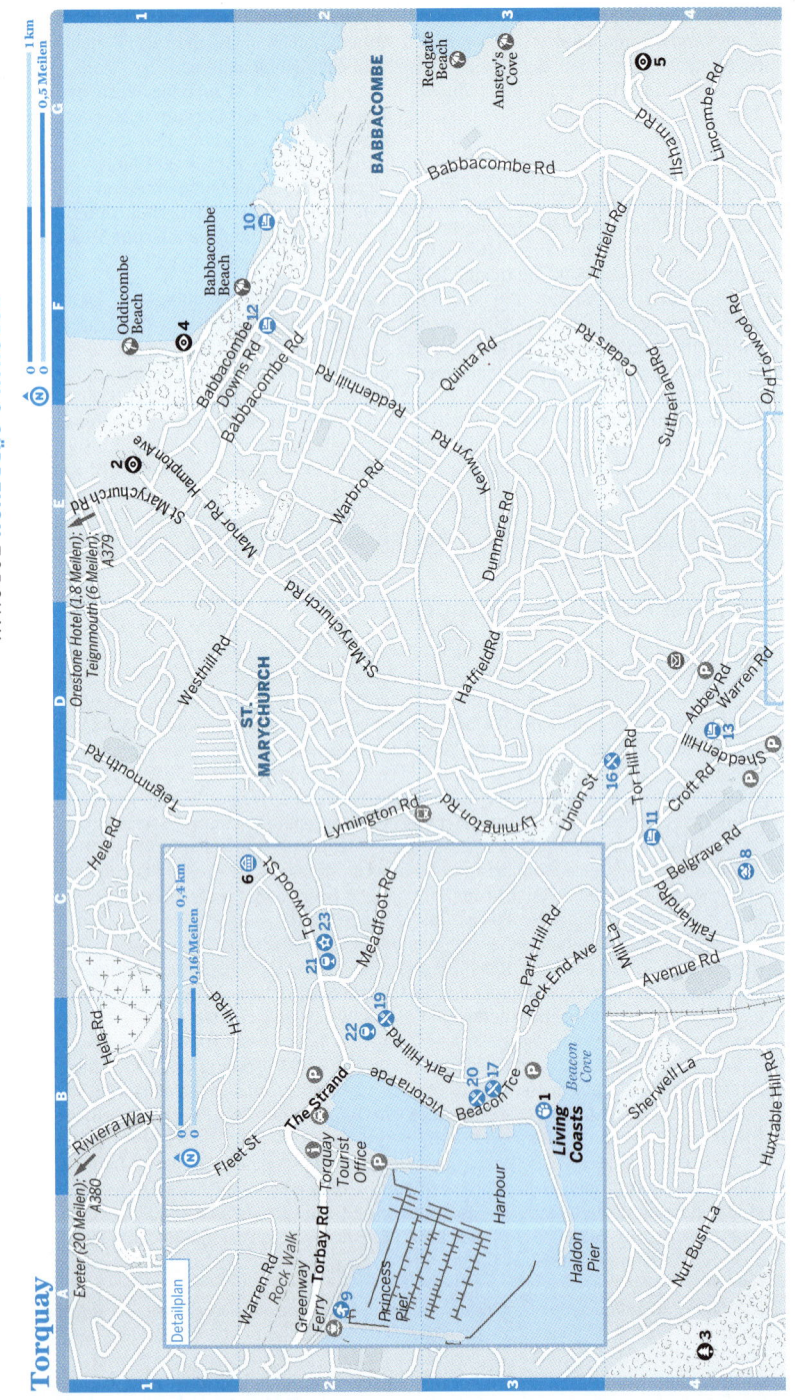

Torquay

◉ Highlights
1 Living Coasts B3

◉ Sehenswertes
2 Babbacombe Model Village.................E1
3 Cockington Country Park A4
4 Zahnradbahn..F1
5 Kents Cavern..G4
6 Torquay Museum...................................C2
7 Torre Abbey Gardens............................C5

◉ Aktivitäten, Kurse & Touren
8 English Riviera Centre C4
9 Fähre nach Brixham A2

◉ Schlafen
10 Cary Arms..F2
11 Haven House C4
12 Headland View F2
13 Hillcroft...D4
14 Lanscombe House..................................A5
15 Osborne...F5
 Seabreeze .... (s. 12)

◉ Essen
 Elephant Brasserie .... (s. 20)
16 Gemelli D4
17 Number 7 ....B3
18 Old Vienna F5
19 Orange Tree..B2
20 Room in the Elephant B3

◉ Ausgehen & Nachtleben
21 Hennessy C2
22 Hole in the Wall......................................B2

◉ Unterhaltung
23 Bohemia C2

Neben einem Mini-Stonehenge, einem Fußballstadion und einem Strand (mit nackten Sonnenanbetern) gibt's außerdem einen beweglichen Zirkus, eine Burg (belagert von einem Feuer speienden Drachen) und ein reetgedecktes Dörfchen, in dem die Feuerwehr gerade im Einsatz ist. Besonders schön ist abends die Beleuchtung bestimmter Miniaturen, z. B. des Piccadilly Circus, der inklusive aller Leuchtreklamen in ganzer Pracht erstrahlt.

Cockington Country Park PARK
(☎01803-520022; www.countryside-trust.org.uk; Cockington, Torquay; ⊗ frei zugänglich; P) GRATIS
Nur 1,5 km vom geschäftigen Treiben an Torquays Stränden bietet der Park eines Herrenhauses aus dem 17. Jh. mit ummauertem Garten und Kunsthandwerksateliers auf 182 ha eine riesige grüne Oase der Ruhe. Durch die Felder, Wälder und die Parkland-

schaft in der Umgebung führen schöne Wanderwege.

Ein Dorf mit einer Extraportion Reetdächer, einer Schmiede, einer Mühle, einem Wildhüterhäuschen, und einer Kirche aus dem 14. Jh. wartet mit einer echten architektonischen Seltenheit auf: mit einem reetgedeckten Pub aus einem Entwurf von Sir Edwin Lutyens: Das 1936 erbaute **Drum Inn** (01803-690264; www.vintage inn.co.uk/thedrum inncockington; Hauptgerichte 7–12 £; Küche 11–22, So bis 21.30 Uhr). Vielleicht findet auf dem Kricketfeld von Cockington gerade ein Spiel statt? Am Wochenende stehen die Chancen am besten.

Paignton Pier VERGNÜGUNGEN
(01803-522139; www.paigntonpier.co.uk; Paignton Sands, Paignton) Der wunderbare alte, viktorianische Steg ist Nostalgie pur und perfekt, um sich genüsslich den guten alten Belustigungen hinzugeben: einfach nur flanieren, Autoskooter fahren, auf dem Trampolin herumspringen oder eine Runde Minigolf spielen.

Torre Abbey Gardens GÄRTEN
(www.torre-abbey.org.uk; King's Dr; Eintritt 2,50 £; Ostern–Sept. 10–17 Uhr) Die Gärten werben mit dem „Potent Plant"-Garten, eine Sammlung von Pflanzen, aus denen die Gifte der Krimis von Agatha Christie hergestellt werden können. Besonders tödlich sind die Gewächse der Prunus-Familie (Rosengewächse, aus deren Kernen eines von Christies Lieblingsgiften hergestellt werden kann: Blausäure), Fingerhut und Eisenhut.

Aktivitäten

Dartmouth Steam Railway and River Boat Co EISENBAHN
(01803-555872; www.dartmouthrailriver.co.uk; Torbay Rd, Paignton; Erw./Kind/Familie hin & zurück 13,50/7,50/36 £; März–Nov. 4–9 Züge tgl.) Diese gemächliche Fahrt mit der Dampflok vom Meer in Paignton zu den Ufern des wunderschönen Flusses Dart führt mit träumerischer Leichtigkeit zurück in das Zeitalter der Dampfeisenbahn. Die 30-minütige Zeitreise tingelt erst eine Zeit lang bei Goodrington Sands an der Küste entlang (Achtung! Delphinalarm!) und biegt dann in Richtung Hinterland ab. Das letzte Stück der insgesamt 11 km langen Fahrt führt am Dart entlang mit Zwischenstopp in Greenway Halt (in der Nähe von Agatha Christies ehemaligem Haus) bis zum Dörfchen Kingswear, von wo aus man mit der Fähre ins malerische Dartmouth übersetzen kann.

Die schön herausgeputzten alten Wägen werden von Dampfloks aus den 1920er- und 1950er-Jahren durch die Landschaft gezogen, die ihr Leben im Dienste der walisischen Kohlegüterzüge oder der Passagierlinien der Great Western Railway begannen.

Es sind weitere Ausflüge im Angebot, z. B. eine Schifffahrt nach Dartmouth mit anschließender Dampflokfahrt zurück nach Paignton (Erw./Kind/Familie 17,50/10,50/47 £).

Torquay–Brixham Ferry FÄHRE
(Greenway Ferry; 01803-882811; www.greenway-ferry.co.uk; Princess Pier; Erw./Kind hin & zurück 3,50/2,50 £; April–Okt. tgl. 12 Fahrten) Die Tor Bay umfasst 41 km² offenes Meer. Was das tatsächlich für Dimensionen sind, wird erst an Bord eines der Vergnügungsdampfer klar, die eine geschlagene halbe Stunde für die Strecke zwischen Torquay und Brixham brauchen. Die Reise beginnt im alten Hafen von Torquay und tuckert an Yachthäfen, vollgestopften Stränden, Paignton Pier, bröckeligen Steilküsten und vornehmen viktorianischen Hotels vorbei zum geschäftigen Treiben im Fischerhafen Brixham. Mehrere Schifffahrtsgesellschaften befahren die Route – der Konkurrenzkampf lässt manchmal die Preise purzeln, am besten die Angebote an den Ständen im Hafen vergleichen.

English Riviera Centre SCHWIMMEN
(01803-206345; www.rivieracentre.co.uk; Chestnut Ave; 9 £/Pers.; Mo–Fr 7–21.30, Sa & So 9–18 Uhr) Wenn das Wetter schlecht ist, sind die Wellenmaschine und die riesigen Rutschen im English Riviera Centre die Renner. Es gibt auch eine Sauna und ein Dampfbad. Eine 7-Tages-Karte kostet 15 £.

Festivals & Events

Torbay Week SEGELN
(www.torbayweek.co.uk) Die Torbay Week ist heute eine der beliebtesten Segelregatten der Südküste und lockt jeden August Hunderte von Wettseglern. Es gibt Rennen für Yachten, Keilboote und Dingis. Die Bucht in Hufeisenform bietet zahlreiche Aussichtspunkte und an Land sorgen Schaustellerbuden für Spaß.

Schlafen

Headland View B&B £
(01803-312612; www.headlandview.com; 37 Babbacombe Downs Rd; EZ/DZ 57/72 £; P) Hoch auf der Steilküste bei Babbacombe steht dieses herrliche Haus. Die Einrichtung ist dezent mit maritimen Motiven aufgepeppt,

Stadtrundgang
Auf Agatha Christie's Spuren in Torquay

START IMPERIAL HOTEL
ZIEL GRAND HOTEL
LÄNGE 3,5 KM; 3 STD.

Die Ermittlungen beginnen auf der Terrasse des ❶ **Imperial Hotels** (Miss Marple würde Schwarztee bestellen, Poirot Kräutertee), eines vornehmen Hauses, das in drei Christie-Krimis auftaucht: als Majestic in *Das Haus an der Düne* und *Die Tote in der Bibliothek* und unter richtigen Namen in *Ruhe unsanft*. Als nächstes geht's zur ❷ **Beacon Cove**, wo Agatha als Kind vor dem Ertrinken gerettet wurde. Die Runde führt dann am ❸ **alten Hafen** entlang, vorbei an Souvenirläden und Werbetafeln für Schiffstouren und schließlich die Torwood Street hinauf zum ❹ **Torquay Museum** (S. 68). In der Agatha Christie Gallery wird ihr Leben bewegend erzählt. Bei ihrer Arbeit als Krankenschwester während des Ersten Weltkriegs und als Apothekenhelferin nach dem Krieg hat sie ihr berühmtes Wissen über Gifte erworben. Zurück zum Hafen geht's kurz in die ❺ **Touristeninformation** (S. 75), wo es noch mehr Christie-Andenken gibt.

Dann passiert man die ❻ **Christie-Büste**, die zu ihrem 100. Geburtstag aufgestellt wurde. Darauf folgt der ❼ **Pavillon** – ein Schatten seines früheren Ruhms. Hier hatte Archie Christie bei einem klassischen Konzert 1913 um die Hand von Agatha angehalten. Nebenan können Flaneure in den ❽ **Princess Gardens** in die *Morde des Herrn ABC* eintauchen. Wo der ❾ **Rock Walk** steil nach rechts ansteigt, links abbiegen auf den spätviktorianischen ❿ **Princess Pier**, wo Agatha als Mädchen am liebsten Rollschuh lief. Am ⓫ **Torre Abbey Sands** landeinwärts an den Tennisplätzen und Golfanlagen vorbeigehen zu den ⓬ **Torre Abbey Gardens** (S. 72), mit dessen Pflanzen man die Gifte aus Christies Geschichten zusammenbrauen kann. Danach geht's an weiteren Spielfeldern und am Bahnhof vorbei bis zum ⓭ **Grand Hotel**, auf einen weiteren Tee. Hier verbrachte Agatha ihre Flitterwochen mit ihrem ersten Ehemann Archie, nachdem sie Heiligabend 1914 heimlich geheiratet hatten. Als Pilot der Royal Flying Corps musste er schon am zweiten Weihnachtstag zurück an die Front.

z. B. mit einem flotten Leuchtturmmodell oder Schiffsbildern auf den Vorhängen. Von den Korbstühlen auf den winzigen Balkonen bietet sich eine phantastische Aussicht auf das Meer.

Seabreeze B&B ££
(01803-322429; www.seabreezebabbacombe.co.uk; 39 Babbacombe Downs Rd; EZ 55–75 £, DZ 65–85 £; P) Die eleganten Zimmer erstrahlen in fröhlichen Farben, von maritimem Aquamarin bis zu leuchtendem Rot, Weiß und Blau. Schicke Badezimmer und kleine Balkone mit Meerblick runden das Angebot ab.

Haven House B&B £
(01803-293390; www.havenhotel.biz; 11 Scarborough Rd; EZ 35 £, DZ 55–65 £; P) Nicht ein Spitzendeckchen schmückt diese einfachen Zimmer, die in dezenten Farben und mit farbigen Überdecken gehalten sind. Der große Kopf eines Stofftierelchs über der Eingangstür (hallo, *Fawlty Towers*) zeugt von Humor.

Orestone HOTEL ££
(01803-328098; www.orestonemanor.com; Rock House Lane; DZ 95–200 £; Küche 12–14 & 19–21 Uhr; P) Das georgianische Orestone strotzt voll Landhauscharme – im Winter knistert es im Kamin und im Sommer wird das Frühstück auf der Terrasse serviert, mit dem Meer im Hintergrund. Beim Abendessen klimpert ein Klavierspieler auf den Tasten, während die Gäste das erstklassige Essen (Hauptgerichte 17 £, 19–21 Uhr) genießen. Es gibt auch eine Mittagskarte. In den Zimmern trifft traditionelle Eleganz auf modernen Komfort: gedämpfte Blau- und Grüntöne verzieren die schicken Badezimmer und flauschigen Bademäntel. Alle Zimmer haben Meerblick. Das Orestone liegt etwas versteckt in einem bewaldeten Tal, 5 km nördlich von Torquay.

Lanscombe House B&B ££
(01803-606938; www.lanscombehouse.co.uk; Cockington Lane; DZ 95–115 £; P) Laura Ashley würde die Ausstattung sicherlich gefallen: ein Haus aus dem 19. Jh. gefüllt mit geschmackvollen Stoffen, Himmelbetten und frei stehenden Badewannen. Es liegt am Rande von Cockington Village und hat einen wunderbaren englischen Bauerngarten, in dem nachts die Eulen rufen.

Hillcroft B&B ££
(01803-297247; www.thehillcroft.co.uk; 9 St Lukes Rd; EZ 75–80 £, DZ 75–90 £, Suite 115–130 £; @) Die schicken, thematisch eingerichteten Zimmer entführen auf eine kleine Weltreise. Fürs Ambiente sorgen z. B. französische Antiquitäten und klare Linien oder asiatische Möbel und exotische Stoffe – während der Stil der Badezimmer von höhlenartig bis glatt-glänzend reicht. Die prächtige Suite im Obergeschoss bietet einen weiten Blick über die Stadt.

★ Cary Arms BOUTIQUEHOTEL £££
(01803-327110; www.caryarms.co.uk; Babbacombe Beach; DZ 225–275 £, Suite 375 £) Die britische Küste beginnt, sich elegant auszustatten. In diesem Boutiqueschlupfloch werden neuenglische Töne mit bonbonfarben-gestreiften Kissen aufgehübscht. Die Balkone blicken direkt über das Meer und Kinder bekommen bei der Ankunft ein Fischernetz und Köder. Ein Stück Felsen mit dem Namen des Hotels auf dem Bett begrüßt die Gäste. Es gibt auch einige herrliche Cottages (2/3/6/8 Pers. pro Woche 1550/1950/2500/3000 £), jede mit Terrasse und Meerblick.

Osborne HOTEL £££
(01803-213311; www.osborne-torquay.co.uk; Hesketh Cres; DZ 140–230 £; P) Die Terrasse dieses großartigen, sichelförmigen Hotels passt besser nach St. Tropez als nach Torquay: Palmen, weiße Sonnenschirme und vollkommen zauberhafte Meerblicke. Die Zimmer sind mit braunen Ledermöbeln und in neutralen Tönen ausgestattet; es gibt Himmelbetten, Messingbetten und Betten in Schlittenform. Im Fitnessraum kann trainiert und im beheizten Pool geschwommen werden und zum Entspannen zieht man sich ins Zimmer mit Meerblick zurück und beobachtet durch das zum Zimmer gehörende Fernglas, wie die Schiffe vorbeifahren.

Essen

Number 7 FISCH & MEERESFRÜCHTE ££
(01803-295055; www.no7-fish.com; 7 Beacon Tce; Hauptgerichte 15 £; ganzjährig Mi–Sa 12–13.45 Uhr, Juli–Sept. tgl. 19–21 Uhr, Okt.–Juni Di–Sa) Herrliche Düfte wabern durch das lebhafte Hafenbistro. Auf der Karte stehen frische Köstlichkeiten des Meeres; zu den Spezialitäten zählen Krebs, Hummer, Rochen und Seeteufel, oft überraschend kombiniert. Besonders lecker sind Jakobsmuscheln in Wermutsauce oder Fisch- und Krabbentempura (in dünnem Ausbackteig).

Elephant Brasserie MODERN BRITISCH ££
(01803-200044; www.elephantrestaurant.co.uk; 3 Beacon Tce; Hauptgerichte 17 £, 2/3 Gänge mit-

tags 17/20 £; ⊙ Di-Sa 12–14 & 18.30–21 Uhr) Im Bistro unter dem Restaurant „Room in the Elephant" geht's etwas informeller, aber trotzdem sehr elegant zu. Geboten werden offene Ravioli mit Schweinshaxe und Frühlingserbsenschaum oder pochierter Schellfisch mit getrüffelten Käsemakkaroni. Und es gibt wirklich erlesene Desserts: Die Sirup-Tarte mit Vanilleeis ist ein denkwürdiger Abschluss des Essens.

Orange Tree MODERN BRITISCH ££
(☎01803-213936; www.orangetreerestaurant.co.uk; 14 Park Hill Rd; Hauptgerichte 15–25 £; ⊙ Di-Sa ab 19 Uhr) Ein Restaurant gibt es hier schon seit 30 Jahren; Zeit genug, um die Vereinigung von englischer und europäischer Küche zu perfektionieren. Die Gerichte bestehen vor allem aus Fisch, Fleisch und Wild. Exquisit ist die köstliche Brixham Krebssuppe mit Jakobsmuscheln, Seebarsch mit geräucherter Pancetta oder das Steak Süddevon-Art mit kräftiger Sauce auf Schimmelkäsebasis. Auch das Dessert-Trio ist unwiderstehlich: raffinierte Varianten aus klebrigem Toffee-Pudding, Rhabarber mit Vanillesauce oder geeistes Parfait aus dunkler Schokolade.

Old Vienna EUROPÄISCH ££
(☎01803-380180; www.oldvienna.co.uk; 7 Lisburne Sq; Hauptgerichte 15–22 £; ⊙ Mi-So 19–22 Uhr) Der Chef dieses gefeierten, kleinen Lokals ist zwar ein Österreicher namens Werner, er verarbeitet aber vor allem Produkte aus der Region. Das Ergebnis ist eine ungewöhnliche Karte, auf der geräucherte Makrele, rubinrotes Devon-Rind und Fasan neben Sauerkraut, Gulaschsuppe und Linzer Torte stehen.

Gemelli ITALIENISCH ££
(☎01803-294183; www.gemellirestaurant.co.uk; 172 Union St; Pizza 8 £, Hauptgerichte 13 £; ⊙ Mi-Mo 12–14 & 18.30–21 Uhr; 🌱) In diesem behaglichen Familienbetrieb fühlt man sich wie bei Freunden zu Hause. Es gibt echte italienische Pizza und goldene Pasta neben Gerichten, die lokale Zutaten mit einem Schuss Mittelmeer verfeinern, z. B. beim Devon-Filetsteak mit Garnelen- und Pilzsauce oder gebackenen Seebarsch mit Pesto. Vegetarier freuen sich über eine große Auswahl fleischloser Gerichte.

⭐**Room in the Elephant** GOURMETRESTAURANT £££
(☎01803-200044; www.elephantrestaurant.co.uk; 3 Beacon Tce; 2/3/7 Gänge 45/56/70 £; ⊙ April–Sept. Di-Sa 19–21 Uhr) Wer schon mal hier war, wird sich lange daran erinnern. Das Michelin-besternte Lokal in Torbay zeichnet sich durch originelle Geschmackskombinationen aus: Heilbutt mit geräuchertem Aal und Liebstöckel; Brixham-Krebs mit Mango und Erbsen-Panna-Cotta; abgekühlte Bitterschokoladen-Fondants mit Eiscreme aus gesalzenem Butterkaramell. Die üppige Käseplatte umfasst nur die allerbesten heimischen Sorten aus Südengland und auch der Meerblick aus dem Fenster ist ein richtiger Augenschmaus.

🍷 Ausgehen & Nachtleben

In ganz Devon ist die Kneipenszene wohl nirgends so quirlig wie in Torquay. In der Hafengegend brummt's so richtig, vor allem am Wochenende.

Hole in the Wall PUB
(6 Park Lane) Die holzlastige Kneipe (Baujahr 1540) brüstet sich damit, Torquays ältestes Pub zu sein, und der teilweise gepflasterte Boden steht tatsächlich unter Denkmalschutz. Das Bier schmeckt auch auf der winzigen „Terrasse" auf der Gasse vor dem Lokal.

Hennessy COCKTAILBAR
(www.hennessyrestaurant.com; 41 Torwood St; ⊙ Di-So 18–24 Uhr) Goldene Stühle, Lederbänke und nachgeahmte Barocktapeten dominieren das Ambiente in dieser gut gehenden Cocktailbar.

Bohemia CLUB
(www.bohemianightclub.com; 41 Torwood St) Drei Tanzflächen mit verschiedenen Musikstilen: R&B, Hip-Hop, Chartstürmer, Indie und Tanzhymnen.

ⓘ Praktische Informationen

Torquay Touristeninformation (☎01803-211211; www.theenglishriviera.co.uk; Vaughan Pde; ⊙ Mo-Sa 9.30–17 Uhr, Juni–Sept. auch So) Infos zu Torquay, Paignton und Brixham.

ⓘ Anreise & Unterwegs vor Ort

BUS
Brixham (35 Min., alle 20 Min.) Bus 12 fährt über Paignton.
Dartmouth (1¼ Std., Mo–Sa alle 2 Std.) Bus X81.
Totnes (1 Std., stündl. bis 4-mal tgl.) Bus X80/81.
Teignmouth (40 Min., Mo–Sa 8-mal tgl.) Bus 11.

AUTO
Um Torquay und Paignton liegt die Ringstraße A380; deren kleinere Verlängerung nach Brixham ist die A3022. Alle drei sind verbunden durch eine langsamere, mäandernde Küstenstraße.

FÄHRE
Planmäßige Fähren (S. 72) fahren zwischen Torquay und Brixham.

PARKEN
Ein Wochenparkschein für 33 £ berechtigt zum Parken auf allen städtischen Parkplätzen (aber nicht auf der Straße) in Torquay, Paignton und Brixham und ist auf der Website der Touristeninformation erhältlich.

ZUG
Eine Nahverkehrslinie fährt von Exeter (auf der Hauptstrecke zwischen London Paddington und Penzance) über Torquay (8 £, 50 Min. stündl.) nach Paignton (7 £, 52 Min.). Viele Züge halten in Teignmouth, Dawlish und Dawlish Warren.

Eine weitere Nahverkehrslinie verkehrt mindestens stündl. zwischen Newton Abbot (auch auf der London–Penzance Hauptstrecke), Torquay (20 Min.) und Paignton (10 Min.).

Die Dartmouth Steam Railway and River Boat Co dampft auch nach Kingswear gegenüber von Dartmouth, auf der anderen Seite des Flusses; Fähren verbinden die beiden Orte.

Brixham

Ansprechende, pastellfarbene Fischer-Cottages führen hinunter zum hufeisenförmigen Hafen von Brixham, der eine ganz andere Atmosphäre verströmt als die Ferienorte weiter nördlich. Leicht schäbige Einkaufspassagen existieren hier neben gewundenen Straßen, leuchtend bunten Booten und einem der geschäftigsten Fischereihäfen von England. Es ist zwar malerisch, aber Brixham hat nichts von einem hübsch verpackten Ferienort. Sein ungeschminkter Zauber gibt dafür ein wesentlich authentischeres Bild vom Leben an der Küste von Devon. Der Hafen schaffte es weltweit ins Fernsehen: in der Dokumentarfilmserie *Fish Town* von Sky Atlantic.

Sehenswertes & Aktivitäten

Fish Market   FÜHRUNG, MARKT
(0741 0617931; www.brixhamtourismpartnership.co.uk; The Quay; Führung 8 £; Ende Juni–Sept. 2-mal monatl.) Mehr als 100 Fischerboote bringen hier Fisch im Wert von 25 Mio. £ an Land. Brixham ist damit einer der wichtigsten Fischereihäfen Großbritanniens. Diese Führungen früh am Morgen gewähren einen einzigartigen Einblick in eine Welt, die Touristen meist verschlossen bleibt. Fischer führen die Teilnehmer an Käufern und Verkäufern in weißen Mänteln und mit Eis gefüllten Plastikschüsseln voller Fisch vorbei, bevor die hektische Auktion beginnt. Danach gibt es Frühstück in der Fishermen's Mission, zusammen mit den Leuten, die hier arbeiten. Teilnehmer an den Führungen sollten mindestens 13 Jahre alt sein. Die Führungen sind sehr beliebt, also rechtzeitig buchen. Wer sie verpasst, kann zwischen 5 und 6 Uhr zur **Aussichtsplattform** auf dem Fischmarkt gehen, um der Fischflotte beim Einlaufen zuzusehen.

Fishing Trips   FISCHEN
(01803-882811; www.greenwayferry.co.uk; The Quay; Erw./Kind 12/7 £; Ostern–Okt. 4-mal tgl.) In einer Stadt, die so stark mit der Fischerei verbunden ist, mögen sich selbst Besucher, die Angeln langweilig finden, herausgefordert fühlen, es einmal zu probieren. Während der zweistündigen Makrelenangeltour lernen die Teilnehmer, wie der Köder aufgehakt wird, die Angel ausgeworfen wird und wie viel Geduld nötig ist. Die Schiffe werden wahrscheinlich nach Süden Richtung Berry Head fahren oder in die Mitte der Tor Bay. Ein Erlebnis sind die speziellen, abendlichen Angeltouren.

Golden Hind   SEGELSCHIFF
(01803-856223; www.goldenhind.co.uk; The Quay; Erw./Kind 4/3 £; März–Sept. 10–16 Uhr) Was da an der Längsseite des Hafens liegt, wirkt wie ein Requisit für den Filmset zum Fluch der Karibik: ein original großer Nachbau des Schiffes, mit dem der aus Devon stammende Entdecker Sir Francis Drake im 16. Jh. um die Welt gesegelt ist. Trotz der vergleichsweise kleinen Größe hatte das Originalschiff eine Besatzung von 60 Mann. Besucher können über die Laufplanken schlendern, einen Blick in die winzige Kabine des Käptens werfen, das Hüttendeck erkunden und dem Seemansgarn in den Offizierskabinen lauschen. Für die Jüngsten finden – meist donnerstags während der Schulferien – Piratentage statt.

Brixham Heritage Museum   MUSEUM
(01803-856267; www.brixhamheritage.org.uk; New Rd; Erw./Kind 2 £/frei; April–Okt. Di–Sa

10–16 Uhr, Nov.–März bis 13 Uhr) Thema der vielseitigen Ausstellung mit Stücken und Infos zu Segelbooten, Schmugglern, Schiffsbau und Seerettung ist die maritime Geschichte der Stadt.

🛏 Schlafen

Sampford House B&B £
(☎01803-857761; www.sampfordhouse.com; 57 King St; DZ 60–74 £, Hütte pro Nacht 75–90 £; P 🛜) Wer in diesem Cottage aus dem 18. Jh. in einem Zimmer mit Blick auf den Hafen übernachtet, könnte eventuell Seehunde entdecken, die unten im Wasser schaukeln. Gewundene Treppen führen zu kleinen, aber süßen Zimmern mit Kirschholzmöbeln und Messingbetten. Nebenan steht noch eine typische 4-Zimmer-Cottage (2 oben, 2 unten) mit Kochnische, Badezimmer, Schlafzimmer und einem Wohnzimmer, aus dem Gäste auf das Meer blicken.

Harbour View B&B £
(☎01803-853052; www.harbourviewbrixhambandb.co.uk; 65 King St; EZ/DZ 50/80 £; P 🛜) Ein umsichtiger Umbau hat aus einem eingeschossigen Cottage aus dem 18. Jh. ein geräumiges, zweistöckiges Hotel gemacht. Die schmale Treppe mit einem Geländer aus Seilen führt an Ziegelsteinwänden vorbei. Die Zimmer sind modern, mit Licht, das auf Bewegung reagiert, und schick eingebauten Schränken. Aber das Highlight ist nach wie vor der tolle Blick über den Hafen.

Trefoil B&B £
(☎01803-855266; www.trefoilguesthouse.co.uk; 134 New Rd; EZ 25–42 £, DZ 60–70 £; P 🛜) Der Aufenthalt lohnt sich allein für das Frühstück. Die Spezialität der ehemaligen Chefin Pam sind Käse-und-schwarzer-Pfeffer-Muffins mit Schinken und pochierten Eiern und eine überquellende Anrichte mit frischen Erdbeeren, Melone, Ananas und Pflaumen. Auch die Zimmer sind hinreißend: stilvoll in Schiefergrau, hellem Blau und sanftem Gold gehalten. Jedes mit noblen Plätzchen und flauschigen Bademänteln.

🍴 Essen & Ausgehen

David Walker & Son FISCH & MEERESFRÜCHTE £
(www.davidwalkerandson.com; Unit B, Fish Market; ⊙ Mo–Fr 9–15, Sa 8–16 Uhr) Hier gibt's die Chance, Brixhams Fischhändler zu treffen und für den Grillabend einzukaufen: in den mit Eis ausgelegten Theken stapeln sich die gerade abgeladenen Fische. Fürs Picknick eignen sich besonders die riesigen, gekochten Garnelen (mit Schale, 9 £/500 g) und die gefüllten Taschenkrebse (ab 6 £/Stück).

Beamers FISCH & MEERESFRÜCHTE ££
(☎01803-854777; www.beamersrestaurant.co.uk; 19 The Quay; Hauptgerichte 16–23 £; ⊙ Mi–Mo 18 Uhr–open end; 🍴) Jeden Morgen besucht Chefköchin Simone den Fischmarkt von Brixham, um die besten Exemplare des Tagesfangs auszusuchen. Und das kommt dabei heraus: extrem frischer, hervorragend gekochter Fisch. Zu den besten Angeboten gehört der Fang des Tages für zwei Personen (35 £). Safran, Pernod und Birne begleiten einige der Menüüberraschungen. Und wer einen Fenstertisch ergattert, bekommt dazu noch einen fesselnden Hafenblick.

Poop Deck FISCH & MEERESFRÜCHTE ££
(☎01803-858681; www.poopdeckrestaurant.com; 14 The Quay; Hauptgerichte 17 £; ⊙ Do–So 12–14.30, Di–Sa 18.30–21.30 Uhr) Immer diese Entscheidungen. Der Tagesfang kommt nur wenige Meter entfernt an Land. Warum also nicht einfach gegrillt mit Knoblauchbutter oder Olivenöl verzehren? Oder den Wolfsbarsch mit Brandy-Sauce wählen? Aber das würde bedeuten, den heißen Krustentierteller mit einem dampfenden Turm aus Hummer, Garnelen, Jakobsmuscheln und Krebsen zu verpassen ...

Maritime PUB
(79 King St, Brixham) Das Markenzeichen des Engländers ist ja an sich schon seine Exzentrizität – aber das hier ist einfach durchgeknallt: Tausende von Schlüsselringen, Steinkrügen und Nachttöpfen zieren die Wände dieses alten Pubs, und hinter dem Tresen steht eine ausfernde Whiskeyauswahl. Bis hierhin wär's ja noch fast normal, aber die Krönung ist der hauseigene Papagei, Mr. Tibbs, der tatsächlich durchs Lokal latscht und alle Gäste mit einem fröhlichen „Hello" begrüßt.

ℹ An- & Weiterreise

BUS

Torquay (35 Min., alle 20 Min.) Bus 12 fährt über Paignton.

Kingswear (20 Min., alle 30 Min. bis stündl.) Bus 22. Fähren setzen über nach Dartmouth.

FÄHRE

Planmäßige Fähren (S. 72) fahren zwischen Brixham und Torquay.

Teignmouth & Umgebung

14 750 EINW.

Teignmouth umarmt die Küste dort, wo der Fluss Teign in das Meer mündet. Die Stadt hat alles zu bieten, was zu einem rege besuchten Ferienort gehört. Georgianische Häuserreihen umrahmen die Küste aus rauem, rotgoldenem Sand und ein klassischer viktorianischer Pier ragt stolz ins Meer. Der Ort hat auch einen kleinen Hafen, in dem der Küstenhandel tobt, und ein winziges Netz enger Straßen mit bonbonfarbenen Fischerhäusschen und Seefahrerkneipen, die dem Ort eine geschäftig maritime Atmosphäre verleihen. Eine Fähre tuckert resolut über den Fluss, während das Naturschutzgebiet Dawlish Warren – eine natürliche Anhäufung verwehter Dünen – nur eine kurze Küstenwanderung entfernt liegt.

Sehenswertes & Aktivitäten

Teign-Fähre FÄHRE
(07896-711822; www.teignmouthshaldonferry.co.uk; Back Beach; Erw./Kind hin & zurück 3/1,40 £; Mitte Juli-Aug. 8-Sonnenuntergang, April-Mitte Juli bis 18 Uhr, Nov.–März bis 16.30 Uhr) Die überdachte Teign-Fähre schippert zwischen Teignmouth und dem netten Örtchen **Shaldon** am Südufer hin und her. Den Fährdienst selbst gibt's schon etwa seit dem 10. Jh., das auffällig schwarz-weiße Design stammt dagegen aus der elisabethanischen Ära. Die Überfahrt bringt die Passagiere immer näher an die bröckelnde rote Landzunge und ist eine aufregende Angelegenheit, die bereits beginnt, wenn man über einen kleinen Holzsteg an Bord geht. In Shaldon geht das Abenteuer weiter, denn hier ist **Ness Beach**, eine Bucht, die sich nur über einen aus dem Fels gehauenen Schmugglertunnel erreichen lässt.

Der Fährableger liegt am River (oder Back) Beach in Teignmouth, direkt hinter dem Parkplatz „Point". Die Abfahrtszeiten sind vom Wetter abhängig, sind aber am Strand auf entsprechenden Schildern angeschlagen.

Teignmouth & Shaldon Museum MUSEUM
(Teign Heritage Centre; www.teignheritage.org.uk; 29 French St; Erw./Kind 2,50 £/frei; Feb.-Okt. Di–Sa 10–16.30 Uhr, Juli & Aug. auch 14–17 Uhr) Niemand sollte hier an ein verstaubtes, altes Museum denken. In einem modernen neuen Gebäude können die Besucher viele Ausstellungsstücke aktiv erkunden. Man kann eine viktorianische Bademaschine ausprobieren, das Gewicht einer Kanonenkugel schätzen, sich als Puppenspieler versuchen, nach den Kanonen eines venezianischen Schiffswracks aus dem 16. Jh. suchen oder die Tafeln über Admiral Pellew studieren, der C. S. Forester zu seinen *Hornblower*-Romanen inspirierte.

Dawlish Warren NATURSCHUTZGEBIET
(www.dawlishwarren.co.uk; The Warren; frei zugänglich; P) GRATIS Am südlichen Ende der Mündung des Flusses Exe windet sich eine Sandspitze weit ins Meer hinein, von wo man berauschende Aussichten den Fluss hinauf und übers Meer hat. Die Vielzahl der Lebensräume ist bemerkenswert und reicht von Dünen und Wiesen zu salzigem Marschland und Watt. Das Naturschutzgebiet ist ein wichtiger Lebensraum für Wildgeflügel und Wattvögel. Hier gibt es mehr als 30 landesweit seltene Pflanzenarten, so z. B. eine besondere Art des Steinkrokusses (*romulea columnae*) oder schwarzstieliger Streifenfarn, Zahnlilien und Hirschzungenfarn.

Dawlish Warren liegt 8 km nördlich von Teignmouth an der Straße, Züge fahren etwa zweimal in der Stunde hin und zurück (12 Min.). Ein Wassertaxi (S. 59) fährt von Exmouth zum Naturreservat. Wanderer können aber auch den feuchten Küstenweg von Teignmouth nehmen (9,5 km).

EIN TAG BEIM RENNEN

Während der sommerlichen Rennsaison auf dem **Newton Abbot Racecourse** (01626-353235; www.newtonabbotracing.com; Newton Rd, Newton Abbot; April-Sept. 3 Termine pro Monat) finden 19 Hürdenrennen statt, bei denen herausgeputzte Landbewohner auf abgebrühte Zocker treffen. Die Bahn ist ein flacher, ovaler Rundkurs mit sieben Hürden auf knapp 2 km Länge, der links herum gelaufen wird. Mit dem teureren Paddock Enclosure Ticket (18 £) können Besucher ganz nah an den Vorführplatz und die Ziellinie; das Course Enclosure Ticket (12 £) gewährt einen Blick aus der Ferne über den gesamten Kurs. In jedem Fall trifft man auf schicke Garderobe, Tweedanzüge, Seidenkleider, donnernde Pferde und natürlich Champagner.

Wanderungen
WANDERN

Zwischen Teignmouth und dem **Dawlish Warren** liegt eine etwa 8 km lange Küstenlinie, deren rote Sandsteinklippen von Wind und Wetter zu bizarren Türmen, Buchten und Schlangenlinien geformt worden sind. Zwischen dem Meer und einer zwischen die Felsen gequetschten Bahnlinie schlängelt sich ein Küstenpfad. Wer ihm von Teignmouth aus nach Norden folgt, wird mit einer stimmungsvollen Wanderung belohnt, die sogar direkt über einen Wellenbrecher führt. Nach etwa 1,5 km führt der Weg plötzlich vom Meer weg und um die Gesteinsformation **Parson and Clerk** herum, um schließlich weitere 1,5 km lang steil zum Strand von **Dawlish** abzusteigen. Unterwegs gibt's jede Menge zu sehen, z. B. die seltsamen Steinformationen **Horse** (Pferd), **Old Maid** (Alte Jungfer) und **Cowhole** (wörtlich: Kuhloch). Hinter Dawlish führt ein gemächlicher Spaziergang 3 km lang an stark ausgewaschenen rotbraunen Klippen, einem breiten Strand und einigen Rummelplatzvergnügungen vorbei zum Dawlish Warren Nature Reserve.

Wer nach der langen Wanderung müde ist, tritt den Rückweg per Zug an; Bahnhöfe gibt's in Dawlish Warren, Dawlish und Teignmouth. Die Abfahrtszeiten wechseln, ein Blick auf den Fahrplan lohnt sich also.

🛏 Schlafen

Old Salty House B&B £
(☎01626-879574; www.oldsaltyhouse.co.uk; 21 Northumberland Place; EZ/DZ 40/60 £) Das so passend benannte Old Salty liegt etwas versteckt zwischen alten Lagerhäusern und Fischerkneipen in den verwinkelten Gassen am Rande des stimmungsvollen Back Beach von Teignmouth. Die Einrichtung ist gemütlich und komfortabel mit abgeschliffenem Holz, Korbmöbeln und lackierten Dielen. Gebutterte Schnecken und warmer Kartoffelkuchen gehören zum Frühstücksangebot.

Bay HOTEL £
(☎01626-774123; www.bayhotelteignmouth.co.uk; 15 Powderham Tce; EZ 40–46 £, DZ 70–80 £, FZ 105 £, Penthouse 160 £; P🛜) Nachgebaute georgianische Möbel und beruhigende Farben prägen die Zimmer in diesem langgezogenen Hotel am Meer. Die besten Zimmer blicken auf den rotbraunen Strand von Teignmouth, während das 4-Personen-Penthouse mit seinem Charme überzeugt: schiefe Decken, eine ovale Badewanne und eine breite Terrasse mit erstklassigem Blick auf die Wellen.

Thomas Luny House B&B ££
(☎01626-772976; www.thomas-luny-house.co.uk; Teign St; EZ 60–75 £, DZ 80–102 £; P) In diesem 200 Jahre alten Stadthaus wird auf raffinierten, aber dezenten Luxus Wert gelegt. Zur Einrichtung gehören schwere Stoffe, Antiquitäten, Holztruhen und alte Segeldrucke. Der Garten hinter dem Haus ist eine Oase der Ruhe.

🍴 Essen & Ausgehen

Blue Hut IMBISS, FISCH & MEERESFRÜCHTE £
(Back Beach; Snacks ab 3 £; ⊙Ostern–Sept. 11–17 Uhr) Eingezwängt zwischen hell gestrichenen Fischerhäuschen neben dem Point-Parkplatz verkauft das Blue Hut Herzmuscheln, Strandschnecken, Muscheln und Brötchen mit frisch gepulten Krabben. Dazu eine Tasse Tee und ein toller Ausblick auf die Flussmündung.

Crab Shack FISCH & MEERESFRÜCHTE ££
(☎01626-777956; www.crabshackonthebeach.co.uk; Back Beach; Hauptgerichte 11–20 £; ⊙Mi–Sa 12–14 & 19–21, So 12–14 Uhr) Die Lage könnte nicht besser sein, um superfrischen Fisch zu servieren – mit Blick auf die geschützte Mündung des Teign und auf die Flotte, die das Essen an Land gebracht hat. Das Restaurant hat sogar ein paar eigene Fischerboote. Am schönsten ist es, sich einen Tisch auf der von Hummerkörben umgebenen Terrasse zu suchen und dort dann Muscheln, einen ganzen, gegrillten Hummer oder eine Schüssel mit in Knoblauch gebratenen Krebsscheren zu essen.

The Owl and The Pussycat MODERN BRITISCH ££
(☎01626-775321; www.theowlandpussycat.co.uk; 3 Teign St; Hauptgerichte 17 £; ⊙Mo–Sa 10–14.30 & 18–21.30, So 18–21.30 Uhr) Ein stilvolles, fesches Restaurant, das mit Produkten der Region auftrumpft. Rind aus Süddevon wird mit Trüffelöl serviert, die Creedy-Carver-Ente mit Ingwer und Portwein übergossen und in der leckeren Bouillabaisse stecken nur Fische, die hier an Land gezogen wurden.

Ship Inn PUB
(www.shipteignmouth.co.uk; 2 Queen St, Teignmouth) Rustikale Tische, Holzbalken und Dielenböden machen das heitere Ship Inn

zu einem der stimmungsvollsten Pubs in Teignmouth. Auf der Terrasse am Flussufer schmeckt das Essen (Hauptgerichte ab 8 £, 12–14.30 und 18–21 Uhr) gleich nochmal so gut, am allerbesten aber bei Sonnenuntergang und mit einem Glas Otter Ale in der Hand.

Praktische Informationen

Teignmouth Touristeninformation (01626-215666; www.visitsouthdevon.co.uk; The Den; Mo–Sa 10–17 Uhr, Juli–Aug. auch So 10–16 Uhr)

An- & Weiterreise

BUS
Exeter (1 Std., Mo–Sa alle 20 Min.) Bus 2.
Torquay (40 Min., Mo–Sa 8-mal tgl.) Bus 11.

ZUG
Exeter (30 Min., halbstündl.)
Torquay (20 Min., halbstündl.)

SÜDDEVON

Südlich von Torquay zeigt Devon ein anderes Gesicht: Zuckerwatte, Strandpromenaden und Ladenpassagen wechseln mit grünen Wiesen und wilden Steilküsten. Das alternativ angehauchte Totnes lockt mit seinen Tudor-Häusern und einem exzellenten Weingut. Im umschwärmten Dartmouth steht das Haus von Agatha Christie, außerdem kann das Städtchen mit einer interessanten Seefahrergeschichte aufwarten, während weiter südlich in Salcombe Bootsfahrten, Sandstrände und Segelboote angesagt sind. Hier liegen auch die ruhigen Dörfer Hope Cove und Bantham, die schläfrige Marktstadt Kingsbridge und ein prächtiges Art-déco-Hotel auf Burgh Island. Gefeierte Restaurants gibt es überall in der Region verteilt. In Süddevon herrscht eine unschlagbare Kombination von Kultiviertheit und Unkompliziertheit, von friedvoller Weite, unentdeckten Stränden und glitzernden Buchten.

Praktische Informationen

Visit South Devon (www.visitsouthdevon.co.uk) Eine gute Informationsquelle.
South Devon AONB (01803-861384; www.southdevonaonb.org.uk) Bietet anregende Veranstaltungen.

Totnes & Umgebung

7450 EW.

Nach dem Rummel in Torbay ist Totnes perfekt zum Chillen. Dass hier die Alternativszene regiert, zeigt sich schon am Ortsschild, dem die Einwohner den Zusatz „Partnerstadt von Narnia" (einer fiktiven Welt aus Fantasy-Romanen) verpasst haben. Und tatsächlich: Überall wabert Räucherstäbchendunst und Esoterik ist Trumpf, wie man auch in den Läden am Batiksortiment gleich bemerkt. Aber die Geschichte der Stadt geht viel weiter zurück als bis zur Hippiebewegung und die Architektur reicht von normannisch bis zu den 1920er-Jahren. Dazu kommen noch ein Weingut, ein architektonisches Schmuckstück aus den 1920er-Jahren, einige tolle Unterkünfte und ein preisgekröntes Bio-Restaurant – und schon ergibt das eine dynamische Ausgangsstation für den Urlaub in Süddevon.

Geschichte

Die Normannen bauten hier im 11. Jh. ein Schloss, denn der Zugang zum Fluss Dart verlieh Totnes strategische Bedeutung. Die Tudorzeit brachte dann mit dem Zinnhandel Wohlstand; ein Überbleibsel sind die 60 Handelshäuser, die die Hauptstraße säumen. Die Verwandlung von Totnes in einen alternativen Treffpunkt begann 1925, als Dorothy und Leonard Elmhirst das nahegelegene Dartington Estate kauften und mit der Wiederherstellung der ländlichen Natur und mit einer fortschrittlichen Schule experimentierten. 1961 eröffnete das Dartington College of Arts und verstärkte das New-Age-Image noch. Das College ist 2010 nach Falmouth umgezogen, aber die ursprüngliche Umweltbewegung, Transition Town Totnes, widmet sich weiterhin dem Thema Nachhaltigkeit.

Sehenswertes

★ Sharpham Wine & Cheese WEINGUT
(01803-732203; www.sharpham.com; Mai-Sept. tgl. 10–17 Uhr, Jan.–April So geschl.; P) Die Reihen der Rebstöcke auf den steilen Abhängen über dem Fluss Dart erinnern eher an Chablis als an Süddevon. Die teuerste Führung (65 £) wird von einem Experten geleitet, der den Prozess der Weinherstellung erklärt und eine Verkostung anleitet, dazu gibt es ein leichtes Mittagessen und eine Flasche vom Dart Valley Reserve. Eine

umfassende Führung mit Weinverkostung kostet 20 £, für 8 £ kann man den Rundgang aber auch auf eigene Faust machen, mit anschließender Weinprobe. Besonders lecker: Zur Verkostung können Besucher den ebenfalls in Sharpham hergestellten Käse knabbern. Wer in dem ausgezeichneten Café mittags essen möchte, sollte unbedingt einen Tisch reservieren. Sharpham Vineyard liegt knapp 5 km südlich von Totnes und ist an der Abfahrt der A381 ausgeschildert. Von Totnes auf dem Dart Valley Trail herzuwandern ist allerdings die schönere Anreisevariante.

High Cross House HISTORISCHES GEBÄUDE
(NT; 01803-842382; www.nationaltrust.org.uk; Dartington Estate; Erw./Kind 7,20/3,70 £; Mi–So 10.30–17 Uhr; P) Diese elegante blau-weiße Schachtel gehört zu den wichtigsten Gebäuden der englischen Moderne. Es wurde 1932 von William Lescaze entworfen. Seine geraden und abgerundeten Linien sind typisch für den Baustil dieser Zeit, ebenso wie die Einrichtung mit wenigen Möbeln und feinem Holz. Das Haus wurde als eine „Maschine zum Leben" konzipiert und Besucher werden ermutigt, sich den Raum aktiv zu erschließen: Sie dürfen auf dem Klavier spielen, auf den Stühlen sitzen und durch die Kunstbücher blättern. Aber Vorsicht: Wer erst einmal auf einem der schlanken Sofas aus den 1930er-Jahren gesessen hat, möchte nicht so schnell wieder aufstehen.

Totnes Castle SCHLOSS
(EH; 01803-864406; www.english-heritage.org.uk; Castle St; Erw./Kind 3,60/2,20 £; April–Sept. 10–18 Uhr, Okt. bis 17 Uhr) Der äußere Burgfried der normannischen Holzfestung von Totnes liegt auf einem Hügel oberhalb der Stadt und gewährt einen fesselnden Überblick über das Dächermeer und das Flusstal. Bemerkenswert ist das mittelalterliche Klo.

Historische Gebäude ARCHITEKTUR
Totnes kann mit einigen der schönsten Beispiele der Tudor-Architektur von Devon aufwarten, darunter die eindrucksvollen Gebäude, die die steilen High und Fore Streets säumen. Dort, wo die Castle Street in die High Street mündet, lehnen sich die windschiefen Gebäude des Poultry Walk aneinander. Die von Säulen gestützten Fachwerkhäuser stammen aus der Tudor-Zeit und sind der ehemalige Schauplatz des städtischen Geflügelmarkts. Etwas weiter bergab ist linkerhand der Butterwalk aus

TRANSITION TOWN TOTNES

2005 wurde in Totnes der Grundstein für ein gewaltiges Ökoprojekt gelegt. Das in Großbritannien damals einzigartige Experiment **Transition Town Totnes** (www.transitiontowntotnes.org) wurde ganz auf eine Welt mit weniger Öl ausgerichtet, einschließlich aller Auswirkungen auf die verschiedensten Lebensbereiche, von der Ernährung über den Individualverkehr und das Gesundheitswesen bis hin zum Schulwesen. Die Idee hat Schule gemacht: Inzwischen gibt es in Großbritannien mehr als 400 *Transition-Initiativen.*

Die Leute wohnen in Niedrigenergie-Häusern (Transition Homes), organisieren Spaziergänge, auf denen Essbares gesammelt wird, und auf dem Samstagsmarkt bietet Dr. Bike seine Dienste an – er repariert kleinere Schäden umsonst, im Tausch oder gegen Spende. Außerdem gibt es den Totnes Pound (www.totnespound.org), eine lokale Währung, die man in Totnes „erwirbt" und dann in den Geschäften der Stadt ausgibt.

dem 16. Jh., der als Schutz für die Molkereimärkte diente. Viele der Häuser haben noch wunderschöne Originalstuckdecken aus der Tudor-Zeit; besonders gut erhalten sind z. B. die im Bogan House, im Totnes Fashion and Textile Museum. Von der High Street biegt die Church Close scharf nach links ab zu einer Schönheit aus rotem Sandstein: der St. Mary's Church. Hinter der Kirche aus dem 15. Jh. versteckt sich die alte Guildhall. Der Ramparts Walk führt in einem weiten Bogen um die Kirche herum und folgt damit der Befestigungsgrenze der ursprünglichen Angelsachsenstadt. Am unteren Ende der Fore Street geht's in die Bank Lane, wo ein üppig verziertes, zitronengelbes Haus aus dem 18. Jh. steht, ein schönes Beispiel der sogenannten Strawberry-Hill-Gotik.

Guildhall HISTORISCHES GEBÄUDE
(01803-862147; Ramparts Walk; Erw./Kind 1,25 £/30 p; April–Okt. Mo–Fr 10.30–16 Uhr) Teil dieses stimmungsvollen Baus war die Küche des normannischen Klosters der Stadt; im Inneren sind Mönchszellen, zeremonielle Talare und ein reich verzierter Rathaussaal zu besichtigen.

DARTINGTON ESTATE

Was für ein Hochzeitspräsent: Heinrich VIII. schenkte zweien seiner Frauen (Cathrine Howard und Cathrine Parr) dieses 320 ha große Grundstück. Heute beherbergt es ein B&B, das High Cross House aus den 1930er-Jahren, das Barn-Arthouse-Kino, das gesellige White Hart Pub und einen mittelalterlichen Saal, in dem Veranstaltungen stattfinden, die vom klassischen Konzert bis zum Literaturfestival reichen.

Das Herrenhaus von Dartington aus dem 14. Jh. umrahmt eine Grünfläche, die an die alten Universitätsinnenhöfe in Oxford oder Cambridge erinnern. Die Gärten sind in eindrucksvollen Terrassen um einen Turnierplatz angelegt, Blumenbordüren führen zu Lichtungen, Wiesen und reetgedeckten Cottages. Zwischen mäandernden Pfädchen und versteckten Sitzbänken gibt es jede Menge Kunstjuwele zu entdecken: die steinerne Memorial Figure (Gedenkfigur) von Henry Moore, die Schneckenschnörkel auf Jacob's Pillow (Jakobs Kissen) von Peter Randall Page und Willi Soukops Bronzeesel. Der Japanische Garten neben der Kirchenruine hat natürlich standesgemäß eine geharkte Kieslandschaft und einen Unterstand aus Zedernholz.

Das Anwesen liegt 2,5 km nordwestlich von Totnes.

Elizabethan Garden GARTEN
(Fore St; 9–17 Uhr) GRATIS Die Schilder in diesem winzigen, ummauerten Garten geben Einblick in das medizinische Wissen des 16. Jhs. Sie geben an, welche Kräuter gegen welche Beschwerden halfen: Seifenkraut gegen Syphilis, Waid zum Stillen von Blutungen, Lorbeer gegen Bienenstiche. Der Eingang liegt hinter einem leicht zu übersehenden Tor in einer Kopfsteinpflastergasse neben dem Totnes Elizabethan Museum.

Totnes Fashion & Textile Museum MUSEUM
(43 High St; Erw./Kind 2 £/80 p; Mai–Sept. Di–Fr 11–17 Uhr) Hübsch ausgestellte Gewänder aus dem 18. bis 20. Jh.; in einem der feinsten Tudor-Kaufmannshäuser von Totnes.

Aktivitäten

★ Totnes Kayaks KAJAKFAHREN
(07799 403788; www.totneskayaks.co.uk; The Quay, Stoke Gabriel; pro 1/3/6 Std. 10/24/35 £; April–Okt. 10–17 Uhr) Der beste Weg, den ruhigen Fluss Dart zu erkunden? Im verschlafenen Stoke Gabriel (8 km südöstlich von Totnes) ein Kajak mieten und dort zwischen unverbauten Hügeln paddeln. Am einfachsten ist es, den Gezeiten zu folgen (Besitzer Tom gibt Rat) und flussaufwärts zum Sharpham Vineyard und nach Totnes zu paddeln oder flussabwärts zum attraktiven Dittisham. Beide Richtungen sind vielversprechend.

Canoe Adventures KANUFAHREN
(01803-865301; www.canoeadventures.co.uk; Erw./Kind 22/17 £) Ausflüge in 12-sitzigen Kanadiern – die monatlichen Mondscheintouren sind ein herrliches Vergnügen.

South Devon Steam Railway BAHNFAHREN
(01364-644370; www.southdevonrailway.org; Erw./Kind hin & zurück 12/7 £; April–Okt. tgl. 4–9 Züge) Die privat betriebene South Devon Steam Railway dampft von Totnes nach Buckfastleigh, am Rande von Dartmoor.

Festivals & Events

Ways With Words LITERATUR
(01803-867373; www.wayswithwords.co.uk; Dartington Estate) Wichtige Autoren kommen jeden Juli zu diesem hervorragenden Literaturfest, das an Orten wie der Tudor Great Hall und dem restaurierten Barn-Kino stattfindet. Im grünen Hof im Zentrum gibt es Signierstunden, Essensstände und lesende oder sich miteinander unterhaltende Menschen in Sonnenstühlen.

Dartington International Summer School KLASSISCHE MUSIK
(01803-847070; www.dartington.org/summerschool; Dartington Estate) Während dieses Festivals (Beginn Ende Juli, Dauer ein Monat) finden auch Kurse zu Themen wie Komposition, Dirigieren, Singtechniken und Klavierübungen statt und es gibt bis zu drei öffentliche Konzerte jeden Tag. Gespielt werden neben früher Musik und kompletten Opern auch Tango, Musik mit Instrumenten aus Recycling-Materialien und Tanztees.

Schlafen

★ Pippin CAMPINGPLATZ ££
(01275-395447; www.canopyandstars.co.uk; Cleave Farm, nahe Totnes; 3/7 Nächte 265/605 £; P) Ein hell gestrichener Zigeuner-Wohnwagen in der Mitte eines Obstgartens und der Gesang der Vögel – die Idylle kann kaum gesteigert werden, ob nun kuschlig am Holz-

ofen, beim Kochen an der Feuerstelle oder beim Entspannen in der heißen Wanne unter dem Sternenhimmel. Der Willkommenskorb enthält Bio-Cider aus den Äpfeln des Gartens und die Frühstückseier kommen direkt aus dem Hühnerhaus. Enten und Pfauen streunen über das Gelände. Der Platz ist beliebt, also besser vorab buchen.

Dartington Hall B&B ££
(01803-847000; www.dartington.org; Dartington Estate; EZ 39–104 £, DZ 99–209 £; P) Die Flügel des erlesenen, alten Herrenhauses wurden behutsam zu Schlafzimmern umgebaut, die thematisch von historisch bis modern-luxuriös gestaltet sind. Die Zimmer mit Blick auf den grünen, mit Pflastersteinen gesäumten Schlosshof sind am besten – perfekt für eine wahrhaft ruhige Nacht.

Sea Trout INN ££
(01803-762274; www.theseatroutinn.co.uk; Staverton, nahe Totnes; DZ 102–109 £, Suite 140 £; P) Die meisten Zimmer hier sind der Inbegriff einer harmonisch abgestimmten, behaglichen und modernen Gestaltung. Das alles verändert sich dramatisch im „Feature Room", einer absichtlich übertriebenen Rokoko-Herrlichkeit, in der verzierte Möbel aus schwarzem Holz neben Kronleuchterattrappen und einer frei stehenden Badewanne stehen. Im Anbau gibt es noch eine Mini-Suite und das erschwingliche Restaurant (tgl. 12–14 & 18–21 Uhr, Hauptgerichte 15 £), das regelmäßig Preise absahnt.

Royal Seven Stars HOTEL ££
(01803-862125; www.royalsevenstars.co.uk; The Plains; EZ 85–95 £, DZ 119–150 £; P) In dieser großartigen Poststation im Herzen von Totnes kehren seit der Zeit von Karl III. Reisende ein. Erkerfenster, gewölbte Decken und schiefe Böden verströmen den Charme des 17. Jhs., während schwere Überdecken, solide Holzmöbel und schicke Badezimmer für modernen Komfort sorgen. Wer online bucht, zahlt mehr als 10 £ weniger pro Nacht.

Steam Packet INN ££
(01803-863880; www.steampacketinn.co.uk; St Peters Quay; EZ/DZ/FZ 75/95/110 £; P) Die Zimmer in diesem Lager am Kai sind so minimalistisch, dass sie direkt aus einem Design-Magazin stammen könnten. Lackierte Holzvertäfelungen, maritime Details und rot-orange Überdecken tun ihr Übriges. Besonders schön sind die Zimmer mit Blick auf den Fluss, der geruhsam vorbeifließt.

Maltsters Arms B&B ££
(01803-732350; www.tuckenhay.com; Tuckenhay, nahe Totnes; DZ 80–125 £, FZ 95–140 £; P) Am Ufer des seichten Bow Creek entwickelt das Maltsters eine große Anziehungskraft. Feines Hellbeige mit burgunderroten Farbtupfern bestimmen die Schlafzimmer. Die weitaus schöneren Zimmer mit Flussblick haben Sofabetten, Balken und einige sogar Stützen, die von alten Schiffsmasten stammen. Das herrlich gemütliche Restaurant (12–14.30 & 18.30–21 Uhr) tischt vor allem Fisch und Fleisch aus der Region auf und die Terrasse am Ufer ist perfekt für ein Bier am Abend. 6,5 km südlich von Totnes.

Old Forge B&B ££
(01803-862174; www.oldforgetotnes.com; Seymour Pl; EZ 63 £, DZ 80–90 £, FZ 100 £; P) In diesem 600 Jahre alten ehemaligen Gefängnis hat der Komfort die Kerker ersetzt. Dunkelrote und himmelblaue Einrichtungen werden von hellen Stoffen umschmeichelt und durch Wellness-Badezimmer ergänzt. Das wunderbare Familienzimmer hat sogar eine eigene überdachte Sonnenterrasse. Nur 10 Minuten zu Fuß von der Stadt entfernt.

Essen & Ausgehen

Willow VEGETARISCH £
(01803-862605; 87 High St; Hauptgerichte 8 £; Mo-Sa 10–17, Mi, Fr & Sa 18.30–21 Uhr;) Als typischer Vertreter des New-Age-Spirits bringt das rustikale Café Vegetarierkost wie Couscous, Quiche, Eintopf, selbst gebackenen Kuchen sowie Fair-Trade-Kaffee u. Ä. auf die wackligen Tische. Auch Veganer werden hier problemlos satt.

★ Riverford
Field Kitchen MODERN BRITISCH ££
(01803-762074; www.riverford.co.uk; Wash Barn; 3 Gänge mittags/abends Erw. 23/27 £, Kind 11/13 £; tgl. 12–15 Uhr, Mo-Sa ab 19.30 Uhr;) Riverford ist einer der erfolgreichsten Ökokistenbetreiber in Großbritannien und steht für biologisch angebautes und nachhaltiges Essen. Passenderweise liegt das Ökobistro direkt auf einem Bauernhof, wo die Wege für die Zutaten kurz bleiben. Das Gemüse wird nach der Bestellung direkt vom Feld gepflückt und das Fleisch stammt natürlich ausschließlich aus regionalen Biobetrieben. Gegessen wird in einem futuristischen Hangar an langen Biertischen, wo das reich gewürzte Essen auf Platten unter den Gästen weitergereicht wird. Zu den phantasievollen Kreationen gehört z. B. mariniertes

marokkanisches Lamm vom Grill, begleitet von britischem Gemüse mit Kreuzkümmel oder Safran. An diese Tafel kommt nur, wer im Voraus bucht und vor dem Essen auf eigene Faust oder mit Führer einen Rundgang durchs Gelände absolviert. Die Field Kitchen liegt etwa 5 km westlich von Totnes.

Sharpham Vineyard Café BISTRO ££
(01803-732178; www.vineyardcafe.co.uk; Sharpham Estate; Hauptgerichte 10–15 £, Snacks 4–7 £; Mai–Okt. 12–14 Uhr) In diesem herausgeputzten Café steht rustikales Bioessen auf den Tischen, nur einige Meter entfernt von den Rebstöcken. Zu den Verlockungen gehören geräucherter Fisch oder Wursttteller, Krabbensalat und herzhafte Gerichte wie Eintopf mit Schweinebauch und Bohnen. Und natürlich gibt es die einfach erstklassigen Käse und Weine des Weinguts. Knapp 5 km südlich von Totnes.

White Hart PUB ££
(01803-847111; www.dartingtonhall.com; Dartington Estate; Tapas 5 £, Hauptgerichte 12–17 £; Tapas 12–21, Abendgerichte 18–21 Uhr) Die bereits bejubelte Küche des Gastro-Pubs ist um ein englisches Tapas-Angebot erweitert worden, sodass Gäste sich zwischen kleinen schmackhaften Häppchen zu einer Karaffe Wein und einem täglich wechselnden Menü entscheiden müssen. Regelmäßig im Angebot sind Schweinshaxe, Lammkotletts, Jakobsmuscheln oder Wildpilzrisotto. Im Winter brennt im Kamin ein gemütliches Feuer, im Sommer sind die Tische am Rasen die reinste Wonne.

Rumour PUB ££
(01803-864682; www.rumourtotnes.com; 30 High St; Hauptgerichte 7–18 £; Mo–Sa 12–15, tgl. 18–21 Uhr) Das Rumour ist eine lokale Institution – ein enges, gemütliches Pub-Restaurant mit schummriger Beleuchtung, moderner Kunst und ausliegenden Zeitungen. Spezialität des Hauses sind die knusprigen Pizzas (7 £), sonst ist die Küche eher stilvoll flott: Seelachs mit Avocado-Butter oder ein unwiderstehliches, 28 Tage abgehangenes 250-g-Steak.

⭐ Unterhaltung

Barn KINO
(www.dartington.org/barn-cinema; Dartington Estate) Stimmungsvolles, unabhängiges Kino mit gutem Programm.

🛍 Shoppen

Totnes Market MARKT
(Civic Sq; 9–16 Uhr) Jeden Freitag und Samstag füllt sich der Civic Square mit unzähligen Ständen, zu kaufen gibt es alles zwischen Antiquitäten und Karamellbonbons. An jedem dritten Sonntag im Monat findet hier der größte Lebensmittelmarkt von Devon statt.

Shops at Dartington SHOPPINGCENTER
(www.dartington.org/shops; Dartington Estate; 10–17 Uhr) Schmuck, Küchenutensilien, Bücher, Glas, Kleidung, Spielzeug, Delikatessen und ein Cranks-Café sind in die schmucken Außengebäude dieser ehemaligen Ciderpresse gezogen.

Riverford Farm Shop LEBENSMITTEL
(www.riverfordfarmshop.co.uk; 38 High St; Mo–Sa 9–17.30, So 10–16 Uhr) Aus dem Angebot aus biologisch angebautem Gemüse der Region, Kuchen, Pasteten, Brot und Käse lässt sich prima ein Picknick zusammenstellen.

ℹ Praktische Informationen

Tourist Office (01803-863168; www.totnesinformation.co.uk; Coronation Rd; April–Okt. Mo–Fr 9.30–17, Sa 10–16 Uhr, Nov.–März Mo–Fr 10–16, Sa bis 13 Uhr)

ABSTECHER

BERRY POMEROY CASTLE

Selbst den ausgeglichensten Menschen ist diese gewaltige Ruine von Berry Pomeroy (EH; 01803-866618; www.english-heritage.org.uk; Erw./Kind 5/3 £; April–Sept. 10–18 Uhr, Okt. bis 17 Uhr) aus dem 17. Jh., 3 km östlich von Totnes, nicht ganz geheuer. Die bröckelnden Mauern der unbedachten Fassaden erheben sich über drei Stockwerke. Die einzelnen Zimmer sind noch gut zu erkennen, sodass Besucher gleichzeitig das Gefühl bekommen, dass eigentlich alles normal ist, aber dennoch irgendwohin schief gegangen ist. Der Eindruck einer Bedrohung verstärkt sich am St. Margaret's Tower, einem runden schachtähnlichen Bau, in dem Lady Margaret Pomeroy von ihrer eifersüchtigen Schwester eingesperrt worden sein soll und dort verhungerte. Ihr Geist (so scheint's) wandert heute noch durch das Gemäuer.

❶ An- & Weiterreise

SCHIFF
Schiffe (S. 87) fahren flussabwärts nach Dartmouth.

BUS
Torquay (1 Std., stündl. bis 4-mal tgl.) Bus X80/81.
Dartmouth (45 Min., Mo–Sa stündl.) Bus X81.

ZUG
Züge fahren mindestens einmal stündlich nach Exeter (6 £, 35 Min.) und Plymouth (6 £, 30 Min.). Die South Devon Steam Railway tuckert nach Buckfastleigh.

Dartmouth & Umgebung

7500 EW.

Mit seinem bezaubernden Mix aus leuchtend bunten Booten und malerischen Häusern in zarten Pastelltönen erobert Dartmouth jeden Besucher. Wie steinerne Kaskaden stürzen sich die eng bebauten Sträßchen zur Flussmündung hinunter und die hübsch verzierten, teils vergoldeten Ladenfronten machen die verschlungenen Gässchen zum Laufsteg der Architektur des 17. Jhs. Kein Wunder, dass die malerische Idylle die Segelschickeria magisch anzieht und einen guten Nährboden für noble Fresstempel abgibt. Aber bei allem Glamour ist Dartmouth noch ein ganz beständiger Hafen geblieben, in dem Fischerboote, Fähren und Ausflugsdampfer ihre öligen Duftmarken setzen. An Land führen Wanderwege flussaufwärts oder auf die Küstenfelsen und als nette Extras warten ein wunderschönes Gebäude im Art-déco-Stil und Agatha Christies Ferienhaus Greenway auf Entdecker. Das pastellfarbene Dorf Kingswear liegt am Ufer gegenüber.

Geschichte

Die Geschichte von Dartmouth ist rau und fesselnd: Im 12. Jh. stachen hier Schiffe auf dem Weg zu den Kreuzzügen in See und die Pilgrim Fathers (Pilgerväter) fuhren 1620 von hier nach Amerika – kamen allerdings zunächst nur bis Plymouth, wo sie ein Leck reparieren mussten, sodass sie dann von den viel berühmteren Mayflower Steps aus ihre Reise fortsetzten. Im Zweiten Weltkrieg machten sich Tausende Amerikaner von Dartmouth auf den Weg in das Gemetzel der Invasion in der Normandie. Die kriegerische Vergangenheit hat ihre Spuren hinterlassen.

Auf den Hügeln oberhalb der Stadt liegt das Britannia Royal Naval College, ein imposantes 100 Jahre altes Herrenhaus, in dem die Royal Navy noch immer ihre Offiziere ausbildet.

◉ Sehenswertes

★ **Greenway** HISTORISCHES GEBÄUDE
(NT; ☎01803-842382; www.nationaltrust.org.uk; Greenway Rd, Galmpton; Erw./Kind 9/5 £; ◉ Mitte Feb.–Okt. Mi–So 10.30–17 Uhr, Ende Juli–Mitte Sept. auch Di) Weit oben auf der Liste von Devons Schmuckstücken steht das hinreißende Ferienhaus der Krimiautorin **Agatha Christie** am gemächlichen River Dart. Christie gehörte das Anwesen von 1938 bis 1959. Heute bietet es ein einzigartiges Erlebnis: Führungen geben Besuchern anregende Infos, lassen aber genug Spielraum, um allein durch die Zimmer zu streifen, in denen größtenteils alles noch so ist, wie es die Grande Dame des Krimis hinterlassen hatte. So liegen im Flur noch stapelweise ihre Hüte, in der Bibliothek sind noch ihre Bücher und im Kleiderschrank ihre Klamotten zu bewundern. Im Salon kann man sie sogar aus einem nachgebauten Dampfradio sprechen hören.

Die **Gärten** sind nochmal ein kleines Reich für sich. Ein hübsches Wäldchen durchbrochen von Magnolien, Narzissen und Hortensien säumen den Flusslauf, während die Anpflanzungen versteckte, lauschige Schlupfwinkeln kreieren. Das Bootshaus und die Aussicht auf den Fluss sind herrlich. Natürlich hat Agatha Christie Greenway in einem Roman verewigt: In *Wiedersehen mit Mrs. Oliver* diente es als Vorlage für Nasse House – und das Bootshaus wurde zum Schauplatz für einen Mord.

Da das Anwesen ein überaus beliebtes Ausflugsziel ist, ist der Besuch durch einen Zeitstempel auf der Eintrittskarte begrenzt. Außerdem sind Parkplätze Mangelware und müssen weit im Voraus reserviert werden, weswegen es gescheiter ist, mit der Fähre überzusetzen, mit der Bahn oder zu Fuß herzukommen. Die **Greenway-Fähre** (☎01803-882811; www.greenwayferry.co.uk) fährt regelmäßig von Dartmouth (Erw./Kind hin & zurück 7/5 £, 8-mal tgl.), Totnes (Erw./Kind hin & zurück 12/9 £, 1-mal tgl.) und Torquay (Erw./Kind hin & zurück 15/11 £, 1-mal tgl.). Von Torquay fährt man mit einem historischen Kahn und dann mit einem Oldtimer-Bus. Die Fähren fahren nur, wenn das Haus ge-

Dartmouth

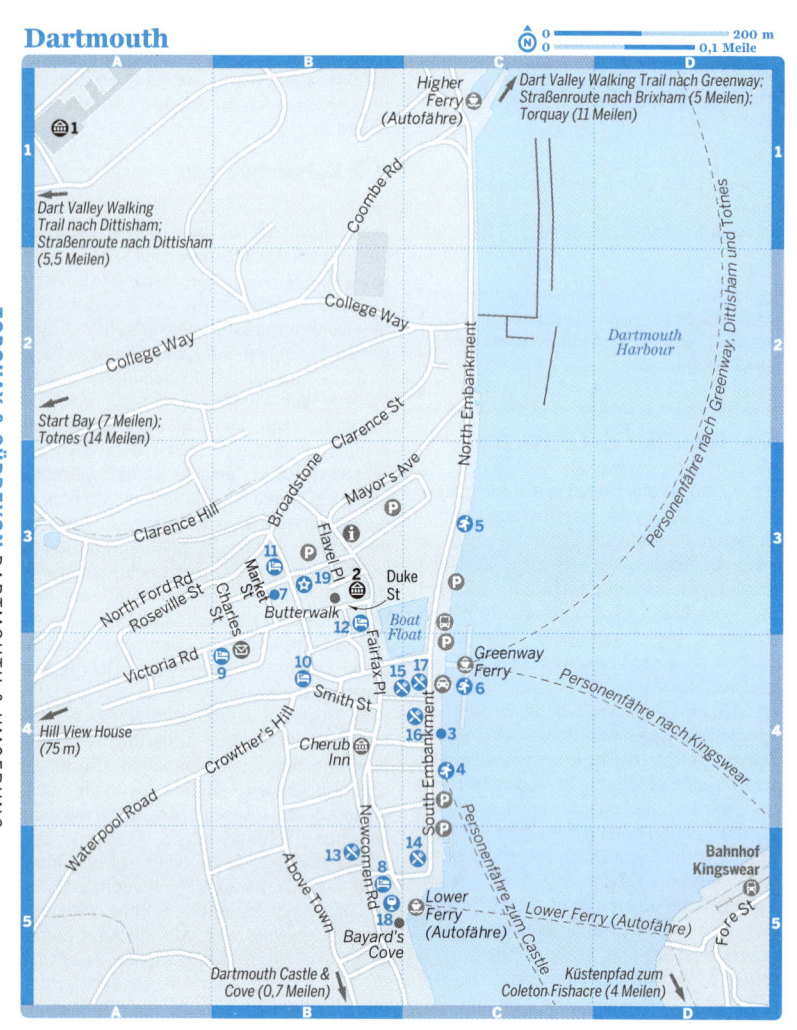

öffnet ist und am besten bucht man im Voraus.

Eine weitere Möglichkeit ist, mit der Dartmough Steam Railway von Kingswear (Erw./Kind hin & zurück 8,50/5,50 £, März–Nov. 4- bis 9-mal tgl.) nach Greenway Halt zu fahren und dann anderthalb Kilometer durch den Wald zu wandern. Wanderer können auch den bewaldeten Dart Valley Trail von Kingswear (6,5 km) nehmen. Es ist auch möglich am westlichen Ufer des Dart von Dartmouth nach Dittisham zu laufen und dort mit der **Greenway-Fähre** (01803 489418; www.greenwayferry.co.uk; Erw./Kind hin & zurück 4/3 £; 9.30–16.30 Uhr) überzusetzen.

Britannia Royal Naval College

HISTORISCHES GEBÄUDE
(01803-834224; College Way; Erw./Kind 12/5 £; Führungen April–Okt. Mo & Mi) In dem eindrucksvollen Gebäude auf den Hügeln oberhalb von Dartmouth bildet die Royal Navy ihre Offiziere aus. Es wurde 1905 als Ersatz für zwei Ausbildungsschiffe erbaut, die im Dart verankert waren. Begleitet von Informationen zur Geschichte des Hauses und Anekdoten über die Studenten (zu den Absolventen gehören auch Prinz Charles und Andrew) bekommen Besucher bei einer Führung die riesigen Räumlichkeiten und das umliegende Gelände zu sehen. Hier traf

Dartmouth

⦿ Sehenswertes
  1 Britannia Royal Naval College A1
  2 Dartmouth Museum B3

⦿ Aktivitäten, Kurse & Touren
  3 African Queen C4
  4 Castle Ferry C4
  5 Dartmouth Boat Hire C3
  6 Dartmouth to Dittisham Ferry C4
  7 Monty Halls Great Escapes B3

⦿ Schlafen
    Alf Resco .... (s. 13)
  8 Bayard's Cove B5
  9 Brown's Hotel B4
  10 Charity House B4
  11 Just B B3
  12 Royal Castle B3

⦿ Essen
  13 Alf Resco B5
  14 Annabelles Kitchen C5
  15 Crab Shell B4
  16 Rockfish C4
  17 Seahorse C4

⦿ Ausgehen & Nachtleben
  18 Dartmouth Arms B5

⦿ Unterhaltung
  19 Flavel B3

die Queen 1939 zum ersten Mal ihren Duke of Edinburgh. Führungen gibt's nur nach vorheriger Buchung; die Teilnehmer werden an einem Treffpunkt im Zentrum von Dartmouth abgeholt. Infos dazu hat die Touristeninformation.

Dartmouth Castle   SCHLOSS
(EH; ☎01803-833588; www.english-heritage.org.uk; Castle Rd; Erw./Kind 5/3 £; ⊙ April–Sept. 10–18 Uhr, Okt. bis 17 Uhr, Nov.–März Sa & So 10–16 Uhr; P) Die schönste Begleiterscheinung dieser Befestigungsanlage an der Flussmündung des Dart ist die tolle Bootsfahrt dorthin. Die winzige, oben offene Burg-Fähre (www.dartmouthcastleferry.co.uk; Erw./Kind hin & zurück 4/2 £; ⊙ April–Okt. 10–16.45 Uhr) tuckert vom South Embankment (Südufer) flussabwärts und bietet unterwegs unglaublich schöne Ausblicke auf die Häuser und Wälder, die das steile Ufer säumen. Die malerische Burg aus dem 14. Jh. begann ihre Laufbahn als Bollwerk gegen Angriffe auf den Hafen. Gebaut wurde sie im Auftrag von John Hawley, Freibeuter und Bürgermeister von Dartmouth – und angeblich auch Vorbild für die Romanfigur „Shipman" in Chaucers *Canterbury Tales*. Im 15. Jh. sowie während der viktorianischen Ära und des Zweiten Weltkriegs wurde die Anlage erweitert. Das heutige Gewirr an Gängen, Wachstuben und Festungsmauern vermittelt einen lebhaften Eindruck des Alltags hinter den Burgmauern. Geboten wird auch das audiovisuelle Erlebnis eines viktorianischen Feuergefechts.

Historisches Dartmouth   ARCHITEKTUR
In Dartmouth haben Fachwerkfans ihre helle Freude: Rund um South Embankment (Südufer), Fairfax Place, Duke St und den Hafen (genannt „Boat Float") gibt's Fachwerkhäuser satt, viele aus dem 17. Jh. und mit bunten Wappen oder Goldverzierungen bemalt. Ein besonders schönes Exemplar steht etwas abseits vom Fairfax Place: Ein paar Stufen führen hier hinauf zum Cherub Inn aus dem 14. Jh. Sehenswert ist auch das hohe Gebäude gegenüber des Church Close, an dem u. a. ein geschnitzter und lebhaft kolorierter Traubenhenkel zu sehen ist – ein weitverbreitetes Symbol unter Dartmouth' Weinhändlern.

Am Butterwalk (neben dem Hafen) steht eine unglaublich schiefe Ladenzeile aus dem 17. Jh. Hier ist das Dartmouth Museum (☎01803-832923; www.dartmouthmuseum.org; Duke St; Erw./Kind 2 £/50 p; ⊙ April–Okt. Di–Sa 10–16 Uhr, Nov.–März tgl. 12–15 Uhr) zu Hause, das die Seefahrervergangenheit der Stadt wunderschön mit Schiffsmodellen, Flaschenschiffen und sepiafarbenen Fotos darstellt.

Unmittelbar südlich der Lower Ferry, auf dem malerischen Kopfsteinpflaster von Bayard's Cove, kamen die Pilgrim Fathers 1620 noch einmal an Land, bevor sie endgültig Richtung Amerika in See stachen.

🏃 Aktivitäten
Bootfahren
Dartmouth ist von Land aus schön anzusehen, aber noch viel beeindruckender ist die Ansicht vom Wasser. Die Fahrten der Greenway Ferry führen u. a. nach Greenway, dem Sommerhaus von Agatha Christie, und in das Dorf Dittisham. Zwischen Dartmouth und Kingswear auf der anderen Uferseite und nach Dartmouth Castle fahren auch einige Auto- und Personenfähren.

★ Dartmouth Steam Railway & River Boat Co   BOOTSTOUREN, EISENBAHN
(☎01803-555872; www.dartmouthrailriver.co.uk) Unvergessliche Fahrten auf dem Fluss Dart zwischen Dartmouth und Totnes (Erw./

ABSEITS DER ÜBLICHEN PFADE

DITTISHAM

Dittisham ist eines dieser Dörfer am Wasser, die ihre Besucher verzaubern und sie zweifeln lassen, ob sie nicht ihr bisheriges Leben am falschen Ort verbracht haben. Mehrere Cottages aus rauem Stein stehen entlang des Ufers, an dem Segelboote anliegen. Am Bootssteg, der vom knarzenden Pub und dem Anchorstone Café (S. 89) aus ins Wasser ragt, sind Dingi-Boote befestigt. Auf der anderen Seite des Ufers liegt Greenway, das Ferienhaus von Agatha Christie, zu dem die Greenway-Fähre (S. 85) übersetzt. Wenn die Fähre nicht zu sehen ist, einfach an der Glocke läuten, die neben dem Steg hängt. Dittisham (ausgesprochen *Dit-shm*') ist mit dem Auto erreichbar; es liegt 8 km nördlich von Dartmouth. Aber viel schöner ist die Anfahrt mit der Fähre von **Dartmouth nach Dittisham** (01803-882811; www.greenwayferry.co.uk; Erw./Kind hin & zurück 7,50/5 £; Feb.–Okt. Mi–So 7-mal tgl.).

Kind 12/7,50 £, Feb.–Nov. 2- bis 4-mal tgl.). Das Unternehmen betreibt auch die **Kingswear Castle**, den letzten kohlebetriebenen Raddampfer Großbritanniens. Zwischen Mitte Juni und Mitte September fährt der Dampfer ein- bis viermal in der Woche nach Totnes (Erw./Kind 15/10 £). Außerdem sind verschiedene Kombinationen von Dampflok und Bootstouren im Angebot.

Monty Halls Great Escapes BOOTSTOUREN
(01803-431858; www.montyhalls.co.uk/greatescapes; 4 Market St; pro Pers. 30 £; Di–So 10–16 Uhr) Der TV-Meeresbiologe Monty Halls bietet 90-minütige Ausflüge in die Welt der Meerestiere (1- bis 4-mal wöchentlich, er ist nicht immer persönlich dabei) in einem Festrumpfschlauchboot flussaufwärts oder entlang der Küste.

African Queen FISCHEN
(07885 246061; www.theafricanqueen.co.uk; South Embankment; 17 £/Erw.; April–Sept. 2-mal tgl.) Vierstündige Makrelenfangtouren Richtung Start Point Leuchtturm.

Dartmouth Boat Hire BOOTFAHREN
(01803-834600; www.dartmouth-boat-hire.co.uk; North Embankment; pro Std./Tag 45/140 £; April–Okt.) Auf einem gemieteten Motorboot über den Dart tuckern.

Strände

Castle Cove SCHWIMMEN
Wer in der Nähe von Dartmouth schwimmen möchte, klettert die Stufen hinunter zu den anderen Badenden in der winzigen Castle Cove, gleich um die Ecke von Dartmouth Castle.

Blackpool Sands STRAND
Einheimische Sonnenanbeter fahren 5 km südlich von Dartmouth zu diesem langen, gebogenen, grobsandigen Strand, wegen der tollen Ausblicke oder zum Kajakfahren (Std./Tag 15/40 £) und wegen des Bio-Cafés mit Lizenz zum Alkoholausschank. Mit Bus 93 ab Dartmouth (25 Min., Mo–Sa stündl., So alle 2 Std.).

Wanderungen

Für eine kurze Rundwanderung nimmt man am besten die Higher Ferry von Dartmouth zum Ostufer, läuft 1,5 km flussabwärts nach Kingswear und fährt von dort aus mit der Lower Ferry zurück. Eine Alternative ist eine Wanderung über den Dart Valley Trail nach Dittisham (8 km). Dort geht's dann mit der Dittisham-Greenway-Fähre hinüber und anschließend wieder zu Fuß nach Kingswear zur Fähre Richtung Dartmouth.

Festivals & Events

Dart Music MUSIK
(www.dartmusicfestival.co.uk) Mitte Mai, drei Tage mit Musik: Folk, Klassik und Jazz.

Royal Regatta SEGELN
(www.dartregatta.co.uk) Die große jährliche Party in Dartmouth fällt auf das Bank-Holiday-Wochenende im August mit vielen Festen und Wettbewerben im Segeln, Rudern, Schwimmen oder Tennis. Die Stadt ist dann gerammelt voll, also rechtzeitig eine Unterkunft buchen.

Dartmouth Food Festival ESSEN
(www.dartmouthfoodfestival.com) Eines der größten in Devon, Ende Oktober.

Schlafen

Just B ZIMMER £
(01803-834311; www.justbdartmouth.com; Rezeption 17 Foss St; Zi. 68–92 £) Die 11 extravaganten Schlafmöglichkeiten reichen von Schlafzimmern mit Badezimmer bis zu Mini-Apartments. Alle sind schick möbliert, haben duftige Bettwäsche und komfortable Betten. Sie sind verteilt auf drei zentral gelegene Gebäude und das „nur B" (kein „&B" bedeutet kein Frühstück) sorgt für günstige Preise.

Hill View House
B&B £

(☏01803-839372; www.hillviewdartmouth.co.uk; 76 Victoria Rd; EZ/DZ 47/70 £; P 🛜) 🍴 Bei diesem Preis könnte man sich schon fragen: Wo ist der Haken? Es gibt keinen. Möbel im Stil von Loyd Loom und Anglepoise-Leuchten schmücken lässige, hübsch gestaltete Zimmer über einem Gästesalon im Retrostil. Ins Zentrum von Dartmouth läuft man 10 Minuten.

Charity House
B&B ££

(☏01803-832176; Collaford Lane; EZ/DZ 62/82 £) Kitschige Sammlerstücke schmücken dieses Gästehaus aus dem 17. Jh. auf kunstvolle Art: Treibholz, Panamahüte und glänzende Bootsteile. Die eleganten Schlafzimmer mit stilvollen Stoffen und modernen Badezimmern blicken auf eine alte Kirche. Die Unterkunft liegt mitten im Zentrum der Stadt.

★ Alf Resco
B&B ££

(☏01803-835880; www.cafealfresco.co.uk; Lower St; DZ 65–85 £, Wohnung 95 £) Gibt es in Dartmouth einen besseren Schlafplatz als über dem besten Beatnik-Café der Stadt? Hier warten ein heimeliges Doppelzimmer und ein hübsches (aber winziges) Zimmer mit Etagenbett. Aber noch viel besser ist die geräumige, blockhausartige Wohnung für Selbstversorger im oberen Stockwerk mit edlen Möbeln neben antiquarischen Details und einem Balkon, von dem man einen großartigen Blick auf die Flussmündung hat. Das üppige Frühstück ist inklusive.

Bayard's Cove
B&B ££

(☏01803-839278; www.bayardscoveinn.co.uk; 27 Lower St; DZ 115–150 £, Suite 135–150 £, FZ ab 155 £; 🛜) Bayard's Cove strotzt vor Originalität und hat überall Balken. Gäste schlafen zwischen gekalkten Steinwänden und riesigen Kirchenkerzen. Die Doppelbetten sind groß und die wunderbaren Suiten haben Mini-Zimmer mit Etagenbett und winzigen Fernsehern (Kinder werden es lieben). Die Flussmündung ist aus den Zimmern zu erahnen.

Greenway
APARTMENT £££

(☏0844 800 2070; www.nationaltrustcottages.co.uk; Greenway Rd, Galmpton; P🐾) Eine Übernachtung auf dem Anwesen von Agatha Christies Greenway ist sicherlich unvergesslich. Das stattliche Apartment im obersten Geschoss des Hauses (3/7 Nächte 2000/3000 £) bietet zehn Schlafplätze und hat einen eigenen Pool. Die hübsche Greenway Lodge für drei Personen (2/7 Nächte 670/1115 £) führt direkt in den zauberhaften Garten und die South Lodge (2/7 Nächte 980/1633 £) mit sechs Betten bietet eine hervorragende Aussicht auf den Fluss Dart.

Brown's Hotel
BOUTIQUEHOTEL £££

(☏01803-832572; www.brownshoteldartmouth.co.uk; 29 Victoria Rd; DZ 145–185 £, Suite 250 £; P) Irgendwie schafft es dieses recht opulente Hotel, Ledervorhänge, Lampenschirme aus Fasanenfedern und Stühle mit Tierdrucken so zu kombinieren, dass es elegant wirkt. Das Frühstück ist eine entspannte Angelegenheit mit Bio-Brot, frisch gepresstem Orangensaft und selbst gemachter Marmelade. Wer das Wochenende umgeht, kann bis zu 65 £ sparen.

Royal Castle
HOTEL £££

(☏01803-833033; www.royalcastle.co.uk; The Quay; EZ 120 £, DZ 153–207 £, FZ ab 163 £; 🛜) Das Schloss steht seit 500 Jahren in traumhafter Lage am Ufer von Dartmouth. In der Bibliothek stehen abgenutzte, in Leder gebundene Bücher, Holz von einem spanischen Kriegsschiff ziert die Bar und antike Chaiselonguen, massive, mit Schnitzereien verzierte Stühle und Samtvorhänge schmücken die Zimmer.

🍴 Essen

Alf Resco
CAFÉ £

(☏01803-835880; www.cafealfresco.co.uk; Lower St; Hauptgerichte ab 6 £; ⊙7–14 Uhr) Unter einer riesigen Leinenmarkise bringt das coole Café etwas Großstadtflair nach Dartmouth. Klapprige Holzstühle und nostalgische Straßenschilder zieren die vordere Terrasse und nicht nur die Crews der Flussfähren bleiben hier gern zum Brunch hängen.

Crab Shell
SANDWICHES £

(1 Raleigh St; Sandwiches 4 £; ⊙April–Dez. 10.30–14.30 Uhr) Das Meeresgetier, das hier zwischen Brotscheiben klemmt, wurde nur ein paar Meter von hier angelandet, und der meiste Fisch hing in Dartmouth im Räucherofen. Die Wahl fällt schwer zwischen Makrele mit Meerrettichmayo, Räucherlachs mit Dill oder dem klassischen Krebsfleisch aus Dartmouth.

Anchorstone Café
BISTRO £

(☏01803-722365; www.anchorstonecafe.co.uk; Manor St, Dittisham; Hauptgerichte ab 7 £; ⊙Mai–Okt. Mi–So 12–16 Uhr) Was bekommt hier den ersten Preis – die Aussicht oder das Essen? Das im Dörfchen Dittisham versteckte Bistro hat seine Terrasse direkt am Wasser. Was könnte gemütlicher sein, als hier einen saftigen Taschenkrebs oder Hummer aus Dartmouth zusammen mit einem Weinchen aus Sharpham zu genießen und dabei der Fähre zuzuschauen, die nach Greenway hinüber fährt? Besonders schön ist es, per Fähre zu dieser Idylle am Wasser zu schippern (S. 88). Während der Sommerferien ist tagsüber täglich und am Abend (19–21 Uhr) von Mittwoch bis Sonntag geöffnet.

Rockfish FISCH & MEERESFRÜCHTE ££
(01803-832800; www.rockfishdevon.co.uk; 8 South Embankment; Hauptgerichte 6–17 £; 12–21.30 Uhr) Verwitterte Dielen und ein relaxter Klang verleihen diesem preisgekrönten Fish-and-Chips-Laden die Atmosphäre eines Künstler-Bootshauses. Das Angebot übertrifft die typische Frittenbude: Neben Kabeljau und Schellfisch gibt es auch Seeteufel, Tintenfisch aus heimischen Gewässern, Austern und guten Wein. Das Essen gibt's am Tisch (bei toller Atmosphäre) oder zum Mitnehmen (falls man mit den Möwen kämpfen will).

Annabelles Kitchen MODERN BRITISCH ££
(01803-833540; www.annabelleskitchen.co.uk; 24 South Embankment; Hauptgerichte 14–24 £; Do–Sa 12.30–14, Di–Sa 18.30–21 Uhr) Erstklassige Zutaten aus der Region werden in diesem eleganten Restaurant einfallsreich kombiniert. Zu den Jakobsmuscheln gibt es Blutwurst, der Fang des Tages wird mit braunen Krabben serviert und ein Tisch am Panoramafenster bietet einen Blick über die pastellfarbenen Häuser, die entlang des Flussufers stehen.

Blackpool Sands CAFÉ ££
(01803-770209; www.lovingthebeach.co.uk; Blackpool Sands; Hauptgerichte 10–20 £; tgl. 8–17 Uhr, Mai–Sept. Do–Sa bis 21 Uhr) Im Sommer werden die großen Türen am Strand geöffnet und im Winter knistert ein wärmendes Kaminfeuer. Auf der Karte stehen ganzjährig Bio-Leckereien aus Devon: Knoblauchkrebssuppe, zarter Hummer aus Start Bay oder saftige Riverford-Rindersteaks, heruntergespült von einem in der Region produzierten, hervorragenden Ashridge-Cider.

★ **Seahorse** FISCH & MEERESFRÜCHTE £££
(01803-835147; www.seahorserestaurant.co.uk; 5 South Embankment; Hauptgerichte 17–28 £; Mi–So 12–14.30, Di–Sa 18–22 Uhr) Der Fisch in Mitch Tonks Restaurant ist so frisch, dass die Speisekarte gleich zweimal täglich wechselt. Je nachdem, ob die Ware im 11 km entfernten Brixham oder gleich nebenan in

---

ABSTECHER

COLETON FISHACRE

Das faszinierende Haus im Stil der Arts-and-Crafts-Bewegung, **Coleton Fishacre** (NT; 01803-842382; www.nationaltrust.org.uk; Brownstone Rd, nahe Kingswear; Erw./Kind 9/5 £; Mitte Feb.–Okt. Sa–Do 10.30–17 Uhr; P), hat mehr zu bieten als die glamouröse Magie der Unterhaltungsindustrie. Es war 1926 für die Familie D'Oyly Carte erbaut worden, deren Mitglieder ihr Geld als Theateragenten verdienten und außerdem in London die Hotels Savoy und Claridge's besaßen. Die Zimmer wurden verschwenderisch mit Art-déco-Elementen dekoriert: Lalique-Lampen in Tulpenform, Badezimmerfliesen mit neckischen Motiven und ein glamouröser Salon wie aus dem Film – komplett mit klimperndem Piano. Wer Klavier spielen kann, darf in der Regel auch mal selbst in die Tasten greifen: einfach einen Aufseher fragen. Und wer könnte sich nicht vorstellen, hier zu leben? Die monochromen Möbel in Lady Dorothys Schlafzimmer laden ein, es sich gemütlich zu machen, in der gut bestückten Bibliothek arbeitet es sich quasi von selbst und ein Mittagessen mit Meerblick in der Loggia wäre die reinste Wonne.

Der Garten präsentiert sich als Stück in drei Akten: eine Terrasse mit Krocket-Rasen, wo ein schrammelndes Grammofon den Spielern den Takt vorgibt, dann die steil abfallenden subtropischen Gärten und plötzlich der Blick aufs glitzernde Meer. Zu den ungewöhnlichen Pflanzen in diesem Paradies gehören Bambus, Baumfarne aus Neuseeland und Sukkulenten von den Kanarischen Inseln. Im Frühling entfalten außerdem Azaleen, Magnolien und Kamelien ihre Farbpalette, im Sommer kommen massenweise blaue Hortensien zum Vorschein.

Coleton Fishacre liegt 5 km von Dartmouth entfernt, am gleichen Ufer der Flussmündung wie Torquay. Der Fußweg dorthin ab Kingswear (6,5 km) führt durch eine dramatische Klippenlandschaft, Anreise im eigenen Pkw ist auch unproblematisch.

Dartmouth angelandet wurde, gibt's dann Sepien in Chianti, Brasse mit geröstetem Knoblauch oder gebratene Calamari aus der Region mit Knoblauchmayonnaise. Eine Spezialität des Seahorse ist der herrlich auf Holzkohle gegrillte Fisch, die Zwei-Gänge-Mittagsmenüs (20 £, Mi–So) sind ein leckeres Schnäppchen.

Ausgehen & Unterhaltung

Dartmouth Arms PUB
(www.dartmoutharmsinn.co.uk; 26 Lower St) Als Gegenpol zur Segelschickeria von Dartmouth kann man hier mit Einheimischen ein einfaches Bier in einer alten Bar mit poliertem Holz, Navigationslichtern und Schiffsquerschnitten an den Wänden trinken. Im Sommer zieht es die Gäste vor die Tür ans Ufer.

Flavel KUNSTZENTRUM
(www.theflavel.org.uk; Flavel Pl) Bietet einige Theater- und Tanzvorstellungen sowie Livemusik und Filme.

Praktische Informationen

Touristeninformation (☏01803-834224; www.discoverdartmouth.com; Mayor's Ave; ◉April–Okt. Mo–Sa 10–17, So bis 16 Uhr, Nov.–März Mo, Di & Do–Sa 10–16 Uhr)

An- & Weiterreise

SCHIFF
Flotten von Vergnügungsschiffen steuern Dartmouth an – nicht nur eine praktische Weise, von A nach B zu reisen, sondern darüber hinaus eine malerische Bootsfahrt (S. 87).

Dartmouth–Kingswear Ferries (www.dartmouthhigherferry.com; Einzelpassagier 50 p–1,10 £, Auto inkl. Passagiere 4–4,70 £; ◉8–22.45 Uhr) Sowohl die **Higher** als auch die **Lower Ferries** von Dartmouth befördern Autos und Einzelpassagiere. Sie setzen alle sechs Minuten nach Kingswear hinüber. Die etwas größere Higher Ferry fährt 300 m nördlich (flussaufwärts) von der Innenstadt, aber beide landen am Ostufer an der Hauptstraße nach Kingswear.

BUS
Kingsbridge (1 Std., Mo–Sa stündl., So alle 2 Std.) Bus 93.
Torquay (1¼ Std., Mo–Sa alle 2 Std.) Bus X81.

ZUG
Die Dartmouth Steam Railway and Riverboat Company betreibt eine Dampflok von Paignton nach Kingswear (Erw./Kind hin & zurück 11/6,50 £).

Start Bay

Der lang gezogene Halbmond der Start Bay beginnt unmittelbar südlich von Dartmouth und gehört zu den spektakulärsten Küstenabschnitten Devons. Die Straße windet sich mit vielen Spitzkehren und Haarnadelkurven in die Höhe, um sich dann durch schroffe Felsformationen und unbequem steile Felder zu malerischen Ortschaften durchzuschlagen.

Die meisten Leute machen einen großen Bogen um dieses Gebiet – und verpassen deshalb seine versteckten Attraktionen: bezaubernde Hotels und ungewöhnliche Entdeckungen wie ein Ruinendorf, einen Leuchtturm und einen großen Süßwassersee.

Sehenswertes & Aktivitäten

Start Point Lighthouse LEUCHTTURM
(☏01803-771802; www.trinityhouse.co.uk; Start Point; Erw./Kind 4/2,50 £; ◉Juli & Aug. So–Do 11–17 Uhr, April & Mai Mi & So 12–17 Uhr, Juni & Sept. Mi, Do & So 12–17 Uhr; P) Dieser Leuchtturm klammert sich an einer der exponiertesten Halbinseln Großbritanniens. Sein Lichtstrahl hat eine Stärke von 200 000 Candela und ist auf eine Entfernung von 25 Seemeilen sichtbar. Er wurde 1836 erbaut, 1959 auf Elektrizität umgestellt und war noch bis 1993 bewohnt. Heute wird er vom Trinity-House-Hauptquartier in Essex aus ferngesteuert.

Eine 45-minütige Tour führt Besucher über Hunderte von Stufen und durch die winzigen, runden Zimmer. Wie so oft kommt aber das Beste zum Schluss: Über eine Leiter geht's in die oberste Kammer, wo man neben dem riesigen Linsenapparat steht und nach allen Seiten auf das wilde Meer blickt.

South Hallsands HISTORISCHE STÄTTE
(South Halsand; ◉frei zugänglich; P) GRATIS
Nur wenige Mauerreste kleben hier noch an den Klippen, wo einst ein quicklebendiges Fischerdorf stand, bis es 1917 bei einem besonders heftigen Sturm buchstäblich ins Meer gefegt wurde. Wie durch ein Wunder überlebten alle 128 Dorfbewohner, obwohl mehr als 20 Häuser, ein Pub und ein Postamt über Nacht verschwanden. Die Ruinen selbst sind für Besucher tabu, dafür sind sie von der Aussichtsplattform gut sichtbar, wo auf Schildern beeindruckende sepiabraune Bilder des Dorfs und seiner zähen Bewohner zu sehen sind.

Slapton Sands STRAND

(P) Der Name führt in die Irre. Slapton Sands ist eigentlich ein spektakulärer Kieskamm, der auf 5 km Länge selbst an vollen Tagen genug Einsamkeit bietet. Hinter dem Kamm liegt der größte Süßwassersee des Südwestens, Slapton Ley. Zwischen See und Meer bleibt nur ein schmaler Streifen Land für die Straße. Am südlichen Ende von Torcross stehen häufig Angler, die hier ihre Köder auswerfen.

Slapton Ley NATURRESERVAT

(Slapton Sands) Der breite Wassertank von Slapton Ley ist von einem Naturschutzgebiet aus Schilf und Wald umgeben. Wer sich hier umschauen möchte, parkt am Memorial Parkplatz in der Mitte von Slapton Sands, läuft über die Straße und folgt den Schildern nach Slapton. Der Eingang zum Naturschutzgebiet liegt auf der linken Seite, gleich hinter der Brücke. Ein 3 km langer Weg umrundet den See und führt über Holzstege durch das Schilf. Entlang des Weges sind gelbe Iris, Reiherenten und Haubentaucher zu sehen und wer besonderes Glück hat, bekommt vielleicht auch den einen oder anderen Otter zu Gesicht. Schon bald führt der Weg in das Dorf Slapton, einen für Devon typischen Ort mit einem Gewirr aus verschlungenen Gässchen, in deren Biegungen sich die Häuser schmiegen. Der Dorfladen führt auf einer Zeitreise in die Vergangenheit und die trutzige Kirche und Turmruine aus dem 14. Jh. sind auf jeden Fall auch einen Blick wert. Das Tower Inn steht gleich daneben. Ein Pfad neben der Straße führt vom Dorf aus zurück zur Küste und zum eigenen Auto.

Sherman Tank DENKMAL

(Torcross; P) Der Anblick von Slapton Sands ist ja schon an sich dramatisch genug. Aber der Strand erlebte in der Vergangenheit ein ganz anderes Drama. Im Zweiten Weltkrieg probten hier Tausende amerikanischer Soldaten den *D-Day* – scharfe Munition inklusive. Beim Übungseinsatz *Exercise Tiger* im Jahr 1944 wurden mehrere Landungsboote samt Besatzung von deutschen Torpedos versenkt. Dabei starben mehr als 700 amerikanische Soldaten.

Einer der bei dieser Gelegenheit versenkten Panzer wurde von seinem wässrigen Grab in 20 m Tiefe geborgen und schwarz lackiert. Heute bewacht er als Denkmal den Parkplatz in Torcross. Auch die Einwohner der Region waren von den Übungen betroffen: 1943 wurden insgesamt sieben Dörfer (einschließlich Slapton) für ein Jahr evakuiert, bis die Manöver abgeschlossen waren.

Schlafen

★ Seabreeze B&B ££

(01548-580697; www.seabreezebreaks.com; Torcross; DZ 100–140 £; P) Gäste schlafen in diesem unkonventionellen ehemaligen Fischerhäuschen, nur wenige Meter von der Strandmauer entfernt, beim Meeresrauschen ein. Die Zimmer haben weißgestrichene Deckenbalken, Kieselsteinfliesen im Badezimmer und Sitzflächen in den Fenstern, die direkt auf die Start Bay hinausgehen. Das coole Café im Erdgeschoss wirbt mit dem Slogan: „Beste Brötchen am Strand."

Cricket INN ££

(01548-580215; www.thecricketinn.com; Beesands; EZ 80–110 £, DZ 90–120 £, FZ ab 145 £;) Die meisten der eleganten und schicken Zimmer mit cremefarbenen Holzpaneelen und frischer Baumwollbettwäsche bieten einen Ausblick auf Start Bay. Aus dem Zimmer mit Bay-Fenster lässt sich das Auf und Ab der Wellen ganz gemütlich verfolgen.

Start Point Lighthouse HÜTTE £££

(01386-701177; www.ruralretreats.co.uk; Start Point; 7 Nächte 1345–1840 £; P) Die zwei gemütlichen früheren Leuchtturmwärterhäuschen mit alten Seetruhen und komfortablen Sofas bieten beste Bedingungen für einen romantischen Aufenthalt. Die eine (Beacon) hat sogar eine eigene Dachterrasse mit tollem Überblick über das Meer. Sie liegen neben dem aktiven Leuchtturm. Bei Nebel gibt er einmal in der Minute einen Signalton von sich, also besser Ohrstöpsel einpacken. Die Apartments bieten fünf bis sechs Schlafplätze; Kinder unter 11 Jahren sind nicht erlaubt.

Essen

★ Britannia@the Beach BISTRO ££

(01548-581168; www.britanniaatthebeach.co.uk; Seafront, Beesands; Hauptgerichte 13–25 £; 9–20.45 Uhr) Die Betreiber haben an diesen alten Fischladen am Strand eine tolle, kleine Terrasse gezimmert, sodass Hungrige perfekt zubereitete Schalentiere, Wolfsbarsch, Brasse und Seeteufel nur wenige Meter von dem Ort entfernt verzehren können, wo sie an Land gezogen wurden. Die Preise bleiben bescheiden, weil jeder seinen eigenen Wein mitbringen kann. An schönen Sommerabenden sind die Tische entlang der Strandmauer am schönsten (man bekommt sogar eine Decke, um die Beine warm zu halten).

Autotour
Von Dartmouth nach Kingsbridge

START DARTMOUTH SOUTH EMBANKMENT
ZIEL KINGSBRIDGE QUAY
LÄNGE 34 KM; 1 TAG

Vom hübschen ① **South Embankment** in Dartmouth geht's nach rechts auf eine steile Straße mit Blick auf den Fluss Dart. An der ② **Warfleet Pottery** rechts auf die A379 Richtung Torcross biegen, dann durch das malerische ③ **Stoke Fleming**, der Wahnsinnsaussicht auf die zackenförmigen Buchten der Start Bay entgegen. Nach einer kleinen Schwimmpause in ④ **Blackpool Sands** führt eine 16-prozentige Steigung durch enge Kurven. Hinter den pastellfarbenen Cottages von Strete, den wasserreichen Slapton Ley im Rücken, lotst ein 5 km langer Kiesweg über den Kamm von Slapton Sands. Eine steile Serpentinenabfahrt endet auf der sogenannten Slapton Line, einem prächtigen, flachen und geraden Streifen Land zwischen Meer und See. Die ständigen Erosionen könnten ihn innerhalb der nächsten Jahrzehnte wegspülen. In den ⑤ **Memorial Parkplatz** einbiegen und den Kiesweg hinunterklettern, um die weite Aussicht am ⑥ **Slapton Sands Beach** zu genießen. Danach landeinwärts durch das Schilfgras von ⑦ **Slapton Ley** (S. 93) wandern. Zurück im Auto eine Pause am ergreifenden ⑧ **Sherman Tank Memorial** (S. 93) zum Zweiten Weltkrieg einlegen. Um die Spitze des Sees herumfahren und dann Richtung ⑨ **Beesands** abbiegen. Diese immer schmaler werdende, steile und kurvige Strecke führt zu einem alten Fischerdorf, das sich entlang der Küste erstreckt. Mittags bietet Britannia@the Beach fangfrischen Fisch, das Cricket Inn gute Restaurantküche. Weiter geht's Richtung ⑩ **South Hallsands**, von der Aussichtsplattform aus kann man die Erosion der Küste begutachten. Danach weiter nach Süden zum windumtosten Leuchtturm am ⑪ **Start Point** fahren. Die Aussicht von der Spitze des Turms ist super. Schließlich auf den schmalen Straßen durch eine Reihe von Dörfern, vorbei an Feldern im Schachbrettmuster und Flussarmen nach ⑫ **Kingsbridge** fahren. Bei gutem Wetter locken die Terrasse des Crab Shell am Fluss und das Old Bakery mit vielen Delikatessen.

Cricket
PUB ££

(☎01548-580215; www.thecricketinn.com; Seafront, Beesands; Hauptgerichte 11–18 £; ◉12–20.30 Uhr) Seit 1867 essen sich die Fischer hier statt. Der eine oder andere Seemann sitzt auch heute noch hier, obwohl der Laden seit seinem Umbau schick geworden ist. Der wunderschön zubereitete Hummer, die Krebse und die Jakobsmuscheln stammen alle direkt aus der Start Bay, nur wenige Kieselsteine entfernt. Die Küche ist eher klassisch, aber auch immer für eine Überraschung gut, z. B. mit Meeresalgen und Ingwerbutter als Beilage zur Rotzunge.

Laughing Monk
BISTRO ££

(☎01803-770639; www.thelaughingmonkdevon.co.uk; Totnes Rd, Strete; Hauptgerichte 17–22 £; ◉April–Okt. Mo-Sa 17–21.30 Uhr, Nov.–März Di-Sa 18.30–21 Uhr) Auch wenn die Zutaten überwiegend aus der Umgebung stammen, entführen Aromen die Gäste in weite Ferne. Es gibt Tintenfisch aus dem Kanal mit scharfem Chilidressing, Dartmouth-Krebs mit cremiger Guacamole oder Hühnchenfleisch von freilaufenden Tieren in kräftiger Madeira-Sauce. Die Käseplatte bietet vier klassische Sorten aus Devon, zu denen am besten ein Portwein (ab 4 £/Glas) passt.

Tower Inn
PUB ££

(☎01548-580216; www.thetowerinn.com; Church Rd, Slapton; Hauptgerichte mittags 5–11 £, abends 16 £; ◉tgl. 12–14, Mo-Sa 19–21 Uhr) Einer der Favoriten: deftige Aromen (Taube, Waldpilz und Blutwurst) werden in diesem stimmungsvollen Lokal experimentierfreudig zubereitet (z. B. Wolfsbarsch in Wodkateig). Vom Biergarten schauen die Gäste auf einen Turm aus dem 14. Jh.

❶ An- & Weiterreise

Bus 93 fährt von Dartmouth nach Strete (20 Min., stündl., So 4-mal), Torcross (30 Min.) und Kingsbridge (1 Std.).

Kingsbridge & Umgebung
4400 EW.

Obwohl es an der gleichen Flussmündung liegt wie das schicke Salcombe im Süden, hat Kingsbridge die Atmosphäre einer verschlafenen Marktstadt am Fluss bewahrt. Das Leben ist ländlich geprägt; ein Bummel durch die unabhängigen Geschäfte und eine Pause am Ufer bescheren ein paar angenehme Stunden.

◉ Sehenswertes & Aktivitäten

Singing Paddles
KANU- & KAJAKFAHREN

(☎07754 426633; www.singingpaddles.co.uk; pro 2 Std./Tag 25/75 £) Diese unvergesslichen, entspannten Kajak- und Kanutouren reichen von der Familiensafari bis zur mehrtägigen, sportlichen Expedition, häufig in Kombination mit Tierbeobachtungen und Picknick und Pubbesuchen am Ufer. Die Touren starten am Bowcombe Creek (in der Nähe von Kingsbridge), Slapton Ley (Start Bay) und Aveton Gifford (nahe Bantham).

Cookworthy Museum of Rural Life
MUSEUM

(☎01548-853235; www.kingsbridgemuseum.org.uk; 108 Fore St; Erw./Kind 2,50/1 £; ◉Mai-Okt. Mo-Sa 10.30–16 Uhr) Eine interessante Sammlung von Schulpulten, Küchenherden, Wagen und Pflügen sowie ein besonders schönes Fotoarchiv.

🛏 Schlafen

Seaflowers
B&B ££

(☎01548-531107; www.seaflowers.co.uk; Frogmore; DZ 100–130 £; P🛜) Die lang gestreckte Terrasse dieses modernen B&B erstreckt sich über eine malerische Kehre des Frogmore Creek. Die schicken, weißen Zimmer mit Burgunder- und Limettentönen werden von Oberlichtern erhellt. Die Zimmer zum Fluss haben eine Terrassentür, die direkt zum Wasser hinausführt. Im kleinen Dorf Frogmore, knapp 5 km östlich von Kingsbridge.

Buckland Tout-Saints
LUXUSHOTEL £££

(☎01548-853055; www.tout-saints.co.uk; Goveton; DZ 185–215 £, Suite 310 £; P🛜) Es kann etwas dauern, das Hotel zwischen den hohen Hecken von Süddevon zu finden – aber es lohnt sich. Das Herrenhaus mit holzgetäfelten Wänden und Stuckdecken ist eine wahre Geschichtsstunde. Die Zimmer sind barock mit Himmelbett oder modern gestaltet; in beiden Fällen bieten sie reichlich Luxus. 3,2 km nördlich von Kingsbridge.

🍴 Essen

Mangetout
CAFÉ, DELI £

(☎01548-856620; www.mangetoutdeli.com; 84 Fore St; Hauptgerichte ab 5 £; ◉Mo–Sa 8–17 Uhr; 🖉) Am oberen Ende der Stadt lockt dieser Delikatessenladen mit Café, der jeden Diätplan überflüssig macht. Hier gibt's alles vom regional produzierten Schinken über Chorizo, pfiffige Salate, Oliven, frisches Brot und Kuchen bis hin zu Croissants. Die Käsetheke liest sich wie ein *Who's Who* der regionalen

Käsereien: Devon Oke, Ticklemore, Sharpham Brie, Quickes Cheddar sowie die kräftigen Blauschimmelsorten aus Devon, Beenleigh und Exmoor.

Old Bakery CAFÉ, BISTRO ££

(☎01548-855777; www.theoldbakerykingsbridge.co.uk; The Quay; Tapas 3–8 £, Hauptgerichte 12–17 £; ⊙Mo–Sa 9–21 Uhr; ♖) Riesige moderne Kunstwerke blicken herab auf zerknautschte Ledersofas und auf der Theke stehen große Schüsseln mit Oliven in schöner Eintracht neben Türmen von selbst gebackenem Brot. Unter den Tapas finden sich kräftige Baba Ganoush, diverse Wurstwaren und gut geknofelte Meeresfrüchte. Die 5-Speisen-Spuntino-Platte (10 £ mit einem Glas Wein) zum Mittag ist ein echtes Schnäppchen.

Crabshell PUB ££

(www.thecrabshellinn.com; The Quay; Hauptgerichte 10–18 £; ⊙Essen 12–15 & 18–21 Uhr) An sonnigen Tagen steuern die Einheimischen, die sich auskennen, geradewegs die Bierterrasse des Crabshell an, um Boote und Stand-up-Paddler zu beobachten, die vorbeiziehen. Mittags gibt es z. B. Salat mit Feige und Blauschimmelkäse aus Cornwall, in Weißwein gedünstete Muscheln aus der Region oder Hamburger aus zartem Süddevon-Rind begleitet von einem sorgfältig ausgesuchten Wein.

☆ Unterhaltung

Reel KINO

(☎01548-856636; www.thereelcinema.co.uk; Fore St) Ein süßes, unabhängiges Kino mit drei Sälen, am oberen Ende der Fore Street.

🛍 Shoppen

Es gibt eine gute Auswahl kleiner Geschäfte entlang der Fore Street von Kingsbridge, die vom Kai in die Stadt führt.

Harbour Bookshop BÜCHER

(www.harbourbookshop.co.uk; 2 Mill St; ⊙Mo–Sa 9–17 Uhr) Gut sortierter, unabhängiger Buchladen mit einer schönen Auswahl von Romanen, Krimis und Kinderbüchern.

@11's ESSEN

(11 Fore St; ⊙Mo–Sa 9–17 Uhr) Bäckerei, die sich auf preisgekröntes Feingebäck spezialisiert hat, aber auch das frische Brot, die Pasteten und Sandwiches sind ziemlich unwiderstehlich.

Choc Amour ESSEN

(20 Fore St; ⊙Mo–Sa 9–17 Uhr) In diesem altmodischen Süßwarenladen stehen die Goodies wie anno dazumal in Gläsern auf dem Tresen und werden lose nach Gewicht verkauft.

Catch of the Day ESSEN

(54 Fore St; ⊙Mo–Mi & Fr 9–15, Do & Sa 9–13 Uhr) Dieser Fischhändler räuchert die berühmten *Salcombe Smokies* (Räuchermakrelen) noch selbst und auch die aromatisch geräucherten Lachse und Garnelen sind empfehlenswert.

ℹ Praktische Informationen

Kingsbridge Touristeninformation (☎01548-853195; www.welcomesouthdevon.co.uk; The Quay; ⊙Mo–Sa 9–17 Uhr) Öffnungszeiten können wechseln, weil die Touristeninformation ehrenamtlich betrieben wird.

ℹ An- & Weiterreise

Dartmouth (1 Std., Mo–Sa stündl., So alle zwei Std.) Bus 93 über Start Bay (30 Min.)

Hope Cove (40 Min., Mo–Sa 2-mal tgl.) Bus 162 über Thurleston (15 Min.).

Plymouth (1¼ Std., Mo–Sa stündl., So alle 2 Std.) Bus 93.

Salcombe (20 Min., Mo–Sa stündl.) Bus 606.

ABSTECHER

MILLBROOK INN

Was kommt heraus, wenn man einen französischen Koch, ein altes englisches Inn und bergeweise Zutaten aus Devon zusammenbringt? Gehaltvolles, klassisch beeinflusstes Essen in altertümlicher Umgebung, wie im **Millbrook Inn** (☎01548-531581; www.millbrookinnsouthpool.co.uk; South Pool, nahe Kingsbridge; Hauptgerichte 12–18 £, Snacks ab 5 £; ⊙12–13.45 & 19–20.45 Uhr; ♖). Hier geht's ganzheitlich zu: Zu den aromatischen Gerichten zählen selbst geräucherte Ochsenzunge und gepökelter Schweinebauch sowie eingelegte Süddevon-Krabbe und schmackhafter, gegrillter Ziegenkäse mit Walnuss und Birne. Die üppigen Desserts runden das Ganze ab (keinesfalls die Glasur aus Bitterschokolade verpassen). Die flüssige Beilage wird aus einem Angebot französischer Weine und heimischem Ale ausgesucht. Und die andere tolle französische Erfindung wird auch geboten: das (günstige) *menu de jour* (2/3 Gänge 10/12 £).

Salcombe & Umgebung

7100 EW.

Das schicke Salcombe sitzt dekorativ am Ende des Meeresarms Kingsbridge Estuary. Mit seiner malerischen Kulisse aus verwinkelten Sträßchen und Gassen, sandigen Buchten und einem strahlend blauen Meer hatte es schon immer eine magische Wirkung auf gut betuchte Gäste, sodass es der Ort in die Top Ten der Millionärsstädte Englands geschafft hat. Fast ein Drittel der Anwesen erreichen einen siebenstelligen Wert und rund 40 % der Häuser hier sind Zweitwohnungen, wodurch Salcombe außerhalb der Saison wie eine Geisterstadt wirkt. Aber der Zauber des Hafenstädtchens bleibt bewahrt ebenso wie seine verlockenden Möglichkeiten, wie mit der Fähre zu einem Strand zu fahren, mit dem Kajak hinauszupaddeln oder sich vom Meeresrauschen alte Geschichten einflüstern zu lassen.

Sehenswertes

Strände STRAND

Eine Reihe schöner Strände säumen den Küstenstreifen um Salcombe. Viele von ihnen sind von der Stadt mit Fähren zu erreichen. Am besten sind die auf der gegenüberliegenden Seite bei East Portlemouth, wo bei Ebbe breite Sandstrände auftauchen. Bei Flut gibt es südlich die sandige Mill Bay.

Auf der Salcombe-Seite führt ein Uferweg in südlicher Richtung entlang der Cliff Road zum kleinen North Sands (bei Flut wird er noch kleiner) und dem breiteren, aber auch von den Gezeiten geprägten South Sands mit einem kleinen Wassersportzentrum, einem coolen Café und einem schicken Hotel.

Overbeck's HISTORISCHES GEBÄUDE

(NT; 01548-842893; www.nationaltrust.org.uk; Sharpitor; Erw./Kind 7,50/3,80 £; Mitte Feb.–Okt. 11–17 Uhr; P) Das edwardianische Landhaus Overbeck's auf den Klippen hoch über der Flussmündung von Salcombe ist eine endlose Kuriositäten-Fundgrube. Das Haus ist nach dem ehemaligen Besitzer Otto Overbeck benannt und thront in einem 3 ha großen subtropischen Garten mit Rundumblick. Der Erfinder Overbeck ist vor allem für seinen *Rejuvenator* bekannt – eine Maschine, die angeblich Krankheiten mit elektrischem Strom heilen konnte. Ein Exemplar des Wunderheilmittels kann im Haus bestaunt werden.

Die übrigen Zimmer sind vollgestopft mit einem verschrobenen Sammelsurium aus ausgestopften Tieren, Schnupftabakdosen und nautischem Nippes. Es gibt auch Ausstellungsstücke zur *Herzogin Cecile*, einem wunderschönen Viermaster, der 1936 nur 1,5 km südlich des Anwesens in der Starehole Bay gesunken ist. Eine dramatische Klippenwanderung dorthin rundet den Besuch bei Overbeck's wunderbar ab.

Der 3,6 km lange Fußweg von Salcombe nach Overbeck's ist sehr steil und sicher nicht jedermanns Sache. Wem das zu anstrengend ist, der fährt mit dem Auto immer Richtung Süden auf der Cliff Rd und folgt der Beschilderung.

Maritime Museum MUSEUM

(www.salcombemuseum.org.uk; Market St; Erw./Kind 1,50 £/50 p; April–Okt. 10–12.30 & 14.30–16.30 Uhr) Goldschatz gefällig? Das Glanzstück der Beute aus Schiffswracks vor der Küste sind die 500 marokkanischen Golddinare aus dem 13. bis 17. Jh., die am Salcombe Cannon gefunden wurden. Es gibt auch längst vergessene Werkzeuge der Schiffsbauer zu sehen, wie Spannhaken, Abdichtungseisen und Zugmesser. Daneben stehen dann noch Modelle der Schiffe, die damit gebaut wurden.

Historisches Salcombe ARCHITEKTUR

Heute mag Salcombe ein angesagter Ferienort sein, im 17 Jh. blühte in der Stadt aber ein ganz anderes Geschäft. Die Fischer von Salcombe fuhren damals zur Neufundlandbank. In den 1800er-Jahren bauten Dutzende von Werften schnelle Schoner, die dann Obst von den Azoren herbrachten. Damals gab es in der unmittelbaren Umgebung von **Whitestrand Quay** vier Schiffsbauer und ganze Straßen voller Segelspeicher, Anlegestellen und Warenhäuser. Aufgrund des brutalen Wettbewerbs um jeden Meter Uferland entstanden lange, schmale Gebäude mit der Schmalseite zum Hafen. Viele existieren heute noch – und auch die unmöglich engen Gassen dazwischen. Es ist interessant einigen zu folgen, um zu sehen, wohin sie führen. Sie erstrecken sich zwischen Fore Street und dem Wasser, vor allem in der Nähe von Clifton Place und dem Ferry Inn. Das Maritime Museum verkauft auch eine Karte der Stadt von 1842.

Aktivitäten

Bootfahren

Sea Kayak & SUP Salcombe KAJAKFAHREN, SEGELN

(01548-843451; www.southsandssailing.co.uk; South Sands) Vermietet Sit-on-Top-Kajaks

Salcombe

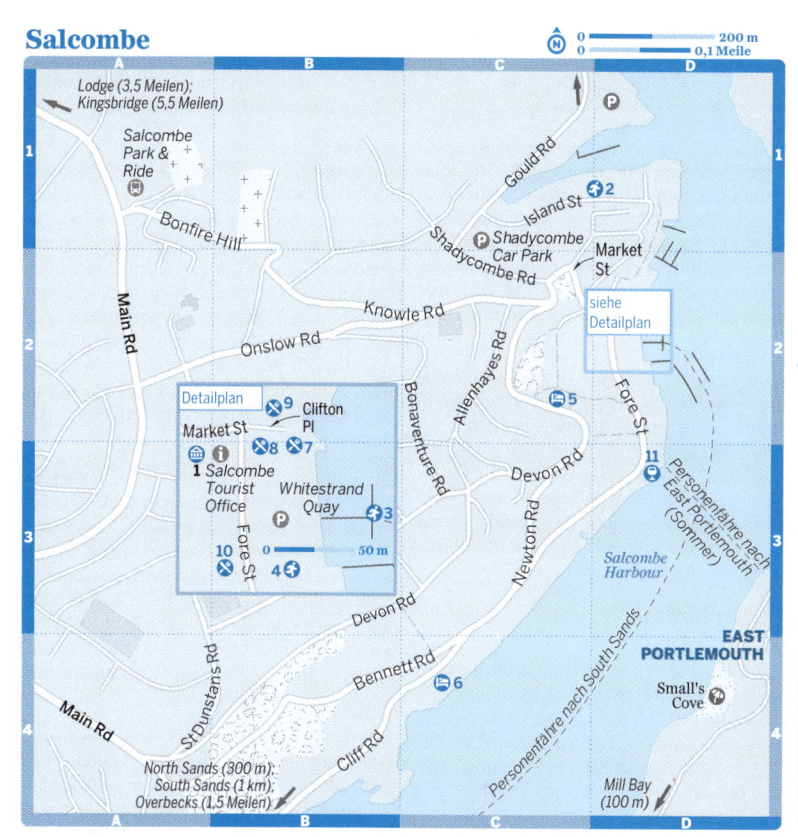

(17/80 £ pro Std./Tag), Seekajaks (35/80 £ für 3 Std./Tag), Stand-up-Paddleboote (SUP, 17/80 £ pro Std./Tag) und Topper-Segelboote (27/100 £ pro Std./Tag).

Whitestrand BOOTFAHREN
(☏ 01548-843818; www.whitestrandboathire.co.uk; Whitestrand Quay) Vermietet Motorboote (25/ 85 £ pro Std./Tag).

ICC SEGELN
(☏ 01548-844300; www.icc-salcombe.co.uk; Island St) Eingesessene Schule mit RYA-Segelkursen für Anfänger (207 £ für drei Tage) und Fortgeschrittene (345 £ für fünf Tage) sowie Motorsportboote (160 £ pro Tag).

Fähren

East Portlemouth Ferry BOOTSTOUREN
(☏ 01548-842061; hin & zurück Erw./Kind 3/1,80 £; ⊙ 8–17.30 Uhr) Alle 30 Minuten fährt die East-Portlemouth-Fähre (nur Passagiere) zu den Sandstränden gegenüber von Salcombe.

Salcombe

Sehenswertes
1 Maritime Museum A3

Aktivitäten, Kurse & Touren
2 ICC D1
3 South Sands Ferry B3
4 Whitestrand B3

Schlafen
5 Ria View C2
6 Sunny Cliff C4

Essen
7 Casse-Croute B3
8 Salcombe Fishmongers B3
9 Salcombe Yawl B2
10 Victoria B3

Ausgehen & Nachtleben
11 Ferry Inn D3

Von Ostern bis Oktober legt sie vom Ferry Pier (abseits der Fore St), von November bis Ostern vom Whitestrand Quay ab.

South Sands Ferry BOOTSTOUREN
(01548-561035; www.southsandsferry.co.uk; Whitestrand; ein Weg Erw./Kind 3,30/2,30 £; April–Okt. 9.45–17.15 Uhr) Dieses gelb-blaue Passagierboot fährt zwischen Whitestrand Quay und South Sands, wo eine motorisierte Landeplattform ins Wasser rollt, um die Passagiere zu empfangen. Die Fähre fährt alle halbe Stunde, die Fahrt dauert 20 Minuten.

Spaziergänge
Eine beglückende und unglaublich steile Küstenwanderung führt südlich von South Sands auf einem Küstenweg entlang nach Bolt Head (3,2 km). Auf dem Weg liegen riesige Steinformationen und glatte Felswände. Man kann auf dem gleichen Weg wieder zurückgehen oder über Wege landeinwärts einen Rundgang daraus machen. Die Touristeninformation gibt Tipps.

Schlafen

Ria View B&B £
(01548-842965; www.salcombebandb.co.uk; Devon Rd; DZ 70–90 £; P) Das Panorama, das dieses B&B zu bieten hat, ist so malerisch, dass die Zimmer quasi das Extra sind. Die ungezwungen stilvolle Einrichtung vermischt die Farben Creme, Pfirsich und einzelne Sprenkler mattes Gold. Aus den Zimmern nach vorne und von der blumenreichen Terrasse bieten sich erhabene Blicke hinunter auf vorbeiziehende Schiffe und das Kommen und Gehen von Ebbe und Flut.

Brambles B&B £
(01548-843167; bramblesbandb@hotmail.com; Higher Batson; DZ 80 £; P) Wenn der Gastgeber sagt: „Wirklich, wir verwöhnen gerne unsere Gäste", kann das nicht verkehrt sein. Hier gibt's zahlreiche Verwöhnmerkmale: hochwertige Möbel, Baumwollbettwäsche und eine kleine, eigene Terrasse mit freiem Blick in die Natur. Es ist herrlich, absolut ruhig und nur 20 Minuten Fußweg vom Stadtzentrum entfernt (es gibt sogar Taschenlampen für den nächtlichen Heimweg).

Lodge B&B £
(07850 513336; www.lodge-churchills.co.uk; Malborough; DZ 70 £, FZ 85–110 £; P) Gäste bleiben sich hier selbst überlassen, vom eigenständigen Check-in bis hin zur Nutzung der Küche (Frühstück ist extra, Erw./Kind 6/3,50 £). Die süßen, weißen Zimmer haben teilweise freiliegendes Mauerwerk und taubenblau gestrichene Balken. Die Unterkunft liegt auf dem Hügel im Dorf Malborough, 6,5 km nordwestlich von Salcombe.

Horsecombe Farm B&B ££
(01548-842233; horsecombefarm@gmail.com; Higher Batson; DZ 130 £; P) Der blumenumrankte, beheizte Pool ist schon ein guter Grund, aber dann ist da auch noch die Feuerstelle auf der Terrasse mit Blick über die Berge, das in einem AGA-Herd gekochte Frühstück mit Zutaten aus der Region und Lavendelsträußchen in den hübsch eingerichteten Zimmern. Eines hat einen eigenen Balkon mit Sicht auf den Fluss. Nach Salcombe sind's 25 Minuten zu Fuß durch die Gassen.

Sunny Cliff APARTMENT ££
(01548-842207; www.sunnycliff.co.uk; Cliff Rd; DZ 130–145 £, Suite 255 £, 4-/6-Zi.-Apt. pro Woche 2000/2200 £; P) Das Apartment an der Felswand blickt direkt auf einen glänzenden Fluss, sandige Buchten, grüne Hügel, Fähren und Segelboote. Bei dieser phantastischen Aussicht übersieht man fast die frischen Zimmer im New-England-Stil oder die Terrasse mit Pool am Wasser.

South Sands BOUTIQUEHOTEL £££
(www.southsands.com; South Sands; DZ 205–375 £, Suite 435 £; P) Ein schönerer Rückzugsort am Strand ist kaum möglich. Das Hotel liegt direkt am Ende einer goldenen Bucht, sandige Schuhe türmen sich vor der Tür. Die vornehmen Zimmer sind purer Luxus mit feinen, bedruckten Stoffen und mit „I'd rather be at South Sands" (Ich wäre lieber am South Sand) bedruckten Bechern. Am besten ist Zimmer Nr. 10 mit einem großen Balkon zur Bucht, zwei frei stehenden Badewannen am Fenster und dem größten Bett, das man jemals gesehen hat. In der Nebensaison fallen die Preise um 55 £ auf 115 £ pro Nacht.

Essen & Ausgehen

Wer gerne picknickt, hat in Salcombe die Qual der Wahl delikater Anbieter: **Salcombe Fishmongers** (www.salcombeboathire.co.uk; 11 Clifton Pl; Mo-Sa 9–17.30 Uhr) am unteren Ende der Market Street bietet verführerische Platten mit verschiedenstem Meeresgetier oder exquisite Krebsfleischsandwiches. Das etwas edlere **Casse-Croute** (01548-843003; 10 Clifton Pl; 8.30–17.30 Uhr, Winter 8.30–16.30 Uhr) nebenan hat auch eine Riesenauswahl an Fleisch- und Wurstwaren sowie leckere Brotspezialitäten von Biobäckereien aus der Umgebung. Auch Sandwiches haben hier einen etwas erleseneren Anstrich, z. B. Hühnchen mit Sweet-Chili-Limetten-Sauce. Gegenüber bei **Salcombe Yawl** (www.salcombeyawl.co.uk; 10a Clifton Pl; 9–17 Uhr) gibt's haufenweise *homity pies* (Gemüsekuchen), *scotch eggs* (hart gekochte Eier im Hackfleischmantel) und riesige *cornish pasties* (Teigtaschen).

Victoria PUB £
(01548-842604; www.victoriainn-salcombe.co.uk; Fore St; Hauptgerichte ab 8 £; 12–21 Uhr;) Hier ist es sicherlich nicht so extravagant wie in einigen Restaurants von Salcombe, aber das Victoria ist eine ordentliche Stammkneipe mit ordentlichem Stammkneipen-Essen. Das Rind zum Mittag am Sonntag hat gerade mal eine Entfernung von 8 km zurückgelegt und der Fisch im Backteig wurde in Salcombe oder Brixham an Land gebracht. Das Getränkeangebot reicht vom guten Real Ale bis Champagner und es gibt einen sonnigen Biergarten.

Bo's Beach Cafe CAFÉ
(www.southsandssailing.co.uk; South Sands; April–Okt. 9–17 Uhr) Koffeinhaltige Kaffeevariationen auf Espressobasis, verlockende Kuchen, eine entspannte Atmosphäre, Wasserblick und Füße im Sand. Perfekt.

Beachside MODERN BRITISCH ££
(01548-845900; www.southsands.com; South Sands; Hauptgerichte 15–28 £; 12–15 & 18–21 Uhr) Der gefeierte Restaurantbetreiber und Fischhändler Mitch Tonks vom Seahorse (S. 90) in Darmouth hat die Karte für das Restaurant des South Sands Hotel entwickelt. Natürlich spielt Fisch die Hauptrolle: auf Holzkohle gegrillter Seeteufel, Salcombe-Krebs und Hummer aus der Region. Es gibt aber auch Schweine- und Rindersteaks. Die Küche ist hervorragend und macht den atemberaubenden Aussichten auf die Bucht echte Konkurrenz.

Winking Prawn BISTRO ££
(01548-842326; www.winkingprawn.co.uk; North Sands; Hauptgerichte 15–24 £; Fr–Mo 9–11 Uhr sowie tgl. 11.30–16 & 18–21.30 Uhr, Nov.–März kürzer) Der Charme von verwittertem Treibholz diktiert das Einrichtungskonzept dieser Strandbrasserie, das mit Accessoires wie mächtigen Rudern, roten Flaggen und einem Aussichtsdeck vervollständigt wird. Optimal, um gebratene Jakobsmuschel im Speckmantel, Seebrasse mit Paprika oder mit Ziegenkäse veredelte vegetarische Köstlichkeiten zu genießen – oder einfach bei einem Krug Pimm's zu chillen. Im Sommer wird der Grill angeworfen; dann wird's brenzlig für Makrelen, Steaks, Haloumi-Käse oder Garnelen (16–20.30 Uhr).

Ferry Inn PUB
(Fore St) Bei Sonnenschein ist die Lage unschlagbar: die Terrasse am Ufer bietet einen phantastischen Blick auf den Hafen.

❶ Praktische Informationen
Salcombe Touristeninformation (01548-843927; www.salcombeinformation.co.uk; Market St; April–Okt. 10–17 Uhr, Nov.–März Mo–Sa 10–15 Uhr)

❶ An- & Weiterreise
AUTO
In der Hochsaison gibt es einen **Park-and-Ride-Service** (Ostern, Bank Holiday & Juni–Aug. 10–18 Uhr).

BUS
Kingsbridge (20 Min., Mo–Sa stündl.) Bus 606.

Hope Cove
Westlich von Salcombe kann die Küste von Süddevon mit einigen unerschlossenen Steilküsten, goldenen Buchten und dem abgelegenen Dorf Hope Cove aufwarten. Ein paar Minibuchten, ein winziger Hafen und eine Handvoll Häuser mit Reetdächern ist schon alles, was Hope Cove zu bieten hat. Aber die haben's in sich. Denn was braucht man mehr als Strände, ein Pub und ein paar Herbergen?

🛏 Schlafen & Essen

Sun Bay HOTEL ££
(01548-561371; www.sunbayhotel-hopecove.co.uk; Hope Cove; DZ 95–105 £, FZ ab 125 £;) Die geräumigen Zimmer sind vielleicht einfach (frische Möbel und Messingbetten), aber die Lage ist erstklassig. Das Hotel liegt nur wenige Schritte vom Strand in Hope Cove entfernt, der von den meisten Zimmern zu sehen ist. Auf der Terrasse steht eine lange Bar.

Cottage HOTEL £££
(01548-561555; www.hopecove.com; Hope Cove; DZ 156–196 £;) Dieses ehrwürdige Hotel liegt hoch auf einem Berg und verströmt

eine angenehme altmodische Atmosphäre mit verstreuten Familienandenken überall. Die Schlafzimmer nach hinten raus sind sehr einfach, aber die blumenverzierten Zimmer nach vorne bieten einen herrlichen Meerblick (einige haben sogar Balkon). Die lange, schmale Terrasse ist ein perfekter Ort, um beim Nachmittagstee die Wellen zu beobachten. Im Preis ist ein Fünfgängemenü enthalten.

Hope and Anchor PUB ££
(01548-561294; www.hopeandanchor.co.uk; Hope Cove; Hauptgerichte 13 £; Küche 12–14 & 18–20.30 Uhr) Die Terrasse zur Straße ist *der* Ort, an dem sich alle auf ein Pint treffen. Die Küche bietet gutes Pub-Essen.

An- & Weiterreise
Kingsbridge (40 Min., Mo–Sa 2-mal tgl.) Bus 162, über Thurlestone (30 Min.).

Thurlestone

Einige Kilometer westlich von Hope Cove erhebt sich ein mächtiger Felsbogen in der Mitte der Thurlestone Bay. South Milton Sands säumt hier das Wasser, ein langer, grobkörniger Strand mit Dünen im Hintergrund, ein erstklassiges Restaurant an der Küste schützen. Landeinwärts liegt das verschlafene Dorf Thurlestone mit einem stimmungsvollen Pub und einem eleganten modernen Hotel.

Schlafen & Essen

Thurlestone LUXUSHOTEL £££
(01548-560382; www.thurlestone.co.uk; Thurlestone; DZ 310–450 £; P) Schicke blaue Sonnenschirme verteilen sich über das Gelände, Glasscheiben schützen den Pool und in den Zimmern herrscht erstklassiger Luxus mit super-flauschigen Bademänteln, frischer Bettwäsche und Balkonen mit herrlichen Seeblicken. Im Frühling und Herbst sinkt der Preis pro Nacht um 80 £.

Beachhouse BISTRO ££
(01548-561144; www.beachhousedevon.com; South Milton Sands; Hauptgerichte 6–15 £; April–Okt. 9–17 Uhr, Juli & Aug. bis 21 Uhr, Sept.–März 10–16 sowie Fr & Sa bis 21 Uhr) Tolle Gerichte mit Fisch und Meeresfrüchten und großartige Aussichten auf das Meer. Die unkonventionelle, entspannte Strandhütte gehört zu den besten Lokalen in Devon. Knackende Krebse, dampfende Muscheln und saftige Rindfleisch-Burger werden vom Meeresrauschen begleitet. Zum Nachtisch gibt's dann ein paar Kugeln Salcombe-Dairy-Eis.

Village Inn PUB ££
(01548-860382; www.thurlestone.co.uk; Thurlestone; Hauptgerichte 6–17 £; Küche Mo-Fr 12–14 & 18–21, Sa & So 12–21 Uhr) Ein behagliches Arbeitszimmer in Stein und Holz mit Bänken und Sitzecken im Inneren und Picknicktischen vor der Tür. Das Essen kommt aus der Region; der Fisch wird täglich aus Brixham geliefert für die Fischplatten mit geräucherten Fischen und Meeresfrüchten. Es gibt aber auch Sandwiches und Steaks vom Aberdeen Angusrind.

An- & Weiterreise
Kingsbridge (20 Min., Mo–Sa 2-mal tgl.) Bus 162, fährt auch nach Hope Cove (30 Min.)

Bantham

Dieses winzige Dorf hat das beste Surfrevier in Süddevon. Sonst gibt's hier allerdings so gut wie gar nichts. Versteckt am Ostufer des Flusses Avon verteilen sich zwischen den Dünen eine Handvoll Häuser, ein Pub und ein Laden.

Sehenswertes & Aktivitäten

Bantham Beach STRAND
(www.banthamdevon.co.uk; Bantham; Parken pro Tag Mai–Sept. 5 £, Feb.–Mai & Okt. 3,50 £, Nov.–Jan. frei; P) Bantham hat zweifellos den schönsten Strand in Devon. An der Mündung des Flusses Avon liegt dieser naturbelassene von Dünen umgebene Streifen Sand, von dem man auf die malerische Burgh Island an der Flussmündung auf der anderen Seite blickt. Bei Flut bleibt nur ein schmaler Sandstreifen, aber bei Ebbe wird daraus eine goldene Fläche, die von kleinen, knöcheltiefen Pfützen durchzogen ist. Dennoch ist Vorsicht geboten, die rücklaufende Strömung kann gefährlich werden; auf die Warnschilder und den Rat der Rettungsschwimmer achten (Rettungsschwimmer Mai–Okt. 8–18 Uhr).

Bantham Surfing Academy SURFEN
(01548-853803; www.banthamsurfingacademy.co.uk; Bantham Beach) Zweistündiger Unterricht (1/4 Einheiten 35/120 £) für alle Niveaus, auch Kiddie-Classes mit besonders kinderfreundlichem Unterricht (25 £/Std.).

Verleih von Neoprenanzügen (2 Std./Tag 5/15 £), Bodyboards (2 Std./Tag 5/10 £) und Longboards (2 Std./Tag 10/15 £).

🛏 Schlafen & Essen

Sloop Inn   B&B £
(☎ 01548-560489; www.thesloop.co.uk; Bantham; DZ/FZ 80/100 £; P 🛜) Nur wenige Schritte vom Strand liegt dieses Pub aus dem 14. Jh. Die Zimmer sind in neutralen Tönen gestaltet und mit Holzmöbeln ausgestattet. Es gibt Zimmer mit Blick auf die ausgedehnten Felder oder die Dünen, die sich zum Meer erstrecken. Die Bar hat einen Kamin, bietet gutes Pub-Essen (Mo–Sa 12–14 & 18.30–21 Uhr) und ein legendäres Mittagessen am Sonntag (14–16 Uhr).

Gastrobus   FAST FOOD £
(www.thegastrobus.co.uk; Bantham Beach Parkplatz; Snacks ab 4 £; ⊙ Mai–Okt. 10–19 Uhr; 🌿) Dieses außergewöhnliche, wunderbare und fahrbare Freiluft-Café bringt die Imbisskultur nach Süddevon. Kräftiger Espresso, zart schmelzende Schoko-Brownies, Gourmet-Burger mit Blauschimmelkäse, Salat mit Ziegenkäse und gegrilltem Gemüse sind erst der Anfang – am frühen Abend wird über Holzkohle gegrillt.

ℹ An- & Weiterreise

Es fährt kein Bus nach Bantham. Gelegentlich fährt eine Passagierfähre zwischen der Slipanlage in Bantham und Bigbury-on-Sea.

Bigbury-on-Sea & Burgh Island

Von hohen Felsklippen, die von eindrucksvollen Häusern gesäumt sind, fällt Bigbury-on-Sea plötzlich auf einen Sandstrand hinab. Das Dorf ist etwas besser erschlossen als Bantham auf der anderen Seite der Flussmündung und es hat ein As im Ärmel: die faszinierende Burgh Island mit einem Hotel aus den 1920er-Jahren, die direkt gegenüber liegt.

⊙ Sehenswertes & Aktivitäten

Burgh Island   INSEL
(www.burghisland.com; Bigbury-on-Sea; ⊙ frei zugänglich) GRATIS Burgh Island ist nicht mehr als ein schräger Felsbrocken mit Grasnarbe, der bei Ebbe durch eine Sandbank mit Bigbury-on-Sea verbunden ist. Bei Flut können Besucher den „Meer-Traktor" nehmen (einfache Fahrt 2 £), eine witzige Konstruktion mit einer Passagierplattform, die auf Stelzen 2 m über den Wellen (und den Traktorrädern) balanciert.

Die 10 ha große Insel ist mit einem 30-minütigen Spaziergang schnell umrundet. Nach rechts wenden, sobald man angelandet ist, über den Weg die Steilküste mit ihren felsigen Buchten hinauf. Oben angekommen sind Reste der sogenannten *huer hut* zu sehen. Von hier wurde Ausschau nach gewinnträchtigen Sardinenschwärmen gehalten, um dann Alarm zu schlagen. Das herrliche Art-déco-Hotel liegt auf der Seite, die der Küste am nächsten ist, das Pilchard Inn ist gleich daneben.

Discovery Surf School   SURFEN
(☎ 07813-639622; www.discoverysurf.com; Bigbury-on-Sea, unterer Parkplatz) Bietet zweistündigen Surfunterricht (1/4 Einheiten 35/120 £).

Venus   KAJAKFAHREN
(☎ 01803-712648; www.lovingthebeach.co.uk; Bigbury-on-Sea, unterer Parkplatz) Vermietet Sit-on-Top-Kajaks (Std./Tag 15/40 £) und bietet zweistündigen Unterricht im Stand-up-Paddling (SUP) (Miete plus 45 Min. Unterricht 45 £) und SUP-Miete (Std./Tag 15/40 £).

🛏 Schlafen

Henley   B&B ££
(☎ 01548-810240; www.thehenleyhotel.co.uk; Folly Hill, Bigbury-on-Sea; EZ 85 £, DZ 120–145 £; P 🛜) Dieses charmante, edwardianische Ferien-Cottage hängt an den Klippen direkt über der Mündung des Avon. Möbel von Lloyd Loom, grüne Pflanzen und exotische Teppiche schmücken das Innere und die Blicke über Bantham sind außerordentlich schön. 150 Stufen führen zum Strand hinunter.

★ Burgh Island   LUXUSHOTEL £££
(☎ 01548-810514; www.burghislandcom; Burgh Island; EZ 310 £, DZ 400–640 £; P 🛜) Im glamourösen Burgh Island erscheinen die Gäste im Dinnerjacket und Charlstonkleid zum Abendessen. Der leuchtend weiße Palast liegt graziös auf seiner eigenen Gezeiteninsel. Zu den Gästen gehörten Agatha Christie (sie schrieb hier *Und dann gabs keines mehr*), Noel Coward, „Fruity"' Metcalf und Josephine Baker. Die Zimmer bieten herrliche Aussichten und sind einfach phantastisch: Sofas im Stil der 1920er und Stoffe treffen auf geometrische Teppiche, frei stehende Badewannen und altmodische

Radios. Das Hotel ist perfekt für Cocktails und Krocket – herrlich aus der Zeit gefallen.

Essen & Ausgehen

Pilchard PUB £

(Burgh Island; Snacks 6 £; Küche 11–17 Uhr) *Der* Ort, um an einem Pint zu nippen und dabei zuzusehen, wie das Wasser steigt. Das stimmungsvolle Pilchard Inn aus dem 14. Jh. mit Holzbalken und Kaminfeuer liegt an der Küste von Burgh Island, d. h. es ist während der Flut vom Festland abgeschnitten. Real Ale und Baguette bekommen dadurch ein Aroma von Abenteuer.

Oyster Shack FISCH & MEERESFRÜCHTE ££

(01548-810876; www.oystershack.co.uk; Milburn Orchard Farm, Stakes Hill; Hauptgerichte 18 £; April–Okt. 12–21 Uhr, im Winter unterschiedlich) Die relaxte Terrasse des idyllischen Bistros schreit förmlich nach Gourmets, die Austern, Muscheln, Seeteufel und Krebse aus heimischen Gewässern versuchen wollen – wahlweise auf klassische Art (vom Grill) oder feurig-spanisch. Auf dem Grill und in den Picknickkörben liegen nur Fische und Meeresfrüchte aus der Region; das Dreigängemenü unter der Woche ist ein Schnäppchen (12 £). Der Schuppen liegt an einem Uferstraßchen zwischen Bigbury-on-Sea und Aveton Gifford.

An- & Weiterreise

Plymouth (1¼ Std., 1-mal pro Woche) Bus 875.
River Avon Passagierfähre (01548-561196; Mai–Mitte Sept. Mo–Sa 10–11 & 15–16 Uhr) Verkehrt zwischen Bigbury-on-Sea und der Slipanlage von Bantham.

Plymouth & Dartmoor

Inhalt ➡

Plymouth 104
Dartmoor
National Park 113
Tavistock &
Umgebung 117
Princetown 120
Widecombe-
in-the-Moor 123
Moretonhampstead 124
Chagford 125
Lydford 127
Okehampton 129

Gut essen

➤ Gidleigh Park (S. 127)

➤ River Cottage Canteen & Deli (S. 111)

➤ Browns (S. 119)

➤ Royal William Bakery (S. 110)

➤ White Horse (S. 125)

Schön übernachten

➤ Agaric@Tudor House (S. 124)

➤ Horn of Plenty (S. 119)

➤ Tor Royal Farm (S. 121)

➤ St Elizabeth's House (S. 110)

➤ 22 Mill Street (S. 127)

Auf nach Plymouth & Dartmoor

Es liegen zwar nur 16 km zwischen Plymouth und Dartmoor, aber sie scheinen doch Welten voneinander entfernt. Die muntere Küstenstadt Plymouth bietet viel Sehenswertes, herausragende Restaurants, die besten Theater der Region und ein schwungvolles Nachtleben.

Und doch ist man nach nur 20 Minuten Autofahrt im Dartmoor National Park – einer wilden Naturoase, in der sich Schluchten durch die Hügel ziehen und Ponys neben den Straßen trotten. In Dartmoor gibt es eines der besten Restaurants des Landes und alte Pubs, in denen das Kaminfeuer knistert. Zudem kann man wandern, radeln oder reiten, in einem Landhaus übernachten oder unter einem herrlichen Sternenhimmel wild campen...

Plymouth und Dartmoor könnten kaum unterschiedlicher sein. Sie sind in einem Kapitel gelandet, weil ihre Lage und ihre Gegensätzlichkeit sie jeweils als Ausgangspunkt für das andere Ziel prädestiniert.

Reisezeit

➤ **Ostern–Mai** Attraktionen in Dartmoor und Plymouth öffnen; die besten Bootstouren der Stadt legen wieder ab.

➤ **Juni** Schmetterlinge schwirren um die *tors* (auffällige Felsspitzen) von Dartmoor.

➤ **Juli–Aug.** Lidos (Freibäder) erreichen jetzt angenehme Badetemperaturen. Am Himmel über Plymouth explodieren die Farben beim Wettstreit der besten Feuerwerker des Landes. Feinschmecker stürmen zum Flavour Fest die Stadt.

➤ **Sept.** Die traditionelle Widecombe Fair prägt das Leben in Dartmoor. Die Hügel färben sich lila und gelb, wenn Heide und Ginster blühen. Beim Marine City Festival in Plymouth werden Seafood, das Schwimmen und das Kino gefeiert.

➤ **Feb.–März** Die Wildwasserflüsse von Dartmoor laden zu Rafting- und Kajakabenteuern ein.

➤ **5. Nov.** Ganz Plymouth scheint zum Hoe zu pilgern, um Feuerwerk und Lagerfeuer der Bonfire Night zu bestaunen.

PLYMOUTH

258 700 EW.

Plymouth war wegen seiner architektonischen Schandflecken und der teils offensichtlichen Armut jahrzehntelang als wuchernde, hässliche Stadt verschrien. Aber die Ankunft von zwei berühmten Chefköchen (Hugh Fearnley Whittingstall und Gary Rhodes) und die fortdauernde Renaturierung der Küste hat ein Umdenken eingelei-

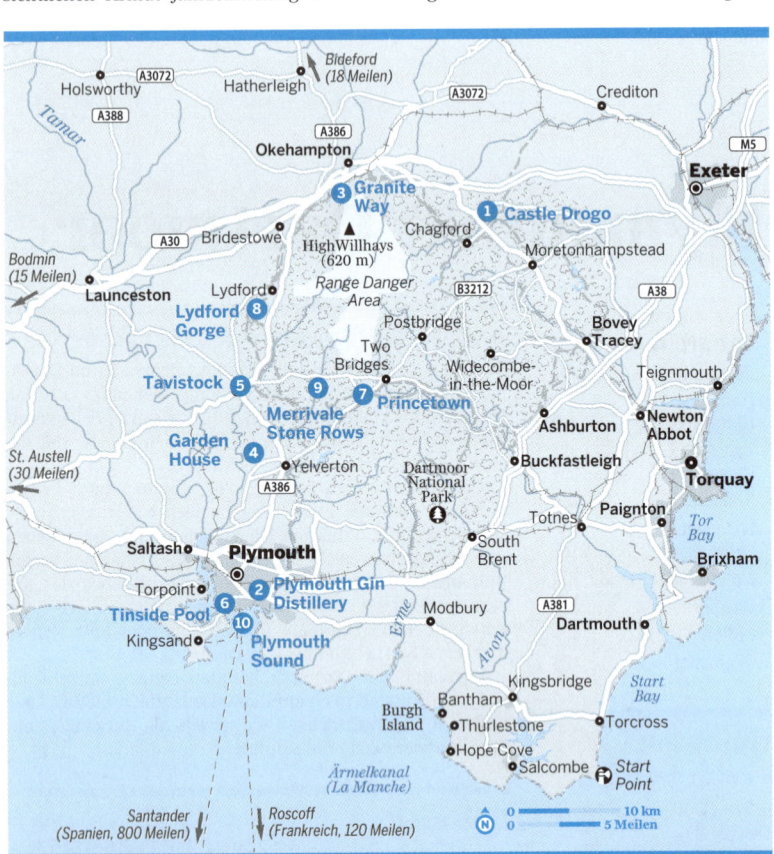

Highlights

❶ Im herrlichen **Castle Drogo** (S. 125) durch die Zimmer schlendern und davon träumen, in den wilden Zwanzigern zu leben

❷ In der **Plymouth Gin Distillery** (S. 105) an den Destillen vorbeischlendern und einen guten Tropfen testen

❸ Über den 165 m langen Viadukt auf dem **Granite Way** (S. 114) radeln

❹ Die Düfte und Blumen im betörenden **Garden House** (S. 117) genießen

❺ Auf dem viktorianischen **Pannier Market** (S. 120) in Tavistock zwischen den schicken Antiquitäten stöbern

❻ Im **Tinside Pool** (S. 108) von Plymouth in einen Lido aus den 1930er-Jahren springen

❼ Im **Dartmoor Prison Heritage Centre** (S. 120) in Princetown vor den Verbrechen erzittern

❽ Über die Felsen zum 30 m hohen Wasserfall am herrlichen **Lydford Gorge** (S. 127) kraxeln

❾ Zwischen den **Mirrivale Stone Rows** (S. 121) Geschichtsdetektiv spielen

❿ Eine **Plymouth Bootstour** (S. 109) machen und um die Küste des Plymouth Sound wandern

KUNST AM BARBICAN

Das Barbican-Viertel von Plymouth ist mit seinen vielen Galerien genau der richtige Ort, um die Arbeiten von zwei Malern der Stadt zu entdecken, die verschiedener nicht sein könnten. Der Realist Robert Lenkiewicz (1941–2002, www.lenkiewiczfoundation.org), von manchen auch als moderner Rembrandt bezeichnet, war der Sohn europäischer jüdischer Flüchtlinge. Er war ein grüblerischer, exzentrischer Philosoph und jahrzehntelang eine Institution am Barbican. Er fühlte sich stark zu Alkoholikern, Drogenabhängigen und Obdachlosen hingezogen, denen er oft mit einem warmen Essen und einem Nachtlager aus der Patsche half. Stadtbekannt wurde er auch dadurch, dass er den Körper eines Stadtstreichers einbalsamierte. Seine Wandgemälde sind noch über den Barbican verstreut: Das größte (und am stärksten vom Zahn der Zeit angenagte) ist das **Elizabethan Mural** (Elisabethanisches Wandgemälde) an der Ecke zur Parade, direkt neben seinem ehemaligen Atelier. Ein weiteres ebenfalls riesiges Gemälde ist an der Außenwand des **Barbican Pannier Market** (5 Southside St) zu sehen: *The Last Judgement* (Das Weltgericht). In **Prete's Café** (15 Southside St) kann man sich beim Kaffeetrinken *The Last Supper* (Das Letzte Abendmahl) ansehen.

Einen völlig anderen Stil entwickelte die in Plymouth geborene Beryl Cook (1926–2008; www.berylcook.org), auf deren fröhlichen Bildern kompakte Damen in viel zu engen Kleidchen herumturnen. Ihr ausdrucksstarkes, fast comic-haftes Werk ist eine verwirrende Zusammenstellung unterschiedlichster Szenen aus dem Barbican. Viele Menschen machen sich einen Spaß daraus, durch das Viertel zu streifen, um die Vorlagen für die Typen auf ihren Bildern in Fleisch und Blut zu suchen. Wer sich ein Bild von ihrer lockeren, leicht anrüchigen Welt machen möchte, hat im wunderbar abgewetzten Dolphin (S. 111) bei einem Bier die Gelegenheit. Das Pub ist eine Institution am Barbican und wurde auf mehreren Cook-Bildern verewigt. Sie hat oft auf einem der verschlissenen Sofas gesessen, um Material für ihre Arbeit zu sammeln. Einige ihrer Bilder hängen dort noch an den Wänden.

---

tet. Ja, die Stadt (ein wichtiger Hafen für die Royal Navy) hat stark unter den Bombardierungen des Zweiten Weltkriegs gelitten und auch heute ist sie manchmal eher trostlos als hübsch, aber Plymouth ist zugleich eine Stadt der vielen Möglichkeiten. Man kann in einem Art-déco-Freibad schwimmen, eine Gin-Destille besuchen, das Kajakfahren erlernen, ein Aquarium entdecken, mit dem Boot durch die Bucht schippern, ein Stück in einem erstklassigen Theater sehen und bis in die Puppen feiern. Und das Beste? Plymouth Hoe – eine weite, grüne Landzunge mit Cafés und mit atemberaubendem Blick auf die Bucht und ihre vielen Schiffe.

Geschichte

Plymouth war lange der Hafen für Entdecker und Abenteurer. Hier stachen all die Entdecker in See: Sir Francis Drake zur Umsegelung der Welt, Sir Walter Raleigh zur Reise nach Virginia, um die Kolonien in Übersee zu gründen, die Flotte, die die Spanische Armada besiegte, die Pilgerväter, die Amerika gründeten, und unzählige Schiffe, die Auswanderer nach Australien und Neuseeland verschifften.

In den 1940er-Jahren litt Plymouth als Standort der Marinewerften furchtbar unter den Angriffen der deutschen Luftwaffe. Mehr als 1000 Zivilisten starben im Bombenhagel und das Stadtzentrum wurde in Schutt und Asche gelegt. Der Wiederaufbau nach den Bombardierungen ist besonders gut an den klaren Linien der Ladenzeilen in den Fußgängerzonen zu erkennen. Auch im 21. Jh. spielt das Militär eine wichtige Rolle. Die Devonport-Werft beschäftigt 2500 Menschen und zahlreiche Schiffe mit Hunderten Soldaten der Royal Navy sind in Plymouth stationiert.

◉ Sehenswertes

★ **Plymouth Gin Distillery** DESTILLE
(☏01752-665292; www.plymouthdistillery.com; 60 Southside St; Führungen ab 7 £; ⊙stündl. Führungen 10.30–16.30 Uhr) In dieser Destille mit den vielen Holzbalken wird seit 1793 Gin gebrannt. Sie ist damit der älteste Schnapshersteller der Welt. Die Offiziere der Royal Navy hatten ihr Lieblingsgetränk auf der ganzen Welt im Gepäck. Aber erst in den 1930er-Jahren wurde „Plymouth Gin" zum ersten Mal offiziell als Zutat in einem Rezept für

Plymouth

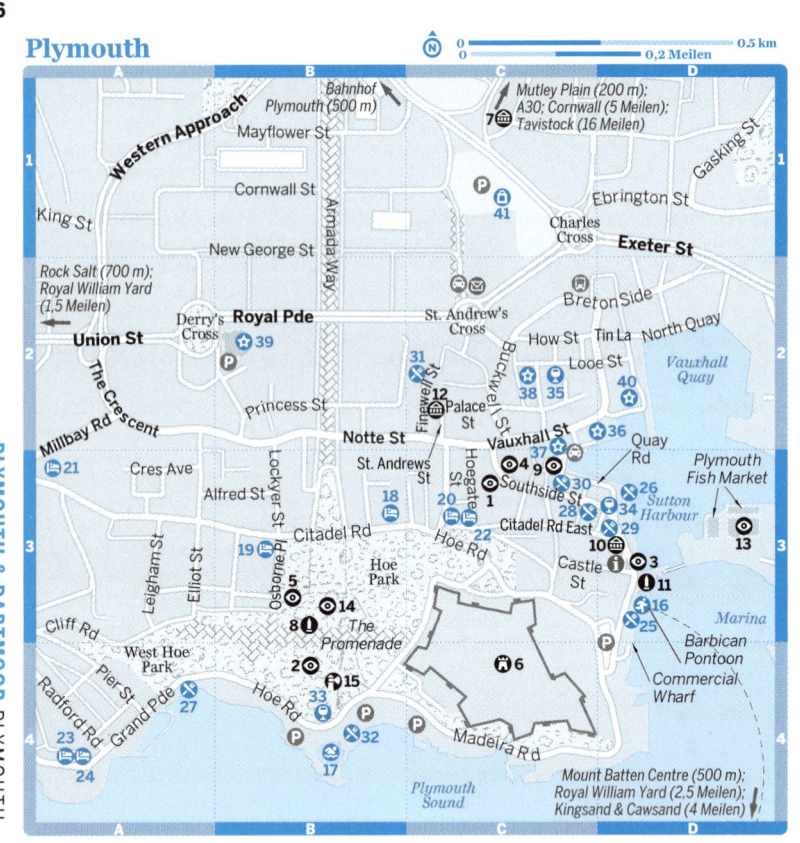

Martini Dry angegeben. Bei einer Führung laufen Besucher an Destillierapparaten und riesigen Kupferfässern vorbei. Sie dürfen an den – manchmal überraschenden – pflanzlichen Rohstoffen (sogenannten *botanicals*) schnüffeln und bei einer Verkostung ihre Geschmacksnerven trainieren. Zum Abschluss gibt's in der mittelalterlichen Bar einen kostenlosen Gin Tonic. Bei der „Connoisseur's Tour" (Tour für Kenner, 20 £) können verschiedene Ginsorten verglichen werden, während Teilnehmer der Master Distiller's Private Tour (40 £) ihr eigenes Rezept zusammenstellen und brennen können; das Ergebnis darf als Souvenir mit nach Hause genommen werden. Nur mit Reservierung.

★ Plymouth Hoe STADTVIERTEL

Am Plymouth Hoe schlägt definitiv das Herz der Stadt. Die grüne Landzunge, über der der ehemalige Leuchtturm Smeaton's Tower thront, bietet einen Breitwandblick auf endlose Hügellandschaften und das riesige, glitzernde Becken des Plymouth Sound, dem natürlichen Hafen der Stadt. Die Einheimischen kennen und lieben diesen Ausblick natürlich längst; hier ist ihr Lieblingsort zum Spazierengehen, Drachenfliegen, Fußballspielen und Rollschuhfahren. Der Hoe ist schon immer das Herzstück der Stadt – während des Zweiten Weltkriegs veranstalteten die Bewohner der Stadt auf dem Hoe Tänze unter freiem Himmel, um die Moral hochzuhalten. Auch heute kommen sie an Silvester und zur *Bonfire Night* (traditionelles Fest am 5. November anlässlich der Vereitelung eines Komplotts gegen die Krone) zu Tausenden auf den Hoe.

Der Legende nach war es auch auf dem Hoe, wo Sir Francis Drake angeblich darauf bestand, erst sein Bowlsspiel zu beenden, bevor er sich der spanischen Armada widmen kann. Dieses sagenumwobene Bowlsfeld war höchstwahrscheinlich genau dort, wo heute seine **Statue** steht. Ein paar Schritte weiter eifern ihm auch heute noch

Plymouth

⊙ Highlights
- **1** Plymouth Gin Distillery C3
- **2** Plymouth Hoe B4

⊙ Sehenswertes
- **3** Barbican D3
- **4** Barbican Pannier Market C3
- **5** Bowling Green...B3
- **6** Citadel C4
- **7** City Museum and Art Gallery C1
- **8** Drake-Statue...B3
- **9** Elizabethan Mural C3
- **10** Island House D3
- **11** Mayflower Steps D3
- **12** Merchant's House C2
- **13** National Marine Aquarium....................D3
- **14** Plymouth Naval Memorial B3
- **15** Smeaton's Tower B4

⊙ Aktivitäten, Kurse & Touren
- **16** Mount Batten Ferry D3
- Plymouth Boat Trips .... (s. 16)
- **17** Tinside Pool...B4

⊙ Schlafen
- **18** Acorns & Lawns B3
- **19** Bowling Green...B3
- **20** Casa Mia C3
- **21** Duke of Cornwall A3
- **22** Four Seasons C3
- **23** Rusty Anchor..A4
- **24** Sea Breezes...A4

⊙ Essen
- Barbican Kitchen..............................(s. 1)
- **25** Boathouse Cafe.......................................D3
- **26** Cap'n Jaspers..D3
- **27** Coffee Shack A4
- **28** Harbourside Fish & Chips.....................C3
- **29** Platters..D3
- **30** Prete's Café C3
- Rhodes @ the Dome .... (s. 33)
- **31** Tanners Restaurant C2
- **32** Terrace...B4

⊙ Ausgehen & Nachtleben
- **33** Bar Rhodes..B4
- **34** Dolphin..D3
- **35** Minerva..C2

⊙ Unterhaltung
- **36** Annabel's D2
- **37** H2O C2
- **38** Plymouth Arts Centre C2
- **39** Theatre Royal B2
- **40** Vauxhall Quay...D2

⊙ Shoppen
- **41** Drake Circus Shopping Centre C1

---

die Spieler auf einem modernen **Bowlingfeld** nach.

Das riesige **Plymouth Naval Memorial** ist die größte der vielen Gedenkstätten auf dem Hoe. Es ist den insgesamt 23 186 Seemännern des Commonwealth gewidmet, die im Ersten und Zweiten Weltkrieg mit ihren Schiffen untergegangen sind. Bis heute stehen oft noch Blumensträuße bei den Namen einzelner Toter. In dem imposanten Festungsbau der **Königlichen Zitadelle** aus dem 17. Jh. am östlichen Ende der Hoe sind noch immer die einheimischen Truppen stationiert. Und in der Bucht Plymouth Sound sind häufig einige der vielen in Plymouth stationierten Kriegsschiffe zu sehen (s. auch www.qhm.mod.uk/plymouth/movements).

Barbican STADTVIERTEL
(www.plymouthbarbican.com) Entlang der kopfsteingepflasterten Straßen von Plymouths historischem Viertel Barbican reihen sich Häuser aus der Tudor- und Jakobinerzeit zwischen Galerien, Restaurants und ausgefallenen Bars. Die **Mayflower Steps** erinnern an die letzte Station der Pilgerväter vor ihrer Abreise aus Großbritannien, um in der Neuen Welt ihre religiöse Freiheit zu suchen. Eigentlich waren sie in Southampton aufgebrochen, aber eines ihrer Schiffe schlug Leck, sodass sie nur bis Dartmouth kamen. Schließlich stachen sie in Plymouth auf der berühmten *Mayflower* erneut in See, um dann in Massachusetts Englands erste dauerhafte Siedlung zu gründen, die sie zu Ehren ihres Abfahrtshafens „Plymouth" tauften. Die Stelle, an der sie vermutlich ablegten, ist durch einen ziemlich verwitterten dorischen Bogen und fröhlich flatternde amerikanische und britische Fahnen gekennzeichnet.

Daneben weisen diverse **Tafeln** auf die Abfahrt der ersten Emigrantenschiffe nach Neuseeland hin sowie auf James Cooks Entdeckungsreisen, auf die Landung des ersten Flugzeugs, das 1916 den Atlantik überquerte, und auf die erste Einhand-Weltumseglung 50 Jahre später.

Nicht weit entfernt hängt an der Wand des **Island House** die **Passagierliste** der *Mayflower*. Besonders interessant ist die Einteilung in die Kategorien *Saint* (Heiliger = puritanischer Pilger) und *Stranger* (Fremder = zur Unterstützung der Expedition angeheuertes Personal).

SIR FRANCIS DRAKE

Das Bild des schneidigen Sir Francis Drake (1540–96) hat mit der Realität wenig zu tun. Im England der Tudors galt er als Held, Entdecker und Abenteurer, aber seine spanischen Gegner nannten ihn „Drake, den Meisterdieb". Sogar im Sklavenhandel hat er (wenn auch nur kurzzeitig) mitgemischt, als er auf einem Schiff des mit ihm verwandten John Hawkins anheuerte. Hawkins war der erste englische Kapitän, der sich am berüchtigten „Dreieckshandel" mit Sklaven beteiligte. Als Drake 1580 auf der *Golden Hind* in Plymouth einlief, hatte er als erster Mensch die Welt umsegelt. Sein Schiff war beladen mit Schätzen, die er in den spanischen Kolonien abgestaubt hatte. Damit konnte er sich bei Königin Elisabeth I. einschmeicheln und Buckland Abbey (S. 117) am Stadtrand von Plymouth kaufen. Der Legende nach war er elf Jahre später gerade beim Bowlsspiel auf dem Plymouth Hoe, als ihm die Ankunft der Spanischen Armada angekündigt wurde. Angeblich ließ er sich von dieser Nachricht wenig beeindrucken, sondern spielte erst mal in aller Ruhe seine Partie zu Ende. Dann kam es zu einem ersten Gefecht vor Plymouth und zu einem zweiten bei Portland Bill. Schließlich vertrieb er die spanische Flotte bis nach Calais, wo er seine Brandschiffe auf sie ansetzte. Die Galeonen, die entkamen, erlitten vor der schottischen Küste Schiffbruch. 1596 starb Drake während eines Beutezugs in den spanischen Karibik-Kolonien an Ruhr und wurde vor dem heutigen Panama seebestattet. Seine Statue blickt eher würdevoll als in Piratenmanier auf die Plymouth Hoe herab.

Smeaton's Tower LEUCHTTURM
(01752-304774; The Hoe; Erw./Kind 2,60/1,30 £; April–Sept. Di–Sa 10–12 & 13–16 Uhr) Aus der Mitte des Plymouth Hoe erhebt sich der rot-weiß gestreifte Smeaton's Tower. Der 21 m hohe Leuchtturm stand früher auf dem Eddystone Riff, 22,5 km vor der Küste, und wurde in den 1880er-Jahren Stein für Stein abgebaut und hierher versetzt. Heute erlaubt er Besuchern einen im wahrsten Sinne erleuchtenden Einblick in das Leben früherer Leuchtturmwärter. Wer alle 93 Stufen der steinernen Wendeltreppe erklimmt und die runden Zimmer durchquert, wird schließlich auf einer Freiluftplattform durch einen atemberaubenden Ausblick auf Plymouth, Dartmoor und das Meer belohnt.

National Marine Aquarium AQUARIUM
(0844 893 7938; www.national-aquarium.co.uk; Rope Walk; Erw./Kind/Familie 12,75/8,75/37 £; 10–17 Uhr, April–Sept. bis 18 Uhr) Die futuristische Glassilhouette des innovativen Aquariums erhebt sich witzigerweise direkt neben den streng riechenden Ständen des Fischmarkts – lebender und toter Fisch in schöner Eintracht. In riesigen Becken gleiten Haie lautlos durch eine von Korallen, Muränen, Wasserschildkröten und knallbunten Fischen bevölkerte Unterwasserwelt. Hin und wieder paddelt sogar eine Unechte Karettschildkröte namens Snorkel ins Bild, die von einem Strand in Cornwall gerettet wurde. In gläsernen Bogengängen gleiten riesige Rochen den Besuchern lautlos über die Köpfe hinweg, während im noch größeren *Atlantic-Reef*-Becken das Meeresgetier zu bewundern ist, das nur ein paar Kilometer vor der Küste herumlungert. Ein besonderer Fokus liegt auf dem Artenschutz – in speziellen Becken tummeln sich die hier im Haus gezüchteten Kardinalbarsche, Korallen und unglaublich putzige Seepferdchen.

City Museum and Art Gallery MUSEUM
(01752-304774; www.plymouthmuseum.gov.uk; Drake Circus; Di–Sa 10–17 Uhr) GRATIS Die ideenreichen Ausstellungsstücke beschwören die reiche Geschichte von Plymouth herauf. Gezeigt wird ein Knochen-Modellschiff aus der napoleonischen Zeit und die Skier des zum Scheitern verurteilten Antarktis-Eroberers Captain Robert Falcon Scott, der aus Plymouth stammte.

Merchant's House HISTORISCHES GEBÄUDE
(01752-304774; 33 St Andrews St; Erw./Kind 2,60/1,30 £; April–Sept. Di–Sa 10–12 & 13–17 Uhr) Dieses Gebäude aus dem 17. Jh. steckt voller Kuriositäten – von Handschellen, Knüppeln und einem Tauchstuhl bis hin zu den Nachbauten eines Schulzimmers aus dem 19. Jh. und einer viktorianischen Apotheke, in der sich Besucher am altmodischen Pillendrehen versuchen können.

Aktivitäten
Schwimmen

Tinside Pool SCHWIMMEN
(01752-261915; www.plymouth.gov.uk/tinsidelido; Hoe Rd; Erw./Kind 3,90/2,80 £; Ende Mai–Anfang Sept. Mo–Fr 12–18, Sa & So ab 10 Uhr, in den

Schulferien tgl. ab 10 Uhr) Einmal in ein Freiluftbecken aus der Zeit des Art déco einzutauchen, ist ein unvergessliches Erlebnis. Der Bau von 1935, der sich anmutig am Fuße des Hoe räkelt, präsentiert sich in cremefarbenen Kurven und hell- und dunkelblauen Kacheln. Im frischen Salzwasser ziehen die Stammgäste ihre Bahnen, während die Jüngeren rund um die Fontäne toben. Nach dem Schwimmen warten am runden Beckenrand Sonnenliegen mit direktem Blick über den Plymouth Sound.

Bootfahren

Zusammen mit den folgenden Anbietern aus dem Barbican bietet Cremyll Ferry (S. 110) weitere gute Verbindungen nach Cornwall.

Plymouth Boat Trips BOOTSTOUR

(Barbican Pontoon) Die beste Tour aus dem Angebot dieses Unternehmens ist die 30-minütige Turbofahrt über die Bucht in die malerischen, kornischen Fischerdörfer Kingsand und Cawsand mit ihren unzähligen Pubs (Erw./Kind hin & zurück 8/4 £, Mitte April–Okt. 4-mal tgl.). Außerdem gibt es einstündige Hafenrundfahrten (Erw./Kind 7,50/4 £, Mitte April–Okt. 4-mal tgl.), Trips zu den Kriegsschiffen des Marinestützpunktes sowie Angelausflüge (pro 3-stündige Fahrt 25 £), deren Fänge im außergewöhnlichen und auf nachhaltige Fischerei Wert legenden **Boathouse Cafe** (www.theboathousecafe.co.uk; 2 Commercial Wharf; Hauptgerichte 6–18 £; ⏲ So–Do 5–17, Fr & Sa 8–21 Uhr) für 15 £ in ein Essen verwandelt werden.

Mount Batten Ferry BOOTSTOUR

(☎ 01752-408590; www.mountbattenferry.com; Barbican Pontoon; Erw./Kind hin & zurück 3/2 £) Eine kleine gelbe Fähre, die zwischen Barbican Pontoon und Mount Batten Peninsula (10 Min., halbstündl.) pendelt.

Mount Batten Centre SEGELN, KAJAKFAHREN

(☎ 01752-404567; www.mount-batten-centre.com; 70 Lawrence Rd, Mount Batten Peninsula) Zweistündige Probefahrten mit Segel-Dinghis (20 £) und Sit-on-Top-Kajaks (18 £); außerdem zweitägige Kurse für Kajak (90 £), Segeln (165 £), Windsurfen (140 £) und Schnellboot (225 £).

🛏 Schlafen

Sea Breezes B&B £

(☎ 01752-667205; www.plymouth-bedandbreakfast.co.uk; 28 Grand Pde; EZ/DZ/FZ 40/70/95 £) In dieser komfortablen Pension reicht das Design von feinen Karomustern bis zu frech geschwungenen Linien. Die Badezimmer glänzen, die Handtücher sind fluffig und zum Frühstück gibt es Melone, Erdbeeren und Toastdreiecke. Die Zimmer (einige mit Fensterbank) nach vorne raus bieten wunderbare Meerblicke.

Acorns & Lawns B&B £

(☎ 01752-229474; www.acornsandlawnsguesthouse.com; 171 Citadel Rd; DZ 60–75 £; 🕾) Schlicht und heiter ist hier das Ambiente. Der Gästesalon und das Frühstückszimmer sind in hellen Farben gehalten und haben lackierte Fußböden, eine hellweiße Treppe führt zu hell gestrichenen, lichtdurchfluteten Zimmern. Wer ein Zimmer nach vorne raus nimmt, blickt auf den flachen Abhang des grünen Plymouth Hoe.

Bowling Green HOTEL £

(☎ 01752-209090; www.thebowlinggreenplymouth.com; 10 Osborne Pl; EZ/DZ 50/75 £; P 🕾) Einige der eleganten cremefarbenen und weißen Zimmer des Hotels im Familienbetrieb blicken auf eine moderne Version von Drakes berühmten Bowlingrasen. Wer keine Lust mehr hat, Leute beim Werfen von Holz- auf Zielkugeln zu beobachten, kann im Wintergarten Schach spielen.

Four Seasons B&B £

(☎ 01752-223591; www.fourseasonsguesthouse.co.uk; 207 Citadel Rd East; EZ 38–48 £, DZ 65 £; 🕾) Hier locken überall große Verführungen: von den großen Schalen mit kostenlosen Süßigkeiten bis zum turmhoch gestapelten Devon-Bacon zum Frühstück. Und der Rest stimmt auch: geschmackvolle Zimmer in Gold und Creme.

Rusty Anchor B&B £

(☎ 01752-663924; www.therustyanchor-plymouth.co.uk; 30 Grand Pde; EZ/DZ/FZ 35/70/80 £; 🕾) Dekoratives Treibholz und Muscheln verleihen diesem coolen B&B Meeresatmosphäre. Vier Zimmer bieten außerdem einen herrlichen Ausblick über die Weite des Plymouth Sound. Besitzer Jan versucht, alle Frühstückswünsche zu erfüllen, seien es Bücklinge, Pfannkuchen oder selbst gebackene Brötchen.

Casa Mia B&B £

(☎ 01752-265742; www.casamiaguesthouse.co.uk; 201 Citadel Rd East; EZ/DZ/FZ 40/75/85 £) Büsche mit bunten Blumen und ein poliertes Messinggeländer vor der Tür geben einen Vorgeschmack auf das, was die Gäste drinnen erwartet: ein freundliches, traditionelles und makelloses B&B. Die Lage ist hervorragend, jenseits der Hauptstraßen und nur wenige Minuten zu Fuß vom Barbican und dem Zentrum entfernt.

★ St Elizabeth's House BOUTIQUEHOTEL ££

(☎01752-344840; www.stelizabeths.co.uk; Longbrook St, Plympton St Maurice; DZ 140–160 £, Suite 180–250 £; P ⊕) Das Minihotel ist ein Herrenhaus aus dem 17. Jh. und verströmt heute individuellen Chic. Frei stehende Sitzbadewannen, Eichenmöbel und Bettwäsche aus ägyptischer Baumwolle zieren die Zimmer. Die Suiten haben feudale Badezimmer und private Terrassen. Das Haus liegt im dörflichen Vorort Plympton St. Maurice, 8 km östlich von Plymouth.

Duke of Cornwall HOTEL £££

(☎01752-275850; www.thedukeofcornwallhotel.com; Millbay Rd; EZ 104 £, DZ 140–250 £, FZ ab 150 £; P ⊕) Türmchen auf dem Dach, Balkone und gotische Giebel an der Fassade – das Duke of Cornwall ist in jedem Fall eindrucksvoll. Die Zimmer sind gewaltig, wenn auch etwas altmodisch. Die Suite mit Himmelbett bietet kostenlosen Champagner, aber für eine einzigartige Nacht sollte man das Turmzimmer mit Panoramablick buchen. Um den Rundum-Blick über die Stadt und die Küste in Gänze genießen zu können, gibt's ein Fernrohr dazu.

✗ Essen

Royal William Bakery CAFÉ, BÄCKEREI £

(www.royalwilliambakery.com; Royal William Yard; Hauptgerichte 5 £; ⊗8.30–20 Uhr; ✏) Stapelweise riesige, frisch gebackene Brote, mit Suppe gefüllte Terrinen, krümeliges Gebäck und unwiderstehliche Kuchen: diese Bäckerei sucht ihresgleichen. Nach 17 Uhr gibt es sogar nach Wünschen der Kunden belegte riesige Pizzastücke. Das Selbstbedienungskonzept ist so relaxt, dass es nicht einmal eine Rechnung gibt. Man sagt an, was man hatte und dann wird am Ende alles zusammengezählt.

Cap'n Jaspers CAFÉ £

(www.capn-jaspers.co.uk; Whitehouse Pier, Quay Rd; Snacks 2–5 £; ⊗8–24 Uhr) Seit Jahrzehnten ist dieses originelle, schräge, leicht durchgeknallte Café im Barbican bei Einheimischen wie Touristen ein Dauerbrenner. An der Theke summen alle möglichen elektrischen Spielereien und die Teelöffel sind mit Ketten gesichert. Klassiker wie Burger und Schinkensandwiches bestimmen das Angebot, und wer den „half a yard of hotdog" (eine 45 cm lange Wurst im Brötchen) schafft, hat die Aufnahmeprüfung für Plymouth bestanden. Ebenfalls lecker sind die Brötchen mit frischem Krebsfleisch. Direkt vor der Eingangstür dümpelt womöglich genau das Boot, das den Brotbelag geliefert hat – gut möglich, dass am Nebentisch außerdem der Skipper sitzt.

Harbourside Fish & Chips FAST FOOD £

(www.barbicanfishandchips.co.uk; 35 Southside St; Hauptgerichte 7 £; ⊗11–22, Fr & Sa bis 23 Uhr) Wenn die Gäste vor der Tür Schlange stehen, ist das oft ein Zeichen dafür, dass sich dahinter eine erstklassige Frittenbude verbirgt. Wer möchte, isst in dem winzigen Lokal, nimmt sich sein Essen mit (Achtung vor Möwen im Sturzflug) oder trägt es zum benachbarten Dolphin Pub, wo es das passende Getränk dazu gibt.

ROYAL WILLIAM YARD

In den 1840er-Jahren versorgte dieser Lagerhauskomplex am Ufer zahllose Schiffe der Royal Navy. Heute befinden sich hier schicke Apartments, ein lockeres Pub, eine elegante Weinbar (S. 111) und eine wachsende Zahl guter Restaurants – zu den besten zählen die River Cottage Canteen (S. 111) und die Royal William Bakery (S. 110). Eine einfache **Ausstellung** (⊗Mo–Do 9–16, Fr bis 12 Uhr) GRATIS stellt die Geschichte der Magazine dar. Der Streifzug durch die Vergangenheit von Schlachthaus, Bäckerei, Brauerei und Küferei macht deutlich, wie groß der Versorgungsaufwand war. Der Komplex steht 3,2 km westlich vom Stadtzentrum; Anfahrt mit Bus 34 (8 Min., 1- bis 2-mal stündl.) oder mit der **Fähre** (☎07771 544394; www.royalwilliamyardharbour.co.uk; Erw./Kind einfach 3/1,50 £; ⊗April–Sept. 10.30–16 Uhr) vom Barbican Pontoon. In nördlicher Richtung liegt 10 Minuten zu Fuß vom Yard entfernt die **Cremyll Ferry** (☎0774 6199508; www.cremyll-ferry.co.uk; Admirals Hard; Erw./Kind hin & zurück 2,60/1,30 £; ⊗halbstündl.), die über den Tamar nach Cornwall schippert, zum historischen Haus und den herrlichen Wanderwegen des Anwesens **Mount Edgcumbe** (S. 209).

★ River Cottage Canteen & Deli
MODERN BRITISCH ££

(☎01752-252702; www.rivercottage.net; Royal William Yard; Hauptgerichte 8–15 £; ⊙tgl. 12–15, Di-Sa 18.30–21.30 Uhr; ⚑) Fernsehkoch Hugh Fearnley-Whittingstall setzt sich seit Langem für aromatische, regionale, nachhaltige, saisonale und ökologische Zutaten ein – und genau das gibt es hier. Das Fleisch wird über einem offenen Feuer gebraten, der Fisch ist einfach gegrillt und die bekannten Gemüsesorten erhalten eine aromatische Verfeinerungskur.

Rhodes@the Dome
MODERN BRITISCH ££

(☎01752-266600; www.rhodesatthedome.co.uk; Hoe Rd; Hauptgerichte 12–20 £; ⊙12–14.30 & 17.30–21.30 Uhr) Das neue Restaurant von Fernsehkoch Gary Rhodes liegt phantastisch in der Mitte des Hoe mit Ausblick über die weite Bucht von Plymouth. Die Gerichte sind vielschichtig, klassisch und häufig ungewöhnlich: Linguini mit geräucherter Makrele, gebratenes Huhn mit kandierten Walnüssen und geschmortes Lamm-Squab (das überraschenderweise mit *clotted cream* serviert wird).

Rock Salt
MODERN BRITISCH ££

(☎01752-225522; www.rocksaltcafe.co.uk; 31 Stonehouse St; Hauptgerichte 12–20 £, Snacks ab 4 £; ⊙Di-Sa 10–21.30, So bis 16 Uhr; 📶⚑) Geworben wird mit gutem, ehrlichem Essen – und das ist es auch: großartige Zutaten und kreative Geschmackskombinationen stilvoll serviert in einer lockeren Brasserie. Das üppige Frühstück, das den ganzen Tag angeboten wird, und die kleinen Zwischenmahlzeiten haben viele Anhänger bei der einheimischen Bevölkerung. Es liegt südlich der trendigen Clubmeile Union Street.

Barbican Kitchen
MODERN BRITISCH ££

(☎01752-604448; www.barbicankitchen.com; 60 Southside St; Hauptgerichte 11–20 £; ⚑) Das Restaurant präsentiert sich schick in Holz und Stein, aufgepeppt durch Farbakzente in Knallrosa und Zitronengelb. Auch die Küche hat Pepp, z. B. mit dem Westcountry-Krebs-Curry oder dem klebrigen auf Ahorn gerösteten Schweinebauch mit Erbsen. Das Express-Menü, das mittags und am frühen Abend serviert wird, ist ein echtes Schnäppchen (2/3 Gänge 11/15 £).

Platters
FISCH & MEERESFRÜCHTE ££

(☎01752-227 262; www.platters-restaurant.co.uk; 12 The Barbican; Hauptgerichte 15 £; ⊙12–22 Uhr) Das traditionsreiche Platters tischt Fisch auf, der so frisch ist, dass er eben noch zuckte. Zu den Spezialitäten gehören in Knoblauchbutter gedünstete Jakobsmuscheln und ein saftiger, gegrillter Rochen.

Tanners Restaurant
GOURMETRESTAURANT £££

(☎01752-252001; www.tannersrestaurant.com; Finewell St; Hauptgerichte 20 £; ⊙Di–Sa 12–14.30 & 18.30–21 Uhr) Die Umgebung ist herrlich, genau wie das Essen. Ein wunderschön angeleuchtetes mittelalterliches Gebäude ist die Kulisse für neu erfundene britische und französische Klassiker: Bodmin-Moor-Wildcarpaccio oder Risotto mit wildem Knoblauch und Vulscombe-Ziegenkäse. Bei dieser Qualität ist das Tagesmenü (nur Di-Sa) richtig günstig (2/3 Gänge 14/17 £).

🍷 Ausgehen

Wie es sich für eine Stadt voller Marinekadetten gehört, geht in Plymouth nachts der Punk ab. Die Union St ist das Revier der Clubs, Mutley Plain und North Hill haben ein studentisches Flair, während am Barbican zwischen den vollgestopften Bars auch Esslokale zu finden sind. Der Hang zum exzessiven Feiern ist allerdings überall gleich stark, vor allem am Wochenende.

Dolphin
PUB

(14 The Barbican) In dieser herrlich renovierten Barbican-Kneipe sorgen abgenutzte Tische und gepolsterte Sitzbänke für eine authentische, geradlinige Atmosphäre. Hungrig? Einfach Fish 'n' Chips im Harbourside holen und sich mit einem Pint hier niederlassen.

Vignoble
WEINBAR

(www.levignoble.co.uk; New Cooperage, Royal William Yard; ⊙So–Do 12–23, Fr & Sa bis 24 Uhr) Dies könnte der perfekte Ort sein, um die Welt des Weins kennenzulernen. In der entspannten Bar kauft man für 10 £ eine Karte und ein hochtechnologisches Ding liefert sieben bis acht Probegläser der ausgewählten Weine. Es gibt auch schwungvolle Juiceology-Soft-Drinks sowie Käse- und Wurstplatten (7–13 £). Die Weinprobenabende (15 £/Pers.) lohnen eine Taxibestellung.

Minerva
PUB

(www.minervainn.co.uk; 31 Looe St) Steinwände, hölzerne Bänke, Holzplanken von Segelschiffen, Real Ales, Livemusik und Jamsessions am Donnerstagabend begeistern in diesem Schuppen aus dem 16. Jh. vor allem Einheimische.

CAFÉ-KULTUR IN PLYMOUTH

An sonnigen Sommertagen gibt es in Plymouth nichts Schöneres, als in einem Ufercafé den Tag zu vertrödeln. Besonders beliebt bei den Einheimischen ist z. B. das **Terrace** (www.theterracecafebar.co.uk; Hoe Rd; Snacks 3–6 £; 10–18 Uhr), das sich neben dem Tinside-Freibad versteckt. Kein Wunder: Die Kombi aus dem Endlosblick über den Plymouth Sound und der chilligen Musik aus dem Lautsprecher ist ein todsicheres Rezept. Richtung Westen hat das **Coffee Shack** (Hoe Rd; 7–17 Uhr) seine Tische entlang der Uferpromenade ausgestreut und berieselt seine Gäste mit klassischer Musik.

Beide haben eines gemeinsam: Hier kann man es sich gut gehen lassen, während Yachten, Jollen, einsame Kanus, Tauchboote, Kanal-Fähren, Kriegsschiffe, U-Boote, Gigs und Trawler gemächlich vorbeiziehen. Genau hier liegt auch der Grund, wieso die Plymouther – auch wenn sie durchaus die Macken ihrer Stadt kennen – an schönen Tagen doch ein klitzekleines bisschen stolz sind.

Bar Rhodes COCKTAILBAR
(www.rhodesatthedome.co.uk; Hoe Rd) In der eleganten Bar von Gary Rhodes dürfen sich die Gäste auf einen herausragenden Meerblick und eine verführerische Auswahl von Gin-Cocktails (vom Gimlet über Martinis bis zum Singapore Sling) verlassen. Die Bar hat die gleiche Adresse wie das Restaurant Rhodes@theDome.

☆ Unterhaltung

Annabel's CABARET, CLUB
(www.annabelscabaret.co.uk; 88 Vauxhall St; Do–Sa 20.30–2 Uhr) Die Bühnen in diesem fabelhaft schrägen Laden werden von verschiedenen Künsten bespielt (zu erwarten ist alles zwischen Comedy, Tango und Burlesque). Gefällige Sounds sorgen für gefüllte Tanzflächen, während im Glas noble Cocktails schwappen.

Vauxhall Quay CLUB, BAR
(www.thevauxhallquay.com; Little Vauxhall Quay) Um die Ecke liegt das Zentrum des Barbican; die Terrasse dieser angesagten Club-mit-Bar-mit-Pizzeria ist perfekt für einen Absacker am Ufer. Dienstags, donnerstags und freitags wird Livemusik gespielt (meist akustisch) und samstags mixen DJs Chartstürmer, Pop, Indie und 80er-Jahre-Songs.

H2O CLUB
(https://en-gb.facebook.com/H20BarClubPlymouth; 11a The Parade) Ein Hit bei den Nachteulen von Plymouth, aufgelegt werden Rock, Ska und Reggae ebenso wie die letzten Clubhymnen und Drum 'n' Bass.

Theatre Royal THEATER
(01752-267222; www.theatreroyal.com; Royal Pde) Das Royal Theatre ist eines der am besten besuchten Theater des Landes und zeigt viel gepriesene Eigenproduktionen sowie großangelegte Gastspiele wie Musicals vom Londoner West End sowie Ballett- und Opernaufführungen. Das preisgekrönte **Drum Theatre** ist hingegen für experimentelle Aufführungen und neue Stücke bekannt.

Plymouth Arts Centre KINO
(01752-206114; www.plymouthartscentre.org; 38 Looe St; Di–Sa 10–20.30, So 16–20.30 Uhr) Ein stimmungsvolles, unabhängiges Kino mit großartigem Programm und unglaublich bequemen Sitzen; außerdem eine coole Bar mit Bistro und Raum für innovative Kunst.

❶ Praktische Informationen

Touristeninformation (01752-306330; www.visitplymouth.co.uk; 3-5 The Barbican; April–Okt. Mo–Sa 9–17, So 10–16 Uhr, Nov.–März Mo–Fr 9–17, Sa 10–16 Uhr)

❶ Anreise & Unterwegs vor Ort

BUS
Birmingham (38 £, 5 Std., 4-mal tgl.) National Express
Bristol (15 £, 3 Std., 4-mal tgl.) National Express
Exeter (7 £, Mo–Sa 8-mal tgl., So 3-mal) Bus X38, über Ashburton
London (32 £, 5–6 Std., 4-mal tgl.) National Express
Paignton (1¼ Std., Mo–Sa stündl., So alle 2 Std.) Bus X80, über Totnes
Penzance (9 £, 3½ Std., 4-mal tgl.) National Express
Tavistock (1 Std., stündl.) Bus 83/84/86, über Yelverton

AUTO
Plymouth liegt unmittelbar südlich der Schnellstraße A38, die Richtung Westen nach Cornwall

führt und die Stadt Richtung Osten mit Exeter und nach 69 km mit dem Autobahnnetz verbindet.

PARKEN

Mehrstöckige Parkhäuser gibt's beim **Einkaufszentrum Drake Circus** (2/4 Std. 2,80/4,80 £) und dem **Theatre Royal** (2/4 Std. 2,40/4,80 £). Außerdem kann man auf dem Hoe und innerhalb der Stadt parken, hier allerdings mit Parkautomat (2/4 Std. 2,40/4,80 £).

ZUG

Plymouth liegt an der Hauptstrecke zwischen London Paddington und Penzance.
Bristol (25 £, 2 Std., 2- bis 3-mal/Std.)
Exeter (8 £, 1 Std., 2- bis 3-mal/Std.)
London (45 £, 3¼ Std., halbstündl.)
Penzance (8 £, 2 Std., halbstündl.)
Totnes (5 £, 30 Min., halbstündl.)
Truro (10 £, 1¼ Std., stündl.)

DARTMOOR NATIONAL PARK

Dartmoor zieht die Menschen schon seit Urzeiten in seinen Bann. Die mürbe und fesselnde Landschaft unterscheidet sich so vom übrigen Devon, dass sich Besucher direkt in die Trilogie *Der Herr der Ringe* katapultiert fühlen. Frei stehende Granitbuckel *(tors)* setzen zwischen honigfarbenen Feuchtgebieten markante Akzente. Bäche sprudeln in Wäldern mit bizarr gekrümmten Bäumen über moosbewachsene Steine. Im Zentrum des 950 km² großen Nationalparks breitet sich das Hochmoor aus, eine baumlose, öde Weite.

An sonnigen Sommertagen ist Dartmoor idyllisch: Ponys streifen nach Belieben umher und Schafe grasen neben der Straße. Es ist eine filmreife Landschaft, die Steven Spielberg veranlasste, hier sein Weltkriegsdrama *Gefährten* zu drehen. Aber Dartmoor ist auch ein launischer Ort, an dem die städtische Illusion zerplatzt, die Umwelt kontrollieren zu können, und die Elemente sich ständig verändern. Schließlich ist es auch der Schauplatz von Sir Arthur Conan Doyles *Der Hund von Baskerville* – im Schneeregen und wabernden Nebel wird schnell klar warum: Das Moor verwandelt sich in eine düstere Wildnis, in der die Geschichte eines Phantomhundes wirklich wahr sein könnte.

So unterschiedlich wie die Landschaften sind auch ihre Ortschaften: Princetown ist düster-romantisch, Widecombe-in-the-Moor eine echte Postkartenidylle und Postbridge winzig, während Chagford und Ashburton eher vornehm sind. Dazwischen liegt ein perfektes Erholungsgebiet mit großartigen Möglichkeiten zum Radfahren, Reiten, Klettern, Wandern und Wildwasserrafting. Rustikale Pubs und ausgefallene Restaurants, Ecken zum wilden Campen und gemütliche Landhaushotels bieten perfekte Schlupflöcher, wenn der Nebel aufkommt.

❶ Praktische Informationen

Dartmoor National Park Authority (DNPA; ☏01822-890414; www.dartmoor.gov.uk) betreibt eine Reihe von Touristeninformationen (vor Ort bekannt als DNPA Visitor Centres). Die Zentrale liegt in Princetown (S. 120), weitere befinden sich in Postbridge (S. 122) und **Haytor** (☏01364-661520; Haytor Vale; ⊙April–Sept. 10–17 Uhr, Okt. & März bis 16 Uhr, Nov.–Feb. Do-So 10.30–15.30 Uhr). In Okehampton (S. 129) und Tavistock (S. 117) gibt es außerdem kommunale Touristeninformationen. Die offizielle Touristenseite im Internet hat die Adresse www.dartmoor.co.uk.

🏃 Aktivitäten

Dartmoor bietet unzählige Abenteuermöglichkeiten (S. 31). Die DNPA ist eine gute Quelle für zusätzliche Informationen.

> **ACHTUNG GEFAHR**
>
> In Dartmoor gibt's drei Truppenübungsplätze, auf denen mit scharfer Munition geschossen wird. Wo diese genau sind, wissen die Angestellten der Dartmoor National Park Association, aber auch auf den Karten vom Ordnance Survey sind sie eingezeichnet. Wanderer sollten auf jeden Fall vorher prüfen, ob die geplante Route dort vorbeiführt. Falls ja, informiert der **Firing Information Service** (☏0800 458 4868; www.mod.uk/access), ob für den fraglichen Zeitpunkt Übungen angesetzt sind. Die Grenzen der Gebiete, in denen gerade geschossen wird, sind tagsüber mit roten Fahnen, nachts mit roten Lampen gekennzeichnet. Auch wenn alles friedlich ist: Hände weg von unbekannten Metallobjekten im Gras! Fundstelle notieren und die Polizei oder den **Commandant** (☏01837 657210) informieren.

Dartmoor National Park

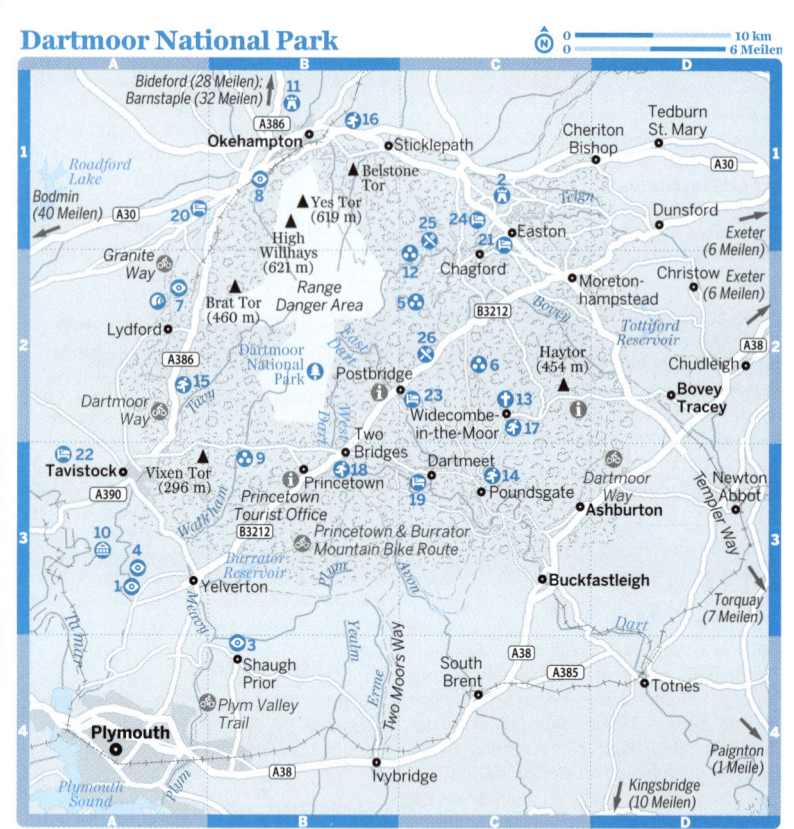

Klettern

Die vielen in die Luft ragenden *tors* sind für Kletterer unwiderstehlich. Erfahrene Felskletterer sollten an den beliebten Plätzen reservieren; die DNP verteilt kostenlose Faltblätter und gibt Ratschläge.

Adventure Okehampton   OUTDOOR
(01837-53916; www.adventureokehampton.com; Klondyke Rd, Okehampton; ab 18 £ pro halbem Tag) Adventure Okehampton bietet sowohl Indoor- als auch Outdoorklettern und an der Basis in Okehampton YHA Aktivitäten wie Bogenschießen, Abseilen und Überlebenstraining. Auch ein Fahrradverleih gehört dazu.

Rock Centre   FELSKLETTERN
(01626-852717; www.rockcentre.co.uk; Rock House, Chudleigh; 40 £/Std.) Klettern in Etappen im Moor selbst (3 Std. für 4 Pers. 80 £) und Einzel-Indoortouren (15 £/1½ Std.).

Radfahren

Durch unwegsames Gelände radeln oder im Leerlauf bergab rollen – in Dartmoor gibt es Strecken für jeden Schwierigkeitsgrad. Gefahren werden darf auf Straßen oder öffentlichen Reitwegen, nicht aber auf Fußwegen oder über das offene Land. Die DNPA verkauft eine Geländekarte und gibt Tipps zu anderen Strecken. Die Touristeninformationen verkaufen die *Dartmoor Cycling Map* (13 £). Dies sind einige der wichtigsten Radrouten:

Plym Valley Trail 11 km, ohne Verkehr, führt vom Moor nach Plymouth.

Granite Way 17 km über offenes Gelände zwischen Okehampton und Lydford, einer ehemaligen Eisenbahnstrecke (S. 128) folgend.

Princetown & Burrator Mountain Bike Route Anspruchsvoller 21 km langer Rundkurs auf Feld- und Reitwegen durchs

Dartmoor National Park

◎ Sehenswertes
- **1** Buckland Abbey A3
- **2** Castle Drogo C1
- **3** Dewerstone B4
- **4** Garden House A3
- **5** Grey Wethers & Fernworthy Circles C2
- **6** Grimspound C2
- **7** Lydford Gorge A2
- **8** Meldon Viaduct B1
- **9** Merrivale Stone Rows B3
- **10** Morewellham Quay A3
- **11** Okehampton Castle B1
- **12** Scorhill Stone Circle C2
- **13** St. Pancras Church C2

✪ Aktivitäten, Kurse & Touren
- **14** Babeny Farm Riding Stables C3
- **15** Cholwell Riding Stables A2
- **16** Eastlake Riding Stables B1
- **17** Shilstone Rocks Riding Stables C2
- **18** Toy Royal Riding Stables B3

🛏 Schlafen
- **19** Brimpts Farm C3
- **20** Collaven Manor A1
- **21** Easton Court C1
- **22** Horn Of Plenty A3
- **23** Runnage YHA C2
- **24** Sandy Park C1

🍴 Essen
- **25** Gidleigh Park C1
- **26** Warren House Inn C2

Moor; verläuft durch Princetown, das Dorf Sheepstor und das Burrator-Reservoir.

Dartmoor Way (www.dartmoorway.org.uk) 145 km durch Dartmoor über Wander- und Radwege, mit der Möglichkeit, einen Abstecher durch die Mitte des Moors zu machen.

Fahrradvermietung

Adventure Okehampton (S. 114) vermietet Fahrräder (pro halbem/ganzem Tag Erw. 6,50/8,50 £, Kind 5,50/7,50 £) an der Jugendherberge am Beginn des Granite Way.

Devon Cycle Hire FAHRRADVERLEIH
(☎ 01837-861141; www.devoncyclehire.co.uk; Sourton Down, nahe Okehampton; pro halbem/ganzem Tag Erw. 12/14 £, Kind 8/10 £; ⊙ Ostern–Sept. Do–Di 9–17 Uhr) Am Granite Way.

Princetown Cycle Hire FAHRRADVERLEIH
(Fox Tor Cafe; ☎ 01822-890238; www.princetown cyclehire.co.uk; Two Bridges Rd, Princetown; halber/ganzer Tag Erw. 10/18 £, Kind 5/8 £; ⊙ 9–17 Uhr) Praktisch für die Princetown & Burrator Mountainbikestrecke.

Wandern

Rund 1175 km öffentliche Fußwege durchkreuzen die Heideflächen und felsigen *tors* von Dartmoor. In *Crimson's Dartmoor Walks* (12 £) stehen 28 Wanderungen mit bis zu 15 km Länge, in *Dartmoor Short Walks* (8 £) werden dagegen eher familienfreundliche Wanderungen von 3 bis 9 km vorgestellt. Die Touristeninformationen empfehlen ausgeschilderte Wanderwege und geführte Wanderungen der DNPA (www.dartmoor.gov.uk/visiting; 4 £) zu den Themen: Archäologie, Militärgeschichte, Steinbrüche und das Vogel- und Tierleben. Zu den regelmäßigen kinderfreundlichen Veranstaltungen gehören Schmetterlingsstreifzüge und Höhlenbau.

Es gibt zahlreiche Tagestouren neben einigen erprobten längeren Routen:

Templer Way 2- bis 3-tägige Tour über 29 km von Haytor nach Teignmouth.

West Devon Way 58 km zwischen Okehampton und Plymouth.

Dartmoor Way Rundkurs von Buckfastleigh im Süden durch Moretonhampstead, Richtung Nordwesten nach Okehampton und von dort in südlicher Richtung durch Lydford nach Tavistock. Insgesamt 145 km.

Two Moors Way Monumentale 165 km von Ivybridge über Dartmoor und Exmoor nach Lynmouth an der Nordküste von Devon.

Die meisten Wege sind nicht ausgeschildert, also Karte und Kompass nicht vergessen. Und Vorsicht, das Militär nutzt einige Gebiete im Moor für Schussübungen. Die Explorer-Karte des Ordnance Survey (OS) im Maßstab 1:25 000 (No. 28, Dartmoor 7,99 £) ist die detaillierteste Karte und zeigt sowohl die Grenzen des Parks als auch die Truppenübungsplätze.

Das Wetter in Dartmoor ist bekanntermaßen launisch, Wanderer sollten sich also auf Hochlandbedingungen einstellen: Warme, wasserdichte Kleidung, Wasser, Hut und Sonnenschutzmittel sind unerlässlich.

Wildwasserrafting

Der reißende Fluss Dart zieht die besonders Abenteuerlustigen nach Dartmoor. Mit einem Floß kann man auch ohne Erfahrung mitmachen, aber um die Stromschnellen in einem Kajak nehmen zu können, braucht man etwas Können (das britische Zertifikat BCU 2 Star), und alle, die ihre Tour selbst organisieren, brauchen eine Genehmigung.

Umweltschutzauflagen legen fest, dass die Flüsse nur zwischen Oktober und März befahren werden dürfen.

CRS Adventures WASSERSPORT
(☏01364-653444; www.crsadventures.co.uk; River Dart Country Park, nahe Ashburton) Bietet aufregende, dreistündige Fahrten auf aufblasbaren Flößen (je 2 Pers. 100 £).

Ponywanderungen & Reitausflüge

Im der freien Landschaft von Dartmoor bekommt man richtig Lust, aufzusatteln und in die untergehende Sonne zu reiten. Reiten kostet um 20/36 £ pro Std./halbem Tag.

Babeny Farm REITEN
(☏01364-631296; www.babenystables.co.uk; Poundsgate, nahe Ashburton) Für alle Niveaus.

Cholwell REITEN
(☏01822-810526; www.cholwellridingstables.co.uk; Mary Tavy, nahe Tavistock) Sowohl für Anfänger als auch für Könner.

Eastlake REITEN
(☏01837-52515; www.eastlakeridingstables.co.uk; Eastlake, nahe Okehampton) Stunden- oder tageweise Ausritte.

Shilstone Rocks REITEN
(☏01364-621281; www.dartmoorstables.com; Widecombe-in-the-Moor) Anfänger sind willkommen.

Tor Royal REITEN
(☏01822-890189; www.dartmoorhorseriding.co.uk; Princetown) Für alle Niveaus.

🛏 Schlafen

Die vielfältigen Übernachtungsmöglichkeiten reichen von unverschämtem Luxus über herrliche, reetgedeckte Cottages bis zur Nacht unter dem Sternenhimmel.

Das **YHA** (www.yha.org.uk) betreibt ein Hostel in Postbridge, zwei in Okehampton sowie drei einfache Campingscheunen, eine davon in der Nähe von Postbridge. In Moretonhampstead und Princetown gibt es unabhängige Hostels und einfache Stockbettenherbergen.

Dartmoor eignet sich auch für wildes Campen; an einigen Stellen im offenen Moor dürfen Zelte aufgebaut werden, solange einfache, aber strenge Regeln eingehalten werden. Informationen geben die DNPA Touristeninformationen.

🍴 Essen

Dartmoor kann alle Geschmäcker und Geldbörsen bedienen. Es gibt ein Restaurant mit zwei Michelin-Sternen und einige feine Restaurants in Landhaushotels. Feinschmecker sollten in Chagford und Tavistock einkehren. Die Lokale der alten Anwesen Widecombe und Moretonhampstead tischen stilvolles, modernes Essen auf. Und überall verteilt in Dartmoor servieren traditionelle Pubs herzhafte Gerichte, während Teestuben mit wunderbaren Cream Teas auftrumpfen.

ℹ Anreise & Unterwegs vor Ort

BUS
Ins Moor

Bus X38 (Mo–Sa 8-mal tgl., So 3-mal) Von Plymouth oder Exeter nach Ashburton.

Bus 83/84/86 (stündl.) Von Plymouth über Yelverton nach Tavistock.

Bus 118 (2- bis 5-mal tgl.) Nach Tavistock von Barnstaple (2¼ Std.), über Lydfort und Okehampton.

Bus 359 (Mo–Sa alle 2 Std.) Von Exeter nach Moretonhampstead (1 Std.).

Rund ums Moor

Es gibt einige Hauptstrecken ums Moor herum, aber Vorsicht: Einige sind saisonabhängig.

Bus 98 (Mo–Sa 3-mal tgl.) Ganzjähriger Fahrplan von Tavistock nach Merrivale und Princetown; ein Bus am Tag fährt weiter nach Two Bridges und Postbridge.

Transmoor Link/Bus 82 Fährt im Sommer (Mitte Mai–Mitte Sept.) samstags und sonntags zwischen Tavistock und Exeter, mit Halt in Yelverton, Princetown, Two Bridges, Postbridge, Warren House Inn und Moretonhampstead. Ein Bus in jede Richtung fährt die gesamte Strecke, zwei Busse in jede Richtung fahren zwischen Postbridge und Tavistock (mit Halt in Princetown und Two Bridges). Die Linie ist besonders anfällig für jährliche Änderungen, also vorab informieren.

Haytor Hoppa Nur samstags im Sommer (Erw./Kind/Familie 5/2/10 £, Ostern–Okt.), vier Busse zwischen Newton Abbot Bahnhof, Haytor, Widecombe-in-the-Moor und Bovey Tracey.

Buspass

Dartmoor Sunday Rover (Erw./Kind/Familie 7,50/5/16 £; ⊙ Juni–Sept.) Buspass für unbegrenztes Fahren auf den meisten Moorland-Routen, gilt nur sonntags; Verkauf direkt beim Fahrer oder im Bahnhof von Plymouth.

AUTO
Die Schnellstraßen A38 und A30 umfahren den Rand von Dartmoor, während die einspurige B3212 einmal durch die Mitte führt und Moretonhampstead, Postbridge und Princetown verbindet.

Zahllose einspurige Sträßchen biegen von diesen Hauptverbindungsstraßen ab, um dann teilweise extrem schmal und steil zu werden – Warnschilder sind eher selten. Weite Teile von Dartmoor sind frei von Weidezäunen und der Verkehr ist sinnvollerweise auf ein Tempolimit von 40 Meilen pro Stunde (ca. 65 km/h) beschränkt, da jederzeit hinter der nächsten Ecke ein Schaf, Pony oder auch eine Kuh auf der Straße stehen kann.

PARKEN
In vielen der kleineren und größeren Ortschaften auf dem Moorgebiet gibt es noch Parkplätze mit Parkschein. Im Moor selbst gibt's jede Menge kostenlose Parkplätze, teilweise eher Parkstreifen, auf die nicht mehr als fünf oder sechs Autos passen. Der Straßenbelag ist uneben bis sehr holprig.

Tavistock & Umgebung

12 300 EW.

Im friedvollen und wohlhabenden Tavistock tragen die grauen Steinhäuser vom Ende des 19. Jhs. Türmchen und Zinnen. In der rauen Landschaft rund um die Stadt stehen drei Sehenswürdigkeiten, die einen Umweg wert sind: die ehemalige Mine in Morewellham Quay, das frühere Herrenhaus von Sir Francis Drake, Buckland Abbey, und die kleine, gärtnerische Wonne von Garden House.

Sehenswertes

Garden House GÄRTEN
(01822-854769; www.thegardenhouse.org.uk; Buckland Monachorum, nahe Yelverton; Erw./Kind 7/2,70 £; März–Nov. 10.30–17 Uhr; P) Die bezaubernden Landschaften hier gehören zu einem der besten Gärten von Devon. Die Fläche von 3 ha umfasst Wildblumenwiesen und südafrikanische Gartenvarianten, Ahornlichtungen und ein ummauertes Cottage-Gärtchen. Ein Highlight ist die inmitten lieblicher Terrassen gelegene malerische Ruine eines mittelalterlichen Pfarrhauses. Wer gleich daneben den Turm aus dem 16. Jh. erklimmt, dem liegt ein Meer von blauen Flachsblüten, rotem Klatschmohn und gelben Butterblumen zu Füßen. Und überall gibt es lauschige Plätzchen, wo erschöpfte Seelen zwischen Blumenranken und Bienengesumm wieder auftanken können. Und apropos auftanken: Das **Café** sorgt mit rustikalen Sandwiches (lecker: Ziegenkäse mit Zwiebelrelish) und Salaten (besonders schön: mit Granatapfelkernen bestreut) für das leibliche Wohl. Das Garden House liegt 8 km südlich von Tavistock.

Buckland Abbey HISTORISCHES GEBÄUDE
(NT; 01822-853607; www.nationaltrust.org.uk; nahe Yelverton; Erw./Kind 9/4 £; Mitte Feb.–Okt. tgl. 12–16 Uhr, Nov. & Dez. nur Fr–So; P) In diesem honigfarbenen Herrenhaus wird Geschichte spürbar. Buckland Abbey begann im 13. Jh. als Zisterzienserkloster mit Abteikirche. Nach der Auflösung des Klosters baute es Sir Richard Grenville zu seinem Familiensitz um, den er 1581 an seinen Cousin und Rivalen Sir Francis Drake verkaufte. Aufwendige Stuckdecken im Tudor-Stil zieren die **Great Hall** und das **Drake's Chamber** (wo die Drake's Drum steht, die angeblich von selbst anfängt zu trommeln, wenn Großbritannien in Gefahr ist). Weitere Highlights sind die Klosterscheune, der elisabethanische Garten, ausgiebige Spaziergänge durch Wälder und das tolle Veranstaltungsprogramm, wie Tudor-Tage mit Bogenschießen oder Wochenenden mit der Herstellung von Holzkohle. Buckland Abbey liegt 11 km südlich von Tavistock.

Morwellham Quay HISTORISCHE STÄTTE
(01822-832766; www.morwellham-quay.co.uk; Morwellham, nahe Tavistock; Erw./Kind/Familie 9/7/26 £; Ostern–Okt. 10–17 Uhr, Nov.–Ostern bis 16 Uhr; P) Morwellham Quay gehört zum südwestlichen Teil des Unesco-Welterbes „Bergbaulandschaft von Cornwall und West Devon" und zeigt eindrucksvoll, wie der Kupferboom in den 1860er-Jahren in Westdevon einzog. Damals wurden an diesem Hafen am Fluss Tamar tonnenweise Erze auf Segelschiffe geladen. Vor Kurzem hat der BBC hier das historische Doku-Drama *Edwardian Farm* gedreht. Besucher können die Hütten, die Schmiede und die Küferei der verlassenen Siedlung besichtigen oder selbst nach Kupfer sieben, ein Häubchen oder Wams anprobieren und Töpfern und Hufschmieden bei der Arbeit zusehen. Kostümierte Mitarbeiter führen die Besucher herum, aber der Höhepunkt des Besuches

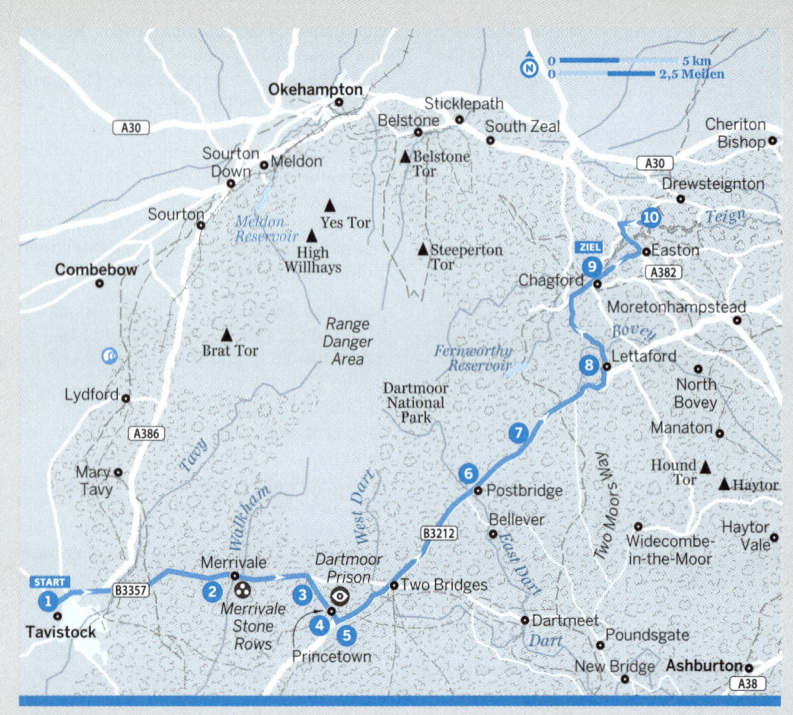

Autotour
Eine Fahrt durch Dartmoor

START TAVISTOCK
ZIEL CHAGFORD
LÄNGE 32 KM; 1 TAG

Dartmoor gleicht einer dramatischen Filmkulisse. Die West-Ost-Straße führt durch die Wildnis, vorbei an vornehmen Orten, einem düsteren Gefängnis, prähistorischen Funden, einem rustikalen Pub und einem merkwürdigen Schloss. Vor dem Start lohnt ein Spaziergang durch ❶ **Tavistocks** feine Architektur aus dem 19. Jh. und ein Abstecher zu den Antiquitäten auf dem Pannier Market. Danach geht es auf der B3357 Richtung Princetown. Sie steigt steil an, führt über ein Weiderost (hier beginnt das „richtige" Moor) und hinauf auf einen Hügel mit Sicht auf ein Feld honigfarbener *tors*. In ❷ **Merrivale** rechts direkt hinter dem Dartmoor Inn parken und über die (südliche) Anhöhe schlendern, nur 100 m hinter einer Steinschlange gibt es einen winzigen Steinkreis und einen Menhir. Zurück im Auto, nach einem kurzen Anstieg rechts nach Princetown abbiegen. Wenn das mächtige Gemäuer von Dartmoor Prison in Sicht kommt; folgt etwas später ein Aussichtspunkt. Das ❸ **Dartmoor Prison Heritage Centre** (S. 120) erzählt die düstere Gefängnisgeschichte. Im schroffen ❹ **Princetown** eventuell eine Teepause im Fox Tor Café einlegen, bevor es auf der B3212 weiter Richtung Two Bridges geht. Von der ❺ **Parkbucht** direkt hinter Princetown bietet sich ein toller Blick auf das Gefängnis von Dartmoor. Wenn man nun den Schildern nach Moretonhampstead folgt, entfaltet sich eine ausgedehnte Landschaft. In ❻ **Postbridge** über die 700 Jahre alte Brücke spazieren und danach die heißen Füße in den kalten Fluss Dart hängen. Einige Kilometer weiter liegt das ❼ **Warren House Inn** (S. 122), ein stimmungsvolles Lokal für die Mittagspause. Bei ❽ **Lettaford** eine der ausgeschilderten, abfallenden Straßen nach ❾ **Chagford** nehmen, am hübschen Platz mit reetgedeckten Häusern gibt's tolle, altmodische Geschäfte. Dann weiter zum stattlichen 1920er-Jahre-Anwesen ❿ **Castle Drogo** (S. 125). Eine edle Adresse für Essen und Übernachtung ist Mill Street Nr. 22 in Chagford.

ist die stimmungsvolle Fahrt mit einem kleinen Bergbauzug in eine Kupfermine (Erw./Kind 3,50/2,50 £). Letzter Einlass ist zwei Stunden vor Schließung. Morwellham Quay liegt 8 km südwestlich von Tavistock.

Tavistock Museum MUSEUM
(☏01822-612546; www.tavistockmuseum.co.uk; Court Gate; ⏲Ostern–Okt. 11–15 Uhr) GRATIS In diesem traditionellen, aber hervorragenden Museum stehen die Überreste einer inzwischen aus Tavistock verschwundenen Abtei neben Zeugnissen aus der Blütezeit des Kupferabbaus. Holzschale, Schaufeln und Fotos zeigen die harten Bedingungen, die von den hübschen Namen der Minen verhüllt wurden: *Virtuous Lady* (Tugendhafte Dame), *Queen of the Tamar* (Königin des Tamar) und *Lady Bertha*. Es wird auch erklärt, warum es einen Ort in der Stadt gibt, der *Chip-shop* heißt. Ein Hinweis: Es hat nichts mit gebratenem Fisch zu tun.

🛏 Schlafen

April Cottage B&B £
(☏01822-613280; www.aprilcottagetavistock.co.uk; 12 Mount Tavy Rd, Tavistock; DZ 70 £; P🛜) Die süßen, mit Nippes vollgestellten Zimmer in diesem Cottage sind mit Blumendrucken verziert. Am besten ist aber der rauschende Fluss Tavy, der an einer kleinen Terrasse und dem Sommerhaus vorbeifließt. Im Doppelzimmer des Cottages können sich Gäste bei offenem Fenster von den Flussgeräuschen in den Schlaf singen lassen.

★ Horn of Plenty LUXUSHOTEL ££
(☏01822-832528; www.thehornofplenty.co.uk; Gulworthy, nahe Tavistock; EZ 115–215 £, DZ 125–225 £; P) Die noblen Zimmer in dem opulenten Landhaushotel sind mit Klauenfußbadewannen, Himmelbetten, warmen Holzböden und ein paar Antiquitäten ausgestattet. Die meisten haben Balkons oder Terrassen, von denen der Blick über sanft hügelige Landschaft schweift. Die Bibliothek voller Bücher und eine ruhige Terrasse vollenden das Bild des traditionellen, ländlichen Rückzugsorts. Eigentlich möchte man bleiben.

Browns BOUTIQUEHOTEL ££
(☏01822-618 68; www.brownsdevon.com; 80 West St, Tavistock; EZ 88 £, DZ 107–263 £; P🛜) Individueller Chic prägt die Poststation aus dem 17. Jh. Balken und Steinwände werden ergänzt von Buntglas und ägyptischen Motiven. Die besten Zimmer bieten senffarbene Sessel und alte Schreibsekretäre; die günstigeren Zimmer sind etwas klein, aber immer noch luxuriös. Standardmäßig gibt es Bettwäsche aus ägyptischer Baumwolle und Toilettenartikel von Molton Brown.

Rockmount B&B ££
(☏0744 5009880; www.rockmount-tavistock.com; Drake Rd, Tavistock; EZ 49–55 £, DZ 70–110 £; P🛜) Hinter der schlichten Fassade dieses B&B auf einem Hügel verbirgt sich eine echte Überraschung: äußerst stilvolle, moderne Zimmer, ausgestattet mit dunklem Holz, in kühlem Weiß und mit Farbakzenten in Limette. Frühstück (englisch oder kontinental) wird an die Tür gebracht. Der Blick hinab in die Stadt ist abwechslungsreich.

🍴 Essen

Gortons BRASSERIE ££
(☏01822-617581; www.gortons-tavistock.co.uk; 19 Plymouth Rd, Tavistock; mittags 2/3 Gänge 20/25 £, abends 2/3 Gänge 35/42 £; ⏲Mi–Sa 12–14, Di–Sa 19–21 Uhr) Dieses edle Bistro wird von dem gleichen Chef geführt wie das schwelgerische Landhaushotel Horn of Plenty. In dieser Außenstelle mitten in der Stadt werden regionale Zutaten kreativ kombiniert: gebratene Ringeltaube mit Pilzrisotto oder Schweinefilet mit einer gehaltvollen Portweinsauce. Die Einheimischen raten, das Pot-Luck-Menü (2/3 Gänge 25/30 £) am Dienstagabend zu buchen, das 10 bis 12 £ weniger als gewöhnlich kostet.

Browns BISTRO, GOURMETRESTAURANT ££
(☏01822-618686; www.brownsdevon.com; 80 West St, Tavistock; ⏲Bistro 11.30–21 Uhr, Restaurant 12–14.30 £ 19–21 Uhr) Gefliesste Fußböden und weiche Sofas machen das Bistro (Hauptgerichte 6–17 £) zu einem hervorragenden Ort, um gemütlich die Zeitung durchzublättern, bevor die leckeren Gerichte mit Moorland-Zutaten serviert werden, wie z. B. Dartmoor-Hasenterrine oder Fasan-Fondue mit gewürztem Rotkohl. Das Restaurant (Hauptgerichte 20 £, 6 Gänge 70 £) kurbelt das kulinarische Niveau auf die nächste Stufe. Hier überzeugen Hühnchenconfit mit getrüffeltem Eidotter oder eine echte Rarität: Dammhirschtartar.

Horn of Plenty GOURMETRESTAURANT £££
(☏01822-832528; www.thehornofplenty.co.uk; Gulworthy, nahe Tavistock; 3-Gänge-Menü mittags/abends 25/50 £; ⏲12–14 & 19–21 Uhr) Die einheimischen Feinschmecker lieben die klassische, saisonale Küche mit Zutaten aus der Region in diesem feinen Hotel. Die Aromen

sind vielfältig: pochierte Enteneier werden mit getrüffeltem Spargel serviert, Rinderfilet mit Ochsenbäckchen und Kürbiskruste. Der makellose Service und die vornehm zurückhaltende Einrichtung verstärken die Landhausatmosphäre, die einem schon am Eingang entgegenschlägt: Hier wird man mit Namen begrüßt, nachdem man die Auffahrt hinaufgefahren ist. Das Pot-Luck-Essen am Montag (3 Gänge 29 £) ist ein Schnäppchen. 4,8 km von Tavistock entfernt.

Shoppen

In Tavistock kann man das reizvolle, typische Markttreiben einer Stadt im Moor erleben. Die Geschäfte der Einzelhändler säumen die Straßen und am zweiten und vierten Samstag in jedem Monat füllen die gut bestückten Stände des **Tavistock Famers Market** (www.tavistockfarmersmarket.com; 9–13 Uhr) den zentralen Bedford Square – er ist einer der besten Märkte der Region.

Pannier Market MARKT
(www.tavistockpanniermarket.co.uk; Bedford Sq, Tavistock; Di–Sa 9–16.30 Uhr) Ein riesiger viktorianischer, überdachter Flohmarkt, in dem Hunderte von reichlich eklektischen Ständen ihre Vintage-Ware anpreisen: von Silberbesteck über antiquarische Bücher und Moleskin-Hosen bis Tweedmützen – hier gibt's alles. Antiquitätenjäger kommen am besten dienstags.

Country Cheeses ESSEN
(www.countrycheeses.co.uk; Market Rd, Tavistock; Mo–Sa 9.30–17 Uhr) Wer diesen preisgekrönten Laden betritt, wird von den Aromen reifer Käsesorten überwältigt. Die Tresen strotzen vor cremigen und krümeligen goldenen Herrlichkeiten. Viele der käsigen Kunstwerke stammen aus der Region, z. B. der Slow Tavy (mit Plymouth Gin gespült), der Trehill (mit Knoblauch) und Little Stinky (nomen est omen: ein richtiger kleiner Stinker).

Praktische Informationen

Tavistock Touristeninformation (01822-612938; The Archway, Bedford Sq; ganzjährig Mo, Di, Fr & Sa 10–16 Uhr, Aug. & Sept. Mo–Sa 10–17 Uhr)

An- & Weiterreise

Plymouth Bus 83/84/86 (1 Std., stündl.) über Yelverton.
Barnstaple 118 (2- bis 5-mal tgl.) über Lydford und Okehampton.
Princetown Bus 98 (25 Min., Mo–Sa 6-mal tgl.)
Postbridge Bus 98 (Mo–Sa 1-mal tgl.) über Two Bridges.
Bus 82/Transmoor Link (S. 116) Nur an Sommerwochenenden, fährt durch das Moor nach Exeter.

Princetown

1767 EW.

Mitten im Herzen des einsamen Hochmoors kauert Princetown im Schatten eines grauen, Unheil verkündenden Gebäudekomplexes, dem berühmten Dartmoor Prison. Das Gefängnis hat das Schicksal des Ortes für Hunderte von Jahren bestimmt. Als das Gefängnis Anfang des 19. Jhs. keine Kriegsgefangenen mehr aufnahm, setzte in Princetown der Verfall ein. Teile der Stadt wirken noch immer trostlos und vernachlässigt. Aber der Ort gewährt auch einen faszinierenden Einblick in die Härten des Lebens im Moor und ist ein stimmungsvoller Ausgangspunkt für einige tolle Wanderungen.

Sehenswertes & Aktivitäten

Dartmoor Prison Heritage Centre MUSEUM
(01822-322130; www.dartmoor-prison.co.uk; Princetown; Erw./Kind 3/2 £; 9.30–12.30 & 13.30–16 Uhr; P) Das Gefängnis wurde 1809 ursprünglich für französische, später amerikanische Kriegsgefangene gebaut, bis es 1850 schließlich in eine ganz normale Justizvollzugsanstalt umgewandelt wurde. Heute ist es ein Gefängnis mit einer Kapazität von 653 Insassen. Direkt hinter dem bedrohlichen Eingangstor jagt einem das Dartmoor Prison Heritage Centre einen Schauder über den Rücken und lässt erahnen, wie der Knastalltag aussieht. Zu den Exponaten gehören Handfesseln, Zwangsjacken, der Nachbau einer Zelle – und besonders beunruhigend: selbst gebastelte Messer aus modernen Gefängnissen. Ausbrüche sind natürlich ebenfalls ein Thema – einige der Hilfsmittel sind hier zu sehen, etwa die Enterhaken aus verbogenen Stuhlbeinen, an die im zum Seil geflochtenen Bettlaken gebunden wurde. Dann war da noch die Geschichte von Frankie Mitchell, „dem Verrückten mit der Axt", der in den 1960er-Jahren angeblich von den berühmten Gangster-Zwillingen Ron und Reg Kray befreit wurde. Das Museum verkauft auch von den Gefangenen gebastelte Dekoartikel für den Garten, deren penetrante Fröhlichkeit aller-

dings recht seltsam anmutet, beispielsweise die Figürchen einer „Nachbarschaftswache", die man eigentlich nur als blanke Ironie auffassen kann.

Princetown
Touristeninformation BESUCHERZENTRUM
(DNPA; 01822-890414; April–Sept. 10–17 Uhr, Okt. & März bis 16 Uhr, Nov.–Feb. Do–So 10.30–15.30 Uhr) Die Touristeninformation mit Besucherzentrum von Princetown ist die Hauptanlaufstelle für das ganze Moor. Neben Broschüren, Büchern über das Moor und Outdoor-Klamotten ist vor allem die Geschichtsausstellung sehenswert. Deutlich wird hier auch die Verbindung zwischen Princetown und der Sherlock-Holmes-Geschichte *Der Hund von Baskerville*. Der Autor des Buches, Sir Arthur Conan Doyle, verbrachte einst eine Nacht im Duchy Hotel (heute die Touristeninformation) von Princetown. Es heißt, dass Conan Doyle vom hier ansässigen Henry Baskerville zu einer Kutschfahrt eingeladen wurde, auf der ihn die düstere Landschaft und die Legenden von einem riesigen Phantomhund inspirierten.

Wanderungen
Das Moor um Princetown hat sich seither wenig verändert und lässt Bilder aus dem Roman aufsteigen. Ein einsames Pfädchen führt in der Ortsmitte vom Pub Plume of Feathers Richtung Südosten und erreicht nach 4 km Foxtor Mires, die Vorlage für Grimpen Mire im Buch. In der Nähe steht auch die Nun's Cross Farm, in der viele Merripit House, das Haus der Stapletons, sehen. Gut möglich auch, dass die einen knappen Kilometer südwestlich von Princetown an der B3212 gelegenen Hüttenkreise die Ruinen sind, in denen Holmes sein Lager aufgeschlagen hat. Wer sich auf die Spuren von Holmes begeben möchte, sollte einen Kompass und eine Karte des Ordnance Survey einpacken; die Mitarbeiter in der Touristeninformation von Princetown geben gerne Ratschläge.

Schlafen & Essen

Prince of Wales HOSTEL, PUB £
(01822-890219; www.theprinceofwalesprincetown.co.uk; Tavistock Rd; B 12 £, Frühstück 5 £; Küche 12–14.30 & 17.30–20 Uhr) In der ehemaligen Brauerei ist eine der besseren Schlafherbergen von Dartmoor eingezogen. Es gibt Zentralheizung und doppelt verglaste Fenster (im Moor ist das wichtig), klasse Duschen, einen Schlafsaal mit schrägen Decken und – Freude aller Freuden – einen Trockenraum. Das rustikale Pub (Hauptgerichte 5–16 £) nebenan ist berühmt für seine drei Kamine, die gemischten Grillplatten, die so groß wie ein Tablett sind, und Pints ihres selbst gebrauten, vollmundigen Jail Ales.

★ **Tor Royal Farm** B&B ££
(01822-890189; www.torroyal.co.uk; Tor Royal La, nahe Princetown; EZ 55 £, DZ 80–100 £; P) Genau so sollte eine Herberge mitten im Moor aussehen: ein lässiger Bauernhof mit lebendiger Atmosphäre. Das Haus wurde 1785 für den Sekretär des Prinzen von Wales gebaut, was an vielen Details noch zu erkennen ist – von der königlichen Lilienfeder auf der Mauerbrüstung bis zu den kleinen Schlafzimmern im Stil eines ländlichen Cottages.

ARCHÄOLOGISCHE STÄTTEN

Mit seinen geschätzten 11 000 Grabmälern ist Dartmoor reif für archäologische Erkundungen. Mehr Funde aus der Bronzezeit (2300–700 v. Chr.) gibt es in ganz Großbritannien nicht. Die Hälfte aller im Land bekannten Steinreihen stehen hier (insgesamt 75), daneben außerdem 18 Steinkreise und 5000 Bronzezeithütten.

Die **Merrivale Stone Rows**, in der Nähe von Princetown, sind eine praktische, zentrale Anlaufstelle für viele verschiedene Grabmäler. Hier gibt's eine parallele Steinreihe, einen Steinkreis, einen Hinkelstein, Grabkammern und Dutzende steinerne Grundrisse von Hütten. Im Nordwesten, nahe Chagford, stehen die Steinkreise **Grey Wethers** direkt neben einem Stück offenem Moor; ein weiterer Steinkreis liegt 400 m entfernt bei Fernworthy. Der **Scorhill Stone Circle** im nahegelegenen Gidleigh wird manchmal das Stonehenge von Dartmoor genannt, obwohl nur die Hälfte der ursprünglichen Steine erhalten sind. Der größte Fundort ist das riesige Bronzezeitdorf **Grimspound**, direkt an der B3212, wo Neugierige durch die Ruinen mehrerer Rundhäuser und entlang der runden Steinmauer laufen können, die früher die ganze Siedlung umgab.

DNPA bietet im ganzen Moorgebiet diverse geführte Wanderungen mit archäologischem Fokus (3–8 £); für manche Fundstätten gibt's auch kleine Führer zu kaufen (4 £).

Die Schweine des Hofs landen auf dem Frühstückstisch und nebenan im Stall kann man Reitstunden nehmen.

Two Bridges LUXUSHOTEL ££
(01822-892300; www.twobridges.co.uk; Two Bridges; EZ 95–120 £, DZ 140–190 £; P) Das Betreten des klassischen Heidehotels fühlt sich an, als würde man sich seine Lieblingsschuhe anziehen – alles passt perfekt. Der Cream Tea (8–13 £) wird vor der großen Kaminecke serviert und aus den klassisch möblierten Zimmern kann der Blick über die *tors* schweifen. Hier nächtigten bereits Wallace Simpson, Winston Churchill und auch Vivien Leigh. Das Two Bridges liegt 2,5 km nordöstlich von Princetown.

Fox Tor Cafe CAFÉ £
(www.foxtorcafe.com; Two Bridges Rd; Hauptgerichte 5–10 £; 9–17, Sa & So ab 7.30 Uhr;) Alle zieht es ins FTC von Princetown: Wanderer, Reiter, Fahrradfahrer und auch einheimische Familien, die auswärts essen wollen. Sie kommen wegen des Kamins, des erstklassigen Kaffees, der selbstgemachten Kuchen und der überraschend umfangreichen Karte, auf der herzhaftes Chili mit Schinken, Ei und Pommes ebenso stehen wie ein Pilz-Stroganoff oder eine schmackhafte Linsenpastete.

An- & Weiterreise

Bus 98 (Mo–Sa 3-mal tgl.) Verbindung zwischen Princetown und Tavistock, ein Bus am Tag fährt weiter nach Two Bridges und Postbridge.

S. Transmoor Link (Bus 82, S. 116) für die sonntäglichen Fahrten im Sommer mitten durchs Moor.

Postbridge & Umgebung

Die Ortschaft Postbridge verdankt seine Berühmtheit – und seinen Namen – einer mittelalterlichen Brücke aus Steinplatten, einer sogenannten **clapper bridge**. Die Brücke aus dem 13. Jh. besteht aus vier Steinplatten mit jeweils 3 m Länge, die durch vier stabile Säulen aus aufgeschichteten Steinen gestützt werden. Darunter sprudelt der East Dart. Neben dem Fluss führen Pfade zu lauschigen Plätzchen am Ufer, die dazu einladen, die Wanderstiefel auszuziehen und die müden Füße ins eiskalte Wasser zu hängen.

Schlafen & Essen

Brimpts Farm CAMPINGPLATZ, B&B £
(0845 0345968; www.brimptsfarm.co.uk; Stellplatz/Pers. 2,50 £, EZ/DZ/FZ 33/55/82 £; P) Die hell gestrichenen, rustikalen Zimmer über diesem Bauernhof bieten einen Blick auf Combstone Tor, wo Spielberg seinen Film *Gefährten* gedreht hat. In den umgebauten Scheunen gibt es weitere Zimmer (einige mit Selbstversorgung) sowie Campingplätze in der Natur. Bei Brimpts wird außerdem einer der besten Cream Teas im Moor serviert, mit frisch gebackenen *scones*, selbst gemachter Marmelade und unglaublich leckerer *clotted cream* (4,50 £). Das Café ist an Wochenenden und während der Schulferien von 11.30 bis 17.30 Uhr geöffnet. Der Hof ist ab der Ausfahrt von der B3357 zwischen Two Bridges und Dartmoor ausgeschildert.

Bellever YHA HOSTEL £
(0845 371 9622; www.yha.org.uk; DZ/B 35/18 £; P) Ein typischer ehemaliger Bauernhof am Rand einer Nadelbaumschonung; es gibt eine riesige Küche, jede Menge rustikaler Steinwände, lauschige Doppelzimmer und gemütliche Schlafsäle. Das Hostel liegt 1,6 km südlich von Postbridge an einer nicht markierten Fahrbahn; die Abfahrt an der B3212 ist gekennzeichnet.

Runnage YHA HOSTEL £
(0800 0191 700; www.yha.org.uk; B 9,50 £; P) In dieser umgebauten Heuscheune auf einem Bauernhof, rollen die Gäste ihren Schlafsack zum Geblöke der Schafe aus. 2,4 km östlich von Postbridge; von der Straße nach Moretonhampstead auf die „Widecombe" abbiegen.

Lydgate House B&B ££
(01822-880209; www.lydgatehouse.co.uk; Postbridge; EZ 45–55 £, DZ 85–120 £; P) Das wunderschön eingerichtete viktorianische Haus verströmt Beschaulichkeit und liegt versteckt am Ende eines moosbewachsenen Wegs. Das Interieur besteht aus opulenten Tapisserien, edlen Bettbezügen und antiken Möbeln, von draußen untermalt durch Vogelgesang und einen rauschenden Fluss. Lydgate House liegt zehn Minuten zu Fuß von Postbridge.

Warren House Inn PUB £
(www.warrenhouseinn.co.uk; Hauptgerichte 8–12 £; Bar 11–23 Uhr, Küche 12–20.30 Uhr) Die ehemalige Bergarbeiterkneipe strahlt so viel Wärme und Gastfreundschaft aus, wie es nur ein Pub mitten in einer gottverlassenen Wildnis fertigbringt. Seine Steinböden, die rustikalen Tische und das herzhafte Essen werden vom Schein des prasselnden Kaminfeuers vergoldet, das hier seit 1845 geschürt

wird. Eine besondere Spezialität ist das *warrener's* (nach dem englischen Wort für „Kaninchengehege": *warren*), eine Kaninchenpastete, die ihren Namen den Bauern verdankt, die früher auf dem Moor Stallhasen züchteten. Das Lokal liegt an der B3212, gut 3 km nördlich von Postbridge.

❶ Praktische Informationen

Postbridge Touristeninformation (☎ 01822-880272; Postbridge; ⊙ April–Sept. 10–17 Uhr, Okt. bis 16 Uhr)

❶ An- & Weiterreise

Bus 98 (Mo–Sa 1-mal tgl.) nach Princetown. Auch die Busse der Transmoor Link (S. 116) fahren durch Postbridge.

Widecombe-in-the-Moor

566 EW.

Widecombe ist so typisch Dartmoor, wie es typischer schon nicht mehr geht – bis hin zu den Ponys, die auf der Dorfwiese grasen, die von honiggraufarbenen Gebäuden und einer Kirche aus dem 14. Jh. gesäumt wird. Widecombe („in-the-Moor" lassen die Einheimischen meist weg) wird in dem traditionellen englischen Volkslied *Widecombe Fair* besungen. Ein Jahrmarkt mit dem gleichen Namen findet am zweiten Dienstag im September statt.

◉ Sehenswertes

St. Pancras Church KIRCHE
Der 37 m hohe Turm von St. Pancras trägt den Titel „Kathedrale des Moors". Ein Highlight im Inneren sind die bunt bemalten Schlusssteine an der Decke – ein Stein in der Nähe des Altars trägt drei Kaninchen, die als Emblem des Zinnbergbaus in Dartmoor gelten. Berühmt sind auch die antiken Holztafeln, die die Geschichte des schlimmen Sturms von 1638 erzählen. Er blies eine Zinne vom Dach herunter und riss damit mehrere Einwohner in den Tod. Und wie alles in Dartmoor galt er als Werk des Teufels, der sich wieder einmal ein paar arme Seelen greifen wollte.

🛏 Schlafen & Essen

Higher Venton Farm B&B £
(☎ 01364-621235; www.ventonfarm.com; nahe Widecombe-in-the-Moor; EZ/DZ 40/70 £; 🅿)
Higher Venton könnte als Vorlage für die Definition des Architekturstils „Bilderbuch-Reetdachhaus" dienen. In dem Bauernhaus aus dem 16. Jh. mit niedrigem Türsturz und einer engen Wendeltreppe scheint es keine einzige gerade Linie zu geben. Einige Zimmer haben Gemeinschaftsbäder. Die Herberge liegt an der Straße, die Richtung Süden aus Widecombe herausführt; den Schildern zum Rugglestone Inn folgen und von dort noch 800 m weiter fahren.

Manor Cottage B&B £
(☎ 01364-621218; www.manorcottagedartmoor.co.uk; Widecombe-in-the-Moor; DZ 50–60 £; 🅿 🛜)
Rund um die Tür des alten Cottages, das nur wenige Meter von der malerischen Dorfwiese von Widecombe entfernt liegt, klettern die Rosen. Das beste Quartier ist eine Suite mit Badezimmer, zu der eine eigene Wendeltreppe führt. Die anderen beiden Doppelzimmer teilen sich ein Bad. Zum Frühstück gibt's Beerenkompott, Würstchen aus der Region und frisch gelegte Eier der Hühner, die um das Haus herum gackern.

Rugglestone Inn PUB ££
(www.rugglestoneinn.co.uk; Widecombe-in-the-Moor; Hauptgerichte 10 £; ⊙ Küche 12–16 &

SAGENHAFTES DARTMOOR

Im sagenumwobenen Dartmoor flüstert jede Ecke eine Schreckensgeschichte. Der Teufel oder *Dewer*, wie er hier heißt, spielt dabei meist die Hauptrolle – kein Wunder, denn die unheimlichen Nebelschwaden und die jenseitig anmutende Moorlandschaft haben schon so manches Nackenhaar gesträubt. Der Legende nach führte der Teufel nachts seine Phantomhunde, die *Wisht Hounds*, durch das Moor, um die Sünder zusammenzutreiben und anschließend über den **Dewerstone**, einen 100 m hohen Granitfelsen, zu jagen. Von **Shaugh Prior** aus führt ein knapp 1 km langer Weg am Wasser entlang und durch unheimliche, bemooste Wälder zum Dewerstone. Teilweise idyllisch, aber auch teilweise ganz schön gruselig. Shaugh Prior liegt 19 km südöstlich von Tavistock

Es wurde schon oft spekuliert, ob die Legende der *Wisht Hounds* Sir Arthur Conan Doyle als Vorlage für den *Hund von Baskerville* diente. Wer noch mehr Teufeleien hören will, sucht am besten in Lydford Gorge (S. 127) und in der St. Pancras Church (S. 123) von Widecombe-in-the-Moor.

18.30–20 Uhr) Wer Dartmoor einmal ganz traditionell erleben möchte, sollte ins Rugglestone Inn kommen. Zwei der drei kleinen Zimmer werden von Kaminfeuern beheizt; drumherum verteilt stehen unlackierte Holztische und alte Stühle. Das schmackhafte Essen ist natürlich hausgemacht, z. B. ein herzhafter Käseteller (*Ploughman's lunch*) oder Pasteten mit Rindfleisch in Biersauce oder mit Stilton-Käse. Viele der Zutaten werden von Bauern aus der Umgebung geliefert, die hier auch gerne essen.

❶ An- & Weiterreise

Bus 672 (1-mal wöchentl. am Mi) hält in Buckfastleigh (40 Min.), Ashburton (50 Min.) und Newton Abbot (1 Std.).

Bus 193 (2-mal wöchentl. am Mi & Fr) fährt nach Newton Abbot und Ashburton.

Sonntags im Sommer wird Widecombe auch von Haytor Hoppa (S. 116) angefahren.

Ashburton

4051 EW.

Ashburton ist eine ansprechende Mischung aus traditioneller Stadt am Rande des Moors und eines rustikal-schicken Schlupfwinkels. Elegante Reihenhäuser säumen die gewundenen Straßen und Granitgebäude stehen neben Geschäften mit Schieferfassaden, in denen ein Sammelsurium von Rucksack und Benzin für den Campingkocher bis zu stilvollen Wohnaccessoires und aufgehübschten Antiquitäten verkauft wird. Außerdem gibt es einige erstklassige Restaurants und Schlafstätten, sodass Ashburton eine komfortable Ausgangsstation für die Erkundigung des südlichen Moors ist.

🛏 Schlafen & Essen

Gages Mill B&B £

(☎ 01364-652391; www.gagesmill.co.uk; Buckfastleigh Rd; EZ/DZ/FZ 60/80/100 £; 🅿) Wer dieses familiäre Landhaus aus dem 14. Jh. betritt, fühlt sich sofort zu Hause. Der Empfangsbereich hat Bögen mit freigelegten Steinen, während die fröhlichen Zimmer mit karierten Stoffen ausstaffiert sind und teils schöne Balken haben. Tagsüber kann im Garten gepicknickt werden, abends wartet dann die gut ausgestattete Honesty-Bar: Bezahlen ist Vertrauenssache.

★ Agaric@Tudor House B&B ££

(☎ 01364-654478; www.agaricrestaurant.co.uk; 30 North St; EZ 58 £, DZ 124–140 £) Das B&B mag am Rande von Dartmoor liegen, aber die tadellosen Zimmer im Agaric könnte es genauso auch in Soho geben. Die unterschiedlichen Zimmerstile reichen von Gentlemen's Club (hartes Holz und Schreibtisch) bis Badezimmer-Glamour (restaurierte Möbel und strahlende Beleuchtung im Badezimmer). Das Frühstück mit Zutaten aus der Gegend wird serviert, wenn der Gast es wünscht. Bei den Dosen mit selbst gebackenen Keksen in der Küche darf man jederzeit zugreifen.

Agaric Restaurant BISTRO ££

(☎ 01364-654478; www.agaricrestaurant.co.uk; North St; 2 Gänge mittags 16 £, abends Hauptgerichte 16–23 £; ⊕ Mi-Fr 12–14, Mi-Sa 19–21 Uhr) Einige der Zutaten, die hier serviert werden, wurden von den Besitzern des Restaurants gesammelt oder gejagt, anderes wurde von Einheimischen aus ihrer reichen Ernte beigesteuert. So lässt sich der Ansatz des Agaric gut zusammenfassen: erstklassige, lokale und saisonale Zutaten werden in herrlich schmeckendes, schnörkelloses Essen verwandelt. Ganz egal, ob man hier Sülze, Terrinen, Eis oder Käse bestellt, es ist alles selbst gemacht.

❶ An- & Weiterreise

Bus X38 (Mo-Sa 8-mal tgl., So 3-mal) fährt nach Plymouth und Exeter.

Bus 193/672 Fährt mittwochs und freitags (1- bis 2-mal am Tag) nach Widecombe und Newton Abbot.

Moretonhampstead

1786 EW.

Moretonhampstead hat jahrhundertelang vom Durchgangsverkehr gelebt, aber heute lenkt eine kleine Umgehungsstraße die Autos und Traktoren am zentralen Platz der Stadt vorbei. Das Dorfzentrum ist ein herrliches Durcheinander aus georgianischen Häusern, Geschäften, Pubs und Restaurants, deren Geschäftigkeit nach der Stille und Einsamkeit des Hochmoors ganz willkommen sein kann.

🛏 Schlafen

Walled Garden B&B £

(☎ 01647-441353; www.moretonwalledgarden.co.uk; Mount Pleasant; EZ/DZ 45/65 £; 🅿 📶) Modische Badezimmer, flotte Möbel (in Burgunder, Blau oder Schokolade und Gold) und ein großer, ruhiger Garten mit einem Freiluft-Schachbrett machen dieses B&B zu einem angenehmen, zentralen Schlafplatz.

Old Post House B&B £
(☎ 01647-440900; www.theoldposthouse.com; 18 Court St; EZ/DZ/FZ 45/60/70 £) Helle Drucke, Farben von Pink bis Creme und einfache Schlafzimmer zeichnen dieses Reihenhaus-B&B in der Dorfmitte aus. Das riesige Familienzimmer bietet weite Blicke über den Rand des Moores.

White Hart HOTEL ££
(☎ 01647-440500; www.whitehartdartmoor.co.uk; The Square; EZ 65–75 £, DZ 110–130 £; ⊙ Küche 12.30–14.30 & 18.30–21 Uhr; P 🔊) Die Postkutschen haben hier in der Zeit Georgs ihre Pferde gewechselt. Heute ist es ein komfortables Hotel mit Balken, Bogendecken und Teppichen in Schottenmustern. Das Restaurant bietet edles Pub-Essen (Hauptgerichte 11–20 £).

✖ Essen

Michael Howard DELIKATESSEN £
(www.michael-howard-butchers.co.uk; 7 Court St; ⊙ Mo–Sa 9–17 Uhr) Der perfekte Platz für eine Pause vom Moor: Oliven und regionale Käse oder Pasteten, Pies und verlockende Kuchen. Es gibt auch heiße Getränke zum Mitnehmen.

★ White Horse GASTROPUB ££
(☎ 01647-440242; www.whitehorsedevon.co.uk; 7 George St; Hauptgerichte 5–19 £; ⊙ Di–Sa 12.30–14.30, tgl. 18.30–21 Uhr) Der Stil dieses abgefahrenen Pubs liegt irgendwo zwischen städtisch-schick und traditionell ländlich. Leckereien aus der Mittelmeerregion bestimmen die Karte, von Pizza und Dartmoorrind-Bresaola bis zu Gerichten à la carte (für die es sich lohnt, ein paar Pfund lockerzumachen).

❶ An- & Weiterreise

Exeter Bus 359 (50 Min., Mo–Sa 5-mal tgl.).
Chagford Bus 173/178 (15 Min., Mo–Sa 3-mal tgl.)
Transmoor Link (S. 116) Nur an Wochenenden im Sommer.

Chagford
1479 EW.

Die windschiefen Reetdächer und cremeweißen Cottages von Chagford umgeben einen quirligen Platz – offenbar ein zeitloses Heidedorf durch und durch. Aber zu den Geschäften mit Wachsjacken und Flachmännern haben sich inzwischen Naturkostläden, moderne Töpferateliers und einige überaus stilvolle Restaurants und Unterkünfte gesellt.

◎ Sehenswertes

Castle Drogo HISTORISCHES GEBÄUDE
(NT; ☎ 01647-433306; www.nationaltrust.org.uk; nahe Drewsteignton; Erw./Kind 8,70/4,30 £; ⊙ Mitte Feb.–Okt. 11–17 Uhr; P) Dieses wunderschöne Herrenhaus ist die letzte Burg, die in England gebaut wurde. Der imposante, graue Kasten entstand zwischen 1911 und 1931 im Auftrag von Selfmademan und Aldi-Vorreiter Julius Drewe, der dafür keinen geringeren als Sir Edwin Lutyens unter Vertrag nahm, den damals wohl wichtigsten britischen Architekten. Dessen Auftrag war es bei diesem Bau, mittelalterlichen Prunk mit neuzeitlichem Komfort zu kombinieren. Heraus kam eine erstaunlich reizvolle Mischung aus zinnenbewehrten Festungsmauern und gemütlichen Zimmern mit Teppichboden, die, ganz im Gegensatz zur klassischen mittelalterlichen Burg, Gott sei Dank auch mit einer gut funktionierenden Zentralheizung gesegnet sind. Bei den Gärten stand Gertrude Jekyll Pate, und die Waldwege bieten hier und da fast schon alpine Ausblicke über Dartmoor und die Abgründe der Schlucht Teign Gorge. Castle Drogo liegt 5 km nordöstlich von Chagford.

🛌 Schlafen

Easton Court B&B £
(☎ 01647-433469; www.easton.co.uk; Easton; EZ/DZ 65/80 £; P 🔊) Schon das Frühstück lohnt eine Übernachtung: Zur Wahl stehen u. a. frischer Fisch oder Souffléomelette. Die

---

DARTMOORS FREILUFT-POOLS

Angesichts der 950 km² von Land umschlossenen Berge scheint Dartmoor nicht unbedingt der ideale Ort für ein Freiluftbad. Denkste! Moretonhampstead, Chagford, Bovey Tracey, Buckfastleigh und Ashburton bieten alle kleine und elegante Freiluftbäder, die von den einheimischen Familien gestürmt werden, sobald die Temperaturen steigen. Das Wasser wird häufig mit Solarenergie gewärmt, der Eintritt kostet meist nur ein paar Pfund und sie sind in der Regel von Juni bis August geöffnet. Die Öffnungszeiten wechseln; Infos gibt's bei den örtlichen Touristeninformationen.

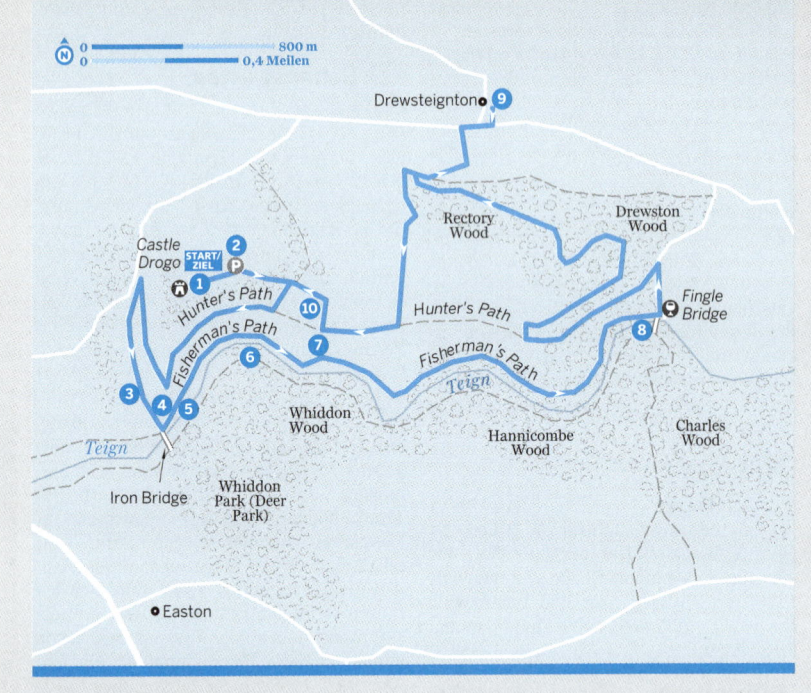

🚶 Wanderung
Durch die Teign-Schlucht von Dartmoor

START CASTLE DROGO
ZIEL CASTLE DROGO
LÄNGE 6,5 KM; 5 STD.

Das spektakuläre Teign Valley ist eine Schlucht mit Wald, faszinierenden Herrenhaus, einem urigen Dorf und einem klassischen Inn.

Nach dem Besuch des ❶ **Castle Drogo** (S. 125) beginnt die Wanderung am ❷ **Parkplatz** beim Schild zum Teign Valley Walk. Der (ausgeschilderte) Hunters Path führt Stufen hinab zur Iron Bridge (später ausgeschildert als Dogmarsh Bridge). Entlang des Burgabhangs bietet sich ein toller Blick über Dartmoor und die Schlucht. Weiter geht's Richtung Fingle Bridge am reetgedeckten ❸ **Gib House**, an Teichen und Blauglöckchenwiesen vorbei. Um den ❹ **Hunter's Tor** führt ein steiler Abstieg zum Fisherman's Path (nicht über die Brücke); Richtung Fingle Bridge über die Baumwurzeln klettern und nach Wasseramseln, Eisvögel, Lachs und Forellen schauen. Das ❺ **Drogo Weir** zur Energieversorgung der Burg entwarf wie Castle Drogo Sir Edwin Luytens. Das **Turbinenhaus** des Damms liegt etwas weiter zwischen Bäumen versteckt am anderen Ufer. Danach führt eine steile Treppe hinauf zum ❼ **Sharp Tor**. An der dreibogigen ❽ **Fingle Bridge** ist das gleichnamige Inn ein guter Pausenstopp mit Kaminfeuer, Uferterrasse und durchgehender Küche. Rechts abbiegen und gleich links hinauf in den Hunter's Path, um die Schlucht steil hinaufzuklettern. Am höchsten Punkt sind das tiefe, bewaldete Tal, der rauschende Fluss weit unten und die Berge von Dartmoor zu sehen.

Nun scharf nach rechts abbiegen und den Schildern nach Drewsteignton folgen, dann auf den Drewston-/Rectory-Woods-Wanderweg. Der Weg führt durch einen Nadelwald ins Dorf ❾ **Drewsteignton** mit reetgedeckten Häusern, traditionellen Geschäften und einer Kirche aus dem 15. Jh. Falls das Drewe Arms wieder eröffnet hat, für einen Drink einkehren. Dann wieder Richtung Hunter's Path und dort rechts abbiegen (ausgeschildert mit Road Near Drogo): noch mehr tolle Aussicht. Um die Spitze von Sharp Tor herum und über das ❿ **Piddledown Common** geht's zurück zum Auto.

Zimmer sind mit ihren schmiedeeisernen Betten, weichen Sofas und Aussichten auf bewaldete Hügel ebenfalls wunderbar. Das Haus liegt 2,5 km von Chagford entfernt.

Sandy Park INN £
(01647-433267; www.sandyparkinn.co.uk; Sandy Park, nahe Chagford; DZ 60–70 £; Küche Mo–Fr 12–14.30 & 18–21, Sa & So 12–21 Uhr; P) Dieses Reetdach-Cottage aus dem 17. Jh. ist zur Hälfte Pub und zur Hälfte schicke Herberge. In der stimmungsvollen Bar mit Balken und freiliegendem Mauerwerk gibt's Real Ale, im Restaurant erstklassige Dartmoor-Gerichte (Hauptgerichte 12 £) und danach garantieren die weichen Kissen in den hell möblierten Zimmern einen guten Schlaf.

★ 22 Mill Street B&B ££
(01647-432244; www.22millst.com; 22 Mill St; DZ 130–170 £; P) Die supereleganten Zimmer dieser Boutiqueoase haben unverputzte Steinwände, Holzdielen und Lattenjalousien und sind geschmackvoll mit Satinkissen und modernen Kunstwerken dekoriert. In den Badezimmern stehen Produkte von Molton Brown und das schmucke Dorfzentrum von Chagford wartet direkt vor der Tür.

Gidleigh Park LUXUSHOTEL £££
(01647-432367; www.gidleigh.com; Gidleigh, nahe Chagford; DZ 345–550 £, Suite 575–1195 £; P) Die repräsentative Luxusoase Gidleigh verbindet Wappen, Zinnen und prasselndes Kaminfeuer mit glänzenden Luxusbädern aus blauem Marmor, wasserdichten Fernsehern und eigenen Saunen. Einwandfreier, aber unauffälliger Service und zahllose Annehmlichkeiten (eine eigene Karaffe Portwein, eine ständige Gästeküche) bieten eine heimelige Atmosphäre. Nach dem Frühstück im Zwei-Sterne-Restaurant lockt Ertüchtigung auf den Tennisplätzen oder auf dem Bowls- und Krocketrasen. Das Hotel liegt gut 3 km von Chagford entfernt.

Essen

22 Mill Street RESTAURANT ££
(01647-432244; www.22millst.com; 22 Mill St, Chagford; mittags Hauptgerichte 15 £, abends 2/3/5 Gänge 20/25/70 £; Mi–Sa 12–14.30 & 19–21 Uhr) Dieses lauschige Restaurant zaubert phantasievoll verwandelte Klassiker von Moorland- und Küstenspezialitäten, z. B. geräucherte Kartoffelsuppe, würziges Cornwall-Wild und Petersfisch aus Brixham mit Muscheln. Als Krönung sind das Schokoladen- und Dark-Ale-Eis sicher nicht die schlechteste Wahl.

★ Gidleigh Park GOURMETRESTAURANT £££
(01647-432367; www.gidleigh.com; Gidleigh, nahe Chagford; 2/3 Gänge mittags 42/55 £, 5/8 Gänge am Abend 110/135 £; 12–14.30 & 19–21.30 Uhr) Das ist es also: das beste Restaurant in ganz Devon. Meint zumindest der Michelin-Führer, der dem Lokal in einem luxuriösen Hotel aus der Arts-and-Crafts-Zeit gleich zwei Sterne verleiht. Ein Blick auf die Karte zeigt in der Tat verheißungsvolle Kombinationen aus klassischer französischer Küche und regionalen Zutaten. Wachteln, Jakobsmuscheln aus Brixham oder ein Dartmoor-Lamm vereinen sich hier in schöner Eintracht mit Püree, Velauté oder Jus; da stehen die Geschmacksnerven auf und singen Halleluja. Im Weinkeller stehen etwa 1100 erlesene Trauben. Gäste können auch eine individuelle Führung buchen.

An- & Weiterreise

Moretonhampstead Bus 173 (15 Min., Mo–Sa 2-mal tgl.)

Exeter Bus 173 (1 Std., Mo–Sa 5-mal tgl.)

Okehampton Bus 178 (40 Min. Mo–Sa 1-mal tgl.)

Lydford
376 EW.

Lydford besteht aus einer Reihe von Granithütten, einer Schlossruine und einer herrlichen Schlucht – der perfekte Ort für eine friedvolle Übernachtung. Das ruhige Kaff war früher das Verwaltungszentrum des Moors und unter der Herrschaft des Sachsen Aethelred II. wurden hier auch königliche Münzen geprägt.

Sehenswertes & Aktivitäten

Lydford Gorge WASSERFALL
(NT; 01822-820320; www.nationaltrust.org.uk; Lydford; Erw./Kind 6/3 £; Mitte März–Sept. 10–17 Uhr, Okt. bis Mitte Nov. 16 Uhr; P) Ein fast 5 km langer Wanderweg führt in Serpentinen zum Grund der tiefsten Schlucht in Südwestengland hinab. Wer hier herunterläuft, ist schnell von dichten Eichenwäldern umschlossen und muss bald die Jacke aus dem Rucksack zerren, denn es wird sofort kühl. Am Fluss entlang führt der Weg zum eindrucksvollen **White Lady Wasserfall**, der 30 m an einer fast senkrechten Felswand herabdonnert. Die holprigen Pfade schlängeln sich auch um verschiedene blubbernde Strudelbecken vorbei; der bekannteste ist

Fahrradtour
Granite Way

START OKEHAMPTON YHA
ZIEL OKEHAMPTON YHA
LÄNGE 19 KM (HIN & ZURÜCK), 4 STD.

In der ruhigen Wildnis von Dartmoor herrschte einst Steinbruch- und Minenhektik. Einblicke in diese Zeit bietet dieser autofreie, relativ ebene Radweg durch atemberaubende Landschaft.

Der Granite Way folgt einer früheren Eisenbahnlinie für Güter aus dem Moor. Fahrräder vermietet ❶ **Adventure Okehampton** (S. 114), von dort geht es bergab unter einer Eisenbahnbrücke hindurch und dann links in den Granite Way (National Cycle Route 27). Der Eisenbahnlinie folgen, die links unter eine Steinbrücke abzweigt. Bald erscheinen rechts die Ruinen von ❷ **Okehampton Castle** (S. 129), dann bald links abbiegen durch das ❸ **Tor** und unter der stark befahrenen A30 hindurch. Hinter der bizarren Landschaft von ❹ **Meldon Quarry's** mit Felsen und Müllhaufen taucht eine Reihe von tors auf, darunter der höchste Punkt von Dartmoor: High Wilhays (621 m). ❺ **Meldon Buffet**, ein Café mit Besucherzentrum in Eisenbahnwaggons, ist perfekt für eine Teepause. Vom ❻ **Meldon Viaduct**, einem 165 m langen Stahlbau aus dem Jahr 1874, gibt es einen tollen Ausblick auf das tiefe Tal. Danach einen Abstecher nach links machen (ausgeschildert mit Meldon Reservoir) zum 45 m hohen ❼ **Meldon Dam**, einem Stausee mit Uferwegen. Zurück auf dem Granite Way Richtung Süden weiterradeln, an einem Weiderost vorbei balancieren und die sich öffnende Landschaft bestaunen; der Blick über das offene Moor reicht bis hinauf zum weitläufigen Sourton Tor. In Sourton die ❽ **St. Thomas à Becket Church** aus dem 14. Jh. besichtigen. Schließlich naht der mehrbogige ❾ **Lake Viaduct**, ein atemberaubender Granitbau mit weitem Blicke über den Stechginster. Kurz danach dem Schild zum Bearslake Inn folgen, der steile, unbefestigte Weg führt unter den Viadukt; danach über Holzbrücken und neben einem Fluss bis zum reetgedeckten ❿ **Bearslake Inn** mit guter Küche (12.30–14 & 18–21 Uhr). Danach zurück auf den Granite Way und nach Okehampton. Wer die Ruinen von Okehampton Castle sieht, ist dem Ziel nah.

der Furcht einflößende **Devil's Cauldron**, der aussieht, als wäre er aus dem moosigen Gestein herausgelöffelt worden.

Lydford Castle BURG
(frei zugänglich) GRATIS Die winzige Burg aus dem 13. Jh. liegt mitten im Zentrum des Dorfs Lydford. Der Würfel ohne Dach war früher ein Gefängnis und Teil der berüchtigten „Lydford-Rechtsprechung", die nach dem Motto verfuhr „erst hängen, dann fragen".

Schlafen & Essen

Dartmoor Inn INN ££
(01822-820221; www.dartmoorinn.com; Moorside, Lydford; DZ £100; Küche Mo-Sa 12-14.30 & 18.45-21, So 12-14.30 Uhr; P) Die Betreiber haben das Motto „alt trifft neu" perfekt umgesetzt. Gefliese Böden, knisternde offene Kamine und Pferdeplaketten, die von den Balken hängen, sorgen für die passende Atmosphäre zum eleganten Gastro-Pub-Essen (Hauptgerichte 13-22 £), während die Gästezimmer mit schicken Badezimmern, Möbeln im Retroschick, überbordenden Stoffen und dem Kultradio von Roberts auftrumpfen.

Castle INN ££
(01822-820241; www.castleinndartmoor.co.uk; Lydford; DZ 60-100 £; Küche 12-21 Uhr; P) Die Schlafzimmer in diesem elisabethanischen Inn reichen von klein und einfach bis geräumig und luxuriös. Wer Zimmer Nr. 1 wählt, erhält eine große Dusche, eine eigene Terrasse und Blick auf Lydford Castle. Die Bar ist überaus behaglich, die Bogendecke und Bänke mit hohen Rückenlehnen werden von Lampen beleuchtet. Serviert werden herzhafte, für Dartmoor typische Gerichte (Hauptgerichte 8-22 £).

Lydford
Country House B&B, SELBSTVERSORGER ££
(01822-820347; www.lydfordcountryhouse.co.uk; Lydford; EZ 75 £, DZ 115-150 £, FZ 145-155 £; P) Schnittige Zimmer mit glänzenden mangofarbenen Möbeln bieten Blick auf die Spitzen von *tors*, während der geräumige Gästebereich mit Antiquitäten und tiefen Sofas möbliert ist. Über das ganze Obergeschoss breitet sich ein 4-Personen-Apartment für Selbstversorger aus (700 £/Woche). Der Fahrradweg Granite Way schlängelt sich an der Tür vorbei und es gibt einen Stall fürs eigene Pferd.

An- & Weiterreise

Bus 118 (2- bis 5-mal tgl.) fährt in nördlicher Richtung nach Okehampton (15 Min.) und Barnstaple und in südlicher Richtung nach Tavistock (30 Min.).

Okehampton

5922 EW.

In Okehampton scheint die Zeit stehen geblieben zu sein. Die Stadt kauert am Rande eines unbewohnten Geländes mit farnbedeckten Hängen und Granit-*tors* – diese weite Hochmoorlandschaft öffnet die Sinne des Betrachters. Die traditionellen Geschäfte und Pubs machen Okehampton zu einem guten Platz, um sich mit Proviant einzudecken, bevor es weiter in die Wildnis geht.

Sehenswertes & Aktivitäten

Okehampton Castle BURGRUINE
(EH; 01837-52844; www.english-heritage.org.uk; Castle Lodge, Okehampton; Erw./Kind 4/2,30 £; April-Okt. 10-17 Uhr, Juli & Aug. bis 18 Uhr) Ein nennenswert schöneres Stück Geschichte als diese uralte Burg ist relativ schwer zu finden. Die mächtige, aber ziemlich bröckelige Ruine balanciert auf der Spitze eines bewaldeten Vorsprungs, der über den schäumenden Fluss Okement ragt. Die Normannen hatten sie als Erdhügelburg angelegt, die im 14. Jh. umgebaut und erweitert wurde und einst die größte Burg in ganz Devon war. Pfade und Treppen winden sich durch die Ruine und eröffnen schöne Ausblicken auf die Heide- und Farnlandschaft am Horizont.

Finch Foundry HISTORISCHE STÄTTE
(NT; 01837-840046; www.nationaltrust.org.uk; Sticklepath; Erw./Kind 5/2 £; Mitte März-Okt. 11-17 Uhr; P) Dies ist der letzte von Wasserkraft angetriebene Schmiedeofen aus dem 19. Jh. in England, in der das Hämmern auf Metall noch erklingt. Die Schmiede liegt am Ende einer 8 km langen Wanderung durch ein felsiges Flusstal auf dem Tarka Trail von Okehampton.

Schlafen & Essen

White Hart INN £
(01837-52730; www.thewhitehart-hotel.com; Fore St; EZ/DZ 72/87 £; Pizza Mi-Sa 18-21.30 Uhr; P) Selten konnte sich eine Posthalterei so etablieren wie dieses Wirtshaus aus dem 17. Jh. im Stadtzentrum. Einige Badezimmer könnten eine Sanierung gebrauchen, aber die Schlafzimmer sind behaglich,

mit gusseisernen Kronleuchtern, wärmenden Bettpfannen und mit Balken überall. Die frische Pizza (9 £) stillt den Hunger nach einem Tag im Moor.

Bracken Tor YHA HOSTEL £

(0844 293 0555; www.yha.org.uk; Saxongate; DZ/B 25/20 £; P@) Dieses 100 Jahre alte Landhaus auf einem 1,6 ha großen Gelände am Rande des Hochmoors ist die perfekte Ausgangsbasis für Wanderungen. Es liegt 16 km südlich von Okehampton. Auch in Okehampton selbst gibt es ein Hostel, dort sitzt auch Adventure Okehampton (S. 114), das organisierte Abenteuer anbietet.

Collaven Manor B&B ££

(01837-861522; www.collavenmanor.co.uk; Sourton, nahe Okehampton; DZ 98–140 £; P) In dem reizenden, von Clematis überwucherten Miniherrenhaus prangt ein hölzerner Kronleuchter in der Halle aus dem 16. Jh. Die ruhigen Zimmer sind mit Tapisserien und Fenstersitzen ausgestattet – wunderbar, um den Blick auf die *tors* zu genießen. Collaven Manor liegt 8 km westlich von Okehampton.

Eat Toast CAFÉ £

(www.eattoast.co.uk; Market St; Hauptgerichte ab 6 £; Mo–Sa 9.30–17 Uhr) Die Kombination ist praktisch: ein schrulliger Laden für Küchenzubehör teilt sich die höhlenartigen, unverputzten Räume mit einem entspannten Café. Das Aroma von frisch gemahlenem Kaffee zieht durchs Haus, in den Regalen liegen bunte Küchenutensilien, während die großen Ledersofas perfekt für einen Latte mit Kuchen oder eine Wurstplatte sind.

ⓘ Praktische Informationen

Touristeninformation (01837-53020; www.okehamptondevon.co.uk; Museum Courtyard, 3 West St, Okehampton; Ostern–Okt. Mo–Sa 10–16.30 Uhr, Nov.–Ostern Mo, Di, Fr & Sa 10–16.30 Uhr)

ⓘ An- & Weiterreise

Bus X9 (Mo–Sa 6-mal tgl.) fährt nach Exeter (55 Min.) und Bude (1 Std.).

Bus 178 (Mo–Sa 1-mal tgl.) fährt nach Chagford (30 Min.) und Moretonhampstead (1 Std.).

Bus 118 (2- bis 5-mal tgl.) fährt nach Lydford, Tavistock und Barnstaple.

Exmoor & Norddevon

Inhalt ➡

Exmoor National Park ....S. 132
Dulverton ....S. 135
Dunster & Umgebung .... S. 138
Porlock & Umgebung .... S. 140
Lynton & Lynmouth....S. 143
Norddevon ....S. 145
Ilfracombe................S. 145
Croyde, Braunton & Umgebung ....S. 147
Bideford, Appledore & Umgebung........... S. 164
Hartland Peninsula ... S. 168

Gut essen

- Mason's Arms (S. 164)
- Woods (S. 137)
- Terra Madre (S. 164)
- Rising Sun (S. 144)
- Reeve's (S. 140)

Schön übernachten

- Vintage Vardos (S. 149)
- Millers at the Tors (S. 144)
- Berridon Farm (S. 168)
- Broomhill Art Hotel (S. 149)
- Tarr Farm (S. 135)

Auf nach Exmoor & Norddevon

Auf ihrem Weg zu den Reisezielen weiter im Westen lassen viele diese Region links liegen. Sie verpassen so mit Exmoor einen bezaubernden Nationalpark, durch dessen heidebewachsene Hügel wilde Ponys und Rothirsche streifen. Kleine Dörfer kauern an steilen Klippen, auf dramatischen Landzungen stürzen bemooste Felsschluchten in die Tiefe und in den urigen Städtchen pulsiert echtes Provinzleben.

Auch die Charmeoffensiven Norddevons lohnen den Umweg: grandiose Surferwellen, eine wilde, zerklüftete Küste mit breiten Sandstränden, pittoreske Dörfer, beeindruckende moderne Kunst, prächtige Gärten und stattliche Herrenhäuser. Überall servieren die Restaurants fangfrische Fische und Meeresfrüchte und erntefrisches Obst und Gemüse. Die Übernachtungsmöglichkeiten reichen von Komfort-Campingplätzen bis hin zu Boutiquehotels voller Kunstwerke. Es könnte also passieren, dass der Umweg über Exmoor und Norddevon sich zum eigentlichen Urlaubsziel entwickelt.

Der größte Teil Exmoors liegt zwar in Somerset, aber da ein Teil auch zu Devon gehört, deckt dieser Reiseführer der Vollständigkeit halber den ganzen Nationalpark ab.

Reisezeit

- **April & Mai** Glockenblumenteppiche bedecken die Waldböden und leuchtend gelber Ginster sprenkelt die Hügel von Exmoor. An Ostern öffnen die meisten Touristenattraktionen.

- **Juni–Aug.** Ende Juli verwandelt die blühende Heide Exmoor in ein Meer aus Purpur. Die Tage sind (möglicherweise) wärmer und die Unterkünfte schneller ausgebucht.

- **Sept. & Okt.** Die Urlauberscharen verstreuen sich und lassen (hoffentlich) akzeptables Wetter, wärmere Meerestemperaturen und günstigere Übernachtungspreise zurück. Frisch gesammelte Pilze bereichern die Speisekarten und Anfang Oktober beginnt die spektakuläre Hirschbrunft.

- **Dez.** Die langen Winternächte offenbaren den außergewöhnlich dunklen Himmel der Region. Das magische Spukschloss Dunster lädt zu Feierlichkeiten bei Kerzenschein.

EXMOOR NATIONAL PARK

Exmoor macht süchtig! Selbst wenn man wieder zu Hause ist, hat man noch das rotbraune Breitwandpanorama vor Augen. Im Herzen des Nationalparks erstreckt sich unter einem endlosen Himmel das Hochmoor: eine verlassene, weitläufige, gelbe Graslandschaft wie aus einer anderen Welt. Das malerische Dorf Exford bietet sich hier als ideales Basislager an. Im Norden durchschneiden klare, felsige Flusstäler das Plateau und pechschwarze Klippen stürzen ins Meer. Zwischen den aufgetürmten Kaps locken stimmungsvolle Orte zum Verweilen, wie das charismatische Porlock oder die Zwillingsorte Lynton und Lynmouth. Am Rande des Moors besticht das entspannte Dulverton mit ländlichem Kleinstadtflair, während der ansprechende Ort Dunster mit Pflasterstraßen und einem märchenhaften Schloss auftrumpft. Und überall zeigt sich das Leben in Einklang mit dem Rhythmus der Jahreszeiten. Exmoor ist wie ein Blick in eine andere Welt und wer einmal hier war, wird bald wiederkommen wollen.

Aktivitäten

Abenteuer

Active Exmoor OUTDOOR
(01398-324599; www.activeexmoor.com) Hier gibt's umfassende Informationen zu Outdooraktivitäten.

Exmoor Adventures OUTDOOR
(01643-863536; www.exmooradventures.co.uk) Organisiert Kajak-, Kanu-, Mountainbike-, Kletter- und *coasteering*-Touren (eine Kombination aus Küstenklettern, Abseilmanövern und Klippensprüngen ins Meer).

Mountains+Moor OUTDOOR
(07773 215 657; www.mountainsandmoor.co.uk) Veranstaltet Kanu-, Mountainbike-, Bergsteiger-, Kletter- und Orientierungskurse.

Radfahren

Auch wenn es hier einige Hügel gibt, die mit einer Steigung von bis zu 25 % daherkommen, ist Radfahren in Exmoor äußerst beliebt. Die Exmoor Cycle Route führt über 90 km als Rundweg durch die landschaftlich reizvollsten Ecken der Gegend und war 2007 eine Etappe der *Tour of Britain*. Zu der Strecke gehören die schweißtreibenden Steigungen zwischen Minehead und Lynmouth sowie ein Abschnitt, der sich von Lynton bis Wheddon Cross quer durchs Moor zieht.

Zudem verlaufen mehrere Routen des **National Cycle Network** (NCN; www.sustrans.org.uk) durch den Park, darunter der West Country Way (NCN Route 3) von Bristol nach Land's End sowie die Devon Coast-to-Coast Cycle Route (NCN Route 27), die von Ilfracombe durch Exmoor und Dartmoor nach Plymouth führt.

Mit seinen vielen Reitwegen und für Räder zugelassenen Pfaden ist Exmoor eins der attraktivsten Crossrad-Gelände Devons. Die Exmoor National Park Authority (ENPA; S. 134) hat eine farbkodierte Karte für Crossradler erstellt (10 £); erhältlich ist sie bei Touristeninformationen oder online bei der ENPA.

Exmoor Adventures (S. 132) bietet einen fünfstündigen Mountainbike-Kurs (50 £) und vermietet auch Räder (Mountainbike für Erw. pro Tag 25 £).

Empfehlenswert sind zudem die folgenden Fahrradverleihe:

Exmoor Cycle Hire FAHRRADVERLEIH
(01643-705307; www.exmoorcyclehire.co.uk; 6 Parkhouse Rd, Minehead; Erw. pro Tag/Woche 14/50 £, Kind pro Tag/Woche 8/28 £)

Pompys FAHRRADVERLEIH
(01643-704077; www.pompyscycles.co.uk; Mart Rd, Minehead; pro Tag 15 £; Mo-Sa 9-17 Uhr)

Pony-Trekking & Reiten

Mit seiner offenen Heidelandschaft und knapp 500 km Reitwegen ist Exmoor ein verlockendes Gelände für alle, die gern hoch zu Ross sitzen. Eine der Hauptrouten ist der 58 km lange Coleridge Way (www.coleridgeway.co.uk), der sich von Exmoor bis zu den Quantock Hills schlängelt.

In Dulverton kann man beim Exmoor Pony Centre (S. 135) auf winzigen Exmoor-Ponys reiten. Die folgenden Reiterhöfe arrangieren Ausritte mit Ponys und Pferden ab ca. 40 £ für zwei Stunden.

Brendan Manor Stables REITEN
(01598-741246; www.ridingonexmoor.co.uk; Brendon Manor, nahe Lynton)

Burrowhayes Farm REITEN
(01643-862463; www.burrowhayes.co.uk; West Luccombe, nahe Porlock)

Outovercott Stables REITEN
(01598-753341; www.outovercott.co.uk; Outovercott, nahe Lynton)

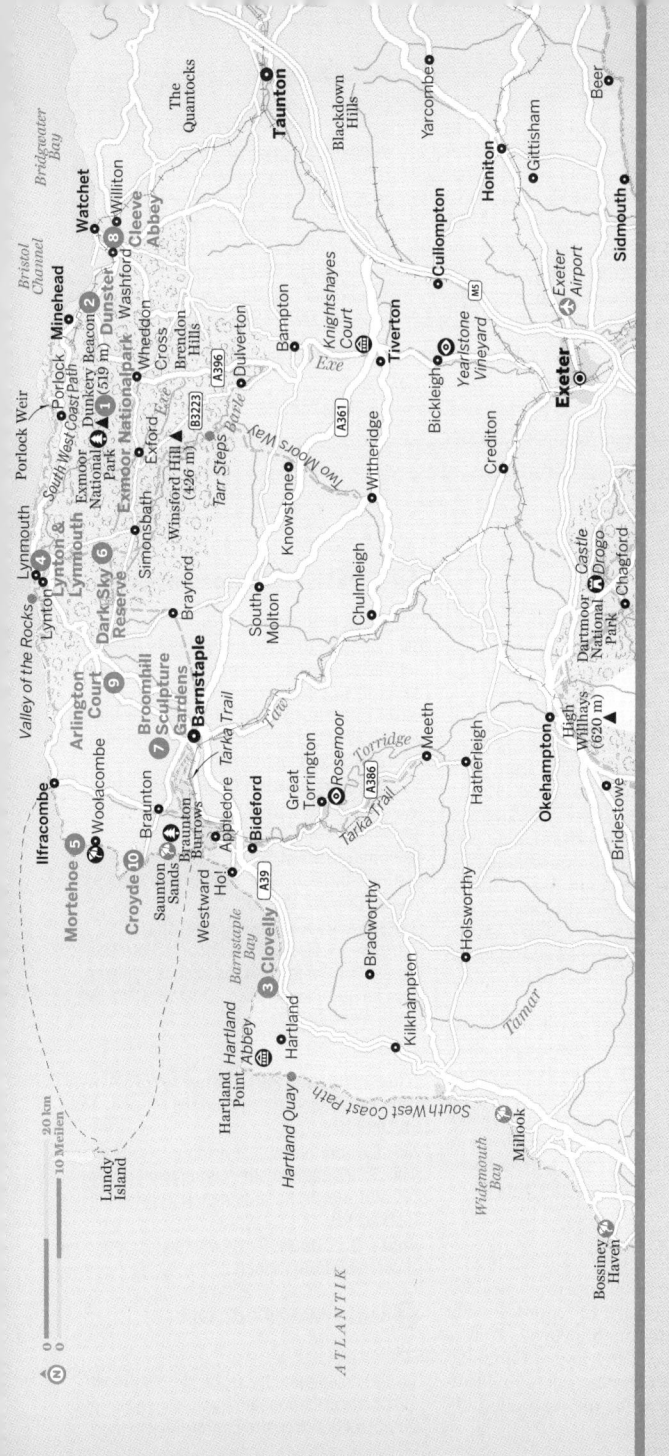

Highlights

1 Die Brunftkämpfe der Hirsche im **Exmoor National Park** (S. 134) verfolgen

2 Das kulturelle Erbe **Dunster Castles** (S. 133) erkunden

3 Im pittoresken Fischerdorf **Clovelly** (S. 167) durch die steilen Kopfsteinpflastergassen bummeln

4 Mit einer wassergetriebenen **Bergbahn** (S. 143) den Steilhang von Lynmouth nach Lynton hinauffratern

5 Auf den Klippen von **Mortehoe** (S. 146) einem Schäfer und seinem Hütehund bei der Arbeit zusehen

6 In Europas erstem **International Dark Sky Reserve** (S. 139) in die Sterne gucken

7 In den **Broomhill Sculpture Gardens** (S. 149) 300 zeitgenössische Kunstwerke entdecken

8 Die Anlagen des Zisterzienserklosters **Cleeve Abbey** (S. 138) durchstreifen

9 Die Pferdekutschensammmlung im Herrenhaus **Arlington Court** (S. 149) bestaunen

10 In Devons Surferhochburg **Croyde** (S. 148) auf den Wellen reiten

> ### AUF HIRSCHSAFARI
>
> Exmoor ist die Heimat eines der größten frei lebenden Rotwildbestände Englands. Am besten sind die Tiere im Herbst zu beobachten, wenn in der Brunftzeit röhrende Hirschböcke mit ihren gewaltigen Geweihen aufeinander losgehen und um die Gunst ihrer zukünftigen Hirschkuh kämpfen. Trotz ihrer großen Zahl sind die scheuen Tiere ohne einheimische Kenntnis nur schwer aufzufinden. Zwei- bis dreimal im Monat organisiert die ENPA frühmorgens und abends unvergessliche **Rotwild-Expeditionen** (3–5 £), bei denen man flüsternd durchs Moor kriecht, um die Tiere zu erblicken.
>
> Eine Alternative sind mehrstündige **Jeepsafaris** quer durchs Gelände, bei denen Wildtiere aufgespürt werden. Zu den erfahrenen Anbietern gehören folgende:
>
> **Barle Valley Safaris** (07977 571 494; www.exmoorwildlifesafaris.co.uk; Fore St, Dulverton; Safari 30 £)
>
> **Discovery Safaris** (01643-863444; www.discoverysafaris.com; Porlock; Safari 25 £)
>
> **Exmoor Safari** (01643-831229; www.exmoorsafari.co.uk; Exford; Safari 33 £)
>
> **Red Stag Safari** (01643-841831; www.redstagsafari.co.uk; an wechselnden Orten; Safari 25–38 £)

Wandern

Die weiten Moore und zahlreichen Pfade von Exmoor lassen jedes Wandererherz höher schlagen. Zu den besten Fernwanderwegen zählen der Somerset & North Devon Coast Path, der zum **South West Coast Path** (www.southwestcoastpath.com) gehört, sowie die Exmoor-Etappe des Two Moors Way. Letzterer beginnt in Lynmouth und führt gen Süden über Dartmoor nach Ivybridge.

Der **Coleridge Way** (www.coleridgeway.co.uk) windet sich auf einer Länge von 58 km durch Exmoor, die Brendon Hills und die Quantock Hills. Auch ein Abschnitt des 290 km langen **Tarka Trail** durchquert den Park. Wer diesem Weg ab Combe Martin folgt, kann entlang der Klippen nach Lynton und Lynmouth und dann quer durchs Moor nach Barnstaple wandern.

Die Exmoor National Park Authority (S. 134) veranstaltet das ganze Jahr über Wanderungen. Grandios sind z. B. die herbstlichen Dämmerungsspaziergänge während der Hirschbrunft oder die sommerlichen Abendwanderungen, bei denen sich ebenfalls Rotwild beobachten lässt. Detaillierte Informationen dazu gibt's in der Broschüre *Exmoor Visitor*.

Schlafen

Das einzige YHA-Hostel innerhalb des Nationalparks befindet sich in Exford. Es gibt allerdings auch eins in Minehead. Wer es noch einfacher mag, kann in den Camping-Scheunen der Northcombe oder Mullacott Farm unterkommen, für die man alle üblichen Utensilien benötigt.

Praktische Informationen

TOURISTENINFORMATION

Die Exmoor National Park Authority (ENPA) betreibt drei Besucherzentren im Nationalpark – das größte ist in Dulverton. Während der Hauptsaison (Ende März bis Oktober) sind alle täglich von 10 bis 17 Uhr geöffnet, im Winter sind die Öffnungszeiten eingeschränkt.

Nationalparkzentrum Dulverton (ENPA; 01398-323841; www.exmoor-nationalpark.gov.uk; 7–9 Fore St)

Nationalparkzentrum Dunster (ENPA; 01643-821835; www.exmoor-nationalpark.gov.uk; Dunster Steep)

Nationalparkzentrum Lynmouth (ENPA; 01598-752509; www.exmoor-nationalpark.gov.uk; The Esplanade) Dieses Besucherzentrum hat gerade ein neues Quartier nahe der Cliff Railway bezogen.

WEBSITES

Exmoor National Park Authority (ENPA; www.exmoor-nationalpark.gov.uk) Die offizielle Website der ENPA.

Visit Exmoor (www.visit-exmoor.info) Eine offizielle Tourismuswebsite mit nützlichen Tipps zu Aktivitäten, Veranstaltungen, Unterkünften und Restaurants.

What's On Exmoor (www.whatsonexmoor.com) Generelle Informationen.

Unterwegs vor Ort

BUS

Die verschiedenen Busse, die die Städtchen und Dörfer in Exmoor anfahren, finden sich auf der nützlichen Website **ExploreMoor** (www.

explauremoor.co.uk). Achtung, manche Verbindungen sind saisonabhängig.

Einige Hauptrouten:

Bus 398 (Mo-Sa 6-mal tgl.) fährt ganzjährig von Minehead durchs Moor nach Tiverton. Zwischenstationen sind Dunster, Wheddon Cross und Dulverton. Einmal pro Tag hält der Bus auch in Exford.

Bus 300 (Mai–Okt. 3-mal tgl., Nov.–April nur Mo-Sa) fährt von Minehead über Porlock nach Lynmouth die Küste entlang.

Bus 309/310 (Mo-Sa 9-mal tgl.) fährt ganzjährig von Barnstaple über Parracombe nach Lynmouth.

MoorRover (01643-709701) Dieser Minibus kutschiert seine Passagiere auf Abruf durch ganz Exmoor. Die Fahrtkosten betragen je nach Streckenlänge 10 bis 30 £, auch Fahrradtransporte und Gepäcktransfers können arrangiert werden. Mindestens einen Tag im Voraus buchen.

ZUG
Die West Somerset Railway (S. 138) fährt von Taunton über Dunster nach Minehead (April–Okt., vier bis sieben Züge tgl.).

Dulverton

2500 EW.

Dulverton ist das südliche Tor zum Exmoor National Park und schmiegt sich nahe des Zusammenflusses von Exe und Barle ins Barle Valley. Das traditionelle Landstädtchen beherbergt mehrere Fachgeschäfte für den Jagd- und Angelbedarf sowie einige Geschenkartikelläden und bietet sich als reizvolle Basisstation am Rande des Moors an.

Sehenswertes

Tarr Steps WAHRZEICHEN
Exmoors berühmtestes Wahrzeichen ist eine alte Brücke aus 17 riesigen Sandsteinplatten. Diese ruhen auf steinernen Pfeilern, die im Fluss Barle versenkt sind. Die längste *clapper bridge* (Steinplattenbrücke) Englands wurde der Sage nach vom Teufel zum Sonnenbaden erbaut. Die ursprüngliche Brücke stammte wahrscheinlich aus der Zeit der Tudors; 2012 musste sie nach Flutschäden erneuert werden.

Die Tarr Steps befinden sich 11 km nordwestlich von Dulverton und sind auf der B3223 zwischen Dulverton und Simonsbath ausgeschildert.

Exmoor Pony Centre PONYFARM
(01398-323093; www.exmoorponycentre.org.uk; Ashwick, nahe Dulverton; Ostern-Okt. So-Fr 10–16 Uhr; P) GRATIS Man kann die stämmigen Exmoor-Ponys zwar hin und wieder über die Hügel galoppieren sehen, aber so nah wie hier kommt man ihnen sonst nicht. Ursprünglich wurden sie als Lasttiere gezüchtet und trotz ihrer zwergenhaften Statur sind sie extrem robust. Die Ställe stehen Gästen offen, es lassen sich auch halbtägige Erlebnisbesuche (45 £) buchen, bei denen nach eigenhändigem Striegeln, Aufzäumen und Satteln ein zweistündiger Ausritt durchs Moor auf dem Programm steht (nur für erfahrene Reiter unter 82,5 kg).

Schlafen

★**Tarr Farm** HOTEL ££
(01643-851507; www.tarrfarm.co.uk; Tarr Steps; EZ/DZ 90/150 £; P) Ein perfekter Ort zur Tiefenentspannung. Das charmante Bauernhaus liegt versteckt mitten im Wald bei den Tarr Steps, 11 km von Dulverton entfernt. Die neun Zimmer sind geräumig und luxuriös und verwöhnen mit Extras wie biologischen Badeprodukten oder selbst gebackenen Keksen.

Streamcombe Farm B&B, CAMPING ££
(01398-323775; www.streamcombefarm.co.uk; www.exmoorgreenandwild.co.uk; Streamcombe La, nahe Dulverton; Camping pro Pers. 10 £, DZ 85–110 £; P) Eine ländlichere Unterkunft als diese bezaubernde Farm aus dem 18. Jh. ist schwer zu finden. Die rustikalen Zimmer im Landhausstil beeindrucken mit Kaminen und antiken Deckenbalken. Nur die Schafe, Hirsche und Fasane draußen unterbrechen hier und da die Stille. Und wer noch mehr Lust auf Zurück-zur-Natur hat, kann im Wald zelten oder zu zweit in einer Schäferhütte (65 £) im Shabby-Chic-Stil übernachten. In der Scheune werden Kochkurse angeboten.

Town Mills B&B ££
(01398-323124; www.townmillsdulverton.co.uk; High St; EZ/DZ 65/95 £; P) Die beste Wahl, wenn man mitten in Dulverton übernachten will. Die Zimmer in der umgebauten Mühle am Fluss sind ganz modern mit cremeweißen Teppichen, magnolienfarbenen Wänden und kleinen floralen Kunstwerken ausgestattet. Die Treppe säumt eine beneidenswerte Sammlung mit Bildern von Tim und Struppi.

Three Acres B&B ££
(01398-323730; www.threeacrescountryhouse.co.uk; Brushford, nahe Dulverton; DZ 90–120 £;

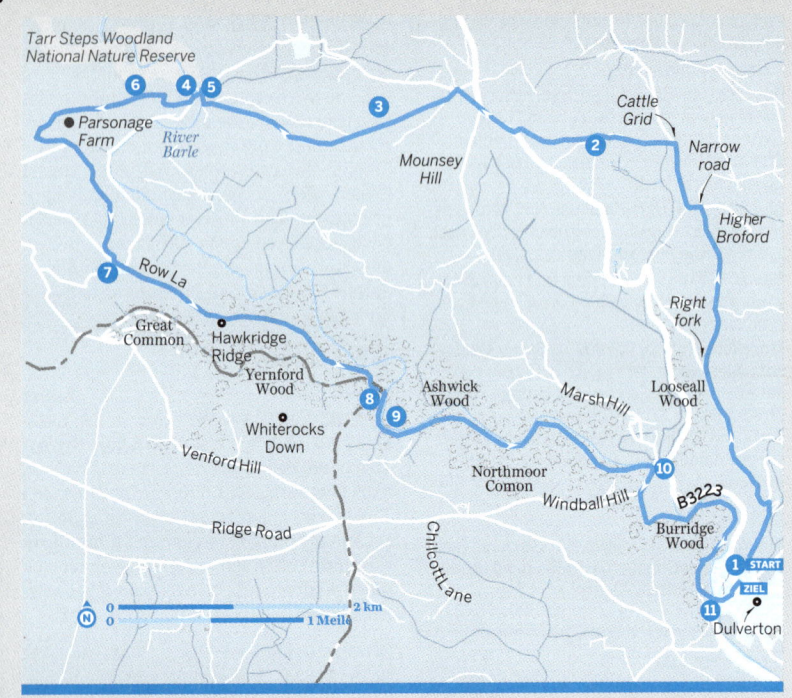

Wanderung
Zu den Tarr Steps in Exmoor

START KIRCHE IN DULVERTON, FORE ST;
ZIEL FORE ST, DULVERTON,
LÄNGE 19 KM; 8 STD.

Auf dieser klassischen Wanderung gibt es einiges zu sehen: Heidehochland, wilde Ponys, bewaldete Täler, ein altes Inn und Exmoors berühmtestes Kleinod.

Zunächst geht's südlich an der ❶ **Kirche von Dulverton** vorbei den Hügel hinauf. Links liegen bleibt der Pfad zur Marsh Bridge. Stattdessen wandert man quer übers Feld und an der Gabelung rechts bergauf, bis links eine schmale Straße abzweigt. Hier führt links ein blau ausgeschilderter Fußweg an der ❷ **Highercombe Farm** vorbei aufs Moor zu. An der Straße geht's rechts und am Viehgitter geradeaus. An einer weiteren Straße samt Viehgitter läuft man links in die offene Heide und auf die unteren Hänge des ❸ **Winsford Hill** zu. Der Blick ins Tal ist überwältigend, manchmal streifen Exmoor-Ponys frei umher (zu erkennen am Ankerbrandzeichen). Schließlich geht das Hochmoor in ein bewaldetes Flusstal über. An einer Gabelung führt der rechte Weg zu den gewaltigen Steinplatten der ❹ **Tarr Steps** (S. 135). Das benachbarte ❺ **Tarr Farm Inn** (S. 137) ist ein idyllischer Ort fürs Mittagessen.

Dann geht's am anderen Ufer rechts hinauf (blaue Markierung) zum ❻ **Parsonage Farm Drive**. Von der Straße führen gelbe Wegweiser geradeaus durch die Felder bis zu dem Dorf ❼ **Hawkridge**. Hinter der Kirche läuft man die Row Line rechts bergab und stößt dann auf den Exe Valley Way nach Dulverton. Dieser taucht wieder in die moosigen, knorrigen Wälder am Fluss ein, wo Siebenschläfer, Frösche und Otter leben. Hinter der steinernen Fußgängerbrücke ❽ **Castle Bridge** erheben sich am gegenüberliegenden Ufer die Böschungen der Hügelfestung ❾ **Mounsey Castle** aus der Eisenzeit. Der Pfad folgt dann einem Fluss, der sich zur ❿ **Marsh Bridge** schlängelt. Hier läuft man am südlichen Ufer des Wasserlaufs zurück nach Dulverton und dort über die ⓫ **River Barle Bridge**, die Bridge St und die High St zurück zur Fore St.

(P)(☎) Dieses Anwesen gehörte in den 1930er-Jahren einem pensionierten Armeeoffizier und überall finden sich Zeugnisse jener Zeit: vom Tropenhelm am Hutständer bis zu den dick gepolsterten Sesseln in der Lounge. Die Landschaft Exmoors spiegelt sich in der farblichen Gestaltung der Räume, die das weiche Violett der Heide sowie dunkelgrüne und rotbraune Töne aufgreifen. Es gibt eine friedliche Sonnenterrasse, zum Frühstück kommt Heidelbeermarmelade auf den Tisch und die Bar lockt mit selbst gebranntem Schlehenschnaps.

Essen

Exclusive Cake Co BÄCKEREI £
(www.exclusivecakecompany.co.uk; 19 High St; ab 3 £; ⊕ Mo-Fr 9-16, Sa 8-14 Uhr) In den Regalen stapeln sich die Gourmetköstlichkeiten. Neben klassischen Broten und Kuchen verkauft die Bäckerei echte Raritäten wie das Lauch-Feta-Cheddarbrot, die Ingwer-Schokoladen-Speise oder die Wildbret-Portwein-Pastete (samt der für Exmoor typischen Warnung „Wildbretpasteten können Flintenschrot enthalten").

Mortimers CAFÉ £
(☎ 01398-323850; 13 High St; Hauptgerichte ab 6 £; ⊕ Do-Di 9-17 Uhr) Zu erstklassigen und exotischen Tees werden himmlische Kuchen und knusprige Käsetoasts gereicht. Im Sommer gibt's bis in den Abend Pizza (Do-Sa bis 21 Uhr).

★ Woods BISTRO ££
(☎ 01398-324007; www.woodsdulverton.co.uk; 4 Bank Sq; Hauptgerichte 11-17 £; ⊕ 12-14 & 18-21.30 Uhr) Rustikaler Chic par excellence – von der Ausstattung bis zum Küchenkönnen. An den rauen Steinwänden prangen Hirschgeweihe und in den holzvertäfelten Separées warten urige Tische und Bänke. Die Speisekarte versammelt Rindfleisch, Lamm, Taube und Käse aus Exmoor, die mit spannenden Beilagen kombiniert werden. Besonders schmackhaft ist z. B. der mit Wildpilzen und Meerfenchel eingelegte Mozzarella.

Tarr Farm Inn RESTAURANT ££
(☎ 01643-851507; www.tarrfarm.co.uk; Tarr Steps; Snacks ab 5 £, Hauptgerichte abends 11-23 £; ⊕ 12-14 & 18-21 Uhr) Hier sind alle willkommen: Wanderer und Familien essen hier herzhafte Mittagsgerichte oder bestellen einen *cream tea*, abends wird feinere Landhausküche serviert, die bei den Barbour tragenden Stammgästen zu Recht hoch im Kurs steht.

ℹ An- & Weiterreise
Details zu Bussen von/nach Dulverton s. S. 135.

Exford & Umgebung
500 EW.

Exford kauert im Herzen des Moors am Ufer des Flusses Exe und besteht aus einem fröhlichen Sammelsurium aus Cottages und schiefergedeckten Häusern, die sich um die Grünanlage des Dorfes gruppieren. Obwohl das Jagen mit Hunden 2005 verboten wurde, ist Exford nach wie vor eine Hochburg der Devon und Somerset Staghounds, die früher das Jagen übernahmen. Während der Jagdsaison (Ende Sommer/Herbst bis Frühling) begleiten sie dreimal pro Woche Pferd und Jäger, um das Wild zu überwachen.

Aktivitäten

Der **Dunkery Beacon** (519 m) ist der höchste Punkt Exmoors und liegt 6,5 km nordöstlich von Exford. Von Wheddon Cross, 8 km östlich von Exford, erklimmt ein 13 km langer Wanderweg mit umwerfenden Ausblicken den Gipfel. Unterwegs lassen sich manchmal ein paar Exmoor-Ponys oder Hirsche blicken.

Eine andere Wanderung führt von Wheddon Cross zum wunderschönen **Snowdrop Valley** (Schneeglöckchental; www.wheddoncross.org.uk/snowdropvalley.htm), das im Februar von einem schneeweißen Blütenteppich überzogen ist.

Schlafen & Essen

Exford YHA HOSTEL £
(☎ 0845-371 9634; www.yha.org.uk; Exe Mead; B/DZ 14/40 £; (P)) Dieses viktorianische Backsteinhaus ist eine der besten Budgetunterkünfte in Exmoor und nur wenige Schritte von Exfords Pubs entfernt. Die Schlafsäle sind klein und ein bisschen anstaltsartig, aber die Scharen von Wanderern und Radlern hier stört das nicht groß.

Exmoor House B&B ££
(☎ 01643-841432; www.exmoorhouse.com; Wheddon Cross; DZ 82 £; (P)) Der Flur ist mit dunklem Holz aus der Zeit Edwards VII. vertäfelt, in der gemütlichen Lounge stapeln sich jede Menge Bücher und die Zimmer im oberen Stockwerk sind gediegen. Das angeschlos-

sene Restaurant (dreigängiges Abendmenü 26 £; Reservierung erforderlich) fährt klassische Landküchenspezialitäten auf, darunter Forellenpastete, selbst geräucherte Ente und geschmortes Lammfleisch. Exmoor House befindet sich 8 km östlich von Exford in Wheddon Cross.

Edgcott House B&B, FERIENHAUS ££
(☎01643-831162; www.edgcotthouse.co.uk; Edgcott Road, Exford; EZ 65 £, DZ 75–115 £, Cottage pro Woche 750 £; P ⊚) Dieses hübsche Haus aus dem 17. Jh. liegt zehn Fußminuten vom Dorfzentrum entfernt inmitten einer privaten Grünanlage am Fluss. Den Eingangsbereich zieren Terrakottafliesen und der beeindruckende, 15 m lange „Long Room" schmückt sich mit handgemalten Wandbildern. Direkt nebenan hat das pittoreske, weiß getünchte Ferienhäuschen **Cascade House** Platz für sechs Personen.

Exmoor White Horse INN ££
(☎01643-831229; www.exmoor-whitehorse.co.uk; Exford; DZ 85–105 £, Hauptgerichte 14–22 £; ⊙ Bar mit kleinen Gerichten 12–21 Uhr, Restaurant 19–21 Uhr; P ⊚) Hier gibt's alles, was man in einem traditionellen Kutschergasthof in Exmoor erwartet: eine nette Bar mit echtem Feuer, ein Restaurant, das frische, regionale Erzeugnisse auf den Tisch bringt, und ruhige, heimelige Zimmer. Das Inn liegt im Herzen Exfords. Die Bierterrasse am Fluss ist ein beliebter Treffpunkt der Einheimischen und ein beschaulicher Ort, um Pferde und Reiter vorbeitraben zu sehen.

Crown Hotel INN ££
(☎01643-831554; www.crownhotelexmoor.co.uk; Chapel St; EZ/DZ 80/140 £; Hauptgerichte 8–14 £; ⊙ Küche 12–14.30 & 18–21.30 Uhr; P) Das Crown bietet urtypisches Exmoor-Ambiente. Über den Ledersesseln prangen Hirschköpfe sowie Kunstdrucke mit Jagdszenen und die traditionellen Zimmer sind in jagdgrünen und cremeweißen Farbtönen gehalten. Trotz des (im besten Sinne) hinterwäldlerischen Flairs ist die Küche überraschend experimentierfreudig, besonders lecker sind die Seebrasse auf Ratatouille oder das leichte, zweifach gebackene Käsesoufflé.

❶ An- & Weiterreise

Details zu Bussen nach Exford s. S. 134. An Schultagen verkehrt zusätzlich der Bus 412 zwischen Exford und Dulverton in beide Richtungen jeweils einmal täglich.

Dunster & Umgebung

1220 EW.

Dunster ist einer der ältesten Orte Exmoors und gruppiert sich mit seinen sprudelnden Bächen, kleinen Brücken und gepflasterten Straßen um ein rosafarbenes Schloss und den *yarn market* (Woll- und Stoffmarkt) aus dem 17. Jh. Das schmucke Städtchen am nördlichen Rand der Heide eignet sich mit seinen vielseitigen Übernachtungsmöglichkeiten und Restaurants bestens als Basislager. Zudem lohnt ein Abstecher zu drei nahe gelegenen, außergewöhnlichen Ausflugszielen.

Der familienfreundliche Ferienort Minehead liegt 5 km nordöstlich von Dunster.

⊙ Sehenswertes

Dunster Castle SCHLOSS
(NT; ☎01643-821314; www.nationaltrust.org.uk; Castle Hill, Dunster; Schloss Erw./Kind 9/4,40 £, Garten & Park 5,20/2,50 £; ⊙ März–Okt. 11–17 Uhr; P) Das rosafarbene Dunster Castle residiert hoch oben auf einem dicht bewaldeten Hügel. Das Schloss wurde von den Luttrells errichtet, denen einst ein Großteil des nördlichen Exmoor gehörte. Der älteste Gebäudeteil stammt aus dem 13. Jh., allerdings wurden die Türme und Außenmauern im 19. Jh. angefügt. Innen ist das Schloss mit Tudormöbeln, Stuckatur aus dem 17. Jh. und einer übertrieben prächtigen Treppe ausgestattet, draußen überblicken die Terrassengärten die Exmoorküste. Aber Achtung, hier spukt's – und zwar angeblich wie kaum sonst irgendwo in England.

Cleeve Abbey HISTORISCHE STÄTTE
(EH; ☎01984-640377; www.english-heritage.org.uk; Abbey Rd, Washford; Erw./Kind 4,40/2,60 £; ⊙ April–Okt. 10–17 Uhr, Juli & Aug. 10–18 Uhr; P) Die meisten Touristen rauschen an dem winzigen, verfallenen Kloster Cleeve Abbey vorbei. Der Besuch lohnt sich jedoch und bietet einen interessanten Einblick in den Alltag der Mönche, die hier vor 800 Jahren lebten. Ein Großteil der Abtei wurde während der Klosterauflösungen durch Heinrich VIII. zerstört, aber die imposanten Klostergebäude, wie z. B. das originale Torhaus, das Refektorium und das Dormitorium der Mönche, zählen zu den besterhaltenen Englands. Das Kloster liegt 8 km östlich von Dunster.

West Somerset Railway EISENBAHN
(☎01643-704996; www.west-somerset-railway.co.uk; 24-Std.-Netzfahrkarte Erw./Kind 17/8,50 £) Es gibt

kaum eine romantischere Art, die Landschaft von Somerset zu erleben, als mit dieser historischen Dampfeisenbahn durch die Gegend zu tuckern. Die Züge verkehren auf der 32 km langen Strecke zwischen Minehead und Bishops Lydeard und halten u. a. in Dunster, Watchet und Williton. Von März bis Oktober fahren täglich vier bis sieben Züge, in den anderen Monaten ist der Zugverkehr stark eingeschränkt. Räder können für 2 £ mitgenommen werden.

Bakelite Museum MUSEUM
(01984-632133; www.bakelitemuseum.co.uk; Orchard Mill, Williton; Erw./Kind 5/2,50 £; Ostern–Okt. Do–So 10.30–18 Uhr, Juli & Aug. tgl. 10.30–18 Uhr) Das liebenswert skurrile Museum 11 km östlich von Dunster beherbergt die landesweit größte Sammlung an Gegenständen aus Bakelit (auch bekannt als Polyoxybenzylmethylenglycolanhydrid), einem der ersten Kunststoffe. Das Wundermaterial wurde für alles Mögliche verwendet: Telefone, Radios, Brieföffner, Eierbecher, Staubsauger, Toaster und sogar künstliche Zähne. Das Museum ist eine echte Fundgrube und demonstriert mit seinen Ausstellungsstücken die vielseitigen Verwendungsmöglichkeiten des Materials. Das Paradestück ist wohl der Bakelitsarg in voller Größe – die armen Leichenträger, die den schleppen mussten …

St. George's Church KIRCHE
(www.stgeorgesdunster.co.uk; Church St, Dunster) Die schöne Kirche von Dunster stammt größtenteils aus dem 15. Jh. und beeindruckt mit einer aufwendig geschnitzten Chorschranke samt kunstvollem Fächergewölbe. Direkt hinter der Kirche befindet sich ein Taubenschlag aus dem 16. Jh., in dem schmackhafte Täubchen für die Schlosstafel gezüchtet wurden.

Dunster Watermill HISTORISCHES GEBÄUDE
(01643-821759; www.dunsterwatermill.co.uk; Mill Lane, Dunster; Erw./Kind 3,50/2,50 £; April–Okt. 11–16.45 Uhr) Diese funktionierende Wassermühle aus dem 18. Jh. besitzt größtenteils noch ihre originalen Mühlräder, Zahnkränze und Mahlsteine. Der angeschlossene Laden verkauft steingemahlenes Vollkornmehl und am Flussufer wartet ein uriger Teesalon.

Schlafen

Mill Stream Cottage B&B £
(01643-821966; www.millstreamcottagedunster.co.uk; 2 Mill Lane, Dunster; EZ 55 £, DZ 74–84 £) In dem ehemaligen Armenhaus aus dem 17. Jh. logiert heute eine zuckersüße Pension mit

ABSEITS DER ÜBLICHEN PFADE

DEM HIMMEL SO NAH

In ganz Exmoor sind die Leute zurecht völlig begeistert, dass der Nationalpark – dank seines pechschwarzen Nachthimmels – zum ersten europäischen „International Dark Sky Reserve" (Schutzgebiet zur Bewahrung des dunklen Nachthimmels) erklärt wurde. Aber was bedeutet das konkret? Zum Beispiel, dass eine Reihe lokaler Organisationen sich darum bemüht, die Lichtverschmutzung zu reduzieren, und dass die Besucher ein einfach spektakulärer Sternenhimmel erwartet. Die ENPA veranstaltet kostenlos unvergessliche nächtliche Orientierungs- und Sternbeobachtungswanderungen. Das einzige Licht bei diesen schaurig-schönen Touren über finstere Hügel spenden die faszinierenden Sternenbilder. Die Nationalparkverwaltung hat zudem Prospekte mit Sternenschaubildern und Karten erstellt, die die lichtgeschütztesten Orte aufzeigen. Die beste Sternensicht bietet der zentrale, höher gelegene Teil des Nationalparks – vielversprechend sind z. B. Brandon Two Gates (an der B3223) oder Webber's Post (direkt nördlich von Dunkery Beacon).

Zimmern im Landhausstil. Bei der Ankunft gibt's selbst gebackenen Kuchen, zum Tee werden selbst gemachte Kekse gereicht und in der Gästelounge kann man es sich auf den Sofas vor dem Holzofen bequem machen.

Dunster Castle Hotel HOTEL ££
(01643-823030; www.thedunstercastlehotel.co.uk; 5 High St, Dunster; DZ 90–150 £; Küche 12–14.30 & 18–21 Uhr;) Die einstige Poststationsherberge kommt alles andere als nüchtern daher – von der Einrichtung in dunklem Purpur über das polierte Holzmobiliar bis zu den plüschigen Stoffüberwürfen, die an Wappendecken erinnern. Die Bar ist gemütlich und das quirlige **Restaurant** (Hauptgerichte 13–20 £) überzeugt mit pikanten Kombinationen wie Rindfleisch mit Chorizo, Butternusskürbis mit Parmesan oder Jakobsmuscheln mit luftgetrocknetem Schinken.

Spears Cross B&B ££
(01643-821439; www.spearscross.co.uk; 1 West St, Dunster; DZ 93–103 £;) Ein Ort für Gour-

mets und Liebhaber antiker Hölzer. Überall finden sich Balken und Vertäfelungen aus dekorativem, alten Ulmenholz, die von geblümten Stoffen und himbeerroten Wänden umrahmt werden. Aber schon allein das Frühstück ist den Aufenthalt wert: Zu Bucks Fizz (mit frisch gepresstem Orangensaft und Champagner) gibt's selbst geräucherten Speck, vor Ort geräucherte Forelle sowie traditionell gebackenes Honig-Dinkelbrot.

Luttrell Arms INN ££
(01643-821555; www.luttrellarms.co.uk; High St, Dunster; EZ 100–130 £, DZ 130–160 £; Küche 12–15 & 19–21 Uhr; P) Hier nächtigt es sich wahrhaft fürstlich. Mit ihren Gewölbebalken, riesigen gemauerten Kaminen, Kassettentüren und Schaffellen erinnern die Zimmer an feudale Burggemächer. In der Bar harmonieren die riesigen Steinplatten, schweren Sessel und verblichenen Wandteppiche wunderbar mit der herzhaften Küche (Hauptgerichte 13 £).

✕ Essen

Cobblestones CAFÉ £
(www.cobblestonesofdunster.co.uk; High St, Dunster; Hauptgerichte 6–14 £; Mo–Do 12–15, Fr–So 12–15 & 18.30–20.30 Uhr) Gar nicht so einfach, sich hier zu entscheiden. Darf's der Braten des Tages sein oder die Bauernpastete mit knusprigem Brot? Oder vielleicht einfach ein erstklassiger *cream tea* (Tee mit *scones*, Sahne und Marmelade)?

Reeve's MODERN BRITISCH ££
(01643-821414; www.reevesrestaurantdunster.co.uk; 22 High St, Dunster; Hauptgerichte 18 £; Sa & So 12–13.30, Di–Sa 19–21 Uhr) Dieses wirklich stilvolle Restaurant tischt das beste Essen in Dunster auf und bewirtet seine Gäste in einem edlen Speisesaal mit abgeschliffenem Dielenboden und Lichterketten. Die Küchenkreationen sind ausgefeilt und äußerst sättigend. Serviert werden z. B. stapelweise gegrilltes Wildbret und duftende Seeteufel sowie eine mächtige Crème brulée aus dunkler Schokolade mit einem Klacks *clotted cream*.

ⓘ An- & Weiterreise

Details zum Bus 398 nach Dulverton, s. S. 134. Bus 28 (1- bis 2-mal stündl.) pendelt nach Minehead. Von dort verkehren Busse nach Westen an der Küste Exmoors entlang.

Die Züge der West Somerset Railway (S. 138) halten im Sommer in Dunster.

Porlock & Umgebung

2350 EW.

Das kleine Dorf Porlock ist einer der hübschesten Orte an der Küste Exmoors. Er schmiegt sich zwischen das Meer und einen steilen Hang, an dem die Häuser hinaufklettern. Reetgedeckte Cottages säumen die Hauptstraße und gewundene Pfade führen zum verträumten Hafen in Porlock Weir, einer Ansammlung von Pubs, Läden und Hotels, 3 km westlich von Porlock.

Coleridge verfasste sein berühmtes Gedicht *Kubla Khan* während eines Kurzaufenthalts in Porlock (angeblich unter dem Einfluss einer heftigen Kopfgrippe und einer kräftigen Portion Opiumtinktur). Die beiden Dörfer erfreuen sich sowohl bei Touristen als auch bei Wanderern, die auf dem South West Coast Path oder dem Coleridge Way unterwegs sind, großer Beliebtheit.

◉ Sehenswertes & Aktivitäten

Porlock Weir HAFEN
Der Granitkai von Porlock Weir krümmt sich um einen Kieselstrand, der von Pubs, Fischspeichern und saisonal geöffneten Läden umgeben ist. Über ein Schleusentor gelangt man zur Turkey Island. Dort haben ein paar reetgedeckte Cottages am Meer ihr Lager aufgeschlagen und die Gärten gehen in den Strand über. Das Wehr existiert bereits seit fast 1000 Jahren und bietet eine berauschende Aussicht über das Vale of Porloc. Mittags sind die Tische hier gut besetzt und der Ort ist Ausgangspunkt für einige tolle Wanderungen. Ein besonders malerischer Abschnitt des Küstenpfads führt Richtung Westen zum Gore Point und der winzigen Kirche in Culbone, die mit 10 m Länge die kleinste Englands sein soll. Der Kieselstrand im Westen des Wehrs gehört zum Naturschutzgebiet Porlock Ridge and Saltmarsh und steht bei Vogelbeobachtern hoch im Kurs.

Exmoor Owl & Hawk Centre FALKNEREI
(01643-862816; www.exmoorfalconry.co.uk; Allerford, nahe Porlock; Erw./Kind 9/6,50 £; Feb.–Okt. Di–So 10.30–16.30 Uhr, in den Schulferien zusätzlich montags geöffnet; P) Selbst mit dem besten Führer gibt es keine Garantie, die scheueren Bewohner des Exmoors zu erblicken, es sei denn im Exmoor Owl & Hawk Centre. Von April bis September veranstaltet die Falknerei täglich Vorführungen wie die

Eulenshow in der mittelalterlichen Scheune (11.30–13 Uhr) oder die Flugdarbietungen auf offenem Feld (14.30–15.45 Uhr). Besucher können auf Wunsch sogar eine private Flugvorführung buchen (ab 60 £) und die Kids dürfen auf den Shetlandponys, Eseln und Alpakas der Farm reiten.

Holnicote Estate HISTORISCHE GEBÄUDE
(NT; ☎01823-451587; www.nationaltrust.org.uk; nahe Porlock; ⊙frei zugänglich; P) GRATIS Das 50 km² große Holnicote Estate südöstlich von Porlock ist das größte Stück Land Exmoors im Besitz des National Trust und umfasst eine Reihe reetgedeckter Bilderbuchdörfer. Das erste ist **Bossington** mit seiner utypischen (natürlich reetgedeckten) Teestube **Kitnors** (Hauptgerichte ab 4 £; ⊙April–Okt. 11–16.30 Uhr). Im charmanten **Allerford** wartet an einer Furt eine fotogene Brücke, die im 15. Jh. für Lastenpferde erbaut wurde. In **Selworthy** gruppieren sich pittoreske Lehmhäuser mit Strohdächern um die Grünanlage des Dorfes und es gibt phänomenale Aussichten auf Exmoor. Das Gelände bietet großartige Wandermöglichkeiten, z. B. führt ein steiler, knapp 5 km langer Rundweg von Webber's Post über die unteren Abhänge des Dunkery Beacon (dem höchsten Punkt Exmoors) und zurück durch das East Water Valley.

🛌 Schlafen

Sea View B&B £
(☎01643-863456; seaview.porlock@btconnect.com; High Bank, Porlock; DZ 60–65 £; 🛜) Die mit jeder Menge Bildern und Möbeln ausgestatteten Zimmer dieses sympathischen B&B überraschen mit fürsorglichen Aufmerksamkeiten. So können sich Wanderer nach den steilen Hügeln von Porlock mit muskelentspannenden Badesalzen oder Blasenverbänden pflegen. Das nach persönlichen Wünschen zubereitete Frühstück verwöhnt mit luftgetrocknetem Speck oder veganen *scones*. Die Fenster nach vorne rahmen tagsüber das Meer und abends die Lichter von Südwales.

⭐ Millers at the Anchor BOUTIQUEHOTEL ££
(☎01643-862753; www.millersuk.com/anchor; Porlock Weir; EZ 65–95 £, DZ 90–140 £; 🛜) Das Millers beherbergt ein wildes Antiquitätensammelsurium, überquellende Bücherregale sowie etliche exotische Teppiche und sprüht über vor liebenswerter englischer Exzentrik. Die Zimmer, in denen goldgerahmte Spiegel mit Marmorbüsten konkurrieren, punkten mit riesigen Betten und einer faszinierenden Aussicht auf Porlock Weir. Aber die dicken Wälzer in der Bibliothek, das Schachbrett in der Lounge oder das skurrile Heimkino locken so manchen Gast schnell wieder vor die Zimmertür. Betrieben wird das Ganze von Martin Miller, der auch der Kopf hinter der gleichnamigen Ginmarke und Antiquitäten-Fachbuchreihe ist – eine überzeugende Kombination.

🍴 Essen & Trinken

Ship Inn INN £
(Top Ship; www.shipinnporlock.co.uk; High St, Porlock; DZ/FZ 70/80 £, Hauptgerichte 8–15 £; ⊙Küche 12–14.30 & 18–21 Uhr; P) In diesem famosen reetgedeckten Pub haben schon Coleridge und sein Kumpel Robert Southey ihre Pints getrunken – man kann sogar in „Southey's Corner" neben den Stammgästen Platz nehmen. Die Bar hat solide Kneipenkost im Angebot, v. a. Steaks, Braten und Eintöpfe. Die zehn hellen Zimmer sind mit Kiefernholz und in cremefarbenen Tönen eingerichtet.

Ship Inn PUB £
(Bottom Ship; www.shipinnporlockweir.co.uk; Porlock Weir; Hauptgerichte ab 8 £; ⊙Küche 12–15 & 18–20.30 Uhr) Verwirrenderweise gibt es sowohl in Porlock als auch in Porlock Weir ein Pub namens Ship Inn. Dieser liegt zu Füßen des Hügels in Porlock Weir und trägt den Spitznamen Bottom Ship. Zur Mittagszeit füllt sich der Biergarten mit Einheimischen und Wanderern.

Culbone RESTAURANT, INN ££
(☎01643-862259; www.theculbone.com; nahe Porlock; DZ 75–100 £, Hauptgerichte 9–22 £; ⊙Küche Mo–Sa 12–22, So 12–21 Uhr; P 🛜) In diesem pfiffigen Restaurant mit angeschlossenen Zimmern versammelt die Speisekarte jede Menge regionale Erzeugnisse, darunter 28 Tage lang abgehangene Devon-Red-Steaks (man hat die Wahl zwischen drei verschiedenen Teilstücken oder einem riesigen *chateaubriand* für zwei), Lamm aus Exmoor und das Risotto mit Ziegenkäse aus Somerset. Die Ausstaffierung mit Schieferböden und schwarzen Lederstühlen setzt ganz auf zeitgenössischen Chic. Dieser Stil ist auch in den Gästezimmern in der oberen Etage wiederzufinden. Das Culbone liegt 6,5 km westlich von Porlock an der A39.

Cafe Porlock Weir RESTAURANT, HOTEL ££
(☎01643-863300; www.thecafeporlockweir.co.uk; Porlock Weir; Hauptgerichte mittags 5–11 £; Hauptgerichte abends 10–25 £; ⊙Mi–So 12–20 Uhr) Der

Autotour
Von Dunster nach Lynton

START DUNSTER,
ZIEL LYNTON,
LÄNGE 51 KM; 1 TAG

Von ❶ **Dunster** führt die Tour über Wheddon Cross nach ❷ **Exford**, dessen Grünanlagen zum Spaziergang einladen. Hinter der Post folgt man den Schildern nach Porlock. Am Wegesrand macht sich Ginster breit, am Himmel kreisen Bussarde und die weite Heide erstrahlt je nach Jahreszeit violett oder honigbraun. Auf einer Hügelkuppe glitzert in der Ferne das Meer. An der A39 führen zwei Routen nach Porlock. Die erste, gebührenpflichtige (2,50 £) biegt zunächst links und nach ca. 1,5 km rechts ab auf die ❸ **New Road Toll Road**. Die Panoramastraße rauscht durch Kiefernwälder und 180-Grad-Kurven und gibt immer wieder den Blick auf die Küste frei. Die gebührenfreie Route führt rechts auf die A39 und dort über Haarnadelkurven den berüchtigten Porlock Hill (25 % Gefälle!) hinab. In ❹ **Porlock** lohnt ein Bummel durch die Einkaufsstraße. Nach einem Strandspaziergang am ❺ **Porlock Weir** mit anschließendem Mittagessen im Bottom Ship geht's die Gasse zwischen dem Pub und dem Café hinauf. Der Weg folgt einer scharfen Rechtskurve nach Worthy und Ashley Combe. An einem beschrankten Steintor sind 2 £ Maut fällig. Von dort führt eine Buckelpiste an einem Waldbach bergauf, unten ist ab und zu das Meer zu sehen. An der A39 geht's nach Lynmouth durch eine Moorhochebene, die von windschiefen Bäumen, Büschelgräsern und dem Meer gesäumt ist. Hier stürzt sich der ❻ **Countisbury Hill** in die Tiefe und sorgt für eine bremsenverschleißende Abfahrt entlang der Steilküste. Die Schilder sprechen Bände: „Steinschlag", „12 % Gefälle", „Radfahrer bitte absteigen". Am ❼ **Hafen von Lynmouth** kann man schön spazieren, und die Memorial Hall erinnert an die tragische Flut von 1952. Anschließend geht's auf der A39 über Watersmeet nach Lynton. Unterwegs wartet eine weitere Steigung entlang einer steilen, moosigen Felsschlucht. In ❽ **Watersmeet** lockt ein kurzer Spaziergang zu den Wasserfällen und in ❾ **Lynton** ist das Vanilla Pod ideal für ein abschließendes Abendessen.

Blick aus dem Speisesaal auf das meerumtoste Porlock Weir ist phantastisch und auch das Essen ist mit Lokalkolorit gespickt. Mittags schmecken Fischfiletstücke in Bierteig mit Pommes. Abends werden Leckereien wie die Terrine vom Withycombe-Schwein mit getoastetem Brioche oder Seafood-Platten (30 £ pro Pers.) serviert, auf denen sich Hummer, Krabben, Austern, Jakobsmuscheln und Garnelen stapeln. Die Zimmer im oberen Stockwerk (DZ 88–138 £) sind überraschend schlicht.

❶ Praktische Informationen

Porlock Tourist Office (☏ 01643-863150; www.porlock.co.uk; West End, High St, Porlock; ✆ Ostern–Okt. Mo–Sa 10–12.30 & 14–17, So 10–13 Uhr) Im Winter hat die Touristeninformation nur vormittags geöffnet.

❶ An- & Weiterreise

Details zu Bussen nach Porlock s. S. 134. Bus 39 (Mo–Sa 7-mal tgl.) pendelt zwischen Porlock, Porlock Weir und Minehead.

Lynton & Lynmouth

4900 EW.

Mit ihren abfallenden Klippen und steilen, baumgesäumten Abhängen ist die Landschaft rund um das nette Hafenstädtchen Lynmouth ausgesprochen reizvoll. Allerdings war sie auch einer der Gründe für die verheerende Sturzflut, die in den 1950er-Jahren zahlreiche Menschenleben kostete. Die Erinnerung daran ist in dem Dorf noch sehr lebendig.

Über dem von Souvenirläden geprägten Lynmouth thronen die viktorianischen Villen von Lynton hoch oben auf einem felsigen Kap. Den Weg dorthin bewältigt eine beeindruckende, mit Wasserkraft angetriebene Schienenseilbahn oder man klettert über einen steilen Klippenpfad hinauf.

⊙ Sehenswertes

★ **Cliff Railway** BERGBAHN
(☏ 01598-753486; www.cliffrailwaylynton.co.uk; einfach/hin u. zurück Erw. 2,30/3,20 £, Kind 1,40/2 £; ✆ Ostern–Okt. 10–18 Uhr) Dieses Meisterwerk viktorianischer Ingenieurskunst wurde von George Marks konstruiert, der ein Schüler Brunels gewesen sein soll. Zwei Waggons, die mit einem Stahlkabel verbunden sind, fahren die steile Klippe je nach Wassermenge in ihren Tanks hinauf oder hinab. An der Talstation in Lynmouth würdigt eine Geschichtsausstellung die geistreichen Erfinder der Bahn. Die mit poliertem Holz und glänzendem Messing ausgestattete Bahn läuft seit 1890 wie geschmiert und ist unbedingt eine Fahrt wert.

Flood Memorial Hall INFORMATIONSZENTRUM
(The Esplanade, Lynmouth; ✆ Ostern–Okt. 9–17 Uhr) GRATIS Nach sintflutartigen Regenfällen am Tag zuvor wälzte sich am frühen Morgen des 16. August 1952 eine riesige Sturzflutwelle durch Lynmouth. Die Katastrophe war verheerend – 34 Menschen kamen ums Leben, vier Brücken und unzählige Häuser wurden von den Wassermassen mitgerissen. Die Ausstellung in der Memorial Hall beinhaltet ein Modell des Dorfes vor der Flut, Fotos von Gebäuden, die damals zerstört wurden, und persönliche Berichte von Zeitzeugen.

Lyn & Exmoor Museum MUSEUM
(Market St, Lynton; Erw./Kind 1/0,50 £; ✆ April–Okt. Mo–Fr 10.30–13.30 & 14–17, So 14–17 Uhr) Das Museum zeigt interessante archäologische Fundstücke sowie eine Sammlung von Werkzeugen, Gemälden und Archivfotos.

🏃 Aktivitäten

Zu den beliebten Wanderwegen durch die spektakuläre Landschaft rund um Lynton und Lynmouth zählen die Touren zum Leuchtturm am **Foreland Point**, nach **Watersmeet** (3 km östlich von Lynmouth, entlang der verträumten Ufer des East Lyn) und durch die idyllische **Glen Lyn Gorge**.

Valley of the Rocks WANDERUNG
Die dramatische Geologie dieses Tals der Felsen beschrieb der Dichter Robert Southey mit den Worten: „Fels rollt sich auf Fels, Stein schichtet sich auf Stein, eine gewaltige, bedrohliche, taumelnde Masse". Viele der Formationen haben phantasievolle Namen wie Devil's Cheesewring (Käsepresse des Teufels) oder Ragged Jack (eine Kohlsorte). Mit etwas Glück sieht man sogar ein paar wilde Ziegen über die Hänge klettern. Das Tal liegt 1,5 km westlich von Lynton und der Weg hierher führt über einen wildromantischen Küstenpfad.

🛏 Schlafen

Castle Hill B&B £
(☏ 01598-752291; www.castlehill.biz; Castle Hill, Lynton; DZ 65–95 £, FZ 130 £; 🅿) Die meisten Zimmer dieser auf einem Hügel thronenden Pension sind unaufdringlich modern und mit soliden Holzmöbeln bestückt, manche warten mit kirschroten Canapés auf. Die Mi-

nisuiten haben niedliche Balkons mit Blick auf die Stadt und die Hügel. Auch die Lage inmitten der Läden von Lynton ist gut.

St Vincent House — B&B £
(☎01598-752244; www.st-vincent-hotel.co.uk; Castle Hill, Lynton; DZ 75–85 £; P 🛜) Dieses ehemalige Kapitänshaus wurde von einem Weggefährten Lord Nelsons erbaut. Alle Zimmer sind nach berühmten Schlachtschiffen benannt. Statt funktionsbetontem Marinestil haben hier glänzende Satinstoffe das Sagen und der kleine Vorgarten ist eine Pracht.

★ Rock House — B&B ££
(☎01598-753508; www.rock-house.co.uk; Manor Green, Lynmouth; EZ 45 £, DZ 100–120 £) Die Lage ist einfach grandios. Das B&B logiert direkt am kleinen Hafen von Lynmouth und ist zu drei Seiten umringt von steilen, rotbraunen Hügeln. Die zeitgenössisch eingerichteten Zimmer sind mit ledernen Bettköpfen, fliederfarbenen Sofakissen und Minisesseln ausgestattet. Die Aussicht ist in allen Zimmern faszinierend, aber den besten Blick bietet die Nummer vier mit ihrem Strandpanorama.

Millers at the Tors — BOUTIQUEHOTEL ££
(☎01598-753236; www.millerslynmouth.co.uk; Tors Park, Countisbury Hill, Lynmouth; DZ 130–260 £; P) Extravagant ist gar kein Ausdruck für diese schicke Enklave voll exotischer Artefakte und Kunstobjekte. Der Betreiber Martin Miller ist Autor der Bücher *Miller's Antiques*, was die wunderbar überkandidelte Einrichtung erklärt. Dank der Lage am Hang des steilen Countisbury Hill gibt's obendrein eine rundum tolle Aussicht zu genießen.

Seawood — B&B ££
(☎01598-752272; www.seawoodhotel.co.uk; North Walk, Lynton; EZ 70 £, DZ 110–135 £, Suite 165 £; P 🛜) Lust auf eine Nacht direkt am Klippenrand? Diese Nobelpension macht's möglich. Das Panorama ist umwerfend, zur einen Seite erstreckt sich das Meer bis nach Südwales, zur anderen erheben sich die rostbraunen Hügel von Exmoor. In den Zimmern harmonieren viktorianische Stuckarbeiten mit dunkel poliertem Holz und ausgesuchten Stoffen. Beim Frühstück auf der Sonnenterrasse lassen sich in der Tiefe manchmal Delphinschulen beobachten.

North Walk House — B&B ££
(☎01598-753372; www.northwalkhouse.co.uk; North Walk, Lynton; EZ 41 £, DZ 98–160 £; P 🛜) Abgeschliffene Holzböden, gestreifte Bettwäsche und kleine bunte Teppiche verleihen dem North Walk House einen netten, unkonventionellen Touch. Die Aussicht auf den Bristolkanal und die zerklüfteten Klippen am Foreland Point ist phantastisch. Zum Biofrühstück bekommen die Gäste Speck und Würstchen aus Exmoor sowie gebackene Eier aus dem gusseisernen Aga-Ofen.

Old Rectory — BOUTIQUEHOTEL £££
(☎01598-763368; www.oldrectoryhotel.co.uk; Martinhoe; DZ 160–170 £, Suite 185 £, 3-Gänge-Menü 36 £) Was der frühere Vikar des namensgebenden Pfarrhauses wohl von diesem superedlen Boutiquehotel gehalten hätte? Trotz jeder Menge Luxus (wie exquisite Bäder und Seidenstoffe) hat es sich ein entspanntes Landhausflair bewahrt. Das trifft auch auf das unverkrampfte Restaurant zu, in dem feste Menüs mit köstlichen Leckereien und Weinen aufgetischt werden.

🍴 Essen

Charlie Friday's — CAFÉ £
(www.charliefridays.co.uk; Church Hill, Lynton; ab 2 £; ⊙Feb.–Nov. 10–17 Uhr) Ein sympathischer, alternativ angehauchter Ort zum Entspannen. Das Gebäck ist erste Sahne und der doppelte Espresso (aus fairem Handel) hat es wirklich in sich.

Captain's House — CAFÉ £
(www.thecaptainshouseinlynmouth.co.uk; 1 Tors Rd, Lynmouth; ab 4 £; ⊙Mai–Okt. 9–16 Uhr) Dieser kleine Teegarten versteckt sich abseits der Geschenkartikelläden am Fluss und serviert Pasteten, *ploughman's* (Käseteller mit Brot, Chutney und eingemachten Zwiebeln), Kuchen und Gerstenwasser.

★ Rising Sun — GASTROPUB ££
(☎01598-753223; www.risingsunlynmouth.co.uk; Hauptgerichte 12–18 £; ⊙18–21 Uhr) Von der touristischen Uferpromenade in Lynmouth ist es nur ein kurzer Fußmarsch den Hügel hinauf zu diesem reetgedeckten Pub, aber man ist hier Welten entfernt vom dortigen Fast-Food-Trubel. Die Küche kombiniert Spezialitäten aus dem Südwesten Englands mit europäischen Aromen. Kredenzt werden z. B. zarte, sautierte Jakobsmuscheln mit knuspriger *pancetta* oder Krebse mit Koriander und Limette. Auch das Gebäude selbst hat mit den mächtigen Deckenbalken und buckligen Böden seinen ganz eigenen Charme.

Vanilla Pod — BISTRO ££
(☎01598-753706; 10 Queen St; Hauptgerichte 10–18 £; ⊙10–15 & 18-21.30 Uhr; 🛜) Hier könnte man den ganzen Tag lang essen. Zum Früh-

stück schmecken die goldenen Eier Benedikt mit Schinken aus Devon, mittags gibt's eine Platte *ploughman's* mit dem Hartkäse *Black Waxed Curworthy*, gefolgt von einem Devonshire *cream tea*. Das Abendmenü überrascht mit regionalen Krebsravioli, einer Wildterrine und warmen Fladenbroten mit einem Dip aus Joghurt und Harissa.

☆ Unterhaltung

Lynton Cinema KINO
(☏ 01598-753397; www.lyntoncinema.co.uk; Lee Rd; ⊙ tgl. 1–2 Vorstellungen) Ein kleines (68 Sitzplätze), aber wundervoll altmodisches Kino – samt Platzanweiserin, die die Besucher mit einer Taschenlampe zu ihren Plätzen führt.

❶ Praktische Informationen

Die ENPA betreibt in Lynmouth ein Nationalparkbesucherzentrum (S. 134). Zusätzlich gibt's das **Lynton Tourist Office** (☏ 0845 4583775; www.lynton-lynmouth-tourism.co.uk; Lynton Town Hall, Lee Rd; ⊙ Mo–Sa 10–17, So 10–16 Uhr).

❶ An- & Weiterreise

Details zu Bussen von/nach Lynton und Lynmouth s. S. 134.

NORDDEVON

Wild, zerklüftet und streckenweise so menschenleer, dass sie vom Rest der Welt völlig abgeschnitten zu sein scheint: Die Küste Norddevons ist etwas für Entdecker. Die an Ziehharmonika-Falten erinnernden Klippen umrahmen stimmungsvolle Fischerdörfer und sind von langen Sandstränden gesäumt. Die gesamte Gegend präsentiert sich als All-you-can-eat-Buffet vom Surfkurs im coolen Croyde bis hin zu Damien Hirsts künstlerischem Schaffen in Ilfracombe. Schwimmfreaks wird eine reiche Palette von der Schnorchelexpedition bis zum viktorianischen Strandbad geboten und es gibt jede Menge romantische Unterkünfte, darunter Safarizelte oder alte Roma-Wohnwagen. Dann sind da noch die riesigen Sanddünen bei Braunton, das märchenhaft schöne Clovelly, die unglaublichen Felsformationen auf Hartland und (16 km vor der Küste) Lundy Island, die ultimative Insel für Zivilisationsflüchtlinge.

Die Zwillingsstädtchen Lynton und Lynmouth gehören zwar zu Devon, liegen aber im Exmoor National Park und werden zur besseren Übersicht dort beschrieben.

❶ Praktische Informationen

Visit North Devon (www.northdevon.com)

Ilfracombe

19 150 EW.

Die Geologie von Ilfracombe ist imposant. Schroffe Kaps stürzen sich zu winzigen Stränden hinab und die Uferwege hangeln sich an den steilen Klippen entlang. Auf den ersten Blick wirkt die Stadt wie ein klassischer viktorianischer Badeort, der seine besten Zeiten hinter sich hat. Steile Straßen führen hinab zu einem historischen Hafen, der von Touristenläden belagert ist, und die Strandpromenade ist von geometrischen Grünanlagen und blinkenden Lichterketten gesäumt. Aber der Ferienort hat auch eine andere, mondänere Seite. Davon zeugen eine Reihe eleganter Restaurants und Unterkünfte, eine überraschende Verbindung zu Damien Hirst und ein ganz besonderer, denkmalgeschützter Badespot.

⊙ Sehenswertes & Aktivitäten

Verity WAHRZEICHEN
(The Pier) Schwanger, nackt und mit einem riesigen, gen Himmel gestreckten Schwert thront Damien Hirsts 20 m hohe Statue *Verity* über der Hafeneinfahrt von Ilfracombe. Auf der zum Meer gewandten Seite ist die Haut abgezogen und enthüllt Sehnen, Fett und einen Fötus. Kritiker nörgeln, sie leche von der Landschaft ab, der Künstler sagt, sie verkörpere Wahrheit und Gerechtigkeit. So oder so ist sie ein Publikumsmagnet.

Tunnels Beaches SCHWIMMEN
(☏ 01271-879882; www.tunnelsbeaches.co.uk; Bath Place; Erw./Kind/Familie 2,50/1,95/8,50 £; ⊙ Ostern–Okt. 10–17 oder 18 Uhr, Juli & Aug. 10–19 Uhr) Eine echte Attraktion sind die viktorianischen Gezeitenschwimmbecken. Sie vermitteln einen lebhaften Eindruck von der Blütezeit Ilfracombes. Aus dem Fels gehauene Tunnel führen zu einem Strandstreifen mit teils natürlichen, teils von Menschenhand geschaffenen Badebereichen, wo man auch heute noch ins Meer hüpfen kann. Sepiafotos veranschaulichen, wie es hier im 19. Jh. zuging: Die Badeanzüge waren aus Wolle gestrickt, die Schwimmbereiche nach Geschlechtern getrennt und eine Benimmregel fürs Rudern lautete: „Herren, die des Schwimmens nicht mächtig sind, sollten nie eine Dame zu einer Bootstour einladen!"

Nick Thorn Surf School SURFEN
(☏01271-871337; www.nickthorn.com; Woolacombe Beach; halber/ganzer Tag 30/55 £; ◉April–Sept. 9–17 Uhr) Die Surfschule befindet sich 8 km westlich von Ilfracombe am Woolacombe Beach, dem besten Surfstrand der Gegend.

Ilfracombe Princess BOOTSTOUR
(☏01271-879727; www.ilfracombeprincess.co.uk; The Pier; Erw./Kind 12/6 £; ◉Ostern–Okt. 1- bis 4-mal tgl.) Dieser süße, kleine, gelbe Ausflugsdampfer sticht zur Seehundbeobachtungstour in See und cruist 1½ Stunden an der dramatischen Küste entlang.

Ilfracombe Aquarium AQUARIUM
(☏01271-864533; www.ilfracombeaquarium.co.uk; The Pier; Erw./Kind 4,25/3,25 £; ◉Sept.–Mitte Juli 10–16.30 Uhr, Ende Juli & Aug. 10–17.45 Uhr) Ein kleines, aber sehr schön gestaltetes Aquarium. Die hier nachgestellten Unterwasserwelten erstrecken sich samt Flussmündung, Hafen und Gezeitentümpel von Exmoor bis zum Atlantik und werden von furchterregenden Hummern und anmutigen Stachelrochen bewohnt.

🛏 Schlafen

Olive Branch B&B £
(☏01271-879005; www.olivebranchguesthouse.co.uk; 56 Fore St; EZ 45 £, DZ 75–99 £; 🛜) Ein fescher Rückzugsort in der Stadt. Hier treffen georgianische Erkerfenster und Deckenrosen auf moderne ovale Sessel und kunstvoll geschnitzte Holzmöbel. Alle Zimmer bis auf eins haben einen direkten Blick auf die Bucht und den steil abfallenden Capstone Hill.

Norbury House B&B ££
(☏01271-863888; www.norburyhouse.co.uk; Torrs Park; DZ 80–110 £, FZ 125–145 £; P 🛜) Jedes der reizenden Zimmer in dieser famosen Pension ist in einem anderen Stil eingerichtet. Die Gäste haben die Wahl zwischen Pop-Art, Art déco und zeitgenössischem Chic. Geschmackvolle Teppiche, Vorhänge und Kissen, das lichtdurchflutete Wohnzimmer (samt Stutzflügel) und die tolle Aussicht auf das Meer und die Stadt tragen ebenfalls dazu bei, dass man sich hier rundum wohlfühlt. Bovil, der schwarze Labrador, begleitet einen sogar auf dem Klippenpfad bis zum Grampus Pub.

Westwood B&B ££
(☏01271-867443; www.west-wood.co.uk; Torrs Park; DZ 80–125 £; P 🛜) Dieses stilvolle, moderne und minimalistische B&B schmückt sich mit neutralen Tönen und leuchtenden Farbakzenten. Zum Entspannen locken Chaiselongues aus Pferdefell und frei stehende Badewannen. Von einigen Zimmern lässt sich ein Blick aufs Meer erhaschen.

Lundy House B&B ££
(☏01271-870372; www.lundyhousehotel.webvilla.net; Chapel Hill, Mortehoe; DZ 75–105 £, Apt. für 4–6 Pers. pro Woche 1000 £; P 🛜) Die Lage auf einer Klippe zwischen Morthoe und Woolacombe ist einfach umwerfend. Die dezenten Zimmer glänzen mit funkelnden, schwarzweißen Bädern, aber die Highlights sind die Gartenterrasse und das Panorama (mit schroff abfallender Küste, wogenden Wellen und der als Fleck sichtbaren Lundy Island).

🍴 Essen & Trinken

Grampus PUB £
(☏01271-862906; www.thegrampus-inn.co.uk; Hauptgerichte 8 £; ◉Küche Mo–Sa 12–15 & 19–21, So 12–15 Uhr) Ein echtes, altmodisches Devonshire Pub mit herzlicher Begrüßung, deftigem Essen, Kaminfeuer, Darts, Billard und gutem Bier – z. B. dem in Ilfracombe gebrauten Lundy Gold. Das Pub liegt 5 km westlich von Ilfracombe in dem Dorf Lee. Am besten wandert man über den Küstenpfad hierher.

George & Dragon PUB
(www.georgeanddragonilfracombe.co.uk; Fore St; Hauptgerichte 9 £; ◉Küche 12–15 & 18.30–21 Uhr) Ilfracombes ältestes Pub (ca. 1366) hat sich

---

ABSEITS DER ÜBLICHEN PFADE

UNTERWEGS MIT EINEM SCHAFHIRTEN

Einen authentischen Einblick in das Leben derer, die inmitten der rauen, schroffen Landschaft Norddevons leben und arbeiten, bietet diese unvergessliche zweistündige **Wanderung** (☏01271-870056; www.boroughfarm.co.uk; Borough Farm, nahe Mortehoe; Erw./Kind 10/5 £; ◉April–Sept. Do 18 Uhr). Der Schafhirte David Kennard und sein liebenswerter Collie Fly führen die Teilnehmer über die steilen Klippen von Mortehoe und demonstrieren dabei, wie kompliziert es sein kann, die kräftigen Schafe sicher zu hüten. Die Teamarbeit von Mensch und Hund ist rührend, ihr Können und Geschick bemerkenswert und die Szenerie atemberaubend – unbedingt buchen!

LUNDY ISLAND

Wer mal so richtig raus will, findet sein Glück nach zweistündiger Überfahrt auf der Granitfelseninsel Lundy, 16 km vor der Küste. Mit 5 km Länge und 800 m Breite wirkt sie wie ein Zufluchtsort für Schiffbrüchige. Auf den 122 m hohen Klippen nisten im Mai und Juni Papageitaucher, über die Insel streifen Lundy-Ponys, Sikahirsche und Soayschafe und an der Küste ziehen Riesenhaie vorbei. Unbedingt eine Schnorcheltour mitmachen! Außerdem gibt's Menhire, eine Burg (13. Jh.) und ein paar Leuchttürme, dafür aber keine Autos – eine Insel der Ruhe mit einem magischen Sternenhimmel.

Lundy hat einen Laden und ein freundliches Pub, die **Marisco Tavern** (✆01237-431831; Hauptgerichte ab 6 £; ⊙Küche 12–14 & 18–20.30 Uhr). Außer einem Zeltplatz (2 Pers. 20 £) stehen 23 Selbstversorgerunterkünfte zur Auswahl, u. a. Cottages beim Schloss, Wohnungen in einem ehemaligen Leuchtturm oder das Einbettzimmer „Radio Room". In der Hauptsaison kosten zwei Nächte in einem Cottage für zwei Personen etwa 200 £, eine Unterkunft für vier Personen kostet pro Woche ca. 970 £. Buchen kann man die Übernachtungen beim **Landmark Trust** (www.landmarktrust.org.uk). Das **Lundy Shore Office** (✆01271-863636; www.lundyisland.co.uk; ⊙April–Okt. Mo–Fr 9–17, Sa 9–13 Uhr) fungiert zugleich als Touristeninformation.

Von Ilfracombe oder Bideford schippert die *MS Oldenburg* zur Insel hinüber (Tagesrückfahrkarte Erw./Kind 35/16 £, 2 Std., April–Okt. 3- bis 4-mal pro Woche). Bei Übernachtung steigt der Preis für die Hin- und Rückfahrt auf 62 £ (Kinder 30 £). Von November bis März fliegt montags und freitags ein Hubschrauber (Erw./Kind hin & zurück 105/55 £) von Hartland Point. Ein Rückflug am gleichen Tag ist allerdings nicht möglich. Alle Tickets gibt's beim Lundy Shore Office..

---

mit seinem Kachelboden und der Holzbalkendecke ein uriges Flair bewahrt. Serviert werden u. a. frisch zubereitete Krebse und bestes Ale aus Exmoor.

Espresso BISTRO ££
(✆01271-855485; www.seafoodrestaurantilfracombe. co.uk; 1 St James Pl; Hauptgerichte 9–35 £; ⊙Mo–Sa 12–15 & 18–21.30, So 12–20 Uhr) Das entspannte Restaurant beglückt seine Gäste mit saftigem, fangfrischem Fisch, Aufschnittplatten und Rindersteaks. Sehr lecker ist auch der gegrillte, mit Knoblauch gewürzte Hummer aus Norddevon. Dazu gibt's gläserweise Champagner.

11 The Quay EUROPÄISCH ££
(✆01271-868090; www.11thequay.com; 11 The Quay; Hauptgerichte 6–25 £; ⊙12–14.30 & 18–21 Uhr) Dieses schicke Lokal sticht definitiv aus der Masse. Kein Wunder – es gehört ja auch Damien Hirst, der allerdings eher dafür bekannt ist, tote Tiere auszustellen, als sie auf den Teller zu bringen. Die Goodies auf der Speisekarte (gebratene Hühnchenbrust aus Exmoor oder Loup de mer mit Ingwer) kommen jedenfalls weit weniger kontrovers daher und lassen sich ohne Bauchschmerzen zwischen Hirsts Kunstwerken genießen. Zu Letzteren gehören u. a. seine Installation *Pharmacy* und – schöne Ironie – seine Fische in Formaldehyd.

ⓘ Praktische Informationen

Ilfracombe Tourist Office (✆01271-863001; www.visitilfracombe.co.uk; Landmark Theatre, the Seafront; ⊙10–16.30 Uhr, Okt.–Mai So geschl.)

ⓘ An- & Weiterreise

Barnstaple (30 Min., 2-mal pro Std.) Bus 21/21A über Braunton
Lynton (45 Min., Mai–Okt. 1- bis 2-mal tgl., Nov.–April nur am Wochenende) Bus 300

Croyde, Braunton & Umgebung

8360 EW.

Croyde legt als Surferhochburg Norddevons genau die gut gelaunte, entspannte Stimmung an den Tag, die man von ihr erwartet. Tradition und hippe Surfkultur gehen hier Hand in Hand: Vor den reetgedeckten Cottages hängen Neoprenanzüge zum Trocknen und coole Wellenreiter lehnen lässig an den Theken der Pubs aus dem 17. Jh. Am breiten Strand stehen die kraftvollen Wellen geradezu Schlange, um an Land zu rollen.

Der Weg zu diesem Mini-Maui führt über den verkehrsverstopften Ort Braunton, der 3 km weiter im Landesinneren liegt und mit Großbritanniens erstem Surfmuseum auftrumpft. Von Croyde gelangt man über eine atemberaubende Küstenstraße und einen Wanderweg nach Saunton Sands, wo sich ein 5 km langer, goldener Sandstrand ausbreitet.

◉ Sehenswertes & Aktivitäten

Museum of British Surfing   MUSEUM
(☏01271-815155; www.museumofbritishsurfing.org.uk; Caen St, Braunton; Erw./Kind 4/2,50 £; ⊙Di-So 10-17 Uhr) Nur wenige Museen kommen so cool daher. An den Wänden hängen schnittige Surfbretter, antike Surfanzüge und Sepiafotos. Die Ausstellung erzählt spannende Geschichten von britischen Soldaten, die im 18. Jh. auf hawaiischen Wellen ritten, und würdigt die einheimischen Surfpioniere der 1920er-Jahre sowie die Erfinder der Neoprenanzüge in den 1960er-Jahren – sehr kultig!

Braunton Burrows   NATURSCHUTZGEBIET
(www.brauntonburrows.org; ⊙frei zugänglich) GRATIS Diese weitläufige Dünenlandschaft ist die größte Großbritanniens. Kleine Pfädchen schlängeln sich durch Sandhügel und Salzsümpfe, dazwischen blühen violetter Thymian, gelbes Habichtskraut und Pyramiden-Hundswurz. Hier trainierten auch die amerikanischen GIs für den *D-Day*. Noch heute verstecken sich einige Landungsbootattrappen in den Dünen beim Parkplatz an der Südspitze.

Surfen   SURFEN
Das Wasser ist extrem einladend. Mehrere Anbieter verleihen Surfausrüstungen, darunter **Ralph's** (☏01271-890147; Hobbs Hill, Croyde; Surfboard & Neoprenanzug für 4/24 Std. 12/18 £, Bodyboard & Neoprenanzug für 4/24 Std. 10/15 £; ⊙Mitte März-Dez. 9 Uhr bis Sonnenuntergang). Unterricht erteilen **Surf South West** (☏01271-890400; www.surfsouthwest.com; Croyde Beach; halber/ganzer Tag 30/58 £; ⊙April-Mitte Nov.) und **Surfing Croyde Bay** (☏01271-891200; www.surfing croydebay.co.uk; 8 Hobbs Hill, Croyde; halber/ganzer Tag 40/80 £).

🛏 Schlafen & Essen

Im Sommer platzt Croyde aus allen Nähten. Unterkünfte (auch Zeltplätze) unbedingt im Voraus buchen!

Mitchum's   CAMPING £
(☏07891-892897; www.croydebay.co.uk; Stellplatz für 2 Erw. 33-63 £; ⊙Juni-Aug.; P) Mitchum's betreibt zwei bestens ausgestattete Campingplätze, der eine liegt am Dorfrand von Croyde, der andere überblickt den Sandstrand. Im Juli und August muss man für mindestens zwei Nächte buchen.

Bay View Farm   CAMPING £
(☏01271-890501; www.bayviewfarm.co.uk; Croyde; Stellplatz für 2 Erw. 24 £; P) Dieser Campingplatz zählt zu den besten der Gegend. Es gibt Waschmaschinen, Duschen und Stellplätze mit Blick auf die Brandung. Im Sommer nur ab sieben Nächten buchbar.

Thatch   B&B, PUB ££
(☏01271-890349; www.thethatchcroyde.com; 14 Hobbs Hill, Croyde; DZ 60-110 £, FZ 130 £; P) Dieses höhlenartige, reetgedeckte Pub ist ein legendärer Surfertreff. Die modernen Zimmer sind in beigen und braunen Farbtönen gehalten und kleiden sich mit dezenten Karomustern. Die Besitzer vermieten ebenfalls Zimmer über einem weiteren Wellenreiter-Pub und im Cottage gegenüber. Am besten sind jedoch die Gästezimmer in ihrem nahe gelegenen (ruhigeren) Haus Priory mit alten Holzbalken und freigelegtem Mauerwerk.

Chapel Farm   B&B ££
(☏01271-890429; www.chapelfarmcroyde.co.uk; Hobbs Hill, Croyde; EZ/DZ/3BZ 40/80/110 £; Apt. für 2/6 Pers. pro Woche 550/650 £; P 🐾) Die Zimmer in dem anheimelnden Reetdachfarmhaus, in dem einst Mönche lebten, sind gemütlich verwinkelt. Einige der hellen, hübschen Zimmer teilen sich ein Gemeinschaftsbad. In der Nachbarschaft werden ganz ähnliche Cottages als Ferienhäuser vermietet.

Saunton Sands   HOTEL £££
(☏01271-890212; www.sauntonsands.co.uk; Saunton Sands; DZ 260-350 £; P 🐾 🏊) Das reizende, schneeweiße Art-déco-Hotel oben auf den Klippen etwas südlich von Croyde überzeugt mit seiner klaren Linienführung. Der Stil der 1930er-Jahre setzt sich zwar nicht in den etwas gleichförmigen Zimmern fort, aber der Swimmingpool und der weite Blick auf den Strand sind wunderbar.

Hobb's   BISTRO ££
(☏01271-890256; www.hobbsincroyde.co.uk; 10 Hobb's Hill, Croyde; Hauptgerichte 14-23 £; ⊙Di-So 18-21.30 Uhr) Das mit schwerem Gebälk ausstaffierte Restaurant zaubert köstliche Spezialitäten auf den Teller, z. B. *carpetbagger steaks* mit Muscheln und Brandysauce, eine Paella mit regionalen Meeresfrüchten und ein Rhabarber-*Crumble* mit Granatapfelsirup.

Praktische Informationen

Braunton Tourist Office (📞 01271-816688; www.visitbraunton.co.uk; Caen St; ⊙ Jan.–Mai Mo–Fr 10–15 Uhr, Juni–Dez. Mo–Fr 10–15, Sa 10–13 Uhr) Im Museum der Stadt (Eintritt frei).

An- & Weiterreise

Barnstaple (40 Min., Mo–Sa stündl., So 5-mal tgl.) Bus 308 von Croyde über Saunton Sands und Braunton

Ilfracombe (30 Min., 2-mal pro Std.) Bus 21 von Braunton

Barnstaple & Umgebung

30 920 EW.

Barnstaple ist das Wirtschafts- und Verwaltungszentrum sowie der Verkehrsknotenpunkt Norddevons. Das bäuerlich duftende Ackerland ringsum beherbergt sowohl künstlerische als auch hochherrschaftliche Attraktionen. In puncto Kost und Logis reicht die Palette von einem Michelin-Stern-Restaurant bis zu einem Campingplatz mit alten Roma-Wohnwagen.

Sehenswertes

★ Broomhill Sculpture Gardens   SKULPTURENPARK

(📞 01271-850262; www.broomhillart.co.uk; Muddiford Rd; Erw./Kind 4,50/1,50 £; ⊙ 11–16 Uhr; 🅿) Wie von Zauberhand geschaffen verstecken sich in dem 4 ha großen, bewaldeten Tal 300 teils recht schräge Skulpturen. Hinter den Bäumen blitzen plötzlich polierter Stahl, bemalte Säulen oder mystische Figuren hervor, in einer Flussaue stehen markante Silhouetten und auf einem Plateau hocken 25 simbabwische *Shona*-Statuen aus poliertem Stein. Das Ganze hat etwas Märchenhaftes, zuweilen auch Urkomisches, wie z. B. Greta Berlins 7 m hoher Stiletto aus rotem Leder. Für das leibliche Wohl und inspirierende Nächte sorgen hier ein Slow-Food-Restaurant und ein Art-Hotel. Der Skulpturenpark befindet sich in Muddiford, knappe 5 km nördlich von Barnstaple an der B3230.

★ Arlington Court   HISTORISCHES GEBÄUDE

(NT, 📞 01271-850296; www.nationaltrust.org.uk; Arlington; Erw./Kind 9/4,50 £; ⊙ Mitte Feb.–Okt. 11–17 Uhr; 🅿) Besucher sind eingeladen, an der Tür dieses Herrenhauses im Regency-Stil aus honiggelbem und grauem Stein die Glocke zu läuten, um als Gäste empfangen werden zu können. Arlington verströmt jede Menge Charme – von den Schiffsmodell- und Muschelsammlungen der Eigentümer bis zur üppigen Bepflanzung des ummauerten Küchengartens. In den Pferdeställen logiert die **Kutschensammlung des National Trust**. Hier zeugen 40 Fuhrwerke mit polierten Lederbezügen und exklusiven Stoffen von einer Ära des feudalen Reisens. Außerdem gibt's täglich die Gelegenheit, beim Aufzäumen der Pferde zuzusehen oder in einer der scheppernden Klapperkisten eine Runde zu drehen. Ein weiteres Highlight ist der winzige **Pony-Phaeton**, eine vierrädrige Kutsche, die der Königin Viktoria gehörte und auch tatsächlich von Ihrer Majestät selbst gesteuert wurde (allerdings lief ein Lakai nebenher, um im Notfall die Handbremse ziehen zu können). Arlington Court liegt knapp 13 km nördlich von Barnstaple an der A39.

Schlafen

★ Vintage Vardos   CAMPINGPLATZ £

(📞 0797 7535233; www.fisherttonfarm.com; Higher Fisherton Farm, nahe Atherington; gesamter Campingplatz pro Nacht 230–290 £; ⊙ Ostern–Okt.; 🅿) Diese mit restaurierten Roma-Wohnwagen bestückte Lagerstelle ist zum Verlieben schön. Die drei fröhlich bemalten ehemals von Pferden gezogenen Wagen beeindrucken mit Holzöfen, kunterbunten Stoffen und kuscheligen Schlafebenen. Nachtlichter in Marmeladengläsern führen zu einer großen Feuerstelle, die von Holzbänken umringt ist. Zum Kochen stehen ein Korb mit Geschirr und eine Reihe gusseiserner Pfannen und Töpfe bereit. Es gibt sogar ein mit Strohballengarn gefedertes Outdoorbett für eine Nacht unterm Sternenhimmel. Das alles ist mit viel Liebe und Witz gemacht und absolut wildromantisch. Der Campingplatz kann nur als Gesamtpaket (zwölf Schlafplätze) gebucht werden und liegt 16 km südlich von Barnstaple.

Broomhill Art Hotel   BOUTIQUEHOTEL £

(📞 01271-850262; www.broomhillart.co.uk; Muddiford Rd, nahe Barnstaple; EZ/DZ 50/75 £; 🅿) Die Besitzer dieser schicken Wohlfühloase sind große Liebhaber zeitgenössischer Kunst. Die coolen, stilvollen Zimmer sind gespickt mit originellen Kunstwerken, Antiquitäten und kräftigen Farbakzenten. Besonders nett sind die Gemächer mit Blick auf den Garten, in denen man vom Polstersessel aus Skulpturen betrachten kann.

Lower Yelland Farm   B&B £

(📞 01271-860101; www.loweryellandfarm.co.uk; Fremington; EZ/DZ 40/80 £; 🅿 📶) In diesem charmanten Bauernhaus aus dem 17. Jh.

Strände

Versteckte kleine Buchten, baumgesäumte Meeresarme, natürliche Häfen, ausgedehnte Sandflächen: der Südwesten hat den richtigen Strand für jeden Geschmack. Entlang seiner gut Tausend Kilometer langen Küstenlinie findet man alles von familienfreundlichen Badeorten bis zu geheimen Buchten, die nur ein paar Auserwählte kennen. Strandsandalen nicht vergessen!

1. Treen & Logan Rock (S. 254)
Seltsame Steinformationen wachen über kristallklares Wasser.

2. Saunton Sands (S. 148)
Hinter dem 3 Meilen langen Strand liegen die größten Sanddünen Großbritanniens.

3. Kynance Cove (S. 267)
In der Bucht auf der Lizard Peninsula, im Besitz des National Trust, gibt es Höhlen und Inseln zu entdecken.

4. Perranporth (S. 231)
Vor dem Sonnenrad von Perran erstreckt sich ein phantastischer Strand.

Outdoor-Aktivitäten

Devon und Cornwall bieten die schönsten natürlichen Abenteuerspielplätze der Insel: Man kann auf phantastischen Wellen surfen, spektakuläre Küstenwege entlangwandern, über Moore hinweggaloppieren oder zwischen hübschen Buchten umhersegeln. Egal, ob man Adrenalinschübe oder Entspannung sucht, hier lässt sich beides finden.

153

1. Reiten, Exmoor National Park (S. 132)
In Exmoor gibt es herrliche Möglichkeiten, durch grüne Landschaften und ausgedehnte Moore zu reiten.

2. Radeln, Grand Western Canal (S. 53)
An dem Kanal von 1814 warten Fahrradwege, Treidelkähne und Bootsverleihe.

3. Wandern
Die kornische Küste zwischen Newquay und Padstow bietet tolle Wanderwege mit phantastischer Aussicht.

4. Surfen, Newquay (S. 228)
Einer der besten Orte zum Surfen und Kitesurfen in Großbritannien.

Dörfer an der Küste

Devon und Cornwall sind der Beweis, dass zauberhafte Küstendörfer nicht nur reine Phantasiegebilde sind. Gepflasterte Gassen schlängeln sich steile Hänge hinab, Cottages schmiegen sich an die Küste, schaukelnde Boote tippen an Kaimauern, und der Fisch für das Abendessen wird an Land gezogen. Zu erleben ist all das in Clovelly, Mousehole, Fowey, St. Mawes, Mevagissey, Port Isaac oder Beer.

1

1. Clovelly (S. 167)
Pflastergassen und Fischerhäuschen klammern sich an die steilen Hänge diese historischen Dorfs an der Küste.

2. Mousehole (S. 261)
Aus dem hübschen Hafenstädtchen stammt der köstliche *stargazy pie*.

3. Bantham Beach (S. 100)
Der beste Strand in Süddevon liegt an der Mündung des River Avon und bietet exzellente Surfmöglichkeiten.

4. Beer (S. 63)
In diesem aktiven Fischerdorf gibt es ein bemerkenswertes Netzwerk von Höhlen.

Die Moore Südwestenglands

Der Südwesten ist berühmt für seine weißen Strände und sanften Hügel, seine Moore jedoch besitzen eine ganz eigene herbe Schönheit. Baumlos, windgepeitscht, von Hügeln und Felsnasen durchsetzt – diese Moore zählen zu den unberührtesten Naturlandschaften, die Großbritannien zu bieten hat.

1

1. Bodmin Moor (S. 173)
Steinhügel erheben sich inmitten der mystischen Moorlandschaften.

2. Dartmoor National Park (S. 113)
Ponys trotzen in der Wildnis von Dartmoor, eines Paradieses für Abenteurer, der Witterung.

3. Zennor (S. 248)
Die von Ginster und Heide bedeckte Moorlandschaft von Zennor ist voller neolithischer Ausgrabungsstätten.

4. Exmoor National Park (S. 132)
Schafe grasen in Exmoor, das ein ausgedehntes Netz von Wander- und Fahrradwegen bietet.

Die Gärten des Südwestens

Das vom Golfstrom begünstigte milde Klima lässt im Südwesten eine Reihe wunderbarer Gärten gedeihen. Viele von ihnen, wie etwa Garden House, Heligan, Trelissick und Tresco's Abbey Gardens, gehen auf das 18. und 19. Jahrhundert zurück. Andere, wie das Eden Project, wirken wie eine Vision aus einer Science-Fiction-Zukunft.

1. Eden Project (S. 201)
Die größten Gewächshäuser der Welt bergen Palmen, Orchideen, Olivenbäume und einen Baumwipfelweg.

2. Trelissick Gardens (S. 189)
Durch den 200 ha großen Garten führen beliebte Spazierwege.

3. Lost Gardens of Heligan (S. 201)
In diesem historischen Garten gibt es eine Feenhöhle und ein versunkenes Tal zu entdecken.

4. Abbey Garden (S. 273)
Der Garten von 1834 prunkt mit einer beeindruckenden Sammlung von über 20 000 exotischen Pflanzenarten.

Historischer Südwesten

Der Südwesten wartet mit beinahe 5000 Jahren Geschichte auf, eingebettet in seine wilden Landschaften. Von rätselhaften Quoits und Steinkreisen, die jungsteinzeitliche Bewohner hinterlassen haben, bis zu unzähligen Burgen, Kirchen und Herrenhäusern, in dieser Region schimmert überall die Vergangenheit durch.

1. Lanyon Quoit (S. 249)
Die massive Deckplatte dieses neolithischen Portalgrabs wiegt 13,5 Tonnen.

2. Tintagel Castle (S. 217)
Tintagel ist wahrscheinlich die Geburtsstätte des legendären König Artus.

3. Merrivale Stone Rows (S. 121)
Zu diesem Komplex gehören eine parallele Steinreihe, ein Steinkreis sowie Grabkammern.

4. Buckland Abbey (S. 117)
Das ehemalige Zisterzienserkloster wurde 1851 das Zuhause von Sir Francis Drake.

Essen & Trinken

Die Zeiten sind vorbei, in denen Südwestengland nicht mehr zu bieten hatte als *saffron buns* (Rosinenbrötchen) und *cream tea*. Heute ist es kulinarisch gesehen eine der intersssantesten Regionen Großbritanniens – mit Bauernmärkten, innovativen Bistros und preisgekrönten Mikrobrauereien, nicht zu vergessen einer ungewöhnlich hohen Dichte an Starköchen.

163

1. Cream Teas (S. 291)
Hier genießt man zum Nachmittagstee *scones* mit Himbeermarmelade und *clotted cream*.

2. Austern
Frische Austern, serviert mit Algen auf Eis.

3. Cornish Pasties (S. 290)
Die EU hat diesen pikanten Snacks – nur echt mit dem eingerollten Rand – Schutzstatus verliehen.

4. Sharpham Vineyard (S. 84)
Wie wär's mit einer Führung und einer Verkostung in diesem Wein- und Käsezentrum bei Totnes?

kommen zum Frühstück frische Freilandeier und selbst gemachte Marmelade auf den Tisch. Die hellen, cremefarbenen Zimmer sind ruhig, die Fenster schmücken Blumenkästen. Der Tarka Trail und ein Naturschutzgebiet voller Vögel sind nur knapp 200 m vom Haus entfernt. Das B&B befindet sich 5 km westlich von Barnstaple, abseits der B3233.

Essen

Mason's Arms GOURMETRESTAURANT ££
(01398-341231; www.masonsarmsdevon.co.uk; Knowstone; Hauptgerichte 18–25 £; Di–Sa 12–14 & 19–21, So 12–14 Uhr) Nanu? Tief im ländlichen Norddevon überrascht dieses Restaurant in einem reetgedeckten Pub aus dem 13. Jh. mit einem Michelin-Stern. Die Küche serviert modern aufgepeppte Varianten europäischer Klassiker, darunter geräucherte Jakobsmuscheln mit einer Sauce aus Wasabi und Wermut oder das Entenconfit mit Rotweinsud. Als krönendes Sahnehäubchen wartet danach ein Schokoladen-Himbeer-Mousse mit einem pfiffigen Hauch Limette. Das Mason's Arms liegt 32 km südöstlich von Barnstaple – der Weg lohnt sich!

Terra Madre BISTRO ££
(01271-850262; www.broomhillart.co.uk; Muddiford Rd, Muddiford; 3-Gänge-Menü mittags/abends 15/25 £; Mi, Do & So 12.30–14, Fr & Sa 12.30–14 & 19–21 Uhr;) Im Slow-Food-Bistro der Broomhill Sculpture Gardens biegen sich die Tische förmlich unter der Fülle der regionalen Bioprodukte, z. B. Taschenkrebs von Lundy Island, Red-Ruby-Rindfleisch aus Exmoor und Hühnerfleisch aus Freilandhaltung. Die Speisekarte ist eindeutig mediterran angehaucht – es gibt sogar hausgemachte luftgetrocknete Chorizo-Würste von Freilandschweinen, die ihr glückliches Leben nur 6,5 km entfernt verbracht haben. Am Wochenende wird abends bei Jazzmusik ein Tapasbuffet zum Schnäppchenpreis von 13,50 £ aufgefahren.

Praktische Informationen

Barnstaple Tourist Office (01271-375000; www.staynorthdevon.co.uk; The Square; Mo–Sa 10–17 Uhr)

An- & Weiterreise

BUS
National Express bietet Verbindungen nach London, Bristol und Birmingham.

Bus 21 (2-mal stündl.) fährt über Braunton nach Ilfracombe (40 Min.).
Bus 118 (2- bis 6-mal tgl.) fährt über Bideford und Okehampton nach Tavistock (1½ Std.).
Bus 315 (Mo–Sa 7-mal tgl.) fährt über Bideford (25 Min.) nach Exeter (2¼ Std.).

ZUG
Die **Tarka-Bahnlinie** verbindet Barnstaple mit Exeter (10 £, 1¼ Std., Mo–Sa stündl., So 6-mal tgl.).

Bideford, Appledore & Umgebung

17 110 EW.

Das malerische Mündungsdelta der Flüsse Taw und Torridge hat die Orte entlang seiner Ufer über Jahrhunderte geprägt und tut das bis heute. Das geschäftstüchtige Bideford zieht sich an einem Flusskai entlang und belagert mit seinen Läden, Pubs und Häusern die dahinter liegende Hügelflanke.

Das schmucke Appledore 5 km flussabwärts verwöhnt mit Panoramablicken über meilenweite Wasserflächen. Dahinter verschmelzen weiße Häusernester und die sich stetig verändernden Sanddünen mit dem Horizont. Die Straßen sind gesäumt von Blumenkästen und pastellfarbenen Häuserreihen und teilweise viel zu schmal für Autos – ein ungewöhnlich beschaulicher Ort.

Sehenswertes

RHS Rosemoor GARTENPARK
(0845 265 8072; www.rhs.org.uk; Erw./Kind 7,70/3,85 £; April–Sept. 10–18 Uhr, Okt.–März 10–17 Uhr;) Dieser von der Royal Horticultural Society (RHS) angelegte Gartenpark bietet jede Menge Inspiration für den grünen Daumen und ist ein absolutes Muss für alle Hobbygärtner. Als eine von landesweit nur vier öffentlich zugänglichen RHS-Anlagen verbreitet diese bunte, duftende Oase auf 26 ha eine betörende Ruhe. Beachtlich ist auch die Variantenvielfalt vom Baumgarten über den Krocketrasen bis hin zum Schatten-, Terrassen- und Stadtgarten. Beim Obst und Gemüse werden verschiedene Anbauarten wie die Reihensaat oder die Bepflanzung von Hochbeeten und Kübeln vorgestellt. Weitere Highlights sind die Baumfarne, Bananen und Ingwerlilien im exotischen Garten, die Farbenpracht im Cottage-Garten und der schwere Duft des berühmten Rosengartens. Rosemoor befindet sich 1,6 km südlich von Great Torrington, abseits der A3124.

Radtour
Auf dem Tarka Trail

START BAHNHOF BARNSTAPLE,
ZIEL BAHNHOF BARNSTAPLE,
LÄNGE 29 KM; 4 STD.

Los geht's am Bahnhof von Barnstaple, wo ❶ **Tarka Trail Cycle Hire** Räder vermietet. Die ruhige, ebene, autofreie Tour verläuft entlang der sandigen Ufer des breiten Flusses Taw und lädt nicht nur zum Radfahren, sondern auch zum Paddeln und Vögelbeobachten ein.

Vom Bahnhof führt der ausgeschilderte Tarka Trail gen Süden nach Bideford und Meeth. Die üppige Landschaft wird vom Taw und ❷ **Salzwiesen** gesäumt – bestes Weideland und Kinderstube der Wolfsbarsche. Der Radweg folgt einer stillgelegten, spätviktorianischen Eisenbahnstrecke, die erbaut wurde, weil der Taw für größere Lastkähne nicht schiffbar war. ❸ **Fremington Quay** ist mit seinem Flusspanorama und der im alten Bahnhof untergebrachten Teestube ❹ **Fremington Quay Café** ein netter Ort für ein Päuschen. Ausgestellte Fotos erzählen vom Export des hiesigen hochwertigen Tons, der die lokale Töpferindustrie begründete.

Eine von mehreren Kunstinstallationen entlang des Wegs ist die Skulptur ❺ **Wave Shelter** von Geoff Stainthorpe, die sich wie ein umgedrehtes Boot über den Radweg wölbt.

Bald erreicht die Tour mit ❻ **Isley Marsh** ein Salzwiesen- und Wattreservat der RSPB (Königliche Gesellschaft für Vogelschutz), wo sich Austernfischer, Brachvögel, Seiden- und Graureiher sowie mit etwas Glück auch Eisvögel und Fischadler beobachten lassen.

In ❼ **Instow** bieten sich grandiose Ausblicke auf das weitläufige Mündungsgebiet. Hinter der hübschen Ansammlung von Läden und Steinhäusern sieht man auf der anderen Seite des Flusses die weiß getünchten Häuser von Appledore und weiter im Norden die riesigen Dünen von ❾ **Braunton Burrows**. Der stillgelegte Bahnhof von Instow versammelt auf seinem Bahnsteig alte Milchkannen und beglückt Eisenbahnnostalgiker mit einem restaurierten ❿ **Stellwerk** von 1873.

Am ⓫ **Sandstrand** von Instow lockt ideales Paddelgewässer und danach eine Stärkung für den panoramareichen Rückweg im lässigen ⓬ **Instow Arms** (Küche 12 bis 21.30 Uhr).

Torrington 1646 ERLEBNISPARK
(☎01805-626146; www.torrington-1646.co.uk; South St, Great Torrington; Erw./Kind 8/6 £; ⊙ Führungen April–Aug. Di–Do 10–14 Uhr) Dieser Infotainment-Park entführt seine Besucher auf eine urige, witzige Zeitreise ins 17. Jh. und lässt eine der Entscheidungsschlachten des Englischen Bürgerkriegs wieder aufleben. Im namensgebenden Jahr 1646 stürmten die Parlamentarier Great Torrington, besiegten die Königstreuen und brachen damit auch endgültig den Widerstand der Royalisten im *West Country* (Südwestengland). Bei den Führungen erzählen Guides in pfiffigen historischen Kostümen von Blutegelzüchtern, Urinsammlern oder Weiberspeck (eine Art Reifrockersatz) und veralbern ihr Publikum gnadenlos. Damen, die beim Sitzen die Beine übereinanderschlagen, müssen damit rechnen, ordentlich aufs Korn genommen zu werden. Wer die Tour nicht verpassen will, sollte reservieren.

🍴 Schlafen & Essen

Raleigh House B&B £
(☎01237-459202; www.appledorebandb.co.uk; 9 Myrtle S, Appledore; DZ 70 £; 🛜) In diesem winzigen Cottage aus dem 18. Jh., das nur wenige Fußminuten vom Kai entfernt liegt, hat man die gesamte obere Etage ganz für sich. Das Schlafzimmer ist süß eingerichtet, das blaue Bad maritim angehaucht und in der gästeeigenen Lounge steht ein Minikühlschrank für Milch und Wein bereit.

Bradbourne House B&B ££
(☎01237-474395; www.bradbournehouse.co.uk; 5 Marine Pde, Appledore; EZ/DZ 60/90 £; 🛜) Mit seiner cremefarbenen Fassade samt dunkelgrünem Säulenvorbau, der Holzwendeltreppe und der Einrichtung im William-Morris-Stil legt dieses georgianische B&B einen absolut standesgemäßen Auftritt hin. In den edlen Sesseln vor den zimmereigenen Vertikalschiebefenstern lässt sich der Blick auf das belebte Mündungsdelta besonders schön genießen.

Appledore House B&B ££
(☎01237-421471; www.appledore-house.co.uk; Meeting St, Appledore; DZ 80–90 £, FZ 115 £, Apt. pro Woche 750 £; 🅿) Das ehemalige Pfarrhaus besticht mit einem umwerfenden Blick auf das weitläufige Mündungsgebiet von Taw und Torridge und den Strand von Instow. Das Haus wurde 1897 erbaut, davon zeugen auch die Buntglasfenster und einige exquisite Möbel. Bademäntel und bunte Stoffe sorgen für ein modernes Ambiente. Das noble, heimelige 2-Zimmer-Appartment in der obersten Etage ist ein echtes Schnäppchen.

Bensons RESTAURANT ££
(☎01237-424093; www.bensonsonthequay.com; 20 The Quay, Appledore; Hauptgerichte 17 £; ⊙ Di–Sa 19–21 Uhr) Ein Großteil des köstlichen Seafoods, das dieses gemütliche Restaurant auftischt, wird direkt gegenüber am Kai an Land gebracht. Je nach Tagesfang gibt es z. B. Loup de mer aus dem Torridge, gefüllt mit in Wein geschmortem Fenchel oder Seelachs mit Knoblauch und Limette. Reservierung erforderlich.

ℹ An- & Weiterreise

Bus 21 (stündl.) verbindet Appledore mit Bideford (15 Min.) und Barnstaple (1 Std.).

Westward Ho!

2120 EW.

Westward Ho! ist der einzige Ort in Großbritannien, dessen Name ein Ausrufezeichen trägt. Das wirkt zwar ein bisschen albern, aber mit seinem tollen Strand darf dieser entspannte, familienfreundliche Badeort tatsächlich eine dicke Lippe riskieren.

Das Städtchen verdankt seine Existenz dem gleichnamigen Bestsellerroman von Charles Kingsley, der 1855 in die Buchläden kam und an diesem Küstenabschnitt spielt. So geriet die Gegend ins Visier von Bauunternehmern, die den Ort aus dem Boden stampften und ihn auf den nach Geld riechenden Namen tauften.

⊙ Sehenswertes & Aktivitäten

Beach & Northam Burrows STRAND, NATURSCHUTZGEBIET
(🅿) Hinter dem gut 3 km langen Sandstrand von Westward Ho! erstrecken sich die weitläufigen Northam Burrows mit ihrer artenreichen Tier- und Pflanzenwelt. Inmitten der Grasebenen, Sanddünen und Salzsümpfe weiden Schafe und Pferde und es gibt Steinschmätzer, Hänflinge, Bachstelzen, Schwarzkehlchen, Brachvögel und Seidenreiher. Zwischen dem Strand und den Burrows bildet eine Kieselsteinanhäufung einen natürlichen Schutzwall, der allerdings von stärkeren Fluten immer wieder landeinwärts geschoben wird. Früher fand einmal im Jahr ein wildes Dorffest statt, in dessen Verlauf einheimische *Potwallopers* (Bür-

ger, die über zwei Feuerstellen und einen Topf verfügten) die Kieselsteine in typisch englischer, exzentrischer Manier wieder zurückwarfen. Heute erledigen das Bulldozer, aber am Spring Bank Holiday (letzter Montag im Mai) feiert man hier immer noch das **Potwalloper's Festival** mit Musik und Festzelten.

North Devon Surf School SURFEN
(✆01237-474663; www.northdevonsurfschool.co.uk; Westward Ho!; halber/ganzer Tag 28/50 £) Die Surfschule befindet sich an der Westward Ho! zugewandten Seite der Northam Burrows am Strand.

Schlafen

Culloden House B&B £
(✆01237-479421; www.culloden-house.co.uk; Fosketh Hill; DZ 70–80 £; P) Der ehemalige Gutsherrensitz von 1865 hat sich mit Stuckdecken und Buntglasfenstern seinen viktorianischen Charme bewahrt. Die besten Zimmer überblicken das Meer im Breitwandformat und man hat die Wahl zwischen einer blau-weißen oder grün-beigen Ausstaffierung.

An- & Weiterreise

Bus 21 fährt halbstündlich nach Bideford (15 Min.) und Barnstaple (40 Min.).

Clovelly

450 EW.

Die weißen Cottages dieses autofreien Fischerdörfchens ergießen sich neben den steilen Klippen den Hügel hinunter bis zum Hafen, der wie eine Krebsschere nach dem tiefblauen Ozean greift. Überall wimmelt es von Kopfsteinpflaster: Die Steine zieren Häuser und Gartenmauern und bedecken die unfassbar steilen Gassen, auf denen der ganze Ort hinabzurutschen scheint.

Um eine solche Blüte summen natürlich die Touristenschwärme und Clovelly wird manchmal als zu kulissenartig abgestempelt. Aber trotz der filmreifen Szenerie leben etwa 98 % der Einwohner das ganze Jahr über hier, was ein spürbares Zusammengehörigkeitsgefühl schafft.

Das gesamte Dorf ist in Privatbesitz und Besucher müssen Eintritt zahlen, um durch die riesige **Touristeninformation** (✆01237-431781; www.clovelly.co.uk; Clovelly; Erw./Kind 6,50/4 £; Juni–Sept. 9–18.30 Uhr, April, Mai & Okt. 9.30–17 Uhr, Nov.–März 10–16 Uhr) in den Ort zu gelangen.

Sehenswertes & Aktivitäten

Historisches Dorf HISTORISCHE STÄTTE
Die Kopfsteinpflasterstraße, die ins Dorf hinabführt, ist für Autos viel zu steil. Deshalb transportieren die Einwohner alles Notwendige auf Schlitten – oft lehnen die riesigen „Brotkörbe" auf Kufen außen an den Hauswänden. Bis zu den 1990er-Jahren wurde in Clovelly alles mit Eseln den Hügel hinaufgeschafft – heute stehen deren Nachfahren in den Ställen beim Besucherzentrum für Fototermine parat.

Charles Kingsley, der Autor des Kinderbuchklassikers *Die Wasserkinder,* verbrachte einen Großteil seiner Kindheit in Clovelly. In seinem Wohnhaus ist heute das **Kingsley Museum** (High St; Juni–Sept. 9–18.30 Uhr, April, Mai & Okt. 9.30–17 Uhr, Nov.–März 10–16 Uhr) GRATIS untergebracht. Zu erleben ist hier u. a. eine Audioversion seines Gedichts *Die drei Fischer.* Es erzählt die traurige, aber hier im Ort nicht seltene Geschichte von drei Fischersfrauen, die umsonst auf die Rückkehr ihrer Männer warten.

Im stimmungsvollen **Fisherman's Cottage** (High St; Juni–Sept. 9–18.30 Uhr, April, Mai & Okt. 9.30–17 Uhr, Nov.–März 10–16 Uhr) GRATIS sind die Räume eines typischen Dorfhauses aus den 1930er-Jahren nachgebildet, samt abgewetzten Stiefeln neben der Tür und Strohmatratzen in der Dachkammer. Die beiden friedlichen (nahe gelegenen) **Kapellen** des Dorfes sind ein weiterer Mosaikstein der einzigartigen Atmosphäre von Clovelly. Das erste Haus am Strand mit Balkon ist **Crazy Kate's Cottage** aus dem 15. Jh. Es wurde nach einer Fischerswitwe benannt, die vor Kummer verrückt wurde, als ihr Mann nicht zurückkam.

Angeln & Bootsfahrten ANGELN, BOOTSFAHRTEN
Als in Clovelly der Hering boomte, wurden täglich 400 Eselsladungen Fisch am Clovelly Quay angelandet. Heute gibt's frischen Fisch, Krebse und Hummer im Fischgeschäft am Kai zu kaufen. Wer's aktiver mag, chartert ein Boot und macht eine Angeltour oder setzt zur Lundy Island über. Zu den Anbietern gehören **Remo** (✆07966 172210), **Dave** (✆07817 974963) und **Clive** (✆07774 190359).

Schlafen & Essen

Donkey Shoe Cottage B&B £
(✆01237-431601; www.donkeyshoecottage.co.uk; 21 High St; EZ/DZ 30/60 £) Die Lage dieses

uralten Reihenhäuschens auf halber Höhe des wahnsinnig steilen Hügels von Clovelly ist erstklassig. Die Zimmer (mit Gemeinschaftsbad) sind überraschend schick in Himbeerrot und Grün eingerichtet. Das Meer kann man von allen Zimmern sehen, aber die beste Aussicht bietet Zimmer drei unterm Dach.

★ Berridon Farm — CAMPING ££

(01409-241552; www.berridonfarm.co.uk; nahe Bradworthy; Zelt für 3 Nächte 365–465 £; Ostern–Mitte Okt.; P) Luxuscamping mit Gemütlichkeitsgarantie! Die wärmeisolierten Safarizelte haben Platz für fünf bis sechs Personen und verwöhnen mit Ledersofas, Holzöfen, richtigen Betten und WCs. Bei Regen winkt die umgebaute Scheune mit einem Sitz- und Essbereich im Shabby-Chic. Im angeschlossenen Lädchen mit Selbstbedienung auf Vertrauensbasis gibt's zum Frühstück frisch gebackene Schokocroissants aus dem Ort sowie regionale Biere, die in der Abendsonne auf der zelteigenen Veranda besonders gut schmecken. Außerdem können die Gäste sich umsonst frische Eier aus dem Hühnerstall holen. Das Ganze liegt 18 km südlich von Clovelly.

Red Lion — HOTEL, PUB £££

(01237-431237; www.clovelly.co.uk; The Quay; DZ 146–162 £) Im Red Lion direkt am Kai von Clovelly bekommt man kein Zimmer mit Aussicht, sondern eine Aussicht mit Zimmer. Hier herrscht die Qual der Wahl zwischen Meerblick und Hafenblick – beide sind atemberaubend. Die frischen Zimmer sind mit eleganten Korbmöbeln im Lloyd-Loom-Stil bestückt. Während die edle Restaurantküche (2-/3-Gänge-Menü 25/30 £, 19–20.30 Uhr, Reservierung erforderlich) erlesene Speisen kredenzt, kommt in der Bar (Hauptgerichte 6–10 £, 12–14.30 & 18–20.30 Uhr) deftige Kneipenkost auf den Tisch. Die Bar bewacht der ausgestopfte Kopf eines in heimischen Gewässern gefangenen Hais.

ⓘ An- & Weiterreise

Bus 319 (Mo–So 4-mal tgl.) verkehrt zwischen Clovelly, Hartland Village, Bideford (40 Min.) und Barnstaple (1 Std.).

Hartland Peninsula

Beim Anblick des schroffen Küstenzipfels Hartland Peninsula fällt einem buchstäblich die Kinnlade runter. Irgendwie erinnert er ans Ende der Welt, ist aber tatsächlich nur das Ende Devons, zumindest in westlicher Richtung. Auch gen Süden erheben sich schon nach wenigen Kilometern die Klippen von Cornwall. Die vom Durchgangsverkehr verschonte, unberührte Küste der Hartland Peninsula wartet mit majestätischen Sonnenuntergängen auf und imponiert nachts dank der Abgeschiedenheit mit einem sensationellen Sternenhimmel.

Hartland Quay liegt per Straße etwa 6,5 km südlich von Hartland Point. Das Dorf Hartland mit seinen Läden und Pubs befindet sich ein paar Kilometer weiter landeinwärts.

⊙ Sehenswertes & Aktivitäten

Hartland Abbey — HISTORISCHES GEBÄUDE

(01237-441496; www.hartlandabbey.com; nahe Hartland; Erw./Kind 10,50/4 £; April–Okt. So-Do, Haus 14–17 Uhr, Gärten 11.30–17 Uhr; P) Die freundlichen, grauen Gemäuer dieses bezaubernden Herrenhauses atmen Geschichte. Das Licht der Welt erblickte es im 12. Jh. als Abtei, die Heinrich VIII. während der *Dissolution* (Auflösung der englischen Klöster) einkassierte und 1539 seinem Kellermeister als Fasslager übergab. Heute sind in den opulenten Räumen verschiedene leuchtend bunte Wandgemälde, eine verschnörkelte Alhambra-Passage und eine Bibliothek aus der Regency-Zeit (im Stil der Strawberry-Hill-Gotik) untergebracht. Für die Kamelien, Hortensien, Rhododendren und Azaleen im Garten stand Gertrude Jekyll Patin, die hier oft zu Gast war. Hartland Abbey liegt 1,6 km südlich von Hartland Point und 8 km westlich von Clovelly.

Hartland Quay — HAFEN

(P) An die spektakulären Klippen am Hartland Quay (16. Jh.) kommt in der ganzen Region so schnell nichts ran – im wahrsten Sinne, denn sie klettern auf gute 106 m über dem Meeresspiegel. Unvorstellbare Naturgewalten haben die rostroten Steinmassen zu vertikalen Schichten gepresst und bizarre Formationen geschaffen, die ein bisschen an eine gigantische Lasagne erinnern.

Shipwreck Museum — MUSEUM

(01237-441218; www.hartlandquayhotel.co.uk; Hartland Quay; Eintritt 1 £; Ostern–Okt. 11–16.30 Uhr; P) Verschiedene Ausstellungsstücke und ausdrucksstarke Fotos erinnern an die vielen hundert Schiffe, die vor der Küste Hartlands gesunken sind.

Hartland Point OUTDOOR

(P) Der Küstenstreifen um den 1,6 km weiter nördlich gelegenen Hartland Point ist ein tolles Wandergebiet. Direkt unterhalb steht die kleine weiße Säule eines 1874 erbauten Leuchtturms. Leider ist er für Besucher tabu, aber dafür gibt's westlich davon eine Aussichtsplattform, von der aus u. a. die vor sich hin rostenden Rumpfteile des Küstenschiffs *Johanna* zu erkennen sind. Sie geriet am Silvesterabend 1982 in Seenot, die Crew konnte jedoch vom Rettungsboot aus Clovelly geborgen werden. Ihre Schiffsglocke hat im Shipwreck Museum am Hartland Quay einen Ehrenplatz.

Schlafen & Essen

Hartland Quay HOTEL ££
(01237-441218; www.hartlandquayhotel.co.uk; Hartland Quay; EZ/DZ 50/100 £; Küche 11–14.30 & 18–21 Uhr) Die Lage direkt über dem eindrucksvollen Hartland Quay ist grandios. Die Zimmer dieses alteingesessenen Hotels sind zwar etwas schlicht, aber was hier zählt, ist die Aussicht und die meisten Zimmer blicken aufs Meer. Die bei Einheimischen beliebte, hoteleigene Wreckers Retreat Bar ist gemütlich und serviert solides Kneipenessen (Hauptgerichte 9 £).

Longfurlong COTTAGE £££
(01237-441337; www.longfurlongcottages.co.uk; nahe Hartland; Cottage für 4 Pers. pro Woche 1300 £; P) Die wunderschön umgestalteten Bauernhofgebäude versammeln verschiedene Stile, die vom Landhaus-Cottage mit Holzbalken bis zu minimalistischeren Designs reichen. Im Preis inklusive ist die (unbegrenzte) Benutzung des Spas nebenan. Hier kann man in beheizten Innen- und Außenpools entspannen, in der Sauna schwitzen oder in einem der aromatisch duftenden Behandlungsräume eine Massage (ab 30 £) bei Kerzenschein buchen. Das Dorf Hartland und die Küste Norddevons sind beide etwa 1,5 km entfernt.

An- & Weiterreise

Bus 319 (Mo–Sa 4-mal tgl.) fährt von Barnstaple (1½ Std.) und Bideford (40 Min.) über Clovelly nach Hartland.

Bodmin & Ostcornwall

Inhalt ➡

Bodmin...................... 171
Rund um Bodmin........173
Lanhydrock.................173
Bodmin Moor..............173
Camelford & das
nördliche Moor...........173
Das zentrale &
östliche Moor..............174
Liskeard &
das südliche Moor......177

Gut essen

➡ Woods Cafe (S. 173)

➡ Rising Sun (S. 176)

➡ Cowslip Cafe (S. 176)

➡ Hilltop Farm Shop (S. 174)

➡ Cornish Cheese Company (S. 178)

Schön übernachten

➡ South Penquite Farm (S. 176)

➡ Yurt Works (S. 174)

➡ The Green (S. 178)

➡ Quirky Holidays (S. 176)

➡ Old Chapel House (S. 174)

Auf nach Bodmin & Ostcornwall

Die öde und karge Weite von Bodmin Moor an der Grenze zu Devon ist eine der wildesten und bizarrsten Landschaften der Grafschaft. Cornwalls „Dach" aus Moor und baumlosem Heideland wird von Besuchern kaum beachtet, aber es lohnt auf jeden Fall eine nähere Erkundung. Hohe Gipfel beherrschen den Horizont, die Hügel sind von Steinkreisen übersät und uralte Kirchen kauern am Fuß schroffer Granitfelsen.

Hier befinden sich auch die höchsten Berge Cornwalls – der Rough Tor (*rou-tor* ausgesprochen; 400 m) und der Brown Willy (420 m) – sowie die berüchtigte Bestie von Bodmin Moor, eine schwarze, katzenartige Kreatur, die seit Jahren gesichtet wird, aber bis dato noch von keiner Kamera eingefangen werden konnte.

Wanderer werden die legendäre Katze vermutlich nicht erblicken, dafür aber auch kaum Touristen. Bodmin Moor ist eine der weniger besuchten Ecken Cornwalls und die meisten Reisenden rauschen auf der Fahrt zu den bekannteren Küstenorten daran vorbei.

Reisezeit

➡ **April–Juni** In diesen beiden meist sonnenreichsten Monaten überzieht ein bunter Teppich aus Frühlingswildblumen das Moor.

➡ **Juli & Aug.** Das Sommerwetter ist recht launisch: Mal ist es heiß und sonnig, mal hüllt sich das Moor in dichten Nebel. Und wenn an der Küste der Himmel blau ist, heißt das noch lange nicht, dass auch im Moor die Sonne scheint.

➡ **Sept. & Okt.** Oft gibt's noch ein paar späte Sonnenstrahlen und die Landschaft leuchtet in kräftigen Herbstfarben.

➡ **Ganzjährig** Wegen des wechselhaften Wetters sollte man bei Touren ins Moor immer auf die Wettervorhersage achten und Regensachen sowie eine OS-Karte (amtliche Landvermessungskarte) mitnehmen.

BODMIN

14 500 EW.

Am westlichen Rand des Moors liegt das urige Marktstädtchen Bodmin. Der Ort entstand rund um ein großes Kloster, das der hl. Petroc im 7. Jh. gründete. Später entwickelte er sich zu einer der wichtigsten Zinnbergbaustädte Cornwalls. Obwohl man die meisten Verwaltungsbehörden Cornwalls Ende des 19. Jhs. von Bodwin nach Truro verlagerte, blieb Bodmin bis Mitte der 1990er-Jahre Sitz des Grafschaftsgerichts. Der alte Gerichtssaal im Rathaus steht heute Besuchern offen, ebenso wie die Überbleibsel von Cornwalls verrufenstem Gefängnis Bodmin Jail, in dem Gesetzesbrecher eingebuchtet oder in schwereren Fällen zum Galgen geführt wurden.

Ansonsten gibt's in der modernen Stadt nicht viel, das einen gefangen nimmt, aber

Highlights

❶ Den Gipfel von Cornwalls höchstem Hügel **Brown Willy** (S. 173) erklimmen

❷ Am mystischen Steinkreis **The Hurlers** (S. 177) in die Vergangenheit reisen

❸ Cornwalls renommiertestem Weingut **Camel Valley** (S. 172) einen Besuch abstatten

❹ An den Wasserfällen **Golitha Falls** (S. 177) picknicken

❺ Mit dem Rad oder zu Fuß die **Cardinham Woods** (S. 172) erkunden

❻ Im Spukgefängnis **Bodmin Jail** (S. 172) auf Geisterjagd gehen

❼ Mit dem Kanu über den stürmischen **Siblyback Lake** (S. 177) paddeln

sie ist ein gutes Sprungbrett für Ausflüge ins benachbarte Bodmin Moor.

◉ Sehenswertes & Aktivitäten

★ Cardinham Woods — WALD
(☏ 01208-72577; www.forestry.gov.uk/cardinham) Vor den Toren Bodmins lädt dieser große öffentliche Wald zu tollen Wanderungen ein. Auf alle, die sich noch ein bisschen mehr austoben wollen, wartet ein Netz mit Mountainbike-Pfaden. Die Züge der Bodmin & Wenford Railway halten am nahe gelegenen Coleslogget Halt. Von dort führt ein 2,5 km langer Weg nach Cardinham.

Bodmin Jail — GEFÄNGNIS
(☏ 01208-76292; www.bodminjail.org; Berrycoombe Rd; Erw./Kind 7,50/5,50 £; ⊙10 Uhr–Sonnenuntergang) Das unwirtliche ehemalige Hauptgefängnis der Grafschaft ist heute berühmt für die vielen Geister, die hier angeblich ihr Unwesen treiben. Das Gefängnis ist zwar weitgehend verfallen, aber schon die efeubewachsenen Mauern sind ein gruseliger Anblick. Mehrere Zellen, darunter auch eine Todeszelle, sind noch zu besichtigen. Außerdem gibt's hier die einzige funktionstüchtige Galgenfallgrube Großbritanniens zu begutachten, die man 2005 bei Renovierungsarbeiten entdeckte. Mehrmals im Jahr stehen nächtliche Geisterrundgänge auf dem Programm.

Bodmin & Wenford Railway — DAMPFEISENBAHN
(☏ 01208-73555; www.bodminrailway.co.uk; Erw./Kind/Familie 12/6/33 £; ⊙ März–Okt.) Die alte Bahntrasse, die früher Bodmin mit der Nordküste Cornwalls verband, ist seit den 1960er-Jahren stillgelegt, aber auf dem Streckenabschnitt zwischen Bodmin und Boscarne Junction fahren heute die Oldtimerdampfloks der Bodmin & Wenford Railway. Die Züge haben immer noch ihre alte Ausstattung aus den 1950er-Jahren und die rumpelnden Waggons und schnaufenden Maschinen erinnern nostalgisch an eine Zeit, als Zugreisen mehr bedeuteten, als nur von A nach B zu kommen. Die Hin- und Rückfahrt dauert zwei Stunden.

An der Endstation Boscarne Junction trifft die Bahnstrecke auf den beliebten Radweg Camel Trail; wenn Platz ist, können im Zug Räder mitgenommen werden, aber es ist sinnvoll, sicherheitshalber vorher anzurufen.

Charlotte Dymond Courtroom Experience — MUSEUM
(☏ 01208-76616; Shire Hall, Bodmin; Erw./Kind 3,95/2,50 £; ⊙11–16 Uhr) In der Shire Hall neben der Touristeninformation beherbergen die ehemaligen Gerichtssäle heute ein Museum. Es widmet sich der Geschichte von Charlotte Dymond, einem Mädchen aus der Gegend, das 1884 ermordet im Moor gefunden wurde. Mithilfe einiger schräger Wachsfiguren lässt die Multimediaausstellung die berüchtigte Gerichtsverhandlung von damals wieder aufleben. In deren Verlauf wurde der junge Knecht Matthew Weeks (angeblich Dymonds Freund) des Mordes schuldig gesprochen und daraufhin im Bodmin Jail gehängt. Zu seiner Hinrichtung rollten 20 000 Schaulustige in Sonderzügen an. Am Ende der Tour können die Besucher ihr eigenes Urteil fällen und sich in den Gefängniszellen unter dem Gericht umschauen.

🛏 Schlafen & Essen

St. Benet's Abbey — B&B ££
(☏ 01208-216014; www.stbenetsabbey.co.uk; Lanivet; DZ 70–86 £) Das stimmungsvolle B&B in der Nähe des Dorfs Lanivet ist äußerst geschichtsträchtig. Es logiert in einem 1411 erbauten, ehemaligen Kloster, die Zimmer haben aber ein moderneres Ambiente. Die

---

ABSTECHER

CAMEL VALLEY VINEYARD

Der Camel Valley Vineyard (☏ 01208-77959; www.camelvalley.com; ⊙Mo–Sa 10–17 Uhr), 3 km westlich von Bodmin gelegen, ist Cornwalls renommiertestes Weingut. Der einheimische Winzer Bob Lindo keltert hier seit 1989 preisgekrönte Weine, darunter einige Weiß- und Roséweine von Weltklasse sowie einen prickelnden Schaumwein, der bis auf den Namen alles von einem Champagner hat. Kennern zufolge verdanken die hiesigen Weine ihre Frische und Leichtigkeit dem milden Klima, der Sonne und der klaren Seeluft. Der Spitzenwein des Hauses heißt Darnibole Bacchus und ist in Großbritannien der einzige mit geschützter Ursprungsbezeichnung.

Auf dem Weingut werden verschiedene Führungen angeboten, die alle eine Weinprobe beinhalten. Im angeschlossenen Weinladen kann man sich mit seinen Lieblingstropfen eindecken.

besten sind mit Himmelbetten und bunten Bleiglasfenstern bestückt. Hier und da wirkt das B&B ein bisschen gesichtslos, aber das stört nicht groß. Schließlich nächtigt man nicht alle Tage in einer Abtei aus dem 15. Jh.

Bokiddick Farm B&B ££
(✆01208-831481; www.bokiddickfarm.co.uk; Lanivet; DZ 80 £) Dieses bäuerliche B&B ist ziemlich blümchenmusterlastig, aber wer kein Problem mit gerüschten Tagesdecken und Bettgestellen aus Messing hat, wird sich hier bestimmt wohlfühlen. Nette Extras sind die Kühlschränke auf den Zimmern, die frische Milch und das preisgekrönte Frühstück mit Zutaten vom eigenen Hof.

South Tregleath Farm B&B ££
(✆01208-72692; www.south-tregleath.co.uk; DZ 65–80 £; P🖵) Dieser stilvolle Schlupfwinkel in Bodmin Moor verspricht Urlaub auf dem Bauernhof mit Luxusflair. Die Zimmer sind mit glattpoliertem Holz, Raumteilern aus Bambus und schicken Bädern ausgestattet. Besonders hübsch ist das Zimmer Columbine, das am meisten Platz und eine Veranda hat. Oder man bucht gleich das ganze Cottage für sechs Personen. Die South Tregleath Farm wird nach wie vor landwirtschaftlich betrieben und die Kinder können beim Melken der Kühe und Einsammeln der Eier helfen.

⭐**Woods Cafe** CAFÉ ££
(✆01208-78111; www.woodscafecornwall.co.uk; Cardinham Woods; Hauptgerichte 6–12 £; ⏲10.30-16.30 Uhr) Im Wald von Cardinham hat dieses grandiose Café sich in einem alten, versteckten Waldarbeiter-Cottage eingenistet und zu einer echten Institution entwickelt. In der Gegend ist es berühmt für seine selbst gebackenen Kuchen, herzerwärmenden Suppen und Wurstsandwiches. Wer bleiben möchte, kann in einer Jurte im Garten übernachten.

RUND UM BODMIN

Lanhydrock

Das 4 km von Bodmin entfernte Landgut **Lanhydrock** (NT; ✆01208-265950; www.nationaltrust.org.uk/lanhydrock; Erw./Kind 10,70/5,30 £, nur Gärten 6,30/3,40 £; ⏲Haus Di-Sa 11–17 Uhr, Gärten tgl. 10–18 Uhr) aus dem 16. Jh. bietet einen faszinierenden Einblick in das herrschaftliche Leben und das Dienstbotendasein im viktorianischen England.

Das Herrenhaus wurde ursprünglich für den aristokratischen Robartes-Clan gebaut und wirkt noch immer wie ein familiäres Wohnhaus. Zu den Highlights gehören das Herrenzimmer (geschmückt mit alten Eton-Fotos, Elchköpfen und Tigerfellvorlegern), das Kinderzimmer, das mit verwaistem Spielzeug der Robartes-Kinder vollgestopft ist, und der originale Küchentrakt mit seinen riesigen Herden und einer fortschrittlichen, wassergekühlten Kühlkammer. Die großartige Stuckdecke in der Galerie hat wunderbarerweise ein großes Feuer überlebt, das 1881 Teile des Hauses vollständig vernichtet hatte.

BODMIN MOOR

Östlich von Bodmin präsentiert sich die Landschaft wild und windgepeitscht. Die A30 durchquert als wichtigste Verkehrsroute das Moor, während die A39 und A38 am nördlichen bzw. südlichen Rand des Moors verlaufen. Jeder Abschnitt hat seine eigene Note: Im Norden und in der Mitte ist die Landschaft größtenteils karg und baumlos und nur ein paar kahle Hügel lockern das Bild auf. Nach Süden wird die Gegend zunehmend grüner und von den höheren Hängen ziehen sich Wälder und Flusstäler hinab.

Busse gibt es in Bodmin Moor so gut wie gar nicht und man braucht ein Auto, um die Gegend zu erkunden.

Camelford & das nördliche Moor

Camelford ist die dem nördlichen Moorgebiet nächstgelegene Stadt. Manche sagen ihr eine Verbindung zu König Artus nach, v. a. wegen der Namensähnlichkeit mit Camelot (Artus' legendäres Schloss) und Camlann (der Schauplatz von Artus' letzter Schlacht). Tatsächlich leitet sich der Name wahrscheinlich vom kornischen *cam-hayle* ab, was gekrümmter Fluss bedeutet.

Heutzutage ist Camelford ein ruhiger Ort, aber ein praktischer Ausgangspunkt für die Wanderung zum **Rough Tor** und **Brown Willy**, den höchsten Hügeln Cornwalls. Der kecke Name Brown Willy (brauner Schniedel), der in dieser Gegend schon Generationen von Schulkindern erheitert hat, ist eigentlich eine Abwandlung vom kornischen *bronn wennili* für Hügel der Schwalben.

Die beste Route beginnt am Parkplatz bei den Poldue Downs, 5 km südlich von Camelford.

Aktivitäten

Hallagenna Riding REITEN
(01208-851500; www.hallagenna.co.uk; St. Breward; pro Std. 20 £) Auf dem Rücken der Pferde durch die Heidelandschaft zu galoppieren, ist eine der schönsten Arten, das Moor zu erleben. Der alteingesessene Reiterhof organisiert Ausritte ab 20 £ pro Stunde sowie eine dreistündige Tour mit Lunchpause im Blisland Inn (60 £).

Schlafen

★ Yurt Works CAMPING ££ial£
(01208-850670; www.yurtworks.co.uk; St. Breward; Jurte pro Woche 260–520 £; P ♿ ☼)
Yurt Works war einer der allerersten Jurtenzeltplätze Cornwalls und ist nach wie vor einer der besten. Zur Auswahl stehen drei Modelle: Ash Field, Green Man und Oak Wood. Alle sind lauschig zwischen Bäumen versteckt und mit richtigen Betten, Holzöfen, Laternen, Grillstellen und Kühlboxen bestückt. Außerdem hat jede Jurte ihr eigenes Kompostklo und es gibt eine Solardusche.

★ Old Chapel House B&B ££
(01208-841834; www.theoldchapelhouse.co.uk; St. Mabyn; EZ 55–65 £, DZ 75–110 £; P ☼) Das funkelnagelneue B&B in der Nähe des Dorfs St. Mabyn wird von Des und Ginny Weston betrieben, die früher das famose St. Kew Inn managten. Wie der Name schon vermuten lässt, residiert das Old Chapel House in einer charmant umgebauten Kapelle, von der noch die originalen Buntglasfenster erhalten sind. Das Beste der drei Zimmer ist die Nummer drei mit Dachschrägen voll Holzbalken und romantischem Dachkammerflair.

Ekopod CAMPING ££
(01179-247877; www.ekopod.com; nahe Launceston; ab 90 £ pro Nacht; P ♿ ☼) Edles Ökocamping inmitten einer Blumenwiese mit Blick aufs Moor. Die beiden luxuriös eingerichteten Kuppelzelte sind u. a. mit Panoramafenstern ausgestattet.

Essen

★ Hilltop Farm Shop TEESTUBE £
(01840-211518; www.hilltopfarmshop.co.uk; Slaughterbridge; kleine Gerichte 3–6 £) Der Bauernladen in Slaughterbridge, 3 km nördlich von Camelford, verkauft kornische Buttertoffees, Pasteten und Käse. Die hofeigene Teestube serviert leckere *scones*. Auf Wunsch kann man sich auch einen Korb voll regionaler Spezialitäten zusammenstellen lassen.

Old Inn PUB £
(01208-850711; www.theoldinnandrestaurant.co.uk; St. Breward; Hauptgerichte 10–16 £) Dieses Dorfpub zeichnet sich v. a. dadurch aus, dass es auf 220 m das höchste Cornwalls ist. Vermutlich gehen seine Ursprünge ins 11. Jh. zurück. Damals frequentierten ortsansässige Mönche das Wirtshaus. Heute ist das Pub in erster Linie ein Dorftreffpunkt. Das Essen ist anständig, die Begrüßung herzlich und im Kamin lodert ein gemütliches Feuer.

Das zentrale & östliche Moor

Das **Jamaica Inn** (01566-86250; www.jamaicainn.co.uk) hockt einsam mitten im Moor an einem alten Kutschenweg, der durch Bolventor führt. Zu Ruhm gelang es durch Daphne du Mauriers gleichnamige Abenteuergeschichte von 1936. Nachdem die Autorin bei einem Ausritt in Bodmin Moor die Orientierung verloren hatte, kehrte sie hier ein. Inspiriert wurde sie zu dem Roman anscheinend durch die Grusel- und Schmugglergeschichten, mit denen sie der Pfarrer der Kirche von Altarnun unterhielt. Das Gasthaus beherbergt heute ein kleines Schmugglermuseum. Leider ist jedoch seit du Mauriers Zeit das historische Ambiente weitgehend verschwunden.

Sehenswertes

Dozmary Pool SEE
Etwa 2,5 km südlich vom Jamaica Inn ruht der spiegelglatte See Dozmary Pool, an dem König Artus sein berühmtes Schwert Excalibur von der Herrin des Sees erhalten haben soll.

Angeblich ist der See zudem bodenlos. Einer anderen hiesigen Legende zufolge schloss der junge Jan Tregeagle einen Pakt mit dem Teufel und wurde im Gegenzug dazu verdammt, bis ans Ende seiner Tage den unendlich tiefen See mit einem löchrigen Schneckengehäuse auszuschöpfen.

Im Westen liegt der **Colliford Lake**, Cornwalls größtes und höchstgelegenes Wasserreservoir.

Tamar Otter Wildlife Centre WILDTIERPARK
(01566-785646; www.tamarotters.co.uk; North Petherwin, nahe Launceston; Erw./Kind 7,50/4 £;

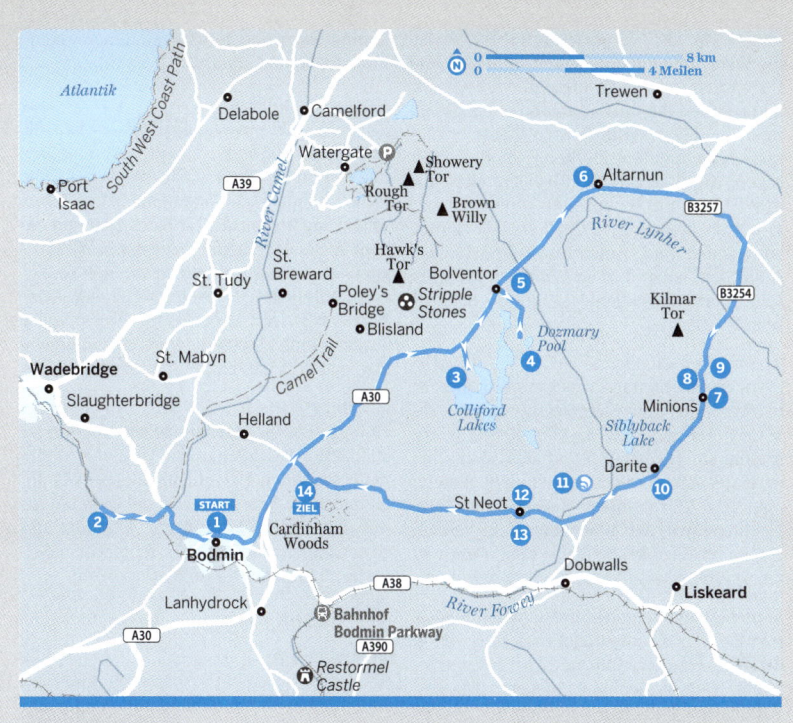

Autotour
Moorexpedition auf vier Rädern

START BODMIN,
ZIEL BODMIN,
LÄNGE 50 BIS 65 KM, 1 TAG

Mit dem Auto lässt sich das Moor an einem Tag gut erkunden. Los geht's in ❶ **Bodmin**, einer von Cornwalls fünf ursprünglichen Zinnbergbaustädten mit dem berüchtigten Spukgefängnisses Bodmin Jail, von dem heute nur noch die gruseligen Ruinen stehen. Bei einem Abstecher zum ❷ **Camel Valley Vineyard** zeigt Winzer Bob Lindo das Weingut und schenkt Jahrgangstropfen aus. Danach führt die A30 an den silbrigen, sagenumwobenen Seen ❸ **Colliford Lake** und ❹ **Dozmary Pool** vorbei.

In Bolventor lohnt ein Stopp im ❺ **Jamaica Inn**, das seinen Ruhm dem gleichnamigen Roman von Daphne du Maurier verdankt. Vom historischen Flair jener Tage ist heute nicht mehr viel zu sehen. Eine weitaus bessere Alternative für ein Pint samt *ploughman's lunch* ist das gemütliche Pub Rising Sun im benachbarten ❻ Altarnun.

Von hier geht's südwärts über die B3257 und B3254 in das Dorf ❼ **Minions**. Eine Wanderung führt zu zwei prähistorischen Monumenten des Moors: die von Menschen errichteten ❽ **Hurlers** und die natürliche Felsformation ❾ **Cheesewring**. Bei Darite, 5 km weiter südlich, thront das Megalithgrab ❿ **Trethevy Quoit** mit einem riesigen, flachen Deckstein. Es gibt in der Nähe noch mehr prähistorische Ruinen, aber um sie zu finden, benötigt man eine OS-Karte.

Nach Westen windet sich eine Nebenstraße zu den beeindruckenden Wasserfällen ⓫ **Golitha Falls**, die an heißen Sommertagen zum Planschen und Picknicken einladen. Einen Abstecher lohnt die nahe gelegene Pfarrkirche ⓬ **St. Neot** mit ihren bildschönen, mittelalterlichen Buntglasfenstern. Etwas weiter südlich können in den Tiefen der ehemaligen Schiefermine ⓭ **Carnglaze Caverns** Höhlen und ein unterirdischer See erforscht werden.

Zum Abschluss verlocken die ⓮ **Cardinham Woods** zu einem Waldspaziergang – gekrönt von einem echten kornischen *cream tea* im Woods Cafe auf einer Lichtung.

April–Okt. 10.30–18 Uhr) Im Normalfall ist es ziemlich schwierig, Otter in freier Natur zu beobachten. In diesem Wildtierpark 8 km außerhalb von Launceston bekommt man sie aber garantiert zu Gesicht. Die hier beheimateten Fischotter und Asiatischen Kurzkrallenotter verteilen sich auf drei Familien und hausen in ihren eigenen, natürlich gebauten Erdlöchern. Die Fütterungszeiten sind täglich um 12 und 15 Uhr. Außerdem leben in dem Wildpark Damhirsche, Muntjakhirsche, Fasane und Schottische Wildkatzen.

Launceston Castle — BURG
(www.english-heritage.org.uk/daysout/properties/launceston-castle; Erw./Kind 3,60/2,20 £; 10–18 Uhr) Das rustikale Marktstädtchen Launceston am östlichen Rand des Moors ist in erster Linie wegen dieser Schlossruine aus dem 11. Jh. einen Besuch wert. Der Festungsturm, den man über eine Wendeltreppe besteigt, besticht mit einem umwerfenden 360-Grad-Panorama über das Moor.

Launceston Steam Railway — DAMPFEISENBAHN
(01566-775665; www.launcestonsr.co.uk; Hin- & Rückfahrt Erw./Kind 9,50/6,20 £) Diese süße, kleine Dampfeisenbahn tuckert zwischen Launceston und dem benachbarten Weiler Newmills eine 4 km lange Schienenstrecke entlang. Fahrgäste können zwischen offenen und geschlossenen Waggons wählen, aber diese Liebhaberbahn ist nicht ganz so beeindruckend wie die Züge der Bodmin & Wenford Railway.

Stripple Stones — STEINKREIS
In der Nähe des kleinen Hügels Hawk's Tor gibt's den Steinkreis Stripple Stones zu bestaunen. Früher umfasste er 28 Steine, heute stehen davon allerdings nur noch vier. Sie befinden sich westlich des Dorfs North Hill und ein paar Kilometer nördlich von Upton Cross, sind aber ohne OS-Karte schwer zu entdecken.

Schlafen

★ South Penquite Farm — CAMPING £
(01208-850491; www.southpenquite.co.uk; Blisland; Erw./Kind 8/4 £; P) Der himmlisch abgelegene 80 ha große Biohof ist meilenweit von Moor umgeben. Zur Ausstattung gehören mit Kiefernholz vertäfelte Toilettenhäuschen, Solarduschen und ein Kinderspielplatz. Auf dem Programm stehen jede Menge Aktivitäten – vom Überlebenstraining bis zu Kunstkursen – und Henry Jo's Smokehouse verkauft selbst gemachte Lammburger und Würstchen. Sogar eigene Lagerfeuer sind erlaubt.

★ Quirky Holidays — CAMPING ££
(01579-370219; www.quirky-holidays-cornwall.co.uk; DZ 65–106 £; P) Dieser Campingplatz macht seinem Namen (skurrile Ferien) alle Ehre. Drei alte Fuhrwagen – ein Schaustellerwagen, ein holzvertäfelter Bauwagen und ein alter Ale-Güterwaggon – sowie ein ehemaliger Gartenschuppen wurden von den passionierten Besitzern liebevoll umgestaltet. Jeder Wagen hat einen Holzofen und steckt voller antiker Kinkerlitzchen. Und die idyllische Lage auf dem Land ist zum Niederknien.

Lavethan — B&B ££
(01208-850487; www.lavethan.com; Blisland; DZ 90 £; P) Das B&B hat sich in einem denkmalgeschützten Herrenhaus aus dem 11. Jh. einquartiert. Neben den feudalen Zimmern mit geblümten Vorhängen, altmodischen Badewannen und antiken Teppichen gibt's mehrere Cottages für Selbstversorger.

Essen

★ Rising Sun — PUB ££
(01566-86636; www.therisingsuninn.co.uk; Altarnun; Hauptgerichte 9–16 £) In diesem reizenden, ländlichen Pub löschen Moorreisende schon seit über 500 Jahren ihren Durst. Drinnen ist das Ambiente überraschend zeitgenössisch, die moderne Küche legt Wert auf regionale Zutaten und der Speisesaal kommt richtig elegant daher. Die Ales liefert die benachbarte Penpont Brewery. Ein Stellplatz auf dem angeschlossenen Campingplatz ist ab drei Nächten buchbar.

Blisland Inn — PUB £
(01208-850739; www.bodminmoor.co.uk/blislandinn; Blisland; Getränke 3–5 £) Das besonders von Ale-Trinkern geschätzte Pub schmückt sich mit Toby-Krügen, alten Fotos und Bierdeckeln. Frisch vom Fass gibt's mindestens sieben Ales und einen *scrumpy* (südwestenglischer Cider). Auf einer Tafel sind alle Ales aufgelistet, die der derzeitige Besitzer bisher hier serviert hat – beim letzten Nachzählen waren es fast 3000. Kein Wunder, dass das Blisland Inn von den Ale-Fans der CAMRA (Kampagne für traditionell gebrautes Ale) kürzlich zum Pub des Jahres gekrönt wurde.

Cowslip Cafe — CAFÉ £
(01566-772839; St. Stephens, nahe Launceston; 4,50–6,95 £; 10–17 Uhr) Das exzellente Bauernhofcafé kurz vor Launceston bestreitet

einen Großteil seiner Gerichte mit Gemüse aus dem eigenen Küchengarten. Brot, Fisch und Fleisch stammen aus der näheren Umgebung. Unter der Woche werden diverse Kunsthandwerkskurse angeboten.

⭐ Unterhaltung

Sterts FREILUFTTHEATER
(☎ 01579-362382; www.sterts.co.uk; Upton Cross) Dieses stimmungsvolle Freilufttheater in der Nähe des Dorfs Upton Cross inszeniert mitten in der Moorwildnis ein Stück Kultur. Es ist nicht ganz so spektakulär wie das Minack an der Südküste, aber dafür schützt hier eine Dachplane vor Regen. Die Website informiert über den aktuellen Spielplan.

Liskeard & das südliche Moor

Das südliche Moorgebiet trumpft mit der wohl reizvollsten Landschaft von Bodmin Moor auf und ist geprägt von sandigen Heideflächen, Gehölzen und windgepeitschten Seen. Auch wenn es weniger einsam als das zentrale Moor wirkt, hat es durchaus seine rauen, verlassenen Fleckchen – allen voran die wilden Weiten des **Twelve Men's Moor** und der Hügel **Kilmar Tor** (396 m). Diese Felsformation aus geschichteten Granitblöcken bietet einen majestätischen Blick über das östliche Moor. Zum Gipfel kann man wandern, braucht aber eine detailliertere Karte, festes Schuhwerk und einen guten Orientierungssinn, vor allem wenn Nebel aufzieht.

Das Städtchen **Liskeard** ist zwar ein praktischer Ausgangspunkt für Touren ins Umland, macht aber wie viele Städte im Moor einen etwas vernachlässigten Eindruck. Der Ort erlangte kürzlich im Fernsehen Berühmtheit, weil er in einer bekannten TV-Kampagne zur Rettung britischer Einkaufsstraßen unter die Lupe genommen wurde. Hübscher zum Übernachten ist das ruhige Dorf **St. Neot**.

⊙ Sehenswertes & Aktivitäten

⭐ Golitha Falls WASSERFÄLLE
GRATIS Umgeben von den Resten eines uralten Eichenwalds, der einst den Großteil des Heidelands bedeckte, sprudeln hier mehrere kleine Wasserfälle. Das malerische Fleckchen 2 km westlich von St. Cleer ist eins der beliebtesten Ausflugsziele im Moor. Die Flussbassins verführen zum Baden, aber das Wasser ist immer eiskalt und die Felsen sind sehr glitschig. Von einem Parkplatz bei der Draynes Bridge führt ein 800 m langer Fußweg hierher.

Prähistorische Stätten RUINEN
Das südliche Moor weist die größte Dichte prähistorischer Stätten auf. In der Nähe des Dorfs Minions, 3 km östlich des Siblyback Lake, stehen zwei mysteriöse Steinkreise namens **The Hurlers**. Angeblich sind sie die Überreste einer Gruppe von Männern, die es wagten, sonntags ein Hurlingmatch auszutragen und dafür versteinert wurden. Die nahe gelegene Felsformation **Cheesewring** gilt mit ihren gestapelten Granitblöcken als Machwerk ortsansässiger Riesen, ist aber tatsächlich durch natürliche Erosion entstanden. Bei Darite, 5 km weiter südlich, erhebt sich der 4,5 m hohe Dolmen **Trethevy Quoit**, auch bekannt als King Arthur's Quoit oder Giant's House. Er ist ein weiteres charakteristisches Beispiel für die markanten jungsteinzeitlichen Grabkammern Cornwalls.

Die **Trewortha Bronze Age Farm** mitten im Twelve Men's Moor besteht aus mehreren Rundhäusern, die originalgetreu mit Stroh, Holz und traditionellen Werkzeugen wieder aufgebaut wurden. Der Hof befindet sich auf einem Privatgrundstück und wird insbesondere zu Lehrzwecken genutzt, aber vom Gipfel des Kilmar Tor hat man einen schönen Blick über das Gelände.

Carnglaze Caverns HÖHLEN
(☎ 01579-320251; www.carnglaze.com; Erw./Kind 6/4 £; ⊙ 10–17 Uhr) Der Schiefer in Bodmin Moor war früher ein wichtiges regionales Exportgut. Damals hoben die hiesigen Bergleute diese tiefen Gruben von Hand aus und schufen ein düsteres Gängegewirr mit Höhlen und einem glitzernden, unterirdischen See. Im Sommer finden unter Tage manchmal Konzerte und Theateraufführungen statt. Die Carnglaze Caverns liegen außerhalb von St. Neot und sind gut ausgeschildert.

Siblyback Water Park WASSERSPORT
(☎ 01579-346522; www.swlakestrust.org.uk; ⊙ 9–17 Uhr) Der riesige See Siblyback wartet mit jeder Menge Wassersportangeboten auf, darunter Windsurfen, Rudern, Wasserski und Wakeboarden. Rund um den See verlaufen verschiedene Rad- und Wanderwege und es gibt ein kleines Café.

Kleine Ruderboote kosten pro Stunde 10 £, zweistündige Schnupperkurse im Kanufahren und Windsurfen belaufen sich auf 34 £.

Cornish Orchards OBSTPLANTAGE
(☎01503-269007; www.cornishorchards.co.uk; Duloe, Liskeard) Zu den Erzeugnissen dieser bekannten Obstplantage in Duloe, 8 km südlich von Liskeard, zählen fruchtige Apfelsäfte und diverse exotische Cider: vom klassischen *scrumpy* bis hin zu Varianten mit Himbeeren und Birnen. Im dazugehörigen Laden kann man alle Sorten kosten und kaufen.

🛏 Schlafen

Trussel Barn B&B ££
(☎01579-340450; http://trusselbarn.wordpress.com; St. Keyne; EZ 50–60 £, DZ 90 £; P 🛜) Das ansprechende B&B ist 3 km südlich von Liskeard in einer umgebauten Scheune untergebracht und verfügt über aufgeräumte, moderne Zimmer. Besonders nett ist der großzügige Garden Room mit Holzbalken und Blick auf die Terrasse oder der kleinere Cyder Room mit seinem todschicken Bad und einem Teich vorm Fenster. Außerdem stehen für Kinder oder Alleinreisende noch zwei kleinere Zimmer bereit und auf Selbstversorger wartet das Cottage The Buttery.

⭐ The Green COTTAGE £££
(☎01579-362253; www.thegreencornwall.co.uk; Upton Cross; 3 Nächte ab 288 £) Die fünf steinernen Cottages blicken über das Moor bis zum Caradon Hill. Die luxuriöse Ausstattung verwöhnt mit allerlei Extras wie Fußbodenheizung, abgeschliffenen Dielenböden oder Designerwohnküchen mit Spülmaschine und Umluftherd. Das Ambiente ist modern und die Lage inmitten von Wiesen, Feldern und Wäldern traumhaft. Sogar ein Natur-Swimmingpool ist geplant.

🍴 Essen

Crows Nest Inn PUB ££
(☎01579-345930; nahe Darite; Hauptgerichte 10–14 £) Mit seinen weiß getünchten Wänden, niedrigen Deckenbalken und dem knisternden Feuer ist das urige Inn aus dem 16. Jh. ein willkommener Zufluchtsort, wenn das Wetter draußen im Moor unwirtlich wird. Das gilt besonders für Sonntage, dann kommt hier ein üppiger Braten auf den Tisch.

Cornish Cheese Company KÄSEREI
(☎01579-363660; www.cornishcheese.co.uk; Upton Cross, nahe Liskeard; ⊙Mo–Sa 10–17 Uhr) Die berühmte örtliche Käserei hat sich mit ihrem kräftigen, strengen Blauschimmelkäse Cornish Blue einen Namen gemacht. Zu kaufen gibt's ihn in traditionellen, blau-weiß gestreiften Keramiktöpfen (15,99 £ für 200g).

Südcornwall

Inhalt ➡

Falmouth, Truro & Roseland 180
Falmouth 180
Truro 189
Die Roseland Peninsula 194
Südostcornwall 198
Mevagissey & Gorran Haven 199
Fowey 202
Looe 207
Tamar Valley 210

Gut essen

- Oliver's (S. 184)
- The Wheelhouse (S. 184)
- Ferryboat Inn (S. 186)
- Hidden Hut (S. 196)
- Outlaw's Fish Kitchen (S. 209)

Schön übernachten

- Highcliffe House (S. 182)
- Hotel Tresanton (S. 197)
- Roundhouse Barns (S. 197)
- Lugger Hotel (S. 194)
- Westcroft (S. 210)

Auf nach Südcornwall

Südcornwall kann vielleicht nicht mit den zerklüfteten Granitfelsen und der windgepeitschten Dramatik der Nordküste glänzen, aber es hat seine ganz eigenen Reize: sanfte Flüsschen, grüne Wiesen, urige Häfen und weltberühmte Gärten wie Trebah, Trelissick, Heligan und Glendurgan – ganz zu schweigen von den futuristischen Biomen des Eden Project. Anders als die wildromantischen Felsen von Penwith oder die Weiten von Bodmin Moor steht diese idyllische, friedliche Landschaft für beschaulichere Abenteuer: die ruhigen Wege und Strände der Roseland Peninsula und den Mevagissey Harbour erkunden oder aber gemütlich über den Fal und Fowey paddeln.

Vor allem die abgeschiedene Rame Peninsula ist einen Besuch wert. Die Anfahrt ist von überallher recht lang – deshalb machen sich nur wenige auf den Weg und können diese wunderschöne Landschaft und ihre Landhäuser in Ruhe genießen. Von Plymouth aus können Besucher gut mit der Torpoint-Fähre übersetzen und haben eine gemütliche Fahrt über die schöne Mündung des Tamar.

Reisezeit

➡ **Mai** Das Fowey Festival bringt Buchlesungen, Lyrik-Events und Livemusik in die Straßen der Stadt.

➡ **Juli** Spektakuläre Gigs beschallen die Biome während der Eden Sessions, landesweit eines der größten Musikevents des Jahres.

➡ **Sept.** Das Cornwall Food & Drink Festival am Lemon Quay ist eine der größten Essensmessen in Großbritannien. Topproduzenten vom Pastetenbäcker bis zur Mikrobrauerei buhlen hier um Kundschaft.

➡ **Okt.** Falmouth feiert beim jährlichen Oyster Festival die Tradition der Muschelzucht. Während des einwöchigen Fests werden ganze Berge von Austern und Miesmuscheln vertilgt, während viele Chefköche ihr Können zeigen.

➡ **Dez.** Beim vorweihnachtlichen City-of-Lights-Umzug werden Weidenlaternen durch Truros Straßen getragen.

FALMOUTH, TRURO & ROSELAND

Die Gegend um Falmouth und die Roseland Peninsula zeigt ein deutlich sanfteres Gesicht als die Felsen und Wellenbrecher der Atlantikküste. Geschützt vor den schlimmsten atlantischen Winden wachsen exotische Pflanzen im milden, subtropischen Klima der Täler – kein Wunder, dass viele von Cornwalls schönsten Gärten und Landanwesen hier zu finden sind. In vergangenen Zeiten war die Gegend sehr wichtig für die Schifffahrt; die alten Häfen Falmouth, St. Mawes und Mevagissey sind alle einen Besuch wert.

Falmouth

20 775 EW.

Welche Stadt die coolste Cornwalls ist? Im Moment sind sich wohl alle einig: Falmouth. Im Laufe der letzten zehn Jahre wurden viele Millionen Pfund in die Entwicklung der Falmouth University am Stadtrand des Nachbarorts Penryn investiert. Seitdem hat sich der alte Seehafen zu einer der kreativsten, originellsten Städte der Grafschaft gemausert. Von der Espressobar über die schicke Biertaverne und den Antiquitätenladen bis zur Designagentur hat Falmouth wirklich den Finger am Puls der Zeit.

Wie anders war das, als noch das Meer das Überleben der Stadt sicherte. Falmouth ist mit seiner strategischen Lage an der Mündung des Flusses Fal und am Zugang zum Meeresarm Carrick Roads seit über 500 Jahren eine wichtige Drehscheibe der Schifffahrt. Es liegt am Rand des drittiefsten Naturhafens der Welt, dessen Bedeutung als Handelshafen mit der Versandung des Flusses in Truro begann. Ihre Glanzzeit hatte Falmouth in der Zeit des Packet Service, der von 1689 bis 1850 Postsendungen, Goldbarren und Waren zwischen Großbritannien und den Kolonien transportierte.

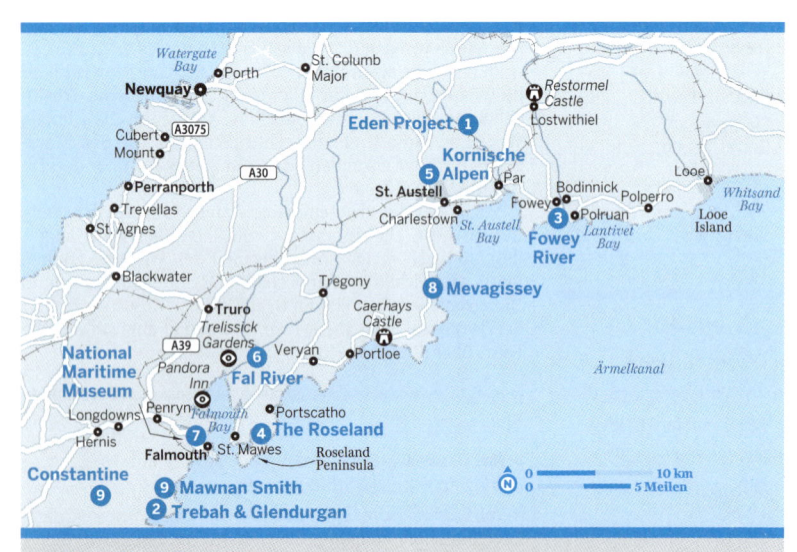

Highlights

1. Die Biome des **Eden Project** bestaunen (S. 201)
2. Durch die Gärten von **Trebah** (S. 186) und **Glendurgan** (S. 186) schlendern
3. Mit dem Kajak auf dem **Fowey** (S. 202) paddeln
4. Einsame Strände auf der **Roseland Peninsula** suchen (S. 194)
5. Fremdartige Tümpel und Gipfel in den **Kornischen Alpen** (S. 199) erkunden
6. Abends eine gemütliche Bootsfahrt auf dem **Fal** machen (S. 190)
7. Im **National Maritime Museum** (S. 181) Falmouths Seefahrergeschichte kennenlernen
8. In **Mevagissey Harbour** (S. 199) Krebse fischen
9. Südcornwalls verborgene **Gärten** (S. 187) entdecken

Die Zeit der Großsegler, Teeklipper und Marinegaleonen mag zwar längst vorbei sein, aber die Stadt bleibt ein wichtiges Zentrum für Schifffahrt und Reparaturwerften – bis heute sieht man große Pötte zur Sanierung und Reparatur am städtischen Dock liegen. Seit 2003 ist hier außerdem die kornische Außenstelle des National Maritime Museum, eine eindrucksvolle Multimediaausstellung im Herzen des stark sanierten Stadtviertels am Discovery Quay.

Sehenswertes & Aktivitäten

National Maritime Museum MUSEUM
(www.nmmc.co.uk; Discovery Quay; Erw./Kind 11/7,60 £; 10–17 Uhr) Das Schwestermuseum des Originals in Greenwich ist das Flaggschiff unter Falmouths Attraktionen. Mit einer riesigen Sammlung an Yachten, Ruderbooten, Schonern, Trimaranen und anderen bahnbrechenden Segelgeräten führt es durch die glorreiche Seefahrergeschichte Großbritanniens. Viele der Exponate hängen in der Flotilla Gallery im Herzen des Gebäudekomplexes an dünnen Drahtseilen von der Decke.

Weitere Highlights sind die Nav Station, ein interaktives Exponat über nautische Navigation, die Tidal Zone, in der Unterwasserfenster in unergründliche Tiefen blicken, und der Lookout Tower, ein Aussichtsturm mit Rundumblick über die Falmouth Bay. Außerdem sind im Museum verschiedene Wechselausstellungen zu sehen – Details dazu auf der Website.

Vor dem Museum liegt der runderneuerte Discovery Quay, auf dem sich eine verführerische Auswahl an Bars und Bistros tummelt, darunter eine Fish-and-Chips-Bar des Sternekochs Rick Stein.

Pendennis Castle SCHLOSS
(EH; 01326-316594; Erw./Kind 6,70/4 £; Juli & Aug. 10–18 Uhr, April–Juni & Sept. 10–17 Uhr, Okt.–März 10–16 Uhr) Westlich des Stadtzentrums auf der Landspitze Pendennis Point steht Pendennis Castle, das 1540 bis 1545 unter Heinrich VIII. als Teil einer Festungskette zur Verteidigung Englands gegen eine spanische oder französische Invasion gebaut wurde. Falmouths Tiefwasserhafen verlieh der Stadt eine strategische Schlüsselposition und Pendennis wurde zusammen mit der Festung St. Mawes errichtet, um den Hafen und den Zugang zu den Carrick Roads zu verteidigen.

Das Herz der Burg ist der runde Wehrturm sowie das Kanonendeck, wo die Zinnen noch immer mit alten Kanonen vollgestellt sind. Im Bürgerkrieg wurde die Burg unter dem Kommando von Captain John Arundel of Trerice sechs Monate lang belagert. In dieser Zeit aß die Besatzung die Hunde, Ratten und Pferde der Burg, um zu überleben. Sie war die letzte royalistische Festung, die im Südwesten fiel. Ebenfalls auf dem Gelände befinden sich das Wachhaus aus dem Ersten Weltkrieg und die Half Moon Battery, eine Geschützbatterie, die für den Fall einer Nazi-Invasion im Zweiten Weltkrieg errichtet wurde. Im Untergrund befinden sich das Waffenmagazin und der Beobachtungsposten.

Im Sommer finden auf dem Gelände Freiluftkonzerte statt. Weniger melodiös ist die Noonday Gun (Mittagskanone), die im Juli und August täglich um Punkt 12 Uhr losdonnert.

Stadtstrände STRAND
Falmouths Badestrände sind nicht ganz so toll wie die an der Nordküste, aber völlig ausreichend zum Planschen und Sonnenbaden. Am nächsten zur Stadt liegt Gyllyngvase, ein flacher Sandstrand, der etwa 800 m vom Stadtzentrum entfernt liegt. Zusätzliches Plus: Hier ist auch das Gylly Beach Café – ein Dauerbrenner unter den Strandcafés. 15 Minuten zu Fuß über den Küstenpfad befinden sich der kleinere Strand Swanpool und in der Nähe eine kleine Binnenlagune, auf der sich Lappentaucher, Blesshühner, Enten und Höckerschwäne tummeln. Außerdem ist dort noch das Café Indaba Fish on the Beach. Ein paar Kilometer weiter liegt der Maenporth, der ruhigste der Strände mit einem Strandcafé, einem Kajakzentrum und einem schicken Restaurant, dem Cove. Etwas weiter die Küste entlang wird bei Ebbe das Wrack des 1978 gesunkenen schottischen Fischtrawlers *Ben Asdale* sichtbar.

An allen Stränden sind Parkplätze, die aber im Sommer schnell voll sind. Auf dem Weg zu den Trebah Gardens und zur Helford Passage hält der Bus 500 an allen drei Stränden.

Festivals & Events

Falmouth Week REGATTA
(www.falmouthweek.co.uk) Das lebhafte Festival Mitte August ist die größte Segelregatta in Cornwall.

Falmouth Festival KULINARISCHES FESTIVAL
(www.falmouthoysterfestival.co.uk) Bei diesem Fest im Oktober können sich Besucher den Bauch mit Miesmuscheln und anderen Schaltentieren vollschlagen oder an Koch-

Falmouth

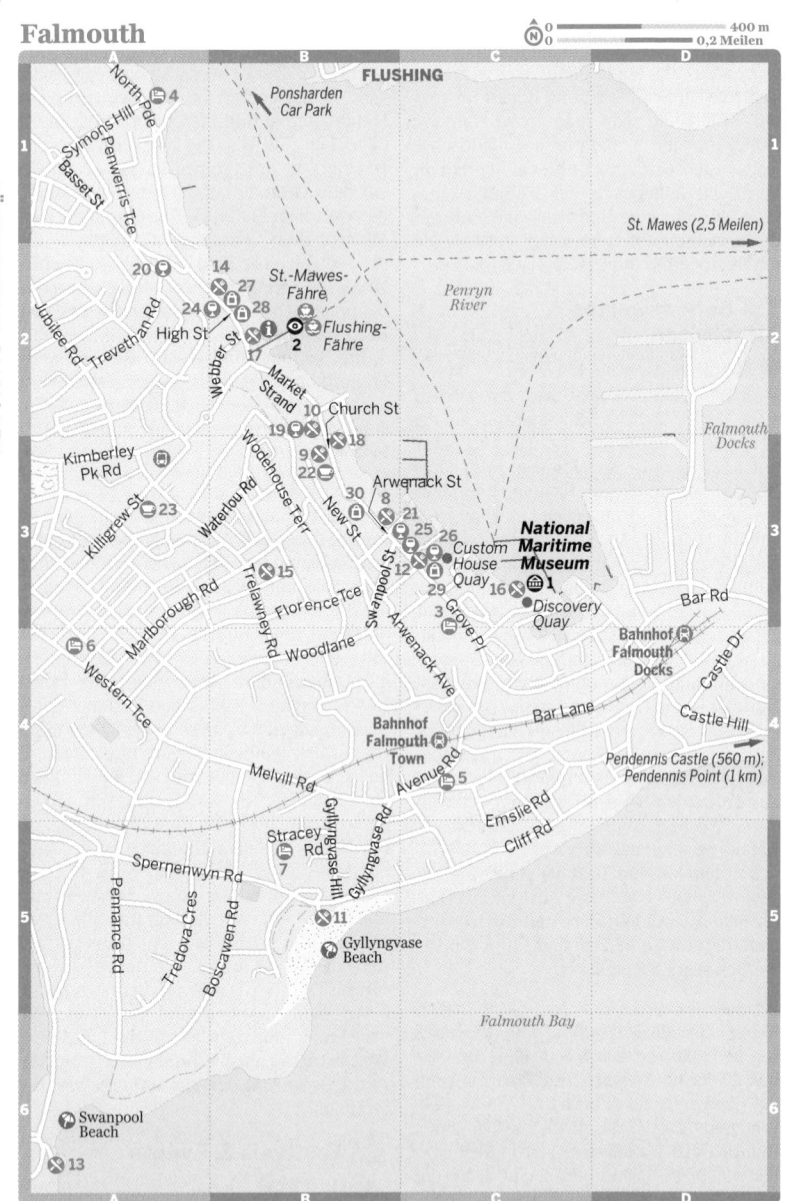

kursen und kulinarischen Vorführungen teilnehmen.

Schlafen

★Highcliffe House B&B ££
(📞01326 314466; www.falmouth-hotel.co.uk; 22 Melvill Rd; Zi. 92–135 £; P 📶) Nach einem größeren Lifting ist diese eindrucksvolle Bleibe das beste B&B in Falmouth. Die stilvollen, unverstellten Zimmer sind eine Kombi aus weißen Wänden, antiquierten Möbeln und Retro-Einzelstücken: hier ein Dampfradio, da eine altmodische Schreibtischlampe. Besonders gut gefallen haben uns die Zim-

Falmouth

◎ Highlights
1 National Maritime Museum C3

◎ Sehenswertes
2 Prince of Wales Pier B2

🛏 Schlafen
3 Falmouth Townhouse C3
4 Greenbank A1
5 Highcliffe House C4
6 Sixteen Falmouth A4
7 St. Michael's Hotel B5

⊗ Essen
8 Amanzi B3
9 Baker Tom's B3
10 Courtyard Deli B2
11 Gylly Beach Café B5
12 Harbour Lights C3
13 Indaba Fish on the Beach A6
14 Oliver's B2
15 Provedore B3
16 Stein's Fish & Chips C3
17 Stone's Bakery B2
18 The Wheelhouse B3

⊙ Ausgehen & Nachtleben
19 Beerwolf Books B2
20 Boathouse A2
21 Chain Locker C3
22 Dolly's B3
23 Espressini A3
24 Hand Bar B2
25 Quayside C3
26 The Front C3

◎ Shoppen
27 Jam B2
28 Mondo Trasho B2
29 Trago Mills C3
30 Willow & Stone B3

mer 7 (die Dachgeschoss-Suite) und 4 (toller Ausblick auf die Stadt!).

Falmouth Townhouse   HOTEL ££
(☏01326-312009; www.falmouthtownhouse.co.uk; Grove Pl; DZ 85–120 £) Erste Wahl für Designliebhaber in einer eleganten Villa mit Blick auf den Kai. Trotz des historischen Altbaus wirkt das Haus modern: Überall dominieren Schiefergrau und peppige Kissen, in den Zimmern sind bodenebene Duschen und riesige TVs. Teilweise ist allerdings die Bar im Erdgeschoss recht laut hörbar.

Sixteen Falmouth   B&B ££
(☏01326-319920; www.sixteenfalmouth.co.uk; 16 Western Tce; DZ 75–90, FZ 90–130 £) In diesem eleganten georgianischen B&B stehen vier Zimmer zur Auswahl. Alle sind geräumig und mit Minikühlschrank, französischen Antiquitäten, luxuriösen Stoffen und Pflegeprodukten von St. Kitts ausgestattet. Gäste können auch am Holzofen relaxen.

Budock Vean Hotel   HOTEL £££
(☏01326-250288; www.budockvean.co.uk; Mawnan Smith; DZ 230–256 £; P@≋) Diese Schönheit am Nordufer des Helford ist ein weiterer Klassiker unter den Luxushotels in Cornwall. Die Zimmer sind im Landhausstil eingerichtet und haben z. T. ein Wohnzimmer. Gästen stehen vier Lounges, ein Wellnessbereich, Tennisplätze, ein 13 ha großer Park und ein eigener Landungssteg zur Verfügung.

Greenbank   HOTEL £££
(☏01326-312440; www.greenbank-hotel.co.uk; Harbourside; DZ 89–99 £, DZ 145–235 £; P) Die Lobby in diesem originellen, gehobenen Hotel zieren alle möglichen Schiffsmodelle – teilweise in Flaschen. Die meisten Zimmer sind im klassischen Stil gehalten, aber nur die teureren haben Ausblick aufs Wasser. Wer viel Platz will, sollte nach den „Deluxe"- bzw. „Executive"-Zimmern fragen.

St Michael's Hotel   HOTEL £££
(☏01326-312707; www.stmichaelshotel.co.uk; Stracey Rd; Zi. 108–236 £; P≋) Das schönste Strandhotel der Stadt gibt sich ganz maritim mit Karos, Streifen und weißer Holzvertäfelung. Sparen lohnt sich hier nicht – am besten, man nimmt das größte Zimmer, das man sich leisten kann.

✕ Essen

Falmouth hat ein paar richtig gute Restaurants, Cafés und Handwerksbäckereien: **Stone's** (☏07791-003183; www.stonesbakery.co.uk; 28a High St) und **Baker Tom's** (www.bakertom.co.uk; 10b Church St) liegen beide an der Hauptstraße.

Harbour Lights   FISH 'N' CHIPS £
(www.harbourlights.co.uk; Arwenack St; Fish & Chips 6–8 £) Der Klassiker unter Falmouths Fish-and-Chips-Läden serviert den üblichen knusprigen Kabeljau mit Pommes sowie fangfrischen Fisch des Tages. Auf der Tafel am Tresen steht, was noch zu haben ist – oft Rotzunge und Seelachs.

Provedore   CAFÉ £
(☏01326-314888; www.provedore.co.uk; 43 Trelawney Rd; ⊙Café Di–Fr 8.30–15.30, Sa 8.30–

12.45 Uhr; Tapasbar Do–Sa 18.30–22 Uhr) Vom Zentrum bergauf verbreitet diese Tapasbar einen Hauch Riviera. Die Studi- und Künstlerszene liebt diesen Laden für die Gourmetsandwiches, die hauseigene Espressomischung und die Tapas am Donnerstag, Freitag und Samstag.

★ The Wheelhouse FISCH & MEERESFRÜCHTE ££

(☎01326-318050; Upton Slip; Hauptgerichte 8–15 £; ⊗Mi–Sa 19–22 Uhr) Diese unfrisierte Fischbar in einer schmalen Gasse abseits der Arwenack Street ist ein weiterer heißer Tipp in Falmouth. Die Inhaber Tina und Matt pflegen eine schlichte Speisekarte, die sich am Fang des Tages orientiert: Taschenkrebs, Hummer und Miesmuscheln stehen an der Tafel und werden mit dünnen Pommes und hausgemachter Mayo serviert. Schnickschnack, altes Geschirr und Möbel vom Trödelmarkt runden das Bild eines alten Fischer-Cottages perfekt ab. Unbedingt reservieren!

★ Oliver's FRANZÖSISCH ££

(☎01326-218138; www.oliversfalmouth.com; 33 High St; Hauptgerichte 12,95–19,95 £; ⊗Di–So 12–14, 19–21 Uhr) Dieses Ein-Zimmer-Bistro entwickelt sich rasant zur angesagtesten Adresse in Falmouth. Der Stil ist schnörkellos (schmucklose, weiße Wände, schlichte Kieferntische) und die Tische stehen dicht an dicht, aber den Gästen ist das egal. Sie sind wegen der französisch angehauchten Küche des Chefkochs Ken Symons hier. Wer 24 Stunden vorher bestellt, bekommt sogar eine „Party in der Schachtel" zum Mitnehmen. Reservierung erforderlich.

Courtyard Deli DELIKATESSEN, CAFÉ ££

(☎01326-319526; http:courtyarddeli.wordpress.com; 2 Bells Crt; Hauptgerichte 8–12 £; ⊗Mo–Mi 8.30–17.30, Do–Sa 8.30–21.30, So 10.30–16 Uhr) Klein ist schön – und nirgends sieht man das besser als in diesem phantastischen Delikatessen-Café. Verführerische Wurstwaren, hausgemachte Törtchen, einfallsreiche Salate und Gourmet-Quiche füllen die Auslagen; mehrmals wöchentlich sind am Abend auch Tapas angesagt. Das Ganze versteckt sich in einer Gasse abseits der Market Street neben Beerwolf Books.

Amanzi AFRIKANISCH ££

(☎01326-312678; www.amanzirestaurant.co.uk; 28 Arwenack St; Hauptgerichte 10,50–17 £; ⊗Mi–Fr 17–22, Sa 12–22, So 11–21 Uhr) In diesem schwungvollen Bistro stammen zwar alle Zutaten aus Cornwall – die Speisen sind allerdings wesentlich exotischer. Afrikanische Küche steht hoch im Kurs: Wie wär's z. B. mit Falafel oder *trinchado bunny-chow* (langsam gegartes Rindfleisch), gefolgt von *espetado* (Rumpsteakspieße vom Grill) oder *bobotie* (würziger Lammeintopf)? Erfrischend anders.

Gylly Beach Café CAFÉ ££

(☎01326-312884; www.gyllybeach.com; Gyllyngvase Beach; Hauptgerichte 10,95–15,95 £; ⊗9–23 Uhr; 🛜) Die tolle Lage und die Holzterrasse über dem Gyllyngvase sind die Hauptanziehungspunkte des quirligen Strandcafés. Es bietet alles, was der Mensch braucht: englisches Frühstück und Pfannkuchen am Morgen, mittags Platten mit Antipasti und am Abend gute Steaks, Meeresfrüchte und Pasta. Spät nachts wird es zur Bar, aber auch sehr voll.

Stein's Fish & Chips FISH 'N' CHIPS ££

(☎01841-532700; Discovery Quay; Fisch 7,85–9,25 £; ⊗12–14.30 & 17–21 Uhr) Das einzige von Rick Steins Lokalen, das sich nicht in Padstow befindet. Die Speisekarte ist allerdings deckungsgleich mit der seines dortigen Fish-and-Chips-Ladens: Kabeljau und Seehecht im klassischen Bierteig, aber auch weniger alltägliche Alternativen wie Seeteufel und Petersfisch. Ob das den exklusiven Preis wert ist, ist Ansichtssache.

Cove BRITISCH ££

(☎01326-251136; www.thecovemaenporth.co.uk; Maenporth; Hauptgerichte mittags 10–15 £, abends 17–25 £; ⊗12–14, 18.30–21.30 Uhr; 🅿) Der Ausblick über Maenporth ist schon mal ein Augenschmaus. Die Speisekarte steht dem nicht nach: Chefkoch Arty Williams stammt zwar aus Cornwall, gibt seinen Kreationen aber mediterranen Schwung. Gut sind z. B. die Jakobsmuscheln aus der Falmouth Bay mit Blumenkohlpüree oder die Scholle mit süßen, roten Zwiebeln und Pancetta. Vegetarier kommen auch auf ihre Kosten. Das Lokal liegt gleich hinter dem Strand von Maenporth, gute 3 km vom Zentrum.

Indaba Fish on the Beach FISCH & MEERESFRÜCHTE £££

(☎01326-311886; www.indabafish.co.uk; Swanpool; Hauptgerichte 13–22 £; ⊗tgl. mittags, Mo–Sa abends) Hier werden auf einem Felsvorsprung bei Swanpool unkomplizierte Seafood-Gerichte serviert. Lecker sind frischer Hummer und Taschenkrebs, das goanische Fischcurry oder das klassische Surf and Turf. Teilweise sind die Portionen recht klein und die Qualität schwankt – der Knüller ist hier die Lage.

Ausgehen & Nachtleben

Die Studentenszene ist ein ordentlicher Jungbrunnen für Falmouths Nachtleben. Leider heißt das aber auch, dass es freitags und samstags etwas raubeinig werden kann.

★ Beerwolf Books　PUB
(☏01326-618474; www.beerwolfbooks.co.uk; 3 Bells Crt; ⊙tgl. 12–24 Uhr) Möglicherweise die beste Idee aller Zeiten: Eine Kreuzung aus Pub und Buchladen, in dem man erst nach Lesestoff suchen kann, um es sich dann mit einem Pint gemütlich zu machen. An der Bar stehen Tropfen aus Edelbrauereien wie der Rebel Brewery Co in Penryn oder Dark Star in Sussex zur Auswahl. Gefährlich gut!

★ Espressini　CAFÉ
(39 Killigrew St; Kaffee ab 2 £; ⊙Mo–Sa 8–18, So 10–16 Uhr; 🛜) Unangefochten das beste unabhängige Kaffeehaus in Cornwall. Der Inhaber Rupert Ellis hat sein Handwerk bei den großen Ketten gelernt, dann aber sein eigenes, maßgeschneidertes Geschäft aufgemacht. Wer unter Entscheidungsschwäche leidet, der sei an dieser Stelle gewarnt: Die Auswahl an Mischungen, Röstungen und Kaffeevariationen füllt mühelos eine zwei Meter lange Schiefertafel.

The Front　PUB
(☏01326-212168; Custom House Quay; ⊙11–23.30 Uhr) Dieses Pub ist die erste Wahl aller Bierliebhaber. Die britische Organisation CAMRA Kernow (Campaign for Real Ale) kürte es 2011 zum Pub des Jahres. Alte Fässer, schiefe Stühle und abgewetzte Holzböden tragen zur echten Pub-Atmosphäre bei, die wahre Attraktion ist aber die Auswahl regionaler Biere, die sich täglich ändert. Unser Favorit: das Heligan Honey.

Hand Bar　BAR
(☏01326-319888; 3 Old Brewery Yard; ⊙12–1 Uhr) Noch so ein supercoole Bierbar, passenderweise in einem ehemaligen Brauereihof abseits der alten High Street. Die Bierauswahl demonstriert aufs Schönste das Fachwissen des Inhabers Pete Walker, das er sich als Chef der North Bar in Leeds angeeignet hat: Seltenheiten wie Biere der Brooklyn Brewery in New York oder der Harbour Brewing Co in Bodmin sind hier als Fassbiere zu haben.

Boathouse　PUB
(☏01326-315425; Trevethan Hill) Lebhaftes Pub auf zwei Ebenen mit Blick über den Fluss nach Flushing und gutem Essen.

Chain Locker　PUB
(Quay St) Ein richtig olles Seebärenpub mit entsprechend niedriger Decke und Kuddelmuddel-Atmosphäre.

Quayside　PUB
(Arwenack St) Das Pub ein Stück weiter vom Chain Locker ist mit seinen Picknicktischen am Hafen bei schönem Wetter super für ein abendliches Pint.

Dolly's　TEESTUBE
(☏01326-218400; www.dollysbar.co.uk; 21 Church St; ⊙Di–Do 10–22, Fr & Sa 10–23 Uhr) Dieser freundliche und bezaubernd dekorierte Laden hat die Freuden der altmodischen, englischen Teestube wiederbelebt – Secondhand-Lampen, Porzellanteekannen und Tortenständer inklusive. Abends wird mit Cocktails und Jazz (aber auch mit einer wöchentlich stattfindenden Strickgruppe) die Gangart gewechselt.

🛍 Shoppen

Jam　PLATTEN
(☏Infotelefon 219123; 32 High St) Diese Kreuzung aus Musikladen und Capuccino-Bar hat die perfekte Auswahl an Vinylplatten und CDs, großartigen Kaffee und Ledersofas.

Willow & Stone　HAUSHALTSWAREN
(☏01326-311388; www.willowandstone.co.uk; 18 Arwenack St) Der hiesige Top-Spot für Design-Junkies: alles von antiken Eisenwaren bis zur Email-Lampe.

Mondo Trasho　VINTAGE-MODE
(☏01326-212306; 31 High St; ⊙10–17 Uhr) Vintage- und Retro-Klamotten von der klassischen Levis bis zur Secondhand-Handtasche.

Trago Mills　KAUFHAUS
(☏01326-315738; www.trago.co.uk; Arwenack St; ⊙9–17.30 Uhr) Der Ableger eines kornischen Megastores bei Liskeard ist eine echte Institution für alles, was preiswert und gut ist.

ⓘ Praktische Informationen

Fal River Information Centre (☏0905-3254 534; vic@falriver.co.uk; 11 Market Strand, Prince of Wales Pier; ⊙Mo–Sa 9.30–17.30, So 10–16 Uhr) Kleines Infozentrum, das von der Fal River Company betrieben wird.

ⓘ An- & Weiterreise

FÄHRE
Die vielen Fähren, die in Falmouth ablegen, sind größtenteils auf der nützlichen Fal-River-Website (www.falriverlinks.co.uk) aufgeführt.

Ponsharden Park & Float Ferry (☏01326-319417; www.falriver.co.uk/getting-about/park-and-float; Tageskarte pro Auto mit 2 Passagieren 12 £, 4–7 Passagiere 16 £; ⊙Mai–Sept. 10–18 Uhr) Bietet ab dem Parkplatz in Ponsharden am Stadtrand von Falmouth (500 Plätze) eine Fährverbindung zum Customs House Quay. Der entsprechende Bus kostet für bis zu sieben Fahrgäste hin und zurück 5 £.

St. Mawes Ferry (S. 198) Fährt vom Prince of Wales Pier ab (im Winter stündl. 8.30–18.15 Uhr, im Sommer 3-mal stündl.).

Flushing Ferry (S. 188) Fährt vom Prince of Wales Pier nach Flushing (ganzjährig 2-mal stündl.; Kinder unter 4 J., Hunde und Fahrräder kostenlos).

Enterprise Boats (S. 190) Bietet landschaftlich schöne Flussfahrten zwischen Truro und Falmouth.

BUS

Falmouth verfügt über gute Busverbindungen. Die meisten fahren vom Busbahnhof Moor im Zentrum ab.

Truro (First Bus 88, 45 Min., 2- oder 3-mal stündl.) Hält auch in Penryn und Devoran.

Penzance (First Bus 2, 1 ¾ Std., stündl.) Fährt über Penryn, Helston, Porthleven, Praa Sands und Marazion.

Helston und Helford Passage (Western Greyhound Bus 35, 1 Std. 15 Min., 4-mal tgl.) Hält in Glendurgan, Trebah, Constantine und Gweek.

ZUG

Falmouth ist Endstation der Nebenstrecke ab Truro (3,90 £, 20 Min., stündl.) und hält in Penryn, Falmouth Town und Falmouth Docks.

Trebah, Glendurgan & Helford River

Mehrere von Cornwalls schönsten Gärten liegen südlich von Falmouth am Nordufer des Helford River. Die größten Renner, Glendurgan und Trebah, befinden sich beide etwa 24 km von Falmouth entfernt am Ufer des Helford. Angelegt wurden sie von der Familie Fox, die durch den Import exotischer Pflanzen aus der Neuen Welt reich wurde.

Weiter westlich am Fluss entlang bei Port Navas liegt die **Duchy of Cornwall Oyster Farm**, die größte Krustentierfarm des Landes. Heute wird sie von den Wright Brothers betrieben, die den größten Austernhandel des Vereinigten Königreichs sowie auch das nahe Ferryboat Inn (S. 186) besitzen.

Die Dörfer und Flüsschen rund um die **Restronguet-Mündung** sind ebenfalls einen Umweg wert.

◎ Sehenswertes

Glendurgan GÄRTEN
(NT; ☏01326-250906; www.nationaltrust.org.uk/glendurgan-garden; Erw./Kind 6,80/3,50 £; ⊙Di-So 10.30–17.30 Uhr, Juli & Aug. tgl.) Glendurgan wurde in den 1820er-Jahren von Alfred Fox angelegt, um die vielen seltsamen und prächtigen Pflanzen aus den fernsten Ecken des Empire zu präsentieren, wie Rhododendren aus dem Himalaja, Ahorn aus Kanada oder Baumfarne aus Neuseeland. Die Anlage an einem Hang eines umwerfend schönen subtropischen Tals bietet atemberaubende Aussichten auf den Helford, ein wunderschönes Heckenlabyrinth und einen abgeschiedenen Strand nahe dem Dorf Durgan. Der Garten ist inzwischen Eigentum des National Trust.

Trebah GÄRTEN
(☏01326-252200; www.trebahgarden.co.uk; Erw./Kind 8,50/2,50 £; ⊙10–16 Uhr) Der gleich westlich von Glendurgan gelegene Garten von Trebah wurde 1840 von Charles Fox, Alfreds jüngerem Bruder, angelegt. Er ist weniger formal gestaltet als Glendurgan; riesige Rhododendren, Stauden mit Mammutblättern und Dschungelfarne säumen die Seiten einer steilen Schlucht, die hinab zum Kai und zu einem Kieselstrand führt.

Charles Fox war ein berüchtigter Universalgelehrter und Pedant. Es heißt, dass er seinen Chefgärtner mit dem Bau eines Gerüsts beauftragt hatte, um die Höhe eines jeden einzelnen Baums zu erfassen, und dabei aus einem Dachfenster mit Teleskop und Megaphon seine Befehle bellte. Am unteren Ende des Gartens, in der Nähe der japanischen Brücke, erinnert eine Plakette an die 7500 Mann starke Truppe der 29. US-Infanteriedivision, die am D-Day ganz in der Nähe Richtung Omaha Beach in See stachen. Viele kehrten nie zurück.

Neben dem Kartenbüro sind noch ein nettes Café und ein Souvenirladen. Wer mit dem Bus 500 von Western Greyhound ankommt, zahlt nur den halben Eintrittspreis.

✕ Essen

★ Ferryboat Inn GASTROPUB ££
(☏01326-250625; Helford Passage; Hauptgerichte 8–18 £; ⊙mittags & abends) Das Pub am Flussufer ist seit der Übernahme durch die Wright Brothers (Großbritanniens größtem Austernhandel) komplett runderneuert worden. Die altbackene Einrichtung ist weg, es dominieren Holz, Schiefer und eine großzü-

ABSEITS DER ÜBLICHEN PFADE

FÜNF VERSTECKTE GÄRTEN

Godolphin (01736-763194; www.nationaltrust.org.uk/godolphin; Haus & Garten Erw./Kind 7,60/3,80 £, nur Garten 5/2,50 £; Haus So–Do 10–16, Garten tgl. 10–17 Uhr) Das wunderbare Haus mit Garten aus dem 16. Jh. befindet sich in der Nähe von Helston und wird derzeit vom National Trust renoviert.

Potager Garden (01326-341258; www.potagergarden.org; Erw./Kind 2,50 £/frei; Fr–So 10–17 Uhr) Der wunderschöne Küchengarten bei Constantine verfügt über ein 30 m langes Gewächshaus und ein hervorragendes Café und bietet Kunsthandwerk-Workshops und Spiele im Freien an.

Bonython (01326-240550; www.bonythonmanor.co.uk; Cury Cross Lanes; April–Sept. 10–16.30 Uhr) Das 8 ha große Anwesen wartet mit Gemüsegärten, Blumenrabatten und einem ummauerten Garten auf.

Penjerrick (01872-870105; www.penjerrickgarden.co.uk; Erw./Kind 2,50/1 £; März–Sept. So, Mi & Fr 13.30–16.30 Uhr) Gleich zwei Gärten in einem: exotische Dschungelpflanzen im Valley Garden, Rhododendren, Magnolien und Kamelien im Upper Garden. In Budock bei Falmouth.

Carwinion (01326-250258; www.carwinion.co.uk; Mawnan Smith; Erw./Kind 4 £/frei; 10–17.30 Uhr) Der bei Mawnan Smith gelegene Garten lohnt allein schon wegen der Rhododendren und seltenen Bambusarten einen Besuch.

---

gige Raumgestaltung. Außerdem gibt es eine richtige Gastropubküche (Austern, Meeresfrüchte und Sonntagsbraten sind besonders gut). Wer draußen sitzen will, muss frühzeitig kommen. Das Pub ist allerdings nicht ganz leicht zu finden: Der Straße Richtung Trebah und Glendurgan und dann der Ausschilderung folgen. Oder wahlweise Bus 35 bzw. 500 nehmen, beide halten in Helford Passage.

ⓘ An- & Weiterreise

BUS

Die Buslinie 35 von Falmouth fährt durch Mawnan Smith und hält in Glendurgan und Trebah (4-mal tgl.).

FÄHRE

Helford Ferry (www.helford-river-boats.co.uk/theferry; Erw./Kind einfach 5/2 £, hin & zurück 6/3 £, Fahrräder pro Überfahrt 2 £; April–Okt. 9.30–17 Uhr) Schon seit dem Mittelalter gibt es eine Fähre zwischen dem Nord- und dem Südufer des Helford. Heute legt sie vor dem Ferryboat Inn ab und fährt zum Fähranleger in Helford Village. Die Überfahrt dauert rund 15 Minuten. An Bord dürfen Fußgänger, Fahrräder, Babys, Kinderwägen und Hunde.

Gweek & Constantine

Am westlichen Ende des Helford bei **Gweek** sorgt das **National Seal Sanctuary** (0871-423 2110; www.sealsanctuary.co.uk; Erw./Kind 14,40/12 £; Mai–Sept. 10–17 Uhr, Okt.–April 9–16 Uhr) für reichlich Aahs und Oohs. Dort werden kranke und verwaiste Robben aufgepäppelt, die an der kornischen Küste angespült wurden, und dann wieder in die Freiheit entlassen.

Ein paar Kilometer weiter nördlich liegt das hübsche Dörfchen **Constantine**, das nach einem kornischen Heiligen aus dem 6. Jh. benannt ist und später zur Drehscheibe für Erz- und Granitabbau wurde. Dem **Tolmen Centre** (01326-341353; http://constantinecornwall.com/tolmencentre), das regelmäßige Theater- und Musikaufführungen veranstaltet, verdankt der Ort heute eine lebhafte Kunstszene.

Penryn

Heutzutage ist schwer zu sagen, wo Falmouth endet und Penryn beginnt, aber früher war Letzteres eine stolze und eigenständige Marktstadt und Standort einer der großen Stätten kirchlicher Gelehrsamkeit Cornwalls, des Glasney College (ein weiteres Opfer der Klosterauflösung durch Heinrich VIII.). An der Hauptstraße stehen noch immer viele schöne Gebäude aus dem 18. und 19 Jh., viele davon denkmalgeschützt. Aber der alte Flusshafen, von dem sich die Stadt einst ernährte, ist heute fast ausschließlich von Läden und Wohnblocks gesäumt. Nach Jahrzehnten in der Bedeutungslosigkeit erhielt Penryn durch den Bau des University College Falmouth neuen Auftrieb. In den verwinkelten Gassen der Stadt gibt es heute einige Cafés, Boutiquen und Lebensmittelläden.

Erwähnenswert ist das **Higher Market Studio** (01326-374191; www.highermarketstudio.co.uk; 19 Higher Market St), das Retromöbel und Kunstwerke verkauft.

Essen & Ausgehen

★ Miss Peapod's Kitchen Café CAFÉ £
(01326-374424; www.misspeapod.co.uk; Jubilee Wharf, Penryn; Hauptgerichte 5–10 £; So–Do 10–16, Fr & Sa 10–24 Uhr) Alles an dem Ufercafé ist hinreißend. Es wird mit lässiger Effizienz von Alice Marston und ihrer Truppe betrieben, ist mit Retrolampen und zusammengewürfelten Möbeln eingerichtet und wird dank der herzhaften Vollwertkost, der freundlichen Atmosphäre und dem vollen Programm mit Film, Musik und Livegigs von den Einheimischen heiß und innig geliebt – und die Uferterrasse ist einfach toll. Freitags und samstags gibt's am späten Abend oft Events und Livemusik. Das Lokal ist Teil des Bauprojekts „Jubilee Wharf", an dem außerdem eine Schneiderin, ein Blumenladen und eine Yogaschule ihr Zuhause gefunden haben. Auf dem Weg nach Falmouth sieht man die Windmühlen auf dem Dach.

The Cornish Smokehouse DELIKATESSEN £
(01326-376244; www.thecornishsmokehouse.com; Islington Wharf, Penryn; Delikatessen Mi–Fr 10–16 Uhr) Ente, Fisch, Käse und Wild sind nur einige der Dinge, die in der Räucherkammer dieses Familienbetriebs landen. Obstbaumholz verleiht den Leckereien ihren einzigartigen Rauchgeschmack.

Earth & Water Deli DELIKATESSEN £
(01326-259889; www.earthandwater.co.uk; 6 St Thomas St) Der süße, kleine Delikatessenladen an der Hauptstraße von Penryn verkauft großartige Sandwiches, Käse und andere kornische Leckerbissen.

Rebel Brewing Company BRAUEREI
(01326-378517; www.rebelbrewing.co.uk; Kernick Industrial Estate) Diese einfallsreiche, junge Brauerei bringt frischen Wind in die Bierszene. Ihre Palette umfasst 12 feine Tropfen – vom Hélène, einem Weizenbier nach belgischer Art, bis zum Penryn, einem klassischen Pale Ale. Die Brauereiführung (12 £) dauert zwei Stunden; auf dem Gelände ist auch ein Laden.

Flushing & Mylor

Das Dorf Flushing liegt am Penryn River direkt gegenüber von Falmouth und gehört mit seinen farbenfrohen Fischer- und Kapitänshäuschen, die über Ufer und baumbestandene Hügel gewürfelt sind, zu dem Hübschesten, was Cornwall zu bieten hat. Die ursprünglich als Nankersey bekannte Ortschaft mauserte sich im Laufe des 18. Jhs. zu einem geschäftigen Fischerhafen. Entsprechend gehörten viele der vornehmen Häuser an der Hauptzufahrtsstraße (St Peter's Hill) damals Händlern und Kapitänen, die ihren Reichtum dem Falmouth Packet Service verdankten.

Heute gibt es in Flushing kaum noch Fischerei oder Seehandel; die meisten der pastellfarbenen Häuser sind Ferienhäuser oder Zweitwohnsitze. Allerdings lebt der Ort Ende Juli bei der jährlichen **Regatta** ordentlich auf. Den Rest des Jahres kann man hier entspannt am Flussufer spazieren gehen (z. B. zum nahe gelegenen Yachthafen Mylor) und dabei in einem der guten Pubs einen Boxenstopp einlegen.

Big Blue Watersports (01326-374044; www.bigbluewatersports.co.uk; Einsitzer-Kajaks halber/ganzer Tag 25/40 £) hat seinen Laden gleich neben dem Hafen in Mylor und vermietet Ein- und Zweisitzer-Kajaks sowie Fahrräder und Windsurf-Ausrüstungen.

Essen & Ausgehen

Royal Standard PUB ££
(01326-374250; St Peter's Hill; Hauptgerichte 8–14 £) Der einstige Lieblingstreff für Flushings Ruderer ist heute ein Gourmetpub. Das Styling ist modern, aber mit ein paar nautischen Kuriositäten – hier ein Schiffsruder, dort ein altes Foto – und einem kleinen Garten hinter dem Haus.

Seven Stars PUB
(01326-374373; www.sevenstarsflushing.co.uk; Trefusis Rd) Die Lieblingskneipe der Einheimischen ist ein traditionelles Dorfpub mit Sitzbänken auf der Straße, einem offenen Kamin und vielen Bieren vom Fass.

❶ An- & Weiterreise

Flushing liegt 8 km von Falmouth entfernt. Mehr Spaß als mit dem Auto macht allerdings die Anreise mit der **Flushing Ferry** (07974-799773; http://flushingferry.co.uk; Erw./Kind 2,50/1 £), die regelmäßig von Falmouth über den Fluss fährt.

Restronguet Creek & Devoran

Von Mylor aus Richtung Norden ist der nächste Zufluss zum Fal River der Restronguet Creek, vielleicht der hübscheste der schattigen Nebenflüsse des Fal. Er fließt etwa 3 km nach Westen bis zum Dörfchen Devoran, einst ein wichtiger Verarbeitungsstandort für den Zinn- und Kupferbergbau. Das Erz wurde damals mit der alten Redruth- und Chacewater-Bahn von den Gruben an der Nordküste hierher transportiert.

Am Ufer des Restronguet Creek schmiegt sich das strohgedeckte **Pandora Inn** (☎01326-372678; www.pandorainn.com; Restronguet Creek; Hauptgerichte 10–16 £) an den Fuß eines steilen Hügels. Das Pub – eine von Cornwalls Sehenswürdigkeiten – steht hier bereits seit Mitte des 17. Jhs. und sieht aus wie eine Schmugglerkneipe aus dem Bilderbuch. Innen warten lodernde Kaminfeuer, gemütliche Nischen, niedrige Decken und Modellschiffe in Schränken, draußen bezaubern das Reetdach, die Lehmwände und ein Ponton bis hinaus auf den Restronguet Creek. Kaum zu glauben, dass es 2011 fast komplett abgebrannt ist. Glücklicherweise blieb dabei das Erdgeschoss größtenteils erhalten, sodass es inzwischen tipptopp neu aufgebaut werden konnte.

Trelissick Gardens

An den Carrick Roads liegt das 200 ha große **Trelissick** (NT; ☎01872-862090; www.nationaltrust.org.uk/trelissick-garden; Feock; Erw./Kind 7,20/3,60 £; ⊙Feb.–Okt. 10.30–17.30 Uhr, Nov.– Jan. 11–16 Uhr), ein weiteres repräsentatives Landgut Cornwalls. Beliebt ist es besonders wegen der Wanderwege, die sich durch einen Flickteppich aus gepflegten Wäldern und Feldern ziehen sowie an der Flussmündung entlang führen. Am Ufer des Fal nahe der King Harry Ferry ankern häufig Hochseetanker. Wer ausschließlich zum Wandern herkommt, braucht nur für den Parkplatz zahlen (für NT-Mitglieder umsonst, ansonsten 3,50 £).

Das Anwesen war im Besitz von mehreren Familien, gehörte aber über den größten Zeitraum den Copelands (aus der Porzellandynastie Copeland), bevor es 1955 dem National Trust übereignet wurde. Das neogotische Herrenhaus ist zwar für die Öffentlichkeit nicht zugänglich, aber Besucher können die ornamentalen Gärten durchschweifen, die berühmt für ihre Rhododendren, Kamelien und Hortensien sind.

Der Garten liegt an einer Nebenstraße der A39 zwischen Falmouth und Truro; die Abzweigung ist gleich neben der Shell Garage in Playing Place. Hinter dem Garten verläuft die kleine Nebenstraße B3289 bis hinunter zum Fluss, wo die **King Harry Ferry** (☎01872-862312; www.falriver.co.uk/getting-about/ferries/king-harry-ferry) hinüber zur Roseland Peninsula schippert.

Canoe Cornwall (☎07754-808639; www.canoecornwall.org.uk; 25 £ pro Pers.) hat seine Basis in der Nähe des Gartens und ist einer der wenigen Veranstalter mit Fahrten im traditionellen, offenen Holzkanu (anstelle der Sit-on-Top-Kajaks aus Plastik). Die Ausflüge führen rund drei Stunden lang den Fal River entlang.

Truro

17 431 EW.

Truro, unverkennbar mit den drei Turmspitzen der mächtigen, Ende des 19. Jhs. erbauten Kathedrale, ist die Hauptstadt und das wichtigste Verwaltungs- und Geschäftszentrum Cornwalls. Die Stadt entstand ursprünglich um eine mittelalterliche Burg herum und wurde später eine der vier

---

DER COAST TO COAST TRAIL

Die stillgelegte Tramtrasse von Devoran nach Portreath ist als Coast to Coast Cycle Trail wiederauferstanden, der auf 18 km Länge vorbei an den alten Zechen um Scorrier, Chacewater und dem Poldice-Tal verläuft. Der Weg ist überwiegend flach und angenehm zu fahren, aber ein paar Abschnitte führen auch bergauf und über raues Gelände.

Leihräder und Karten gibt's am Ende des Trails in Devoran bei **Bissoe Bike Hire** (☎01872-870341; www.cornwallcyclehire.com; ⊙im Sommer 9.30–18.30 Uhr, im Winter 9.30–17 Uhr), wo es auch ein gutes Café gibt. Am anderen Ende, in Portreath, bekommt man das Equipment bei **Bike Barn** (☎01209-891498; www.cornwallcycletrails.com; ⊙10.30– 17.30 Uhr). Wer den eigenen Drahtesel dabei hat, findet an beiden Ende einen Parkplatz.

Zinnverarbeitungsstädte der Grafschaft mit betriebsamem Hafen. Allerdings wurden die Seefahrtsambitionen durch die unerwartete Versandung des Flusses zunichtegemacht. Die Kais der Stadt (wie Lemon Quay und Back Quay, beide in der Nähe der Hall of Cornwall) bestehen nur noch dem Namen nach.

Spuren des vergangenen Reichtums Truros zeigen die eleganten georgianischen Stadthäuser und viktorianischen Villen – besonders in der Strangways Terrace, am Walsingham Place und in der Lemon Street – wobei diverse Bauten aus den 1960er- und 1970er-Jahren nicht gerade zur historischen Verschönerung beitragen.

Heute ist Truro das wichtigste Handelszentrum der Grafschaft. An der gepflasterten Piazza am Lemon Quay (gegenüber der Hall for Cornwall) finden regelmäßig Märkte statt. Neueste Infos dazu finden sich auf der nützlichen Website „Enjoy Truro" (www.enjoytruro.co.uk).

Sehenswertes & Aktivitäten

Truro Cathedral — KIRCHE
(www.trurocathedral.org.uk; High Cross; empfohlene Spende 4 £; Mo-Sa 7.30-18, So 9-19 Uhr) Wie ein gestrandeter, neogotischer Supertanker dominiert die Kathedrale von Truro mitten im Zentrum aus jedem Blickwinkel die Stadtsilhouette. Sie wurde an der Stelle der Gemeindekirche St. Mary's aus dem 16. Jh. errichtet (von der noch ein Teil das südliche Seitenschiff der Kathedrale bildet) und war für ihren Architekten John Loughborough Pearson ein gewaltiges technisches Unterfangen. Der Grundstein wurde 1880 gelegt, aber das Gebäude erst 1910 fertiggestellt – die erste neue Kathedrale Großbritanniens seit der Londoner St. Paul's Cathedral. Der zentrale Turm mit seinem Kupferdach ist 76 m hoch, die westlichen Türme sind mit 61 m etwas kürzer.

Royal Cornwall Museum — MUSEUM
(01872-272205; www.royalcornwallmuseum.org.uk; River St; Jahreskarte 5 £; Mo-Sa 10-16.45 Uhr) Das Royal Cornwall Museum ist Cornwalls ältestes Museum und stellt zahlreiche archäologische und historische Stücke aus. Die eklektische Sammlung in der Hauptgalerie umfasst alles vom keltischen Armreif bis zur zeremoniellen Kutsche, während die Rashleigh Gallery über 16 000 seltene Mineralien zeigt. Die Treffry Gallery oben präsentiert Gemälde von Stanhope Forbes und anderen Künstlern der Newlyn School sowie eine kleine Auswahl an alten Meistern, wie Rubens, Blake, Turner, Gainsborough und van Dyck.

★ Enterprise Boats — BOOTSTOUR
(01326-374241; www.enterprise-boats.co.uk; Erw./Kind hin & zurück 13/8 £) 3 km flussabwärts von Truros Zentrum liegt jenseits des weitläufigen Boscawen Park das Dörfchen Malpas. Hier starten die Fähren ihre Tour über den von Wäldern gesäumten Fluss Fal bis nach Falmouth. Vom Hafenmeisteramt in Truro fährt kostenlos ein Doppeldeckerbus bis zum Ponton in Malpas. Abhängig von den Gezeiten ist es aber auch möglich, bis nach Truro mit dem Boot zurückzufahren. Durch eine wunderschöne Landschaft tuckern die Boote vorbei an schattigen Flussufern und versteckten Buchten; manche Boote halten unterwegs auch in Trelissick.

Festivals & Events

City of Lights — FESTIVAL
(www.trurocityoflights.co.uk) Riesige Weidenlaternen werden im Dezember auf einer Straßenparade durch die Stadt getragen.

Schlafen

Truros Hotels und B&Bs sind eher langweilig. Trotzdem ist Truro aufgrund seiner zentralen Lage ein guter Ort zum Übernachten.

Merchant House Hotel — HOTEL £
(01872-272450; www.merchant-house.co.uk; 49 Falmouth Rd; DZ 50-59 £, DZ 68-79 £; P) Das viktorianische Haus ist für Ausflüge in die Stadt günstig gelegen. Nach einer Renovierung strahlen die Zimmer in frischen Farben und sind modern eingerichtet; manche Zimmer haben ein Oberlicht. Parkplätze gibt's hier zwar, sind allerdings manchmal knapp, da das Hotel als Unterkunft bei Busreisen beliebt ist.

Mannings Hotel — HOTEL ££
(01872-270345; www.manningshotels.co.uk; 71 Lemon St; EZ 79 £, DZ 99-109 £; P) Die beste Unterkunft der Stadt im ehemaligen Royal Hotel ist ein effizientes Haus im Zentrum, das hauptsächlich auf Geschäftsleute ausgerichtet ist. Knallige Farben, Fernseher an der Wand und schicke Möbel sorgen für ein aufgeräumtes Ambiente; wer länger bleiben will, kann sich in einem „Aparthotel" einmieten (129 £). Ermäßigungen am Wochenende.

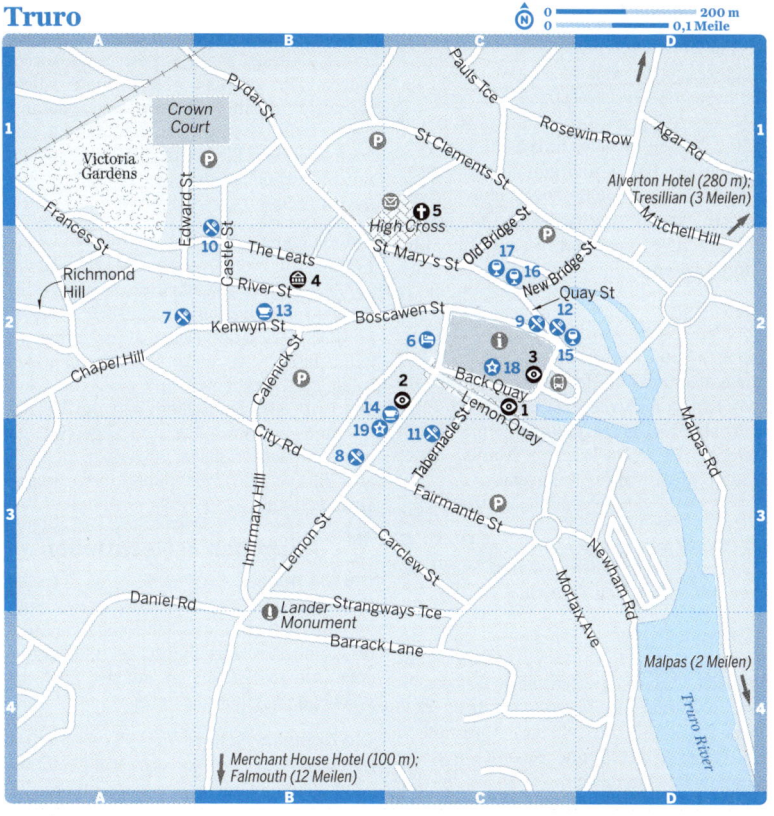

Truro

◎ Sehenswertes
1. Farmers Market C2
2. Lemon St Market C2
3. Pannier Market..................................... C2
4. Royal Cornwall Museum B2
5. Truro Cathedral C1

🛏 Schlafen
6. Mannings Hotel C2

🍴 Essen
7. Archie Brown's A2
   Baker Tom ....(s. 2)
8. Bustopher's B3
9. Duke St Sandwich Deli C2
10. Falmouth Bay Seafood Café B2
11. Indaba Fish in the City C3
12. Saffron C2

🍷 Ausgehen & Nachtleben
13. 108 Coffee B2
14. Blend 71 ....C2
15. Old Ale House C2
16. Old Grammar School C2
17. Vertigo C2

🎭 Unterhaltung
18. Hall for Cornwall C2
19. Plaza Cinema B3

Alverton Hotel HOTEL £££
(☎ 01872-276633; www.thealverton.co.uk; Tregolls Rd; DZ 130–160 £; P 🛜) Das umgebaute Kloster ist das prächtigste Hotel in Truro, der Stil ist allerdings eher ländlich als modern. In den großzügig geschnittenen Zimmern herrschen Antiquitäten, Schlittenbetten und Vorhänge vor, die schönsten haben einen Ausblick über den perfekt gepflegten Hotelgarten.

✕ Essen

Archie Brown's
CAFÉ £

(☎ 01872-278622; www.archiebrowns.co.uk; 105–106 Kenwyn St; Hauptgerichte 4–12 £; ◉ Mo-Sa 9–17 Uhr; 🛜 🖨) 🍴 Der Außenposten des heiß geliebten Biocafés in Penzance serviert wunderbare Salate und einfallsreiche vegetarische Hauptgerichte sowie eine Riesenauswahl an Kräutertees. Das Café ist im Obergeschoss, darunter ist ein Bio- und Vitaminladen.

Baker Tom
BÄCKEREI £

(☎ 01872-277496; www.bakertom.co.uk; Brot 1–2 £) Sein guter Ruf eilt ihm weit voraus: Der junge Bäcker Tom Hazzledine verkauft inzwischen in mehreren Läden in ganz Cornwall seine hausgemachten Brote und süßen Teilchen. Diese Bäckerei im Markt an der Lemon Street war die Keimzelle.

Duke St Sandwich Deli
CAFÉ £

(10 Duke St; Sandwiches 2,50–5 £; ◉ Mo-Sa 9–17.30 Uhr) Bietet Sandwiches zum Selbermachen mit kornischen Zutaten.

★ Falmouth Bay Seafood Café
FISCH & MEERESFRÜCHTE ££

(☎ 01872-278884; www.falmouthbayseafoodcafe.com; 14 Castle St; Hauptgerichte 13,95–22 £; ◉ Mo-Sa 12–14.30, 7.30–21 Uhr) Überragend gute Meeresfrüchte sind die *raison d'être* dieses beliebten Restaurants – von der frischen Auster bis zur riesigen Platte mit Krebszangen, Miesmuscheln, Langusten und Hummer (28 £ für eine Person, 52 £ für zwei). Das Lokal wird oft als das beste in Truro beworben – wir können dem nicht widersprechen.

Bustopher's
BISTRO ££

(☎ 01872-279029; www.bustophersbarbistro.com; 62 Lemon St; Hauptgerichte 10–18 £; ◉ tgl. 10–23 Uhr) Der alte Favorit in der Lemon Street wurde völlig umgestaltet und ist nun eine super Alternative für einen schnellen, stilvollen Imbiss. Der Innenraum ist mit Holz, Chrom und einer offenen Küche ausgestattet und die Speisekarte bietet hochwertige Bistrogerichte, darunter ein täglich wechselndes Mittagsgericht *(plat du jour)*. Mittags drängeln sich hier die Geschäftsleute, am Wochenende wird es sehr voll.

Saffron
BRITISCH ££

(☎ 01872-263771; www.saffronrestauranttruro.co.uk; 5 Quay St; Hauptgerichte 13,50–16,50 £; ◉ Mo 11–15, Di-Sa 11–15, 17–23 Uhr) Das winzige Restaurant war lange das einzig anständige in der Stadt und ist noch ein Besuchermagnet – vor allem, seit es vor Kurzem umdekoriert wurde. Die saisonal ausgerichtete Küche ist ein Festmahl aus kornischen Zutaten gepaart mit spanischen, italienischen und französischen Elementen: Hammelfleisch mit Steckrübengratin oder gebratener Seelachs mit Safrankartoffelpüree.

Indaba Fish in the City
FISCH & MEERESFRÜCHTE ££

(☎ 01872-274700; www.indabafish.co.uk/in-the-city; Tabernacle St; Hauptgerichte 12–18 £; ◉ Mo-Sa 12–14.30, 17–21.30 Uhr) Der moderne Diner hat guten Fisch – wenn die Qualität auch eher solide als spektakulär ist: entweder „Surf and Turf" oder goanisches Curry mit Meeresfrüchten. Industrierohre und Ledersitze geben dem Ganzen einen modernen Anstrich, aber die Location in einer abseitigen Gasse ist etwas seltsam.

🍷 Ausgehen & Nachtleben

Old Ale House
PUB

(Quay St; ◉ 12–23 Uhr) Eines der letzten Pubs in Truro mit traditioneller Kneipenausstattung: poliertes Holz, Bierdeckel und dergleichen. Ale-Specials stehen auf der Tafel, am Wochenende gibt es Livegigs.

Old Grammar School
PUB

(19 St Mary's St; ◉ 10 Uhr–open end; 🛜) Coole Citybar mit offenem Barraum, großen Tischen und weichen Sofas. Mittagessen wird von 12 bis 15 Uhr serviert, danach gibt es Cocktails, Kerzen sowie belgische und japanische Importbiere.

Vertigo
BAR

(15 St Mary's St; ◉ 10 Uhr–open end; 🛜) Noch eine der gut besuchten Bars um die St Mary's Street und Bridge Street. Den Reiz des Vertigo machen die schräge Einrichtung und der wunderbare ummauerte Garten aus.

Heron
PUB

(Malpas; ◉ 11–15 & 19–23 Uhr) Das Pub mit Bänken am Ufer liegt gut 3 km stadtauswärts am Fluss und serviert gutes Bier und Essen. Ein schöner Ort für ein Pint mit Blick auf das Wasser.

★ 108 Coffee
CAFÉ

(☎ 07582-339636; www.108coffee.co.uk; 108c Kenwyn St; ◉ Mo-Fr 7–18, Sa 8–18 Uhr) Der 2011 von den bekennenden Kaffeefanatikern Paul und Michelle eröffnete Laden bietet allen Koffeinsüchtigen in Truro die optimale Dröhnung. Die Böhnchen stammen von der renommierten kornischen Kaffeerösterei Origin Coffee und zaubern einen Milchkaffee und Espresso, die in der ganzen Grafschaft ihresgleichen suchen; wer es gar nicht erwarten kann, bestellt im Voraus per SMS. Snacks und Kuchen sind auch im Angebot.

Blend 71 CAFÉ
(☎ 01872-279686; www.blend71.co.uk; 71 Lemon St; ⊙ Mo–Sa 10–17 Uhr) Eine weitere gute Koffeintankstelle neben dem Plaza Cinema.

🛍 Shoppen

Das Stadtzentrum ist zwar weitgehend voll mit den üblichen Shoppingketten, aber ein Bummel durch den sanierten **Lemon St Market** (www.lemonstreetmarket.co.uk; 71 Lemon St; ⊙ Mo–Sa 10.30–17.30 Uhr) ist durchaus lohnenswert: Er bietet mehrere Souvenirläden, einen Friseurladen, ein Café und den Stammladen von Baker Tom, dazu ein schickes Galeriecafé im oberen Stockwerk. Von der Decke hängen Weidenskulpturen, die für die City-of-Lights-Parade gefertigt wurden.

Fleischer, Bäcker, Käsehersteller und Gemüsebauern aus der Umgebung verkaufen mittwochs und samstags am nahen Lemon Quay ihre Waren auf dem lebhaften **Farmers Market** (www.trurofarmersmarket.co.uk; ⊙ Mi & Sa 9–16 Uhr).

⭐ Unterhaltung

Hall for Cornwall KONZERTHALLE
(☎ 01872-262466; www.hallforcornwall.co.uk; Lemon Quay) Größte Bühne der Grafschaft für Theatergastspiele und Musik.

Plaza Cinema KINO
(☎ 01872-272894; www.wtwcinemas.co.uk; Lemon St) Das Kino hat vier Leinwände und zeigt Mainstream-Streifen.

ℹ️ Praktische Informationen
Tourist Office (☎ 01872-274555; tic@truro.gov.uk; Boscawen St; ⊙ Mo–Fr 9–17.30, Sa 9–17 Uhr)

ℹ️ An- & Weiterreise
BUS
Als wichtigster Verkehrsknotenpunkt der Grafschaft bietet Truro Busverbindungen zu fast allen Zielen in Cornwall.

Falmouth (First Bus 88, 45 Min., 2- bis 3-mal stündl.) Hält in Penryn und Devoran.

St. Ives (First Bus 14, 1 ½ Std., Mo–Sa halbstündl., So alle 2 Std.) Fährt über Chacewater, Redruth, Camborne und Hayle.

Penzance (First Bus 18, 1 ¾ Std., Mo–Sa stündl.)

Newquay (Western Greyhound Bus 585/586, 50 Min., Mo–Sa halbstündl.)

St. Mawes (Western Greyhound Bus 550/551, 1 Std., Mo–Sa stündl., So alle 2 Std.) Fährt über Tresillian, Probus, Tregony, Veryan, Gerrans, Portscatho und St.-Just-in-Roseland nach St. Mawes.

Wadebridge (Western Greyhound Bus 594, 1 Std. 10 Min., Mo–Sa stündl., So 1-mal tgl.) Fährt in der Gegenrichtung nach St. Agnes.

ZUG
Truro liegt an der Bahnlinie London Paddington–Penzance (Fahrpreise z. B. Redruth 3,90 £, Penzance & St. Ives 6,20 £, London 61,50 £) sowie an der kleineren Nebenstrecke nach Penryn und Falmouth (3,90 £).

ABSTECHER

TREGOTHNAN

5 km von Truro liegt bei Tresillian **Tregothnan** (☎ 01872-520000; www.tregothnan.co.uk), der feudale Sitz der Boscawens, die seit 600 Jahren den Titel Lord Falmouth tragen.

Berühmt wurde Tregothnan in jüngerer Zeit als erste (und einzige) **Teeplantage** Großbritanniens. Das gemäßigte kornische Klima ermöglicht den Anbau mehrerer dünnblättriger Teepflanzen, wie Assam, Darjeeling und Earl Grey. Die Preise sind ganz schön gepfeffert (zehn Teebeutel für 3,75 £, loser Tee ab 5 £ für 25 g). Weitere Delikatessen, wie Manukahonig der gutseigenen Bienen, werden im **Laden** verkauft.

Tregothnan House ist für die Öffentlichkeit nicht zugänglich, der gutseigene **Botanische Garten** kann jedoch auf privaten Führungen des Chefgärtners Jonathan Jones besichtigt werden (65 £). An verschiedenen Tagen im Jahr sind Gruppenbesichtigungen zu einem reduzierten Eintrittspreis von 30 £ möglich – Details auf der Website.

Das Anwesen verfügt auch über ein paar wunderschöne Ferienhäuschen, darunter mehrere abgeschiedene Cottages an den grünen Ufern der Fal-Nebenflüsse.

Die Roseland Peninsula

Östlich von Truro am anderen Ufer des Fal liegt die ländliche Roseland-Halbinsel, ein wunderschönes, ruhiges Fleckchen voller Äcker, kleinen Sträßchen und wenig besuchten Nebenflüssen. Der Name der Halbinsel hat übrigens nichts mit Blumen zu tun, sondern leitet sich vom kornischen Wort *ros* (Landzunge) ab. Die Küste ist gesprenkelt mit winzigen Dörfchen und versteckten Stränden und überhaupt scheint Roseland noch einem vergangenen Zeitalter anzugehören.

An- & Weiterreise

Mit dem Auto sind es knappe 30 km von Truro bis St. Mawes, der größten Stadt der Halbinsel. Der Western Greyhound Bus Nr. 551 (Mo–Sa halbstündl., So 5-mal tgl.) fährt von Truro über Tregony und Veryan nach St. Mawes.

Schneller geht's mit der Fähre. Fußgänger können mehrmals pro Stunde von Falmouth aus mit der St Mawes Ferry (S. 198) übersetzen. Wer mit dem Auto unterwegs ist, muss die **King Harry Ferry** (01872-862312; www.falriver.co.uk/getting-about/ferries/king-harry-ferry; Auto einfach/hin & zurück 5/8 £, Fahrräder und Fußgänger kostenlos) nehmen, die vom Steg bei Trelissik Garden mit Autos, Radfahrern und Fußgängern übersetzt.

Die Fähren fahren den ganzen Tag hin und her und brauchen für die Überfahrt etwa 20 Minuten. Wer also eine Fähre verpasst hat, kann sich einfach in die Schlange für die nächste stellen.

Tregony, Veryan & Portscatho

Die erste nennenswerte Ortschaft, die man mit dem Auto auf Roseland erreicht, ist Tregony – einst ein wichtiger Marktflecken und Flusshafen am östlichen Zufluss des Fal, heute ein verschlafenes Dorf. Im Vorbeifahren sieht man die 1696 erbauten Armenhäuser am Tregony Hill, die 1895 restauriert wurden.

6 km weiter südlich liegt Veryan, ein ebenso verschlafenes Dörfchen mit ein paar Kunstgalerien und einem hervorragenden Dorfpub. Oberhalb des Orts auf der Hügelkuppe stehen seine bekanntesten Wahrzeichen: zwei Rundhäuser, die ohne jegliche Ecken gebaut wurden, um sie vermeintlich vor dem Teufel zu sichern (der sich dann nicht in den Ecken verstecken kann).

Weitere 11 km Richtung Süden folgen das Straßendorf Gerrans und der Hafen Portscatho (einst der geschäftigsten Sardinenhäfen an Cornwalls Südküste). Hier finden sich einer der größten Granit-Wellenbrecher der Grafschaft sowie eine Handvoll Galerien, Nippesläden und Zweitwohnsitze.

Schlafen

Treloan CAMPINGPLATZ £
(01872-580989; www.coastalfarmholidays.co.uk; Portscatho; Stellplätze für 2 Erw. & Auto 15–24 £; ganzjährig;) Dieser riesige Campingplatz auf einem Bauernhof ist Roselands bester. Er erstreckt sich über mehrere große Felder zwischen Gerrans und Portscatho und hat auch im Sommer mehr als genug Platz. Für alle, denen ein stabileres Dach über dem Kopf lieber ist, gibt es noch ein hölzernes *snug* sowie fest installierte Wohnwägen. Im Sommer veranstaltet der einheimische Künstler Mac Dunlop jede Woche eine Kunst- und Musiksession am Lagerfeuer – Details unter www.caravanserai.info.

★ Lugger Hotel HOTEL £££
(01872-501322; www.luggerhotel.co.uk; Portloe; 99–175 £;) Das ultimative romantische Versteck hängt ganz am Hafenrand im hübschen Portloe. Das Schmugglergasthaus und die Fischerhäuser nebenan bieten luxuriöse Zimmer mit stilvoller Einrichtung, dekadenten Betten und Meeresrauschen hinter dem Fenster. Das Restaurant ist auch das reinste Verwöhnprogramm.

Pollaughan Farm COTTAGES £££
(01872-580150; www.pollaughan.co.uk; pro Woche 480–1480 £;) Die vier Cottages stehen nur wenige Autominuten von Porthcurnick Beach entfernt und sind ideal für die ganze Familie. Ob gestresste Eltern, hyperaktive Kinder oder heimwehkranke Haustiere: Hier fühlen sich alle wohl. Der Stil reicht von traditionell ländlich bis zum modernen Loft; zur Ausstattung gehören ein See samt Wildgetier und ein Tennisplatz. Weit im Voraus buchen.

The Rosevine HOTEL £££
(01872-580206; www.rosevine.co.uk; Portscatho; 2-Pers.-Studio 1000–1450 £ pro Woche, Familienapt. 1290–2480 £;) Das Landhaus außerhalb von Portscatho gehört zu den besten familienfreundlichen Hotels in Cornwall. Das Angebot reicht vom Zwei-Personen-Studio bis zum Familienapartment; alle sind für Selbstversorger gedacht und nach schönen Orten in der Umgebung benannt. Die ganze Anlage hat Stil und für Kinder stehen Spielhäuser, Trampoline und Klettergerüste über das ganze Gelände verteilt. Toll für Familien!

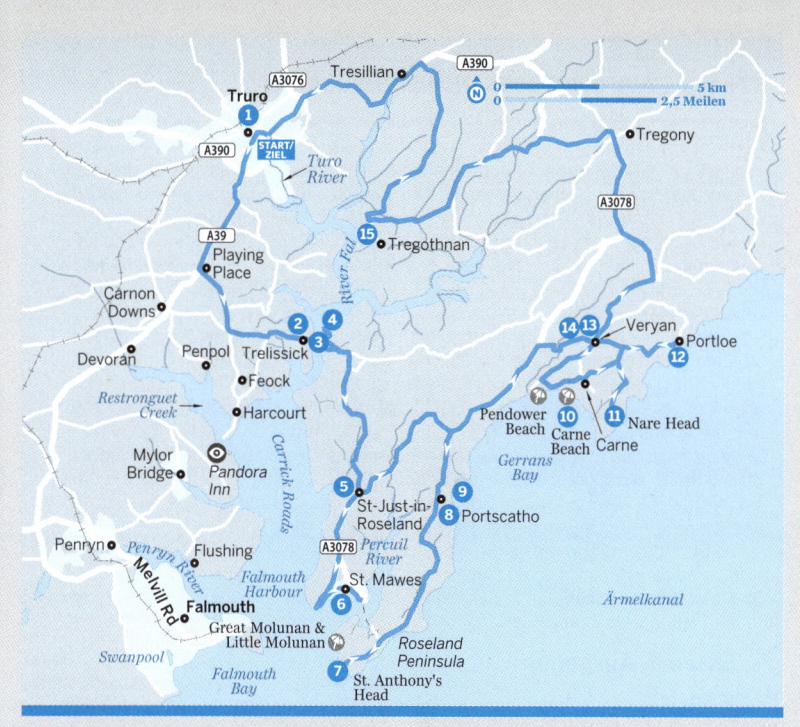

Autotour
Über die Roseland Peninsula

START TRURO
ZIEL TRURO
LÄNGE 77 KM; 1 TAG

Wer Lust auf eine idyllische Autotour hat, ist zwischen den endlosen Feldern, schmalen Sträßchen und abgelegenen Dörfern dieser ländlichen Halbinsel genau richtig.

Von ❶ **Truro** aus geht's nach ❷ **Trelissick** zu einem Spaziergang am Flussufer und durch den Rhododendron-Garten. Danach heißt es Schlangestehen für die Überfahrt in der ❸ **King Harry Ferry**, die seit fast 100 Jahren Passagiere nach Philleigh schippert. Am anderen Ufer ist die alte Teestube im ❹ **Smuggler's Cottage** bei Tolverne heute ein Bild des Friedens. 1944 stachen jedoch am D-Day von einem Kai ganz in der Nähe amerikanische Truppen in See.

Ein Stück weiter die B3289 entlang liegt einer der hübschesten Friedhöfe von Cornwall, ❺ **St.-Just-in-Roseland**. 8 km weiter südlich liegt der mondäne Hafen ❻ **St. Mawes** mit einem Halbmond aus weiß getünchten Cottages und einer mittelalterlichen Burg. Im Victory Inn oder Rising Sun gibt's ein tolles Pub-Mittagessen.

Von St. Mawes aus geht die Fahrt ganz um den River Percuil herum durch die Ortschaft Gerrans nach ❼ **St. Anthony's Head**, über den ein Leuchtturm und die Reste einer viktorianischen Geschützbatterie wachen. Auf dem Rückweg führt ein Abstecher zum Fischerdorf ❽ **Portscatho** und zum Strand von ❾ **Porthcurnick** auf einen *cream tea* im Café Hidden Hut.

Noch weiter die Küste entlang liegen der eindrucksvolle Strand von ❿ **Carne** und das vom National Trust verwaltete ⓫ **Nare Head**, das ideal für einen schönen, windigen Spaziergang ist. Danach erreicht man die Gassen von ⓬ **Portloe**, einst der lebhafteste Sardinenhafen der Gegend.

Landeinwärts drapiert sich die Ortschaft ⓭ **Veryan** um eine zentrale Grünfläche und einen friedlichen Ententeich. In der nahe gelegenen ⓮ **Melinsey Mill** kann man Kunsthandwerk und Kuchen einkaufen, bevor die Fahrt über die Teeplantage in ⓯ **Tregothnan** wieder zurück nach Truro führt.

NICHT VERSÄUMEN

STRÄNDE AUF DER ROSELAND PENINSULA

Die Strände der Roseland-Halbinsel sind vielleicht nicht so bekannt wie die der Nordküste, aber auch sie sind die Entdeckung wert. Die größten – **Carne** und **Pendower** – liegen gleich nebeneinander und vereinen sich bei Ebbe zu einem endlosen Bogen aus weißem Sand. Zwischen Veryan und Portscatho sind die beiden Strände entlang der A3078 beschildert, der Zugang führt aber über ein steiles, einspuriges Sträßchen. Am unteren Ende stehen nur wenige Parkplätze zur Verfügung. Am Ende von Pendower verkauft das kleine Café **The Basking Shak** (Pendower Beach; 2–5 £; ⊙ während der Saison 9–17 Uhr) heiße Getränke und Eis sowie die Spezialität des Hauses: in eine Tortilla gewickelte Riesenwürste.

Weiter südlich Richtung Portscatho liegt **Porthcurnick**, ein guter Familienstrand. Bei Ebbe bietet er eine endlose Sandfläche – außerdem ist hier das tolle Strandcafé Hidden Hut. Die nächsten Parkmöglichkeiten sind am Rosevine oder auf dem öffentlichen Parkplatz in Portscatho. Bei beiden muss man etwa 500 m auf dem Küstenpfad bis zum Strand laufen.

Richtung Süden zwischen Gerrans und St. Anthony's Head liegt der abgeschiedene Strand **Porth Beor**, den man über die Felder und einen abartig steilen Klippenpfad mit Treppe erreicht. Ohne eine gute Karte ist er schwer zu finden und für Familien aufgrund des schwierigen Zugangs schlecht geeignet.

Die Strände um St. Mawes sind da besser: **Great Molunan** und **Little Molunan** sind perfekt zum Planschen und lassen sich beide mit der Place Ferry (S. 198) von St. Mawes aus erreichen.

Essen & Ausgehen

★ Hidden Hut CAFÉ £

(www.hiddenhut.co.uk; Porthcurnick Beach; Gerichte 5–7,50 £; ⊙ März–Okt. 10–17 Uhr) „Hidden"? Allerdings. Das Küstencafé am Porthcurnick Beach ist dermaßen versteckt, dass man es kaum findet, wenn man noch nie dort war. Die Holzhütte wurde ursprünglich als Ausguck während des Krieges gebaut, serviert aber heute leckeres Strandessen: Käsetoast vom Grill, heiße Suppe, guten Kuchen und ganz tollen „Strandsalat". Im Sommer veranstaltet das Lokal abends ein- bis zweimal die Woche Picknick-„Festessen". Die einzigen Sitzgelegenheiten sind die Bänke vor der Hütte – aber wer will bei einem solchen Ausblick schon drinnen sitzen? Von der Hütte sind es zu Fuß 500 m bis Portscatho.

Melinsey Mill CAFÉ £

(☏ 01872-501049; www.melinseymill.co.uk; nahe Veryan; Hauptgerichte 4–10 £; ⊙ April–Okt. Di–So 10–17.30 Uhr, Juli & Aug. tgl. geöffnet) Die Wassermühle aus dem 16. Jh. steht gleich außerhalb von Veryan und ist zu einem hübschen Café mit Kunsthandwerksladen umgebaut worden, wo es die verrückten Skulpturen des Inhabers Rick Hancocks zu kaufen gibt. Außerdem haben sie einen hervorragenden *cream tea*, Sandwiches mit extradicken Brotscheiben und leckeren hausgemachten Kuchen.

New Inn PUB ££

(☏ 01872-501362; www.newinnveryan.co.uk; Veryan; Hauptgerichte 8–14 £) Gemütliches Dorfpub in der Nähe des Parks mit vorwiegend einheimischer Klientel. Offene Kamine, Holzöfen und Messingnippes sorgen für Atmosphäre – und das Essen ist auch in Ordnung.

Plume of Feathers PUB

(☏ 01872-580321; The Square, Portscatho) Kuscheliges, altmodisches Pub aus dem 18. Jh. mit weiß getünchten Wänden, abgenutztem Holz, Teppichen mit Wirbelmuster, vielen Einheimischen und schnörkellosem Essen (Hauptgerichte 9–14 £). Vom Fass gibt es die Biere Tribute und Proper Job – der Laden gehört nämlich der St. Austell Brewery.

St. Mawes & Umgebung

Direkt gegenüber von Falmouth am westlichen Zipfel der Roseland Penisula liegt von einer frischen Brise umweht das Küstendörfchen St. Mawes. Weiß getünchte Häuser, gepflegte Gärten und glitzerndes Wasser erinnern eher an die Riviera als an die kornische Idylle Roseland. Schon seit den 1930er-Jahren machen Segler und Yachten hier gerne Station – und seit Olga Polizzi hier das renommierte Hotel Tresanton eröffnet hat, ist die Exklusivität noch um ein paar Punkte gestiegen.

Der Ort ist nach dem keltischen Heiligen St. Maudez benannt, der entweder von Irland oder der Bretagne aus seinen Weg nach Cornwall gefunden haben soll. Später wurde St. Mawes dank der strategischen Lage am Ende von St. Anthony's Head zu einer wichtigen Marinebasis. Heinrich VIII. errichtete im 16. Jh. hier sowie am anderen Ufer in Pendennis eine Burg; bis zum Ende des Zweiten Weltkriegs hatte die Marine außerdem eine Geschützbatterie auf der nahe gelegenen Landzunge.

◉ Sehenswertes & Aktivitäten

★ **St. Mawes Castle** BURGEN & SCHLÖSSER
(EH; ☎01326-270526; Erw./Kind 4,50/2,70 £; ⊙Juli–Aug. So–Fr 10–18 Uhr, März–Juni & Sept.–Nov. So–Fr 10–17 Uhr, Nov.–März Sa & So 10–16 Uhr) Die Burg gehört zu einer Kette von Festungen entlang der Küste, die im 16. Jh. von Heinrich VIII. errichtet wurden. Sie ist zugleich eine der am besten erhaltenen Burganlagen. Ihre strategische Lage ermöglichte es, den natürlichen Hafen der Carrick Roads zu schützen. Die Burg hat die Form eines Kleeblatts, mit runden Türmen um einen zentralen Burgfried. Besucher gelangen über die klassische Zugbrücke in die Festung und können dann frei durch die Kammern im Inneren sowie über die Geschützdecks spazieren, auf denen früher schwere Kanonen standen, um Schiffe zu versenken.

Ironischerweise war die Burg niemals großartig in Gefechte verwickelt: Während der Herrschaft Heinrichs VIII. fürchteten sich alle vor einer Invasion der spanischen Katholiken, die aber niemals kam. Während des Bürgerkriegs wurde die Festung dann mühelos von den Truppen der Parlamentarier eingenommen.

St. Anthony's Head AUSSICHTSPUNKT
Die Überreste einer Geschützbatterie von der Jahrhundertwende sind an der Spitze von St. Anthony's Head noch zu sehen. Ein kleines Stück weiter die Küste entlang steht der 1835 erbaute Leuchtturm, wo man heute im alten Cottage des Leuchtturmwächters übernachten kann. Buchungen über **Sally Port** (☎01386-701177; www.ruralretreats.co.uk; 5 Nächte ab 910 £).

St Mawes Kayaks KAJAKFAHREN
(☎07971-846786; www.stmaweskayaks.co.uk; 2 Std. 15 £, ganzer Tag 30 £) Kajaks eignen sich ideal zum Erkunden der Gewässer vor St. Mawes, vor allem der ruhigen Zuflüsse des Percuil River und der nahe gelegenen Strände Great und Little Molunan. Zur Auswahl stehen Sit-on-Top-Kajaks als Ein- und Zweisitzer.

🛏 Schlafen & Essen

★ **Roundhouse Barns** COTTAGES £££
(☎01872-580038; www.roundhousebarnholidays.co.uk; Cottages 695–945 £ pro Woche; P) Auf dem 0,3 ha großen, privaten Farmanwesen etwa 5 km außerhalb von St. Mawes Richtung St. Just stehen Gästen drei süße Cottages mit Steinfassade sowie zwei B&B-Zimmer zur Auswahl. Neutrale Farben, frei stehende Badewannen, Haushaltsgeräte von Neff und Gänsedaunendecken sorgen für gehobenes Landhausfeeling – und das Gelände rundherum ist wunderschön.

Hotel Tresanton HOTEL £££
(☎01326-370055; www.tresanton.com; St. Mawes; DZ 250–550 £; P 🖵 🍴) Olga Polizzis feudales Haus – lange die erste Wahl für Promis und Filmsternchen – ist immer noch die unangefochtene Königin der Hotels in St. Mawes. Kühle Karos, Streifen und Luxusstoffe in den Zimmern und kleine Extras wie ein Privatkino, ein Motorboot und ein preisgekröntes Bistro prägen den Stil des Hauses. Nicht gut für den Geldbeutel, dafür aber unvergesslich.

Victory Inn PUB ££
(☎01326-270324; www.victory-inn.co.uk; Hauptgerichte 10–18 £) Die altehrwürdige Dorfkneipe in einer kleinen Hafengasse ist außen weiß getüncht und im Sommer mit Blumenampeln dekoriert. Im Erdgeschoss ist noch ein Hauch der alten Atmosphäre zu spüren, aber das Restaurant im Obergeschoss setzt auf Korkenzieherweide und gedeckte Farben. Gutes Essen – vor allem der Sonntagsbraten.

Rising Sun PUB ££
(☎01326-270233; www.risingsunstmawes.co.uk; St. Mawes; Hauptgerichte 7–15 £) Das Pub mit Giebeldach verdient sich an Passagieren der St. Ives Ferry eine goldene Nase. Vorne ist eine kleine, ummauerte Terrasse; serviert wird gutes, solides Essen sowie mittwochs und sonntags ein anständiges Fleischbuffet. Die Zimmer im Obergeschoss (98–142 £) sind ziemlich rüschenbeladen und altmodisch.

ABSEITS DER ÜBLICHEN PFADE

7TH RISE & DAS COTTAGE AM ENDE DER WELT

Wer der modernen Welt eine Weile so richtig entkommen will, findet keinen besseren Ort als dieses abgelegene Cottage am Ufer des Fal. Betrieben wird es vom zähen Jäger, Sammler und Fischer Thom Hunt, firmiert unter dem Namen **7th Rise** (www.7thrise.co.uk; Tages-/Wochenendkurs 95/249 £) und ist so etwas wie eine Kreuzung aus Überlebenscamp und spirituellem Zentrum. Es kam sogar schon in einer britischen TV-Serie vor (*Three Hungry Boys*). Das Angebot umfasst die folgenden Aktivitäten: Angeln und Fische nehmen, Meerfenchel und Miesmuscheln sammeln, Kanufahren auf dem Fal, Kochen im Erdofen und Zielen am selbst gebastelten Schießstand.

Das Cottage ist absichtlich primitiv – Außendusche, Plumpsklo, gemeinsamer Schlafsaal und kein heißes Wasser – aber das gehört alles zum Hinterwäldler-Abenteuer: Thom ist ein Mann mit Konzept. Und es gibt kaum einen Ort, an dem man den Stress des 21. Jahrhunderts besser abschütteln kann als hier.

The Watch House BISTRO ££
(01326-270038; www.watchhousestmawes.co.uk; 1 The Square; Hauptgerichte mittags 8–12 £, abends 12–15 £; Mo-Sa 11–22 Uhr, So 11–21 Uhr) In diesem relaxten Restaurant am Ufer von St. Mawes will jeder essen. Innen ist alles picobello mit klaren Linien, weißen Tischtüchern, ozeanblauen Sitzbänken, Holzstühlen – die perfekte Kulisse für schlichtes, unprätentiöses mediterranes Essen wie Taschenkrebspastete mit *aioli* und Tomatenkompott oder Miesmuscheln aus dem Fal mit geräuchertem Bacon, kornischem Cider und wildem Knoblauch. Nicht ganz Gourmetküche, aber definitiv mehr als gut.

ⓘ An- & Weiterreise

Die **St Mawes Ferry** (01872-861910; www.falriver.co.uk/getting-about/ferries/st-mawes-ferry; Erw./Kind hin & zurück 9/4,50 £) schippert übers Wasser nach Falmouth, während die kleine **Place Ferry** (Erw./Kind hin & zurück 6/4 £; April–Okt. halbstündl.) zum nahe gelegenen Place Creek fährt – Ausgangspunkt für mehrere Küstenwanderungen sowie die Strände Great und Little Molunan.

St.-Just-in-Roseland

Die Kirche am Ufer von St.-Just-in-Roseland ist möglicherweise die hübscheste in ganz Cornwall – was in dieser kirchenverliebten Grafschaft schon etwas heißen will, denn es mangelt nicht gerade an Konkurrenz. Wo heute das Gotteshaus zwischen Wildblumen und Eiben am Rande eines Flüsschens voller Boote steht, gab es wahrscheinlich bereits im 6. Jh. eine Kapelle; der heutige Bau stammt aus dem 13. Jh.

Friedliche Pfade mäandern hier durch Rhododendren, Magnolien und Azaleen, dazwischen stehen flechtenbewachsene Grabsteine, die teilweise seit 300 Jahren oder länger hier stehen. Ein wunderbarer Ort für einen Spaziergang an einem sonnigen Tag. Bei der Einfahrt in die Ortschaft St. Just auf die Beschilderung achten!

Das **Roseland Inn** (01872-580254; www.roselandinn.co.uk; Philleigh; Hauptgerichte 10–16 £) ist ein wunderschönes, kleines Landpub gleich außerhalb des Weilers Philleigh, ein paar Kilometer bergauf vom Fähranleger der King Harry Ferry. Außen ist es ganz mit Kletterrosen und Glyzinien bewachsen, innen dominieren alte Fotos, Nippes aus Messing und alte Balken. Der Garten ist auch eine Schönheit.

Das 500 Jahre alte, strohgedeckte Smuggler's Cottage (Tolverne) liegt gleich bergauf von der King Harry Ferry und ist schon lange eine von Cornwalls bekanntesten Teestuben. Vor Kurzem wurde es mithilfe des Tregothnan-Vermögens modernisiert; zum Zeitpunkt der Recherche war es geschlossen.

SÜDOSTCORNWALL

Östlich der Roseland Peninsula erstreckt sich Cornwalls Südküste mit ihren Stränden und Hafenstädtchen, in denen die Fischerkluft längst von Strandkleidung ersetzt wurde: Looe, Mevagissey und Polperro gehören zu den touristischsten Orten Cornwalls, nur in Fowey geht es feiner zu.

Noch ein Stück weiter liegt die Rame Peninsula – „Cornwalls vergessene Ecke". Hier lohnt sich vor allem ein Besuch der Herrenhäuser wie Antony, Mount Edgcumbe und Port Eliot.

St. Austell

Der einst so geschäftige Marktflecken sieht heute trotz einer milliardenschweren Runderneuerung des Zentrums – richtig trübselig aus. Aber der Ort ist eine gute Versorgungsstation für das Nötigste, bevor man zur Erkundung der Südostküste aufbricht.

Von St. Austell fährt die Buslinie 522 (Mo-Sa stündl.), die Linie 524 nach Fowey (10-mal tgl.), die 525 nach Charlestown und Fowey (Mo-Sa 10-mal tgl.), die 526 (Mo-Sa stündl., So 4-mal tgl.) nach Mevagissey, Heligan und Gorran Haven sowie die 527 (Mo-Sa stündl., So 6-mal tgl.) von Newquay nach St. Austell und zum Eden Project. St. Austell liegt an der Bahnstrecke London Paddington-Penzance, mit Verbindungen entlang der Nebenstrecke nach Par.

Charlestown

In vergangenen Jahrhunderten war Charlestown der wichtigste Verschiffungshafen für die Porzellanerde aus St. Austell, heute ist eine begehrte Location für Filmcrews daraus geworden: Für mehrere Blockbuster und Historienschinken diente der Hafen als Kulisse. Der Seefahrtsgeschichte der Stadt geht das **Charlestown Shipwreck & Heritage Centre** (01726-69897; www.shipwreckcharlestown.com; Erw./Kind 5,95/2,95 £; März-Okt. 10-17 Uhr) nach, und zwar mit einer riesigen Sammlung von diversen Gegenständen, die aus 150 Wracks aus aller Welt geborgen wurden. Dazu gehören Teleskope, Musketen, Walrossschnitzereien, Münzen, Haubitzen und ein paar feine Stücke von der *Titanic* und der *Lusitania*.

Mevagissey & Gorran Haven

Das 13 km von St. Austell gelegene Mevagissey ist schon wieder so ein ganz typischer kornischer Fischerhafen, der sich durch kleine Gassen, blumenberankte Cottages und erdige Pubs auszeichnet. Hier finden sich auch immer noch Antiquariate und örtliche Galerien – und dafür keine einzige internationale Café-Kette.

Der eindrucksvolle, doppelwandige Hafen bietet immer noch einer kleinen Fischerflotte Schutz und ist einer der besten Orte an der Südküste zum Krebsfischen. Die Läden am Hafen verkaufen alles, was man dazu braucht. Im Sommer fahren **Fähren** (www.mevagissey-ferries.co.uk; Erw./Kind einfach 7/4 £, hin & zurück 12/6 £; Mai-Sept.) von Mevagissey Harbour die Küste entlang nach Fowey.

Sand hat Megavissey eher wenig zu bieten, der große Urlauberstrand von **Pentewan** ist aber nicht weit weg. Außerdem sind rund um das Dorf **Gorran Haven** und **Dodman Point** mehrere Buchten. Zuerst kommt der Kies- und Sandstrand **Vault**, der in einem großartigen Bogen zur Landzunge westlich von Gorran verläuft und über einen kleinen Parkplatz des National Trust verfügt. Den Strand selbst erreicht man nach einem 15-minütigen Spaziergang bergab. Der winzige Strand von **Hemmick** liegt einen guten Kilometer weiter westlich auf der anderen

---

NICHT VERSÄUMEN

DIE KORNISCHEN ALPEN

Neben Bergbau und Fischerei war im 18. und 19. Jh. das dritte ökonomische Standbein Cornwalls die Gewinnung des „weißen Golds" bzw. der Porzellanerde – ein wichtiger Bestandteil von Porzellan, Medikamenten und Papierbeschichtungen.

Kernland dieses Erwerbszweigs waren die Lehmgruben um St. Austell, wo eine seltsame Landschaft aus Abraumhalden, Glimmerdämmen und türkisen Seen noch immer dramatisch die Landschaft beherrscht und ihr den Spitznamen „kornische Alpen" verliehen hat.

Am besten erkundet man die Gegend auf den **Clay Trails** (www.claytrails.co.uk), ein Wegenetz, das Wanderer, Reiter und Radfahrer kreuz und quer durch die Landschaft führt. Eine Strecke beginnt beim Country Park in **Wheal Martyn** (01726-850362; www.wheal-martyn.com; Erw./Kind 7,50/4,50 £; 10-17 Uhr) und führt bis zum Eden Project, eine andere verläuft nordwärts von Eden bis Bugle.

Der Park liegt etwa 3 km von St. Austell entfernt an der B3274; immer der Beschilderung „China Clay Country Park" folgen.

ABSEITS DER ÜBLICHEN PFADE

ROCHE ROCK

Die seltsame, verfallene Kapelle klebt inmitten einer kargen Heidelandschaft am krummen Gestein des Roche Rock wie eine vergessene Filmkulisse aus Monty Pythons *Leben des Brian*. Die heutige Kapelle stammt wahrscheinlich aus dem 15 Jh., aber vermutlich stand an diesem Ort lange vorher schon eine Betkapelle. Legenden zufolge hauste hier einst der Einsiedler Ogrin, den das legendäre Liebespaar Tristan und Isolde auf der Flucht vor dem Zorn des Königs Marke besuchte.

In der Kapelle sind einige der Innenräume noch zu erkennen und das Türmchen bietet einen grandiosen Ausblick bis nach Bodwin Moor.

Roche Rock liegt gleich außerhalb der Ortschaft Roche und ist auf der A30 von Fraddon Richtung Osten beschildert.

Seite von Dodman Point zwischen Penare und Boswinger. Auch hier muss man auf der Hügelkuppe parken und hinunter laufen.

Schlafen

Treveague Farm   CAMPINGPLATZ £
(☎ 01726-842295; www.treveaguefarm.co.uk; Stellplatz 7–20 £, Elektroanschluss 2 £; ☼April–Okt.) Der große, beliebte, gut ausgestattete Campingplatz liegt unmittelbar landeinwärts vom Vault Beach, etwa 1,5 km südlich von Gorran Churchtown. Er hat jede Menge Stellplätze für Wohnwagen und Zelte, wird im Sommer aber trotzdem sehr voll.

The Meadows   CAMPINGPLATZ £
(☎ 01726-844383; www.themeadowspentewanvalley.co.uk; Stellplätze 10–15 £; ☼Ostern–Okt.) Unter neuer Leitung ist dieser ruhige Campingplatz im Tal auf halbem Weg zwischen St. Austell und Mevagissey zu neuem Leben erwacht. Die Stellplätze sind gut verteilt und schattig und werden auf einer Seite von einem gurgelnden Bach begrenzt. Der Laden hat Frühstücksbaguettes, Kuchen, Campingbedarf und frische Eier und verleiht Grillsets.

Boslinney Barn   B&B ££
(☎ 01726-843731; www.boslinney-barn.co.uk; Galowras, nahe Mevagissey; DZ 80 £) Die ausgebaute Scheune zwischen Meva und Gorran hat drei stilvolle Zimmer, die mit lasiertem Holz, farbenfrohen Teppichen und alten Holzbalken eingerichtet sind. Kleine Kunstwerke und Türen aus sägerauem Holz verleihen noch das gewisse Etwas.

Trevalsa Court   HOTEL £££
(☎ 01726-842468; www.trevalsa-hotel.co.uk; DZ 110–235 £; P 🛜) Das Hotel auf einem Hügel in Mevagissey ist die beste Unterkunft der Stadt. Im Speisesaal bildet die Mahagonivertäfelung einen starken Kontrast zu den gestärkten Tischdecken, auf der Speisekarte stehen leckerer frischer Fisch und Wild aus der Region. Die urigen Zimmer sind in Cremetönen, Pastellfarben und Streifen eingerichtet und teilweise ziemlich klein. Es lohnt sich also, mindestens ein Superior-Doppelzimmer mit Meerblick zu nehmen.

Essen

Fountain Inn   PUB ££
(☎ 01726-842320; St George's Sq, Mevagissey; Pubessen 8–12 £) Das älteste Pub in Mevagissey hat zwei Bars (eine aus Eiche, eine aus Schiefer) sowie einen Schmugglertunnel zum Hafen. Stärken kann man sich mit Bieren aus St. Austell sowie Kabeljau im Bierteig oder verschiedenen Currys.

Barley Sheaf   PUB ££
(☎ 01726-843330; www.barley-sheaf.co.uk; Gorran Churchtown; Hauptgerichte 8–14 £) Seit das Llawnroc, das Dorfpub von Gorrans Haven, zu einem ziemlich seelenlosen Hotel umgebaut wurde, ist dieses urige Landpub im nahe gelegenen Gorran Churchtown die viel bessere Alternative. Es existiert schon seit 1837 und fühlt sich anheimelnd bewohnt an. Das wissen Einheimische genauso zu schätzen wie Touristen, dazu ist auch noch das Essen gut.

Caerhays Castle

Westlich von Mevagissey und oberhalb des sanften Bogens des Porthluney Beach liegt der Landsitz Caerhays Castle (☎ 01872-501310; www.caerhays.co.uk; Garten Erw./Kind 7,50/3,50 £, inkl. Hausführung 12,50/6 £; ☼Garten Mitte Feb.–Mitte Juni 10–17 Uhr). Es wurde ursprünglich für die Trevanions gebaut und später unter John Nash (der auch den Buckingham Palace und den Brighton-Pavillon entworfen hat) umgestaltet. Das Haus ist noch immer privater Wohnsitz und nur im Frühjahr für Führungen zugänglich. Aber ein Besuch der Gärten mit ihren wunderschönen Kamelien, Rhododendren und Magnolien lohnt sich.

Auf der rechten Seite des Strandes sieht man immer noch einen Bunker aus dem Zweiten Weltkrieg. Das Haus liegt an einer schmalen Straße zwischen Portholland und Gorran Churchtown; es ist halbwegs gut ausgeschildert, zusätzlich eine Karte dabei zu haben, ist aber auch nicht verkehrt.

Lost Gardens of Heligan

Bevor er sich an das Eden-Abenteuer machte, waren die **Lost Gardens of Heligan** (01726-845100; www.heligan.com; Erw./Kind 11/6 £; März–Okt. 10–18 Uhr, Nov.–Feb. 10–17 Uhr) Tim Smits Lieblingsprojekt. Heligan war im 19. Jh. der Familiensitz der Tremaynes und einer der großen Landschaftsgärten Cornwalls. Aber nach Ausbruch des Ersten Weltkriegs (in dem ein Großteil des Personals getötet wurde) verfielen Garten und Haus. Seit Anfang der 1990er-Jahre haben Freiwillige den Garten wieder in seine alte Pracht versetzt, einschließlich Küchengarten, Feengrotte und einem „versunkenen Tal" voller Palmen und Dschungelpflanzen.

Heligan liegt 2,4 km von Mevagissey und 11 km von St. Austell entfernt. Bus 526 von Western Greyhound fährt regelmäßig nach Mevagissey, Gorran Haven und St. Austell.

Eden Project

Die spacigen Kuppeln des **Eden Project** (01726-811911; www.edenproject.com; Erw./Kind 23.50/10,50 £; April–Okt. 10–18 Uhr, Nov.–März 10–16.30 Uhr) brauchen eigentlich keine Vorstellung: Sie gehören seit ihrer Eröffnung 2001 zu den bekanntesten und meistbesuchten Sehenswürdigkeiten Cornwalls.

Die drei riesigen Gewächshäuser – die größten der Welt – waren eine Idee des ehemaligen Plattenproduzenten Tim Smit. Sie bergen ein faszinierendes Spektrum globaler Biotope. Riesenfarne, Palmen, Bananenbäume und zarte Orchideen gedeihen im Humid Tropics Biome (Feuchttropenbiom). Pflanzen der gemäßigten Zone, wie Kakteen, Zitronenbäume, Weinstöcke, Olivenhaine und Aloe wachsen im Mediterranean Biome (Mittelmeerbiom). Staudenrabatten, Küchengärten und Wildblumenbeete erstrecken sich im Freiland über 13 ha rund um den Core, Edens spannendes Informationszentrum, das nach der Fibonacci-Zahlenfolge errichtet wurde, dem grundlegenden mathematischen Bauplan der Natur.

Das neueste Detail ist ein Steg in den Baumwipfeln, auf dem man ganz oben in den Biomen zwischen den Baumkronen herumspaziert. Dieser aufregende, neue Blickwinkel zeigt Besuchern die Bäume buchstäblich aus der Vogelperspektive.

Es ist ein erstaunliches und ehrgeiziges Projekt, das ausnahmsweise dem ganzen Rummel gerecht wird. Auch ist es ein Beispiel für Umweltbewusstsein – Verpackungen werden wiederverwendet oder recycelt, Strom wird durch erneuerbare Energien oder Mikrogeneratoren erzeugt und Regenwasser wird für Toiletten genutzt. Ein Besuch lohnt sich das ganze Jahr über: Im Sommer bilden die Biome die Kulisse für Freiluftkonzerte, den **Eden Sessions** (www.edensessions.com), und im Winter gibt es eine große Eisbahn für die **Time of Gifts**.

Eden ist stets gut besucht. Wer online bucht, vermeidet lange Wartezeiten und zahlt 10 % weniger – wer sieben Tage im Voraus kauft und sich an einen bestimmten Tag hält, spart sogar 15 %.

Die Anlage liegt 5 km von St. Austell entfernt bei Bodelva. Busse dorthin fahren ab St. Austell, Newquay, Helston, Falmouth und Truro. Besucher, die zu Fuß oder mit dem Fahrrad ankommen, erhalten 4 £ Rabatt auf den Eintrittspreis. Außerdem kommen Kinder dann umsonst rein.

Lostwithiel

Die Burgruine **Restormel** (EH; Erw./Kind 3,60/2,20 £; Juli & Aug. 10–18 Uhr, April–Juni & Sept. 10–17 Uhr, Okt. 10–16 Uhr) auf einem Hügel bei Lostwithiel, 14,5 km von St. Austell entfernt, wurde von Edward dem Schwarzen Prinzen (dem ersten Duke of Cornwall) erbaut, der sich hier allerdings im Laufe seines Lebens nur zweimal aufhielt. Es ist der besterhaltene runde Bergfried des Landes und bietet von seinen Zinnen einen super Blick über Fluss und Felder.

Gute 6 km südwestlich von Lostwithiel liegt malerisch am gleichnamigen Flüsschen das ebenso urige wie auch uralte Dorf **Lerryn**. Hübsche Waldwege schlängeln sich am Flussufer entlang durch die Eichen des **Ethy Park** bis zur 2,4 km weiter westlich gelegenen Kirche **St. Winnow** aus dem 14. Jh.

Nach einer solchen Wanderung wieder in Lerryn angekommen, kann man seinen

TRISTAN & ISOLDE

Die oft erzählte Legende von *Tristan und Isolde* ist eine der ältesten kornischen Geschichten, dessen Ursprung in der Umgebung von Fowey liegt. So ziemlich jeder hat die Tragödie irgendwann neu aufgelegt – von Béroul über Chaucer, Shakespeare und Wagner bis zum kornischen Kneehigh Theatre. Die Geschichte geht so: Die irische Schönheit Iseult war dem kornischen König Marke versprochen, verliebte sich aber in Tristan, einen seiner Ritter. Mit vorhersehbar tragischen Folgen.

Gleich außerhalb der Stadt ist **Castle Dore**, eine Hügelfestung aus der Eisenzeit. Angeblich stand hier auch die Festung des Königs Marke, wobei man heute wenig sieht außer ein paar erhöhten Dämmen. Eine weitere Kuriosität ist der **Tristan Stone**. Der Granitblock mit der Aufschrift *Drustanus Hic Iacit/Filius Cunomorus* (hier ruht Drustanus, Sohn des Cunomorus) steht an der Hauptstraße nach Fowey und markiert angeblich den Ort, an dem Tristan begraben liegt. Als die Stadtverwaltung kürzlich ankündigte, dass der Stein einem Häuserblock weichen solle, war die ganze Stadt in Aufruhr.

Durst wunderbar im **Ship Inn** (01208-872374; www.theshipinnlerryn.co.uk; Fore St, Lerryn; Hauptgerichte 8–10 £) stillen.

Fowey

Fowey wirkt in vielerlei Hinsicht wie die Südküstenschwester von Padstow: Eine alltägliche Hafenstadt, die sich zum betuchten Urlaubsort mit einem gepflegten Durcheinander aus pastellfarbenen Häusern, Hafenpubs und abgestuften Terrassen mit Blick auf die kobaltblaue Hafenbucht entwickelt hat. Der Reichtum des Orts beruhte hauptsächlich auf dem Export von Porzellanerde aus den Gruben von St. Austell, aber Fowey war bereits seit dem 16. Jh. eine bedeutende Hafenstadt und ein wichtiges Glied in der Verteidigungskette des britischen Festlands gegen eine katholische Invasion.

Heute ist Fowey ein adrettes Städtchen mit teuren Yachten und feinen Läden und Brasserien an seinen muschelbesetzten Kais. Es ist jedenfalls längst nicht mehr der verschlafene Fischerhafen aus den Thrillern von Daphne du Maurier, die viele Jahre im nahe gelegenen Menabilly lebte. Nach wie vor ist das Städtchen Mitte Mai am lebhaftesten, wenn hier das viertägige **Fowey Festival** (www.foweyfestival.com) mit Literatur und Musik stattfindet.

Sehenswertes

Readymoney Cove — STRAND
(Eintritt frei) Vom Zentrum aus führt die Esplanade zur kleinen Readymoney Cove und zur Ruine der kleinen Tudor-Festung **St. Catherine's Castle** hinunter.

Polkerris Beach — STRAND
(www.polkerrisbeach.com) Dieser Strand liegt ein paar Kilometer westlich von Fowey und ist der größte und vollste der Gegend. Besonders beliebt ist er bei Wassersportlern: Hier kann man Segeln, Windsurfen und Stehpaddeln lernen.

St. Finbarrus Church — KIRCHE
Im Herzen der Stadt steht die Kirche St. Finbarrus aus dem 15. Jh., die das südliche Ende des Saints' Way – einem 42 km langen Wanderweg von hier bis Padstow – markiert.

Aktivitäten

Wahrscheinlich hat Kenneth Grahame die Inspiration für seinen Roman *Der Wind in den Weiden* irgendwo zwischen den ruhigen Flüsschen um Fowey gefunden. Ein kleiner Trip auf dem Wasser ist also für alle Besucher Pflicht. Die ruhigen Nebenflüsschen sind voller Vögel und lassen sich am besten mit dem Kajak erkunden. Einer der schönsten Abschnitte ist die Gegend um Pont Pill Creek. Zwischen den herunterhängenden Ästen der alten Eichen lassen sich manchmal Reiher, Kormorane und Eisvögel blicken.

Mehrere Veranstalter bieten Ausflüge an.

Encounter Cornwall — KAJAKFAHREN
(07976-466123; www.encountercornwall.com; Golant; Erw./Kind 25/12,50 £) Dreistündige Fahrten ab Golant, entweder am Fluss oder an der Küste.

Fowey River Expeditions — KAJAKFAHREN
(01726-833627; www.foweyexpeditions.co.uk; 47 Fore St; 25 £ pro Pers., Kinder unter 8 J. frei) Geführte Ausflüge im Ein- oder Doppelsitzerkajak.

Fowey

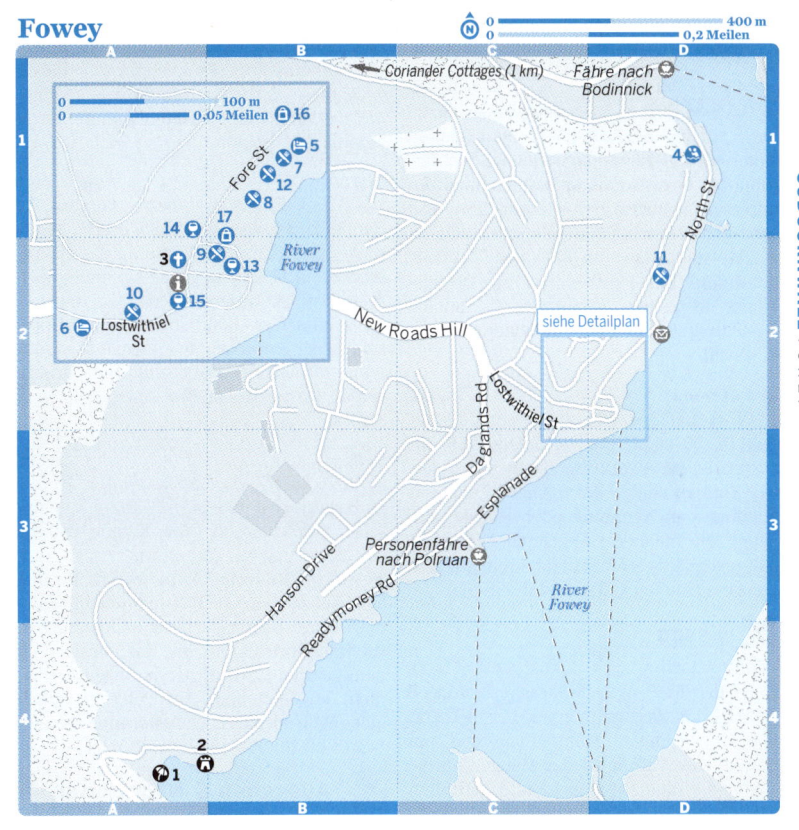

Fowey

◎ Sehenswertes
- **1** Readymoney Cove A4
- **2** St. Catherine's Castle A4
- **3** St. Finbarrus Church A2

◉ Aktivitäten, Kurse & Touren
- **4** Fowey River Expeditions D1

🛏 Schlafen
- **5** Old Quay House B1
- **6** Upton House A2

⊗ Essen
- **7** Bistro B1
- **8** Dwelling House B1
- **9** Lazy Jack's Kitchen B2
- **10** Lifebuoy Cafe A2
- **11** Pinky Murphy's Café D2
- **12** Sam's B1

🍸 Ausgehen & Nachtleben
- **13** King of Prussia B2
- **14** Lugger A1
- **15** Ship A2

🛍 Shoppen
- **16** Fowey Fish B1
- **17** Webb St Company B1

🛏 Schlafen

Coriander Cottages   B&B ££

(☎01726-834998; www.foweyaccommodation.co.uk; Penventinue Lane; Zi. 95–125 £; **P**) Dieser Cottage-Komplex hat für jeden etwas, vom B&B-Zimmer mit Gartenblick bis zum Luxusloft in einer ausgebauten Scheune. Der Strom stammt aus Erdwärme, das Wasser aus einer Regenwasser-Rückgewinnungsanlage. Der Mix aus altem Stein und moderner Einrichtung ist äußerst gelungen.

Old Quay House   HOTEL £££
(☏ 01726-833302; www.theoldquayhouse.com; 28 Fore St; DZ 180–325 £; P ☎) Dieses exklusive Hotel am Kai ist die konsequente Fortführung des Luxustrends in Fowey. Innen dominieren Naturtextilien, Rattanstühle und geschmackvolle Farbtöne, die Zimmer sind ein Mix aus Suiten mit Blick auf die Flussmündung und Penthäusern im Dachgeschoss. Insgesamt erinnert es eher an die vornehmeren Gegenden in London als an Cornwall.

Upton House   B&B £££
(☏ 01726-832732; www.upton-house.com; 2 Esplanade; DZ 160–240 £) Ein verrücktes B&B mit ausgeprägtem Hang zur Dekoration. Die vier Zimmer sind voller frecher Details wie Flamingos in Neonpink oder Totenkopftapeten. Die Inhaberin Angelique Thompson hält regelmäßig Soirees und betreibt im Erdgeschoss eine Retroklamottenboutique.

Essen

Lifebuoy Cafe   CAFÉ £
(☏ 07715-075869; www.thelifebuoycafe.co.uk; 8 Lostwithiel St; Hauptgerichte 5–10 £; ⊙ 8–17 Uhr) Foweys beliebtestes Frühstückslokal ist ein freundliches Café mit jeder Menge Charme – von den bunten Möbeln und getupften Fähnchengirlanden bis zu den alten Action-Figuren auf den Regalen. Zum Essen gibt's z. B. das Frühstück Fat Buoy oder einen heiß geliebten britischen Klassiker: Fischstäbchen zwischen gebutterten Brotscheiben. Und dazu natürlich eine Tasse guten, alten englischen Tee.

Dwelling House   CAFÉ £
(☏ 01726-833662; 6 Fore St; Tee 3–6 £; ⊙ im Sommer 10–18.30 Uhr, im Winter Mi–So 10–17.30 Uhr) Die beste Adresse für Tee (über 20 Sorten!) und feine Törtchen (verziert mit Zuckerstreuseln und bunter Glasur und serviert auf einem richtigen Tortenständer).

Pinky Murphy's Café   CAFÉ £
(☏ 01726-832512; www.pinkymurphys.com; 19 North St; ⊙ Mo–Sa 9–17, So 9.30–16 Uhr) In diesem farbenfrohen Café wird so ziemlich alles serviert, von der Wurstplatte über heiße Suppen bis zu hausgemachten Cupcakes. Am besten, man macht es sich auf einem der Sitzsäcke bequem und bestellt die Spezialität des Hauses: Pinky's Cream Tease.

Lazy Jack's Kitchen   EISCREME £
(☏ 01726-832689; 4a Webb St; Eis 2–3 £; ⊙ 10–17 Uhr) Die Inhaber des Lifebuoy Cafe haben auch diese Kaffeebar mit Eisdiele eröffnet und verkaufen die leckeren Eissorten von Moomaid of Zennor.

Bistro   FRANZÖSISCH ££
(☏ 01726-832322; www.thebistrofowey.co.uk; 24 Fore St; 2-/3-Gänge-Menü 15,95/18,95 £; ⊙ 10–23 Uhr) Das glänzende Bistro an der Hauptstraße von Fowey hat eine saisonale Speisekarte mit kornischen Versionen französischer Klassiker: Bouillabaisse, Fischsuppe, gebratener Stockfisch, Seezunge *à la menunière*. Mosaikböden und einfarbige Drucke sorgen im Speisesaal für einen schlichten Schick.

Sam's   BISTRO ££
(☏ 01726-832273; www.samsfowey.co.uk; 20 Fore St; Hauptgerichte 9,95–14,95 £) Die Einheimischen empfehlen oft diese Kneipe, die wie eine Kreuzung aus *Cheers* und einem französischen Hinterhofbistro wirkt. In den Sitznischen werden Bier, Muscheln, Calamari-Ringe oder dick belegte „Samburger" serviert. Oben gibt es seit Kurzem noch einen Gastraum, aber Reservierungen werden nicht angenommen. Am Polkerris Beach gibt's auch noch das Schwesterunternehmen **Sam's on the Beach** (☏ 01726-812255).

Ausgehen & Nachtleben

In Fowey gibt es Pubs wie Sand am Meer. Das rosa getünchte **King of Prussia** (www.kingofprussia.co.uk; Town Quay) ist der schönste Ort für ein Pint am Hafen. An der Hauptstraße gibt's das **Lugger** (Fore St) mit seinen tief hängenden Balken sowie das **Ship** (☏ 01726-832230; Trafalgar), eines von Foweys ältesten Gebäuden. Es gehörte einst einem gewissen John Rashleigh, ein Zeitgenosse von Francis Drake und Walter Raleigh, der gegen die spanische Armada in See stach.

Das **Old Ferry** (☏ 01726-870237; www.oldferryinn.co.uk; Bodinnick) ist ein nettes Pub neben der Sliprampe von Bodinnick. Wer auf die nächste Fähre wartet, kann sich hier noch ein schnelles Pint genehmigen.

Shoppen

Webb St Company   HAUSHALTSWAREN
(☏ 01726-833838; www.thewebbstreetcompany.co.uk; 2 Webb St) Schicke Möbel, vornehme Lampen und andere Designerteile füllen die Räume dieses eleganten Haushaltswarenladens in Hafennähe.

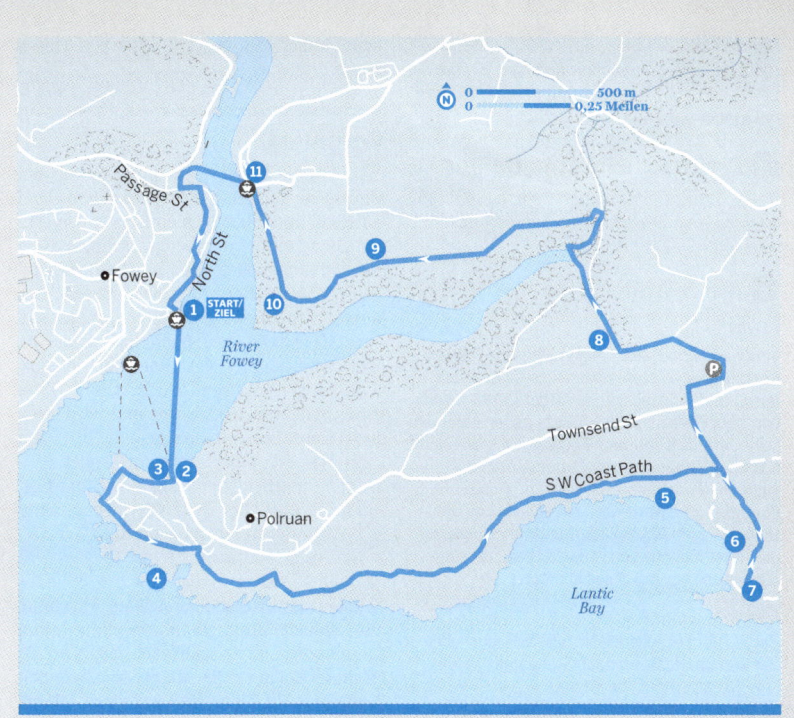

Wanderung
Fowey, Polruan & Bodinnick

START FOWEY
ZIEL FOWEY
LÄNGE 6,5 KM; 2½ STD.

Fowey bietet eine Fülle an Landschaftstypen, mit schönem Inland, Küste und Fluss. Diese phantastische Wanderung führt durch alle drei, ein paar Flussfähren inklusive.

Die Wanderung beginnt am Stadtkai in ❶ **Fowey**, neben dem rosaroten Pub King of Prussia. Von hier aus geht's mit der Fußgängerfähre über den River Fowey bis nach ❷ **Polruan**, das mit einer Handvoll Cottages und engen Gassen an einer steilen Küstenklippe klebt. Der Küstenpfad führt zum ❸ **Blockhaus**, eines von zweien, die um 1380 gebaut wurden. Zwischen ihnen konnte eine Kette gespannt werden, um das Einlaufen feindlicher Schiffe zu verhindern.

Nach dem Anstieg durch den Ort führt der Weg vorbei an den schwarzen Felsen der ❹ **Washing Rocks**. Von hier aus entfernt er sich allmählich vom Dorf und wird zum richtigen Küstenpfad. Nach etwa 1,5 km erreicht man die versteckten Strände der ❺ **Great** und ❻ **Little Lantic Bay**, wo man ganz abgeschieden sonnenbaden und schwimmen kann. Nach rechts führt der Weg zum ❼ **Pencarrow Head**, der einen wunderbaren Ausblick bietet, nach links führt er zur Hauptstraße und dem Parkplatz des National Trust. Folgt man der Straße, erreicht man die kleine Kirche ❽ **Lanteglos-by-Fowey**, wo der Pfad bergab durch den Friedhof zum Fluss führt.

Am Fuß des Hügels geht's über eine Fußgängerbrücke und links herum zum Ufer des ❾ **Pont Pill Creek**, der verträumt zwischen tief hängenden Ästen dahinfließt. In ❿ **Penleath Point** bietet ein wunderschöner Aussichtspunkt einen Ausblick zurück über den Fluss nach Polruan und Fowey sowie auf eine kleine Gedenkstätte an den Schriftsteller und Gelehrten Sir Arthur Quiller-Couch, der von 1891 bis zu seinem Tod im Jahr 1944 in Fowey lebte. Von dort mäandert der Wanderweg weiter bis nach ⓫ **Bodinnick**, wo man im Bodinnick Inn gemütlich ein Bier trinken kann, bis die Fähre zurück zum nördlichen Ende von Fowey fährt.

Fowey Fish
FISCHHÄNDLER

(✆01726-832422; www.foweyfish.com; 37 Fore St) Foweys Frischfischladen hat einen Weinhandel gleich nebenan.

❶ Praktische Informationen

Fowey Tourist Information Centre (✆01726-833616; www.fowey.co.uk; 5 South St; ⊙Mo-Sa 9.30–17, So 10–16 Uhr)

❶ An- & Weiterreise

FÄHRE
Vom Kai in Fowey fährt regelmäßig eine **Fußgängerfähre** (www.ctomsandson.co.uk/polruan ferry.html; Fußgänger & Fahrräder 1 £) zum Nachbarhafen Polruan hinüber. Etwas weiter außerhalb schippert die **Bodinnick Ferry** (www.ctomsandson.co.uk/bodinnickferry.html; Auto mit 2 Passagieren/Fußgänger/Fahrrad 4,50/1,30/1,60 £; ⊙letzte Fähre April–Okt. um etwa 20.45 Uhr, Nov.–März um 19 Uhr) Autos und Fahrräder über die Flussmündung und verkürzt damit die Weiterfahrt nach Looe um einige Kilometer.

BUS
Der Western Greyhound Nr. 525/526 fährt über Par und Charlestown nach St. Austell (45 Min., Mo-Sa halbstündl., So stündl.).

ZUG
Der nächstgelegene Bahnhof befindet sich knapp 6,5 km entfernt in Par und liegt an der Strecke London–Penzance. Dieser Bahnhof ist außerdem der Beginn der Nebenstrecke nach Newquay (4,40 £, 50 Min.).

Golant

Die winzige Ortschaft sitzt am Fuße eines steilen Hügels etwa 3 km von Fowey entfernt, am Westufer des Fowey River. Der ruhige Ort ist ideal für ein Pint und eine Brotzeit am Flussufer beim **Fisherman's Arms** (✆01726-832453; Hauptgerichte 7–14 £; ⊙12–15, 18–21 Uhr), einem Pub aus dem 19. Jh. Anschließend kann man noch einen schönen Uferspaziergang machen, nach Vögeln Ausschau halten und die Überreste des kleinen Dorfbahnhofs besichtigen, der seit 1965 stillgelegt ist.

Oberhalb des Dorfs ist eines der besten Hostels in ganz Südostcornwall: das **Golant YHA** (✆0845-371 9019; galant@yha.org.uk; B 16,50 £, Zi. 36 £), das auch Wildtier- und Dachsbeobachtungstrips am Fluss veranstaltet.

Die Buslinie 524/525 hält an der Abzweigung nach Golant. Ansonsten kann man auch einfach dem **Saint's Way** von Fowey folgen.

Polperro

In Cornwall herrscht ja nicht gerade ein Mangel an malerischen Fischerhäfen. Und trotzdem muss man sich einfach in Polperro verlieben, mit seinem engmaschigen Netz aus noch engeren Gassen mit Cottages und Anglerbedarfsläden, die sich alle um den klassischen kornischen Hafen gruppieren. Dass das Dorf einst ein Schmugglernest war, überrascht kaum, doch seine Seefahrertage sind längst vergangen. Der Ort lebt heute vorwiegend vom Tourismus und wird nach der Feriensaison zur Geisterstadt. Trotzdem kann man hier einen stimmungsvollen Spaziergang machen. Der Hauptparkplatz liegt 750 m bergauf vom Dorf; von hier aus sind es 15 Minuten zu Fuß bis zum Kai.

Das urige **Polperro Heritage Museum** (✆01503-273005; Erw./Kind 2 £/50 p; ⊙10.30–16.30 Uhr) gräbt mit einer wilden Mischung aus Steuerrädern, Bootsmodellen, alten Rumfässern und Erinnerungsstücken an die Fischerei tief in der Seemannsvergangenheit des Dorfes. Zu sehen sind außerdem die sepiafarbenen Fotos des ortsansässigen Fotografen Lewis Harding aus dem 19. Jh. sowie ein Exponat zu einem besonders dunklen Schmugglerkapitel des Ortes, bei dem die Crew der *Lottery* am Mord an einem Zollbeamten beteiligt war.

Eine weitere Kuriosität des Ortes ist der traditionell von den hiesigen Fischern getragene Zopfmusterpullover, der verwirrenderweise als „Polperro Knitfrock" (Polperro-Strickkleid) bekannt ist. Wer selbst einen stricken möchte, findet im Museumsladen entsprechende Musterbücher.

Besonders schön ist der Küstenpfad zwischen Polperro und Looe, vor allem rund um die sandige Bucht der **Talland Bay**. Allerdings sind manche Abschnitte in jüngster Zeit durch Erdrutsche unzugänglich geworden, man sollte sich also informieren, bevor man losgeht.

🍴 Essen & Ausgehen

Three Pilchards
PUB ££

(✆01503-272233; www.threepilchardspolperro.co.uk; Quay Rd; Hauptgerichte 8–12 £) Polperros schönstes Pub ist ein Klassiker mit weiß gestrichenen Fensterläden und einer stimmungsvollen, alten Bar. Zum Trinken gibt's

Sharp's und Biere aus St. Austell, an der Tafel steht das Pubessen des Tages.

Couch's Great House BISTRO £££
(☎ 01503-272554; www.couchspolperro.com; 3-/ 4-Gänge-Menü 28/32 £) In diesem erstaunlich vornehmen Bistro in einem niedrigen Cottage in Hafennähe schwingt Chefkoch Richard McGeown das Zepter, der sich seine Sporen unter Gordon Ramsay, Marco Pierre White und Raymond Blanc verdient hat. Hier ist gehobenes Dinieren ganz nach der alten Schule angesagt: Amuses-Gueules, Fleisch in Weinreduktion, gesottene Eier mit Trüffeln ... Also besser nicht in Shorts und T-Shirt auftauchen.

❶ An- & Weiterreise

Die Buslinie 572 fährt über Looe, St. Germans und Saltash nach Plymouth (Mo–Sa stündl.). Der Bus Nr. 573 fährt mehrmals pro Stunde über Looe nach Liskeard.

Looe

Verbunden durch eine 1853 erbaute viktorianische Brücke mit vielen Bögen schmiegen sich die Zwillingsstädte East und West Looe in ein steilwandiges Tal zu beiden Seiten einer breiten Flussmündung. Bereits zu Zeiten des Domesday Book gab es hier eine Siedlung; im Mittelalter blühte sie als Hafenstadt auf, um sich im viktorianischen Zeitalter als Ferienziel für Wohlhabende umzustylen. Um 1800 machte die Stadt am **Banjo Pier** (der wegen seiner runden Form so benannt wurde) durch den Bau einer der ersten „Badekarren" in Großbritannien von sich reden und ist seitdem ein beliebter Badeort.

Ein paar Jahrhunderte später sind die lokalen Strände **East Looe**, **Second Beach** und **Millendreath** an heißen Sommertagen noch immer proppenvoll. Etwas ruhiger ist es meist jenseits des Flusses **Hannafore Beach**, wo Grasbänke hinter dem Strand zum Picknick und bei Ebbe reichlich Gezeitentümpel zum Erforschen einladen.

Im Gegensatz zu Fowey ist Looe beim Essengehen noch immer von gestern: Fish-and-Chips-Läden und kitschige B&Bs geben nach wie vor den Ton an. Das könnte sich aber bald ändern, denn jetzt hat der angesagte Chefkoch Nathan Outlaw hier mit Outlaw's Fish Kitchen (S. 209) sein erstes Südküstenlokal eröffnet. Ob das genügt, um in Looe die Initialzündung für eine kulinarische Revolution zu geben, sei dahingestellt. Aber eine willkommene Abwechslung ist es auf jeden Fall.

⦿ Sehenswertes & Aktivitäten

Looe Island INSEL
Knapp 2 km vor dem Hannafore Point liegt die dicht bewaldete Looe Island (offiziell bekannt als St. George's Island), ein 9 ha großes Naturschutzgebiet und Refugium für Meerestiere. Bewohnt war die Insel seit dem frühen 12. Jh., als Benediktinermönche dort eine Kapelle errichteten. In der Folgezeit wurde sie zum bevorzugten Versteck lokaler Schmuggler (das Haupthaus der Insel wurde von Zollbeamten gebaut, um die Schmuggelei im Auge zu behalten). 1965 zogen die Schwestern Babs und Evelyn Atkins

---

ABSEITS DER ÜBLICHEN PFADE

LANTIC & LANSALLOS

An der Küste Richtung Looe verbergen sich mehrere kaum bekannte Strände, die ohne eine gute Karte nur schwer zu finden sind. **Lansallos** ist ein kleiner Sand- und Kieselstrand etwa 800 m vom Dorf Lansallos entfernt. Noch abgeschiedener ist der Strand von **Palace Cove**, der über den Küstenpfad zu erreichen ist. Mehr Platz bieten die Zwillingsstrände **Great** und **Little Lantic**, zwei Buchten mit weichem Sand, zu denen man aber einen steilen Klippenpfad gelangt. Serviceeinrichtungen bieten hier nicht, dafür sind Menschenmassen hier so gut wie unbekannt. Auf der **Highertown Farm** (☎ 01208-265211; www.campingninja.com/highertown; Erw./Kind, 5/2,50 £; ⊙ April–Nov.) liegt in einem Feld oberhalb von Lansallos außerdem ein Campingplatz des National Trust (NT).

Die Strände erreicht man am leichtesten, indem man die Fußgängerfähre von Fowey nach Polruan nimmt und dann den Küstenpfad entlangläuft. Von Polruan nach Lantic sind es etwa 2,5 km, nach Lansallos 4 km. Man kann von Lostwithiel aus auch mit dem Auto fahren, aber es gibt nur wenige Parkplätze.

aus Surrey hierher, erklärten die Insel zum Naturschutzgebiet, in dem sie dann den größten Teil ihres Lebens verbrachten. Seit 2000 wird die Insel vom Cornwall Wildlife Trust verwaltet, der die Besucherzahlen einschränkt, um ihr empfindliches Biotop zu schützen.

Zwischen Mai und September bietet die **Islander** (01503-139223; Erw./Kind 6/4 £, Inseleintritt 2,50/1 £) vom Kai nahe der Seenotrettungsstation aus Ausflüge zur Insel an, die aber vom Wetter und den Gezeiten abhängen. Die nächsten Ablegezeiten sind auf der Tafel neben dem Kai angekündigt oder beim Skipper Tim über 07814-139223 zu erfahren.

Wild Futures Monkey Sanctuary WILDSCHUTZGEBIET
(01503-262532; www.monkeysanctuary.org; St. Martins; Erw./Kind/Familie 8/5/25 £; März–Nov. Sa–Do 11–16.30 Uhr) Im Wild Futures Monkey Sanctuary auf den Hügeln oberhalb von East Looe lebt eine Kolonie unglaublich niedlicher Wollaffen, eine kleinere Gruppe von Kapuzineräffchen, Husaren- und Berberaffen (die meisten wurden aus der Gefangenschaft befreit) sowie eine Schar Kleiner Hufeisennasen, einer Fledermausart.

Bootsfahrten BOOTSTOUR
Am Buller Quay legen verschiedene Ausflugsdampfer mit Zielen an der Küste ab. Am besten, man schaut sich am Kai einfach die Tafeln mit den nächsten Abfahrtszeiten an. Im Sommer fahren viele Boote nach Fowey und Polperro.

Wer sich am Hochseeangeln versuchen möchte, ist in Looe ebenfalls gut bedient: Hier werden regelmäßig Makrelen, Meeraale und Haie an Land gezogen. Jede Menge Boote bieten Ausflüge an: Wer hinter Haien her ist, sollte es zuerst beim **Shark Fishing Club of Great Britain** (01503-262642; www.sharkanglingclubofgreatbritain.org.uk) versuchen; allgemeinere Angeltrips bieten **Carrie Jane** (07853-391090; www.fishing-cornwall.co.uk) und **Mystique Fishing** (01503-264530; www.mystiquefishing.com) an.

🛏 Schlafen

Penvith Barns B&B £
(01503-240772; www.penvithbarns.co.uk; St.-Martin-by-Looe; DZ 63–72 £, DZ 70–80 £; P) Keine Lust auf das Gedränge in Looe? Diese entzückende umgebaute Scheune im nahe gelegenen St.-Martin-by-Looe ist die perfekte Alternative. Die freundlichen Inhaber Graham und Jules bieten alle Zimmergrößen von klein bis geräumig: Die winzige Piggery versteckt sich unter dem Dach, während die Dairy genug Platz für ein zusätzliches Bett und Sofa hat. Die hauseigenen Hühner liefern jeden Tag frische Eier.

Botelet COTTAGES £
(01503-220225; www.botelet.com; Herodsfoot, Looe; DZ 100 £, Cottages pro Woche 310–1300 £, Camping 7,50 £; P) Ferien auf dem Bauernhof, wie aus einem Traum. In den üppig grünen Feldern zwischen Fowey und Looe hat die Familie Tamblyn eine Oase der Ruhe geschaffen. Zur Auswahl stehen erholsame B&B-Zimmer (nur Juni–August), verschiedene Cottages, ein wunderschön abgeschiedener Campingplatz und sogar eine Jurte. Wer einmal hier ist, will nie wieder fort.

Bay View Farm CAMPINGPLATZ £
(01503-265922; www.looebaycaravans.co.uk; Stellplätze 10–22 £, Holzhütten 25–40 £; ganzjährig) Campingplatz auf der Klippe mit unverbautem Ausblick über Looe Bay. Die Lage ist ziemlich ungeschützt, außerdem teilen sich Zelte und Wohnwägen die Einrichtungen. Ansonsten ist der Platz toll, vor allem, wenn er nicht zu voll ist. Es gibt auch drei Holzhütten.

Keveral Farm BAUERNHOF
(07772-155967; www.keveral.org; Erw. 4–5 £, Kind 2 £, Auto 3 £) In dieser Bauernkommune bei Seaton (8 km entfernt von Looe) ist die Welt noch in Ordnung. Hier leben zehn Erwachsene und zehn Kinder, die ihr eigenes Gemüse ziehen, den Bauernhof verwalten und ein möglichst grünes Leben führen. Campen kann man entweder im Obstgarten oder auf Feldern, die jeweils maximal 20 Zelte fassen. Gäste dürfen während ihres Aufenthaltes auch gerne auf dem Hof mitarbeiten.

Barclay House B&B ££
(01503-262929; www.barclayhouse.co.uk; St Martins Rd, East Looe; DZ 125–165 £; P) Looes vornehmste Unterkunft liegt wunderschön in den Terrassengärten oberhalb von East Looe. Die Zimmer sind groß und peppig in Türkis-, Gold- und Pistazientönen eingerichtet. Viele haben Erkerfenster mit Panoramablick über die Stadt – im Abendlicht unvergesslich schön. Für einen längeren Aufenthalt gibt es auch Cottages.

Anchor Lights B&B ££
(01503-262334; www.anchorlights.co.uk; The Quay, West Looe; DZ 75–92 £) Trotz der reizlosen Kieselputz-Fassade ist dieses B&B in-

nen hell, fröhlich und aufgeräumt. Die vier Hauptzimmer bieten einen tollen Ausblick über den Hafen und sind alle nach Lokalprominenten benannt. Am schönsten sind Colliver und Pengelly; Sparfüchse, die kein Problem mit Stockbetten haben, werden auch im Piran glücklich.

Beach House B&B ££
(01503-262598; www.thebeachhouselooe.co.uk; Hannafore Point; DZ 90–140 £; P) Das B&B im modernen Doppelgiebelhaus mit Blick auf Hannafore Point ist etwas kitschig, aber gemütlich. Die kompakten Zimmer sind nach kornischen Buchten benannt. Der absolute Renner ist das Kynance, das sogar einen eigenen Balkon hat.

Essen

An der Hauptstraße in East Looe sind jede Menge Cafés und Teestuben.

Sarah's Pasty Shop BÄCKEREI £
(01503-263973; www.sarahspastyshop.com; 6 Buller St; Mo-Sa 9-16, So 10-18 Uhr) Der viel geliebte Pastetenladen verkauft auch teilweise umstrittene Variationen vom cornish pasty (z. B. mit Lamm, Minze und Lauch oder Kichererbsen und Linsen) sowie ein englisches Frühstück mit Würstchen, Baked Beans, Eiern, Bacon und Tomaten. Die traditionellen *pasties* sind normalerweise am besten – aber am „Fishy Friday" ist auch noch eine recht gelungene Teigtasche mit Makrele, Meerrettich und Erbsen zu haben.

Treleavens EISCREME £
(01840-770121; www.treleavens.co.uk; 2–4 £) Der berühmte Eishersteller aus Looe hat einen Verkaufsladen in Hafennähe mit kreativen Geschmacksrichtungen wie kornischer Safran, Kardamom oder Schimmelkäse mit Birne. Es gibt sogar ein paar Diabetikersorten.

Outlaw's Fish Kitchen FISCH & MEERESFRÜCHTE
(www.outlaws.co.uk) Nathan Outlaws heiß ersehntes Fischrestaurant in Looe war zum Zeitpunkt der Recherche noch nicht eröffnet – Neuigkeiten auf der Website.

Squid Ink BISTRO £££
(01503-262674; www.squid-ink.biz; Lower Chapel St; Hauptgerichte 16,50–19,75 £; Mo-Sa abends 18–22 Uhr) Das kreative Bistro in einem Fachwerkhaus versteckt sich in einer kleinen Gasse und ist ein gemütlicher Ort für ein Abendessen. Zum Auftakt eignet sich ein Appetithäppchen aus Meeresfrüchten, gefolgt von einer gebutterten Rotzunge oder einer reichhaltigen gebratenen Ente. Ganz billig ist der Spaß allerdings nicht.

🛈 Praktische Informationen

Looe Tourist Information Centre (01503-262072; www.visit-southeastcornwall.co.uk; The Guildhall, Fore St, East Looe; 10–17.30 Uhr)

🛈 An- & Weiterreise

BUS
Die Buslinie 572 (Mo-Sa stündl.) verbindet Polperro mit Plymouth und fährt dabei über West und East Looe, St. Germans (hier umsteigen nach Port Eliot) und Saltash.

Die Buslinie 573 (Mo-Sa 1- bis 2-mal stündl.) fährt von Polperro über Looe nach Liskeard.

ZUG
Landschaftlich sehr reizvoll ist die Fahrt mit der **Looe Valley Line**, die 14,5 km im Tal entlang nach Liskeard fährt (3,90 £, 29 Min., stündl.) und dabei einen grandiosen Ausblick auf Wälder und Flussmündung eröffnet. Allein das ist die Zugfahrt wert.

Die Rame Peninsula

Die Rame-Halbinsel am östlichen Rand Cornwalls wird so wenig besucht, dass sie oft als „Cornwalls vergessene Ecke" bezeichnet wird. Trotz ihrer Nähe zu Plymouth, das am anderen Ufer des Flusses Tamar gleich gegenüber liegt, und des regelmäßigen Fährverkehrs der Torpoint Ferry ist die Rame Peninsula noch immer eine der unberührtesten Winkel Cornwalls und gut geeignet, um den Massen zu entkommen. Die unheimlich süßen Dörfchen **Kingsand** und **Cawsand** sind mit ihrer Schmugglergeschichte auf jeden Fall einen Umweg wert.

Ganz in der Nähe dehnt sich fast 5 km lang einer der längsten Sandstrände Südostcornwalls über die gesamte Breite der **Whitsand Bay** aus.

⊙ Sehenswertes

Mount Edgcumbe HISTORISCHES GEBÄUDE
(01752-822236; www.mountedgcumbe.gov.uk; Erw./Kind 7,20/3,75 £; März–Sept. So–Do 11–16.30 Uhr) Das denkmalgeschützte Mount Edgcumbe umfasst 350 ha und wurde für die Earls of Edgcumbe gebaut, gehört aber nun der Grafschaft Cornwall und der Stadt Plymouth. Es ist eines der ältesten Anwesen in Cornwall und kann mit zahlreichen

ABSTECHER

PORT ELIOT

Im äußersten Osten Cornwalls liegt das Anwesen **Port Eliot** (01503-230211; www.porteliot.co.uk; Haus & Park Erw./Kind 8/4 £, nur Park 4/2 £; März–Juni & 1 Woche im Juli Sa–Do 14–18 Uhr), der Familiensitz des Earls of St. Germans. Das über 2400 ha große Landgut war lange Zeit der Öffentlichkeit nicht zugänglich, öffnet aber seit 2008 für 100 Tage im Jahr seine Tore. Highlight des Hauses ist der faszinierende **Round Room**, dessen Wände fast vollständig mit einem typisch bacchantischen Wandbild des verstorbenen Künstlers Robert Lenkiewicz aus Plymouth bemalt sind. Die Gartenanlage des denkmalgeschützten Anwesens wurde teilweise von Humphrey Repton gestaltet, von hier aus gibt es eine dramatische Aussicht auf das Mündungsgebiet des Tamar.

Port Eliot ist aber auch wegen seines alljährlichen Open-Air-Festivals bekannt: Ende Juli stehen beim originellen **Port Eliot Festival** (www.porteliotfestival.com) Literatur und Musik auf dem Programm.

Auf dem winzigen Bahnhof von **St. Germans** am Rand des Anwesens halten die spärlichen Züge aus Plymouth. Ansonsten geht es nur mit dem eigenen Fahrzeug zum Anwesen. Der Abzweig ist an der B3249, etwa 14 km östlich von Looe.

Zierbauten, Kapellen, Grotten, Pavillons und Barockgärten aufwarten. Das Haus wurde von 1547 bis 1553 gebaut, aber 1941 durch deutsche Bomben praktisch zerstört. Es wurde seither im üppigen Stil des 18. Jhs. restauriert. Der Garten ist besonders schön; Fußlahme können inzwischen auch per Segway-Roller in ihnen herumflitzen.

Antony House   HISTORISCHES GEBÄUDE
(01752-812191; www.nationaltrust.org.uk/antony; Erw./Kind 8,30/5,10 £, nur Garten 4,40/2,20 £; Haus März–Nov. 13–17 Uhr, im Sommer auch sonntags, Garten ab 12 Uhr geöffnet) Das Haus ist bis heute von der Familie Carew-Pole bewohnt, befindet sich aber inzwischen im Besitz des National Trust. Es ist hauptsächlich bekannt wegen seines ornamentalen Gartens, der im 18. Jh. vom Landschaftsarchitekten Humphrey Repton entworfen wurde und voller ausgefallener Formschnitthecken steckt. Diese waren teilweise in Tim Burtons Filmbearbeitung von *Alice in Wonderland* (2010) zu sehen.

Das Haus liegt 14,5 km östlich von Looe bzw. knapp 10 km westlich von Plymouth; ein paar Kilometer entfernt legt die Torpoint Ferry an. Das Haus ist im Laufe des Jahres an verschiedenen Tagen geöffnet – am besten vorher anrufen oder auf der Website nachsehen.

🛏 Schlafen & Essen

⭐ **Westcroft**   PENSION ££
(01752-823216; www.westcroftguesthouse.co.uk; Kingsand; DZ 90–110 £;) Die wunderschöne Pension im charmanten Kingsand hat drei Suiten mit vornehmer Tapete und trendiger Einrichtung: begehbare Duschen, Badewannen mit Klauenfüßen, iPod-Anschlüsse. Am schönsten ist das Zimmer „Clocktower", in dem ein Whirlpool unter den Sichtbalken des Dachs steht und das Rauschen der Brandung durch das Fenster zu hören ist. Keine Parkplätze.

The View   MODERN BRITISCH ££
(01752-822345; www.theview-restaurant.co.uk; Treninnow Cliff Rd, Millbrook; Hauptgerichte abends 15,50–19,75 £; Mi–Sa 12–13.45, 19–20.45, So 12–13.45) Der Name ist Programm: Das Restaurant hat eine traumhafte Lage auf den Klippen oberhalb der Whitsand Bay. Es ist ein stilvoller Leckerbissen, vor allem für klassische Gerichte mit Meeresfrüchten, Fleisch und Wild.

ℹ An- & Weiterreise

Die **Torpoint Ferry** (www.tamarcrossings.org.uk; Auto 1,50 £, Motorrad 30 p, Fahrräder & Fußgänger frei; 9.30–18.30 Uhr alle 15 Min., 18.30–6.30 Uhr alle 30 Min.) tuckert über den Tamar nach Plymouth. Die Fähren legen rund um die Uhr ab, von 21.30 bis 6.30 Uhr im Halbstundentakt.

Tamar Valley

Mitten durch liebliche Felder und Wälder hat der mächtige Tamar eine Schneise gehauen, die seit über 1000 Jahren die Grenze zwischen Devon und Cornwall markiert. 963 wurde der Fluss von König Athelstan, dem ersten König des vereinten England, offiziell zur Ostgrenze Cornwalls erklärt.

Den Fluss überqueren rund 20 Brücken, darunter die von Brunel 1859 erbaute Royal-Albert-Eisenbahnbrücke und die neuere Autobrücke Tamar Bridge (Bj. 1961). Trotzdem stellt er für die Bewohner Cornwalls bis heute eine erhebliche psychologische Grenze dar. Das zeigte sich erst kürzlich wieder, als ein neuer, übergreifender Landkreis namens „Devonwall" geschaffen werden sollte – was erwartungsgemäß zu Proteststürmen führte.

Die meisten Menschen sehen den Tamar nur bei der Fahrt über eine der Brücken. Wer die Zeit hat, sollte aber auch unbedingt die wunderbar friedliche Gegend am Fluss erkunden.

⊙ Sehenswertes & Aktivitäten

Cotehele HISTORISCHES GEBÄUDE
(NT; ☎01579-351346; St. Dominick; Erw./Kind 9/4,50 £, nur Garten 5,40/2,70 £; ⊙Haus Sa–Do 11–16 Uhr, Garten tgl. Sonnenaufgang–Sonnenuntergang) Am Eingang des Tamar Valley liegt das Tudor-Schlösschen Cotehele, ein weiteres der bescheidenen Landhäuser der Edgcumbes. Herzstück ist der riesige Palast, aber das Haus besitzt auch eine einmalige Sammlung von Tapisserien, Rüstungen und Möbeln aus der Tudor-Zeit.

Die Gärten mit dem Prospect Folly aus dem 18. Jh. erstrecken sich bis hinab zum Cotehele Quay, wo es eine Ausstellung zur Geschichte des Tamar Valley und ein altes Segelboot, die **Shamrock**, gibt.

Ein kurzer Spaziergang landeinwärts (oder ein Shuttlebus) führt zur restaurierten **Cotehele Mill**, wo das originale Wasserrad noch immer mehrmals pro Woche Korn mahlt und sich ein Möbeltischler und ein Töpfer bei der Arbeit zuschauen lassen.

Tamar Trails RADFAHREN
(www.tamarvalley.org.uk/explore/access/walking/tamartrails) Das Gelände ist größtenteils Privatbesitz, aber die neuen Tamar Trails haben nun erstmals 25 km Wander- und Fahrradwege der Öffentlichkeit zugänglich gemacht. Die Trails beginnen am Parkplatz von Bedford Sawmills, gleich abseits der A390 zwischen Gunnislake und Tavistock, und schlängeln sich am Flussufer entlang durch Wäldchen und mehrere stillgelegte Zechen.

Die Gegend um den Tamar war früher vor allem industriell geprägt: Reiche Mineralerzadern bedienten geschäftige Flusshäfen, in denen Kupfer und Zinn verladen und ins ganze Land verschifft wurden. Wie in so vielen früheren Zechen hat die Natur wieder vom Land Besitz ergriffen. Im Sommer sind hier überall Wildblumen, Schmetterlinge und Vögel zu sehen. Kein Wunder also, dass der Tamar 1995 zu einem AONB (Area of Outstanding Natural Beauty; Gegend außergewöhnlicher natürlicher Schönheit) erklärt wurde.

Canoe Tamar KANUFAHREN
(☎01822-833409; www.canoetamar.co.uk; Erw./Kind 25/21 £) Es wäre richtig schade, den Tamar zu überqueren und die Flusslandschaft niemals aus der Nähe zu betrachten. Zum Glück gibt's dafür das Team von Canoe Tamar, das täglich Ausflüge in wunderschönen hölzernen Kanadiern bis zur Mündung anbietet.

❶ Praktische Informationen

Tamar Valley Information Centre (☎01822-835030; www.tamarvalley.org.uk; ⊙Mo–Fr 10.30–15.30 Uhr) Bietet in Drakewalls bei Gunnislake allgemeine Infos zur Tamar-Gegend.

❶ An- & Weiterreise

Die landschaftlich schöne **Tamar Valley Line** (www.greatscenicrailways.com/tamar.html; Tageskarte Erw./Kind 5,20/2,60 £) fährt 22,5 km von Gunnislake über diverse kleine Bahnhöfe nach Plymouth.

Newquay & die Nordküste

Inhalt ➡

Bude 214
Boscastle 215
Port Isaac 217
Padstow 221
Newquay &
Umgebung 226
Von Perranporth
nach Portreath 231
Perranporth 231
St. Agnes &
Chapel Porth 232
Camborne, Redruth
& das Bergbau-Welt-
kulturerbe 235

Gut essen

➡ Paul Ainsworth at No 6 (S. 224)
➡ Restaurant Nathan Outlaw (S. 220)
➡ Fifteen Cornwall (S. 230)
➡ No 4 Peterville (S. 234)

Schön übernachten

➡ The Scarlet (S. 230)
➡ Elements Hotel (S. 215)
➡ Boscastle House (S. 216)
➡ Bedruthan Hotel (S. 230)

Auf nach Newquay & an die Nordküste

Wer die klassische kornische Kombination aus hohen Klippen, weiten Buchten und gischtender Brandung im Sinn hat, ist an der Nordküste Cornwalls genau richtig. Der von atlantischen Brechern geschundene und von Winden gepeitschte Küstenstrich zwischen St. Ives und Bude ist zweifellos der dramatischste der Grafschaft. Kein Wunder, dass er auch die Cornwall-Lieblingsecke des Dichters John Betjeman war. Heute ist die Nordküste alles andere als ein Geheimtipp; sie lockt sie alle an – von Wochenendsurfern bis zu Küstenabenteurern und Starköchen.

Im Zentrum steht die langjährige Partystadt und die Hauptstadt der englischen Surferszene von Nordcornwall, Newquay. Die Strände sind spektakulär. Wer es am Strand gerne etwas ruhiger hat, fährt nach St. Agnes und Perranporth im Westen oder im Osten nach Padstow und seine wachsende Kochszene. Noch ruhiger wird es in den abgelegenen Stränden östlich des Camel Estuary Richtung Tintagle und Boscastle.

Reisezeit

➡ **Mai** Rein ins Gedränge von Padstows lärmenden 'Obby-'Oss-Feiern am 1. Mai; aber nicht vergessen, frühzeitig eine Unterkunft zu buchen – oder besser noch außerhalb der Stadt bleiben.

➡ **Aug.** Den Profis beim Boardmasters Surf- und Musikfestival zuschauen, dem größten Festival dieser Art in Großbritannien rund um Fistral Beach.

➡ **Ende Sept.** Die beste Zeit im Jahr, um die Strände der Nordküste relativ ruhig und friedlich zu genießen; mit etwas Glück gibt es auch ein bisschen Frühherbstsonne.

Highlights

① Ein erfrischendes Bad in **Budes Sea Pool** (S. 214) nehmen

② Zwischen den Felsen der **Bedruthan Steps** (S. 226) herumspazieren

③ Das geheime Talbecken in **St. Nectan's Glen** (S. 219) ausfindig machen

④ Den Artus-Legenden von **Tintagel Castle** (S. 217) nachsinnen

⑤ In Cornwalls kulinarischer Hauptstadt **Padstwo** (S. 219) schlemmen

⑥ Auf den Wellen vonn **Newquay** (S. 226) oder **Polzeath** (S. 219) reiten

⑦ Seehöhlen und Minenschächte in **Chapel Porth** (S. 232) erkunden

⑧ In **Camborne** und **Redruth** (S. 235) in die Bergbaugeschichte von Cornwall eintauchen

BUDE & DER ATLANTIC HIGHWAY

Eine Fahrt auf dem Atlantic Highway (oder dem A39, wie er schlicht genannt wird) von Devon nach Westen führt an einigen der reizvollsten Ausblicke über die Küste der Grafschaft vorbei. Jede Biegung der Straße eröffnet ein neues Postkartenpanorama: wilde Landzungen bedeckt mit Ginster, Dörfer, die sich an die Granitfelsen der Küste schmiegen, und eine scheinbar nie endende mit weißem Schaum gekrönte Brandung.

Weite Strecken der Küste werden wenig besucht und wirken abgeschiedener als die bekannten Strände um Newquay und Padstow. Mit etwas Ausdauer kann man hier auch im Hochsommer ruhige Buchten entdecken. Und nicht hetzen: Es ist eine Fahrt zum Genießen.

Bude

Der erste Stopp auf kornischer Seite ist der Strandort Bude am Unterlauf des Flusses Neet, der seit dem viktorianischen Touristenboom Ende des 19. Jhs. Ziel von Tagesausflüglern und Strandhasen ist. Bude verdankt seine kurze Blütezeit dem Bau des Bude Canals. Doch mit dem Vordringen der Eisenbahn verliefen Budes industrielle Ambitionen ins Nichts. Der Kanal ist heute ein Naturschutzgebiet. Abgesehen von den historischen Hinterlassenschaften sind es die Strände von Bude, die einen Besuch rechtfertigen.

Sehenswertes

Am ortsnächsten liegt **Summerleaze**, ein klassischer Sandstrand mit viel Sand zum Buddeln und ausreichend Platz zum Planschen. Hier liegt auch der **Bude Sea Pool** (Mai–Sept. 10–18 Uhr), ein Freiluftbad aus den 1930er-Jahren. Ein Bad darin ist aber eine fröstelige Sache: Das Wasser kommt direkt aus dem Atlantik, ist also selbst zur wärmsten Jahreszeit recht frisch.

Nördlich der Stadt liegt **Crooklets**, eine kleine, sandige Bucht, die von niedrigen Felsvorsprüngen gesäumt ist. Hier residiert der Surf Life Saving Club von Bude; im Sommer ist hier immer viel los.

Die anderen Strände von Bude liegen etwas weiter entfernt. **Northcott Mouth** eignet sich bei Ebbe großartig zum Fischen in den Gezeitentümpeln der flachen Granitfelsbänke und bietet eine gute Ladung Kiesstrand. Weiter im Norden liegt **Sandymouth**, ein ruhiger Strand mit eigenem Wasserfall, und kurz dahinter **Duckpool**, eine stimmungsvolle, abgeschiedene Bucht im Schatten des schroffen, massiven Steeple Point. Diese Strände sind nicht mal im Sommer überlaufen, Schwimmen kann hier wegen der starken Rückströmungen allerdings gefährlich sein.

Widemouth Bay (Widmuth ausgesprochen) knapp 5 km südlich der Stadt ist der schönste Familienstrand Budes, ideal zum Schwimmen und Planschen. In der Saison passen Rettungsschwimmer am Strand auf. Obwohl er bei Ebbe wie ein einziger durchgehender Strand aussieht, sind es eigentlich zwei Strände (Nord und Süd), die durch den spitzen Felsvorsprung Black Rock voneinander getrennt sind.

Aktivitäten

Bude Surf Schools   SURFEN
In Bude gibt es mehrere kleinere Surfschulen, die eine gute Alternative zum Trubel um Newquay sind. An den meisten Stränden von Bude gibt es eine ordentliche Surf-Brandung, aber Crooklet und Widemouth Bay sind die verlässlichsten. Alle örtlichen Surfschulen verleihen Ausrüstung und organisieren einen Shuttle zum Strand.

BSX Surf Centre   SURFEN
(0870-7775511; www.budesurfingexperience.co.uk)

Big Blue Surf School   SURFEN
(01288-331764; www.bigbluesurfschool.co.uk)

Raven Surf School   SURFEN
(01288-353693; www.ravensurf.co.uk)

Schlafen

Dylan's Guesthouse   B&B £
(01288-354705; www.dylansguesthouseinbude.co.uk; Downs View; EZ 40–50 £, DZ 60–70 £; P) In diesem schicken B&B sind die Zimmer mit weißer Bettwäsche, schokoladenfarbenen Überdecken, Kiefermöbeln und seltsamen Kuriositäten eingerichtet. Die meisten Zimmer blicken auf den Golfplatz der Stadt und landeinwärts.

Wooda Farm   CAMPINGPLATZ £
(01288-352069; www.wooda.co.uk; Poughill; Stellplatz 14–23 £) Riesiger, gut geführter Campingplatz bei Bude, auf dem vom Wohnwagen bis zum Wohnmobil alle unterkommen. Allerdings ist auch immer viel los, also nichts für Camper, die eher auf der Suche nach Natur und Wildnis sind.

★ Elements Hotel   HOTEL ££
(☏01288-275066; www.elements-life.co.uk; Marine Dr; EZ 55 £, DZ 89–128 £; P) Elf behagliche Zimmer in Weiß und Creme, mit weiter Aussicht von der Terrasse, Fitnessraum, finnische Sauna und Surfunterricht in der nahen Raven Surf School. Es liegt herrlich auf den Klippen oberhalb von Bude

Bangor's Organic   B&B ££
(☏01288-361297; www.bangorsorganic.co.uk; Poundstock, Bude; DZ 95 £; P) ✿ Ein umweltfreundliches B&B in der Nähe von Poundstock, 11 km von Bude entfernt. Das Haus im eleganten viktorianischen Stil bietet herausgeputzte Zimmer. Die Trumpfkarte aber ist die ländliche Lage auf einem 2 ha großen Grundstück. Der Frühstückstisch wird mit frisch geernetem Gemüse und morgens gesammelten Eiern gedeckt.

The Beach at Bude   B&B £££
(☏01288-389800; www.thebeachatbude.co.uk; Summerleaze Cres; Zi. 105–175 £; P ⓐ) Die Gäste kommen vor allem wegen der tollen Aussicht auf den Strand von Summerleaze in dieses noble B&B. Aber auch die Zimmer sind schön: geräumig und elegant, mit Badezimmern in Schiefer, Waschbecken für sie und ihn und futuristischen Badewannen.

✖ Essen

Scrummies   CAFÉ £
(Lansdown Rd; Hauptgerichte 6–8 £; ⓖ8–22 Uhr) Die besten Fish 'n' Chips der Stadt (der Besitzer fängt Rochen und Seeteufel selbst). Wer es ausgefallener möchte, wählt Jakobsmuscheln und Hummer (halber/ganzer Tag 12/24 £).

★ Life's A Beach   CAFE, BISTRO ££
(☏01288-355222; www.lifesabeach.info; Summerleaze; mittags Hauptgerichte 5–10 £, abends Hauptgerichte 16–21,50 £; ⓖ10.30–15.30 & 19.30–23 Uhr) Das Lokal oberhalb von Summerleaze hat eine gespaltene Persönlichkeit: Tagsüber ist es ein Strandcafé, in dem Badegäste Ciabattas, Kaffee und Eiscreme genießen, am Abend verwandelt es sich in ein erstklassiges Fischrestaurant, in dem Seebarschfilet mit geschmortem Fenchel und als Spezialität des Hauses in Salzkruste gebackene Brasse mit marokkanischem Dressing serviert werden. Die Einrichtung passt zur Lage am Strand: blaue Wände, Speisekarte auf Kreidetafeln und eine Veranda mit Blick auf Summerleaze.

The Castle   MEDITERRAN ££
(☏01288-350543; www.thecastlerestaurantbude.co.uk; The Wharf, Bude; mittags 8–12 £, Hauptgerichte 14–18 £; ⓖ10–21.30 Uhr) Das relaxte, zwanglose Restaurant in Sir Goldsworthy Gurneys Pseudoburg in Bude bietet eine Küche mit mediterranem Touch. Der Chefkoch Kit Davis hat sein Handwerk in London perfektioniert, bevor er sein Restaurant in Bude eröffnete.

ⓘ Praktische Informationen
Bude Touristeninformation (☏01288-354240; www.visitbude.info; The Crescent; ⓖMo–Sa 10–17, im Sommer auch So 10–16 Uhr) Neben dem Hauptparkplatz am Schloss.

ⓘ An- & Weiterreise
Bus 595 (Mo–Sa alle 2 Std.) aus Bude hält in Widemouth Bay, Crackington Haven, Boscastle, Tintangle und Camelford.

Crackington Haven

Südlich von Bude liegen mehrere phantastische Strände entlang der Küstenstraße. Der felsige **Millook** 3 km weiter südlich ist bekannt als Platz zum Vogel- und Robbenbeobachten und für seine markanten „Zickzack"-Klippen. Nochmals 10 km weiter liegt der beliebte und oft volle Strand von **Crackington Haven** mit imposanten Felsvorsprüngen. Im nahe gelegenen **Cabin Café** (☏01840-230238; www.cabincafecrackington.co.uk; Crackington Haven; ⓖ9–17 Uhr) werden Sandwiches, Eis und Strandzubehör verkauft.

Die eindrucksvollste Szenerie bietet jedoch **The Strangles** knapp 20 km südlich von Bude, wo gefährlich steile Klippen direkt in die donnernde Brandung abfallen. In südlicher Richtung entlang der Küste befindet sich das passend benannte High Cliff, mit 223 m die höchste Steilküste Cornwalls.

Boscastle

An Cornwalls Nordküste gibt es reichlich hübsche Hafenstädtchen, aber zu den schönsten gehört Boscastle. Eingebettet in ein sich windendes, tiefes Tal am Zusammenfluss dreier Flüsse (Valency, Jordan und Paradise) ist Boscastle der perfekte kornische Hafen mit schiefergedeckten Häusern und einem eindrucksvollen elisabethanischen Hafen (von Sir Richard Grenville 1584 gebaut).

Das Dorf gelangte im August 2004 in die Schlagzeilen, als heftige Regenfälle dramatische Überschwemmungen verursachten, die Autos wegspülten und viele Häuser verwüsteten (glücklicherweise gab es keine Toten). Heute gibt es nur noch wenige Spuren der Überschwemmungen – eine Reihe von Flussrevitalisierungsmaßnahmen wird hoffentlich dafür sorgen, dass dieses Hochwasser sich nicht wiederholt.

Die mit Wildblumen bewachsenen Klippen bilden die ideale Kulisse für ein windiges Picknick und das exzentrische **Museum of Witchcraft** (Hexenmuseum; 01840-250111; www.museumofwitchcraft.com; The Harbour; Erw./Kind 4/3 £; März–Nov. Mo–Sa 10.30–18, So 11.30–18 Uhr) lohnt den Besuch. Es wurde 1960 von dem Okkultismusexperten und ehemaligen MI6-Spion Cecil Williamson gegründet. Zu den seltsamen Ausstellungsstücken gehören Hexenpüppchen (ähnlich den Voodoopuppen), Wahrsageschüsseln, verzauberte Totenschädel, konservierte Viecher und ein grauenhafter „Hexenzügel", der mutmaßlichen Hexen Geständnisse entlocken sollte.

🛏 Schlafen

Boscastle YHA   HOSTEL £
(01840-250928, 0845-371 9006; boscastle@yha.org.uk; B 18 £; April–Nov.) Das kleine Hostel von Boscastle wurde von den Fluten 2004 beinahe weggespült, ist heute aber komplett wieder hergestellt. Es ist eines der ältesten Gebäude des Dorfs und steht neben dem Hafen. Die Schlafräume sind allerdings ziemlich klein.

Orchard Lodge   B&B ££
(01840-250418; www.orchardlodgeboscastle.co.uk; Gunpool Lane; DZ 89 £; P) Einen kurzen Fußweg den Hügel hinauf liegt dieses durch und durch moderne B&B mit verführerischen Stoffen und kühlen Farben. Mit den Besitzern Geoff und Shirley Barrat hat die Herberge zwei rührige Betreuer. Der Preis sinkt, wenn man länger bleibt. Keine Kinder unter 12 Jahren.

★ Boscastle House   B&B ££
(01840-250654; www.boscastlehouse.com; Tintagel Rd; EZ/DZ 55/120 £; P) Das viktorianische Haus ist das pfiffigste der B&Bs in Boscastle. Es liegt oberhalb des Tals und hat die sechs Zimmer nach kornischen Legenden benannt. „Charlotte" hat Erkerfenster mit Aussicht, „Nine Windows" Doppelwaschbecken und eine frei stehende Badewanne und „Trelawney" viel Platz und ein Sofa.

★ Belle Tents   CAMPINGPLATZ ££
(01840-261556; www.belletentscamping.co.uk; Davidstow, nahe Camelford; 564–595 £ pro Woche) Die gestreiften Zelte geben einem das Gefühl, in einem Zirkus zu wohnen. Das 1 ha große Grundstück ist in drei Familiencampingbereiche eingeteilt. Die Zelte haben jeweils zwei Schlafzimmer mit richtigen Betten, Teppich und solarbetriebener Beleuchtung. Es liegt 9,6 km von Boscastle entfernt.

Pencuke Farm   SELBSTVERSORGER ££
(01840-230360; www.pencukefarm.co.uk; St Gennys; Jurten ab 259 £ pro Wochenende, Hütten 339–799 £ pro Woche) Diese Ökofarm, 2,4 km von Crackington Haven entfernt, bietet eine feine Auswahl an exklusiven Jurten und gemütlichen Hütten für Selbstversorger – besonders gefallen haben uns die schnittige Skyber Barn und das steinerne Appletree Cottage mit Kamin. Im Laden werden frische Eier und frisch gebackenes Brot verkauft.

Old Rectory   B&B ££
(01840-250225; www.stjuliot.com; St Juliot; DZ 95–102 £; März–Nov.; P) In dem Haus, nur eine kurze Fahrt von Boscastle entfernt, lebte einst der Pfarrer von St. Juliot. Dort umwarb auch Thomas Hardy seine spätere Frau. Es ist ziemlich viktorianisch – Polstermöbel, dicke Vorhänge, Schiebefenster – und der Garten ist großartig. Mehr Platz bietet der umgebaute Stall mit separatem Eingang und Holzofen.

🍴 Essen

Helsett Farm   EIS £
(10–17 Uhr) Das Eis, das auf einem Bio-Milchbauernhof außerhalb von Boscastle hergestellt wird, muss gut sein, denn es wird inzwischen auch bei Harrod's und Selfridges verkauft.

Boscastle Farm Shop   CAFÉ £
(01840-250827; www.boscastlefarmshop.co.uk; Kuchen & Tees 3–5 £; 10–17 Uhr; P) An der B3263, 800 m vom Hafen entfernt, verkauft der Hofladen seine Produkte; darunter rubinrotes Rindfleisch und die vielleicht besten Würste der Nordküste. Das Café hat große Fenster, die einen schönen Blick auf die Felder und die Küste gewähren – die perfekte Umgebung für einen *cream tea*.

Wellington Hotel   HOTEL £££
(01840-250202; www.wellingtonhotelboscastle.com; The Harbour; 2-/3-Gänge-Menü 30/37,50 £) Die mit Zinnen versehene Poststation aus dem 16. Jh. (frühere Gäste waren König Eduard VII. und Guy Gibson, der berühmte Kommandeur der Royal Navy) ist ein altmodischer Ort mit flauschigen Teppichen, po-

lierten Möbeln und Polstersesseln. Der Stil setzt sich auch im Restaurant bei großen Portionen Beef Wellington und Schweinebauch fort.

Ausgehen

Wer Lust auf ein Pint hat, geht ins **Cobweb** (01840-250278; www.cobwebinn.co.uk; The Bridge; Hauptgerichte 5–14 £) mit einem Biergarten neben dem Hafen oder ins **Napoleon** (01840-250204; High St; Hauptgerichte 6–12 £), einem geweißten Inn in der „oberen Stadt".

Praktische Informationen

Boscastle Touristeninformation (01840-250010; www.visitboscastleandtintagel.com; The Harbour; März–Okt. 10–17 Uhr, Nov.–Feb. 10.30–16 Uhr)

St. Juliot

Von Boscastle landeinwärts führt ein 5 km langer Wanderweg am Fluss Valency entlang durch alte Eichenwälder zu zwei historischen Kirchen: zum winzigen **Minster** (manchmal auch St. Merthianas genannt), der teilweise aus dem 12. Jh. stammt, und zur Kirche **St. Juliot**, die in erster Linie für ihre Verknüpfung mit Thomas Hardy bekannt ist. Hardy kam 1870 als junger Architekt mit dem Auftrag hierher, die Restaurierung der Kirche zu leiten, und verliebte sich Hals über Kopf in Emma Lavinia Gifford, die Schwägerin des Pfarrers (die Geschichte ist in seinem Roman *Blaue Augen* nacherzählt). Hardy-Fans können sogar in dem Pfarrhaus übernachten, in dem die Liebesgeschichte ihren Lauf nahm.

Faltblätter zu diesem und anderen Wanderwegen um Boscastle gibt es in der Touristeninformation.

Tintagel

Über Tintagel und seiner bröckelnden **Burg** (EH; 01840-770328; www.english-heritage.org.uk/daysout/properties/tintagel-castle; Bossiney Rd; Erw./Kind 5,90/3,50 £; April–Sept. 10–18 Uhr, Okt. 10–17 Uhr, Nov.–März 10–16 Uhr) schwebt überlebensgroß der Geist von König Artus. Die Ruinen auf dem Felshügel stammen zwar überwiegend aus dem 13. Jh., aber archäologische Ausgrabungen haben die Fundamente einer älteren Festung freigelegt. Das belebt die Spekulationen darüber, ob der legendäre König hier geboren wurde, wie es die lokale Legende behauptet. Mal davon abgesehen war die Stätte auf jeden Fall bereits seit römischen Zeiten bewohnt und diente als zwischenzeitliche Residenz der keltischen Könige Cornwalls. Die gegenwärtige Burg jedoch wurde weitgehend von Richard Earl of Cornwall erbaut, der von der Artus-Legende profitieren wollte.

Auch einen König Artus ist ein stimmungsvolleres Ort für eine Festung kaum vorstellbar: Ein Teil der Burgruine steht auf einer felsigen Halbinsel, die als „The Island" bekannt ist und nur über eine Holzbrücke und schwindelerregende Felstreppen erreichbar ist. Ein Großteil der Burg ist zwar seit Langem verfallen, aber die Grundfläche des Palas und etlicher anderer wichtiger Räume ist noch auszumachen. Es gibt auch einen merkwürdigen Tunnel, der Archäologen immer noch beschäftigt. Er könnte als Vorratskammer oder Kühlkammer genutzt worden sein.

Ein kurzer Weg landeinwärts führt zur winzigen normannischen **St.-Materiana-Kirche** auf einem windigen Fleck oberhalb des Glebe Cliff. Unterhalb der Burg liegt ein kleiner felsiger Strand mit einer Höhle, die natürlich **Merlin's Cave** (Merlins Höhle) genannt wird. Sie ist nur bei Ebbe zugänglich.

Nach der Schönheit der Tintagel-Landzunge ist das Dorf mit seinen vereinzelten kitschigen Teezimmern und Souvenirläden eine Enttäuschung. Lohnenswert ist lediglich ein Besuch im **Old Post Office** (NT; 01840-770024; www.nationaltrust.org/uk/tintagel-old-post-office; Fore St; Erw./Kind 3,60/1,80 £; 10.30–17.30 Uhr), ein kornisches Langhaus aus dem 16. Jh., das einst als Dorfpostamt diente.

Das **Mill House Inn** (01840-770200; www.themillhouseinn.co.uk; Trebarwith; DZ 100–140 £; P) ist eine umgebaute Getreidemühle in Trebarwith, 3,2 km von Tintagel entfernt. Hier gibt's acht elegante Zimmer in gedeckten Cremetönen und dunklem Holz. Sie sind etwas urig mit alten Balken und winzigen Ecken, das schicke Pub und das Restaurant des Hauses machen die Mängel wieder wett.

Port Isaac

Das winzige Fischerdorf Port Isaac, ein paar Kilometer südwestlich von Tintagel, besteht aus einem Gewirr aus Kopfsteingassen, schmalen *opes* (Gässchen) und Lehmhäuschen rund um einen mittelalterlichen Hafen mit Slipanlage. Port Isaac ist zwar noch ein aktiver Hafen, berühmter aber ist es als

Autotour
Die Nordküste entlang

START BUDE
ZIEL NEWQUAY
LÄNGE 105–112 KM, 1 TAG

Für einen stürmischen Küstentrip gibt es kaum etwas Besseres als die Nordküste von Cornwall. Die Fahrt beginnt in ❶ **Bude** und führt auf der A 39 südlich bis zum Dorf Wainhouse Corner. An der Abfahrt zum ❷ **Crackington Haven** führt eine schmale Straße abwärts zum felsigen Strand. Von hier führt ein Küstenweg zum High Cliff, der höchsten Steilküste in Cornwall.

Der kurvigen Straße zurück auf die B3263 folgen, die hinter der von Thomas Hardy restaurierten Kirche ❸ **St. Juliot** vorbeiführt und in ❹ **Boscastle** endet. Den Spaziergang am Hafen versüßt ein Eis von Helsett Farm. Die Küstenstraße verläuft westlich nach ❺ **Tintagel** und seinem baufälligen Schloss. Unterwegs geht es durch Trethevy mit Wanderwegen zum Talbecken von ❻ **St. Nectan's Glen** und weiter zum entlegenen Strand von ❼ **Bossiney Haven**.

Weiter geht's auf der B3314 durch das Dorf Delabole, wo früher Schiefer abgebaut wurde, und vorbei an der Abzweigung zum Küstendorf ❽ **Port Isaac**, das in *Doc Martin* das Dorf Portwenn darstellt. Danach kommt die Abzweigung zum Surferdorf ❾ **Polzeath**, wo man eine Mittagspause einlegen oder auch weiterfahren kann zum herrlichen Strand von ❿ **Daymer Bay**.

Südlich von Daymer schlängelt sich die Straße entlang der noblen Restaurants in ⓫ **Rock** und führt weiter nach ⓬ **Wadebridge**. Der Straße weiter folgen bis zu einem Kreisverkehr, der ⓭ **Padstow** anzeigt. Hier auf der B3274 bis zu den „sieben Stränden" von Padstow fahren: Trevone und Harlyn liegen der Stadt am nächsten, während Booby's Bay, Constantine, Treyarnon und Porthcothan alle entlang der Westseite von ⓮ **Trevose Head** liegen. Ein Abstecher zur Landspitze und zum malerischen Leuchtturm lohnt sich.

Südlich von Porthcothan führt die B3276 an den Felsen der ⓯ **Bedruthan Steps** und dem Strand von ⓰ **Mawgan Porth** vorbei bis zum Ende des Ausflugs in ⓱ **Newquay**.

ABSEITS DER ÜBLICHEN PFADE

BOSSINEY HAVEN & TREBARWITH STRAND

Ein abgeschiedener und magischer Strand in der Nähe von Tintangel ist die kleine Bucht von **Bossiney Haven**, die über Weideland und in die Felsen geschlagene, steile Stufen erreichbar ist. Der Strand wird von der Flut überschwemmt und ist nur über einen anstrengenden An- bzw. Aufstieg zu erreichen, weshalb er meist nicht besonders überlaufen ist. Es ist ein großartiger Platz für ein Picknick und ungestörtes Baden. Aber Vorsicht – die Flut kommt schnell. Die Bucht liegt nördlich von Tintagel jenseits der B3263. In einem nahe gelegenen Feld gibt es Parkmöglichkeiten, von dort sind es noch 10 Minuten zu Fuß zum Strand.

Weiter südlich liegt **Trebarwith Strand**, ein weiterer schöner Sandstrand, der von der Flut überschwemmt wird und nur über raue Felsen erreicht werden kann (Flip-Flops oder Surfschuhe sind keine schlechte Idee). Der B3263 südlich von Tintagel folgen und nach Schildern mit der Aufschrift Trebarwith Ausschau halten. Hier gibt es einen großen öffentlichen Parkplatz mit Ausweichparkplätzen auf dem Feld nebenan.

Zwischen den beiden Stränden in der Nähe des Dorfes Trethevy liegt der geheime Badeplatz von **St. Nectan's Glen** (www.st-nectansglen.co.uk; ⊙9.30–17 Uhr), wo ein Wasserfall 80 m tief über Schieferfelsen in ein von Efeu und Büschen umgebenen *kieve* (Talbecken) fällt. Es ist ein mystischer Ort, an dem angeblich Feen und Kobolde verkehren und der mit der König-Artus-Legende verbunden ist. Oberhalb des Beckens sind die Reste einer Einsiedelei zu sehen, die wahrscheinlich zu St. Nectan gehörte – jede Wette, dass es zu seiner Zeit dort *kein Café* (2–6 £; ⊙10–17 Uhr) gab.

Ein 1,6 km langer Weg zum Becken beginnt gegenüber der Bushaltestelle in Trethevy, einfach den Schildern folgen.

Drehort für den britischen Film *Grasgeflüster* und die Fernsehserie *Doc Martin*: Beide nutzten das Dorf als authentische Kulisse (ein Schild nahe dem Kai weist Touristen den Weg zu **Doc Martin's Cottage**).

Kürzlich hat das Dorf dank der **Fisherman's Friends** (www.fishermansfriendsportisaac.co.uk) sogar die Musikcharts erobert. Diese Gruppe örtlicher Shanty-Sänger feiert mit ihrem Album weltweit Erfolge.

Ein kurzer Weg zu Fuß Richtung Westen führt zum Nachbarort **Port Gaverne** und ein paar Kilometer weiter westlich liegt **Port Quin**, das heute dem National Trust gehört. Der Sage nach ging die gesamte Fischfangflotte von Port Quin in einem großen Sturm Ende des 17. Jhs. unter. Die verbliebenen Familien, einschließlich etwa 20 Witwen, wurden daraufhin alle nach Port Isaac umgesiedelt.

🛏 Schlafen & Essen

Old School Hotel   HOTEL ££
(☎01208-880721; www.theoldschoolhotel.co.uk; Fore St, Port Isaac; DZ 103–160 £; P 📶) Das niedliche kleine Hotel war ursprünglich die Schule von Port Isaac. Entsprechend sind die Zimmer nach Unterrichtsfächern benannt: Klassenbeste sind „Latein" mit Schlittenbett und Schrankbad, „Biologie" mit Sofa und Kirchenfenstern und „Mathematik" mit zwei Ebenen, Gemeinschaftsterrasse und Etagenbetten für die Kids.

Fresh from the Sea   FISCH & MEERESFRÜCHTE £
(☎01208-880849; www.freshfromthesea.co.uk; 18 New Rd) Der einheimische Fischer Calum Greehalgh fährt jeden Tag hinaus, um Krebse und Hummer zu fangen und sie in seinem urigen Laden in Port Isaac zu verkaufen.

Harbour Kitchen   BISTRO ££
(☎01208-880237; www.theharbourportisaac.com; 1 Middle St; Hauptgerichte 15,50–18,50 £; ⊙Di-Sa 7–21.30 Uhr) Emily Scott hätte keinen besseren Ort für ihr kornisches Bistro finden können – durch die Bullaugen des Restaurants sind Meer, Hafen und Schiffe zu sehen. Das leichte, mediterran inspirierte Essen mit vielen selbst gesammelten Zutaten und essbaren Blüten hat inzwischen viele Anhänger. Der Raum ist winzig, deshalb besser reservieren.

PADSTOW & UMGEBUNG

Rock & Polzeath

Gegenüber von Padstow auf der anderen Seite des Mündungsarms liegt die exklusive Enklave **Rock**, die dank des Zuzugs kapitalkräftiger Städter als eine der teuersten Adressen Cornwalls verschrien ist (was der Stadt einige abschätzige Spitznamen eingebracht hat: Cornwalls St. Tropez, Kensington-on-Sea). Seit der Ankunft des berühmten Fischkochs Nathan Outlaw, dessen Aushängeschild gerade einen zweiten Michelin-Stern ergattert hat, bekommt das Dorf noch mehr Aufmerksamkeit.

Der Ort hat kaum noch etwas von dem verschlafenen Provinznest, an das sich der Dichter John Betjeman so liebevoll erinnerte. Er verbrachte zwischen den 1930er- und den 1960er-Jahren regelmäßig seinen Urlaub in der Gegend. Die Küste und die Landschaft rund um Rock taucht in vielen seiner Gedichte auf, z. B. in *Trebetherick*, während sein autobiographisches Gedicht *Summoned by Bells* daran erinnert, wie herrlich die Ankunft mit der Küsteneisenbahn ist (auf der Strecke des heutigen Camel-Wanderwegs).

Sicherlich hat sich viel verändert, aber das Rock von Betjeman ist nicht ganz verschwunden. Der von Dünen gesäumte weiße Strand von **Daymer Bay** ist so herrlich wie immer und außerhalb der Hauptferiensaison zwischen Juni und August auch häufig menschenleer. Ein Stück weiter entlang der Küste liegt **Polzeath**, der Hauptsurfstrand der Gegend und ein beliebter Ort für Beachpartys oder aufregende Outdooraktivitäten. Es lohnt sich auch landeinwärts zur hübschen Kirche von St. Endoc zu wandern, wo Betjeman an einem Tag im Mai 1984 bei kornischem Nieselregen begraben wurde.

Während der Saison führt der einfachste Weg nach Rock über die Black Tor Fähre (S. 225) von Padstow.

Aktivitäten

Era Adventures OUTDOORAKTIVITÄTEN
(01208-862963; www.era-adventures.co.uk) Einer der besten Anbieter vielfältiger Aktivitäten an der Nordküste; das Angebot umfasst Coasteering, Surfen, Kajakfahren auf dem Meer und geführte Mountainbiketouren. Alle Mitarbeiter haben eine Ausbildung in Lebensrettung und Erste Hilfe. Von Polzeath eine Straße entlang den Schildern zum Valley Caravan Park & Era Adventures folgen.

Surf's Up SURFEN
(01208-862003; www.surfsupsurfschool.com; 2 Std. Unterricht ab 26 £) Die bekannte Surfschule vor Ort bietet seit 1995 Kurse, die auf alle Niveaus zugeschnitten sind, vom Anfänger bis zum Crack. Die Surfschule liegt neben dem Hauptparkplatz von Polzeath.

Schlafen

Dormy House B&B ££
(01208-863845; www.dormyhouserock.co.uk; Rock Rd; DZ 85 £; P ✱) Ein Stück die Straße hinauf vom Outlaw Restaurant liegt dieses äußerst vornehme B&B mit fünf Zimmern, die im anglo-schwedischen Stil (mit freundlicher Genehmigung von Anders und Trudie) gestaltet sind. Das ebenerdige, offene Esszimmer ist besonders originell.

Cornish Tipi Holidays CAMPINGPLATZ ££
(01208-880781; www.cornishtipiholidays.co.uk; Pendoggett; pro Woche 485–1100 £) Campen wie die Sioux in einem bewaldeten Tal bei St. Kew. Die Tipis wurden in gemeinschaftlichen „Dorffeldern" aufgeschlagen, wer eine private Stelle haben will, zahlt drauf. Alle sind mit Kühlboxen, Öfen, Kochgeräten und Campingleuchten ausgestattet. Abenteuer zum Selbermachen.

St Enodoc Hotel HOTEL £££
(01208-863394; www.enodoc-hotel.co.uk; Rock Rd; Zi. 195–495 £; P ✱) Wie erwartet spart das Hotel von Nathan Outlaw nicht an Stil, allerdings auch nicht am Preis. Die Zimmer sind elegant in gedeckten Tönen gehalten, die von bunten Kissen aufgemuntert werden; außerdem Teppiche in Cappuccino, auf alt gemachte Schränke und Werke von der einheimischen Malerin Jessica Cooper.

Essen

Tube Station CAFÉ £
(01208-869200; www.tubestation.org; Polzeath; Hauptgerichte 6–12 £; 10–17 Uhr) Das Gemeindezentrum mit Café (gehört zur Methodistischen Kirche) ist ein beliebter Surf-Treffpunkt in Polzeath mit alten Sofas, schlaffen Sitzsäcken und alten Surfboards.

St Kew Inn GASTROPUB ££
(01208-841259; www.stkewinn.co.uk; St Kew; Hauptgerichte 8–16 £; 11–15 & 18–23 Uhr) Das beste Pub-Essen der Gegend gibt es im Dorf St. Kew, etwa 9,6 km östlich von Polzeath und Rock. Das Pub wirkt mit seiner Steinfassade aus dem 16. Jh. und der Einrichtung aus Balken und Fliesen rustikal – aber das Essen hat Bistroniveau, von der Sardine bis zum Minutensteak. Auch der Biergarten ist schön.

★**Restaurant Nathan Outlaw** FISCH & MEERESFRÜCHTE £££
(01208-862737; www.nathan-outlaw.com; Rock Rd, Rock; Verkostungsmenü 99 £; Di-Sa 19–21 Uhr) Seit der Fischspezialist Nathan Outlaw aus dem Schatten von Chefkoch Rick

Stein getreten ist, hat er sich einen landesweiten Ruf und zwei Michelin-Sterne erarbeitet – als einziger Koch in Cornwall. Es gibt zwei Outlaw-Restaurants: Feinschmecker ziehen das exklusive (und teure) Restaurant Nathan Outlaw vor, obwohl das lässigere **Seafood & Grill** (Hauptgerichte 16–25 £; 12–14.30 & 18–21.30 Uhr) die gleiche Qualität zu (etwas) günstigeren Preisen serviert. Nathan kocht überraschend klassisch; er vertraut mehr auf die Qualität der Fische und Meeresfrüchte als auf raffinierte Tricks, um seine Gaumenfreuden zu zaubern. Beide Restaurants liegen im St Enodoc Hotel.

Padstow

3162 EW.

Wenn es eine Stadt gibt, die verantwortlich für die Wiederentdeckung Cornwalls ist, dann ist es Padstow, die unangefochtene Hauptstadt der kornischen Gourmetszene. Das ist hauptsächlich einem Mann zu verdanken: Promikoch, Fernsehstar und Verfechter lokaler Erzeugnisse Rick Stein, der 1975 hier sein erstes Bistro eröffnete und seitdem sein eigenes kleines gastronomisches Imperium aufgebaut hat.

Seit seiner Ankunft hat sich Padstow in eine der kosmopolitischsten Ecken Cornwalls verwandelt. Hier existieren zahlreiche Edelboutiquen und gehobene Restaurants neben alten Pubs, *pasty*-Läden und Hummerbooten am alten Hafen. Der „Stein-Effekt" hat nicht unwesentlich dazu beigetragen: In Padstow ist heute alles eher so schick wie in Kensington als urig kornisch. Allerdings sind auch nicht alle begeistert von der Veränderung.

Ob die Stadt ihren ursprünglichen Charme bewahren konnte, ist strittig, aber es ist schwierig von ihrer Szenerie nicht fasziniert zu sein – besonders abseits der Sommermonate, wenn sich das Gedränge am Ufer etwas lichtet.

Sehenswertes

National Lobster Hatchery HUMMERZUCHT
(01841-533877; www.nationallobsterhatchery.co.uk; South Quay; Erw./Kind 3,50/1,50 £; Juli & Aug. 10–19.30 Uhr, April–Juni & Sept.–Okt. 10–17 Uhr, Nov.–März kürzer) Hummerfischen gehörte an der Küste Nordcornwalls seit Jahrhunderten zum Alltag. Doch Überfischung und Umweltverschmutzung führten in den 1970er- und 1980er-Jahren zu einem dramatischen Rückgang des Bestands, was ein-

RÖSSERPOSSEN

Padstow ist berühmt für seine **Obby 'Oss Ceremony**, ein jährliches Straßenfest am 1. Mai (oder am 2. Mai, wenn er auf einen Sonntag fällt), das vermutlich auf einen alten heidnischen Fruchtbarkeitsritus zurückgeht. Das Ritual beginnt am 30. April kurz vor Mitternacht, wenn Nachtschwärmer dem Gastwirt des Golden Lion verkünden, dass der Sommer eingetroffen sei. Am nächsten Morgen um 10 Uhr tanzt das Blue Ribbon (oder Friedens-) Oss – ein Mann in einem Reifengewand aus Segeltuch und mit wippendem Pferdekopfschmuck – durch die Stadt, begleitet von stockschwingenden „Anheizern" und einem Gefolge aus Musikern, Tänzern, Sängern und Trommlern, die alle das traditionelle Mailied singen.

Eine Stunde später folgt das Old (oder rote) Oss. Nach einem langen Feiertag mit Singen, Zechen und allgemeinem Frohsinn werden die *'osses (horses* – Pferde) wieder für ein Jahr in den „Stall" gebracht. Es erinnert alles unheimlich an den britischen Horrorklassiker *The Wicker Man,* aber anders als Sergeant Howie brauchen Besucher der Stadt eine Zimmerreservierung, wenn sie bleiben wollen.

schneidende Maßnahmen zum Überleben dieses Gewerbes erforderte. Seit 2004 leitet die National Lobster Hatchery ein Projekt, das den Bestand nachhaltig wieder auffrischen soll. Hummerjunge werden in Becken aufgezogen und dann wieder ins Freie gesetzt.

Padstow Seafood School KOCHKURSE
(01841-532700; www.rickstein.com; Riverside, The Harbour; 1-tägiger Kurs ab 198 £) In Rick Steins viel gepriesener Kochschule, die über seinem Fish-and-Chips-Laden liegt, wird Kochkunst vom französischen Fisch bis zu perfektem Sushi unterrichtet. Meistens sind die Kurse bereits Monate zuvor ausgebucht, aber auf der Website ist zu erfahren, ob kurzfristig noch etwas frei ist.

Prideaux Place HISTORISCHES HAUS
(01841-532411; www.prideauxplace.co.uk; Haus & Grundstück Erw. 7,50 £, nur Grundstück 2 £; So–Do 13.30–16 Uhr, Grundstück & Teestube

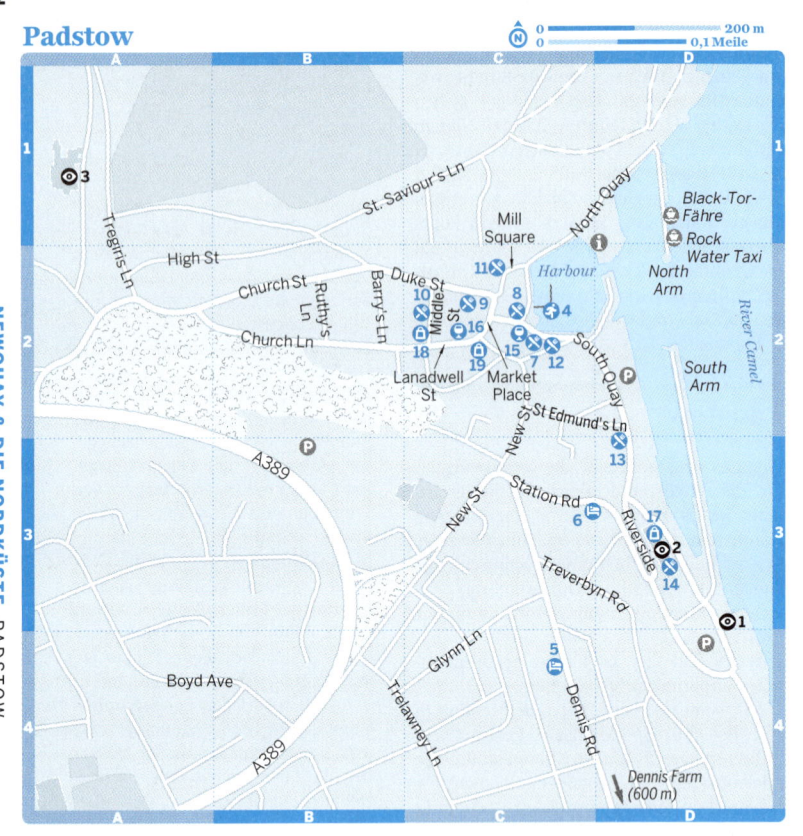

Padstow

⊙ Sehenswertes
1. National Lobster Hatchery D3
2. Padstow Seafood School D3
3. Prideaux Place A1

⊕ Aktivitäten, Kurse & Touren
4. Bootsausflüge C2

⊟ Schlafen
5. Treann House C4
6. Treverbyn House C3

⊗ Essen
7. Basement C2
8. Chough Bakery C2
9. Margot's Bistro C2
10. Paul Ainsworth at No 6 .... C2
11. Rojano's in the Square C2
12. Roskilly's C2
13. Seafood Restaurant D3
14. Stein's Fish & Chips D3

⊙ Ausgehen & Nachtleben
15. BinTwo C2
16. London Inn C2

⊙ Shoppen
17. Stein's Deli D3
18. Stein's Gift Shop C2
19. Stein's Patisserie C2

April–Okt. 12.30–17.30 Uhr) Das prächtige Herrenhaus ist bei Regisseuren von Historienschinken sehr begehrt. Gebaut wurde es von der Familie Prideaux-Brune, angeblich Nachfahren von Wilhelm dem Eroberer. Die etwa einstündige Führung versetzt dank der prachtvollen Zimmer, Treppenhäuser und Stuckdecken sowie der reichlichen Familienerbstücke der Prideaux-Brunes in einen wahren Prunkrausch.

🏃 Aktivitäten

Camel Trail
RADFAHREN

Die einstige Bahnstrecke Padstow–Bodmin wurde im Rahmen der berüchtigten Einsparungen des damaligen Bahnchefs Dr. Beeching in den 1950er-Jahren stillgelegt. Doch sie erhielt als Camel Trail eine neue Nutzung und wurde zum beliebtesten Radweg Cornwalls.

Die ebene, gemächliche Strecke beginnt in Padstow und verläuft ostwärts über Wadebridge (8 km von Padstow) am Camel Estuary entlang, schließlich durch Bodmin (17,4 km) bis nach Poley's Bridge (29,5 km) in Bodmin Moor. Der Abschnitt zwischen Padstow und Wadebridge ist ein wunderbarer Halbtagesausflug, kann aber ziemlich voll werden – schätzungsweise 350 000 Menschen radeln jedes Jahr auf dem Camel Trail. Der Abschnitt von Wadebridge nach Bodmin ist meist ruhiger und auf seine eigene zerklüftete Weise landschaftlich ebenso reizvoll.

Fahrräder können an beiden Enden der Strecke geliehen werden. In Padstow verleihen **Padstow Cycle Hire** (📞01841-533533; www.padstowcyclehire.com; South Quay; ⏲9–17 Uhr, im Sommer bis 21 Uhr) und **Trail Bike Hire** (📞01841-532594; www.trailbikehire.co.uk; Unit 6, South Quay; ⏲9–18 Uhr) Fahrräder zu ähnlichen Preisen (pro Tag 12–15 £, für Tandems, Dreiräder und Kinderanhänger mehr). Im Sommer ist es angesichts der Verkehrsprobleme in Padstow einfacher, in Wadebridge zu starten und Räder von **Bridge Bike Hire** (📞01208-813050; www.bridgebikehire.co.uk) zu mieten.

Boat Trips
BOOTSTOUR

(www.padstowboattrips.com) Zwischen Ostern und Oktober bietet die **Jubilee Queen** (📞07836-798457; Erw./Kind 10/5 £) malerische Fahrten entlang der Küste, während **Padstow Sealife Safaris** (📞01841-521613; www.padstowsealifesafaris.co.uk; 1 Std. Erw./Kind 22,50/15 £, 2 Std. 39/25 £) zu den nahe gelegenen Seehund- und Vogelkolonien fährt.

Wer es etwas flotter mag, rast mit 15-minütigen **Schnellbootfahrten** (6 $) an der trügerischen Sandbank Doom Bar und an den Stränden der Daymer Bay, Polzeath, Hawkers Cove und Tregirls vorbei.

Auf der Website von Padstow Boat Trips stehen alle örtlichen Anbieter.

🛏 Schlafen

Dennis Farm
CAMPINGPLATZ £

(📞01841-533513; http://dennisfarm.wix.com/campsite; Stellplatz 20,50–23,50 £; ⏲Ostern–Sept.) In Padstwo zu übernachten muss einen nicht arm machen, denn es gibt diesen Zeltplatz auf einem herrlichen Feld neben der Flussmündung. Er liegt auf der südlichen Seite der Stadt, etwa 1,6 km vom Hafen entfernt. Der Dennis Road in die Dennis Lane folgen und am See nach Schildern Ausschau halten. Im Sommer kann es hier sehr voll werden, also vorab reservieren.

Treyarnon Bay YHA
HOSTEL £

(📞0845-371 9664; treyarnon@yha.org.uk; Tregonnan; B ab 15 £, Zi. ab 30 £; P @) Ein herrliches Strandhostel im Stil der 1930er-Jahre auf den Klippen oberhalb von Treyarnon Bay. Die Zimmer sind groß, es gibt ein gutes Café und im Sommer wird gegrillt. Bus 556 hält neben Constantine.

Treverbyn House
B&B ££

(📞01841-532855; www.treverbynhouse.com; Station Rd; DZ 90–125 £; P) Harry Potter würde sich in der Türmchenvilla voll zu Hause fühlen. Es gibt vier farblich abgestimmte Zimmer und ein ungemein romantisches Refugium im Turm. Das grüne und das gelbe Zimmer haben Meerblick, das fliederfarbene und pinke Zimmer nicht, sie sind dafür aber günstiger. Die Zimmer sind alle schön eingerichtet mit alten Teppichen und Kaminen. Das Obst für die hausgemachte Marmelade zum Frühstück kommt aus dem Garten.

Treann House
B&B ££

(📞01841-553855; www.treannhousepadstow.com; 24 Dennis Rd; DZ 100–130 £; P 🛜) Das B&B mit seinem dezenten Stil bietet einen Luxus, der weit über den Preis hinausgeht. Die drei Zimmer (Cove, Bay und Estuary) sind klassisch eingerichtet und blicken über die Dächer von Padstow. Das Wohnzimmer ist großräumig und mit hellem Holz eingerichtet. Das Frühstück ist super: Pfannkuchen mit frischen Beeren oder pochierte Eier mit Spargel und Süßkartoffelpüree – aber das sollte es auch sein, denn das Haus gehört Paul und Emma Ainsworth.

🍴 Essen

Stein's Fish & Chips
CAFÉ £

(South Quay; zum Mitnehmen 6,65–10,95 £; ⏲Frühstück 9–11.30, Mittagessen 12–14.30, Do–So Abendessen 17–20 Uhr) So stellt Rick Stein sich Fast Food vor. In der noblen Fish-and-Chips-Bar werden Dorsch, Schellfisch, Seeteufel, Petersfisch und Wolfsbarsch frittiert. Die in Rinderfett ausgebackene Panade sorgt für eine superkrosse Kruste und dazu gibt's

Bier, z. B. Chalky's Bite oder Chalky's Bark (benannt nach Steins heißgeliebten, verstorbenen Terrier).

Chough Bakery BÄCKEREI £
(01841-533361; www.thechoughbakery.co.uk; 1-3 The Strand; Pastete 2-4 £) Preisgekrönte Familienbäckerei, deren traditionelle Pasteten immer wieder Spitzenplätze bei den nationalen Pastetenwettbewerben des Eden Project erlangten.

Roskilly's EIS £
(The Harbour; Eis 2-3 £; 9-17 Uhr) Filiale am Hafen des bekannten Eisherstellers von der Halbinsel Lizard.

Margot's Bistro MODERN BRITISCH ££
(01840-533441; www.margotsbistro.co.uk; 11 Duke St; mittags Hauptgerichte 8,50-11,50 £, abends Hauptgerichte 13,50-17,50 £; Di-Fr 12-13.30 & 19-21, Sa 19-21 Uhr) In dem niedlichen Bistro gibt es nur eine Handvoll Tische und nur jeweils eine Platzierung pro Abend. Aber für Eingeweihte ist es einer der verborgenen Schätze Padstows. Die Küche lässt sich vom täglichen Fang und den Jahreszeiten inspirieren und der Koch und Besitzer Adrian Oliver ist ein wahres Original. Gäste können sich also auf einen unkonventionellen – und manchmal auch chaotischen – Genuss einstellen.

Rojano's in the Square ITALIENISCH ££
(01841-532796; www.rojanos.co.uk; 9 Mill Sq; Pizza & Pasta 7,95-12,95 £; 12-15 & 17-22 Uhr) Eine fesche Pizzeria, heute unter der Leitung von Paul Ainsworth. Das Niveau ist also hoch und die Cocktailliste ist lang. Außerdem ein großes Angebot für Bambini.

Basement CAFÉ ££
(01841-532846; 11 Broad St; mittags Hauptgerichte 5-10 £, abends Hauptgerichte 10-14 £; den ganzen Tag) Café am Hafen, perfekt für den Morgenkaffee oder für eine Schüssel Muscheln zum Mittag.

Cornish Arms GASTROPUB ££
(01841-520288; www.rickstein.com/the-cornish-arms.html; St Merryn; Hauptgerichte 5,95-16,50 £; 11.30-23 Uhr) Dieses ländliche Pub in der Nähe des Dorfes St. Merryn gehört inzwischen zum Stein-Imperium und bietet aufgepeppte Pub-Klassiker, wie Scampi & Chips und *pint of prawns* (Garnelen im Bierglas), mit dem typischen kreativen Dreh. Der Sonntagsbraten ist unglaublich beliebt, also früh kommen. 4,8 km Autofahrt von Padstow.

★ Paul Ainsworth at No 6 MODERN BRITISCH £££
(01840-532093; www.number6inpadstow.co.uk; 6 Middle St; 2-/3-Gänge-Mittagsmenü 18/24 £, abends Hauptgerichte 23-28 £; 12-14.45 Uhr, Di-Sa 18-22 Uhr) Paul Ainsworth wird häufig als Erbe der Stein'schen Krone gepriesen, was zuletzt durch seinen ersten Michelin-Stern bestätigt wurde. Sein Aushängeschild in einem schicken Stadthaus mischt klassische britische und moderne europäische Küche. Ainsworths Markenzeichen ist, dass er einfache Stücke wie Lammleber und Ochsenbäckchen nimmt und ihnen eine moderne, verspielte und einfallsreiche Neuinterpretation verpasst. Er ist außerdem ein leidenschaftlicher Verfechter regionaler Produkte, seien es Seeteufel aus Padstow, Austern aus Porthilly oder Saddleback-Schwein aus Cornwall. Seine Dessertspezialität *A Trip to the Fairground* (Eine Reise auf den Jahrmarkt) heimste bei der BBC2-Sendung *Great British Menu* Auszeichnungen ein und hat einen festen Platz im No. 6. Ob dies das beste Bistro von Cornwall ist? Könnte durchaus sein …

Seafood Restaurant FISCH & MEERESFRÜCHTE £££
(01841-532700; www.rickstein.com; Riverside; Hauptgerichte 18-63,50 £; 12-14.30 & 18.30-22 Uhr) Dieses Restaurant ist der erste Ziegel des Stein-Imperiums und immer noch das Beste im Pulk. Es ist weniger formell als gedacht: Es gibt einen lichtdurchfluteten Wintergarten für den Aperitif und einen eleganten Speiseraum voller Pflanzen und lokaler Kunst. Fisch und Meeresfrüchten gilt, wie nicht anders zu erwarten, das Hauptaugenmerk: Der Meeresfrüchteteller (63,50 £) ist ein unvergesslicher Anblick. Stein selbst kocht nur noch selten hier, einen Tisch bekommt man aber trotzdem nur mit genauer Planung. Wenn es nicht geklappt hat, kann man an der Austernbar zum Trost Sashimi, Kaisergranat und Austern bestellen.

Ausgehen

BinTwo WEINBAR
(01841-532022; www.bintwo.com; The Drang; 10-20 Uhr) Ein tolles Konzept: Ein erstklassiger Weinhändler, der Spitzenweine auch im Glas anbietet, gefolgt vom besten Espresso von Padstow. Der junge Besitzer David McWilliam ist ein wandelndes önologisches Lexikon.

London Inn PUB
(01841-532554; 6-8 Lanadwell St) Diese urige alte Kneipe schenkt seit 1803 Bier aus, dar-

DIE SEVEN BAYS VON PADSTOW

Die Landspitze westlich von Padstow ist von Stränden gesäumt, die von den Einheimischen nur „Seven Bays" genannt werden.

Dem Ort am nächsten liegen Trevone (2,4 km von Padstow) und der sichelförmige Harlyn (3,2 km), beide gut zum gefahrlosen Schwimmen geeignet. Im Sommer gibt es hier Rettungsschwimmer und Surfschulen. Die benachbarte Mother Ivey's Bay (4 km) ist über den Klippenpfad zu erreichen und trotz der Nähe mehrerer Campingplätze meist ruhiger als ihre Nachbarn.

Atemberaubende und meerumtoste Aussichten gibt es vom Trevose Head weiter im Westen. Auf diesem berüchtigten Gefahrenpunkt für die Schifffahrt, der früher ein Steinbruch war, steht seit Mitte des 19. Jhs. ein Leuchtturm.

Nahe der Landzunge erstrecken sich die beiden Strände Booby's Bay (5,6 km) und Constantine (6,4 km), die bei Ebbe ineinander übergehen und einen einzigen endlosen felsigen Strand bilden. Als nächstes folgt Treyarnon (8 km) mit einem natürlichen Gezeiten- und Schwimmbecken und anschließend die schmale Bucht von Porthcothan (9,6 km).

Die Hawker's Cove 3 km westlich von Padstow gehört zwar offiziell nicht zu den Seven Bays, lohnt aber einen Besuch. In der Umgebung von Padstow ist die Bucht bei Flut einer der besten Orte zum Schwimmen. Zwischen 1827 und 1967 ankerte hier das Seenotrettungsboot von Padstow, bevor es zum Trevose Head verlegt wurde.

---

unter auch St. Austell vom Fass. Alte Steuer, Schiffsräder und sogar der Kopf eines Krokodils schmücken die Bar.

Shoppen

Stein's Deli FEINKOST
(South Quay; Mo-Sa 9-19, So 10-17 Uhr) Eine Fundgrube für Feinschmecker: Wurst, Käse, Kekse, Chutneys und Senf, alles zu gepfefferten Preisen.

Stein's Patisserie BÄCKEREI
(1 Lanadwell St; Mo-Sa 9-17, So 10-17 Uhr) Ordentliche Croissants und Pain au Chocolat sowie Steins Interpretation der klassischen Pastete.

Stein's Gift Shop GESCHENKE
(Middle St; Mo-Sa 9-19, So 10-17 Uhr) Souvenirs aus dem Stein-Universum (Kochbücher, DVDs, Kochschürzen) und andere modische Accessoires.

Praktische Informationen

Padstow Touristeninformation (01841-533449; www.padstowlive.com; North Quay; Mo-Sa 10-17 Uhr)

An- & Weiterreise

BUS
Bus 556 (Mo-Sa stündl., So 4-mal tgl.) Der praktischste Ortsbus verkehrt zwischen Padstow und Newquay und hält u. a. in Trevone, Harlyn, St. Merryn, Constantine, Porthcothan, Bedruthan Steps, Newquay Airport, Watergate Bay und Porth.

Bus 555 (Mo-Sa halbstündl., So 6-mal tgl.) Von Padstow nach Bodmin über Little Petherick, St. Issey und Wadebridge.

FÄHRE
Black Tor Ferry (www.padstow-harbour.co.uk/phc_ferry.html; Erw./Kind hin & zurück 3/2 £, Fahrräder 3 £, Hunde 1 £) Fährt ganzjährig von Padstow nach Rock (Anlegestellen hängen von den Gezeiten ab). Die erste Fähre geht um 7.50 Uhr, von Mitte Juli bis August fährt die letzte um 19.30 Uhr, im Juni und September um 18.30 Uhr, April, Mai & Oktober um 17.30 Uhr und November bis März um 16.30 Uhr.

Rock Water Taxi (07778-105297; www.rockwatertaxi.com; Erw./Kind einfach 5/3 £, hin & zurück 7/4 £; Ostern-Okt. 7-24 Uhr) Wenn's etwas später wird.

AUTO
Im Sommer ist es schwierig, in Padstow einen Parkplatz zu finden. Am Hafen gibt es zwei Parkplätze sowie einen weiteren großen Parkplatz oberhalb der Stadt, von dort sind es 10 Minuten Fußweg bergab.

Wadebridge

Am östlichen Ende des Camel Estuary ist neben der gleichnamigen Brücke die Marktstadt Wadebridge gewachsen. Die Brücke war jahrhundertelang die einzige Möglichkeit, den Fluss Camel zu überqueren. Die Stadt ist nicht so beliebt wie die schicken Nachbarn an der Küste, aber es ist eine lebendige und ansprechende Stadt mit vielen kleinen Geschäften und Restaurants. Außerdem hat sie ein bewundernswertes ökologisches Plus: Die Stadt bemüht sich, die führende Öko-Stadt in Cornwall zu werden. Sie plant, ihren Strombedarf der nächsten Jahre vollständig aus erneuerbaren Energien zu decken.

Essen

Relish FEINKOST, CAFÉ £
(01208-814214; www.relishwadebridge.co.uk; Foundry Crt; Hauptgerichte 4,50–8,50 £; Di–Sa 9–17 Uhr) Dieses fabelhafte Café wird von Hugo Hercod betrieben, der 2008 die britische Barista-Meisterschaft gewonnen hat. Die Cappuccinos und Espressos sind also erstklassig, denn die Bohnen dafür stammen von den besten Röstereien Großbritanniens (wie Square Mile in London und Origin Coffee in Cornwall selbst). Wer sich dazu noch einen herzhaften *scone* mit Godminster-Cheddar oder einen Teller mit Leckereien aus dem hauseigenen Delikatessengeschäft gönnt, hat so ziemlich den besten Imbiss von ganz Cornwall erwischt.

The Picture & Coffee House CAFÉ £
(01208-368191; www.picturesandcoffee.com; 33 Molesworth St; 3–10 £; 10–17, Fr 10–23 Uhr) Dieser belebte kleine Laden schmückt seine Wände mit Kunst und ist bekannt für spontane Musiksessions am Abend. Pizza und Kaffee sind anständig.

Baker Tom's BÄCKEREI
(1, The Platt; Mo–Sa 9–17 Uhr) Außenposten von Cornwalls vielversprechendem Bäcker.

An- & Weiterreise

Bus 584/595 (7-mal tgl., So 4-mal) fährt zwischen Camelford und Wadebridge, mit Halt in Port Gaverne, Port Isaac, St. Endellion und Port Quin. Der Bus in die entgegengesetzte Richtung hat Nummer 595.

Bus 591/594 (stündl., So 3-mal) fährt über St. Columb weiter nach Truro und St. Agnes.

Bus 591/593 (stündl., So 3-mal) über St. Columb nach Newquay.

NEWQUAY & UMGEBUNG

Funkelnd, frisch und frech – das ist Newquay, die Partyhauptstadt von Cornwall und die spirituelle Heimat der britischen Surfszene. Die Lage auf der Spitze einer Steilküste oberhalb von einigen goldenen Stränden ist phantastisch, aber die Stadt wurde vor allem wegen ihrer nächtlichen Eskapaden bekannt. Newquay ist im Sommer das beliebteste Ziel für Surfer, Clubber und Junggesellenabende. Dann herrscht hier Ballermann-Stimmung und es wird bis zum Morgengrauen getrunken. Das eintönige, sehr betonlastige Stadtzentrum hat kaum etwas Besseres zu bieten – aber wer

---

ABSTECHER

BEDRUTHAN STEPS

Südlich von Porthcothan verläuft die B3276 an einem wirklich mitreißenden Stück Küste, umgeben von grünen Feldern und begrenzt durch die wilde und steil abfallende Felsküste. Etwa 3,2 km südlich von Porthocothan erheben sich die stattlichen Felssäulen der **Bedruthan Steps** (Carnewas; www.nationaltrust.org.uk/carnewas-and-bedruthan-steps; östlich von Newquay), manchmal auch Carnewas genannt. Diese majestätischen Felsen wurden über Tausend Jahre von unerbittlichen Winden und Wellen aus dem Meer ausgewaschen und sind heute ein idealer Nistplatz für Seevögel. Das Gebiet gehört heute zum National Trust, der hier auch einen großen Parkplatz und ein Café betreibt. Im August ist es hier außerdem erlaubt zu campen (Erw./Kind 7,50/4 £).

Der Strand kann nur über eine steile Treppe erreicht werden und wird von der Flut überspült. Am nördlichen Ende liegt eine Felsbank, **Diggory's Island**, die den Strand von einer weiteren, weniger bekannten Bucht trennt. Bei Ebbe kann man von Bedruthan herüberlaufen, sonst heißt es, allen Mut zusammennehmen und vom Küstenweg die bröckelnden Pentire Steps nehmen.

Weiter Richtung Newquay liegt das tiefe, sandige Loch von **Mawgan Porth**, ein großartiger Schwimm- und Paddelstrand mit viel Platz. Auf dem Steilhang über dem Strand steht das beste Öko-Hotel von Cornwall, The Scarlet (S. 230).

Newquay

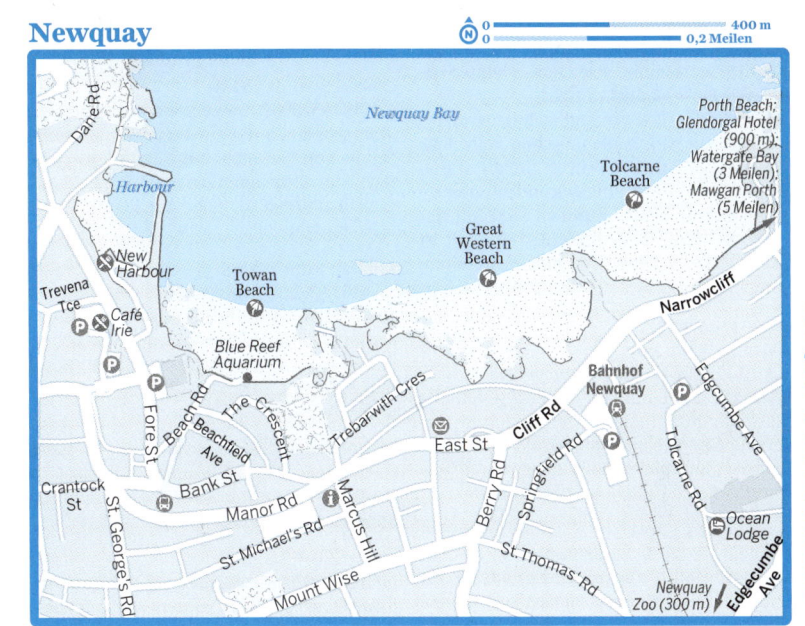

weißen Strand und wilde Nächte sucht, ist in Newquay am richtigen Ort.

Wer nach einer Schlafgelegenheit in der Nähe des Strandes sucht, hat in Newquay die Qual der Wahl – von den weltberühmten Wellen am Fistralstrand bis zu den verwehten Dünen von Crantock. Die nahe gelegene Watergate Bay ist zum Zentrum für Wassersportler geworden und Heimat von Jamie Olivers Strandrestaurant Fifteen.

Heute ist es kaum noch vorstellbar, aber Newquay war früher ein ruhiger Sardinenhafen. Die Schwärme um Newquay waren bis zu ihrer Überfischung Anfang des 20. Jhs. die größten Cornwalls (1868 ging in einem einzigen Fang die Rekordzahl von 16,5 Mio. Fischen ins Netz). Das einzige Überbleibsel dieses einst blühenden Gewerbes ist die **Huer's Hut** aus dem 14. Jh., ein Ausguck auf der Landzunge zwischen Towan und Fistral, der einst genutzt wurde, um heranschwimmende Fischschwärme ausfindig zu machen.

Sehenswertes & Aktivitäten

Newquay ist ein Paradies für Outdooraktivitäten, von Abseilen, Kitesurfen und Kajakfahrten auf See bis zum neusten Modesport, dem Coasteering, einer Mischung aus Bergsteigen in voller Neoprenmontur, um die Klippen zu erklimmen, und anschließendem Sprung ins salzige Nass. Natürlich ist es auch berühmt für seine Strände. Viele liegen nur einen kurzen Fußweg vom Stadtzentrum entfernt. Außerdem gibt es für Familien ein großes Angebot zur Unterhaltung der Jüngsten.

Strände

Es gibt keinen Zweifel – in Newquay dreht sich alles um die Strände.

Die drei Beliebtesten liegen der Stadt am nächsten: **Great Western**, **Tolcarne** und **Towan**, auf denen im Sommer immer sehr viel los ist. Etwas ruhiger geht es gewöhnlich weiter östlich am **Lusty Glaze** und am **Porth** zu, die etwa 1,6 km vom Stadtzentrum entfernt liegen. Noch ein Stück weiter folgt der weite Streifen der **Watergate Bay**, ein riesiger Bogen mit flachem Sand, perfekt zum Surfen, Windsurfen, Kiteboarden und für andere Strandaktivitäten.

In entgegengesetzter Richtung im Westen hinter dem Pentire Head liegt der bekannteste Strand von Newquay – **Fistral**, dank der beständigen Wellen ein Mekka für englische Surfer.

Wem die ortsnahen Strände zu wuselig sind, dem bieten die weiter draußen gelegenen mehr Bewegungsfreiheit. 5 km südwestlich von Newquay liegt zwischen den Landzungen East und West Pentire der Strand **Crantock**, gesäumt von Dünen, hinter denen der Fluss Gannel rauscht.

Weiter westlich verbirgt sich der winzige **Porth Joke** (von Einheimischen Polly Joke genannt), der aber schwer zu finden ist und keinerlei sanitäre Anlagen oder sonstige Infrastruktur bietet. Familien sind mit der **Holywell Bay** besser bedient: Der Sand ist pudrig fein und bei Ebbe gibt es Gezeitentümpel und Höhlen zu erkunden.

Abenteuersport

Extreme Academy ABENTEUERSPORT
(01637-860840; www.extremeacademy.co.uk; Watergate Bay) Einer der besten Anbieter in Newquay mit einem großen Laden in Watergate Bay. Sie sind auf Wassersport spezialisiert und bieten auch ungewöhnlichere Varianten wie Paddel- und Kitesurfen.

Adventure Centre ABENTEUERSPORT
(01637-872444; www.adventure-centre.org; Lusty Glaze) Adventure Centre am Lusty Glaze organisiert vielseitige Aktivitäten zu Land, zu Wasser und an den Klippen (manche jedoch, wie Ziplining – an einer Seilrutsche herabsausen –, sind für kleinere Kinder nicht geeignet).

Ebo Centre ABENTEUERSPORT
(0800-781 6861; www.penhaleadventure.com; Holywell Bay) Bietet Surfen, Coasteering, Kajaktouren und Kiteboarden, aber auch Aktivitäten an Land wie Orientierungslauf und Mountainbike-Touren.

Surfen

Es gibt in England nur wenige bessere Orte zum Surfen Lernen als Newquay. Allerdings sollte man darauf vorbereitet sein, sich die Wellen mit vielen anderen zu teilen. Die Brandung in Newquay ist verlässlich, beständig und für jedermann geeignet, vom absoluten Anfänger bis zum Surfercrack.

Es gibt unzählige Schulen, aber bei einem kleinen Anbieter sind die Chancen größer, richtig viel Praxis mitzubekommen. Vor Buchung eines Kurses sollte man keine Scheu haben, nach der maximalen Kursgröße, der Eignung der Lehrer, dem Lehrer-Schüler-Verhältnis usw. zu fragen. Es ist auch sinnvoll, vorab nach der Einstellung zu Junggesellenabschieden zu fragen; die besseren Schulen vermeiden sie bzw. betreuen sie abseits der anderen Schüler. Einige Schulen haben sich auf Kurse nur für Frauen, Kinder usw. spezialisiert. Der Preis liegt meist bei etwa 30 £ für eine zweistündige Einheit, einschließlich Ausrüstung. Die Stundenpreise sinken, je mehr Stunden man bucht.

O'Neill Surf Academy SURFEN
(01841-520052; www.oneillsurfacademy.co.uk) Wahrscheinlich die am besten organisierte Schule von Newquay mit Sitz in Watergate Bay; sie wird von der nationalen Marke O'Neill unterstützt. Sehr gut geführt, aber oft auch sehr voll.

English Surf School SURFEN
(01637-879571; www.englishsurfschool.com) Eine weitere große Schule, die mit dem Ausstatter Rip Curl verbunden ist; die Lehrer sind von der English Surfing Federation (zu der auch der britische Chefcoach gehört) anerkannt.

Fistral Beach Surf School SURFEN
(01637-850737; www.fistralbeachsurfschool.co.uk) Die einzige Schule am Fistralstrand; im Sommer schnell ausgebucht.

Errant Surf School SURFEN
(07581-397038; www.errantsurfschool.co.uk; Trebarwith Cres) Eine der besten unabhängigen Schulen mit kleinen Kursen, freundlichen Lehrern und einer optionalen individuellen Stunde; ansässig im Trebarwith Hotel.

Kingsurf Surf School SURFEN
(01637-860091; www.kingsurf.co.uk) Diese zuverlässige Schule am Mawgan Porth ist eine gute Wahl für alle, die den Trubel am Fistral vermeiden wollen. Hier gibt es fünf junge Lehrer, die sich individuell um kleine Kurse kümmern.

Familienangebote

Es gibt eine Menge Attraktionen in und um Newquay, die auch die Kleinsten unterhalten. Die meisten bieten Rabatte, wenn online gebucht wird.

Trerice HISTORISCHES GEBÄUDE
(NT, 01637-875404; www.nationaltrust.org.uk/trerice; Erw./Kind 7,20/3,60 £; Haus 11–17 Uhr, Garten Mitte Feb.–Okt 10.30–17 Uhr) Berühmt ist das zauberhafte elisabethanische Herrenhaus von 1751 für seine kunstvolle Tonnendecke im Prunksaal. Aber es gibt noch reichlich andere faszinierende Details, wie verschnörkelte Kamine, originale Stuckarbeiten und schönes historisches Mobiliar. Zum Parkgelände gehören ein traditioneller kornischer Obstgarten, ein Rasenmähermuseum und ein Rasen, auf dem Besucher mittelalterliche Sportarten ausprobieren können: Wie wär's mal mit *slapcock* (eine Art Federball)?

Trerice liegt 5,3 km südöstlich von Newquay. Der Bus 527 fährt von Newquay nach Kestle Mill, nur knapp 1,5 km von dem Haus entfernt.

Blue Reef Aquarium — AQUARIUM
(✆01637-878134; www.bluereefaquarium.co.uk/newquay; Towan Promenade; Erw./Kind/Familie 9,75/7,50/32,50 £; ⊙10–17 Uhr) Becken zum Anfassen der Tiere und Tiefseekreaturen am Towan Beach.

Newquay Zoo — ZOO
(✆01637-873342; www.newquayzoo.org.uk; Trenance Gardens; Erw./Kind/Familie 11,50/9/33 £; ⊙April–Sept. 9.30–17, Okt.–März 10–17 Uhr) Katzenbären, Faultiere, Pinguine, Virginia-Uhus und eine Python namens Monty (verstanden?).

Crealy Adventure Park — VERGNÜGUNGSPARK
(✆01841-540726; www.crealy.co.uk; Erw./Kind/unter 92 cm Größe 16,95/9,95 £/frei; ⊙10.30–17.30 Uhr) Zu den Fahrvergnügungen gehören der Dive Coaster „The Beast", ein Wikingerschiff, eine Traktorfahrschule und die teure Morgawr-Achterbahn. Es ist nicht Disney Land, aber die Kids werden ihren Spaß haben. 22,5 km nordöstlich von Newquay, auf der A39 Richtung Wadebridge.

St Eval Kart Circuit — KARTFAHREN
(✆01637-860160; www.cornwallkarting.com; St Eval, Wadebridge; pro 10 Min. Erw. 15 £, Kind 8–10 £; ⊙Mo–Sa 9.30–18 Uhr) Das größte Gokartzentrum von Cornwall bietet einen Rundkurs für jede Wetterlage und Kartmodelle für vier Altersgruppen; 14 km nordöstlich von Newquay, in der Nähe des Dorfs St. Eval.

Lappa Valley — DAMPFEISENBAHN
(✆01872-510317; www.lappavalley.co.uk; St Newlyn East; Erw./Kind/Familie 11,70/9,25/36 £; ⊙Winter geschl.) Mit der Lilliputdampflok durchs Lappa Valley; 9,6 km südlich von Newquay, auf der A392 nach Schildern Ausschau halten.

Dairyland Farm World — TIERPARK
(✆01637-510246; www.dairylandfarmworld.com; Erw. 10,50 £, Kind 6–9,50 £; ⊙März–Okt. 10–17 Uhr) Ponyreiten, Ziegenböcke streicheln und Kühe melken. Boah. 9,6 km südöstlich von Newquay an der A3058 Richtung Summercourt.

Screech Owl Sanctuary — WILDTIERPARK
(✆01726-860182; www.screechowlsanctuary.co.uk; Goss Moor, nahe St Columb; Erw./Kind/Familie 9,50/7,50/29 £; ⊙März–Okt. 10–17 Uhr) Jede nur vorstellbare Eulenart, vom riesigen Uhu bis zur Schnee-Eule, sowie ein paar Emus, Erdmännchen und Ponys; 17,7 km von Newquay; auf der A30 hinter Fraddon ist es ausgeschildert.

Festivals & Events

Boardmasters — SURFEN
(www.relentlessboardmasters.com) Surfen und Sport in Fistral, Livegigs auf der Bühne in der Watergate Bay; Anfang August.

Schlafen

Treago Farm — CAMPINGPLATZ £
(✆01637-830277; www.treagofarm.co.uk; Porth Joke; Erw. 7,25–9,50 £, Kind 3,50–4,50 £) Wenige Campingplätze haben eine solche noble Lage wie dieser, der in der Krümmung eines Tals direkt hinter Porth Joke liegt. Der Platz hat 81 Stellplätze auf einer Wiese, aber im Sommer wird es voll, sodass man vielleicht besser in der Nebensaison kommen sollte. Ein 500 m langer Sandweg führt direkt an den Strand. Porth (Polly) Joke liegt etwa 8 km östlich von Newquay, eingezwängt zwischen Crantock und Holywell Bay. Es ist nicht einfach zu finden, am besten vorher anrufen und sich den Weg erklären lassen.

Ocean Lodge — HOSTEL £
(✆01637-877701; www.oceanlodgenewquay.co.uk; Holywell Rd; B 20–35 £; P✻) Das kastenförmige Gebäude sieht fade aus, ist aber eines der besseren Surf-Hostels mit supersauberen, kleinen Schlafsälen mit Badezimmer. Es gibt noch eine fetzige Bar im Keller, die mit Bildern von VW-Bussen dekoriert ist.

Glendorgal Hotel — HOTEL ££
(✆01637-874937; www.glendorgalhotel.co.uk; Lusty Glaze Rd, Porth Beach; DZ 102–192 £; P✻) Das Hotel auf den Klippen oberhalb von Porth Beach ist völlig in Ordnung und mit 26 hübsch hergerichteten Zimmern angenehm übersichtlich. Die Zimmer sind etwas klein und nur eine Handvoll hat Meerblick, aber die Lage mit Landspitze und Buchten vor der Haustür ist wunderbar.

Newquay Townhouse — B&B ££
(✆01637-620009; www.newquaytownhouse.co.uk; 6 Tower Rd; 50–90 £) Eines der besten B&Bs in Newquay. Es liegt in der Nähe des Zentrums, hat stilvolle Zimmer in Creme, die mit gestreiften Kissen aufgemuntert werden, helle Daunendecken und Korbmöbel. Einige Zimmer haben Sitzmöglichkeiten auf den Fensterbänken, aber nur eines bietet einen Blick auf die Bucht.

★ The Scarlet   HOTEL £££
(01637-861600; www.scarlethotel.co.uk; Mawgan Porth; DZ 195–395 £; [P][?][≋]) Cornwalls bei Weitem sexiestes Hotel ist obendrein auch noch umweltfreundlich (Regenwassersammlung, Biomasse-Brenner, Strom aus erneuerbaren Energiequellen). Die Zimmer des Hotels auf dem Felsvorsprung oberhalb von Mawgan Porth haben alle einen umwerfenden Blick aufs Meer und sind eigenwillig modern gestaltet: minimalistische Badezimmer, Möbel von Statement aus Dallas, Materialien im Industriechic und ein Endlos-Pool. Auch das Spa ist eine Wucht. Besonders schön sind die „Unique"-Zimmer, die einen eigenen kleinen Garten und Dachterrassen haben, zu der eine Wendeltreppe führt.

★ Bedruthan Hotel   HOTEL £££
(01637-860555; www.bedruthan.com; Mawgan Porth; DZ ab 158 £; [P][?][≋]) Das kastenförmige Äußere sollte nicht abschrecken: Das Bedruthan bietet moderne Zimmer in hellen Primärfarben und mit frechen Drucken sowie geräumige Häuschen und Apartments für längere Aufenthalte. Mehrere Kinderclubs und jede Menge Aktivitäten haben dem Haus den Ruf eingebracht, eines der besten Familienhotels Cornwalls zu sein. Es gibt viel abwechslungsreiche Kunst und in der Lounge und der Bibliothek stehen bunte Möbel verteilt – alles in allem eine lustige und urige Herberge.

The Hotel, Watergate Bay   HOTEL £££
(01637-860543; www.watergatebay.co.uk; Watergate Bay; DZ 125–360 £, Suite 285–425 £; [P][?]) Seit der jüngsten mehrere Millionen teuren Renovierung erstrahlt das Watergate als wahre Strandschönheit. Die Zimmer schimmern in aufreizendem Pink, Bonbon-Streifen und Meeresblau, dazu gibt es Korbmöbel, gebeizte Möbel und winzige Balkone mit Meeresblick. Man zahlt vor allem für die erstklassige Lage.

✕ Essen

Café Irie   CAFÉ £
(01637-859200; www.cafeirie.co.uk; 38 Fore St; mittags 3–8 £; Mo–Sa 10–17 Uhr) Dieses schrullige Café ist berühmt für seinen Kaffee und die heiße Schokolade sowie für vegetarische Wraps, dampfend heiße Backkartoffeln und cremige Kuchen.

★ Jon's Bistro   FRANZÖSISCH ££
(01637-860420; www.bre-penfarm.co.uk; Bre-Pen Farm; 3-Gänge-Menü 20 £; Do–Sa 19–22 Uhr) Dieses Bistro mit französischem Flair auf einem Bauernhof in der Nähe von Mawgan Porth ist das bestgehütetste Geheimnis der Nordküste. Es wird von dem talentierten Jungkoch Jon Harvey geführt, der vorher im Claridge's und im Fifteen gearbeitet hat. Sein Essen ist raffiniert und edel, wird aber ohne Pomp und Überheblichkeit serviert. Es ist abends nur dreimal in der Woche geöffnet (im Winter nur zweimal).

Beach Hut   BISTRO ££
(01637-860877; Watergate Bay; Hauptgerichte 8,95–15 £; 8.30–21 Uhr) Wenn im Fifteen kein Tisch frei ist, dann ist dieses Bistro unten am Strand eine gute Alternative. Hier herrscht Strandstimmung und das Essen ist einfaches Surf'n'Turf (Fisch und Fleisch): klebrige Schweinerippchen, „extreme" Burger und jeden Tag anderen Fisch. Korbstühle und große Fenster sorgen für eine schöne Atmosphäre.

New Harbour   BISTRO ££
(01637-874062; www.new-harbour.com; South Quay Hill; Hauptgerichte 12,95–17,50 £; 12–16.30 & 18–21.30 Uhr) Die meisten Besucher bekommen ihn nie zu Gesicht, aber Newquay hat tatsächlich noch einen aktiven Hafenkai – und dieses Restaurant bekommt seine Fische direkt von den täglich einlaufenden Booten. Es liegt abseits vom Rummel der Stadt und bietet stimmungsvolle Hafenblicke.

Lewinnick Lodge   GASTROPUB ££
(01637-878117; www.lewinnick-lodge.info; Pentire Head, Newquay; Hauptgerichte 10–18 £; 9–23 Uhr) Das Lewinnick kauert direkt am Felsrand des Pentire Head und eignet sich perfekt für einen Kaffee mit Blick über die Küste oder für ein schnelles und einfaches Mittagessen (z. B. leckere Burger und gegrillte Steaks).

★ Fifteen Cornwall   ITALIENISCH £££
(01637-861000; www.fifteencornwall.com; Watergate Bay; 3-Gänge-Menü mittags 28 £, 5-Gänge-Menü abends 60 £; 10–21 Uhr) Das soziale Unternehmen von Jamie Oliver an der Watergate Bay ist der Ort, wo alle essen möchten. Sozial benachteiligte Jugendliche machen hier eine Kochlehre in Olivers pikanter, italienisch beeinflusster Küche, während die Gäste die Aussicht und die lebhafte Strandatmosphäre genießen. Es ist ein brandheißer Favorit: Reservierung ist absolut notwendig.

ℹ Praktische Informationen

Newquay Touristeninformation (01637-854020; www.visitnewquay.com; Marcus Hill; Mo–Sa 9.30–17.30, So 9.30–12.30 Uhr)

❶ An- & Weiterreise

VOM/ZUM FLUGHAFEN
Newquay Cornwall Airport (S. 314) liegt 8 km außerhalb der Stadt. Die Flugziele wechseln; es gibt saisonale Flüge nach Belfast, Edingburgh, Glasgow, Manchester und Newcastle; zum Zeitpunkt der Buchrecherchen gingen die meisten Flüge nach London. Die Website bietet aktuelle Infos.

Bus 556 fährt vom Newquay Busbahnhof zum Flughafen (22 Min., im Sommer stündl.) sowie nach Padstow und zu nahe gelegenen Dörfern.

Travel Cornwall (✆01726-861108; www.travel cornwall.uk.com; Erw. 11,50 £) bietet außerdem auf Bestellung einen Taxibusdienst von Newquay.

Am Flughafen gibt es keinen Taxistand. Das öffentliche Transportunternehmen ist das umweltfreundliche **BioTravel** (✆01637-880006; www.biotravel.co.uk). Zu den lokalen Taxifirmen, die Flughafenfahrten anbieten, gehören **A2B Newquay Travel** (✆01637-875555; www.newquay travel.co.uk), **Henver Cabs** (✆07928-825668; www.newquayairporttaxis.org) und **Carbis Cabs** (✆01637-260360; www.newquay-airport-taxis.co.uk). Richtpreise: von/nach Newquay 15–20 £, Padstow 25–30 £, Truro 40–50 £.

Wer mit dem Auto kommt und vor dem Flughafen parkt, sollte vorsichtig sein. Es gibt zahlreiche Berichte über übereifrige Parkwächter, die schon Sekunden, nachdem man das Auto verlassen hat, einen Strafzettel ausstellen. Es gibt keine kostenlose Parkzone zum Ausladen und Aussteigen; die Mindestgebühr beträgt 1 £ für 30 Min. Kosten für mehrere Parken belaufen sich auf 13/24,50/32 £ für 1/2/3 Tage plus 7,50 £/Tag für die folgenden acht Tage, danach ist Parken kostenlos.

❶ Unterwegs vor Ort

BUS
Der Busbahnhof von Newquay liegt in der Manor Road.
Bus 88A (Mo–Sa stündl.) Truro und Falmouth.
Bus 585/586 (50 Min., Mo–Sa 2-mal stündl., So kein Bus) Der schnellste Bus nach Truro. Nr. 586 fährt über St. Columb, während Nr. 585 über Crantock und Cubert fährt.
Bus 591/594 (Mo–Sa 2-mal stündl., So stündl.) Fährt die Küste entlang über Crantock (14 Min.), Holywell Bay (25 Min.) und Perranporth (50 Min.) und weiter nach Truro (1½ Std.). Nr. 594 fährt über St. Agnes. In entgegengesetzter Richtung haben die Busse die Nummern 592/593.

ZUG
Newquay ist Endstation der Nebenstrecke nach Par (4,40 £, 50 Min.) an der Strecke von London nach Penzance. Weitere Ziele:
Truro (5,70 £, 1 Std. 20 Min.)
Penzance (9,30 £, 2¼ Std.)

VON PERRANPORTH NACH PORTREATH

Die zerklüftete Küste zwischen Perran und Portreath war früher das Zentrum des boomenden Bergbaus in Cornwall. Vor zwei Jahrzehnten sah die stürmische Küste noch ganz anders aus: Berge von Erdaushub und rauchende Schornsteine waren über die Landschaft verteilt. Inzwischen sind die verwitterten Ruinen nur noch eine geisterhafte Erinnerung an Cornwalls Vergangenheit.

Heute gehört das Land mit seinen unzähligen felsigen Buchten und weißen Stränden den Surfern und Wanderern.

❶ An- & Weiterreise
Die praktischsten Nahverkehrsbusse:
Bus 85 (Mo–Sa stündl.) Regelmäßiger Bus von Truro nach St. Agnes.
Bus 304 (Mo–Fr stündl., Sa 6-mal) Von Truro nach Porthtowan.
Bus 591 (stündl.) Newquay, Holywell Bay, Goonhavern und Perranporth.
Bus 594 (stündl.) Von St. Agnes nach Truro.

Perranporth

Östlich von Newquay führt die Küstenstraße durch eine schroffe Landschaft bis nach Perranporth, einem weiteren lebhaften Badeort mit einem großartigen 5 km langen Strand. Der Ort selbst ist nichts Besonderes, nur ein Haufen an Betonhütten, Ferienhäusern und Bungalows an den Klippen. Aber der Strand ist ein absoluter Knüller: Er erstreckt sich in einem weiten Bogen bis zu den grasbewachsenen Dünen von **Penhale Sands**.

Die Dünenlandschaft hier ist die größte in Cornwall. Zwischen den Dünen sind die Reste einer Kapelle aus dem 6. Jh. begraben, dem ältesten Gebäude, das bisher in der Grafschaft entdeckt wurde. Sie ist St. Piran gewidmet, dem keltischen Schutzheiligen von Cornwall. Zurzeit wird Geld gesammelt, um eine archäologische Untersuchung und die zukünftige Erhaltung des Gebäudes zu finanzieren. Am Südrand des Strands führt eine Treppe die Steilküste hinauf zu Perrans **Sonnenuhr**, die zum Gedenken an den Jahrtausendwechsel errichtet wurde und anstelle der Greenwich-Zeit kornische Zeit anzeigt.

Perranporth ist dank der beständigen Brandung auch beliebt bei Surfern und Bodyboardern. Außerdem ist die flache Sandfläche ideal für Windsportarten wie Kitebuggyfahren, Powerkiting und Landboarding. Die **Mobius Kite School** (08456 430 630; www.mobiusonline.co.uk; Cubert) in Perran bietet Schnupperkurse in all diesen Sportarten sowie geführte Mountainbiketouren an.

Das efeuberankte **Bolingey Inn** (01872-571626; Penwartha Rd, Bolingey; Hauptgerichte 10-16 £) ist das beste Pub zum Essengehen in der Umgebung von Perranporth; es liegt rund 3,2 km Fahrt landeinwärts.

Die ehrwürdige Strandbar von Perran, das **Watering Hole** (www.the-wateringhole.co.uk; Perranporth Beach), ist perfekt für einen Drink zum Sonnenuntergang; die Tische stehen bis in den Sand hinein und an mehreren Abenden in der Woche spielen hiesige Bands.

St. Agnes & Chapel Porth

Die Hügel um **St. Agnes**, die einst vom Stampfen und Schlagen der Minenpumpen und Dampfmaschinen erdröhnten, sind mit verlassenen Maschinenhäusern gesprenkelt. Heute sind dort nur noch die krachende Brandung und die kreischenden Möwen zu hören. Adrette, schiefergedeckte Häuser lassen den einstigen Reichtum des Orts erahnen, der zu den florierenden Zinnminenstädten Cornwalls gehörte. Wahrzeichen ist die **Stippy Stappy**, ein Weg mit Reihenhäuschen der Bergarbeiter, die stufenförmig den Hügel steil hinab bis zur **Trevaunance Cove** gebaut wurden.

Sehenswertes & Aktivitäten

★ **Chapel Porth** BUCHT

(P) Etwa 3,2 km von St. Agnes befindet sich eine der fotogensten Buchten von Cornwall, Chapel Porth, ein wilder, felsiger Strand, der von steilen, mit Ginster bewachsenen Felsen eingerahmt wird und heute zum National Trust gehört. Vom Parkplatz des National Trust führt ein Küstenweg hinauf zum berühmten Maschinenhaus von **Wheal Coates**, von dem noch der Schornstein und Fassadenwände übrig sind. Von hier schlängelt sich der Küstenweg rund um die windigen Küstenfelsen **Tubby's Head** und **St. Agnes Head**.

Die Bucht ist herrlich für Entdeckungstouren, vor allem während der Ebbe, wenn das zurückziehende Wasser viele Höhlen und Gezeitenbecken enthüllt. Das **Chapel Porth Cafe** (10-17 Uhr) ist wegen der heißen Schokolade, der Käsebaguettes und seiner Spezialität des Hauses, der „Igeleiscreme" (Vanilleeis mit dickem Rahm und gehackten Haselnüssen), ein beliebtes Lokal am Ort.

Trevaunance Cove BUCHT

Am Grund des tiefen *coombe* (Tal) unterhalb von St. Agnes liegt der wichtigste Strandspielplatz der Stadt. Hier gibt es Strandhütten zum Umziehen, Gezeitenpools zum Erforschen und nicht weit entfernt das Pub Driftwood Spars für ein Bier nach dem Schwimmen. **Koru Kayaking** (www.korukaya

---

> **DIE BESTEN CORNISH PASTIES**
>
> Es ist ein hart umkämpfter Titel, aber dies sind sechs der besten *pasty*-Läden der Grafschaft.
>
> **Philps** (S. 246) Diese alteingesessene Bäckerei in Hayle bedient die Wünsche der Traditionalisten; die *pasties* werden nach einem alten, überlieferten Rezept hergestellt.
>
> **Ann's Pasties** (01326-290889; www.annspasties.co.uk; pasties 2,85 £; Mo-Sa 9-15 Uhr) Die *pasties* von Ann Muller sind angeblich die Lieblingspasteten von Rick Stein. Es gibt sie nur in ihrem Geschäft auf dem Lizard.
>
> **Chough Bakery** (S. 224) Die Bäckerei in Padstow hat an zwei aufeinanderfolgenden Jahren erste Preise bei den jährlichen *pasty*-Wettbewerben der Grafschaft gewonnen.
>
> **Pengenna Pasties** (S. 243) Ein weiterer traditioneller Bäcker, mit Geschäften in St. Ives, Bude und Tintagel. Die *pasties* sind riesig und ungewöhnlicherweise oben zusammengeklappt statt wie üblich an der Seite.
>
> **Aunty May's** (01736-364583; The Coombe, Newlyn) *Pasties* wie bei Großmutter, aber mit Blätterteig. In Newlyn.
>
> **WC Rowe** (www.wcrowe.com) Kornische Filialbäckerei mit verlässlich guten *pasties*.

king.co.uk) bietet Ausflüge von der Bucht aus an.

Während der Ebbe ist es möglich, über die Felsen nach Trevellas Porth zu laufen.

Trevellas Porth BUCHT
Dieses ehemalige Bergbautal liegt direkt gegenüber der Felsen von Trevaunance Cove und wird von Einheimischen wegen des leuchtend blauen Heidekrauts an den Hängen Blue Hills genannt. In dem tiefen Teil verteilen sich Minen und Schornsteine, aber es gibt auch einen kleinen Sandstrand, von dem man toll um die Felssäulen im Wasser herumschnorcheln kann. Nördlich des Strandes führt ein Küstenweg hinauf zum Perranporth Flugplatz, der im Zweiten Weltkrieg gebaut wurde und heute von einem örtlichen Flugclub genutzt wird.

Im hinteren Teil des Tals steht eine der letzten übrig gebliebenen Zinnwerkstätten von Cornwall, die **Blue Hills Tin Stream** (01872-553341; www.bluehillstin.com; Erw./Kind 5,50/3 £; Juli-Aug. Mo-Sa 10-16 Uhr, Ende März-Ende Okt. Mo-Sa 10-14 Uhr). Führungen zeigen den gesamten Produktionsprozess, vom Abbau und Schmelzen bis zum Formen und letzten Schliff.

Der Strand liegt etwa 3,2 km östlich von St. Agnes hinter einer Abfahrt von der B3285 (ausgeschildert nach Wheal Kitty). Die Straße hinunter ist sehr steil und die Parkmöglichkeiten sind begrenzt. Es könnte einfacher sein, auf dem kleinen Parkplatz an der Bergspitze zu halten und dann hinunterzulaufen.

The Beacon AUSSICHTSPUNKT
Wer sich fit genug fühlt, kann zum höchsten Aussichtspunkt der Gegend hinaufklettern. The Beacon liegt rund eine Stunde Fußweg von St. Agnes entfernt. Von dort oben erstreckt sich an klaren Tagen ein Panorama über den größten Teil von Cornwall – man kann dann die dunklen *tors* von Bodmin Moor im Osten ebenso sehen wie den auffälligen Gipfel von Carn Brea im Westen.

The Beacon liegt mehr als 1,6 km vom Stadtzentrum von St. Agnes entfernt. Der Weg ist vom zentralen Dorfplatz recht gut ausgeschildert; auf www.stagnes.com gibt es auch ein PDF als Download mit allen Details zu den verschiedenen Rundwegen.

Mount Hawke Skate Park SKATEBOARDFAHREN
(01209-890705; www.mounthawke.com; am Wochenende 13-20 Uhr) Der einzige überdachte Skate-Park von Cornwall liegt direkt außerhalb des Dorfes Mount Hawke. Die Öffnungszeiten ändern sich abhängig von den Schulferien. Es ist auch nicht so einfach zu finden, also besser vorher anrufen und nach einer Wegbeschreibung fragen.

Schlafen

Trevellas Manor Farm CAMPINGPLATZ £
(01872-552238; www.trevellasmanorfarmcampsite.co.uk; Stellplätze 10-15 £) Einer von drei Campingplätzen, die sich in den Hügeln oberhalb von Trevellas Porth verteilen. Der Platz bietet wenig mehr als eine Wiese mit einigen Wasserhähnen und einem Toilettenhaus. Aber die Aussicht auf die Küste ist konkurrenzlos.

Beacon Cottage CAMPINGPLATZ £
(01872-552347; www.beaconcottagefarmholidays.co.uk; Stellplatz für 2 Erw. 17-23 £) Gemischter Wohnwagen- und Zeltplatz auf einer großartigen Felskuppe zwischen Chapel Porth und The Beacon.

Aramay B&B ££
(01872-553546; www.aramay.com; Quay Rd; DZ 105-125 £; P) Noch nicht lange dabei, aber mit den fünf schönen Zimmern und der netten Lage in St. Agnes wird es nicht lange ein Geheimtipp bleiben. Zimmer Nr. 1 ist z. B. modern in Karmesinrot und Creme gehalten und hat einen Kamin, das edle Nr. 3 hat seidene Bettüberwürfe und blickt auf die Stippy-Stappy-Häuserzeile. Besitzerin Amie hat viele schöne Ideen: Sie leiht ihren Gästen auch mal ihre Gummistiefel, wenn sie ihre vergessen haben.

Essen

Genki CAFÉ £
(01872-555858; Quay Rd; Hauptgerichte 4-8 £; 9-17 Uhr) Dieses Café in einer Strandhütte an der Straße zur Trevaunance Cove ist perfekt für ein schnelles Panini, selbst gemachte Suppen und einen Käseteller. Auch die Smoothies und der Kaffee sind recht ausgefallen, es gibt allerdings nur wenige Picknicktische zum Sitzen.

Cornish Pizza Company PIZZA £
(01872-553092; www.thecornishpizzacompany.co.uk; 68 Vicarage Rd; Pizza 8-9 £; Di-Sa 17-21 Uhr) Feinschmecker-Pizza im Zentrum der Stadt; der Boden ist kross und die Pizzen sind nach kornischen Bergminen benannt, z. B. Wheel Geevor mit kornischem Blauschimmelkäse und gebratenem Gemüse oder Wheal Alfred mit Ziegenkäse, getrockneten Tomaten und Zwiebelmarmelade.

ABSTECHER

CARN BREA

Am Horizont südlich der alten Bergbaustädte Redruth und Camborne erhebt sich **Carn Brea**, ein karger Granitfels, der wahrscheinlich spätestens 3500 v. Chr. besiedelt wurde. Hier wurden verschiedene Stücke neolithischer Töpferkunst, Feuersteine und Pfeilspitzen gefunden sowie Überreste von Wassergräben, Mauern und Fundamente von Langhäusern. Es ist nicht schwer zu begreifen, warum die Siedler diesen Ort seit Urzeiten als Stützpunkt aussuchten: Man hat hier einen weiten Rund-um-Ausblick. An einem klaren Tag sind hier im Osten und Land's End im Westen genauso zu sehen wie die Nord- und Südküste.

Auf der Hügelspitze steht heute ein 27 m hohes keltisches Kreuz, das **Basset Monument**, das der aristokratischen Bergbaudynastie gewidmet ist. Außerdem steht hier eine seltsame, teils mittelalterliche **Burg**, in der heute u. a. ein arabisches Restaurant residiert.

Es führen mehrere Wege hinauf, auch von den kleinen Siedlungen Carnkie und Carn Brea. Die Wege sind außerdem Teil der **Mineral Tramways** (www.cornwall.gov.uk/default.aspx?page=13419), einem Netz von Fahrradwegen, das sich zwischen den alten Maschinenhäusern und den brachliegenden Minen rund um Carn Brea ausbreitet.

Lewsey Lou's CAFÉ £
(01872-552126; www.lewseylous.co.uk; Trevaunance Cove; 4–6 £) Nachhaltige, geangelte Fish 'n' Chips mit Promisiegel – der Laden gehört nämlich dem ehemaligen Rugbyspieler Josh Lewsey. Einige Stufen von Trevaunance Cove, direkt gegenüber vom Driftwood Spars.

★ **No 4 Peterville** BISTRO ££
(01872-554245; Peterville Sq; Hauptgerichte 12–16,95 £; Mi-Sa 19–22.30 Uhr, Brunch Sa & So 10–13 Uhr) Wer in St. Agnes in Ruhe am Tisch dinieren möchte, muss nicht weiter suchen. Dieses noble Bistro neben dem Abzweig zur Trevaunance Cove hat eine lässige Atmosphäre, mit Kieferntischen, Kerzen und Blumenvasen auf jedem Tisch. Die Küche bietet klassisches, englisches Bistroessen: Rotzunge mit wildem Knoblauch oder Schweinekotelett mit Erbsen und geräucherter Kruste.

Driftwood Spars PUB ££
(01872-552428; www.driftwoodspars.com; Trevaunance Cove, St. Agnes; Hauptgerichte 10,95–16,95 £; 10–23 Uhr) Das Driftwood wird durch die Trevaunance Cove verdeckt und ist ein echtes Urgestein – es besteht hier seit mindestens zwei Jahrhunderten – ist aber beliebt wie eh und je. Das Pub mit seiner niedrigen Balkendecke ist gemütlich, während das Restaurant obendrüber durch das Kiefernholz licht und hell ist. Sie brauen außerdem ihr eigenes Ale, wie das leichte Lou's Bew oder das malzige Bolster's Blood.

Ausgehen

Neben dem Driftwood Spars trifft man sich noch im **St Agnes Hotel** (01872-552307; www.st-agnes-hotel.co.uk; Churchtown) am Dorfplatz, während das **Tap House** (01872-553095; www.the-taphouse.com; Peterville Sq) am unteren Ende der Stadt auch Livemusik bietet und eher die jüngere Generation anzieht.

ⓘ Praktische Informationen

St Agnes (www.st-agnes.com) Informative Website der Gemeinde.

Porthtowan

6,4 km südwestlich von St. Agnes liegt das Dorf Porthtowan. Früher bestimmten der Bergbau und eine Mühle das Bild. Heute tummeln sich hier die Surfer. Der Sandstrand ist angenehm, aber die meisten Leute kommen für einen Mittagssnack am Strand in der **Blue Bar** (www.blue-bar.co.uk; Porthtowan; mittags & abends) hierher. Die Surfer-Bar hat einen offenen Raum in kräftigen Primärfarben und bietet gutes Essen (Burger, Falafel, Steaks usw.). Wer einen Tisch auf der Terrasse oder am Fenster haben möchte, sollte früh kommen. Die Bar ist außerdem einer der beliebtesten Läden der Nordküste für einen Drink zum Sonnenuntergang.

Am Strand gibt es ein paar Surfläden und eine **Moomaid of Zennor**-Eisbude.

Portreath

Von Portreath, 6,4 km Kilometer südwestlich von Porthtowan, wurden einst gewaltige Mengen kornisches Erz nach Swansea zum Schmelzen verschifft. In der Blütezeit Mitte des 19. Jhs. verließen jedes Jahr rund 100 000 t Erz den Hafen von Portreath. Zum schnelleren Transport wurde zwischen dem Hafen und den Minen der Region eine Bahnlinie gebaut, die sich inzwischen in den 18 km langen **Coast to Coast Cycle Trail** (S. 189) verwandelt hat.

Der Strand von Portreath ist nicht der Beste, aber er eignet sich recht gut zum Bodyboarden.

Tehidy Woods

Der über 100 ha große **Landschaftspark** von **Tehidy** (www.cornwall.gov.uk/default.aspx?page=13240; ⊗8−etwa 18 Uhr) gehörte einst den Bassets, einer der vier reichsten Zinnabbaudynastien Cornwalls, die mit umfassenden Schürfrechten im westlichen und zentralen Cornwall ihr Vermögen gemacht hatte.

Seit 1983 gehört das Anwesen der Grafschaftsverwaltung, die es als öffentliches Waldgebiet voller Wanderwege, stiller Seen, Wildtierreservate und einem Golfplatz betreibt. Im Park gibt es ein hübsches **Café** (Hauptgerichte 4−8 £; ⊗ 9.30−17 Uhr).

Am Rande des Geländes verteilen sich einige Parkplätze; einen gibt an den North Cliffs, an der Küstenstraße B3301 zwischen Portreath und Gwithian.

Camborne, Redruth & das Bergbau-Weltkulturerbe

Camborne und Redruth wurden einst schlagartig zum ohrenbetäubenden Epizentrum der kornischen Bergbauindustrie. Die meisten der florierenden und profitablen Minen der Grafschaft befanden sich in der Nähe mit Namen, die auf ihren mineralischen Reichtum hindeuteten: Wheal Prosper (Erfolg), Wheal Fortune (Glück), Wheal Bounty (Freigebigkeit) usw. Die Minenbesitzer der Region wurden durch den Abbau extrem reich, woraufhin sie überall in der Region elegante Stadthäuser bauten. Mit dem Zusammenbruch des Zinnmarkts Mitte der 1850er-Jahre begann auch ein langsamer Niedergang der Städte. Die lange Bergbautradition wurde bis 1998 aufrechterhalten, als die letzte Mine der Grafschaft in South Crofty, in der Nähe von Pool, für immer geschlossen wurde. Dies läutete das endgültige Ende eines Wirtschaftszweigs ein, der hier immerhin fünf Jahrhunderte durchgehalten hatte.

Seit der Schließung von South Crofty gab es verschiedene Versuche, den Mineralabbau wiederzubeleben, angefeuert durch den beständigen Anstieg der Mineralpreise über die letzten zehn Jahre. Aber die unerschwinglichen Kosten für die Trockenlegung der inzwischen gefluteten Schächte und die wachsende Konkurrenz durch Entwicklungsländer hat verhindert, dass die Pläne über das Reißbrett hinausgekommen sind.

Das Erbe des kornischen Bergbaus bleibt aber erhalten. Seit 2006 gehören Cornwalls historische Bergbaugebiete zum jüngsten Weltkulturerbe der Unesco in Großbritannien, der **Cornwall and West Devon Mining Landscape** (www.cornish-mining.org.uk). Das Gebiet umfasst weite Landstriche in der Grafschaft, die meisten in St. Just, St. Agnes, Gwennap Camborne und Redruth.

⊙ Sehenswertes & Aktivitäten

Cornish Mines & Engines MINE
(☎ 01209-315027; cornishmines@nationaltrust.org.uk) Das Bergbauzentrum bei Redruth ist der ideale Ort, um sich der in Cornwall einst so bedeutenden Industrie anzunähern. An zentraler Stelle des Komplexes stehen zwei funktionierende Balanciermaschinen, die einst von Dampfkesseln angetrieben wurden, die der Ingenieur Richard Trevithick (1771 in Redruth geboren) konstruiert hatte. Sein Cottage in Penponds kann ebenfalls besichtigt werden. Weitere funktionierende Minengeräte sind in der nahe gelegenen **King Edward Mine** (☎ 01209-61468; www.kingedwardmine.co.uk; Troon, nahe Camborne; Erw./Kind 6/1,50 £; ⊗ Aug. tgl. 10−17 Uhr, Juli & Sept. Mo−Mi 10−17 Uhr, Juni Mi−So 10−17 Uhr, Mai Mi−Do & Sa & So 10−17 Uhr) zu sehen.

Heartlands KULTURZENTRUM
(www.heartlandscornwall.com; ⊗April−Sept. 10−17 Uhr, Okt.−März 10−16 Uhr) GRATIS Seit der Schließung der Minen war das zerklüftete Land zwischen Camborne, Redrugh und Pool viele Jahre lang ein Synonym für Niedergang und wirtschaftliche Talfahrt. Dieses protzige Zentrum ist das Ergebnis einer 22,3 £ Mio. teuren Investition und bezeichnet sich selbst als „kultureller Spielplatz". Mit anderen Worten: Es ist eine Mischung aus Geschäften, Kunstateliers, Galerien, Kinderspielplätzen und Ausstellungsräumen, die sich alle mit dem Bergbauthema beschäftigen. Über das Jahr verteilt finden verschiedene Veranstaltungen statt − von Führungen durch das Maschinenhaus bis zu

Küstenwanderung
Rund um St. Agnes

START TREVAUNANCE COVE
ZIEL TREVAUNANCE COVE
LÄNGE 8 KM; 3–4 STD.

Diese Wanderung führt durch eine schöne, windige Landschaft rund um die alte Bergbaustadt St. Agnes und bietet weite Küstenpanoramen und einen Abstecher zum höchsten Punkt der Gegend, The Beacon.

In ❶ **Trevaunance Cove** kann man gegenüber vom Driftwood Spars Pub parken. Ein Küstenweg führt steil hinauf zur Felskuppe von ❷ **Newdowns Head**. Vor der Küste liegen zwei Felsen, die von den Einheimischen Bawden Rocks oder Kuh und Kalb genannt werden und der Legende nach von dem Riesen Bolster dorthin geschleudert wurden. Weiter geht's auf dem Küstenweg durch dicke Heide und Ginster rund um die Landspitze von ❸ **St. Agnes Head**.

Der Weg macht dann einen Schlenker nach Süden über die offene Felsküste rund um ❹ **Tubby's Head**, bevor er zum malerischen Maschinenhaus und dem Schornstein von ❺ **Wheal Coates** abfällt, einem der beliebtesten Fotomotive von Cornwall. Von hier verläuft der Weg steil hinab zur Bucht von ❻ **Chapel Porth**, Zeit zum Auftanken bei heißem Tee und Eiscreme im Café.

Von hier wieder auf den Weg zurück zur Ruine von Wheal Coates und weiter landeinwärts bergauf bis zum Parkplatz neben dem ❼ **Beacon Drive**. Links abbiegen und gleich wieder rechts durch den Beacon Cottage Touring Park, den Schildern zu ❽ **The Beacon** folgen. Der Weg führt steil über eine mit Heide bewachsene Bergkuppe, von der sich ein majestätischer Ausblick über St. Agnes, die umliegende Küste und weiter landeinwärts Richtung Carn Brea erstreckt.

Von der Spitze führen mehrere Wege zurück zur Goonvrea Road. Ab hier ist es ein einfacher Spaziergang hinab in das Zentrum von ❾ **St. Agnes**. Der Straße durch die Stadt folgen, am St. Agnes Hotel vorbei und dann den Fußweg vorbei an den Reihenhäusern von ❿ **Stippy Stappy** bis zur Trevaunance Cove. Hier warten im Driftwood ein wohl verdientes Pint selbstgebrauten Ales und ein deftiger Käseteller.

Vorträgen über die prähistorische Zeit. Das **Red River Cafe** sorgt für eine kleine Stärkung zwischendurch.

Die Anlage liegt an der A30 zwischen Redruth und Camborne; einfach Richtung Pool fahren und den Schildern folgen.

Great Flat Lode Trail RADFAHREN
Der Wander- und -fahrradweg durchs Gelände ist Teil des Mineral Tranways Netzwerks und führt an mehreren der stillgelegten Minenanlagen rund um Carn Brea vorbei. Broschüren und Fahrräder gibt's bei **Explorer Cycle Hire** (07709-835543; www.explorercyclehire.co.uk; Erw. Fahrradmiete halber/ganzer Tag 10/16 £, Kind 10/7 £) in Heartlands.

Schlafen

★**Little White Alice** HÜTTEN
(01209-861000; www.littlewhitealice.co.uk; Carmenellis; P) Diese umweltfreundliche Hüttenansammlung liegt etwas abgelegen, oben in den Hügeln in der Nähe des Stithians Reservoir. Aber es gibt wenige Herbergen, die sich besser für einen Familienurlaub in Cornwall eignen. Die Hütten sind hübsch hergerichtet, vom romantischen Schlafloft im Willow House bis zur Maisonette mit Wendeltreppe im Ash House. Alle Hütten haben gemütliche Holzöfen und im Willkommenskorb liegen Eier und Honig direkt vom Hof.

Westcornwall & die Isles of Scilly

Inhalt ➡

Westcornwall 239
St. Ives 239
Die Penwith
Peninsula 247
Penzance 255
Der Lizard 264
Helston 264
Lizard Point &
Umgebung 266
Isles of Scilly 269
St. Mary's 271

Gut essen

➡ Tolcarne Inn (S. 261)

➡ Porthminster Beach Café (S. 244)

➡ Gurnard's Head (S. 248)

➡ Ben's Cornish Kitchen (S. 263)

Schön übernachten

➡ Old Coastguard Hotel (S. 262)

➡ Artist Residence Penzance (S. 258)

➡ Venton Vean (S. 258)

➡ Boskerris (S. 243)

Auf nach Westcornwall

Während die meisten Besucher den Touristenströmen an die Nordküste folgen, wird der wilde Westen Cornwalls, abgesehen von St. Ives und Land's End, weit seltener als Urlaubsziel gewählt. Die wahre Schönheit liegt hier abseits der Hauptstraßen: Steinerne Monumente ragen auf den Hügeln empor, altes Heidemoor trifft auf ginsterbewachsene Felsen und vergessene Bergwerke zeichnen sich als Silhouetten am Horizont ab.

Glitzernde Wellen und Künstlerflair: Die Reize von St. Ives sind weiß Gott bekannt genug. Kein Wunder also, dass die Stadt von Juli bis September unangenehm voll wird. Aber wer zum Beginn des Frühjahrs oder im Herbst herkommt, kann sie ohne großen Rummel erleben. An den bekannteren Stränden um Gwithian, Sennen und dem Lizard herrscht ebenfalls teilweise Hochbetrieb, aber viele der abgelegeneren Buchten sind über den Küstenpfad zu erreichen. Und wer allem so richtig entkommen will, findet auf den weniger besuchten Scilly Isles eine ganz andere Welt vor.

Reisezeit

➡ **Mai** In St. Mary's auf den Isles of Scilly finden an einem Wochenende Anfang Mai die World Pilot Gig Championships statt. Unterkünfte findet man jetzt kaum noch, also mindestens sechs Monate im Voraus buchen!

➡ **Juni** Das Golowan Festival ist Penzances großes Straßenfest. Besonders schön ist es am Mazey Day, wenn die ganze Stadt feiert.

➡ **Dez.** Weihnachtslichter schmücken den Hafen um Mousehole, während in Penzance das heidnische Montol Festival einen etwas anderen Blick auf die Feiertage wirft.

WESTCORNWALL

St. Ives

9870 EW.

Das Örtchen am Ende einer von goldenen Stränden und glitzernden Wellen umgebenen Halbinsel gehört ohne Zweifel zu den hübschesten Küstenstädten Cornwalls. In vergangenen Tagen war St. Ives ein wichtiger Sardinenhafen, nachdem sich jedoch in den 1920er- und 1930er-Jahren hier eine ganze Reihe einflussreicher Maler und Bildhauer niederließen, wurde die Stadt zum Brennpunkt der Kunstszene.

Heute ist der Ort eine Mischung aus luxuriösem Schick und altmodischem Strand-

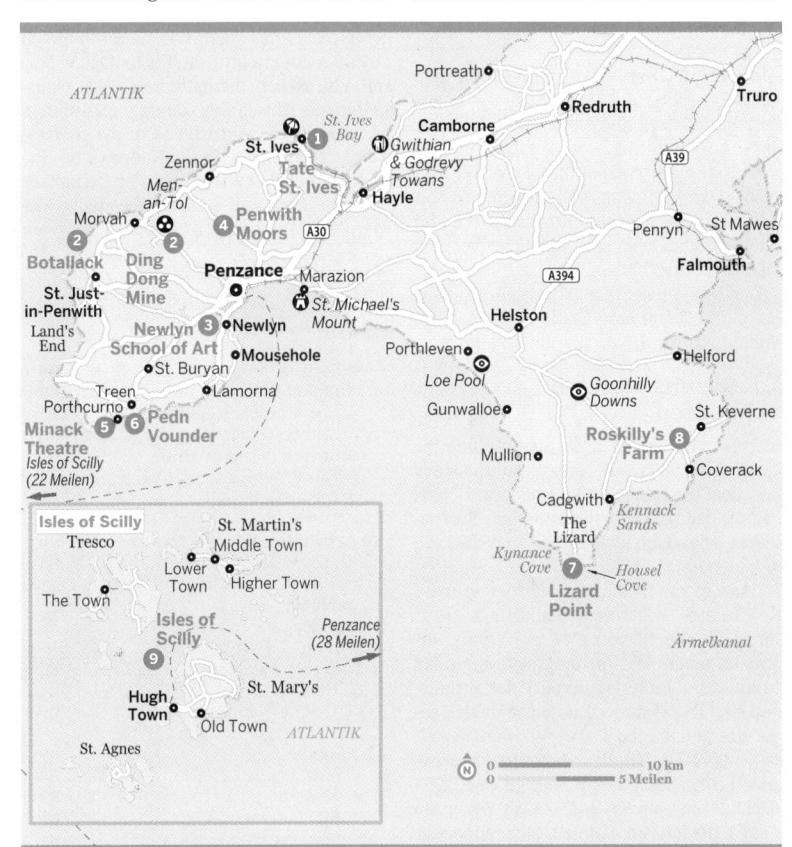

Highlights

❶ In der **Tate St. Ives** (S. 260) die Arbeiten der wichtigsten Künstler des Ortes bewundern

❷ Zu den malerischen Ruinen von **Botallack** und der **Ding Dong Mine** (S. 249) wandern

❸ In der **Newlyn School of Art** (S. 260) den Pinsel schwingen

❹ Auf den **Penwith Moors** (S. 249) die Ringwälle und Steinkreise besuchen

❺ Im unglaublichen **Minack Theatre** (S. 254) auf den Klippen ein Theaterstück sehen

❻ Am FKK-Strand von **Pedn Vounder** (S. 254) die Hüllen fallen lassen

❼ Im historischen **Leuchtturm** (S. 266) am Lizard Point ins Nebelhorn tuten

❽ Auf **Roskilly's Farm** (S. 268) Cornwalls bestes hausgemachtes Eis essen

❾ Abends auf den idyllischen **Isles of Scilly** (S. 269) ein Ruderbootrennen sehen

charme. Vom alten Hafen aus führt ein Labyrinth aus Kopfsteingassen und Serpentinensträßchen in ein Nest aus Bistros, Cafés und Künstlergalerien. Seit Neuestem machen sich die großen Modemarken an der Hauptstraße breit, was dem alternativen Charakter von St. Ives nicht gerade entgegenkommt. Aber abseits des Zentrums findet man immer noch seine Ruhe in den kleinen Gassen der Altstadt – im „Downalong", wie es hier heißt.

In der Hochsaison ist der Verkehr teilweise ein Albtraum, ebenso wie die Suche nach Parkplätzen, die dazu noch sehr teuer sind. Am Stadtrand gibt's größere Parkplätze, aber am entspanntesten ist die Anreise mit der Ein-Wagen-Eisenbahn, die von St. Erth aus die Küste entlang rattert und einen unvergleichlichen Ausblick über den Atlantik ermöglicht.

Der Name der Stadt leitet sich übrigens von der Heiligen Eaia ab, die angeblich auf einem Blatt von Irland hierher segelte.

Sehenswertes & Aktivitäten

St. Ives nennt drei schöne Stadtstrände ihr Eigen. Ganz im Westen, gleich unterhalb des Tate, liegt der breite, gelbe Sandstrand **Porthmeor**, der bei den einheimischen Surfern beliebt ist und ein kleines Café an der Straße zu bieten hat.

Ganz in der Nähe, jenseits der grünen, als „Island" bekannten Landzunge, liegt die kleine Bucht von **Porthgwidden** mit dem kleinsten und oft auch ruhigsten der Strände. Im hinteren Bereich des Strands sind eine Reihe altmodischer Umkleiden sowie das gemütliche **Porthgwidden Beach Café** (01736-796791; www.porthgwiddencafe.co.uk; Porthgwidden Beach; Hauptgerichte 8,95–10,95 £; im Sommer 9–22 Uhr, im Winter Mo geschl.). Badegäste können sich entweder drinnen leichte Mahlzeiten wie frische Miesmuscheln oder Fischsuppe mit Goldbarsch servieren lassen oder auch am Kiosk etwas mitnehmen.

Der größte und schönste der Strände um St. Ives ist **Porthminster**, ein durch Klippen geschütztes Hufeisen aus weichem, goldenem Sand. Hier ist außerdem eines der vornehmsten Restaurants der Stadt: das Porthminster Beach Café (S. 244).

Der lebhafte Badeort **Carbis Bay** 3 km westlich der Stadt ist schon allein wegen des windgeschützten (wenn auch touristischen) Strands mit Blauer Flagge, dem Ökolabel für hervorragende Wasserqualität, einen Besuch wert.

Tate St. Ives GALERIE
(01736-796226; www.tate.org.uk/stives; Porthmeor Beach; Erw./Kind 7/4,50 £; März–Okt. 10-17 Uhr, Nov.–Feb. Di–So 10–16 Uhr) Es gibt mehr als genug Galerien in St. Ives, aber das Herzstück ist die großartige Tate St. Ives. Die Galerie schwebt wie ein weißer Betonkringel oberhalb des Porthmeor Beach und soll mit ihrer Architektur die Küstenlage widerspiegeln. Neben thematischen Wechselausstellungen gibt es die ständige Sammlung, die viele Werke von Künstlern der St.-Ives-Schule zeigt. Terry Frost, Naum Gabo, Patrick Heron, Ben Nicholson, der Keramiker Bernard Leach und der kornische naive Maler Alfred Wallis sind hier ebenso vertreten

---

St. Ives

Sehenswertes
1 Art Space C2
2 Barbara Hepworth Museum B4
3 Chapel of St. Nicholas C1
4 New Millennium Gallery B5
   Salthouse Gallery .... (s. 5)
5 St. Ives Society of Artists B2
6 Tate St. Ives A3
7 Wills Lane Gallery B4

Aktivitäten, Kurse & Touren
8 St. Ives Boats B4

Schlafen
9 11 Sea View Terrace B6
10 Little Leaf Guest House A5
11 Organic Panda B6
12 Treliska B4
13 Trevose Harbour House C5

Essen
14 Alba B4
15 Alfresco B3
16 Blas Burgerworks B5
17 Moomaid of Zennor B3
18 Onshore B4
19 Pengenna Pasties B4
20 Porthgwidden Beach Café D2
21 Porthminster Beach Café C6
22 Rum & Crab Shack B4
23 Seagrass C3
24 The Loft B2

Ausgehen & Nachtleben
25 Porthminster Beach Cafe D7
26 Sloop Inn C3
27 The Hub B4

Shoppen
28 Sloop Craft Market B2

St. Ives

wie Barbara Hepworth mit ihren Skulpturen (Kombiticket inklusive Barbara Hepworth Museum: Erw./Kind 10/7 £). Das Café im obersten Stockwerk hat eine verglaste Terrasse mit Blick auf Porthmeor Beach.

Vor Kurzem wurden 12,3 Mio. £ für einen neuen Anbau bewilligt, der als zusätzliche Ausstellungsfläche für die Highlights der Dauerausstellung dienen soll. Bis Ende 2015 sollen die Arbeiten abgeschlossen sein.

Wer mit öffentlichen Verkehrsmitteln kommt und seine Fahrkarte vorzeigt, bekommt einen Preisnachlass von 1 £.

Barbara Hepworth Museum — MUSEUM
(01736-796226; Barnoon Hill; Erw./Kind 6/4 £; März–Okt. 10–17 Uhr, Nov.–Feb. Di–So 10–16 Uhr) Barbara Hepworth war eine der führenden abstrakten Bildhauerinnen des 20. Jhs. und eine Schlüsselfigur in der Kunstszene von St. Ives. Ein Glück also, dass ihr ehemaliges Atelier heute als Museum zu besichtigen ist (Kombiticket mit der Galerie Tate St. Ives: Erw./Kind 10/7 £). Ihr Atelier blieb unberührt, seit sie 1975 bei einem Feuer starb. Im angrenzenden Garten stehen einige ihrer berühmtesten Skulpturen, im Gebüsch verbergen sich die harfenartige *Garden Sculpture (Model for Meridian)* und der *Four Square*, die größte Skulptur, die Hepworth je schuf.

Ihre Kunst ist in der ganzen Stadt verstreut; vor der Guildhall steht eine Hepworth-Skulptur und in der Kirche St. Ia erinnert ihre bewegende Figur *Madonna And Child* an ihren Sohn Paul Skeaping, der 1953 bei einem Flugzeugabsturz ums Leben kam.

Leach Pottery — GALERIE
(01736-796398; www.leachpottery.com; Higher Stennack; Erw./Kind 5,50/4,50 £; Mo–Sa 10–17, So 11–16 Uhr) Während Hepworth die Kunst der Skulpturen revolutionierte, arbeitete der Keramiker Bernard Leach in seinem Atelier in Higher Stennack eifrig an der Neuerfindung britischer Töpferkunst. Leach ließ sich von japanischer und fernöstlicher Bildhauerei inspirieren und nutzte einen einzigartigen, handgebauten Höhlenbrennofen nach japanischem Vorbild. Seine Keramik schuf eine einzigartige Verbindung zwischen westlicher und östlicher Kunstauffassung.

In seinem ehemaligen Atelier sind einige seiner Werke ausgestellt. Erweitert wurde es mit einem nagelneuen **Museum** und einer Töpferwerkstatt. Im Laden werden Werke moderner Töpfer und Souvenirs aus den Geschirrkreationen von Leach verkauft.

> ### ⓘ PENWITH ART PASS
> Für alle, die vorhaben, mehrere Galerien und Museen um Penwith zu besuchen, lohnt sich wahrscheinlich der **Art Pass** (Erw./Kind 14,50/8,50 £), der sieben Tage gültig ist und unbeschränkten Eintritt in das Tate, das Barbara Hepworth Museum, die Leach Pottery, die Penlee House Gallery, die Newlyn Art Gallery und den Exchange erlaubt.

Chapel of St. Nicholas — KAPELLE
Auf der grünen Landzunge zwischen Porthmeor und Porthminster („the Island") steht seit vor dem 14. Jh. die winzige Kapelle des St. Nicholas, Schutzpatron der Kinder und Seeleute. Angeblich ist sie die älteste Kirche in St. Ives – die kleinste ist sie ohne Zweifel.

Bootsfahrten — BOOTSTOUR
Am Kai bieten mehrere Bootsgesellschaften Angeltrips und Rundfahrten an, darunter **St Ives Boats** (0777-300 8000; www.stivesboats.co.uk; Wharf Rd; Erw./Kind 20/8 £). Im Angebot sind z. B. auch Ausflüge zur Kegelrobbenkolonie auf Seal Island. Mit viel Glück lässt sich im Sommer auch mal ein Tümmler oder ein Riesenhai blicken.

✨ Festivals & Events

St Ives September Festival — FESTIVAL
(www.stivesseptemberfestival.co.uk) Jährliches Kunstfest mit Musik, Ausstellungen und Events (Anfang September).

🛏 Schlafen

Treliska — B&B £
(01736-797678; www.treliska.com; 3 Bedford Rd; DZ 65–85 £; 🕾) Die elegante Einrichtung in diesem B&B – verchromte Armaturen, Holzmöbel, coole Waschbecken – ist allein schon toll, aber der eigentliche Knüller ist die Lage nur wenige Schritte vom Zentrum.

No 1 St Ives — B&B ££
(01736-799047; www.no1stives.co.uk; 1 Fern Glen; DZ 90–135 £; P🕾) Das renovierte Granit-Cottage beschreibt sich selbst als „Shabby Chic", hat aber so gar nichts Schäbiges. Im Gegenteil – es ist ein vorbildlich modernes B&B mit Verwöhnprogramm: gefiltertes Wasser, Gänsedaunendecken, iPod-Anschlüsse und Pflegeprodukte von White Company. Die Zimmer sind unterschiedlich groß, aber alle in Weiß-, Creme- und Cappuccino-Tönen eingerichtet.

11 Sea View Terrace B&B ££
(☏01736-798440; www.11stives.co.uk; 11 Sea View Tce; DZ 100–135 £; P 🛜) Cremetöne, Karos und warme, braune Teppiche zeichnen dieses schicke B&B in St. Ives aus. Die beiden vorderen „Suiten" haben einen wunderschönen Ausblick auf Stadt und Meer, während die hintere auf die Gartenterrasse blickt. Mehr Platz bietet die schicke Ferienwohnung (500–950 £ pro Woche).

Little Leaf Guest House B&B ££
(☏01736-795427; www.littleleafguesthouse.co.uk; Park Ave; Zi. 85–120 £; 🛜) Die Inhaber Danny und Lee führen ein freundliches, stilvolles B&B. Die Zimmer sind hübsch und schlicht, mit cremigen Farben und Fichtenmöbeln. Zimmer 2 und 5 bieten einen tollen Meerblick.

Organic Panda B&B ££
(☏01736-793890; www.organicpanda.co.uk; 1 Pednolver Tce; DZ 80–140 £; P 🛜) Das süße, kleine B&B liegt abseits vom Trubel in St. Ives in der nahe gelegenen Carbis Bay. Das künstlerisch angehauchte Haus ist mit getupften Kissen und Recycling-Holzbetten eingerichtet und mit den Arbeiten von Künstlern aus St. Ives geschmückt. Das Frühstück ist natürlich Bio. Ab drei Übernachtungen gibt es einen 25-prozentigen Nachlass.

Boskerris HOTEL £££
(☏01736-795295; www.boskerrishotel.co.uk; Boskerris Rd; DZ 125–220 £; P 🛜) Dieses Gästehaus aus den 1930er-Jahren steht in der Carbis Bay und wurde kürzlich renoviert. Wer moderne Stoffe und kühle Farben mag, ist hier richtig. Der großartige Ausblick auf die Bucht, das beruhigende Strandambiente und die vielen, stilvollen Details haben es beliebt gemacht: weit im Voraus buchen!

Trevose Harbour House B&B £££
(☏01736-793267; www.trevosehouse.co.uk; 22 The Warren; DZ 135–185 £; 🛜) Das schicke Stadthaus mit sechs Zimmern steht am kurvigen Warren und strahlt nach einer Renovierung in einer maritimen Mischung aus frischem Weiß und blauen Streifen. Es ist wunderschön eingerichtet mit Pflegeprodukten von Neal's Yard und jeder Menge Retrodesign in den Zimmern. Aber es ist nicht ganz billig – trotz der günstigen Lage bei Porthminster.

Blue Hayes HOTEL £££
(☏01736-797129; www.bluehayes.co.uk; Trelyon Ave, St. Ives; Zi. 110–240 £; pW) Der perfekte Rasen, die Frühstücksterrasse und die fünf überragend gut ausgestatteten Zimmer haben diese Unterkunft zum Liebling der Sonntagsbeilagen gemacht. Die Trelyon Suite hat sogar eine eigene Dachterrasse.

🍴 Essen

Rum & Crab Shack FISCH & MEERESFRÜCHTE £
(☏01736-796353; Wharf Rd; Hauptgerichte 5,95–9,50 £; ⏱9–21 Uhr; 👪) Wer seine Taschenkrebse am liebsten selbst aufbricht und direkt aus der Schale isst, ist hier an der richtigen Adresse (Schürze und Werkzeug werden gestellt). Wie der Name schon vermuten lässt, ist die Rumauswahl auch nicht übel – und auch die *scrowlers* (Sardinen aus Cornwall) auf Toast tragen ihren Namen zu Recht.

Moomaid of Zennor EISCREME £
(www.moomaidofzennor.com; The Wharf; ab 2 £; ⏱9–17 Uhr) Dieser Eismacher ist eine lokale Legende. Alle 30 Sorten werden auf dem Bauernhof gleich außerhalb von Zennor ausschließlich aus der eigenen Milch sowie aus Roddas *clotted cream* hergestellt. Zu den exotischeren Varianten gehören Feige mit Mascarpone oder Birnen-Cider-Sorbet.

Pengenna Pasties BÄCKEREI £
(www.pengennapasties.co.uk; 9 High St; pasties 3–4 £) Großzügig gefüllte *pasties* mit umstrittenen Details wie nach obem gekräuseltem Rand und Blätterteig.

Blas Burgerworks BURGER ££
(☏01736-797 272; www.blasburgerworks.co.uk; The Warren; Burger 5–10 £; ⏱12–22 Uhr; 👪) 🌿 Bei Blas wird der Burger zum Kunstwerk. Die 170-Gramm-Burger kommen in vielen Varianten auf den Tisch: mit kornischem Schimmelkäse oder Cheddar aus Davidstow, garniert mit Roter Bete und Bärlauchmayo oder mexikanisch gewürzt mit Salsa und Guacamole. Vegetarier kommen auch auf ihre Kosten: Der Halloumi-Burger mit Wildpilzen und Kapern-Aioli wurde kürzlich vom BBC-Magazin *Olive* zum besten Veggie-Burger gekürt. Viel Platz zum Sitzen ist allerdings nicht. Und wer sein Essen lieber mitnimmt, muss sich vor räuberischen Möwen in Acht nehmen.

Alba FISCH & MEERESFRÜCHTE ££
(☏01736-797222; www.thealbarestaurant.com; Old Lifeboat House, Wharf Rd; Hauptgerichte 11–18 £; ⏱12–13 & 17.30–22 Uhr) Das Fischrestaurant machte die Gourmetszene von St. Ives berühmt. Helles Fichtenholz und schneeweiße Tischdecken vermitteln einen coolen und modernen Eindruck. Die Küche bietet eine

breite Palette an Meeresfrüchten. Die besten Tische sind am Fenster mit Blick über den Hafen – bei der Reservierung nachfragen. Von 17.30 bis 19.30 Uhr gibt es Tagesmenüs (16,95/19,95 £).

Alfresco
BISTRO ££

(☎01736-793737; info@alfrescocafebar.co.uk; The Wharf; 2-Gänge-Menü abends 16,95 £; ⏱ Do-Fr 12–15, tgl. abends 19–21 Uhr) Ein weiterer Spezialist für Fisch & Meeresfrüchte – in diesem Fall mediterran angehaucht. Besonders gut sind die in kornischen *stingers* gedünsteten Miesmuscheln und die hervorragende Fischsuppe *Alfresco Chowder*. Wenn die Sonne scheint und die Türen zum Hafen geöffnet sind, könnte man meinen in Italien zu sein.

Seagrass
MODERN BRITISCH ££

(☎01736-793763; www.seagrass-stives.com; Fish St; Hauptgerichte abends 13,25–19,95 £; ⏱ ganzjährig 18–22 Uhr, im Sommer auch 12–14 Uhr) Das schöne Bistro gleich neben dem Hafen hat sich auf Meeresfrüchte und Wild mit französisch-italienischem Einschlag konzentriert. Fischfans gefällt vielleicht das Menü „Oysters & Shells": ein frischer Taschenkrebs aus St. Ives mit Chili-Marmelade oder Austern aus Helford mit einer Vinaigrette aus Rotwein und Schalotten. Von 18 bis 19 Uhr gibt's noch ein 2-/3-Gänge-Menü für sagenhafte 15,95/19,95 £.

Onshore
PIZZA ££

(☎01736-796000; The Wharf; Pizza 8–14 £; ⏱ 9–22 Uhr; 👪) Pizza, Pizza und noch mehr Pizza – und zwar aus dem Holzofen und mit Hafenblick. Die perfekte Familienlocation.

The Loft
BISTRO ££

(☎01736-794204; www.theloftrestaurantandterrace.co.uk; Norway Ln; Hauptgerichte abends 14,95–22,95 £; ⏱ 12–14 & 18–22 Uhr; ❄) In diesem Restaurant in einer umgebauten Segelmacherwerkstatt fühlt man sich wie im Inneren einer Galeere. Das Essen ist schlicht und unprätentiös: Hähnchensupreme mit Kräuterkartoffeln oder Seebrasse mit Zitronen-Kapern-Butter.

★ Porthminster Beach Café
BISTRO £££

(☎01736-795352; www.porthminstercafe.co.uk; Porthminster Beach; Hauptgerichte mittags 10,50–16,50 £, Hauptgerichte abends 10–22 £; ⏱ 9–22 Uhr) Einen schöneren Meerblick findet man nirgends in St. Ives – oder überhaupt in Cornwall. Das preisgekrönte Bistro liegt gleich neben dem Strand von Porthminster. Mit Strandhausflair und einer saisonalen Speisekarte, die von provenzalischer Fischsuppe bis zu gebratenen Jakobsmuscheln reicht, verbreitet es ein Feeling wie an der französischen Riviera. An sonnigen Tagen sind die besten Tische draußen auf der Terrasse, aber da muss man schnell sein, denn sie sind sofort besetzt. Das beste Strandcafé in Cornwall? Gut möglich.

Ausgehen & Nachtleben

The Hub
CAFÉ, BAR

(www.hub-stives.co.uk; The Wharf) Kaffee, Kuchen, Ciabattas oder Cocktails – in der großräumigen Café-Bar trifft sich ganz St. Ives. Abgedrehte Wandbilder des lokalen Designkollektivs A-Side Studio schaffen ein großstädtisches Flair, das so gar nicht zur Lage am Hafen passen will. An warmen Tagen werden Tische aufs Trottoir gestellt, nachts sorgen DJs für Unterhaltung.

Sloop Inn
GASTHAUS

(☎01736-796584; www.sloop-inn.co.uk; The Wharf; Hauptgerichte 5,95–15,95 £; ⏱ Mo-Sa 11–23, So 10–22 Uhr) Ales wie Old Speckled Hen, Doom Bar und Bass sind nur einer der Gründe, warum das Pub mit seiner Balkendecke eine behagliche Stammkneipe ist. Ob nun in einer der Sitznischen oder an einem der begehrten Tische am Kai – es gibt bei Sonnenschein einfach keinen schöneren Ort für ein Pint und ein Krebsfleischsandwich.

Shoppen

Der **Sloop Craft Market** (St. Ives) ist eine Fundgrube voll mit Schätzen aus Künstlerateliers, die von handgemachten Karten bis zu Siebdrucken alles Mögliche verkaufen. Die Künstler können durch die Atelierfenster bei der Arbeit beobachtet werden: handgefertigte Broschen, Ringe und Anhänger in der **Smith Jewellery** (☎01736-799876; www.smithjewellery.com), Buntglasgegenstände bei **Debbie Martin** (☎01736-796051) und Möbeleinzelstücke aus Treibholz bei **Beach Wood** (☎01736-796051). Der Laden liegt hinter dem Parkplatz des Sloop, gleich abseits des Hafenkais.

Die Galerie der **St. Ives Society of Artists** (☎01736-795582; www.stivessocietyofartists.com; Norway Sq) – einer der ältesten und einflussreichsten Verbände Cornwalls, 1929 gegründet – befindet sich in einer umgebauten Kirche am Norway Square, mit einer separaten „Seemannsgalerie" in der Krypta. Ebenfalls hoch angesehen ist die **New Millennium Gallery** (☎01736-793121; www.newmillenniumgallery.co.uk; Street-an-Pol), mit einer der größten Sammlungen der Stadt.

Moderne Werke stehen in der **Salthouse Gallery** (01736-795003; http://salthousegallery.110mb.com; Norway Sq) und der **Wills Lane Gallery** (01736-795723; www.willslanegallery.co.uk; Wills Lane; Mo–Sa 10.30–17.30, So 11–16 Uhr) im Mittelpunkt, die von einem ehemaligen Leiter der Contemporary Art Society geführt werden. **Art Space** (01736-799744; www.artspace-cornwall.co.uk; The Wharf; im Sommer 10.30–17.30 Uhr, im Winter 11–16.30 Uhr) präsentiert lokale Künstler.

Praktische Informationen

St. Ives Tourist Office (01736-796297; www.stivestic.co.uk; Street-an-Pol; Mo–Fr 9–17.30, Sa 9–17, So 10–16 Uhr) In der Guildhall.

An- & Weiterreise

BUS

Von April bis Oktober fährt der offene Doppeldecker von Western Greyhound (Bus 300) drei- bis fünfmal täglich von Penzance über Land's End, St. Just und Zennor nach St. Ives und zurück.

Andere Nahverkehrsbusse:

Penzance (Mo–Sa alle 30 Min., So stündl., 30 Min.) Bus 17.

Truro (1½ Std., stündl.) Bus 14, über Hayle, Camborne und Redruth.

Zennor (Mo–Sa alle 2 Std., 20 Min.) Bus 508, hält in Towednack, Zennor, Gurnard's Head und New Mill (umsteigen nach Chysauster).

AUTO

In den engen Gassen von St. Ives wird das Fahren im Sommer zum Albtraum. Wer nicht im autoförmigen Kochtopf langsam im eigenen Saft gegart werden will, sollte um keinen Preis ins Zentrum fahren.

Am besten, man parkt auf einem der großen Parkplätze am Stadtrand. Der größte ist in Trenwith; vom Zentrum aus läuft man recht lange bergauf, um ihn zu erreichen. Dafür hat er im Sommer 759, im Winter 311 Parkplätze.

Ansonsten gibt es noch den Parkplatz neben dem Bahnhof (106 Plätze) und den großen Parkplatz neben dem Island (155 Plätze). Außerdem liegen noch kleine Parkplätze neben Porthmeor Beach, dem Sloop, Smeaton's Pier, Park Avenue und den Barnoon-Apartments.

Am allerwenigsten Stress hat man aber, wenn man am Bahnhof von St. Erth oder Lelant Saltings parkt und mit dem Zug nach St. Ives hineinfährt.

ZUG

Landschaftlich schöne Ausblicke bietet die Nebenstrecke über Carbis Bay, Lelant, Lelant Saltings und St. Erth (3 £, 14 Min., halbstündl.). In St. Erth besteht Anschluss zur Hauptstrecke London–Penzance.

Gwithian & Godrevy Towans

6,5 km Autofahrt östlich von St. Ives über die Hayle Estuary liegt am glitzernden Meer der weite Bogen der flachen, von Dünen gesäumten Strände **Gwithian** und **Godrevy**, die bei Ebbe zu den viel gelobten „5 Kilometern goldener Sandstrand" verschmelzen. Am südwestlichen Ende liegt der **Hayle Estuary**, einstmals ein geschäftiger Wirtschaftshafen, und am gegenüberliegenden Ende steht auf einer Felseninsel der **Godrevy Lighthouse**, berühmt als Inspiration für Virginia Woolfs assoziativen Klassiker *Zum Leuchtturm*.

Gleich jenseits der Strände beginnen ausgedehnte, grasbewachsene Dünenfelder (auf Kornisch: *towans*). Sie sind sehr beliebt, bieten aber auch im Hochsommer noch genug Platz für alle. Beide Strände verfügen über Parkplätze, die aber – kaum erstaunlich – teilweise ziemlich voll sind. Godrevy gehört dem National Trust; Mitglieder können kostenlos parken (vorausgesetzt, sie finden einen Platz). Zusätzliche Parkplätze stehen meist in einem nahe gelegenen Feld zur Verfügung. Am Fuß einer Klippe in der Nähe der Landzunge kann man oft eine Kegelrobbenkolonie beobachten.

Gwithian hat zuverlässige Breaks und ist daher bei Surfern beliebt. Dadurch kann man hier auch gut surfen lernen. Die **Gwithian Surf Academy** (01736-757579; www.surfacademy.co.uk) ist eine bekannte Surfschule und eine von nur vier, die als „BSA School of Excellence" ausgezeichnet sind.

Schlafen

Gwithian Farm CAMPINGPLATZ £
(01736-753127; gwithianfarm.co.uk; Stellplätze 14–23 £; April–Sept.) Campingplatz mit toller Lage in einem Feld im Dorf Gwithian mit allen sanitären Anlagen und günstig gelegen zum Strand. Für einen Campingplatz allerdings nicht ganz billig und im Sommer sehr voll.

Essen & Ausgehen

Godrevy Café CAFÉ £
(01736-757999; www.godrevycafe.com; Mittagessen 6–10 £; 10–17 Uhr) Zweistöckiges Holzhauscafé neben dem Parkplatz bei Godrevy, das großartigen Kaffee und Mittagessen

serviert. Wer einen Tisch oben auf der Terrasse mit Blick auf den Strand ergattern will, muss früh kommen.

Jam Pot Cafe CAFÉ £

(01736-759190; 2–5 £; im Sommer 9–17 Uhr) Ein süßes, kleines Snackcafé in einem denkmalgeschützten, ehemaligen Fischer-Cottage. Ganz in der Nähe des Parkplatzes von Gwithian.

Sunset Surf Cafe CAFÉ £

(01736-752575; www.sunset-surf.com; Hauptgerichte 4–8 £; morgens & mittags) Eine Mischung aus Surfschule, Strandcafé und ganzjähriger Snackstation hinter den Dünen von Gwithian. Surfstunden gibt's ab 30 £.

Sandsifter BAR

(01736-757809; www.sandsiftercornwall.com; 10–23 Uhr) Das Sandsifter ist der beste Ort für einen Sundowner. Die Bar hat auch oft noch später für Liveauftritte und Clubnächte geöffnet. Der Parkplatz ist gleich nach dem Abzweig nach Godrevy. Hauptgerichte kosten 4–16 £.

Hayle

Hayle liegt neben einer breiten Flussmündung und ist während des großen Bergwerksbooms im 18. und 19. Jh. als Industriehafen groß geworden. Vornehme viktorianische Bauten säumen die Uferpromenade und die Gegend um Foundry Square. Trotz diverser umstrittener Bauprojekte am Hafen hat die Stadt niemals zu ihrem alten Glanz zurückfinden können.

Hayles Hauptattraktion ist **Paradise Park** (01736-751020; www.paradisepark.org.uk; Erw./Kind 12,99/9,99 £; im Sommer 10–17 Uhr), ein Vogelschutzgebiet, dessen Population sich aus Papageien, Sittichen, Adlern, Eulen und sonstigen Greifvögeln zusammensetzt. Fütterungen und Vorführungen verteilen sich über den ganzen Tag – im Mittelpunkt des Geschehens ist dabei oft Archie der Weißkopfseeadler, einer der Stars im Park. Bei plötzlicher Wetterverschlechterung ist auch die Spielscheune „Jungle Barn" eine praktische Sache.

Essen & Ausgehen

★ Philps BÄCKEREI £

(01736-755661; www.philpspasties.co.uk; 1 East Quay; ab 3 £) Hier werden die *pasties* immer noch nach dem Rezept gebacken, das Sam Philps, Gründer der Bäckerei, vor rund 60 Jahren niedergeschrieben hat – nach Meinung vieler Liebhaber die besten *pasties* in ganz Cornwall.

Mr B's Ice-Cream CAFÉ £

(01736-758580; www.mrbsicecream.co.uk; 24 Penpol Tce; Eiscreme 2–3 £; 10–17 Uhr) Die heiß geliebte Eisdiele in Hayle wartet mit Dutzenden Sorten auf, darunter auch seltsame Varianten, die aus Kuchen und Keksen bestehen.

BESTE HOFLÄDEN

In Cornwall gibt's viele phantastische Hofläden, die Obst und Gemüse frisch vom Feld verkaufen.

Trevaskis Farm (01209-713931; www.trevaskisfarm.co.uk; 12 Gwinear Rd, Hayle; Hofladen im Sommer 9–18 Uhr, im Winter 9–17 Uhr) Dieser Hofladen bei Gwithian verkauft Fleisch, hausgemachtes Chutney und frisches Obst und Gemüse. Das Restaurant serviert außerdem riesige Sonntagsbraten.

Trevathan Farm (01208-880164; www.trevathanfarm.com; 10–17 Uhr) Auf dem Hof bei Port Isaac können Besucher ihr Obst selbst ernten.

Lobbs Farm Shop (01726-844411; St. Ewe; Mo–Fr 9.30–17 Uhr) Teil des Heligan-Anwesens. Der Hofladen 11 km südlich von St. Austell in den Lost Gardens of Heligan hat alles: Räucherfisch, Fleisch und Wurst vom eigenen Vieh, Orangenmarmelade oder auch gleich einen kompletten Proviantkorb.

Kingsley Village (01726-861111; www.kingsleyvillage.com) Einkaufskomplex an der A30 bei Fraddon mit einer riesigen Lebensmittelabteilung und erstklassigen Fisch- und Fleischtheken.

Gear Farm (01326-221150; www.gearfarmcornwall.co.uk; St. Martin, Helston) Der Biohof auf dem Lizard verkauft Fleisch und Milchprodukte von den eigenen Aberdeen-Angus-Rindern.

Bucket of Blood PUB

(☎01736-752378; ⊙Mo–Sa 11–23 Uhr) Das weiß getünchte Gasthaus mit niedriger Decke steht gleich außerhalb des Zentrums und trägt mit „Bluteimer" möglicherweise den interessantesten Namen von allen Pubs in Großbritannien. Er geht auf einen Vorfall vor 200 Jahren zurück, als eine Leiche in den Brunnen des Pubs geworfen wurde und das Wasser rot färbte (das Wirtshausschild zeigt die Sache nochmal bildlich).

❶ An- & Weiterreise

Bus X18 (Mo–Sa stündl.) Hält in Hayle auf der Strecke zwischen Penzance über Camborne nach Truro.

Die Penwith Peninsula

Der Name Penwith setzt sich aus zwei kornischen Wörtern zusammen – *penn* (Landspitze) und *wydh* (Ende). Die Halbinsel erstreckt sich wie ein gekrümmter Finger von St. Ives bis nach Land's End, dem westlichsten Punkt des britischen Festlands. Diese wilde und abgeschiedene Region mit ihren Bergwerksschornsteinen, uralten Äckern und windigem Heideland war ursprünglich eines der „Cornish Hundreds" (ein Netz aus Verwaltungsbezirken, die im Domesday Book verzeichnet waren), aber besiedelt war sie schon lange zuvor. In dieser Ecke Cornwalls gibt es die höchste Dichte prähistorischer Stätten Europas, viele von ihnen sind älter als Stonehenge und Avebury. Später wurde Penwith ein Zentrum des Bergbaus, weswegen die Gegend heute einen phantastischen Einblick in das unvorstellbar harte Leben der Zinnbergarbeiter Cornwalls bietet.

Erkunden lässt sich die Halbinsel wunderbar mit dem Open-Top-Bus 300 (Penwith Explorer), der von April bis Oktober verkehrt.

Penwith Peninsula & Land's End

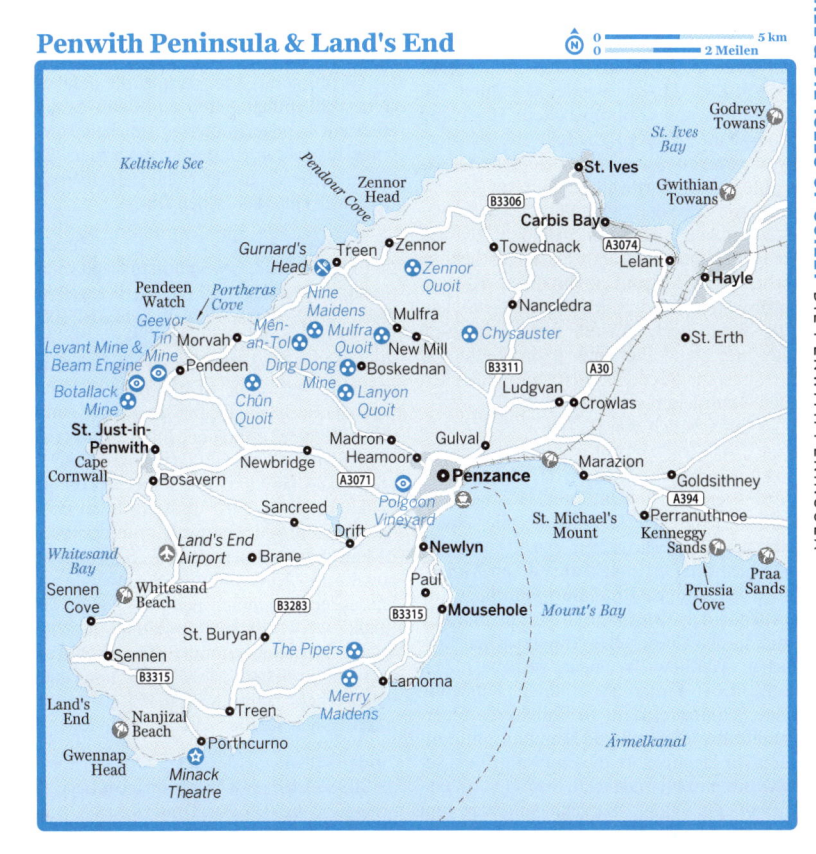

❶ An- & Weiterreise

Verschiedene Busse fahren die Dörfer zwischen Penzance und St. Ives ab.

Bus 1/1A (Mo–Sa tgl.) Fährt von Penzance nach Land's End (die Hälfte der Busse fährt über Sennen, die andere Hälfte über Treen und Porthcurno).

Bus 10A (Mo–Sa mind. 1-mal stündl.) Fährt von Penzance Heamoor, Madron, Pendeen und Botallack nach St. Just.

Bus 300 (April–Okt. 3- bis 5-mal tgl.) Ein offener Doppeldecker, der von Penzance nach St. Ives und anschließend über Zennor, Pendeen, Geevor, Botallack und St. Just nach Land's End fährt, um schließlich über Sennen, Drift und Newlyn nach Penzance zurückzufahren.

Bus 504 (Mo–Sa 2-mal tgl.) Hält in Penzance und fährt nach Lamorna, Merry Maidens, Porthcurno, Land's End, Sennen und St. Just.

Bus 508 (Mo–Sa 6-mal tgl.) Hält in Towednack, Zennor, Gurnard's Head und New Mill (Umstieg nach Chysauster).

Zennor & Pendeen

Die Küstenstraße B3306 durch die Wildnis zwischen St. Ives und **St. Just-in-Penwith** ist ein Kleinod – sie windet sich durch ein Panorama aus granitübersätem Heideland und kleinen Feldern, die teilweise seit dem Mittelalter bewirtschaftet werden. Dieses wilde Stück Cornwall scheint meilenweit entfernt von den aufgehübschten Hafenstädten und gepflegten Stränden. Zerklüftete *tors* und lila Heidelandschaft beherrschen den Horizont, zerbrochene Klippen bröckeln in die tosenden Wellen. Heute lebt hier kaum noch jemand, aber in der Neusteinzeit stand hier eine ganze Kette von Siedlungen, deren Überreste noch zwischen den Granitfelsen verstreut sind.

8 km westlich von St. Ives liegt das winzige Dorf **Zennor** mit seiner mittelalterlichen Kirche **St. Senara**. D. H. Lawrence lebte hier zwischen 1915 und 1917, bevor er als mutmaßlicher kommunistischer Spion aus dem Dorf vertrieben wurde (den Vorfall beschrieb er in seinem Roman *Kangaroo*). Bekannter ist das Dorf jedoch für die Legende der Meerjungfrau von Zennor, die sich in den Gesang des einheimischen Burschen Matthew Trewhella verliebt haben soll. In der Kirche ist an einem Bankende eine Schnitzerei dazu zu finden: die Meerjungfrau mit Spiegel und Kamm in den Händen. Ihr Lieblingsort, die **Pendour Cove**, sowie der absolut versteckte Strand von **Veor Cove** – ein wilder, abgeschiedener Ort zum Schwimmen – sind über einen atemberaubenden Küstenpfad zu erreichen.

Das **Wayside Folk Museum** (Eintritt 3 £; ◎ Mai–Sept. So–Fr 10.30–17 Uhr, April & Okt. So–Fr 11–17 Uhr) unterhalb der Kirche zeigt Kuriositäten, die Colonel „Freddie" Hirst in den 1930er-Jahren gesammelt hat, z. B. Schmiedehammer, instand gesetzte Wassermühlen oder eine kornische Küche aus dem 18. Jh.

🛏 Schlafen & Essen

Zennor Backpackers HOSTEL
(☎ 01736-798307; www.zennorbackpackers.net; B/FZ 18,50/70 £) Das helle Hostel in der alten Kapelle von Zennor hat ein Familienzimmer, zwei Sechsbettzimmer und ein sehr gutes Café mit warmen Mahlzeiten und hausgemachtem Kuchen.

Bodrifty Farm RUNDHAUS ££
(☎ 07887-522788; www.bodriftyfarm.co.uk; ab 130 £) Dieser isolierte Bauernhof bietet eine Unterkunft der besonderen Art: das authentisch rekonstruierte Rundhaus eines keltischen Häuptlings. Das Holzhaus hat ein Reetdach und eine Feuergrube, die nachts für Wärme sorgt. Aber da hört die detailgetreue Schlichtheit schon auf, denn es gibt auch ein handgezimmertes Holzbett sowie einen luxuriösen (und sehr modernen) Badezimmerblock. In der Nähe sieht man die Überreste eines keltischen Dorfs.

★ Gurnard's Head PUB ££
(☎ 01736-796928; www.gurnardshead.co.uk; Hauptgerichte mittags 6,50–13,50 £, Hauptgerichte abends 12,50–16,50 £; ◎ 12–15 & 18.30–22 Uhr) Das Gurnard's liegt ziemlich abseits an der Zennor-Küstenstraße, aber zu übersehen ist es nicht – der Name ist in großen Buchstaben aufs Dach gemalt. Das großartige Landpub unter der Leitung der Inkin-Brüder (die außerdem noch das Old Coastguard Hotel in Mousehole besitzen) bot seiner abgeschiedenen Lage die Stirn und wurde zu einer der Topadressen Cornwalls (Reservierung ist ein Muss). Bücherregale, Sepiadrucke, abgewetztes Holz und raue Steinwände verbreiten ein angenehm heimeliges Flair. Die Küche serviert herzerwärmende Gerichte: Steak, Schweineschulter, Hähnchenbrust und Entenrillettes. Die Zimmer sind auch entsprechend gemütlich (DZ 100–170 £), alle mit Ausblick auf die Heide oder die Küste.

Tinner's Arms PUB ££
(☎ 01736-792697; www.tinnersarms.com; Hauptgerichte 10.50–16.50 £) Das Tinner's Arms, einst

ABSTECHER

BERGWERKE

Zinnbergbau war einst der Haupterwerb in Westcornwall, und noch immer stehen verlassene Maschinenhäuser an der felsigen Küste. Die **Geevor Tin Mine** (✆01736-788662; www.geevor.com; Erw./Kind 10,50/6,50 £; ⊙März–Okt. So–Fr 9–17 Uhr, Nov.–Feb. 9–16 Uhr) wurde als letzte Mine in Westcornwall 1990 geschlossen und ist jetzt ein faszinierendes Museum. Über Tage sind die alten Maschinen zu besichtigen, mit denen das Zinnerz ausgewaschen wurde. Unter Tage gibt es Führungen durch die eigentliche Mine – ein Labyrinth aus stickigen Schächten und Tunneln, in denen Bergarbeiter lange Schichten fuhren und unter der stets drohenden Gefahr von Steinschlägen, Luftverschmutzung und Explosionen malochten. Das Bergwerk liegt leicht zu finden an der B3306, unmittelbar vor dem Ortseingang von Pendeen.

Noch mehr Bergwerksgeschichte kann an der **Levant Mine & Beam Engine** (✆01736-786156; www.nationaltrust.org.uk/levant-mine; Erw./Kind 6,50/3,20 £; ⊙So–Fr 11–17 Uhr) erlebt werden, eine der wenigen noch funktionierenden kornischen Balanciermaschinen. Diese innovativen Dampfmaschinen dienten dazu, das Flutwasser in tiefen Schächten abzupumpen und Erze nach oben zu transportieren. Diese Maschinenkonstruktion brachte den kornischen Bergbau an die Weltspitze und wurde später in alle Kontinente exportiert. Sie befindet sich in Trewellard, gleich nach Pendeen – immer den braunen Schildern nachfahren.

Ganz in der Nähe kleben die stimmungsvollen Überreste der **Botallack Mine** an den vom Meer gepeitschten Klippen. Die von den Elementen gebeutelte Ruine am Fuß der zerklüfteten Klippe ist wohl die malerischste der bröckelnden Zechen um Penwith. Das Bergwerk ist außerdem als eines der tiefsten in Penwith bekannt: Die Schächte reichen teilweise bis unter die Wellen des Atlantiks – man sagt, die Kumpel konnten manchmal hören, wie das Meer über ihren Köpfen Steine hin- und herwälzte. Verschiedene Wanderwege ziehen sich durch das Gelände, das nur ein kleines Stück weiter die Küste entlang von der Levant Mine liegt. Am besten parkt man also dort und läuft hin.

Weiter westlich auf der B3306 geht es zum alten Schornstein der **Mine Carn Galver** nahe den Bergbauruinen des Porthmeor Valley. Die **Ding Dong Mine** auf den Hügeln nahe dem Mên-an-tol soll Cornwalls älteste Mine sein. Die früheste offizielle Erwähnung stammt aus dem 17. Jh., aber der Legende nach wurde hier schon vor über 2000 Jahren Bergbau betrieben – Jesus und Joseph von Arimathäa sollen die Mine besucht haben. Es ist nicht ganz leicht zu finden: Kurz vor Morvah von der Küstenstraße Richtung Madron abbiegen, dann an Lanyon Quoit vorbeifahren und am Schild nach Bosiliack links abbiegen.

---

für die Steinmetze der St.-Senara-Kirche gebaut, ist ein typisch kornisches Wirtshaus: Schieferdach, prasselndes Kaminfeuer und null kommerzieller Müll (kein TV, keine Jukebox, kein Handyempfang). Im „White House" nebenan werden frische, saubere Zimmer vermietet (EZ/DZ 55/95 £).

Penwiths prähistorische Stätten

Penwith ist übersät mit archäologischen Hinterlassenschaften, die von neusteinzeitlichen Siedlern zwischen 4000 und 2500 v. Chr. errichtet wurden. Sie bieten einen sehr interessanten Einblick in das Leben unserer Vorfahren, sind aber teilweise schwer zu finden. Hier ist eine detaillierte Karte wie die *Ordnance Survey Explorer 102* sehr nützlich.

DOLMEN & MENHIRE

Am dramatischsten sind die **Quoits** (anderswo als Dolmen bekannt), die aus drei oder mehr aufrechten Felsbrocken und einem Deckstein über einer Grabkammer bestehen. Sie waren vermutlich einst von einem Erd- oder Steinhügel bedeckt, doch diese wurden geplündert oder verfielen über die Jahrtausende und ließen nur das Felsgerüst zurück.

Der eindrucksvollste ist der **Lanyon Quoit** mit seinem 13,5 t schweren Deckstein direkt neben der Straße zwischen Madron und Morvah. Im 18. Jh. war das Gebilde hoch genug, um einem Reiter zu Pferd Unterschlupf zu bieten. Aber 1815 kippte ein Sturm den Dolmen um und zerbrach einen der vier Stützsteine; der Dolmen wurde neun Jahre später wieder aufgerichtet. Auch der **Chûn Quoit** (neben dem Ringwall Chûn Castle) ist gut erhalten, aber andere, wie der **Zennor Quoit** und der **Mulfra Quoit**, haben die Jahrtausende nicht so gut überstanden.

8 km südöstlich von Morvah liegt der runde **Mên-an-tol** (kornisch für Stein des Lochs), eine merkwürdige Formation aus zwei senkrechten Steinen (Menhiren), zwischen denen ein Stein mit einem Loch steht. Sich durch das Loch zu quetschen, soll angeblich Unfruchtbarkeit und Rachitis heilen.

RINGWÄLLE & SIEDLUNGSRESTE

Die Gegend ist übersät von eisenzeitlichen Ringwällen, die meisten stammen aus der Zeit um 1000 bis 500 v. Chr. (einige wurden aber vermutlich an der Stelle von älteren Festungen gebaut), so auch das **Chûn Castle**, das von der Straße hinter Mên-an-tol und Lanyon Quoit ausgeschildert ist. Ein Haufen Trümmer und zwei aufrechte Felsblöcke sind alles, was von der Festung übrig ist. Doch im 18. Jh. gab es noch 4,5 m hohe Mauern, die im Lauf der Zeit allerdings als Baumaterial abgetragen wurden (auch für die Nordmole von Penzance). Weitere Ringwallruinen sind die von **Maen Castle** bei Sennen, Logan Rock bei Treryn Dinas und Kenidjack bei St. Just.

Ein klein wenig besser erhalten ist das Eisenzeitdorf **Chysauster** (📞 07831-757934; Erw./Kind 3,60/2,20 £; 🕒 Juli & Aug. 10–18 Uhr, April–Juni & Sept. bis 17 Uhr, Okt. bis 16 Uhr), das vermutlich zwischen 400 v. Chr. und 100 n. Chr. gebaut wurde. Die Siedlung aus acht Steinhäusern, jedes mit einem Innenhof, vermittelt einen greifbaren Eindruck vom Alltag in der Eisenzeit: Die steinernen Feuerstellen und die Mühlsteine sind noch immer zu erkennen, ebenso die Felder, auf denen die Bewohner Vieh hielten und Getreide anbauten.

Wohl noch stimmungsvoller als Chysauster sind die Ruinen von **Carn Euny**, einem weiteren Dorf aus der Bronzezeit, das heute halb von Bäumen verborgen ist und wahrscheinlich aus der Zeit um 500 v. Chr. stammt. Ohne eine amtliche Landvermessungskarte *(Ordnance Survey Map)* ist es sehr schwer zu finden – von Penzance aus auf der A30 Richtung Westen nach Land's End und nach dem Abzweig nach Drift den braunen Schildern nach „Carn Euny" folgen. Am Bauernhaus in Brane gibt es ein paar Parkplätze; von dort aus sind es zu Fuß noch etwa 500 m.

STEINKREISE

Zu den Steinkreisen von Penwith gehören auch die **Merry Maidens** bei Lamorna. Sie stellen angeblich 19 Mädchen dar, die zu Stein erstarrten, weil sie an einem Sonntag tanzten. Die **Pipers** in der Nähe erlitten das gleiche Schicksal, weil sie an einem Sonntag ein Lied dudelten. Östlich des Mên-an-Tol liegt ein weiterer Steinkreis, die **Nine Maidens**. Der Name leitet sich vom kornischen Wort *maedn* (später *mên*) ab, was Stein bedeutet.

Weit malerischer als alle anderen ist der **Steinkreis Boscawen-un**, der etwa auf halbem Weg zwischen Penzance und Land's End an der A30 liegt. Um hinzufinden, folgt man der Beschilderung nach Carn Euny, biegt aber nicht ab, sondern folgt der A30 noch 800 m. Hier ist linker Hand die Firma Lands End Pine Ltd.; der Weg zum Steinkreis beginnt genau gegenüber.

ℹ️ Praktische Informationen

Die prähistorischen Stätten sind oft nur mit einer guten Karte zu finden. Viele sind gut beschildert und über gut ausgetretene Wege erreichbar, andere liegen eher abseits vom Trampelpfad. Die Landvermessungskarte *OS Explorer Map 102* deckt die ganze Penwith-Halbinsel (einschließlich Land's End) ab; die meisten Stätten der Gegend sind eingezeichnet.

Unter www.pznow.co.uk/historic1/circles.html finden sich außerdem nützliche Hintergrundinfos.

St. Just-in-Penwith & Cape Cornwall

In St.-Just-in-Penwith (meist nur schlicht St. Just genannt, nicht zu verwechseln mit dem Namensvetter auf der Roseland Peninsula) ist zwar längst nicht mehr so viel los wie zur Blütezeit des kornischen Zinnbergbaus, aber es ist immer noch ein Zentrum der Künstlergemeinde von Penwith. Alle Straßen führen auf den zentralen Market Square, der von grauen Granithäusern, der kleinen Gemeindekirche und dem Plen-an-gwary umgeben ist, einer Open-Air-Bühne, die einst für Theater, Mysterienspiele, methodistische Predigten und kornischen Ringkampf genutzt wurde.

Ein paar Kilometer von St. Just entfernt ragt das **Cape Cornwall** ins Meer, eine felsige Landspitze mit einem alten Schornstein (der letzte Rest der Cape-Cornwall-Mine, die 1875 geschlossen wurde). Unterhalb des Kaps liegt der Steinstrand Priest's Cove und

Autotour
Prähistorisches Penwith

START ST. IVES
ZIEL PENZANCE
LÄNGE 42 KM; 3 STD.

Diese Autotour führt durch die bekanntesten prähistorischen Stätten auf Penwith. Von ❶ **St. Ives** führt sie zunächst über die B3306 Richtung Zennor. Die Straße führt bergauf in eine majestätisch schöne Heidelandschaft und schlängelt sich dann durch sanfte Hügel entlang der Klippen bis nach ❷ **Zennor** (knapp 10 km westlich von St. Ives). Weiter geht's auf der B3306 bis zum renommierten Gastropub ❸ **Gurnard's Head** für ein tolles Mittagessen. Wer keinen Hunger hat, folgt der nächsten Abzweigung nach links Richtung Penzance/Madron (an der Ecke steht ein weißes Cottage). Auf dieser Straße weiterfahren bis zu einer kleinen ❹ **Parkbucht** mit Gatterzaun auf der linken Seite. Achtung: Man fährt leicht dran vorbei. Von hier aus führt ein nicht markierter Weg hinauf zum als ❺ **Mên-an-tol** bekannten ringförmigen Stein, und evtl. noch weiter bis zum Steinkreis der ❻ **Nine Maidens**. Von der Parkbucht aus sind es ca. 1,5 km hin und zurück.

Danach geht's mit dem Auto etwa 800 m weiter auf der Nebenstraße. Linker Hand liegt ❼ **Lanyon Quoit**, einer der größten und besterhaltenen Dolmen auf Penwith. Wenn man über eine Steinmauer klettert, kann man zu ihm hochlaufen. Von hier aus sind es nur ein paar Kilometer bis zur Ortschaft ❽ **Madron** mit einem vielen heiligen Brunnen von Penwith.

Die Straße führt jetzt bergab Richtung Penzance. Im Dorf ❾ **Heamoor** links abbiegen auf die Nebenstraße Richtung ❿ **Gulval**, nach dem Ortsende auf der B3311 weiterfahren Richtung Nancledra. Auf der Hügelkuppe kommt ⓫ **Badger's Cross**, danach links der Beschilderung nach ⓬ **Chysauster** folgen, das 1,2 km hinter dem Abzweig liegt. Es ist das bedeutendste Eisenzeitdorf im Südwesten; Besucher können frei zwischen den Überresten der Rundhäuser herumlaufen.

Von Chysauster der Straße ins Dorf ⓭ **Mulfra** folgen, wo ein weiterer eindrucksvoller Dolmen steht: ⓮ **Mulfra Quoit**. Danach geht's zurück nach ⓯ **Penzance**.

Wanderung
Letzte Ausfahrt Cornwall

START SENNEN
ZIEL SENNEN
LÄNGE 10–11 KM; 3–4 STD.

Weiter westlich kann man auf dem britischen Festland nicht wandern. Die Tour beginnt in der wunderschönen Bucht von Sennen, umrundet das Ende der Welt bei Land's End und führt dabei durch die wildeste Küstenlandschaft, die Cornwall zu bieten hat. Einige der Wege übersieht man leicht – eine amtliche Landermessungskarte ist hier sinnvoll.

Vom Parkplatz bei ❶ **Sennen Cove** folgt man dem Küstenpfad Richtung Westen, wo er steil an einer alten, vom National Trust renovierten Wachstation vorbei führt. Etwas weiter liegen rechts vom Weg die Überreste von ❷ **Maen Castle**, einem prähistorischen Ringwall in dramatischer Klippenlage. Die Umgebung ist schon seit der Neusteinzeit besiedelt; man geht davon aus, dass viele der Feldgrenzen schon von diesen Siedlern festgelegt wurden. Dieser Wegabschnitt ist vor allem im Sommer spektakulär, wenn die Wildblumen in allen Farben leuchten und Seevögel über den Klippen kreisen.

Der Küstenpfad führt weiter bis nach ❸ **Land's End**, wo man das obligatorische Foto mit dem Schild knipsen kann. Von hier aus sind es 45 km bis Scilly, 1407 km bis John O'Groats, 5065 km bis New York und 2,4 km bis zum berühmten Longships Lighthouse. Etwa 1,5 km weiter am etwas heiklen Küstenpfad liegt der abgeschiedene Strand von ❹ **Nanjizal**, zu dem eine Holztreppe hinunterführt. Er ist super zum Schwimmen – aber Vorsicht: Die Wellen können teilweise sehr stark werden.

Nach der kleinen Erfrischung geht's dann zurück auf den Pfad, der landeinwärts den Hügel hinauf führt. An einer Gabelung links abbiegen; jenseits der Felder liegen die ❺ **Trevilley Farm** und das Dorf ❻ **Trevescan**, wo man sich im entzückenden Apple Tree Cafe mit *scones* belohnen kann. Danach folgt man der Straße bis zur Kreuzung mit der A30. Direkt gegenüber der Abzweigung weist ein Schild auf einen öffentlichen Reitweg hin, der zurück nach Sennen Cove führt.

in der Nähe die Ruine des St. Helen's Oratory, eine der ersten christlichen Kirchen Westcornwalls. In der Nähe der Landspitze ist ein Café.

Die Klippen drum herum (besonders Gurnard's Head) gehörten vor einem Jahrhundert zu den tückischsten Großbritanniens und waren für Hunderte von kostspieligen Wracks verantwortlich. Um weitere Schiffbrüche zu vermeiden, wurde um 1900 ein neuer Leuchtturm am **Pendeen Watch** gebaut. Der nur 17 m hohe Leuchtturm wurde ursprünglich mit Öl betrieben, ab 1926 mit Elektrizität und 1995 wurde er schließlich automatisiert.

Die **Portheras Cove**, etwa 800 m östlich der Stadt, ist eine hübsche, geschützte Sandbucht, die in 15 Minuten über den Klippenpfad zu erreichen ist. Die hohen Klippen um den Strand fangen die schlimmsten atlantischen Winde ab und das Wasser ist tief und kristallklar – allerdings sollen noch hin und wieder die Wrackteile eines in den 1960er-Jahren explodierten Schiffs angeschwemmt werden, Vorsicht ist also geboten.

Kegen Teg (01736-788562; 12 Market Sq; Gerichte 5–12 £; 10–15 Uhr) ist ein süßes, kleines Café am Market Square, das auf Bio- und vegetarisches Essen spezialisiert ist und vor allem von Künstlervolk aus St. Just und von alternativen Mamas besucht wird.

McFaddens (01736-788136; www.mcfaddensbutchers.co.uk; Market Sq; pasties 2–4 £; Mo–Sa 9–17.30 Uhr) ist der Traditionsmetzger der Stadt und der Tipp der Einheimischen für altmodische *pasties*.

Sennen

Den schönsten Sandstrand von Penwith hat die **Sennen Cove** (P) im Bogen der Whitesand Bay. Leuchtend blaues Wasser, anderthalb Kilometer Strand und mit Strandhafer bewachsene Dünen machen sie zu einer der eindrucksvollsten Buchten Cornwalls.

Das Dorf Sennen selbst hat jedoch nicht viel zu bieten, außer der Seenotrettungsstation (seit 1853), einer Handvoll Läden, Cafés und Galerien und dem altehrwürdigen Pub Old Success Inn.

Wer sich genug gesonnt hat, kann hier auch sehr schöne Spaziergänge machen: Über den Küstenpfad lassen sich mehrere fabelhafte Strände erreichen (siehe „Wanderung" S. 252).

Das **Old Success Inn** (01736-871232; www.staustellbrewery.co.uk/old-success-inn.html; Sennen Cove; Zi. 65–125 £, Hauptgerichte 5–15 £; 11–23 Uhr) (jetzt im Besitz der St. Austell Brewery) stillt schon seit Jahrhunderten den Durst der Dorfbewohner (und der hiesigen Rettungsbootbesatzung). Nach einer Rundumerneuerung sieht es auch richtig schick aus: Das Restaurant serviert gutes Essen, die Räume sind gemütlich und die Bar hat so viel Charakter wie eh und je. Es gibt auch eine Terrasse mit Meerblick – man kann sich sogar einen Picknickkorb fürs Minack Theatre packen lassen (6,95–16,95 £).

The Beach (01736-871191; www.thebeachrestaurant.com; Hauptgerichte 8,75–14,95 £; morgens, mittags & abends) ist seit Ende der 1950er-Jahre ein Standard in Sennen – auch wenn es sich heute eher mediterran-modern anfühlt. Den Fisch zieht das hauseigene Boot (die *Rosebud*) an Land. Im Café ist es hell und luftig, die Terrasse blickt direkt über die Whitesand Bay hinaus. Auch für Kinder gibt es eine gute Speisekarte.

Land's End

Knapp zwei Kilometer von der Whitesand Bay entfernt endet die Penwith Peninsula abrupt am Land's End. Viele Wanderungen, die zu einem wohltätigen Zweck organisiert werden und einmal längs durch Großbritannien führen, beginnen in John O' Groats in Schottland und enden nach gewaltigen 1400 km in Land's End.

Die Landschaft könnte dramatischer nicht sein – schwarze Granitklippen und heidekrautbewachsene Kaps stemmen sich gegen die donnernde Meeresbrandung. Bei gutem Wetter sind die 45 km entfernten Isles of Scilly am Horizont auszumachen. Selbst der geschmacklose **Freizeitpark** (0871 720 0044; www.landsend-landmark.co.uk; Erw./Kind 10/7 £; Ostern–Okt. 10–17 Uhr, Nov.–März 10.30–15.30 Uhr) aus den 1980er-Jahren auf dem Kap kann die Landschaft nicht verschandeln, hat ihr aber auch sicherlich nicht gutgetan. Am Besten ist, ihn komplett zu ignorieren, nur für den Parkplatz zu zahlen (3 £) und stattdessen den Küstenpfad entlang zu marschieren. Wer es trotzdem nicht lassen kann, findet unter den vier lahmen Attraktionen ein interaktives Exponat zur Artus-Sage, einen 4-D-Film und Informationen zur Seenotrettung. Kindern gefällt wohl am besten der Streichelzoo der Greeb Farm – sich neben dem Schild „Land's End" fotografieren zu lassen ist natürlich auch ein Muss.

Der Küstenstrich südlich von Land's End ist auf typisch kornische Art wild und wunderbar – und leider auch das ganze Jahr über windig. Ein Regenschirm ist hier also nur sehr selten eine gute Idee. An klaren Tagen sieht man im Westen vielleicht gerade so die Silhouetten der Isles of Scilly. Falls nicht: Den berühmten **Longships Lighthouse** auf seinem Felsen 2 km vor der Küste sieht man auf jeden Fall. Bis heute ist dieser Küstenabschnitt notorisch gefährlich – entsprechend viele Wracks liegen auch davor. Der Bau des Leuchtturms war allerdings eine größere Ingenieursleistung: Bereits 1795 wurde ein Turm gebaut, der aber oft in den Wellen unterging und schließlich 1873 für die erkleckliche Summe von 43 870 £ ersetzt wurde. Seitdem hat er es irgendwie geschafft, selbst den schlimmsten Atlantikstürmen zu trotzen und ist seit 1988 unbemannt.

Unmittelbar landeinwärts der Landspitze in Trevescan ist das künstlerisch angehauchte **Apple Tree Cafe** (✆01736-872753; www.theappletreecafe.co.uk; Hauptgerichte 4–8 £; ◷10–16 Uhr), das eigenes Brot backt und einen exzellenten Sauerteig-Burger serviert.

Porthcurno

Ab Land's End verläuft der Küstenpfad im Zickzackkurs zu einer Reihe abgeschiedener Buchten, darunter **Nanjizal**, **Porthgwarra** und die winzige **Porth Chapel**. Dort verbirgt sich in den Klippen die „heilige Quelle" des St. Levan, eine von vielen heiligen Quellen auf der Penwith Peninsula.

Weiter östlich liegt **Porthcurno**, ein goldenes Dreieck aus Sand mit tiefem Unterwasser-Felsen, der für bewegte Schwimmverhältnisse sorgt (Vorsicht: starker Wellengang und Brandungsrückströmung!). Das schwindelerregende **Minack Theatre** (✆01736-810181; www.minack.com) ist in die Klippen oberhalb des Strandes gehauen. Ausgeheckt wurde es in den 1920er-Jahren von der einheimischen Exzentrikerin Rowena Cade, die es dann in den nächsten 30 Jahren eigenhändig erbaut hat. Dank der steilen Sitzreihen und der Amphitheaterbühne hoch über dem Atlantik bleibt eine Aufführung unvergesslich. Insider bringen allerdings Kissen, Decken und Regenschirme mit, für den Fall, dass das Wetter dem Theater die Show stehlen will. Oberhalb des Theaters gibt es ein Café und ein **Besucherzentrum** (Erw./Kind 3,50/1,40 £; ◷April–Sept. 9.30–17.30 Uhr, Okt.–März 10–16 Uhr), das die Geschichte von Rowena Cade erzählt. Das Theater kann tagsüber besichtigt werden, wenn keine Matinée stattfindet.

Schon lange, bevor das Minack Besucher anzog, war Porthcurno ein Knotenpunkt der aufblühenden Telekommunikation Großbritanniens. Im 19. Jh. wurden die unterirdischen Kabel der Eastern Telegraph Company von Porthcurno bis nach Spanien, Gibraltar, Nordfrankreich und Indien verlegt. In den unterirdischen Tunneln ist nun das **Porthcurno Telegraph Museum** (✆01736-810966; www.porthcurno.org.uk; Erw./Kind 7,20/4,20 £; ◷März–Nov. 10–17 Uhr, Dez.–Feb. So & Mo 10–17 Uhr) untergebracht.

Treen & Logan Rock

Ein paar Kilometer von Porthcurno entfernt, gleich hinter der B3315, liegt das Minidörfchen Treen, das berühmt ist für eine geologische Besonderheit, den Logan Rock. Der gewaltige Felsblock auf der Landspitze bei Treryn Dinas, der Stätte eines der größten eisenzeitlichen Ringwälle Cornwalls, wackelte einst auf seinem eigenen natürlichen Drehpunkt schon bei dem geringsten Druck hin und her. Der Name ist angeblich dem kornischen Wort *log* für „schwanken" entlehnt, mit dem oft die Bewegungen eines betrunkenen Mannes beschrieben werden.

Der Logan Rock ist mindestens seit dem 18. Jh. eine Touristenattraktion, in die Schlagzeilen aber geriet er, als er vom jungen Marineleutnant Hugh Goldsmith von seinem Felsensitz gestoßen wurde. Der Neffe des Bühnenautors Oliver Goldsmith wollte damit die Leistungsfähigkeit der britischen Marine demonstrieren. Nur waren die Einheimischen darüber so erbost, dass Goldsmith gezwungen wurde, den Felsen wieder an die alte Stelle zu wuchten – ansonsten würde er sein Offizierspatent verlieren. Für dieses schwierige Unterfangen mussten 60 Männer zusammengetrommelt werden, Winden vom Devonport Dockyard geliehen und Kosten von insgesamt 130 Pfund, 8 Shilling und 6 Pence beglichen werden. Eine Kopie der Rechnung ist im Logan Rock Inn zu sehen. Goldsmith' Bemühungen waren jedoch leider umsonst: Der Logan Rock wackelt seither nicht mehr.

Der abgeschiedene Sandstrand von **Pedn Vounder** liegt unmittelbar westlich von Logan Rock. Er gehört zu den wenigen FKK-Stränden in Cornwall und ist auf jeden Fall eine Wanderung wert, wenn man kein Problem mit nackter Haut hat. Der Strand ist nämlich nicht nur absolut abgeschieden, sondern allein schon wegen seines goldenen Sandes wunderschön.

🛌 Schlafen & Essen

Treen Farm CAMPINGPLATZ £
(☏ 07598-469322; www.treenfarmcampsite.co.uk; Erw./Kind 5/2–3 £, Zelt 2–4 £, Auto 1 £; ◉ April–Okt.) Der familienfreundliche Campingplatz ist mit seinem Ausblick auf Logan Rock und die Küste bei Porthcurno eine echte Schönheit. Das Hauptfeld bietet sehr viel Platz, außerdem gibt's noch einen Laden mit regionalen Produkten und jede Menge Wanderwege in der Nähe. Reservieren kann man nicht, wer zuerst kommt, mahlt zuerst. Also frühzeitig herkommen!

Logan Rock PUB ££
(☏ 01736-810495; www.theloganrock.co.uk; Treen; Hauptgerichte 6–14 £; ◉ 10.30–23 Uhr, im Winter nur bis nachmittags) Das Dorfpub gibt es schon seit Jahrhunderten und verströmt daher jede Menge Gute-alte-Zeiten-Atmosphäre – niedrige Decken, Holzstühle, ein knisterndes Feuer und Messingnippes, ergänzt durch deftige Gerichte und St.-Austell-Ales. In einer Ecke findet außerdem eine eher unpassende Sammlung von Cricket-Andenken ihren Platz.

Lamorna Cove

Etwa auf halber Strecke zwischen Penzance und Porthcurno liegt an der B3315 die winzige Bucht von Lamorna: ein Schäufelchen voll Felsen, Klippen und kieseligem Sand, das ein beliebtes Motiv bei vielen namhaften Künstlern der Newlyn School war. Es wird vor allem in Verbindung gebracht mit S. J. „Lamorna" Birch (der direkt in dieser Bucht lebte) und seinen engen Vertrauten Alfred Munnings und Laura und Harold Knight. Die Geschichte des Ehepaars Knight wurde kürzlich als *Summer in February* verfilmt.

Unmittelbar landeinwärts der Bucht steht **Trewoofe House** (☏ 01736-810269; Erw./Kind 3 £/frei; ◉ Mi & So 14–17 Uhr), das mit einem 1,6 ha großen Garten inmitten eines Tals voller Bäche, Teiche, Kaskaden und Wälder mit Glockenblumen aufwartet.

In Lamorna ist außerdem ein phantastisch luxuriöser Ferienwohnungskomplex mit dem passenden Namen **The Cove** (☏ 01736-731411; www.thecovecornwall.co.uk; Lamorna Cove; 115–375 £ pro Nacht, 1470–2625 £ pro Woche; P ☀). Die Wohnungen sehen aus wie aus einem Lifestyle-Magazin ausgeschnitten: Beizholz, Plasma-TV, minimalistische Bäder, große Fenster und Terrassen, die auf einen tollen Swimmingpool und ein endloses Küstenpanorama hinausgehen.

Penzance

21 168 EW.

Möwen kreisen am Himmel, Fischkutter tuckern an der Küste entlang und die Luft riecht nach Salzwasser in der kleinen Hafenstadt Penzance am westlichen Rand der Mount's Bay. Penzance ist seit den 1860er-Jahren Endstation der Great Western Railway und die Stadt wirkt immer noch ziemlich abgeschieden vom restlichen Cornwall. Penzance ist schon an manchen Stellen etwas verblichen, aber anders als viele Städte an dieser Küste hat es einer zu starken Gentrifizierung widerstehen können und besitzt noch immer jene Authentizität, die die niedlicheren Orte in Cornwall längst verloren haben.

Wie in Truro und Falmouth beruhte Penzances Reichtum weitgehend auf dem blühenden Seehandel des 18. und 19. Jhs. In der Stadt stehen noch einige schöne Häuser der georgianischen und der Regency-Zeit, besonders in der Chapel Street und der Queen Street. Ein Beispiel ist das ungewöhnliche Egyptian House, das wie eine Mischung aus georgianischem Stadthaus und ägyptischem Sarkophag aussieht. Es wurde ursprünglich für den reichen Mineralogen John Lavin als geologisches Museum gebaut.

◉ Sehenswertes

Penlee House Gallery & Museum GALERIE
(www.penleehouse.org.uk; Morrab Rd; Erw./Kind 4,50/3 £; ◉ Ostern–Sept. Mo–Sa 10–17 Uhr, Okt.–

ABSEITS DER ÜBLICHEN PFADE

ESSEN AUS DER WILDNIS

Sehnsucht nach dem ursprünglichen Leben? Wie wäre es dann mit einem Wochenende in Begleitung der Organisation **Fat Hen** (☏ 01736-810156; www.fathen.org; Boscawen-noon Farm, St. Buryan), um wilde Beeren, essbare Wurzeln und Wildkräuter wie Queller im Gestrüpp zu suchen? Chefsammlerin und Ökologin Caroline Davey leitet Touren auf der Suche nach Essbarem aus der Wildnis. Anschließend geht es zurück zu Fat Hen, um den Köchen bei der Zubereitung der Beute zuzuschauen. Es gibt Tageskurse oder auch ein ganzes Wochenende (165 £), zu dem drei feudale Essen im Pub Goat Barn gehören. Heckencocktails gefällig?

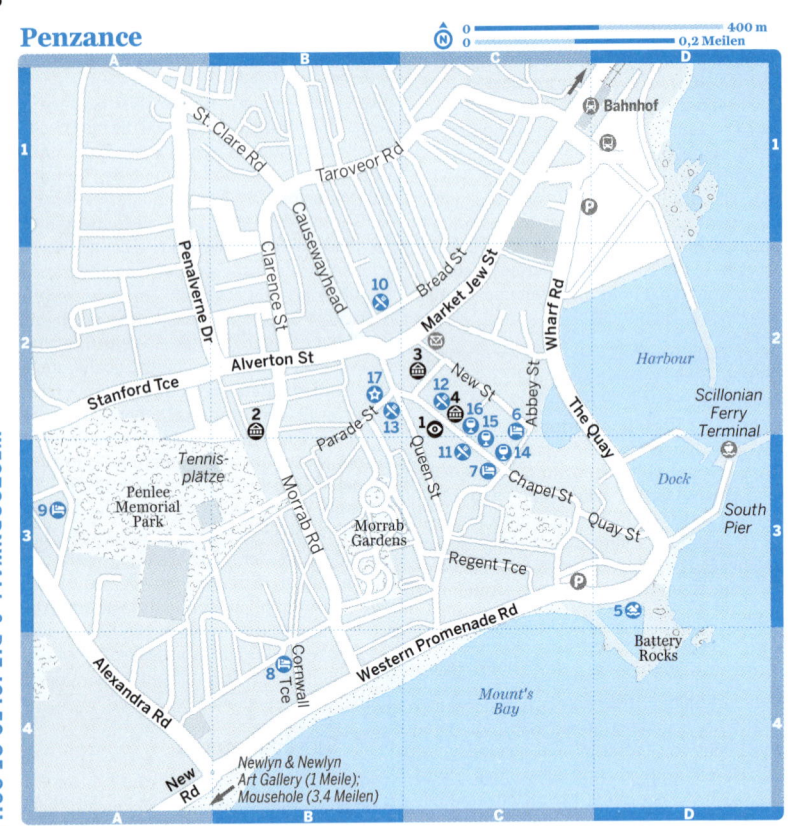

Ostern Mo–Sa 10.30–16.30 Uhr) Die Galerie neben der Stadtbibliothek besitzt eine schöne Sammlung an Gemälden von Künstlern der Newlyn- und Lamorna-Schule, die sich durch den lebhaften Charakter und die harten Arbeitsbedingungen der Fischer und Bauern um Penwith Ende des 19., Anfang des 20. Jhs. inspirieren ließen. Zu den Schlüsselfiguren der Bewegung gehörten Stanhope Forbes, Norman Garstin und Walter Langley (weitere Infos zur Kunst der Region auf S. 295).

Es gibt keine ständige Sammlung, die Ausstellung ist immer Glückssache. Wer eigentlich nichts für Kunst übrig hat, wird sicherlich einen Bummel durch die hübschen **Morrab Gardens** genießen.

Jenseits des Gartens liegt die **Morrab Library** (01736-364474; www.morrablibrary.org.uk; 3 £ für Nichtmitglieder; Di–Fr 10–16, Sa 10–13 Uhr), ein weiteres wenig bekanntes Juwel des alten Penzance. Die georgianische Leihbibliothek besitzt eine wunderbare Sammlung staubiger, alter Bände, darunter viele Regionaltitel und ein tolles Fotoarchiv. Die Bibliothek veranstaltet auch regelmäßig Lesungen und andere literarische Events.

The Exchange
GALERIE
(www.theexchangegallery.co.uk; Princes St; Ostern–Sept. Mo–Sa 10–17 Uhr, Okt.–Ostern Mi–Sa) GRATIS Die coole Galerie im ehemaligen Telekommunikationsgebäude zeigt regelmäßig zeitgenössische Kunst. Die pulsierende Lichtinstallation im Außenbereich stammt von Peter Freeman. 1,6 km weiter westlich an der Strandpromenade von Penzance ist außerdem noch die Schwestergalerie Newlyn Art Gallery.

Newlyn Art Gallery
GALERIE
(www.newlynartgallery.co.uk; Ostern–Sept. Mo–Sa 10–17 Uhr, Okt.–Ostern Mi–Sa) Die historische Galerie am Ortsrand von Newlyn wurde 1895 als Ausstellungsraum für die Newlyn-Schule gegründet, richtet seit 2007 aber sein Augenmerk auf zeitgenössische Kunst.

Penzance

⊙ Sehenswertes
1 Egyptian House C2
2 Penlee House Gallery &
   Museum B2
3 The Exchange C2
4 Union Hotel C2

⊕ Aktivitäten, Kurse & Touren
5 Jubilee Pool D3

⊜ Schlafen
6 Abbey Hotel C2
7 Artist Residence Penzance C3
8 Summer House B4
9 Venton Vean A3

⊗ Essen
10 Archie Brown's B2
11 Assay House C3
12 Bakehouse C2
13 Honey Pot B2

⊙ Ausgehen & Nachtleben
14 Admiral Benbow C3
15 Turk's Head C3
16 Zero Lounge C2

⊕ Unterhaltung
17 Acorn Arts Centre B2

Chapel Street HISTORISCHES VIERTEL
Die schönste historische Architektur von Penzance findet sich in der Chapel Street, die von zahlreichen wunderschön erhaltenen georgianischen Bauten gesäumt ist.

Am oberen Ende der Straße steht das bizarre **Egyptian House**, das ursprünglich für einen wohlhabenden Mineralogen als geologisches Museum erbaut wurde und aussieht wie eine Kreuzung aus georgianischem Stadthaus und Sarkophag.

Ein Stück weiter steht das **Union Hotel**, das nach der Schlacht von Trafalgar als Erstes über Admiral Nelsons Tod benachrichtigt wurde. Im Haus befindet sich außerdem ein georgianisches Theater aus dem Jahr 1787, das allerdings nicht für die Öffentlichkeit zugänglich ist.

Interessant ist auch das kleine Haus, das einst der Familie von **Maria Branwell**, Mutter der Brontë-Schwestern, gehörte.

Tremenheere Sculpture Garden GARTEN
(☏ 01736-448089; www.tremenheere.co.uk; Garten Eintritt Erw. 6,50 £, Kinder 11–15 J. 3 £; ⊙ Mo-Sa 10–17, 10–14 Uhr; ⊛) Dieser phantasievolle Landschaftsgarten wurde 2012 gleich außerhalb von Penzance eröffnet. Er sitzt in einem geschützten Tal, in dem alle möglichen exotischen Bäume und Stauden angepflanzt sind, die vom milden, subtropischen Klima auf Penwith profitieren. Dazwischen stehen zahlreiche Kunstwerke und Installationen. Besonders schön sind die *Sky View*-Kammer von James Turrell, der *Black Mound* aus Baumstümpfen von David Nash und die *Camera Obscura* von Billy Winter, die ein einmaliges Panorama des Gartens und der Mount's Bay zeigt. Neben dem Parkplatz ist das tolle Café Lime Tree (Mittagessen 8–14 £) und während der Schulferien gibt es Familienevents wie Höhlenbauworkshops oder Kunsthandwerkssessions. Näheres auf der Website.

Beim ersten Mal ist der Garten nicht ganz leicht zu finden. Beim Ortseingang von Penzance nach der Abzweigung nach links Richtung Gulval Ausschau halten, dann der Straße durch den Ort folgen, bis die Beschilderung zum Garten beginnt.

Trengwainton GARTEN
(NT; ☏ 01736-363148; trengwainton@nationaltrust.org.uk; Madron; Erw./Kind 6,30/3,15 £; ⊙ Mitte Feb.–Nov. So–Do 10–17 Uhr) Gut 3 km nördlich von Penzance liegt bei Madron den ummauerte Garten von Trengwainton, der für seine Sammlung von Farnen, Stauden, Magnolien und Rhododendren bekannt ist. Viele von diesen wurden im 19. Jh. von kornischen „Pflanzenjägern" hergebracht. Kurioserweise wurde die Küchengarten nach den Dimensionen der Arche Noah angelegt. Hauptattraktion ist jedoch die atemberaubende Aussicht über Mount's Bay. Für Mitglieder des National Trust ist der Eintritt frei.

In der Nähe befindet sich die **Madron Holy Well**, eine heilige Quelle, deren universales Heilwasser seit mindestens 600 Jahren von Kranken getrunken wird. Die Ruine der Kapelle stammt aus dem frühen Mittelalter, aber die Quelle galt bereits den vorrömischen Kelten als heilig.

🏃 Aktivitäten

★ **Jubilee Pool** SCHWIMMEN
(www.jubileepool.co.uk; Erw./Kind 4,30/3,20 £, Familientageskarte 14 £; ⊙ Mai–Sept. 10.30–18 Uhr) Penzances Promenade aus dem 19. Jh. zieht sich an der Kaimauer zwischen dem South Pier und der New Road entlang. Am östlichen Ende befindet sich der Jubilee Pool, ein hinreißendes Art-déco-Strandbad, das 1935 zum silbernen Jubiläum von George V. gebaut wurde. In den 1980er-Jahren war es ziemlich baufällig, aber das dreieckige

> **POLGOON VINEYARD**
>
> Die ehemaligen Fischhändler John & Jim Coulson trotzen den Launen des kornischen Wetters und gründeten 2006 auf einer heruntergekommenen Farm gleich außerhalb von Penzance ein Weingut: Polgoon Vineyard (www.polgoon.com). Seitdem haben sie verschiedene Weine aus der Taufe gehoben. Zur aktuellen Lese gehören ein Rosé und ein Rotwein, aber auch Peren (ein moussierendes Birnengetränk) und Aval (ein champagnerartiger Cider, auch in der Himbeervariante erhältlich).
>
> Jeden Mittwoch, Donnerstag und Freitag um 14 Uhr gibt es eine Führung (10 £ mit 5 Weinproben). Mithilfe der kostenlosen Karte kann man den Rundgang auch auf eigene Faust machen (5 £ mit 3 Weinproben). Alle Jahrgänge der Polgoon-Weine können im Laden gekauft werden.

Bad wurde makellos instand gesetzt und ist nun denkmalgeschützt. Es gibt dort sogar ein Café direkt am Pool. Der Blick über die Mount's Bay ist großartig – an einem schönen Tag könnte man sich fast an der französischen Riviera wähnen – zumindest, bis man ins frostige Wasser steigt.

An den **Battery Rocks**, der felsigen Küste um das Bad herum, entzündete sich eine hitzige Debatte, als die umstrittene Idee aufkam, hier einen neuen Fährhafen nach Scilly zu bauen. 2011 beschloss das Transportministerium schließlich, dass die Umweltschäden zu groß wären, und legte die Pläne für unbestimmte Zeit auf Eis.

Festivals & Events

Golowan Festival — FESTIVAL
(www.golowan.com) Zehn Tage lang Musik, Kunst und kornische Kultur sowie ein Straßenumzug am Mazey Day (Ende Juni in Penzance).

Newlyn Fish Festival — FESTIVAL
(www.newlynfishfestival.org.uk) Am Feiertagswochenende im August feiert Newlyn mit diesem Festival die Fischereitradition.

Schlafen

Penzance YHA — HOSTEL £
(0845-371 9653; penzance@yha.org.uk; Castle Horneck, Alverton; B ab 14 £; P @) Die hervorragende YHA-Jugendherberge von Penzance ist in einem Haus aus dem 18. Jh. am Stadtrand untergebracht. Das riesige, freundliche Hostel hat ein Café, eine Wäscherei und 4- bis 10-Bett-Zimmer sowie ein paar Einzelzimmer. Vom Hafenkai aus läuft man 15 Minuten zu Fuß her. Die Busse 5 und 6 halten in der Nähe.

Noongallas Camping — CAMPINGPLATZ £
(01736-366698; www.kline.freeserve.co.uk; Noongallas, nahe Gulval; Erw./Kind 5/3 £) Altmodisches, schnörkelloses Feldcamping nördlich von Penzance; beide Felder haben einen unverbauten Blick über Mount's Bay. Der Platz ist ruhig, relaxed und familienfreundlich. Wohnmobile erlaubt, Wohnwagen nicht. Der Campingplatz liegt 2,4 km außerhalb von Gulval; auf der B3311 Richtung Penzance fahren und der Beschilderung nach Rosemorran/Polkinghorn folgen.

★**Artist Residence Penzance** — B&B, HOTEL ££
(01736-365664; www.arthotelcornwall.co.uk; Chapel St; DZ 80–120 £; ⊛) In diesem erfrischend anderen, neuen Hotel in der Chapel Street fühlt man sich, als würde man in einer Kunstgalerie schlafen. Jedes Zimmer hat ein ganz eigenes, von einem lokalen Künstler entworfenes Design: Wand-Cartoons von Matt MacIvor, Tauben im Pop-Art-Stil von Pinky Vision, Schmetterlingstapete von Dolly Divine. Die Ausstattung besteht aus handverlesenen Retromöbeln und der meisten haben einen Ausblick über die Dächer von Penzance. Frech, einfallsreich und äußerst kurzweilig.

★**Venton Vean** — B&B ££
(01736-351294; www.ventonvean.co.uk; Trewithen Rd; 82–95 £) Ein bildhübsches, modernes B&B, ganz in beruhigendem Grau, Blau und Pistaziengrün eingerichtet, mit gebeizten Holzböden, originellem Design und wenig überflüssigem Schnickschnack. Die Zimmer 1 und 2 sind besonders geräumig; Ersteres blickt über Penlee Park, Letzteres hat einen Fenstersitz und einen Originalkamin. Zum Frühstück können Gäste zwischen Mexikanisch, Spanisch, Britisch und sogar geräuchertem Seelachs mit Entenei wählen. Sehr empfehlenswert.

Hotel Penzance — HOTEL ££
(01736-363117; www.hotelpenzance.com; Briton's Hill; DZ 109–125 £; ⊛) Das Stadthaus thront auf einem Hügel mit Ausblick über Mount's Bay und ist eine angenehme Ausgangsbasis in Penzance. Die Schlafzimmer sind seriös eingerichtet mit Creme- und

Eierschalentönen, lackierten Schreibtischen und altmodischen Lampen. Die schönsten haben ein Erkerfenster mit Meerblick. Im Hotelrestaurant „Bay" gibt es gutes Essen. Das Haus steht etwa 400 m nordöstlich des Bahnhofs.

Summer House · HOTEL ££
(☎ 01736-363744; www.summerhouse-cornwall.com; Cornwall Tce; EZ 105 £, DZ 120–150 £; P) Dieses ehemalige Künstlerhaus gleich abseits der Promenade ist heute ein stilvolles Hotel, das Londoner Schick mit Strandakzenten verbindet.

Boutique Retreats · SELBSTVERSORGER ££
(☎ 01872-270085; www.boutique-retreats.co.uk; Mousehole; pro Woche 790–835 £; P 🛜) Der Name ist Programm: Diese „Boutique Retreats" liegen irgendwo zwischen Ferien-Cottage und erstklassigem Hotel. Die Palette reicht vom Fischerhäuschen in Mousehole zum himmlischen Strandhaus in Porthkidney bei Hayle. Alle strotzen nur so vor Stil: Schieferkacheln, moderne Küchen, schicke Möbel und moderne Kunst.

Abbey Hotel · HOTEL £££
(☎ 01736-366906; www.theabbeyonline.co.uk; Abbey St; DZ 90–200 £) Ein zum Hotel umgebautes Hochseekapitänshaus aus dem 17. Jh. abseits der Chapel Street. Die knarzenden Zimmer stecken voller Antiquitäten, alten Teppichen und viktorianischem Nippes und hinter dem Haus versteckt sich noch ein cooler Garten. Die Größenverhältnisse der Zimmer sind etwas chaotisch; am meisten Platz bieten Zimmer 1 und 3 oder die mit Büchern vollgestopfte Suite. Das Haus gehört dem in den 1960er-Jahren bekannten Model Jean Shrimpton.

Hidden Hideaways · SELBSTVERSORGER £££
(☎ 07887-522788; www.hiddenhideaways.co.uk; ab ca. 550 £ pro Woche) Und noch mehr schnieke Ferienimmobilien: ein gemütliches Gottage nahe dem Hafen in Mousehole, ein Stadthaus in Penzance und ein wunderschönes Druckerstudio auf Stelzen nördlich von Penzance.

✗ Essen

Brown's · CAFÉ £
(☎ 01736-362828; Bread St; Hauptgerichte 4–10 £; ⊙ Mo-Sa 9–17 Uhr) Vegetarische Salate, dicke Sandwiches und herzhafte Suppen stehen in dem viel geliebten Vollwertcafé im Mittelpunkt. Oben im fröhlichen Café gibt es sättigende Gerichte, unten im Laden eine breite Palette an Linsen, Hülsenfrüchten und Körnern.

Honey Pot · CAFÉ £
(☎ 01736-368686; 5 Parade St; Hauptgerichte 4–10 £; ⊙ Mo-Sa 9–17 Uhr) In Penzance gibt es kein besseres Café für einen Fünf-Uhr-Tee und leckere Mürbekuchen als das Honey Pot gegenüber dem Acorn Arts Centre. Die Kundschaft ist bunt gemischt, von Schickimickitypen, die ihren Cappuccino schlürfen, bis zu Ökomüttern, die sich Früchtetee und Gemüsetarte schmecken lassen. Natürlich ist hier alles aus Zutaten der Region hausgemacht.

★ Coldstreamer Inn · PUB ££
(☎ 01736-362072; www.coldstreamer-penzance.co.uk; Gulval; Hauptgerichte 11–17,95 £; ⊙ tgl. ab 10 Uhr) Dieses Gasthaus im nahe gelegenen Gulval ist ein richtiger Knüller. Der Chefkoch Tom Penhaul hat sich seine Sporen im inzwischen geschlossenen Abbey Restaurant sowie im Gurnard's Head verdient und ist damit schon eine lokale Größe. Sein stilvolles, leckeres Essen (Steak mit Wirsing, Schweinebauch mit püriertem Knollensellerie) hat viele Bewunderer gefunden, nicht zuletzt auch in Form einer wohlverdienten Erwähnung im Michelin-Pubführer.

Bakehouse · MEDITERRAN ££
(☎ 01736-331331; www.bakehouserestaurant.co.uk; Chapel St; Hauptgerichte 9,95–19,50 £; ⊙ Mo-Sa 6.15–22 Uhr) Entspanntes, zweistöckiges Lokal in einer Nebengasse der Chapel Street. Steaks nehmen den Ehrenplatz ein: Die Sorte wird gewählt und dann mit Sauce oder würziger Marinade nach Wahl kombiniert. Die Auswahl an Fisch- und Gemüsegerichten ist kleiner, aber das scheint die Gäste nicht abzuschrecken – Reservieren ist ratsam.

Assay House · BISTRO ££
(☎ 01736-369729; 12–13 Chapel St; Hauptgerichte 14–17 £; ⊙ tgl. morgens & mittags, Fr & Sa auch abends) Straßenbistro, das knusprige Fisch-*goujons* und tapasartige Platten serviert.

🍷 Ausgehen & Nachtleben

Admiral Benbow · PUB
(☎ 01736-363448; 46 Chapel St, Penzance) Das alte Benbow in der historischen Chapel Street sieht mit seinem maritimen Dekor so aus, als stamme es direkt aus dem Buch *Die Schatzinsel*: Anker, Laternen, Galionsfiguren und dergleichen, meist direkt von Schiffswracks.

Turk's Head PUB
(Chapel St) Angeblich das älteste Pub der Stadt. Es gab an dieser Stelle bereits seit dem 13. Jh. ein Wirtshaus, das mutmaßlich ein Lieblingstreff der „Freibeuter" von Penzance war – ein Schmugglertunnel führte einst vom Keller (heute der Speiseraum) direkt zum Hafen. Vom Fass kommen Ales von Skinners und Sharp's.

Zero Lounge BAR
(Chapel St) Im Unterschied zu den anderen Pubs in der Chapel Street ist der neue Laden eher urban und schick statt traditionell. In der großen, offenen Bar werden guter Kaffee, Bier und Cocktails serviert. Hinten auf der weitläufigen Terrasse trifft sich die trendige Szene von Penzance.

☆ Unterhaltung

Acorn Arts Centre THEATER
(www.acornartscentre.co.uk; Parade St) Rühriges Kulturzentrum mit einem Programm aus Film, Theater, Comedy und Livebands. Es hat nur geöffnet, wenn es auch eine Aufführung gibt – der neueste Spielplan steht auf der Website.

❶ An- & Weiterreise

Fährverbindungen zu den Isles of Scilly auf S. 270.

BUS
Penzance ist ein Knotenpunkt des Busverkehrs. Auch Fernbusse von National Express fahren den Ort an. Nützliche Verbindungen:
Newlyn/Mousehole (Bus 6/6A, 15 Min., stündl.) Alle 30 Minuten fährt außerdem Bus 5 über Gwavas und Paul.
St. Ives (Bus 17/17A/17B, 28 Min., halbstündl., alle 30 Min., So stündl.) Bus 17B fährt mehrmals täglich über Marazion.
Land's End (Bus 1/1A, 45 Min., Mo–Sa alle 2 Std.)
Truro (Bus X18, 1 Std., Mo–Sa stündl.)

ZUG
Penzance ist die letzte Haltestelle auf der Hauptstrecke von London Paddington; die Züge fahren etwa einmal stündlich. Wer nach St. Ives will, muss in St. Erth umsteigen.
Lokale Ziele:
Truro (6,20 £, 38 Min.)
Redruth (5,10 £, 27 Min.)
St. Ives (3,10 £, 45 Min.)

MALKURSE IN PENWITH

Das künstlerische Erbe von Penwith erleichtert die Suche nach dem eigenen inneren Künstler. Die Halbinsel hat jetzt zwei Kunstschulen, in denen man unter der Anleitung führender kornischer Künstler alles von der Landschaftsmalerei bis zum Töpfern lernen kann.

In einer tollen Lage nahe dem Tate und mit Blick auf Porthmeor Beach steht seit 1938 die **St. Ives School of Painting** (✆01736-797180; www.stivesartschool.co.uk; 2-tägige Kurse ab 150 £). Eröffnet wurde sie von den beiden jungen Künstlern Borlase Smart und Leonard Fuller, später wurde sie von vielen der größten Namen der St.-Ives-Schule besucht. Heute liegt der Fokus hauptsächlich auf Aquarell, Gouache, Öl und anderen Techniken. Montags, mittwochs, freitags und samstags gibt es Kurse, zu denen jeder ohne Anmeldung vorbeikommen kann, es werden aber auch ein- bis sechstägige Kurse angeboten. Die Schule ist Teil der historischen Porthmeor Studios, einer Ansammlung von Künstlerateliers und Fischereibedarfsläden, die teilweise bis ins 19. Jh. zurückgehen. Nach Jahrzehnten des Verfalls konnten die Studios nun vor Kurzem mithilfe eines Förderungsbetrags in Höhe von 4 Mio. £ wieder instand gesetzt werden.

Auf der anderen Seite von Penwith ist noch die **Newlyn School of Art** (✆01736-365557; www.newlynartschool.co.uk; 2-tägige Kurse ab 130 £), ein aufregendes, neues Projekt des einheimischen Künstlers Henry Garfitt, der sich 2012 in der alten Schule auf Chywoone Hill eingerichtet hat. Die umfassende Kursauswahl reicht von der experimentellen Landschaftsmalerei bis zum Siebdruck, während sich die Liste der Dozenten liest wie ein *Who's who* der kornischen Kunstszene. Die Kurse werden klein gehalten (maximal zehn Teilnehmer) und sind – was ziemlich unüblich ist – offen für verschiedene Niveaus. Wer einfach nur mal reinschmecken will, bekommt beim Mittwochabendkurs (13 £) eine gute Einführung.

Newlyn

Das alte Hafenstädtchen Newlyn, 3 km weiter an der Penzance-Promenade, hat die allgemeine Krise der Fischerei überstanden und ist nach wie vor der geschäftigste Fischereihafen Großbritanniens. Die alte kornische Hauptnahrung, der *pilchard*, wird in jüngster Zeit als „kornische Sardine" vermarktet, um sie den Verbrauchern schmackhafter zu machen (kein wirklich fieser Trick: *pilchards* sind tatsächlich einfach nur junge Sardinen).

Das alte Städtchen ist noch sehr auf das Meer gepolt: Trawler und Tagesboote liegen im Hafen, der an Land noch immer von Läden für Fischereibedarf und Fischverarbeitungsfabriken beherrscht wird. Mit der Schließung der letzten Fischkonservenfabrik der Stadt 2005 endete zwar eine über 300 Jahre alte Tradition, aber in Newlyn gibt es viele Händler, die den Fisch praktisch direkt vom Boot verkaufen.

Essen

Jelbert's Ices EISCREME £
(New Rd) Der altmodische Eisladen macht noch alles nach altbewährtem Muster: Es gibt nur eine Sorte (Vanille) und die wird mit kornischer *clotted cream* hergestellt und in altmodischen Waffeln serviert.

Newlyn Cheese & Charcuterie FEINKOST £
(01736-368714; www.newlyncheese.co.uk; 1 New Rd; Ostern–Okt. Mo–Sa 9–17 Uhr) Nur ein paar Schritte weiter als Jelbert's Ices verkauft dieser Delikatessenladen eine gute Auswahl an Aufschnitt und Käse. Besonders gut sind Cornish Blue und Garlic Yarg.

Tolcarne Inn PUB ££
(01736-363074; www.tolcarneinn.co.uk; Hauptgerichte 12–18 £; 12–14.14 & 19–21 Uhr, So abends & Mo geschl.) Das gemütliche Gasthaus in Newlyn wird neuerdings vom Oberkochguru Ben Tunnicliffe geführt und verdient sich schon jetzt einen Ruf als eines der besten Gastropubs der Gegend. Das Motto ist erfrischend ehrlich: Bester Fisch, Meeresfrüchte und Fleisch aus der Region werden möglichst schlicht und ohne Schnickschnack serviert. Es wird verdientermaßen immer beliebter, weswegen Reservieren ratsam ist – vor allem sonntags mittags.

Shoppen

Newlyns größter (und ältester) Fischhändlerfamilie W. Stevenson & Sons gehören der Markt und die zwei Fischläden in der Harbour Road in Newlyn und in der Wharf Road in Penzance (unterhalb des Wharfside Shopping Centre). Der Fisch wird direkt in den Läden verkauft oder kann telefonisch oder im Internet bestellt werden. Wer etwas Bestimmtes sucht, ist gut beraten, vorher anzurufen. Weitere Fischhändler:

Trelawney Fish FISCH
(01736-361793; www.cornishfishonline.com; 78 The Strand; Mo–Fr 8–17, Sa 8–13 Uhr) Fischladen mit Feinkost am Hafen von Newlyn.

JH Turner ESSEN
(01736-363726; www.jhturner.co.uk; The Coombe, Newlyn; Mo–Fr 9–15 Uhr) Verkauft alles, was gerade Saison hat.

W Harvey & Sons ESSEN
(01736-362983; www.crabmeat.co.uk; The Coombe, Newlyn; Mo–Fr 8–16.45, Sa 8–23.45 Uhr) Spezialist für Krebse und Hummer.

Mousehole

Anders als das raubeinige Newlyn ist der Nachbarort Mousehole (*mausel* ausgesprochen) nobler. Mousehole war einst ein rühriger Sardinenhafen, ist aber jetzt ein begehrter Ort, um sich den Traum vom Zweithaus zu erfüllen. Das Gewirr aus schiefergedeckten Cottages, verwinkelten Gassen und Kaimauern aus Granit ist zweifellos attraktiv. Allerdings wird das Dorf im Sommer und im Dezember, während alles weihnachtlich beleuchtet ist, von Besuchern überflutet. Wie auch immer, Autos sollten unbedingt am Ortsrand geparkt werden. Besser noch ist der Anmarsch über den Küstenpfad von Newlyn aus.

Hauptsächlich ist Mousehole berühmt für seinen *stargazy pie*, eine Sardinenpastete, in der die Fischköpfe durch die Pastetenkruste nach oben ragen. Gegessen wird sie am **Bawcock's Eve** am 23. Dezember in Erinnerung an Tom Bawcock. Dieser einheimische Bursche beendete eine Hungersnot im Dorf, indem er sich trotz Sturms rauswagte und einen reichen Fischfang machte. Das traditionelle Rezept ist noch immer ein streng gehütetes Geheimnis im chaotischen Dorfpub, dem Ship Inn.

Auf halber Strecke Richtung Newlyn liegt unterhalb der Klippen die alte Penlee-Seenotrettungsstation. Am 19. Dezember 1981 kam das Rettungsboot *Solomon Browne* dem havarierten Küstenboot *Union Star* zu

Hilfe, das bei schwerer See auf die Felsen bei Lamorna aufgelaufen war. Beide Schiffe gingen mit Mann und Maus unter. Seither ist das Bootshaus ein Denkmal für die 16 Männer, die ihr Leben verloren hatten. Und an jedem 19. Dezember werden in Mousehole zum Gedenken die Lichter gedämpft.

Schlafen

★ Old Coastguard Hotel HOTEL ££
(☎ 01736-731222; www.oldcoastguardhotel.co.uk; DZ 110–195 £; P 🌐 🐾) Diese alte Schönheit an der Küste wird inzwischen von den Inhabern des Gurnard's Head betrieben und hat heute eine viel entspanntere Atmosphäre als früher. Gleich geblieben ist der klassische Stil der Zimmer – gedeckte Farben, stattliche Betten – die besten haben natürlich auch immer noch Meerblick. Meeresfrüchte spielen die Hauptrolle im schicken Restaurant mit Ausblick auf die Wellen, während man im Garten auf den Klippen den Sonnenschein genießen kann. Die Zuflucht am Meer schlechthin.

Essen & Ausgehen

2 Fore St FRANZÖSISCH ££
(☎ 01736-731164; www.2forestreet.co.uk; 2 Fore St; Hauptgerichte 9,75–15,50 £; ⊕ 12–14 & 18.30–21 Uhr) Kulinarische Raffinesse am Kai von Mousehole. Der Laden ist noch recht neu, hat sich aber schon reichlich Bewunderer an Land gezogen, wie die Restaurantführer Harden's und Good Food Guide. Beizholz, kühle Farben und Hafenblick bestimmen den Innenraum, draußen lockt ein niedlicher schattiger Garten mit Palmen und Segeltuchschirmen. Die Speisekarte macht keinen Hehl aus seinem französischen Einschlag – kein Wunder bei einem Chefkoch, der unter Raymond Blanc gelernt hat.

The Cornish Range FISCH & MEERESFRÜCHTE £££
(☎ 01736-731488; www.cornishrange.co.uk; 6 Chapel St; Hauptgerichte 11,50–20,95 £; ⊕ 17.30–21.30 Uhr) Ein weiteres hoch angesehenes Restaurant in einer ehemaligen Sardinenfabrik ein paar Schritte hinter dem Ship Inn. Die Speisen sind elegant – gebratene Seezunge mit Taschenkrebs oder Kabeljau mit Hummer-*tempura*. Aber das Lokal ist teuer und außerdem nichts für Klaustrophobiker, wenn es voll ist.

Ship Inn PUB
(☎ 01736-731234; www.shipmousehole.co.uk; South Cliff; Hauptgerichte 8,95–13,95 £) Das alte Schiff stammt (zumindest teilweise) noch aus dem 18. Jh. und verströmt mit riesigen Kaminen und Bleiglasfenstern haufenweise historischen Charme. Zum Essen gibt's die üblichen Pubstandards wie *steak pie* und vegetarisches Chili.

Marazion

8 km östlich von Penzance liegt hinter dem Sandstrand Long Rock das hübsche, kleine Örtchen **Marazion** mit Strandhäusern, viktorianischen Villen und einem unvergleichlichen Ausblick über Mount's Bay.

Neben ein paar schönen Cafés und Galerien ist das Dorf hauptsächlich interessant als Ausgangspunkt für einen Ausflug zum **St. Michael's Mount** (NT; ☎ 01736-710507; www.stmichaelsmount.co.uk; Schloss & Garten Erw./Kind 9,60/4,80 £; ⊕ Haus März–Okt. So–Fr 10.30–17.30 Uhr, Garten April–Juni Mo–Fr, Juli–Sept. Do & Fr). Das dramatische Kloster auf der Insel in der Mitte der Mount's Bay ist inzwischen eines der unverkennbaren Wahrzeichen Cornwalls. Ein Kloster gab es hier mindestens seit dem 5. Jh., aber die Insel wurde bereits lange zuvor als Handelsposten für kornischen Zinn und Kupfer genutzt. Nach der normannischen Eroberung wurde die Insel den Benediktinermönchen des Mont St. Michel in der Normandie geschenkt. Sie bauten dort 1135 eine neue Kapelle. Der Berg diente später als Festung und ist heute der Familiensitz der St. Aubyns. Seit 1954 wird er vom National Trust verwaltet.

Bei Ebbe ist die Insel von Marazion aus über einen erhöhten Weg zu Fuß zu errei-

---

ÖKO-REFUGIUM

Tief in der abgeschiedenen Landschaft um Sancreed bieten die verträumten Unterkünfte von **Plan-It Earth** (☎ 01736-810660; www.plan-itearth.org.uk; Chyena, Sancreed; im Sommer ab 978 £; P 🐾) 🌱 die perfekte Zuflucht im Grünen. Die Inhaber Rachel und David haben zwei unglaubliche Rundhäuser gebaut: ein „Hobbithaus" aus Klafterholz und Lehm und ein „Strohballenhaus" aus Lehm, Stroh und Lehmputz. Klingt primitiv? Keineswegs: Beide Häuser haben Kompostklos und Oberlicht mit Blick auf die Sterne sowie Schaffellteppiche, Laternen und Holzöfen. Ebenfalls im Angebot: Ökoabenteuerurlaub und wildes Campen. Grün und grandios!

chen, bei Flut fährt vom Kai eine Fähre (1 £) hinüber. Ein Highlight ist die winzige Kapelle mit ihrem Rosettenfenster und den Alabastertafeln aus dem 15. Jh. Zu besichtigen sind auch ein Rokokosalon, eine verschnörkelte Bibliothek, eine Inselgarnison und der prächtige Chevy-Chase-Saal (benannt nach einem mittelalterlichen Jagdlied, nicht nach dem Star der National-Lampoon-Komödien). Am Inselrand kleben subtropische Gärten an den Klippen, deren Blüten und Stauden dank des milden Golfstroms üppig gedeihen.

Schlafen

St. Michael's B&B B&B ££
(01736-711348; www.stmichaels-bedandbreakfast.co.uk; Fore St; DZ 88-98 £; P) Das günstige B&B an der Hauptstraße hat sechs individuelle Zimmer (Zimmer 3 und 5 haben den besten Ausblick auf Mount's Bay). Der Stil ist klassisch: Messingbettgestelle, flauschige Federbetten, antike Kommoden.

Mount Haven Hotel HOTEL £££
(01736-710249; www.mounthaven.co.uk; Turnpike Rd; DZ 130-200 £; P) Küstenhotel im Privatwesen. Die quadratischen Zimmer haben meist einen Balkon mit Ausblick auf die Mount's Bay. Lee Groves, ehemaliger Teilnehmer der TV-Sendung *Masterchef*, hat kürzlich das Restaurant übernommen, das sich seitdem als beliebtes Ausflugsziel etabliert hat.

Essen

★ Ben's Cornish Kitchen BRITISCH ££
(01736-719200; www.benscornishkitchen.com; 1-/2-/3-Gänge-Menü mittags 12/15/18 £, Hauptgerichte abends 14-23 £; Di-Sa 12-14 & 18.30-20.30 Uhr;) Jungkoch Ben Prior hat seit der Eröffnung seiner kornischen Küche an der Hauptstraße von Marazion richtig Wellen geschlagen. Inzwischen nehmen seine Gäste auch eine längere Anreise in Kauf, um seine aufregende, einfallsreiche Küche zu genießen, die kornische Grundlagen mit französischem Flair versieht: Taube, Schweinefleisch, Steinbutt und Petersfisch aus der Region, garniert mit Portweinreduktion, Schalotten-*confit* und reichhaltigen Cremesaucen. Oft fällt ihm der Speiseplan spontan am gleichen Tag ein – oder er schneidet die ganze Speisekarte auf Wünsche seiner Kunden zu. Viel persönlicher geht's wirklich nicht mehr. Das Restaurant ist so beliebt, dass er seit Kurzem auch im Obergeschoss serviert. Eine Adresse, die man definitiv im Auge behalten muss.

Von Perranuthnoe nach Praa Sands

Östlich von Marazion fällt die Küste ab bis zu einer Reihe von Sandstränden, darunter der kleine Strand von Perranuthnoe und der wohlbekannte, familienfreundliche Praa Sands.

Dazwischen liegt die felsige Einbuchtung Prussia Cove, einst ein notorisches Schmugglernest. Den Ruf – und den Namen – verdankt sie dem berüchtigten Freibeuter John Carter, der angeblich Friedrich dem Großen ähnlich sah und daher den Beinamen „König der Preußen" (King of Prussia) trug. Der 1770 geborene Carter wurde einer der bekanntesten Schmuggler Cornwalls, der einen florierenden Handel mit Tee, Rum und Gewürzen betrieb, während er gleichzeitig bemüht war, den Schiffen der Regierung aus dem Weg zu gehen. Er wurde zu einem ziemlichen Lokalhelden – vor allem, nachdem sein Bruder Harry Carter einen aufsehenerregenden Bericht seiner Abenteuer veröffentlichte.

Die Bucht selbst gehört heute zum privaten Anwesen Porth-en-Alls (01736-762014; www.prussiacove.co.uk), in dem mehrere Cottages gemietet werden können. Wer nicht übernachten, sondern nur ans Meer will, kann sein Auto auf dem kleinen, öffentlichen Parkplatz stehen lassen, das an der A394 beschildert ist. Von hier aus schlängelt sich der Küstenpfad in steilen Windungen hinunter zu den felsigen Buchten Bessy's Cove, King's Cove, Coule's Cove und Piskies Cove.

Essen

Peppercorn Kitchen CAFÉ £
(01736-719584; www.peppercornkitchen.co.uk; Lynfield Yard; Hauptgerichte mittags 4,50-7,50 £; 10-15 Uhr) Dieses aufregende Café wird von der Halb-Afghanin Lisa Durrani-Prior geführt und bringt die exotischen Aromen des Nahen Osten ins verschlafene Perranuthnoe. Die Auswahl reicht vom Eintopf mit Würstchen bis zum bengalischen *dhal* und lässt sich wunderbar mit einem der legendären Riesenbaisers abrunden.

Victoria Inn PUB ££
(01736-710309; www.victoriainn-penzance.co.uk; Perranuthnoe; Hauptgerichte 11,50-18,95 £; tgl. 12-15, Mo-Sa 18-22 Uhr) Das gemütliche Dorfpub hat sich auch mit seinem Essen eine treue Kundschaft erarbeitet.

DER LIZARD

Cornwalls Südküste macht unvermittelt eine scharfe Biegung um die Halbinsel Lizard, wo Felder und Heideland zu einem Panorama aus schwarzen Klippen, tosender Brandung und gezackten Felsen abfallen. Der Lizard, durch den Fluss Helford vom Rest Cornwalls abgeschnitten und umgeben von tückischen Gewässern, war einst ein verrufener Schiffsfriedhof – und die Halbinsel ist noch immer roh und ungebändigt.

Der Lizard ist zwar auch für seine Wildtiere bekannt, der seltsame Name hat aber nichts mit Eidechsen zu tun, sondern stammt vom keltischen Begriff *lys ardh* für „hohes Gericht".

Anreise & Unterwegs vor Ort

Busse verkehren auf dem Lizard nicht überall. Bus 32 fährt von Helston nach Gunwalloe, Gweek, Coverack und St. Keverne, Bus 33 nach Poldhu, Mullion und dem Lizard. Helston hat auch regelmäßige Verbindungen mit Penzance, Truro und Falmouth.

Auf arglose Autofahrer warten gefährlich enge Straßen. Ein guter Rat: Das Auto sollte in Cadgwith, Helford Village, Coverack oder St. Anthony außerhalb des Orts geparkt werden.

Helston

Helston ist der größte Ort auf dem Lizard, einst ein umtriebiger Flusshafen und eine der vier Zinnbergwerksstädte der Grafschaft, hier wurde das einheimische Zinn geprüft und gestempelt. Neuen Auftrieb erhielt der Ort mit der Stationierung des Marineflughafens in Culdrose, der jedes Jahr Ende Juli einen beliebten Flugtag veranstaltet.

Die beste Zeit für einen Besuch ist der **Flora Day** (www.helstonfloraday.org.uk) am 8. Mai. Das traditionelle Festival, das vermutlich auf ein heidnisches Frühjahrsfest zurückgeht, besteht aus einer Mischung aus Straßentänzen, Musikparaden und Blumenshows. Die beiden Hauptereignisse sind der Hal-An-Tow, auf dem St. Michael und der Teufel miteinander kämpfen, und der Furry Dance, der um 12 Uhr beginnt und durch die ganze Stadt führt. Teilnehmen dürfen nur ausdrücklich eingeladene Personen, angeführt wird der Tanz stets von einem einheimischen Paar.

In Helston gibt es nicht viele Restaurants, aber das wunderbare **Blue Anchor Inn** (01326-562821; www.spingoales.com; 50 Coinagehall St; 11–23 Uhr) ist durchaus einen Besuch wert: Das Spingo-Ale stammt aus der eigenen Hausbrauerei; eine altmodische Bowlingbahn gibt's außerdem.

Sehenswertes

Helston Folk Museum MUSEUM
(01326-564027; Market Pl; Mo–Sa 10–13 Uhr) GRATIS Das schrullige Stadtmuseum informiert ausführlich über den Furry Dance und präsentiert u. a. auch nachgebaute Ladenfassaden, eine 5 t schwere Ciderpresse und eine Ausstellung über den einheimischen Helden Bob Fitzsimmons, den ersten Boxer, der gleichzeitig die Weltmeistertitel für Mittel-, Halbschwer- und Schwergewicht hielt.

Flambards THEMENPARK
(01326-573404; www.flambards.co.uk; Eintritt inkl. Fahrgeschäfte Erw./Kind 17,95/12.50 £; öffnet um 10.30, letzter Einlass 14.30 Uhr) Cornwalls ältester Themenpark ist gleich außerhalb der Stadt. Hier wird z. B. der britische Alltag im Krieg nachgebildet, *Britain in the Blitz*. Attraktionen sind außerdem eine Luftfahrtsgalerie und ein rekonstruiertes viktorianisches Dorf sowie verschiedene Fahrgeschäfte im Freien: eine Wildwasserbahn, eine Achterbahn und der sich drehende Skyraker, um nur einige zu nennen. Es gibt sicher aufregendere Themenparks, aber es genügt, um die Kids einen Nachmittag lang zu beschäftigen. Außer im Juli und August laufen die Fahrgeschäfte nur an bestimmten Tagen. Es lohnt sich also, vorher anzurufen.

> **ABSEITS DER ÜBLICHEN PFADE**
>
> **LOE BAR & LOE POOL**
>
> Knapp 2 km südlich von Helston liegen die trügerische Sandbank Loe Bar – seit Jahrhunderten Schauplatz von so manchen Schiffbrüchen – und der Loe Pool, Cornwalls größter Süßwassersee, von dem manche behaupten, dass dort König Artus' magisches Schwert Excalibur ruhe. Um den See herum und durch das Penrose-Anwesen, in dessen Mitte der See liegt, führen Wanderwege; Schwimmen ist wegen der unberechenbaren Brandungsrückströmung gefährlich.

Trelowarren

Trelowarren (01326-221224; www.trelowarren.com; Mawgan) GRATIS ist seit sechs Jahrhunderten im Besitz der Vyvyan-Familie und breitet sich über 400 ha Land zwischen Goonhilly und dem Fluss Helford. Auf dem Anwesen gibt es mehrere Wald- und Wanderwege, von denen einer auch zur **Halliggye Fougou** führt, einer unterirdischen Kammer auf dem Gelände eines eisenzeitlichen Ringwalls.

Auf dem Anwesen ist das stilvolle Restaurant **New Yard** (01326-221224; www.newyardrestaurant.co.uk; Trelowarren; Hauptgerichte 9,50–16 £; Di–Sa 12.30–14 & 19–21 Uhr, So nur mittags) der richtige Ort für ein luxuriöses Mittagessen, aber man sollte reservieren haben.

Porthleven & der Loe

5 km südwestlich von Helston liegt Porthleven, ein stiller Ort mit gewaltigen Kaimauern, die den Hafen vor den Winterstürmen schützen sollen. Das Städtchen besitzt eine aufblühende Feinschmeckerszene, die sich auf dem Markt am Mittwoch Vormittag und auf dem **Porthleven Food Festival** (www.porthlevenfoodfestival.co.uk) präsentiert.

Schlafen & Essen

Copper Kettle B&B ££
(01326-562157; www.cornishcopperkettle.com; 33 Fore St; EZ 45 £, DZ 80–85 £) In diesem entzückenden, kleinen B&B sind alle vier Gästezimmer nach Buchten in der Umgebung benannt. Es ist außerdem frisch renoviert und strahlt mit maritimen Streifen, bunten Tupfen und schokofarbenen Tagesdecken.

Beacon Crag B&B ££
(01326-573690; www.beaconcrag.com; DZ 80–95 £; P @) Die oberhalb von Porthleven für einen Künstler erbaute viktorianische Villa ist eines der schönsten B&Bs auf der Halbinsel. Die Zimmer sind schlicht eingerichtet, um nicht mit der einmaligen Lage des Hauses zu konkurrieren.

★**Kota** RESTAURANT ££
(01326-562407; www.kotarestaurant.co.uk; Porthleven; Hauptgerichte 12–20 £; 12–14 & 18–21 Uhr) Malaysisch und maorisch, so lässt sich die Küche in der umgebauten Mühle am Hafen von Porthleven zusammenfassen. Chef ist der Koch Jude Kereama, einer der aufgehenden Sterne am kulinarischen Himmel. Seine panasiatischen Gerichte haben viel Beifall gewonnen: Sie verbinden pazifische Kreationen mit kornischen Zutaten. Kürzlich hat Kereama außerdem etwas weiter den Hafen entlang noch ein Café eröffnet – das Kota Kai.

Kota Kai Bar & Kitchen CAFÉ ££
(01326-574411; www.kotakai.co.uk; Hauptgerichte 11,50–14,95 £; 12–14 & 17.30–21.30 Uhr;) Im 1. Stock das Hauses am Hafen zeigt dieses schwungvolle Café das gleiche Flair wie sein Mutterschiff, das Kota. Thunfisch-*cevice* und *laksa*-Curry mit Meeresfrüchten schmecken besonders gut mit Blick auf die Boote im Hafen – und zur Verdauung gibt's dann noch eine Runde Bowling im Hinterzimmer. Von 17.30 bis 18.30 Uhr essen Kinder umsonst mit ihren Eltern. Regelmäßig finden auch Filmabende statt.

Amélie's at the Smokehouse BRITISCH ££
(01326-554000; www.ameliesporthleven.co.uk; Hauptgerichte 12–16 £; 10.30–21 Uhr) Das beliebte Hafenbistro ist gut für einen leichten Imbiss, z. B. Holzofenpizza, Bouillabaisse, ausgelöster Krebs mit Scheren oder den ziemlich hervorragenden Bruneski-Burger, der in einer Brioche serviert wird. Auch innen macht das Lokal mit Glastüren und regionaler Kunst ganz schön was her. Etwas ganz Besonderes sind die aus kornischen Leckerbissen zusammengestellten **Gourmet Picnics** (01326-554333; www.gourmetpicnics.co.uk; Picknick 75–150 £).

Gunwalloe

Die vom National Trust verwaltete Bucht 8 km von Porthleven wirkt wie das totale Niemandsland. Bekannt ist sie vor allem für die **Church of St. Winwaloe** aus dem 15. Jh., die hinter dem Strand halb unter den Dünen begraben ist. In der Nähe ist auch ein Golfplatz.

Das massive, 60 m hohe **Halzephron Cliff** oben auf der Landspitze war eine für Schiffbrüche berüchtigte Ecke – 1785 zerschellte hier das spanische Schiff *Vrijdag* mit seiner Ladung aus 2,5 t Silberdollars. Einer lokalen Legende zufolge hat der Pirat John Avery einst irgendwo in den Gunwalloe-Dünen einen sagenhaften Schatz vergraben. Also nicht überrascht sein, wenn ein paar Leute mit Metalldetektoren in der nahen **Dollar Cove** heftigst am Werkeln sind.

Schlafen & Essen

Barefoot Kitchen B&B ££
(01326-240517; www.barefootkitchen.com; B&B ab 130 £ pro Nacht) Diese „Lifestyle"-Unternehmung bietet einen bunten Strauß an Angeboten: Überlebenskurse, eine Surfschule, einen Laden für Lebensmittel und Haushaltswaren und zwei luxuriöse Safarizelte auf den Klippen (426–1110 £ pro Woche). Verschiedene andere Unterkünfte sind noch zu haben, vom restaurierten Airstream-Wagen über ein Landhäuschen bis zum überragend feudalen B&B/Ferienapartment im turmverzierten Halzephron House.

Halzephron Inn PUB ££
(01326-240406; www.halzephron-inn.co.uk; Hauptgerichte 10,95–18,50 £) Einen schöneren Ort für ein Bier als dieses 500-jährige Pub auf den Klippen oberhalb von Gunwalloe gibt es schlichtweg nicht. Das weiß getünchte Haus mit Schieferdach steckt voller Winkel und Ecken. Und das Essen ist immer gleichbleibend gut (vor allem der Sonntagsbraten).

Mullion

Abgelegen an der Westseite des Lizard liegt das Dorf Mullion, in dessen Umgebung sich drei der hübschesten Strände der Halbinsel befinden: **Mullion Cove** bietet die für Cornwall typische Ansammlung aus Hafen, Booten und Cottages; **Polurrian**, der abgeschiedenste und dramatischste der drei Strände, ist ausschließlich über einen Küstenpfad zu erreichen, während **Poldhu** wegen seiner sanitären Anlagen und des sich in der Nähe befindenden Eisladens von Familien bevorzugt wird.

Poldhu wurde berühmt durch das erste Funksignal der Welt, das 1901 vom italienischen Ingenieur Guglielmo Marconi vom Poldhu Point 3000 km über den Atlantik bis nach St. John's in Neufundland gesendet wurde. Das kleine **Marconi Centre** (01326-574441; http://marconi-centre-poldhu.org.uk; wechselnde Öffnungszeiten, auf der Website checken) wurde 2001 zum hundertjährigen Jubiläum eröffnet. Funkliebhaber informieren ehrenamtlich über die Marconi-Geschichte, außerdem gibt es Kurzwellenfunkgeräte auf denen man herumspielen kann. Eine Plakette auf einem nahen Feld markiert die Stätte der originalen Funkstation.

Lizard Point & Umgebung

8 km südlich von Mullion liegt Großbritanniens südlichster Punkt, der Lizard Point, historisch einer der tödlichsten Küstenstriche des Landes. Hunderte von Schiffen erlitten an der felsigen Küste Schiffbruch, von spanischen Schatzgaleonen bis zu Marinefregatten. Es ist ein Mekka für Sporttaucher, aber auch für Küstenwanderer, die auf den Klippen die Aussicht genießen.

Mit seinen vielen Bonbon- und Souvenirläden ist das **Dorf Lizard** eher enttäuschend. Die meisten Besucher parken daher nur im Ort und wandern die knapp zwei Kilometer zum Lizard Point. Ein steiler Pfad führt hinab zur seit Langem stillgelegten Rettungsstation und zur kieseligen Bucht. Im Mai und Juni gibt es auf dem Lizard die Chance, Riesenhaie zu Gesicht zu bekommen. Und wer wirklich Glück hat, sieht vielleicht sogar eine Alpenkrähe (weitere Infos zur kornischen Tierwelt unter „Natur & Umwelt").

Unmittelbar landeinwärts von der Landspitze ist das **Lizard Lighthouse Heritage Centre** (01326-290202; http://www.trinityhouse.co.uk/lighthouses/lighthouse_list/lizard.html?tab=visitor; Eintritt inkl. Führung Erw./Kind 7/4 £, ohne Führung 2/1 £; März–Okt. 11–17 Uhr, genaue Tage stehen auf der Website). Der Leuchtturm aus dem Jahr 1752 wurde in den 1990er-Jahren automatisiert und birgt seit 2009 ein Museum zur Schifffahrtsgeschichte, das von Wettervorhersagen bis zu Flaggensignalen und Wracks alles Mögliche umfasst. Besucher können auf eigene Faust durch das Leuchtturmgelände streifen, aber die informative Führung ist durchaus ihr Geld wert. Wenn man nett fragt, dürfen die Kids vielleicht sogar mal mit dem Nebelhorn tuten.

Zerklüftete Landschaft ist auch weiter östlich in der **Housel Bay** und an den wilden Landspitzen Pen Olver und Bass Point zu sehen. Weiter an der Küste entlang liegt hinter der Church Cove das Dörfchen **Cadgwith**, ein idyllischer Haufen aus reetgedeckten Häusern und Fischer-Cottages zu Füßen eines enorm steilen Hügels. Bis heute laufen hier die Fischerboote auf Krebs- und Hummerfang aus – die Reusen liegen neben dem Dorfstrand aufgetürmt. Das Geschäft wird allerdings immer härter.

Es lohnt sich, auf die Klippen zum 60 m tiefen Blowhole zu steigen, einer eingestürzten Höhle, die hier **Devil's Frying Pan** (Bratpfanne des Teufels) genannt wird, weil bei schwerem Seegang das Wasser in die Höhe spritzt.

8 km vom Lizard Point entfernt befindet sich bei Kuggar der **Kennack Sands**, ein beliebter Familienstrand mit viel Sand, Gezeitentümpeln voller Seetang und Strandläden.

Schlafen

★ Henry's Campsite CAMPINGPLATZ £

(01326-290596; www.henryscampsite.co.uk; Caerthillian Farm, Der Lizard; Erw. 9,60 £, Kind 5–16 J. 5 £, unter 4 J. frei; ganzjährig) Liebenswert exzentrischer Campingplatz in einem subtropischen Privatgarten im Dorf Lizard. Fast alle Stellplätze haben elektrische Anschlüsse sowie Meerblick und die Strände, Läden und gemütlichen Pubs in Lizard sind leicht zu erreichen. Er hat außerdem einen Block mit Waschmaschinen und einen gut sortierten Laden; allein die Unisex-Klos sind wohl nicht jedermanns Sache.

Lizard YHA HOSTEL £

(0845-371 9550; www.yha.org.uk/hostel/lizardpoint; B ab 18 £) Auch wer kein eingefleischter Hostel-Fan ist, könnte vielleicht von der Lage dieses Hauses bekehrt werden. Es ist nämlich in einem ehemaligen viktorianischen Hotel neben dem Leuchtturm oberhalb von Lizard Point untergebracht – entsprechend atemberaubend ist der Ausblick auf die Küste. Ein weiterer Bonus: Im Sommer werden Grillabende und geführte Wanderungen angeboten.

Landewednack House B&B ££

(01326-290877; www.landewednack.uniquehomestays.com; Church Cove; DZ 110–180 £; P) Ein Stückchen Lizard-Luxus: ein restauriertes Pfarrhaus, umgeben von 0,8 ha grünem Garten und einem herrlichen Pool. Es wurde liebevoll modernisiert, ohne die historischen Details zu zerstören: Der große, kornische Kamin blieb erhalten, die Fenster blicken auf die grüne Umgebung hinaus und der Privatkoch des Hauses verwöhnt die Gäste mit leckerem Essen.

Housel Bay Hotel HOTEL ££

(01326-290417; www.houselbay.com; Housel Bay; Zi. ab 90 £; P) Freunde der minimalistisch klaren Linie werden sich in diesem Küstenhotel eher unwohl fühlen. Aber wer ein 360-Grad-Panorama und viktorianischen Nippes liebt, ist hier wunschlos glücklich. Das frei stehende Hotel wurde vom berühmten kornischen Architekten Silvanus Trevail erbaut und hat jede Menge verblichenen Charme. Auf jeden Fall ein Zimmer mit Meerblick nehmen!

Essen

Lizard Pasty Shop BÄCKEREI £

(01326-290889; www.annspasties.co.uk; Der Lizard; pasties. 2,95 £; Mo–Sa 9–15 Uhr, Juli–Aug. So auch 9–14 Uhr) Schon lange, bevor Rick Stein der Bäckerei sein Gütesiegel verlieh, war Ann Muller berühmt für ihre *pasties*. Alle sind nach einem bewährten Rezept handgemacht, aber am besten sind die mit Hackfleisch gefüllten. Es gibt aber auch Vollkorn-, vegetarische und Käse-Zwiebel-Versionen.

Cadgwith Cove Inn PUB ££

(01326-290513; www.cadgwithcoveinn.com; Hauptgerichte 8–14 £) Die Fischer von Cadgwith versammeln sich seit Menschengedenken in diesem Pub. Wenn die Jungs Lust haben, singen sie vielleicht sogar das eine oder andere traditionelle Seemannslied. Falls nicht, kann man sich in der Atmosphäre

---

NICHT VERSÄUMEN

KYNANCE COVE

Der Lizard hat einige außerordentliche Buchten, aber die schönste ist die **Kynance Cove**, ein unglaublich hübsches Stück Küste gesäumt von hohen Klippen und blumenüberwachsenen Landzungen. Die Bucht, die einst den in viktorianischer Zeit begehrten rot-grünen Serpentin (Schlangenstein) lieferte, gehört heute dem National Trust. Ein holpriger Pfad führt vom Klippenparkplatz hinab und bietet einen dramatischen Blick auf Felsnadeln und -bögen, Höhlen, Inseln und das leuchtend saphirblaue Meer. Es ist hier absolut traumhaft, egal ob die Sonne scheint oder Winterstürme toben. Schwimmen ist allerdings mit Vorsicht zu genießen, da die rasche Flut besonders Richtung Asparagus Island und Gull Rock Badende abschneiden kann.

Gleich hinter dem Strand ist auch ein hervorragendes Öko-Café, das tolle Krebs-Sandwiches und Fisch im Bierteig sowie die üblichen Strandutensilien verkauft.

St. Keverne & Umgebung

St. Keverne ist mit seinem Marktplatz, den Steincottages und den zwei Dorfpubs eines der ältesten Marktstädtchen des Lizard. Der Kirchturm ist seit über 500 Jahren eine wichtige Landmarke für Seeleute und Fischer, und an der nahen Küste gibt es zahlreiche reizvolle kornische Fischerdörfer wie **Porthoustock**, **Porthallow** (lokal *pralla* ausgesprochen) und **Coverack** mit seinem bogenförmigen Hafen, einst ein berüchtigter Schlupfwinkel für Schmuggler, heute ein Refugium für die Künstlerszene des Lizard. Draußen im Meer Richtung Osten liegt das tückische Riff **Manacles**, ein Schrecken für Seeleute und eine Freude für Wracktaucher.

Durch die Mitte des Lizard erstrecken sich die kahlen **Goonhilly Downs**, wo sich die größten Satelliten der Welt befinden. Aus irgendeinem Grund sind die Satellitenschüsseln alle nach Gestalten der Artus-Sage benannt. Die älteste Schüssel, Arthur (Artus), wurde 1961 errichtet und ist heute denkmalgeschützt.

Schlafen & Essen

Lovelane Caravans WOHNWAGEN, CAMPINGPLATZ ££
(www.lovelanecaravans.com; Tregallast Barton; Wohnwagen pro Woche 395–540 £) Kitschkenner werden diese Unterkunft in Wohnwägen im Retrodesign schier anbeten. Die „Verkleidungen" der Wägen reichen von der hölzernen Schäferhütte bis zum Hippiebus mit fünf Betten, alle mit Gasherd, Kühlbox und Holzofen. Zeltstellplätze sind auch vorhanden. Die Ausstattung ist einfach: Kerzen und Öllampen beleuchten die Anlage und der Sanitärtrakt hat nur eine Dusche.

Coverack YHA HOSTEL £
(0845-371 9014; www.yha.org.uk/hostel/coverack; School Hill; B ab 18 £, Zi. ab 36 £) Hostel in erstklassiger Lage in einem ehemaligen Herrenhaus auf dem Hügel oberhalb von Coverack. Die Zimmer sind hauptsächlich modern, ein paar haben einen Ausblick auf die Bucht.

Lifeboat House CAFÉ ££
(01326-281212; www.lifeboathouse.com; Hauptgerichte 10–18 £; 10–22 Uhr) Wie der Name schon andeutet, ist dieses Café in der alten Rettungsbootstation von Coverack untergebracht. Wie nicht anders zu erwarten, spielen Fisch und Meeresfrüchte eine entsprechend große Rolle auf der Speisekarte. Flügelbutt, Seezunge, Seeteufel, gegrillter Knurrhahn, usw. Viel Platz ist nicht und reservieren geht auch nicht – wer also einen Fensterplatz will, sollte frühzeitig hier sein. Man kann aber auch einfach seine Fish 'n' Chips mitnehmen.

Der Helford

Der Helford fließt am Nordrand des Lizard entlang und ist gesäumt von ausladenden Eichen und verborgenen Bächen – eine Landschaft so ganz anders als der Rest der Halbinsel. Es gibt nur wenige Ecken in Cornwall, die so ursprünglich geblieben sind: Sie ist ein Refugium für Meeresgetier, in Porth Navas befindet sich Cornwalls letzter verbliebener Austernfischgrund. Berühmt (oder eher berüchtigt) sind in der Gegend auch die Immobilienpreise: Nirgends in der Grafschaft sind sie höher. Entsprechend stehen entlang

---

ABSTECHER
ROSKILLY'S FARM

Der Bauernhof und Eismacher **Roskilly's Farm** (01326-280479; www.roskillys.co.uk; Gerichte 6–12 £; 10–18 Uhr) gleich außerhalb von St. Keverne hat schon mehrere Preise für seine Produkte wie Eis, Joghurt, Buttertoffee, Sorbet und Marmelade eingeheimst. Hier kann man ganz wunderbar den Nachmittag verbringen: Rund um die Farm sind mehrere Wanderwege und im Croust House, dem Café in einem der alten Wirtschaftsgebäude, gibt es ein leichtes Mittagessen. Von der Aussichtsgalerie kann man um 14.30 Uhr sogar zusehen, wie die Kühe gemolken werden. Selbstverständlich gibt es hier auch das beste Eis der Lizard-Halbinsel.

Die Farm ist in Tregallast Barton, etwa 1,5 km südlich von St. Keverne und ist an der B3293 auf dem Weg in den Ort beschildert.

der Flussufer auch einige Rockstar-Residenzen und palastartige Häuser.

Das Südufer ist viel unzugänglicher als das Nordufer, also ideal für Erkundungen zu Fuß. Von Helford Passage (bei Falmouth) verkehren die Fußgängerfähren von **Helford River Boats** (01326-250770; www.helford-river-boats.co.uk; Erw./Kind 4/2 £; Juni–Aug. 9.30–21.30 Uhr, April, Mai, Sept. & Okt. 9.30–17.30 Uhr) zum **Helford Village**. Wer lieber auf eigene Faust auf Erkundungstour geht, kann hier auch Schlauch- und Motorboote mieten.

Wer mit dem Auto unterwegs ist, kann auf dem Dorfparkplatz parken und anschließend bergab und über die Brücke ins Dorf laufen. Drinks und Snacks verkauft das **Down by the Riverside Café** (01326-231893; www.downbytheriverside.co.uk) neben dem Parkplatz.

Wer länger wandern möchte, folgt dem Küstenpfad ostwärts zum **Frenchman's Creek** (Inspiration für Daphne du Mauriers klassische kornische Schmugglergeschichte *Die Bucht des Franzosen*). Richtung Westen führt der Weg zum Dorf **St.-Anthony-in-Meneage**, das malerisch am Gillan Creek liegt. Die Einheimischen suchen im nahen Watt manchmal nach Muscheln – vor allem am Karfreitag hat das Tradition. Noch ein Stück weiter liegt die abgeschiedene Landspitze **Nare Point**, von wo der Blick bis hinüber zum Pendennis Point schweifen kann.

Verschiedene lokale Unternehmen bieten Kajakausflüge auf dem Fluss an, darunter **Koru Kayaking** (07794-321827; www.korukayaking.co.uk; 2 Std. 35 £) und **Aberfal Outdoor Pursuits** (07968-770756; www.aberfaloutdoorpursuits.co.uk; halber/ganzer Tag 35/50 £).

Essen

Shipwright Arms PUB ££
(01326-231235; Helford; Hauptgerichte 6–14 £) Strohdach, Balkendecken und ein betörender Flussblick – das Uferpub ist eine richtige alte Schönheit. Gezapft werden Betty Stogs, Doom Bar und Helford-Creek-Cider.

★ South Café CAFÉ ££
(01326-231311; www.south-cafe.com; Manaccan; Hauptgerichte 12–24 £; morgens, mittags & abends) Nicht gerade, was man auf dem ländlichen Lizard erwartet – ein Bistro, das eher in Covent Garden denn in Cornwall sein könnte. Die Gäste lassen sich in einem der ofenbeheizten Speiseräume oder im geschützten Garten eine Mischung aus englischer, französischer und italienischer Küche schmecken: vielleicht Rotzunge mit Kapernbutter oder eine echte Bouillabaisse. Lohnt die Anfahrt.

ISLES OF SCILLY

Die Isles of Scilly 45 km südwestlich von Land's End vermitteln einen Eindruck davon, wie das Leben in England vor 100 Jahren gewesen sein muss. Berufsverkehr, klingelnde Handys und Straßenbauarbeiten scheinen weit entfernt zu sein, sobald man den Fuß auf diesen Miniarchipel aus rund 140 winzigen Inseln setzt, von denen nur fünf bewohnt sind.

Hochsaison ist von Mai bis September, wenn die meisten B&Bs und Hotels schon Wochen im Voraus ausgebucht sind. Im Winter hingegen sind viele Unterkünfte geschlossen. Selbst die Hauptinsel St. Mary's, zu der die Mehrheit der Inselbesucher reist, ist nicht gerade eine betriebsame Metropole, und auf den kleineren Inseln Tresco, Bryher, St. Martin's und St. Agnes leben nur ein paar zähe Einsiedler.

Praktische Informationen

Hospital (01720-422392; 24 Std.)
Polizei (Garrison Lane, Hugh Town, St Mary's; 9–22 Uhr)
Isles of Scilly Tourist Office (01720-422536; tic@scilly.gov.uk; Hugh Town, St Mary's; Mai–Sept. Mo–Fr 8.30–18, Sa 9–17, So 9–14 Uhr, im Winter kürzere Öffnungszeiten) Die einzige Touristeninformation der Inseln.
Radio Scilly (107.9FM; www.radioscilly.com) Der inseleigene FM-Sender.
Scilly Online (www.scillyonline.co.uk) Lokal betriebene Website mit vielen Infos zu den Inseln.
Simply Scilly (www.simplyscilly.co.uk) Offizielle Website für Touristen.

An- & Weiterreise

FLUGZEUG

Seitdem Hubschrauber die Inseln nicht mehr anfliegen, sind sie aus der Luft nur noch per Flugzeug zu erreichen. **Skybus** (0845-710 5555; www.islesofscilly-travel.co.uk) fliegt mehrmals täglich von Land's End Airport (Erw./Kind einfach 70/54 £) und Newquay (85/66,50 £) sowie im Sommer mindestens einmal täglich von Exeter und Bristol auf die Insel.

Es gibt auch günstigere Tickets für Tagesausflüge.

Isles of Scilly

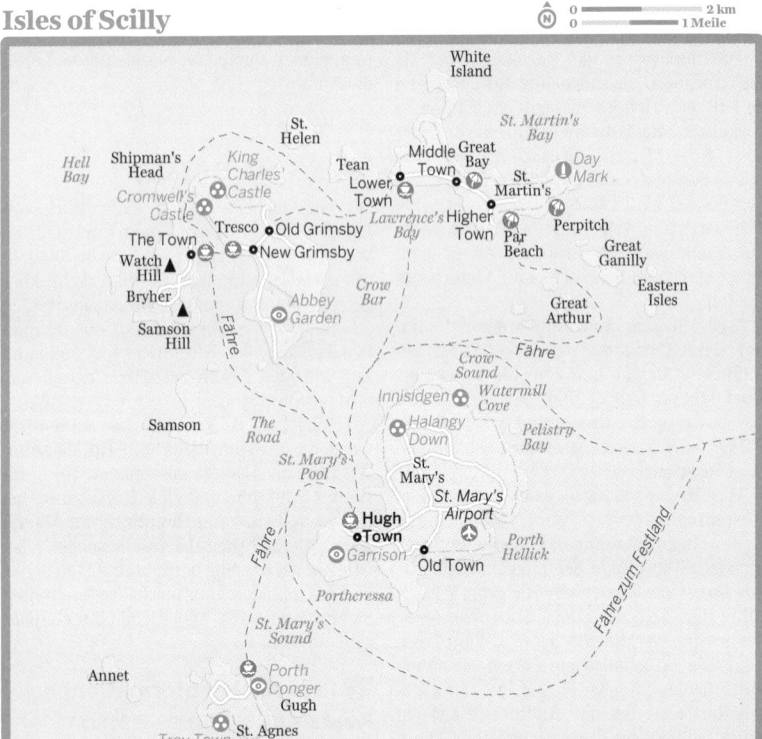

FÄHRE

Der billigste Transport zu den Inseln ist die **Scillonian Ferry** (☏0845 710 5555; www.ios-travel.co.uk; ⊙März–Okt.), die über das raue Meer zwischen Penzance und St. Mary's verkehrt (Erw./Kind einfach 37,50/19 £). Es gibt im Sommer mindestens eine Fährverbindung täglich (außer So), in der Nebensaison nur viermal pro Woche. Eine Fahrt hin und zurück am gleichen Tag kostet für Erwachsene/Kinder 35/18 £, ein Familienticket für zwei Erwachsene und bis zu drei Kinder 75 £. Von November bis April fährt keine Fähre.

❶ Unterwegs vor Ort

BUS

Busverkehr gibt es nur auf St. Mary's. Der Flughafenbus (4 £) fährt von Hugh Town 40 Minuten vor jedem Flug ab, der **Island Rover** (☏01720-422131; www.islandrover.co.uk; 8 £) bietet im Sommer zweimal täglich eine Sightseeingtour in einem Oldtimerbus an.

FÄHRE

Die **St. Mary's Boatmen Association** (☏01720-423999; scillyboating.co.uk) bietet regelmäßige Tagesausflüge und Fährverbindungen von St. Mary's zu den äußeren Inseln. Die Boote legen meist frühmorgens ab und kehren am Spätnachmittag zurück. Reservieren muss man nicht, aber das Gepäck deutlich beschriften, damit es im richtigen Hafen ausgeladen wird. Neben Angel- und Sightseeingtouren sind auch Exkursionen auf den Spuren von Tieren in freier Wildbahn im Angebot.

Die Fahrt zu allen Inseln kostet standardmäßig pro Erwachsenen/Kind 8,40/4,20 £ bzw. 13/6,50 £ für eine Rundfahrt um mehrere Inseln.

FAHRRAD

Fahrräder sind ideal für die Insel St. Mary's; verliehen werden sie von **St. Mary's Bike Hire** (☏01720-422289; The Strand, High Town; pro Tag etwa 10 £) und **Book A Bike** (☏01720-422 786; www.bookabikeonscilly.co.uk; 12 £ pro Tag).

TAXI

Taxis auf St. Mary's: **Island Taxis** (☏ 01720-422126), **Scilly Cabs** (☏ 01720-422901) und **St. Mary's Taxis** (☏ 01720-422555).

St. Mary's

Anlaufpunkt ist St. Mary's, die größte und betriebsamste der Inseln, auf der es auch die meisten Hotels, Läden, Restaurants und B&Bs gibt. St. Mary's ist an der weitesten Stelle gut fünf Kilometer breit und geformt wie ein Oval mit einer klauenförmigen Halbinsel am südwestlichen Rand, auf der sich die Inselhauptstadt Hugh Town und der Anlegeplatz der Fähre *Scillonian* befinden.

Der Flughafen liegt knapp zwei Kilometer östlich bei Old Town.

⊙ Sehenswertes

Isles of Scilly Museum MUSEUM
(Church St; Erw./Kind 2 £/50 p; ⊙ Ostern–Sept. Mo–Fr 10–16.30, Sa 10–12 Uhr, Okt.–Ostern Mo–Sa 10–12 Uhr oder nach Vereinbarung) Hugh Towns Museum ist der wichtigste Wissensschatz der Insel. Es birgt eine bunte Sammlung aus ausgestopften Vögeln, Gegenständen der Bronzezeit und Wrackgut (wie eine Kanone und eine Schiffsglocke).

🏃 Aktivitäten

Orte & Strände

Zentrum des Geschehens auf St. Mary's ist **Hugh Town** auf einem flachen Stückchen Land zwischen der Hauptinsel und der alten **Garnisonsfestung**. Nach Scilly-Maßstäben geht es hier absolut hektisch zu: In den Hauptstraßen Strand und Hugh Street reihen sich Souvenirshops und Cafés aneinander und am **Town Beach** und am **Porthcressa** planschen Tagesausflügler herum.

Knapp zwei Kilometer östlich von Hugh Town und über den Küstenpfad an **Peninnis Head** zu erreichen liegt der alte Inselhafen **Old Town** mit ein paar kleinen Cafés, einem Dorfpub, einer Töpferei und einem netten Strand. Auf dem Friedhof der Kirche befindet sich ein Denkmal für Augustus Smith, den Gründer des Abbey Garden, und das Grab des ehemaligen Premierministers Harold Wilson, der auf den Scillys oft seine Ferien verbracht hatte.

Die Küste ist gesprenkelt mit kleinen Buchten, die am besten zu Fuß oder mit dem Fahrrad zu erreichen sind, wie **Porth Hellick**, **Watermill Cove** und die relativ abgelegene **Pelistry Bay**. Auf St. Mary's gibt es auch mehrere prähistorische Stätten. Besonders sehenswert ist das kleine Eisenzeitdorf **Halangy Down** knapp 2 km nördlich von Hugh Town.

Touren

Island Sea Safaris BOOTSTOUR
(☏ 01720-422732; www.islandseasafaris.co.uk) Bietet Ausflüge zu örtlichen Vogel- und Robbenkolonien (Erw./Kind 32/25 £) sowie einstündige „Insel-Schnupperfahrten" (23 £ pro Pers.). Verleiht außerdem Neoprenanzüge und Schnorchelausrüstung.

Island Wildlife Tours GEFÜHRTE WANDERUNG
(☏ 01720-422212; www.islandwildlifetours.co.uk; halber/ganzer Tag 6/12 £) Regelmäßige Vogelbeobachtungs- und Wildtierwanderungen mit dem lokalen Experten Will Wagstaff. Eine ganztägige Wanderung kostet 12 £ pro Person, ein Morgen oder ein Nachmittag 6 £.

Scilly Walks WANDERUNG
(☏ 01720-423326; www.scillywalks.co.uk; Erw./Kind 5/2,50 £) Katharine Sawyer veranstaltet dreistündige archäologische und historische Führungen sowie Besuche auf den vorgelagerten Inseln (Tagestrips Erw./Kind 10/5 £).

🛏 Schlafen

Die Hotels in St. Mary's haben eine Monopolstellung, sodass die Preise ziemlich gesalzen sind. Außerhalb der Hauptsaison zwischen Juni und September fallen sie jedoch erheblich.

CAMPING & FERIENHÄUSER AUF SCILLY

Auf Scilly gibt es reichlich Ferienhäuser. Die Touristeninformation hat ein komplettes Verzeichnis, Vermittler sind auch **Island Properties** (☏ 422082; St. Mary's) oder **Sibley's Island Homes** (☏ 01720-422431; www.sibleysonscilly.co.uk).

Auf allen Hauptinseln, außer auf Tresco, gibt es einen Campingplatz. In der Hochsaison ist frühzeitige Reservierung ratsam.

➜ Garrison Campsite
➜ St. Martin's Campsite (S. 275)
➜ Troytown Farm; (S. 276)
➜ Bryher Campsite (S. 274)

> ### RUDERBOOTRENNEN
>
> Die hölzernen Dreimannruderboote – **pilot gigs** – waren einst das traditionelle Fortbewegungsmittel an Cornwalls Küsten. Mit ihnen wurden auch Güter und Passagiere von Schiffen an Land gebracht, die zu groß waren, um in den flachen Küstengewässern zu ankern.
>
> Heute fährt man mit diesen Booten nur noch Rennen – allerdings mit großem Ehrgeiz und körperlichen Einsatz. Im Wasser um St. Mary's sieht man die Einheimischen oft trainieren und an den meisten Wochenenden gibt's organisierte Wettbewerbe.
>
> Jedes Jahr im April oder Mai findet in St. Mary's außerdem mit der **World Pilot Gig Championships** die weltgrößte Ruderregatta statt, zu der sogar Teams aus den Niederlanden, Kanada und den USA anreisen.

Belmont
B&B £
(☎ 01720-423154; www.the-belmont.co.uk; Church Rd; EZ 37–75 £, DZ 64–82 £, FZ 102–125 £) Solide Pension in einem alleinstehenden Haus 15 Fußminuten vom Kai. Die sechs Zimmer sind sauber und hell und der Preis stimmt auf jeden Fall.

Garrison Campsite
CAMPINGPLATZ £
(☎ 01720-422670; www.garrisonholidays.com; Tower Cottage, Garrison; Stellplätze 8,55–11 £) Der 4 ha große Campingplatz sitzt auf der Garrison Point oberhalb von Hugh Town. Die erstaunlich gute Ausstattung umfasst Elektroanschlüsse, WLAN und ein Gebäude mit Duschmöglichkeiten und Waschmaschinen. Wie überall auf Scilly ist aber der Ausblick die Hauptattraktion. Wer keine eigene Ausrüstung dabei hat, kann auch ein fertig aufgebautes Zelt mieten (105–125 £ für 3 Nächte und bis zu 2 Pers., 240–285 £ für bis zu 5 Pers.).

Wingletang
B&B £
(☎ 01720-422381; www.wingletangguesthouse.co.uk; EZ 32–42 £, DZ 72–88 £) Dieses granitverkleidete Cottage im Herzen von Hugh Town ist weit über 200 Jahre alt, aber innen erstaunlich hell. Eierschalenfarbene Wände und schlichte Möbel geben ihm den Anschein eines Familienhauses; Gäste dürfen auch die Naturbücher aus der kleinen Bibliothek lesen.

St. Mary's Hall Hotel
HOTEL £££
(☎ 01720-422316; www.stmaryshallhotel.co.uk; Church St, Hugh Town; Zi. 160–236 £; ☎) Diese Villa wurde ursprünglich als Feriendomizil eines italienischen Adligen gebaut. Große Treppen, Kunstobjekte und Holzvertäfelung geben dem Ganzen einen gehobenen Anstrich, aber trotz des Preises sind die Zimmer Godolphin und Count Leon nicht mehr als Standard. Wer kann, sollte sich eine der luxuriösen Suiten mit eigenem Wohnzimmer und Pantryküche leisten.

Star Castle Hotel
HOTEL £££
(☎ 01720-422317; www.star-castle.co.uk; The Garrison; Zi. inkl. Abendessen 176–344 £; ☎☎) Die ehemalige Festung mit ihrem sternförmigem Grundriss am Garrison Point ist heute eines der Tophotels der Inseln und bietet eine Auswahl zwischen auf historisch getrimmten Palastzimmern und moderneren Gartensuiten. Es ist ein bisschen steif hier, aber dafür ist im Preis das Abendessen in einem von mehreren Restaurants bereits enthalten.

Essen

Die beiden großen Hotels auf der Insel haben gehobene Restaurants.

Dibble & Grub
CAFÉ ££
(☎ 01720-423719; www.dibbleandgrub.com; Hauptgerichte mittags 6–12 £, Hauptgerichte abends 10–16 £; ⊗ im Sommer 10–22 Uhr) Luftiges, neues Strandcafé in der alten Feuerwache der Insel neben Porthcressa. Spezialität des Hauses sind Tapas.

Juliet's Garden Restaurant
RESTAURANT, CAFÉ ££
(☎ 01720-422228; www.julietsgardenrestaurant.co.uk; Hauptgerichte 8–16 £; ⊗ im Sommer 10–23 Uhr) Die alte Scheune auf der Seaways Farm, 15 Minuten zu Fuß von Hugh Town und unmittelbar oberhalb von Portloo Beach, begann als kleines Café, hat sich aber zum besten Restaurant auf St. Mary's gemausert. Tagsüber gibt es leichte Mahlzeiten, feinere Speisen bei Kerzenlicht am Abend, alles mit Liebe und Sorgfalt zubereitet. Vom neuen Balcony Room ist der Hafenblick noch schöner. Außerdem gibt es noch einen kleinen Hofladen.

Tresco

Die zweitgrößte Insel Tresco ist nur eine kurze Bootsfahrt von St. Mary's entfernt. Sie gehörte einst den Mönchen der Abtei Tavistock, heute gehört sie zum Herzogtum Cornwall, das Land wird verpachtet.

Sie bietet richtig altmodische Inseleinsamkeit – jahrzehntelang gab es dort nur ein Pub und ein Hotel. Dank der Einrichtung des Flying Boat Club erstrahlt seit Neustem ein Hauch von Glanz über diesem winzigen Fleckchen von Scilly.

Sehenswertes

Rund um die Insel gibt es mehrere gut versteckte Strände, wie der Sand- und Muschelstrand in der **Appletree Bay** und der noch grandiosere Sandstrand in der **Pentle Bay**.

An der Nordwestseite der Insel liegen die Ruinen zweier Festungen – **King Charles' Castle** wurde in den 1550er-Jahren errichtet, der Kanonenturm des benachbarten **Cromwell's Castle** machte es dann aber überflüssig.

Abbey Garden GARTEN
(01720-424105; www.tresco.co.uk/see/abbeygarden; Erw. 12 £, Kinder unter 16 J. frei; 10–16 Uhr) Die subtropische Gartenanlage ist eine der großartigen Attraktionen Scillys. Der Garten wurde 1834 vom Gartenvisionär Augustus Smith auf dem Gelände eines Benediktinerklosters aus dem 12. Jh. angelegt und birgt nun über 20 000 exotische Pflanzenarten, von riesigen Palmen bis zu Wüstenkakteen und leuchtend roten Feuerbäumen, die alle dank des milden Golfstroms gedeihen. Die Eintrittskarte gilt auch für die **Valhalla-Sammlung**, die aus Galionsfiguren und Namensschildern von den zahlreichen Schiffen besteht, die vor Tresco Schiffbruch erlitten haben.

Schlafen & Essen

Alle Unterkünfte werden von **Tresco Island** (01720-422849; www.tresco.co.uk) vermittelt. New Inn und Sea Garden Cottages vermieten ihre Zimmer nächteweise, aber die meisten Besucher kommen entweder im Rahmen eines Tagesausflugs oder mieten ein Cottage wochenweise.

The New Inn GASTHAUS £££
(01720-422844; DZ 140–230 £) Im Vergleich zu den beiden sündhaft teuren Tresco-Hotels ist das New Inn relativ günstig. Die Zimmer sind mit beruhigenden Gelb- und Hellblautönen eingerichtet – Zimmer mit Meerblick gibt's allerdings nur gegen einen Aufpreis.

Sea Garden Cottages COTTAGE £££
(01720-422849; contactus@tresco.co.uk; 160–210 £;) Dieser Komplex mit Selbstversorger-Cottages beim Island Hotel vermietet neun Immobilien nächteweise. Karierte Kacheln, Holz und nautische Gemälde verleihen ein passendes Strandfeeling, im Preis sind Frühstück und Abendessen im Ruin Beach Café enthalten.

Flying Boat Club APARTMENT £££
(01720-422849; contactus@tresco.co.uk; Apt. pro Woche 4500–5000 £;) Unglaublich luxuriöse Häuser mit Meerblick, überdachtem Swimmingpool und Wellnessbereich. Im Winter fallen die Preise auf lächerliche 1475–2000 £.

New Inn GASTHAUS ££
(01720-422222; Hauptgerichte 8–18,50 £; 10–23 Uhr) Das Zentrum des geselligen Insellebens, wo sich Einheimische und Ausflügler auf der schattigen Terrasse der Driftwood Bar für ein erfrischendes Glas Skinner's oder Scilly Ale drängen und sich dazu einen üppigen Teller Seelachs in Bierpanade oder Würstchen mit Kartoffelpüree schmecken lassen. Eine Warnung: Aus Mangel an Konkurrenz sind die Preise ziemlich gesalzen.

Weitere bewohnte Inseln

Bryher

Knapp über 80 Menschen leben auf der abgelegenen Insel Bryher. Sie hat einige kleine Hügel, ist von Heidekraut und Farnen bedeckt und ein harscher Ort, um sich den Lebensunterhalt zu verdienen. Die einzigen Gewerbe auf der Insel sind Fischfang und Blumenzucht und selbst diese zeigen Anzeichen des Niedergangs.

Das **Dorf** Bryher ist kaum mehr als eine Anhäufung von ein paar Dutzend Häusern am Tiefseeankerplatz des New Grimsby Channel, einem beliebten Anleger von Yachten. Die bescheidene Anhöhe des **Samson Hill** bietet eine der schönsten Aussichten auf ganz Scilly – der phantastische Rundumblick erfasst beinahe die gesamte Inselkette.

Bryhers Westseite ist der vollen Wucht des atlantischen Wetters ausgesetzt, so bietet die **Hell Bay** (Höllenbucht) während eines Wintersturms einen gewaltigen Anblick – und

> **DIE UNBEWOHNTEN INSELN**
>
> Noch immer nicht genug Abgeschiedenheit? Keine Sorge – **St Agnes Boating** (422704; www.st-agnes-boating.co.uk) bietet Tagesausflüge (um 15 £) zu den abgelegensten Ecken von Scilly an, auch zu den kaum besuchten Stränden der **Eastern Isles**, zur Kirchenruine von **St. Helen's**, den vielen Wrackstellen um die **Western Rocks** und zum berühmten **Bishops Rock Lighthouse**, ein Wunder der Technik des 19. Jhs. auf einem schmalen Felsen, der knapp 46 m lang und 16 m breit ist.

wird ihrem Namen vollauf gerecht. Ruhiger geht es meist im Süden an der **Rushy Bay** und im Osten an der **Green Bay** zu.

Vom Kai fährt oft **Bryher Boats** (01720-422886) hinaus zur einsamen **Samson Island**, wo einige verfallene Cottages die letzten Zeugen der 1855 fortgezogenen Inselbewohner sind. Bei Ebbe sind die Reste alter Felder in den Ebenen der **Samson Flats** zu sehen, die während der letzten Eiszeit überflutet wurden.

🛏 Schlafen & Essen

Bryher Campsite CAMPINGPLATZ £
(01720-422886; www.bryhercampsite.co.uk; Stellplätze 10 £) Schnörkelloser Campingplatz in Kainähe. Heiße Duschen und Transfer vom Boot per Traktor sind im Preis enthalten.

Hell Bay HOTEL £££
(01720-422947; www.hellbay.co.uk; DZ 135–320 £) So ziemlich die schickste Unterkunft auf Scilly: Eine echte Inselzuflucht mit New-England-Möbeln, sonnigem Goldgelb und Meeresblau sowie hellen Holzbalken. Die Zimmer haben ein eigenes Wohnzimmer, Balkon und natürlich einen atemberaubenden Meerblick. Es gibt verschiedene Kategorien, vom Zimmer mit Gartenblick bis zur überragend luxuriösen Emperor Suite.

Fraggle Rock CAFÉ, PUB £
(01720-422222; Hauptgerichte 6–14 £; 10.30–16.30 & 19–23 Uhr;) Das lässige Café dient gleichzeitig als Inselpub. Serviert werden hauptsächlich Pizzen, Salate und Hamburger sowie ein paar lokale Ales vom Fass und Fairtrade-Kaffee, dessen Erlös dem Cornwall Wildlife Trust zugutekommt.

St. Martin's

St. Martin's, die drittgrößte und nördlichste der Inseln, ist eines von Scillys Zentren für Blumenzucht. In der Blütezeit sind die Inselfelder ein einziges leuchtendes Blumenmeer. St. Martin's ist zudem mit glasklarem Wasser und unberührten Stränden gesegnet, die eher an die Karibik als an Cornwall denken lassen.

Higher Town ist die Hauptsiedlung; hier sind auch der Dorfladen und die Tauchbasis. In Middle und Lower Town sind jedoch auch kleine Grüppchen von Cottages.

11 km vor der Küste der Insel liegt das berüchtigte Riff **Seven Stones**, auf dem der Öltanker *Torrey Canyon* 1967 auflief und dadurch mit die schlimmste Ölpest Großbritanniens auslöste. Um das Schiff zu versenken und das Öl zu verbrennen, wurde es mehrfach von der britischen Luftwaffe bombardiert. Nach mehreren Tagen brach es schließlich auseinander, nachdem es bereits fast 200 km Küste um Cornwall und Nordfrankreich verseucht hatte.

◉ Sehenswertes

St. Martin's Vineyard WEINBERG
(01720-423418; www.stmartinsvineyard.co.uk) Ziemlich unerwartet befindet sich auf der Insel auch die südwestlichste (und gewiss kleinste) Weinkellerei Großbritanniens. Führungen durch das Weingut, das als Urlaubshobby der Besitzer Val und Graham startete, werden im Sommer werktags von 11 bis 16 Uhr angeboten.

North Farm Gallery KUNSTGALERIE
(01720-423028; So–Fr 10–17 Uhr) Kleine Kunstgalerie und Kunsthandwerksladen neben St. Martin's Bakery.

Strände STRÄNDE
Die einsamen Strände der Insel fühlen sich phantastisch wild an. **Par Beach** liegt direkt neben dem Haupthafen und **Lawrence's Bay** an der Südküste wird bei Ebbe zu einem breiten Sandstrand. An der Nordküste befinden sich die **Great Bay** und **Little Bay**, mit den wohl schönsten Stränden Scillys; von der westlichen Seite ist es möglich, bei Ebbe zur White Island zu laufen.

Ein Stück weiter als die Great Bay ist an den Klippen die berühmte, rot-weiß gestreifte **Day Mark**, eine Navigationshilfe, die auf das Jahr 1683 zurückgeht. In der Nähe ist außerdem noch die vollkommen abgeschiedene Bucht von **Perpitch**.

🏃 Aktivitäten

St. Martin's Boat Services BOOTSTOUR
(☎07831-585365; 8 £ pro Pers.) Bietet landschaftlich schöne Bootsausflüge um St. Martin's und andere Inseln sowie eine tägliche Überfahrt nach St. Mary's und Tresco (außer sonntags). Alle zwei Tage gibt es auch Ausflüge nach Bryher und St. Agnes. Buchen ist nicht notwendig; Passagiere gehen einfach an Bord und zahlen dann.

Einmal die Woche macht ein Boot meist eine Rundfahrt zu den Eastern Isles und zurück (14 £).

Scilly Diving TAUCHEN
(☎01720-422848; www.scillydiving.com; Higher Town; 1-Flaschen-Tauchgang 43 £) Tauchkurse und 1-Flaschen-Tauchgänge für qualifizierte Taucher.

🛏 Schlafen

St. Martin's Campsite CAMPINGPLATZ £
(☎01720-422888; www.stmartinscampsite.co.uk; Stellplätze 9–11 £; ⊙März–Okt.) Der Campingplatz nahe dem westlichen Ende der Lawrence's Bay hat 50 Stellplätze auf drei Feldern und wirkt daher niemals überfüllt. Waschmaschinen und Duschen sind münzbetrieben, Wasser kommt aus dem eigenen Brunnen. Es gibt sogar Eier und Gemüse fürs Frühstück zu kaufen. Wer im Juli und August kommen will, sollte weit im Voraus buchen.

Polreath B&B ££
(☎01720-422046; www.polreath.com; Higher Town; DZ 100–110 £, Wochenaufenthalte nur Mai–Sept.) Das freundliche Granit-Cottage ist eines der wenigen B&Bs auf St. Martin's. Es ist winzig und traditionell und hat einen sonnigen Wintergarten, in dem *cream tea*, hausgemachte Limo und herzhaftes Abendessen serviert werden.

🍴 Essen & Ausgehen

Adam's Fish & Chips FISCH & MEERESFRÜCHTE £
(☎01720-422457; ⊙Di & Do 18–20.30 Uhr) Viel frischeren Fisch gibt es wohl nirgends: Was tagsüber im Netz landet, kommt abends in den Bierteig. Den Laden führen Adam und Emma, die auf der nahe gelegenen Little Arthur Farm leben und arbeiten. Mitnehmen kann man das Essen jederzeit, aber wer einen der sechs Tische will, muss reservieren.

St. Martin's Bakery BÄCKEREI £
(☎01720-423444; www.stmartinsbakery.co.uk; ⊙Mo–Sa 9–18, So 9–14 Uhr) Die winzige Bäckerei – inzwischen unter neuer Leitung – produziert frisches Brot, Gebäck, Pizza, Quiche und mit die besten *pasties* auf den Isles of Scilly.

Seven Stones PUB £
(☎01720-423560; www.sevenstonesinn.co.uk; Hauptgerichte 8–12 £; ⊙10–23 Uhr) Das wunderbare Pub ist das einzige Lokal der Insel mit Alkoholausschank und folglich die ganze Woche im Mittelpunkt des Geschehens. Die Terrasse hat einen tollen Ausblick auf die anderen Inseln.

Little Arthur Farm CAFÉ, LADEN ££
(☎01720-422457; www.littlearthur.co.uk; St. Martin's; ⊙tgl. 10.30–16, Mo–Fr 18.30–20.30 Uhr) In dem wunderbaren Vollwertcafé mit Ökofarm gleich hinter dem Par Beach ist die Welt wirklich noch in Ordnung. Alle Erzeugnisse stammen aus eigenem Anbau, von Kräutern und Gemüse bis zu Schinken, Obst und Eiern. Die machen sogar ihre eigenen Schuhe! Suppen, Sandwiches und *scones* werden täglich frisch zubereitet.

ℹ Praktische Informationen

St. Martin's Post Office (www.stmartins-stores.co.uk; Mo–Sa 9–17.30, So 9–10 Uhr) Postamt und Gemischtwarenladen der Insel.

St. Agnes

Selbst nach Scilly-Maßstäben ist die felsige Insel St. Agnes ruhig; wenn die letzten Tagestourboote nach St. Mary's zurückgekehrt sind, ist die Insel praktisch verlassen. St. Agnes ist die südlichste der Scilly-Inseln und voller stiller Buchten, schroffer Felsen und etlicher prähistorischer Stätten. Und es ist ein Ort, den viele Besucher nicht so einfach erreichen können.

Der Hauptanlegeplatz ist **Porth Conger** nahe dem stillgelegten **alten Leuchtturm**, von dem aus die Straße zu den zwei wunderbaren kleinen Buchten **Periglis Cove** und **St. Warna's Cove** führt, Letztere nach dem Schutzheiligen der Schiffbrüchigen benannt. Der Küstenweg zwischen den Buchten führt an dem winzigen **Troytown Maze** vorbei, einem konzentrischen Steinlabyrinth, das vermutlich etwa 200 Jahre alt ist, aber auf einem prähistorischen Vorbild gegründet sein könnte.

Die Südseite der Insel besteht überwiegend aus der farnbewachsenen Ebene **Wingletang Down**, während an der Ostseite der kleine Strand **Covean** ein reizvoller Platz für das nachmittägliche Sonnenbad ist. Bei Ebbe verbindet eine Sandbank St. Martin's mit der kleinen Insel **Gugh** (*gu* ausgesprochen), bekannt für die Relikte aus der Bronzezeit und den schiefen Menhir **Old Man of Gugh**. Vorsicht vor der einsetzenden Flut, die rasch kommt und zum Schwimmen zu stark ist.

Schlafen

★ Troytown Farm
CAMPINGPLATZ £

(01720-422360; www.troytown.co.uk; Troytown Farm; Stellplätze pro Erw. 8,50 £, Zelte 2–8 £ je nach Größe; P) Auf der Farm am südwestlichsten Zipfel der Insel wurden ursprünglich Blumen angepflanzt. Heute hat sie die einzige Milchkuhherde auf Scilly und außerdem diesen Feldcampingplatz mit wunderbarem Meerblick.

Covean Cottage
B&B ££

(01720-422620; www.coveancottage.com; DZ 78–88 £) Ein kleines Stein-Cottage, dessen drei hübsche Zimmer Meerblick haben. Es hat außerdem ein kleines Café, in dem der Inhaber Frühstück und leichte Mahlzeiten serviert.

Essen

★ Turk's Head
PUB ££

(01720-422434; Hauptgerichte 8–14 £; 10–23 Uhr) Großbritanniens südlichstes Wirtshaus ist eine echte Schönheit. Modellschiffe und Seemannsfotos hängen an den Wänden, in der getäfelten Bar gibt es wunderbares Pubessen (Schwertfisch, Krebsfrikadellen, vegetarische Chilis) und wenn die Sonne untergeht, schmeckt das hausgebraute Turk's Head draußen am Landungssteg am besten. Und wenn die Jungs bei Laune sind, wird manchmal auch ein Shanty angestimmt.

High Tide
FISCH & MEERESFRÜCHTE ££

(01720-423869; Hauptgerichte 14–18 £; Mo-Sa abends 18–22 Uhr) Das von einem neuseeländischen Koch und seiner Künstlerfrau geführte Fischrestaurant ist möglicherweise das abgelegenste in ganz Großbritannien. Die Speisekarte ist sehr kurz und besteht aus dem heutigen Fang, dafür sind die Speisen erstaunlich raffiniert – z. B. Loup de Mer mit Queller oder Rotbarbe auf Pak Choi.

Cornwall & Devon verstehen

CORNWALL & DEVON AKTUELL 278
Ein schneller Überblick über die wichtigen Themen der Region: Gourmetzentren, Zweitwohnsitze, Bergbau und die Zukunft des Tourismus.

GESCHICHTE 280
Von alten Steinen bis zur modernen Architektur. Im Südwesten steckt erstaunlich viel Geschichte auf kleinstem Raum.

ESSEN & TRINKEN 289
Bekannt als Feinschmeckerzone voll Promiköche weist der Südwesten den Weg in eine nachhaltige Küche.

KUNST & KULTUR 295
Seit Anfang des 19. Jhs. ist Westcornwall ein Anziehungspunkt für künstlerische Kreativität.

NATUR & UMWELT 300
Küste und Binnenland, Städte und Brandung: Die vielfältige Landschaft von Devon und Cornwall kann sich sehen lassen.

Cornwall & Devon aktuell

Von umstrittenen Themen wie Tourismus und Ferienhäuser bis zur Zukunft der Gastronomie im Südwesten – es folgt ein kurzer Überblick über die wichtigsten Aufgaben, denen sich Devon und Cornwall in den nächsten Jahren stellen müssen.

Interessante Bücher
Gasthaus Jamaica (Daphne du Maurier; 1936) Klassischer Thriller über das Bodmin Moor.
Und dann gabs keines mehr (Agatha Christie; 1944) Kriminalgeschichte auf Burgh Island.
Roman einer Landschaft (Daphne du Maurier; 1986) Lyrische Geschichte Cornwalls.

Tolle Filme
Gefährten (2011) Spielberg hat Schlüsselszenen in Dartmoor gedreht.
Alice im Wunderland (2010) Das Antony House in Cornwall fand sich in Tim Burtons Verfilmung als Wonderland wieder.
Summer in February (2013) Geschichte über eine Künstlergruppe von Lamorna.
Der Fluch der Wale (1989) Kinderabenteuergeschichte, die in Scilly gedreht wurde.

Informationen
Strände von Cornwall (www.cornwallbeaches.co.uk) Onlineführer über die Strände der Grafschaft.
Love the Flavour (www.lovetheflavour.co.uk) Gut Essen und Trinken in Devon.
Cornwall and Devon Wildlife Trusts (www.cornwallwildlifetrust.org.uk & www.devonwildlifetrust.org) Tolle Infoquellen für Tier- und Naturfreunde.

Der Zweitwohnsitz

Bei einem Thema gehen die Meinungen im Südwesten weit auseinander, und das ist die vertrackte Frage des Zweitwohnsitzes. Die Volksbefragung von 2011 hat ergeben, dass Cornwall die Liste der Landesteile mit den meisten Ferieneigenheimen anführt (über 23 000 bei der letzten Zählung). Devon liegt nur kurz dahinter.

Während die wirtschaftlichen Vorteile dieser Wohnsitze fern der Heimat viel diskutiert werden, besteht kein Zweifel daran, dass die anhaltende Beliebtheit der Region zu einem rasanten Anstieg der Hauspreise geführt hat. Dies gilt vor allem für die hübschen Orte wie Salcombe, St. Mawes, Perranporth, Padstow und Fowey, die heute alle zu den Top 10 der Orte mit den höchsten Immobilienpreisen in Großbritannien gehören.

Überall in der Region liegt der durchschnittliche Preis für ein Haus bei über 200 000 £, das ist fast das Zehnfache des durchschnittlichen Jahreseinkommens von 22 000 £. Viele Einheimische und vor allem viele junge Menschen in der Region haben daher große Schwierigkeiten, selbst ein Dach über dem Kopf zu erwerben.

Grockles & Emmets

Vor einem Jahrhundert drehte sich hier noch alles um Landwirtschaft und Fischerei, heute ist der Tourismus der mit Abstand am stärksten wachsende Wirtschaftszweig. Aktuelle Statistiken zeigen, dass der Tourismus mehr als 9 Mrd. £ in die Kassen der Region spült; schätzungsweise jeder fünfte Arbeitsplatz ist heute in irgendeiner Form mit dem Tourismus verbunden. Die Bewohner der Region sehen mit gemischten Gefühlen auf den sommerlichen Sturm der *grockles* und *emmets* (eine abschätzige Bezeichnung der Einheimischen in Devon und Cornwall für Touristen): Verkehrsstaus, Müll und überfüllte Strände sind unübersehbare Probleme. Aber viele Städte und Dörfer wissen, dass sie ohne die Geldspritzen der Gäste kaum überleben werden.

Der Nachteil der Abhängigkeit vom Tourismus ist dessen Unberechenbarkeit: Die jüngsten wirtschaftlichen Probleme Großbritanniens und mieses Wetter waren schlecht fürs Geschäft und brachten manche Anbieter an den Rand der Pleite. Selbst prominente Unternehmen wie das Eden Project bleiben davon nicht unberührt; jüngst musste das Vorzeigeprojekt aufgrund sinkender Besucherzahlen Mitarbeiter entlassen.

Eine Feinschmeckerzukunft?

Aber es gibt natürlich nicht nur Grund für Trübsal. Eine der Erfolgsgeschichten der Region der letzten Jahrzehnte ist das wachsende Interesse am Essen, so verteilen sich über die zwei Grafschaften gleich mehrere Sterne-Restaurants. Viel wichtiger für die Zukunft sind aber die unzähligen einheimischen Lokale und Unternehmen, die in den letzten Jahren wie Pilze aus dem Erdboden geschossen sind.

Von der Kaffeerösterei und Anbietern von Lebensmittelkisten bis hin zu Bäckereien, Weingütern und Mikro-Brauereien – Devon und Cornwall stehen an der Spitze der kulinarischen Erneuerung Großbritanniens. In einer Welt, in der Transportwege von Lebensmitteln und CO_2-Fußabdrücke eine immer größere Rolle spielen, stehen diese lokalen Unternehmungen für das wachsende Ansehen als Feinschmeckerziel. Dieses wurde kürzlich noch unterstrichen, als dem wichtigsten gastronomischen Exportprodukt eine geschützte Ursprungsbezeichnung verliehen wurde: die *Cornish pasty*.

Der lokale Fokus ist aber nicht auf Lebensmittel beschränkt. Viele Städte im Südwesten erkunden ihre Möglichkeiten, die Zukunft in die eigenen Hände zu nehmen. Wadebridge z. B. beabsichtigt die grünste Stadt des Südwestens zu werden, indem sie bis 2015 ein Drittel ihres Strombedarfs aus erneuerbaren Energien gewinnt. Vor Kurzem hat sie es außerdem Totnes nachgemacht und eine eigene Währung eingeführt, mit der die Menschen dazu gebracht werden sollen, in den lokalen Geschäften einzukaufen.

Zinnabbau & Gezeitenkraft

Ein bedeutender Erfolg und eine Anerkennung des stolzen Industrieerbes der Region war es 2006, als die Cornwall & West Devon Mining Landscape zum Weltkulturerbe ernannt wurde. Die letzte Zinnmine wurde 1998 in South Crofty in der Nähe von Camborne geschlossen. Angefeuert durch die weltweite Steigerung der Mineralpreise gab es seitdem mehrere Anläufe, den Bergbau wiederzubeleben. Dies hat allerdings für Ärger mit der Unesco gesorgt, die darauf besteht, dass der Weltkulturerbe-Status davon abhängig ist, dass die Minen für immer geschlossen bleiben. Es wurden aber auch wegweisende Ökoprojekte in Angriff genommen, wie das Gezeitenkraftwerk Wave Hub und einige der ersten Solarfelder Großbritanniens, die Alternativen für eine grüne Zukunft der Region aufzeigen.

EINWOHNER: **1,6 MIO.**

FLÄCHE: **10 270 KM²**

INFLATION: **2 %**

ARBEITSLOSIGKEIT: **5 %**

ANTEIL DER MENSCHEN, DIE IHRE NATIONALITÄT ALS KORNISCH ANGEBEN: **9,9 %**

Von 100 Einwohnern sind in Cornwall & Devon ...

20 im Tourismus
8 im produzierenden Gewerbe
5 in Landwirtschaft oder Fischerei
1 im Bergbau und
66 in sonstigen Bereichen beschäftigt

Religionszugehörigkeit
(% der Bevölkerung)

60 Christen
14 keine Religion
1 Muslime
1 Buddhisten
24 Sonstige

Einwohner pro km²

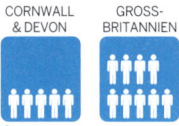

CORNWALL & DEVON
GROSSBRITANNIEN
DEUTSCHLAND

≈ 30 Personen

Geschichte

Ob man von den Festungsmauern einer mittelalterlichen Burg hinabblickt oder zwischen den Menhiren eines Steinkreises umherspaziert, in Devon und Cornwall gibt es eine Menge Geschichte zu entdecken. Bergbau, Methodismus und Seefahrt spielten eine Schlüsselrolle in der Entwicklung der Region, und man trifft auf viele faszinierende Figuren – vom Abenteurer Francis Drake bis zum mythischen König Artus, dessen sagenhafter Name mit zahllosen Orten im Südwesten verbunden ist.

Alte Steine

Prähistorische Stätten

Chysauster, Dorf aus der Eisenzeit, in der Nähe von Penzance

Grimspound, Dorf aus der Bronzezeit, Dartmoor

Grey Wethers, Steinreihen, Dartmoor

The Hurlers, Steinsetzung, Bodmin Moor

Mên-an-tol, Lochstein, Penwith

Im Südwesten Englands haben vermutlich schon vor über 100 000 Jahren Menschen gelebt. Doch der erste handfeste Beleg menschlicher Besiedlung ist ein Kieferknochen, der 1927 während einer Ausgrabung in Kent's Cavern nahe Torquay gefunden und auf 35 000 v. Chr. datiert wurde. (Die Wissenschaftler sind geteilter Ansicht, ob der Knochen einem Neandertaler oder einem prähistorischen Vorgänger des *Homo sapiens* gehörte.) Ein ähnlich umstrittenes Thema ist der Kannibalismus: Es sind einige Belege dafür aufgetaucht, dass frühe Menschen möglicherweise keine Scheu hatten, ihre verstorbenen Verwandten zu essen. Sie sollen aus deren Knochen sogar Trinkgefäße und Essgeräte hergestellt haben.

Die frühesten Siedler waren Jäger und Sammler, die je nach Jahreszeit von Pflanzen und Früchten lebten und auf der Jagd nach wilden Tieren umherzogen. Die ersten Zeichen von Tierhaltung und geregeltem Ackerbau tauchten um 4000 v. Chr. auf. Etwa in dieser Zeit errichteten prähistorische Baumeister bemerkenswerte Bauten in Devon, Dartmoor, Bodmin Moor, Penwith und auf den Isles of Scilly: Steinkreise, Menhire, Dolmen und Hügelgräber.

Um 1800 v. Chr. blühte bereits der Handel mit Gold, Zinn, Bronze und Kupfer aus den Minen des Südwestens, die Edelmetalle wurden in viele Teile Europas und in den Mittelmeerraum exportiert. Dies änderte sich auch nach Eintreffen der Kelten nicht, die sich um 1000 v. Chr. im Südwesten Britanniens ansiedelten.

ZEITACHSE

Bis 4000 v. Chr.	4000–1500 v. Chr.	1000–500 v. Chr.
Der Südwesten wird von nomadischen Jäger- und Sammlersippen besiedelt.	Erste Belege für organisierte Landwirtschaft. Neolithische Baumeister errichten zahlreiche Dolmen, Wurfringe, Steinkreise und Hinkelsteine.	Ankunft der ersten Kelten an der englischen Küste. Keltische Krieger errichten überall in der Region Wallburgen, befestigte Siedlungen und beginnen, sich mit den einheimischen Briten zu mischen.

Die Kelten eroberten rasch einen Großteil der Region und verschanzten sich in Ringwällen und Festungen an der Küste. In vielen Landstrichen sind Überreste mehrerer Dörfer aus der Bronze- und Eisenzeit zu sehen. Zu den wohl am besten erhaltenen in Dartmoor und Penwith gehören Chysauster, Carn Euny und Grimspound.

In den folgenden Jahrhunderten erstarkten die Kelten im Südwesten Britanniens und entwickelten ihre eigene Kultur, Architektur und Sprache. Doch im 1. Jh. v. Chr. gab es eine neue Welle von Eindringlingen, die bis auf einige besonders hartnäckige keltische Widerständler alle beiseite fegten. *Veni, vidi, vici* – die Römer waren da.

Römerherrschaft & Aufstieg der Könige

Die ersten Römer trafen unter Julius Cäsar im Jahr 55 v. Chr. in Britannien ein. Im Jahr 43 n. Chr. fiel Aulus Plautius mit 20 000 Soldaten und mit Verstärkungstruppen des stotternden Kaisers Claudius in England ein. In den folgenden fünf Jahren wüteten die Legionen unter dem Befehl des Feldherrn Vespasian in Südengland.

Nachdem sie den herrschenden keltischen Stämmen (die Durotrigen in Dorset und Somerset, die Dumnonii in Devon und Cornwall) die Macht entrissen hatten, begannen die Römer mit dem Bau eines Straßennetzes sowie von Siedlungen, Häfen, Tempeln und Festungen. Eine Schlüsselstellung hatte die Garnison in Exeter (auf römisch Isca Dumnoniorum), die das westliche Ende der römischen Straße nach Lincoln, des Fosse Way, markierte.

Die Herrschaft der Römer hielt bis zum 4. Jh. an, als militärischer Druck und schwindende Ressourcen sie zum Rückzug aus vielen der entlegeneren Außenposten des Reichs zwangen. Bis 410 waren die letzten Legionen nach Rom zurückgekehrt und das „finstere Mittelalter" begann.

In den nächsten 500 Jahren drangen immer wieder angelsächsische Siedler in den Südwesten Englands ein, hauptsächlich die Stämme der Angeln, Sachsen, Jüten und Friesen aus dem heutigen Deutschland, die zunächst als Söldner der römischen Armee kamen. Die einheimischen Kelten wurden in ihre Festungen in Wales, Dartmoor und Cornwall zurückgedrängt, wo sich Inseln keltischer Kultur bildeten. Die restliche Region kolonisierten die Angelsachsen. Etwa in jener Zeit soll ein furchterregender Kriegsherr – angeblich mit dem Namen Artus oder Arthurus – aufgetaucht sein, um einen Gegenangriff gegen die vordringenden Sachsen anzuführen. Er konnte deren Vormarsch in zwölf Schlachten aufhalten – die unvergängliche Legende von König Artus war geboren.

55 v. Chr.	410–600 n. Chr.	838	939
Römische Legionen landen unter Julius Caesar in Britannien und schlagen die einheimischen Stämme; einige Gegenden in Westcornwall und Devon bleiben dennoch unabhängige Königreiche.	Irische Missionare bringen das Christentum in den Südwesten; viele werden später zu Heiligen, wie St. Piran, der Schutzheilige von Cornwall.	Das Wessex-Heer unter König Egbert besiegt bei Hingston Down die letzte Allianz kornischer Krieger mit den Wikingern.	Athelstan, König von Wessex und erster anerkannter König des vereinten Englands, stirbt.

Um diese Zeit trafen auch die ersten christlichen Heiligen im Südwesten ein, vermutlich aus Irland. Ihre Boote waren jedoch ein wenig eigenwillig – St. Ia soll auf einem riesigen Blatt an die nördliche kornische Küste getrieben worden sein, während St. Piran, der Schutzheilige von Cornwall, angeblich an Bord eines Granitmühlsteins eintraf.

Anfang des 9. Jhs. schließlich marschierten König Egbert und das Heer von Wessex gen Westen und brachten den gesamten Südwesten unter angelsächsische Herrschaft. Sein Enkel König Alfred führte mehrere Kriege gegen die einfallenden Wikinger (und verbrannte der Legende nach in seinem Versteck auf der Insel Athelney einige Brote). Nach einigen Machtkämpfen zwischen verschiedenen angelsächsischen Königreichen im folgenden Jahrhundert wurde König Eduard (der Friedensstifter) 973 in der Bath Abbey zum ersten König eines vereinten Englands gekrönt.

Das Mittelalter

Nach der normannischen Eroberung 1066 geriet die Region unter die Fuchtel von Feudalherren, die Handel, Landwirtschaft und Industrie förderten. Wolle, Zinn und Mineralien wurden zu wichtigen Exportartikeln, auch entstanden etliche Hafenstädte an der Küste des Südwestens, darunter Fowey, Bristol, Looe, Saltash und Plymouth.

Eduard I. würdigte 1305 die Bedeutung des Zinnbergbaus für die Region, indem er den „Stannarys" (Zinnbergbaurevieren) offizielle Privilegien verlieh und fünf Zinnbergwerkstädte in Cornwall (Truro, Lostwithiel, Launceston, Helston und Bodmin) und drei weitere in Devon (Chagford, Ashburton und Tavistock) ernannte. Diese Städte hatten neben anderen Aufgaben das Recht, die Qualität des Zinns vor dem Export zu prüfen. Cornwall besaß auch ein „Stannary-Parlament" mit eigenen Steuern und Gesetzen: Zinnkumpel waren von der zivilen Gerichtsbarkeit befreit und hatten das Recht, nach dem Stannary-Gesetz vor Gericht gestellt zu werden. Ein halbes Jahrhundert später, 1337, schuf Eduard III. für seinen Sohn Eduard, den Schwarzen Prinzen, das Herzogtum von Cornwall, ein Titel, der noch immer traditionell dem Thronerben verliehen wird.

Die verbürgten Rechte der Stannarys spielten eine gewichtige Rolle in der „An Gof"-Rebellion von 1497. Der Volksaufstand richtete sich gegen die Steuern, die Heinrich VII. zur Finanzierung eines Kriegs gegen die Schotten erhoben hatte. Viele glaubten, dass diese Steuern das Recht der Stannarys unterlaufen würde, ihre Angelegenheiten selbst zu bestimmen. Unter Führung von Thomas Flamank, einem Juristen aus Bodmin, und Michael Joseph, einem Schmied (*an gof* auf kornisch) aus St. Keverne, marschierte eine Armee aus 15 000 kornischen Män-

---

Die alten Griechen nannten die britischen Inseln die „Cassiterides" bzw. die Islands of Tin (Zinninseln).

1050
Gründung der ersten Kathedrale in Exeter; das ursprüngliche Gebäude wird von nachfolgenden Bischöfen im 12. und 13. Jh. beträchtlich umgebaut.

1201
König Johann gewährt den Stannarys (Zinnbergbaugebiete) in Cornwall ihren ersten Freibrief. Weitere folgen Anfang des 13. Jhs. durch Eduard I.

Exeter Cathedral (S. 44)

nern nach London. Doch trotz einiger Schlachten wurden sie von den königlichen Streitkräften niedergeschlagen. Flamank und Joseph wurden gehängt, ausgeweidet und geviertelt und ihre Köpfe aufgespießt vor der London Bridge zur Schau gestellt.

Ein ebenso brutales Ende widerfuhr den kirchlichen Einrichtungen im Zuge der Klosterauflösung unter Heinrich VIII. Nahezu alle wichtigen Abteien des Landes, wie Buckfast, Bodmin und Glasney College in Penryn, wurden aufgelöst, ihr Vermögen eingezogen, die Gebäude demoliert und die meisten Mönche mit Gewalt vertrieben oder in manchen Fällen ermordet. Ohne die Abteien erlebten die Kathedrale von Exeter sowie etliche kleinere Kapellen und Kirchen eine Blütezeit.

Die Reformation schaffte auch die lateinische Sprache im Gottesdienst ab und führte ein neues, englischsprachiges Gebetbuch ein. Das brachte für viele fromme Gläubige in Cornwall und Devon das Fass zum Überlaufen. Doch die sogenannte Gebetbuchrebellion von 1549 wurde ebenso blutig niedergeschlagen wie die „An Gof"-Rebellion 50 Jahre zuvor. Die West Country-Armeen wurden vor Exeter kurzerhand vernichtet und die Anführer hingerichtet.

Die neue Welt

An der Religion entzündeten sich nach der Thronbesteigung von Elisabeth I. 1558 erneut Unruhen. Spannungen zwischen dem protestantischen England und den hauptsächlich katholischen Ländern Südeuropas entluden sich in etlichen Gefechten und Schlachten. Elisabeth sah sich veranlasst, die Seemacht gegen die erstarkende spanische Flotte auszubauen und den „privaten Unternehmergeist" auf dem offenen Meer (auch als Piraterie bekannt) zu ermutigen. Viele ihrer Lieblingskapitäne waren im Südwesten geboren, wie der kornische Adlige Sir Richard Grenville (in der Buckland Abbey in Devon geboren), sein Vetter Sir Walter Raleigh (geboren in Hayes Barton in East Devon), Sir John Hawkins (geboren in Plymouth) und sein Vetter Sir Francis Drake (geboren in Tavistock).

1588 entsandte Philipp II. von Spanien eine Armada aus 130 Kriegsschiffen, die in England einfallen und die Insel unter katholische Herrschaft bringen sollte. Die Armada wurde am 19. Juli vor der Lizard-Halbinsel gesichtet. An der Südküste entzündete Signalfeuer übermittelten die Nachricht nach London. Dass sich Drake zum Zeitpunkt der Invasion wirklich auf dem Plymouth Hoe beim Bowlsspiel vergnügt hat, ist unwahrscheinlich, zumindest aber reagierte er sofort: Er legte mit einer Flotte aus 55 Schiffen in Plymouth ab. Zwei Wochen lang bestritt Drake mehrere Gefechte gegen die spanische Flotte. Der Kampf gipfelte am 29. Juli in der Schlacht von Gravelines, in der elf

Die besten Burgen

Dartmouth Castle

Pendennis Castle, Falmouth

Tintagel Castle

Restormel Castle, Lostwithiel

Berry Pomeroy Castle, nahe Totnes

1337 — Das Herzogtum Cornwall wird gegründet; der „Schwarze Prinz" Eduard wird erster Herzog von Cornwall.

1348 — Der Schwarze Tod, eine durch Flöhe, Ratten und andere Nagetiere übertragene Form der Beulenpest, erreicht den Südwesten. Die Epidemie tötet schätzungsweise ein Drittel der Bevölkerung.

1497 — Der *An Gof*-Aufstand gegen Heinrich VII. wird in London niedergeschlagen und seine Anführer werden hingerichtet. Ein zweiter kornischer Aufstand unter Perkin Warbeck scheitert.

1588 — Die Spanische Armada, zuerst vor der Lizard-Halbinsel gesichtet, wird von der in Plymouth stationierten Flotte der Royal Navy unter dem Kommando von Sir Francis Drake besiegt.

spanische Galeonen vernichtet und die restlichen in die Flucht geschlagen wurden. Drakes und Hawkins' spätere Großtaten waren weniger lobenswert: Sie spielten eine Rolle bei der Gründung der ersten Sklavenhandelsroute mit Afrika, ein Geschäft, das sich über die nächsten zwei Jahrhunderte als lukrativ für mehrere Hafenstädte des Südwestens (besonders Bristol und Plymouth) erwies.

Der Südwesten war auch der Dreh- und Angelpunkt bei der Emigration aus der Alten in die Neue Welt. Plymouth war nicht nur der Startpunkt für Francis Drakes Weltumseglung 1577 (eine Replik seines Schiffes *Pelican,* in *Golden Hind* umbenannt, liegt am Brixham Harbour), sondern auch der Ausgangshafen für die erste Reise der Pilgerväter, die am 16. September 1620 am Barbican mit der *Mayflower* ablegten. Die Pilger landeten in Provincetown Harbour im heutigen Massachusetts und gründeten die Kolonie New Plymouth – der Beginn des modernen Amerikas.

Bürgerkrieg

Interessante historische Museen

National Maritime Museum

Plymouth City Museum & Art Gallery

Porthcurno Telegraph Museum

Dartmouth Museum

Lizard Lighthouse Heritage Centre

Wie in vielen anderen Regionen auch brachte der Bürgerkrieg von 1642 bis 1646 gewaltige Unruhen in das West Country. Grob zusammengefasst stellte sich Cornwall auf die Seite von König Charles I., während in der restlichen Region die Loyalitäten oft von Dorf zu Dorf wechselten. In Braddock Down, Stratton, Lostwithiel, Lansdown (bei Bristol) und Plymouth wurden entscheidende Schlachten geschlagen. Trotzdem schwappte der Krieg hin und her, bis ein neuer Befehlshaber, Oliver Cromwell, das Parlamentsheer auf Trab brachte und es zu einer Reihe vernichtender Siege führte. Den bedeutendsten Sieg errang er in der Schlacht von Lostwithiel von 1644, der die royalistische Vorherrschaft im Südwesten endgültig beendete. Die Royalisten ergaben sich schließlich am 15. März 1646 in Tresillian, 5 km vor Truro.

40 Jahre später brach die protestantische Monmouth-Rebellion gegen die katholische Herrschaft von Jakob II. aus. Sie kulminierte 1685 in Sedgemoor im nördlichen Somerset in der letzten Schlacht, die je auf englischem Boden geschlagen wurde. Die Anführer der Rebellion wurden gefangen und in den „Bloody Assizes", den blutigen Gerichtsverhandlungen, in Taunton Castle verurteilt. Wie vorherzusehen war, verloren die meisten ihren Kopf.

Die Methodistische Kirche

1743 las der methodistische Priester John Wesley seine erste Messe in St. Ives. Er predigte die Tugenden der Enthaltung, Gottesfurcht und Eigenverantwortung und verbrachte die folgenden 20 Jahre damit, das Land zu bereisen und vor immer größer werdenden Mengen zu predi-

---

1620
Die Pilgerväter legen an Bord der *Mayflower* in Plymouth ab und gründen im November des gleichen Jahres in Massachusetts die Kolonie New Plymouth.

1720
Thomas Newcomen baut eine „atmosphärische Dampfmaschine" für die Wheal Fortune Mine im Gwennap Minenbezirk und leitet den mechanisierten Bergbau ein.

1743
Der Prediger und Theologe John Wesley hält seine erste Predigt in Cornwall, wodurch ein langer Prozess der methodistischen Bekehrung in der Grafschaft beginnt.

Nachbau der *Mayflower*

DAS LEBEN DER BERGARBEITER

Während viele der Minenbesitzer durch den Zinnabbau unglaublich reich wurden, sah das Schicksal der Minenarbeiter völlig anders aus. Die meisten Zinnbergarbeiter *(tinners)* arbeiteten zwischen acht und zwölf Stunden am Tag. Sie stiegen Hunderte von Metern auf Metallleitern oder in klapprigen Körben hinab in ein unterirdisches Netzwerk aus tiefschwarzen Tunneln und engen Schächten, in denen die Temperatur meist auf über 40 °C anstieg (kein Wunder, dass viele Bergarbeiter es vorzogen, nackt zu arbeiten, um die Hitze aushalten zu können). Explosionen und Felsstürze gehörten zu den alltäglichen Gefahren. Viele der Mineralminen waren außerdem mit giftigen Chemikalien, wie Arsen und Glimmerstaub *(mica dust)*, kontaminiert, die in die Lungen der Arbeiter eindrangen. Viele Bergarbeiter wurden deshalb nicht älter als 30 Jahre.

Als Gegenleistung erhielten die meisten Minenarbeiter einen Wochenlohn von rund 4 Schilling bzw. 10 £ im Jahr – kaum genug, um die Familie zu ernähren. Deswegen mussten häufig auch die Ehefrauen und Kinder der Arbeiter in den Minen arbeiten. Die Frauen, die sogenannten *bal maidens,* hatten meist die Aufgabe, das Erz über Tage zu sortieren und zu waschen, während die Kinder häufig unter Tage eingesetzt wurden, um in die engen Schächte zu klettern, in die die kräftigen Arbeiter nicht hineinkamen. 1839 sollen rund 7000 Kinder in den Minen von Cornwall unter Tage gearbeitet haben.

gen. 1781 notierte Wesley in seinem Tagebuch, dass er an der Gewnnap Pit bei St. Day vor über 20 000 Menschen gepredigt hätte. Es wurden zahlreiche methodistische Kirchen gebaut, einige von dem berühmten, kornischen Methodisten Bill Bray (einem ehemaligen Minenarbeiter). Der Methodismus konnte sich schnell als die dominierende Religion in der Region durchsetzen. 1851 bezeichneten sich mehr als 60 % der Einwohner von Cornwall als Methodisten.

Das Industriezeitalter

Nach den Unruhen des Bürgerkriegs entwickelte sich der Südwesten im folgenden Jahrhundert zur Industrie- und Seehandelsmacht. Die große Nachfrage nach Metallen während der Industriellen Revolution (besonders nach Zinn, Eisen und Kupfer) läutete das goldene Zeitalter des Bergbaus in Cornwall und Westdevon ein. Neue Technologien wie Dampfkraft, atmosphärische Dampfmaschinen und Hochofenschmelze ermöglichten es den Bergarbeitern der Region, zuvor unzugängliche Adern hochwertiger Metalle zu erreichen.

Der Bergbau in Cornwall boomte: 1800 gab es in der Grafschaft 75 Minen mit 16 000 Angestellten, 1837 waren es bereits 200 Minen mit etwa 30 000 Arbeitern. Einige Ingenieure der Region spielten eine wichtige Rolle beim Ausbau der Bergbauaktivitäten. Als erstes kam der

1768	1801	1833	1859
James Cook segelt in Plymouth los, um den Durchgang der Venus über dem Pazifischen Ozean aufzuzeichnen, und entdeckt unbeabsichtigterweise Tahiti, Neuseeland und Australien.	Der in Redruth geborene Richard Trevithick führt seine bahnbrechende Dampflokomotive auf der Fore Street in Camborne vor.	Isambard Kingdom Brunel beginnt mit dem Bau der epochemachenden Great Western Railway von London. Der letzte Abschnitt nach Penzance wird schließlich 1867 fertiggestellt.	Die von Brunel entworfene Royal Albert Bridge über den Fluss Tamar verbindet Cornwall mit Devon.

SCHMUGGEL

Ende des 18 Jhs. führten steigende Zölle auf Importwaren (besonders auf Luxusgüter wie Branntwein, Gin und Tee) zu einem enormen Anstieg des Schmuggels entlang der gesamten Südwestküste. Cornwalls entlegene Buchten waren ideale Verstecke für die umtriebigen „Freibeuter". Der Anblick von „Präventivschiffen" der Regierung auf der Jagd nach kleinen Schmugglerbooten war vor der Südküste Cornwalls ziemlich alltäglich.

Doch die Regierungsbeauftragten führten oft einen aussichtslosen Kampf. Der allgemeine Widerstand gegen die Zölle wie auch die einträglichen Gewinne durch den Umschlag von Schmuggelware führten zu einer weitverbreiteten, wenn auch geheimen Kooperation zwischen den Schmugglern und den Küstenbewohnern.

Schmuggel wurde rasch zu einem einträglichen Gewerbe – laut einigen Schätzungen wurden im 19. Jh. auf vier Fünftel des Tees in England keine Steuern gezahlt. Einige Schmuggler wie Harry Carter und Jack Rattenbury wurden zu lokalen Berühmtheiten. Harry Carter veröffentlichte sogar seine Autobiografie.

---

in Dartmouth geborene Thomas Newcomen (1664–1729), der Pionier der frühen Dampfmaschinen. Sie trieben die Pumpen an, um das Wasser aus den tiefen Minenschächten von Devon und Cornwall herauszupumpen, wodurch die Minenarbeiter sicherer und effizienter arbeiten konnten. Als nächstes kam der in Redruth geborene Richard Trevithick (1771–1833), der die erste dampfangetriebene Lokomotive entwarf, die er „Puffing Devil" (Dampfender Teufel) nannte und 1801 erstmals einer staunenden Menschenmenge in Cornwall vorführte. Der geniale Chemiker Humphry Dave (1778–1829) war ein weiteres Kind Cornwalls, das die Arbeitsbedingungen der Minenarbeiter verbesserte. Er erfand 1815 die Sicherheitslampe (manchmal auch Davy-Lampe genannt), die verhinderte, dass die Kerzen der Minenarbeitern unter Tage entflammbare Gase entzündeten und tödliche Explosionen auslösten.

Der Bergbau florierte bis in die Mitte des 19. Jhs., als die Erzadern in vielen Minen erschöpft waren und sie in *knackt bals* (ausgeschöpfte Minen) verwandelte. Aber es kam noch schlimmer: 1866 verursachte eine große Panik der Finanzmärkte den Konkurs vieler Investoren, während gleichzeitig in anderen Teilen der Welt große Mineralvorkommen entdeckt wurden (vor allem in Australien, Mexiko und dem Westen der USA), was zu einem Sturz der Rohstoffpreise und zur Schließung vieler Minen führte. Um der Arbeitslosigkeit und dem Hunger zu entkommen, entschlossen sich ganze Gemeinden nach Australien, Mexiko und in die USA zu emigrieren (das Phänomen wird auch „Cornish Diaspora" genannt). Es wird vermutet, dass rund ein Drittel der in Cornwall im Bergbau Beschäftigten bis zum Ende des 19. Jhs. nach Übersee emigriert ist.

> Mitte des 18. Jhs. kostete ein Pfund Tee mindestens 8 Schilling – etwa genauso viel wie eine Flasche Champagner und der durchschnittliche Wochenlohn eines Arbeiters.

1940–1942	1951	1973	1998
Plymouth erlebt schwere Bombenangriffe der Luftwaffe und wird stark zerstört. Exeter wird später während der „Baedeker-Angriffe" zerstört.	Dartmoor wird zum ersten Nationalpark im Südwesten erklärt; drei Jahre später folgt Exmoor.	Großbritannien tritt der Europäischen Wirtschaftsgemeinschaft (EWG) bei und öffnet damit die Fischgründe der Region erstmals für ausländische Fangflotten.	Durch die Schließung von South Crofty, der letzten Mine in Cornwall, verlieren Tausende ihre Arbeit; das bedeutet das Ende von 4000 Jahren Metallabbau in Cornwall.

Während der Bergbau an Bedeutung verlor, setzte der Seehandel seine Expansion fort. Plymouth festigte seinen Status als Marinehafen und Falmouth etablierte sich als Standort des Falmouth Packet Service, der zwischen 1689 und 1850 Post und Güter im ganzen Empire beförderte.

Viele der neureichen Industriemagnaten des West Country gaben ein Vermögen für herrschaftliche Landhäuser aus oder begannen ehrgeizige Bauvorhaben, die den Reichtum und das Prestige der englischen Elite demonstrieren sollten. Die Anlage vieler der schönsten Landschaftsgärten des Südwestens kann auf diese Zeit zurückgeführt werden.

Im Verlauf der Industriellen Revolution veränderten Pioniere der Ingenieurskunst die Infrastruktur Großbritanniens. Sie bauten Tunnel, Kanäle und Eisenbahnstrecken zwischen den britischen Industriezentren. Führend dabei war Isambard Kingdom Brunel, einer der begabtesten Ingenieure Englands. Sein Erbe reicht von bahnbrechenden Brücken bis zu den ersten Überseedampfern. Die wahrscheinlich größte Leistung Brunels war der Bau der Great Western Railway, die für die erste schnelle Verbindung zwischen London und der boomenden Provinzstadt Bristol sorgte und später nach Devon und Cornwall verlängert wurde.

Das frühe 20. Jahrhundert

Die Eisenbahn brachte dem Südwesten noch ein neues Phänomen: den Tourismus. Ein gestiegener Lebensstandard, höhere Löhne sowie das ständig erweiterte Eisenbahnnetz ermöglichten es Massen von Ausflüglern, aus den smoggeplagten Großstädten der Region an die Küste zu fliehen. Viele Orte ergriffen die Gelegenheit beim Schopf: Torquay, Paignton, Ilfracombe und Penzance wuchsen rapide, um dem boomenden Tourismus gerecht zu werden. Sie bauten unzählige Promenaden, Seebrücken und Villen am Meer. Über ein Jahrhundert später ist der Tourismus noch immer einer der größten Wirtschaftszweige des Südwestens, der um die 20 % der Gesamteinkünfte der Region ausmacht.

Wie so viele Gegenden Englands wurde auch der Südwesten während des Ersten Weltkriegs schwer in Mitleidenschaft gezogen. Viele ländliche Regimenter rekrutierten ihre Männer gleich massenhaft in den umliegenden Dörfern. So wurde oft fast die gesamte männliche Dorfbevölkerung in nur wenigen Kampfstunden ausgelöscht.

Im Zweiten Weltkrieg erging es der Region kaum besser. Häfen und Produktionsstätten waren die Hauptziele der Bombardierung durch die deutsche Luftwaffe. Plymouth traf es am härtesten: Am Ende der Luftangriffe lag ein Großteil des Stadtzentrums in Trümmern. Exeter wurde während der sogenannten Baedeker-Angriffe (die ausdrücklich auf historische Städte zielten, um die Moral der Engländer zu untergraben) besonders schwer zerstört.

Die wichtigste Internetquelle über das Unesco-Weltkulturerbe Cornwall and West Devon Mining ist www.cornish-mining.org.uk, wo alle wichtigen Orte aufgeführt sind und ein guter Überblick über die Geschichte gegeben wird.

2001
Die Maul- und Klauenseuche trifft den Südwesten. Das Eden Projekt startet in einer ehemaligen Lehmgrube in Cornwall. Die Jurassic Coast wird zum ersten Weltnaturerbe Großbritanniens erklärt.

2006
Die Cornwall and West Devon Mining Landscape wird von der Unesco für seine kulturelle und historische Bedeutung gewürdigt.

2011
Nach einer langen Kampagne erhält die *Cornish pasty* schließlich das EU-Qualitätssiegel „Geschützte geografische Angabe".

2012
Am 19. Mai 2012 erreicht die olympische Fackel Land's End und beginnt ihre Reise durch Großbritannien. 70 Tage später leitet sie in London den Beginn der Olympischen Spiele ein.

Gegen Ende des Kriegs spielten die Tiefwasserhäfen um Falmouth und um die Bucht Carrick Roads eine entscheidende Rolle bei der Vorbereitung des D-Day. Sie waren Einschiffungshäfen für Millionen amerikanischer Soldaten auf dem Weg zu den Stränden der Normandie.

Die Moderne

Die letzten 50 Jahre gestalteten sich für den Südwesten recht wechselhaft. Traditionelle Wirtschaftszweige wie die Fischerei und der Bergbau sind in den letzten Jahrzehnten fast verschwunden. (Seit der Stilllegung von South Crofty bei Camborne 1998 gibt es im Südwesten keinen Bergbau mehr.) Nur Brixham und Newlyn haben noch nennenswerte Fischfangflotten. Die Verbindungen zur Marine besteht weiterhin und Falmouth wie auch Devonport Dockyard in Plymouth haben ihre Werften erhalten. Mit 15 Trockendocks und mit über 6 km Hafenanlagen ist Devonport auch der größte Marinestützpunkt Westeuropas.

Der Tourismus ist in den vergangenen Jahren die größte Wachstumsbranche der Region geworden. Je nach Statistik bringt der Tourismus alljährlich zwischen 4,5 und 8 Mrd. £ ein. In manchen Gegenden hängt die Hälfte der Arbeitsplätze auf die eine oder andere Art vom Tourismus ab. Trotz der Dominanz des Tourismus setzt die Wirtschaft im Südwesten auf eine langsame Diversifizierung: Kultur, Gastronomie und Umwelt sind besonders starke Wachstumsbranchen der Region. Spannende Projekte wie das Eden Project sowie das Unesco-Weltkulturerbe der Jurassic Coast und der Cornwall and West Devon Mining Landscape haben dazu beigetragen, die Aufmerksamkeit wieder auf die Geschichte, das Erbe und die Kreativität der Region zu lenken.

Essen & Trinken

Der Südwesten ist Großbritanniens Gourmetzentrale. Man mixe ein großartiges Angebot an lokalen und saisonalen Bioerzeugnissen mit stimmungsvollen Lokalen und einer Prise Starköchen. Das Ergebnis? Das kulinarische Paradies. Aber die Gerichte hier bewirken mehr, als nur Mägen zu füllen. Sie überbrücken die Lücke zwischen Produzenten und Verbrauchern. Denn auf Bauernhöfen, Weingütern oder in Fischerhäfen zu essen, ist anders – man sieht, wo die Zutaten herkommen, und man schmeckt es vor allem.

Promiköche & nachhaltige Küche

Als **Rick Stein** 1975 im malerischen kornischen Fischerdorf Padstow ein Restaurant eröffnete, ahnten nur wenige, dass er die hiesige kulinarische Landschaft umkrempeln würde. 1995 hat Steins Fernsehserie *Taste of the Sea* Cornwall unwiderruflich zum Feinschmecker-Hot-Spot gemacht; seine Fernsehshow *Food Heroes* brachte dann schließlich lokalen Erzeugnissen die Aufmerksamkeit der breiten Masse.

Andere Promiköche folgten. **Hugh Fearnley-Whittingstall** eröffnete 1998 sein River Cottage an der Grenze von Devon und Dorset. Heute speisen die Leute auf seiner Farm River Cottage HQ (S. 62) und in seinen Lokalen in Ostdevon (S. 62) und Plymouth (S. 110) oder und lernen bei ihm Gemüseanbau, Brotbacken und Schlachten.

Fearnley-Whittingstall hat nicht nur ein Lifestyle-Idyll für das Fernsehen geschaffen, er möchte auch etwas verändern. 24 300 Menschen unterstützten die Initiative Fish Fight, die fordert, die Anzahl der toten Fische, die wieder ins Meer geworfen werden, zu reduzieren.

Im Allgemeinen sind also die Promiköche der Region auch engagierte Köche. **Jamie Oliver**, der sich für gesundes Schulessen einsetzte, eröffnete 2006 sein Fifteen an einem Strand bei Newquay. Das Gourmetrestaurant bildet benachteiligte Jugendliche zu Köchen aus. Jedes Jahr erlangt hier ein ganzer Schwung an Jungköchen einen Berufsabschluss. Das Kochen als Sozialprojekt.

Exzellente Restaurants haben eine Auswirkung auf die Städte der Region. Stein besitzt vier Restaurants, drei B&Bs und ein Hotel in Padstow, worauf Kritiker schon vorgeschlagen haben, den Ort in Padstein umzubenennen. Andere verweisen auf die Arbeitsplätze, die die berühmten Köche in eine Region bringen, die sie dringend braucht.

Und dann gibt es noch die Köche, die in Feinschmeckerkreisen hoch gehandelt werden: **Michael Caines** (Exeter und Gidleigh Park), **Nathan Outlaw** (Rock und Looe), **Paul Ainsworth** (Padstow) und **Mitch Tonks** (Dartmouth).

Lokale & biologische Erzeugnisse

In Devon und Cornwall gewinnt die Slow-Food-Bewegung schnell an Popularität. Immerhin 27 % der in Großbritannien registrierten Ökobauern kommen aus dem Südwesten, 11 % mehr als aus der zweitwichtigsten Ökoregion Wales. In beiden Grafschaften werben Erzeuger und Restaurants für die Slow-Food-Idee, die Wert auf den Geschmack, die Qualität und den Produktionsprozess legt.

Feinschmeckerzentren

Padstow Setzte die kulinarische Wiedergeburt Cornwalls in Gang.

Torquay Michelinbesternte Küche, erstklassiger Fisch.

St. Ives Malerische Bucht, einfallsreiches Essen.

Dartmouth Hübsche Hafenstadt, nobel dinieren.

Der BBC Farmer of the Year von 2012, Guy Watson, hat in der **Riverton Farm** (www.riverford.co.uk) bei Totnes vor mehr als 20 Jahren als erster auf ökologischen Anbau umgestellt. Heute ist er einer der größten Lieferanten von ökologisch angebauten Erzeugnissen in Großbritannien. In dem innovativen Field Kitchen Restaurant (S. 83) werden die Zutaten serviert, die gerade vor der Tür geerntet wurden. Weitere hervorragende Ökoerzeuger sind die **Cornish Food Box Company** (www.thecornishfoodboxcompany.co.uk) und **Cornish Food Market** (www.cornishfoodmarket.co.uk.).

Lebensmittel & Spezialitäten

Top-Restaurants

Gidleigh Park
(Chagford) Das beste in Devon.

Restaurant Nathan Outlaw
(Rock) Das feinste in Cornwall.

Paul Ainsworth at No 6 (Padstow) Kornische Küche.

Elephant
(Torquay) Denkwürdiges Restaurant in Devon.

Die Spezialitäten aus Devon und Cornwall erzählen wohlschmeckend von der Geschichte der Region und prägen die kulturelle Identität noch heute. Die *Cornish pasty* war früher das Mittagessen der Minenarbeiter und wurde zum kulturellen Symbol. Fish-Pie erinnert an verzweifelte Zeiten und Cider kurbelte die Subsistenzwirtschaft an.

Cornish Pasty

Im 13. Jh. waren diese kohlenhydratreichen Halbmonde mit dem gewellten Rand mit Gemüse gefüllte Teigtaschen – viele Experten sagen, dass ursprünglich kein Fleisch hinein gehörte. Sie waren ein haltbarer und tragbarer zweigängiger Mittagsimbiss. Im Lauf der Jahrhunderte wurden die *pasties* zum Grundnahrungsmittel der Zinnbergarbeiter. Die Kumpel, die unter Tage in einer unerbittlichen, arsenverseuchten Umgebung arbeiteten, aßen den gewellten Rand nicht mit. Er diente nur zum Festhalten, um das Essen nicht zu kontaminieren.

Als Mitte des 19. Jhs. massenhaft verarmte Bergleute aus Cornwall emigrierten, nahmen sie ihre *pasty*-Rezepte mit, vor allem nach Australien und in die USA. Heute gibt es sie in weit von Cornwall entfernten Orten wie Adelaide und Arizona.

Die *pasty*-Produktion beschäftigt jährlich Tausende Menschen und bringt mehrere Millionen Pfund nach Cornwall. 2011 wurde der Appetithappen von der Europäischen Kommission zu einer Schutzmarke erklärt, d. h. nur *pasties* mit den folgenden Eigenschaften dürften „Cornish pasties" genannt werden:

- nur an einer Seite gewellt, niemals an der Oberseite
- mindestens 12,5 % Fleisch
- Steckrübe, Kartoffel und Zwiebel als Zutaten und eine leicht pfeffrige Würze
- keine Geschmacksverstärker und Zusätze
- Herstellung in Cornwall

Weitere Informationen gibt es auf der Website der Cornish Pasty Association: www.cornishpastyassociation.co.uk.

UNBEDINGT PROBIEREN

Wein Den Gaumen sensibilisieren, nur wenige Meter von den Rebstöcken der verführerischen Weingüter der Region.

Picknick Von malerischen Klippen aus zuschauen, wie die Sonne im Meer versinkt.

Rustikale Pubs Geschichte und Kultur aufsaugen und Cider oder Bier nachkippen.

Fisch & Meeresfrüchte Zuschauen, wie der Fisch an Land gebracht wird, und dann feine Delikatessen oder ein superleckeres Krebsbrötchen verspeisen.

Cream Tea Frisch gebackene *scones*, selbstgemachte Marmelade und *clotted cream*, die so dick ist, dass sogar der Löffel darin steht.

Regionale Kuriositäten & Delikatessen

Laverbread Gebratene Frikadellen aus gekochtem Seetang, Hafer und Speck, aus Norddevon und Exmoor.
Salcombe Smokies Eine Spezialität in Süddevon aus stark gewürzten, geräucherten Makrelen.
Samphire (Meerfenchel) Eine traditionelle, regionale Spezialität. Die wilde Küstenpflanze ähnelt dem Spargel.
Saffron Buns Gelber kornischer Rosinenkuchen. Der Safran ist vermutlich ein Erbe aus dem frühen Zinnhandel mit den Phöniziern.
Stargazy Pie Bei dieser auf einige Gemeinden beschränkten kornischen Pastete ragen Fischköpfe aus dem Pastetenteig.
Eis Bemerkenswert sind Ottery Valley Dairy in Ostdevon, Roskilly's (S. 224) in St. Keverne, Jelbert's (S. 261) in Newlyn, Salcombe Dairy in Süddevon, Moomaid (S. 243) in Zennor und Helsett (S. 216) in Boscastle

Cream Teas

Was für Cornwall die *pasty*, ist für Devon der *cream tea*. Einige Historiker gehen davon aus, dass es diesen süßen Snack schon seit dem 10. Jh. gibt, als nämlich Mönche den Arbeitern, die nach einem Wikingerangriff eine Abtei in Devon reparierten, Brot, Rahm und Marmelade zu essen gaben.

Im Idealfall besteht ein *cream tea* aus einer köstlichen Kombination von leichten *scones* (weiche, krümelige Brötchen), leckerer, hausgemachter Marmelade, einem dampfend heißen Tee und wunderbar cremiger, aber fester *clotted cream* (dicker Rahm). Es herrscht regional Uneinigkeit darüber, was zuerst kommt – die Marmelade oder der Rahm. In Cornwall ist es Marmelade, in Devon Rahm.

Fisch

Die Meeresschätze des Südwestens sind wohl die leckerste und konkreteste Annäherung an die Region. Es ist schon etwas Besonderes, einen Fisch zu essen, der nur ein paar Meter entfernt angelandet wurde. Manchmal wird er sogar im Eimer von Fischern in Ölzeug an den Gästen vorbei in die Küche getragen.

Allerfrischesten Fisch gibt es zum Beispiel in Newlyn, Falmouth, Padstow und Mevagissey in Cornwall und in Brixham, Torquay und Dartmouth in Devon. In den Orten werden immer noch über 40 verschiedene Fischarten gefangen. Zu den Leckerbissen gehören erstklassige Austern, Muscheln, Krebse und Hummer, Seebarsche, Makrelen und fangfrische Seeteufel, Petersfische und Seezungen.

Und dann ist da noch der Klassiker: Fish 'n' Chips. In Zeitungspapier gewickelt, von Essig durchtränkt und mit Salz bestreut kann es erstaunlich lecker sein, besonders in den Fischerorten der Region, wo der Tagesfang gleich paniert und frittiert wird.

Käse

Sahnig, pikant, weich oder hart – der Südwesten ist für Käsefreunde ein Paradies. Folgende Sorten sind besonders erlesen:
Quickes Kräftiger Cheddar, bei dem sich die Geschmacksnerven zusammenziehen, aus der Nähe von Exeter.
Cornish Yarg Mild, mit Brennnesselblättern ummantelt und halbfest.
Brie Vor allem Cornish Country Larder und Sharpham (Devon).
Blauschimmelkäse (oder „Blues") Exmoor (Kuhmilch), Devon (Kuhmilch), Harbourne (Ziegenmilch) und Beenleigh (Schafsmilch).
Cornish Blue Eine Art Gorgonzola, Köstlichkeit vom Rand von Bodmin Moor.
Davidstow Cremiger, preisgekrönter Cheddar mit 60-jähriger Tradition.

Restaurants mit regionalen Zutaten

Riverford Field Kitchen *(Totnes)* Ausgezeichnetes Fleisch und Gemüse.

Fat Hen *(Westcornwall)* Wild direkt vom Jäger.

River Cottage *(Ostdevon)* Fearnley-Whittingstall's Hauptsitz.

Favoriten der Einheimischen

Seahorse *(Dartmouth)* Fisch und Meeresfrüchte, über Holzkohle gegrillt.

Ben's Cornish Kitchen *(Penzance)* Klassische, einfache Küche.

Jon's Bistro *(Newquay)* Rustikale Küche.

Gorton's *(Tavistock)* Klassische Gerichte aus Dartmoor.

Sloop Inn (S. 244), St. Ives

Kochkurse

River Cottage (S. 62) Das Hauptquartier von Hugh Fearnly-Whittingstall in Ostdevon. Schlachten, Backen oder Kleingärtnerei.
Fat Hen (S. 255) In der zerklüfteten, entlegenen Westspitze von Cornwall Essbares aus der Natur sammeln
Padstow Seafood School (www.rickstein.com) Rick Steins Kochschule.
Ashburton Cookery School (www.ashburtoncookeryschool.co.uk) Eine preisgekrönte Schule mit 40 verschiedenen Kursen.
Etherington Meats (www.etherington-meats.co.uk) Schlachterei-Unterricht.

Tolle Pubs

Turk's Head (Isles of Scilly) Das südlichste Pub Großbritanniens.

Warren House (Postbridge) Institution in Dartmoor.

Pandora (nahe Falmouth) Schmugglerkneipe an der Küste.

Wohin zum Essen

Größere Städte und Orte bieten die größte Auswahl an Restaurants und haben auch eine größere kulinarische Vielfalt. Bei den beliebteren Restaurants ist es ratsam, an Wochenenden und im Sommer zu reservieren. Im Fischrestaurant von Rick Stein kann man einen Tisch bis zu einem Jahr im Voraus reservieren.

Pubs gibt es im Stil der altmodischen Nachbarschaftskneipe bis hin zur typischen Dorfwirtschaft, wo die Begrüßung noch ehrlich und das Feuer echt ist und das Pferdegeschirr schon seit Jahrhunderten an diesem Nagel hängt. Das typische Pub-Essen der Region umfasst sättigende, käselastige Mittagsgerichte und raffinierte Feinschmeckerhappen. Ein Standardessen kostet um 8 £, ausgefallene Gerichte ab 13 £.

Vegetarier & Veganer

Vegetarier sollten grundsätzlich ausreichend Möglichkeiten haben, satt zu werden. Wie immer haben die Städte und größeren Orte ein breiteres vegetarisches Angebot. In einigen ländlichen Gebieten und Küstenstreifen dominieren Fleisch und Fisch die Karte.

Veganer haben es nicht so leicht, außer in größeren Orten und Städten. Ausnahmen sind Mulitkulti-Restaurants und Zentren alternativer Kulturen, wie Totnes und Falmouth.

Getränke
Brauereien in Devon & Cornwall
Beer Engine (S. 55) Mikrobrauerei mit Pub in Devon neben einer Bahnstrecke; entsprechend heißen die Biere Rail Ale und Sleeper Heavy (tiefer Schlaf).
Blue Anchor Inn (www.spingoales.com; 50 Coinagehall St, Helston) Hier wird seit sechs Jahrzehnten Spingo Ale gebraut; wer fragt, bekommt die Fässer gezeigt.
Dartmoor (www.dartmoorbrewery.co.uk) Die Brauerei liegt nur ein paar Meter vom Dartmoor Prison entfernt und ist berühmt für ihr süffiges Jail Ale.
Harbour (www.harbourbrewing.com) Moderne Handwerks-Brauerei in Nordcornwall; interessant sind das Karamell-trifft-Toffee Amber Ale oder das zitronige India Pale.
Keltek (www.keltekbrewery.co.uk) Zu den kornischen Spezialitäten zählen das milde Even Keel (3,4 %) und das bärenstarke Beheaded (7,6 %).
Sharp's (www.sharpsbrewery.co.uk) Die Brauerei in Rock produziert das Bitter Doom Bar und Ales, die nach dem inzwischen verstorbenen Terrier von Rick Stein benannt sind: Chalky's Bark („Bellen") und Chalky's Bite („Biss").
Rebel (www.rebelbrewing.co.uk) Handgebraute Real Ales aus Penryn (in der Nähe von Falmouth), darunter ein Dunkles, ein getrübtes Weizen, Nightshade und die schokoladig-vanillige Mexi-Cocoa.
Skinners (www.skinnersbrewery.com) Das Unternehmen aus Truro gibt seinen Bieren freche Namen: Cornish Knocker, Ginger Tosser und Keel Over.
St Austell (www.staustellbrewery.co.uk) Betreibt 170 Pubs im Südwesten, mit den Bieren Tribute, Proper Job und Tinners.

Cider
Der Südwesten ist zu Recht berühmt für seinen Cider, der an goldene Sommer und an diesige Tage erinnert. Vor Jahrhunderten hatte noch jede Farm ihren Obstgarten. Die Äpfel wurden entsaftet und dann zum „Scrumpy" vergoren. Dieser Most wurde oft wie Wasser getrunken – damals war Wasser gesundheitsschädlicher als Alkohol. Beduselte, aber glückliche Arbeiter wurden teilweise mit dieser goldenen Währung bezahlt – im Durchschnitt täglich mit 4 Pints (2,25 l), während der Heuernte mit schwindelerregenden 8 Pints.

Die Schriftstellerin Laurie Lee nannte das aromatische Elixier einst schwärmerisch „Wein der wilden Obstgärten" und das beschreibt es, von den Massenprodukten mal ganz abgesehen, bis heute treffend. Allein bei den Apfelnamen wird einem schon warm ums Herz: Slack ma Girdle, Sops in Wine und Quench.

Zu den exzellenten kleinen Produzenten gehören die Cornish Orchards im Südosten von Cornwall, Luscombe aus Süddevon und Helford Creek nahe Helston.

Wein
Das milde Klima des Südwestens sorgt für gute Bedingungen beim Weinanbau. Und bei einem kühlen Glas Weißwein auf einer sonnigen Terrasse mit Blick auf gepflegte Weinstöcke denkt man eher an Chablis statt an den Südwesten auf. Folgende Weingüter sind einen Besuch wert:
Sharpham (S. 80) liegt auf 200 atemberaubenden Hektar in Süddevon; die Preise der Weine reichen von 11 £ für einen ordentlichen halbtrockenen Weißwein bis 23 £ für einen reichen, roten Pinot Noir-Frühburgunder-Verschnitt.
Camel Valley (S. 172) Ein Preisträger aus Nordcornwall; richtig gut ist der aromatische und passend benannte Bacchus (13 £).

PLYMOUTH GIN

Die Royal Navy hat den Plymouth Gin in zahllose Offiziersmessen überall auf der Welt geliefert und dafür gesorgt, dass er zu einer führenden, globalen Marke wurde.

Polgoon (☎01736-333946; www.cornishwine.co.uk; Rosehill, Penzance) Bei Penzance, stellt einen preisgekrönten Rosé und einen moussierenden Birnenwein her.

Yearlstone (S. 53) An einer Führung teilnehmen, die Weine aus Ostdevon probieren und das leckere Essen genießen.

Gin

Plymouth Gin (S. 105) ist die älteste Destille der Welt. 200 Jahre lang verließ kein Schiff der British Royal Navy ohne einen Vorrat dieses Gins den Hafen. Er verbreitete sich so schließlich in den Spelunken und den ersten Cocktailbars der Welt. Heute gehören zu den Führungen durch die Brennerei auch eine Riechprobe an den Kräutern und eine Geschmacksprobe.

Kunst & Kultur

Ob es am besonderen Licht liegt, an den Landschaften oder dem Gefühl von Freiheit, irgendetwas am Südwesten Englands ist offenbar unwiderstehlich für kreative Köpfe, und das schon seit Jahrzehnten. Die Region lockt reihenweise Maler und Bildhauer an, Schriftsteller lassen sich von der Szenerie des West Country inspirieren, Theatermacher schwelgen in innovativen Räumen, Regisseure erfreuen sich an filmreifen Kulissen und scharenweise Festivalorganisatoren sorgen für einen vollen Veranstaltungskalender. Wer also Devon und Cornwall besucht, kann auch kulturell aus dem Vollen schöpfen.

Malerei & Bildhauerei

Die Anfänge

Die Rolle Cornwalls als Magnet für Künstler begann zweifellos, als J. M. W. Turner 1811 durch den Südwesten reiste und Aquarelle für die Stiche der *Picturesque View on the Southern Coast of England* malte. Turner unternahm viele Reisen, aber erst unter dem endlosen Himmel Cornwalls fand seine Leidenschaft für träumerische und entrückte Landschaften ihren vollen Ausdruck. Viele finden, dass Turners Aufenthalt im West Country seine Faszination für Licht, Farbe und Form stark beeinflusst hat. Seine Skizzen und Gemälde, die er hier anfertigte, lassen seine späteren, quasi-abstrakten Experimente bereits erahnen.

Turner ging es aber nicht nur um Landschaften. Als Beobachter der damaligen Gesellschaft bieten viele seiner Gemälde einen Einblick ins kornische Leben des frühen 19. Jhs. Sein Werk *St. Mawes at the Pilchard Season* von 1812 zeigt eine chaotische Hafenszene voller Sardinenboote und emsiger Dorfbewohner vor dem Hintergrund von St. Mawes Castle, das vom typischen Turnerschen Sonnenlicht erleuchtet ist. Der stimmungsvolle Kontrast zwischen sozialem Realismus und romantischer Szenerie ist nicht nur im Kontext von Turners Gesamtwerk interessant, sondern auch wegweisend für die nächste größere Künstlerbewegung in Cornwall.

Impressionismus

Die Erweiterung der Great Western Railway westlich des Tamar 1877 setzte Cornwall endgültig auf die Landkarte der Kunstszene. Nun hatten Maler es relativ einfach, die Landschaften zu erreichen, und sie kamen im Verlauf des Jahrhunderts in immer größerer Anzahl.

Der Impressionismus entstand in der Normandie und der Bretagne, wo Monet, Pissarro, Dégas und Eugène Boudin das Malen *en plein air* (im Freien anstatt auf der Grundlage von Skizzen in einem Atelier) perfektionierten, eine Technik, um die Unmittelbarkeit eines Motivs einzufangen. Dieses Prinzip veranlasste andere Künstler, in den Südwesten Englands zu reisen, darunter auch den in Deutschland geborenen Walter Sickert und den Amerikaner James McNeill Whistler.

Die Newlyn-Schule

Während manche Künstler lediglich mit den Farben und Formen des Impressionismus spielten, wählten andere einen weitaus bildhafteren Ansatz. Anfang der 1880er-Jahre ließ sich eine Künstlergruppe um den

---

Top-Galerien

Tate St Ives (St. Ives)

Bernard Leach Pottery (St. Ives)

The Barbara Hepworth Museum (St. Ives)

Newlyn Art Gallery & Exchange (Penzance)

Penlee House (Penzance)

Kurse

St Ives School of Painting

Dartington International Summer School (Totnes)

Newlyn School of Art

East Devon Art Academy (Sidmouth)

FESTIVALS

Port Eliot (S. 210) Ein supercooles Festival mit Literatur, Musik und viel Spaß, rund um ein stattliches, kornisches Haus.

Ways With Words (S. 82) Hochkarätiges Literaturfestival auf einem grandiosen, mittelalterlichen Anwesen in Süddevon.

Fowey (www.foweyfestival.com) Ausgefallene Mischung aus Literatur und Musik, Theater und Spaziergängen in dieser hübschen Hafenstadt.

Cornwall Film Festival (www.cornwallfilmfestival.com) Jährliche Feier der kornischen und internationalen Filmemacher.

Dartington International Summer School (S. 82) Einen Monat stehen verschiedene Musikstile im Zentrum des Interesses, von der frühen Musik und Chören über Klavier bis hin zu Musik aus recyceltem Material.

Animated Exeter (S. 49) Filme aus den Techniken Stop Frame, Puppenspiel und Zeichentrick sowie Reden und Kurse.

St. Ives (S. 242) Ein Septemberfestival der Musik und der Künste.

Ungewöhnliche Kunst

Verity (Ilfracombe) Die riesige Figur von Damien Hirst.

Lenkiewicz (Plymouth) Auffällige Wandbilder.

Tremenheere (Penzance) Moderne Bildhauerei; exotische Gärten.

Beryl Cook (Plymouth) Fröhliche Kunst mit Kneipenleben als Hauptmotiv.

Fischerort Newlyn nieder, allen voran der in Birmingham geborene Walter Langley, der Dubliner Stanhope Forbes und der Künstler Frank Bramley aus Lincolnshire. Die Newlyn-Künstler wollten ähnlich wie die naturalistische, französische Barbizon-Schule den Alltag der Menschen gegenständlich abbilden.

Besonders die Fischer von Newlyn hatten es ihnen angetan und so dokumentierten sie deren Leben in genau beobachteten Details. Einige Gemälde zeigen alltägliche Arbeiten wie Netzausbesserungen, Segelsetzen oder Fischverkauf am Hafen. Andere veranschaulichen die Naturdramen und das Elend der Fischer: Armut, Mühsal, Stürme und die stets gegenwärtige Gefahr von Schiffbrüchen. Zu den charakteristischsten Gemälden jener Zeit gehören Stanhope Forbes' *The Health of the Bride*, das die Hochzeitsfeier eines jungen Seemanns und seiner Frau in einem Gasthaus in Newlyn darstellt, und Bramleys *A Hopeless Dawn*, das Porträt einer verzweifelten Frau, die gerade erfahren hat, dass ihr Mann auf See geblieben ist.

Eine heiterere Seite der Newlyn-Schule wird von Künstlern wie Norman Garstin repräsentiert, dessen *The Rain It Raineth Every Day* eine typische verregnete Szene auf der Promenade von Penzance darstellt. Das Bild gehört heute zum kostbarsten Besitz des Penlee House Museum and Gallery in Penzance.

1884 arbeiteten bereits mindestens 30 Künstler in Newlyn oder in den Nachbarorten St. Ives, Lelant und Falmouth. 1889 gründeten Forbes und seine Frau Elizabeth offiziell die erste Newlyn School of Artists. In der nahen Bucht von Lamorna entwickelte sich eine zweite Künstlerkolonie, die Lamorna-Gruppe (oft auch als die spätere Newlyn-Schule bezeichnet).

Die Werke vieler der wichtigsten Newlyn- und Lamorna-Künstler – besonders von Forbes, Bramley, Henry Scott Tuke, Samuel John (Lamorna) Birch, Thomas Cooper Gotch und Walter Langley sowie von den Künstlerinnen Laura Johnson, Dod Procter und Elizabeth Forbes – übten auf andere Künstler großen Einfluss aus und wurden zu guten Preisen gehandelt. Viele der Künstler stellten ihre Arbeiten in wichtigen Londoner Institutionen wie der Royal Academy und der National Gallery aus. Sie schufen einige der bekanntesten und meistgeliebten Kunstwerke des West Country.

Die Schulen von St. Ives

Die nächste Künstlergeneration wandte sich massiv gegen die Bildhaftigkeit ihrer Vorgänger. Seit dem Einzug der Moderne in den 1920er-Jahren blieben die Bilder nicht mehr auf das Gegenständliche beschränkt und Cornwall wurde schon bald mit einer weitaus radikaleren Kunstform in Verbindung gebracht.

Die Verknüpfung von St. Ives mit der Avantgarde begann Mitte der 1920er-Jahre, als der innovative Keramiker Bernard Leach seine erste Töpferei in St. Ives zusammen mit dem japanischen Keramikkünstler Shoji Hamada einrichtete. Leach war fasziniert von der Funktionalität, Gestalt und Form orientalischer Keramiken und entwickelte einen weithin tonangebenden Stil, der östliche Philosophien und westliche Materialien zu einer Einheit verschmolz.

Mitte der 1920er-Jahre folgten die Maler Cedric Morris, Christopher „Kit" Wood und Ben Nicholson in Leachs Kielwasser. Während eines Besuchs stießen Wood und Nicholson auf das Werk eines Autodidakten, dem kornischen Fischer und Maler Alfred Wallis. Dessen naiver Stil – fernab konventioneller Regeln zu Perspektive, Maßstab oder Komposition – übte einen enormen Einfluss auf die Künstler der Moderne aus. Viele von ihnen strebten eine Rückkehr zu einem primitiveren Kunststil an und genau den schien Wallis' Werk zu verkörpern.

Nach nur ein paar Jahren war Wallis von einer neuen Künstlergemeinde umgeben, die sich in den 1930er- und Anfang der 1940er-Jahre in St. Ives gebildet hatte. An der Spitze dieser neuen Bewegung standen Nicholson und seine Frau, die junge Bildhauerin Barbara Hepworth. Schon bald folgte ihr Freund Naum Gabo, ein russischer Bildhauer und wichtiger Vertreter des Konstruktivismus.

Die drei Künstler schufen experimentelle, abstrakte Arbeiten, die viel mit den modernen Werken der Nachkriegszeit gemeinsam hatten und von den Formen, dem Licht und den Landschaften von Westcornwall inspiriert waren. Besonders Hepworth war fasziniert von ihrer neuen Heimat. Ihre charakteristische Kombination aus Stein, Metall und geschmeidigen Formen war eindeutig von der schroffen Landschaft, den Industrieruinen und vorzeitlichen Monumenten beeinflusst.

St. Ives' Ruf als Zentrum für abstrakte Kunst verbreitete sich und zog bald eine neue Welle spannender junger Künstler an, darunter Wilhelmina Barns-Graham, Terry Frost, Patrick Heron, Roger Hilton und Peter Lanyon. So blieb St. Ives in den 1950er- und 1960er-Jahren ein bedeutendes Zentrum der Kreativität und Experimentierfreude.

Zeitgenössische Künstler

Ein halbes Jahrhundert später ist Westcornwall noch immer eine Hochburg für die britische Kunst: Penwith beruft sich darauf, dass hier mehr Künstler leben als sonst in Großbritannien, außer vielleicht im Londoner East End. Einer der bekanntesten ist Kurt Jackson aus St. Just, der für seine ausdrucksstarken, häufig Umweltthemen aufgreifenden Landschaftsbilder berühmt ist. Er war auch schon Artist in Residence des Eden Projekts.

Die abstrakten Experimente der 1950er- und 1960er-Jahre werden in den Arbeiten der aktuellen kornischen Künstler fortgeführt, z. B. von Trevor Bell, Noel Betowski und Jeremy Annear. Damien Hirst wird derweil mit Ilfracombe in Devon in Verbindung gebracht. *Verity*, seine 20 m hohe Statue einer nackten, schwangeren, auf der einen Seite geöffneten Frau ragt über der Hafenmündung empor. Und in dem von ihm geführten Restaurant, 11 The Quay (S. 147), schmücken einige seiner Installationen die Wände.

Lokale Geschichten

Gasthaus Jamaica (Bodmin Moor) Daphne du Maurier

Der Hund von Baskerville (Dartmoor) Arthur Conan Doyle

Das Böse unter der Sonne (Burgh Island) Agatha Christie

Lorna Doone (Exmoor) R. D. Blackmore

FILM- & TV-LOCATIONS

Gefährten (2011) Steven Spielberg drehte das Weltkriegsdrama zwischen den Felsen von Dartmoor.

Alice im Wunderland (2010) Drehort für Tim Burtons Disney-Verfilmung war das Anthony House in Ostcornwall.

Doc Martin (seit 2004) Das Fischerdorf Port Isaac in Norddevon übernimmt in der TV-Serie die Rolle von Portwenn, wo der grantige Arzt Dr. Ellingham (Martin Clunes) zu Hause ist.

Sinn und Sinnlichkeit (1995) Ang Lee drehte seine Fassung (mit Emma Thompson und Kate Winslet) im Saltram House in Plymouth.

Summer in February (2013) Die Hauptrollen in diesem Drama aus der Zeit der Freilichtmalerei über den Maler Alfred Munnings spielen Dominic Cooper, Dan Stevens und die Südwestküste von Cornwall.

Der Hund von Baskerville (1965) Diese klassische Version der BBC wurde dort gedreht, wo die Inspiration herkam – in Dartmoor.

Literatur

Devon und Cornwall haben zahlreiche Autoren inspiriert. Häufig spielt der besondere Charakter der Region eine Rolle in ihren Werken und manchmal kann man einzelne Orte in ihren Büchern wiedererkennen. Die in Devon geborene Krimilegende Agatha Christie hat viele Orte der Region in ihren Krimis verarbeitet. Ihr Ferienhaus Greenway (S. 85) in der Nähe von Dartmouth kann besichtigt werden.

Eine weitere Schriftstellerin der Region, deren Werk untrennbar mit der von ihr geliebten Landschaft verbunden ist, war die in Fowey lebende Daphne du Maurier. Sie ist vor allem für ihre romantischen Dramas wie *Rebecca* bekannt, schrieb aber auch die Kurzgeschichte, auf deren Grundlage Alfred Hitchcock den Film *Die Vögel* drehte. Die düsteren Moore und von Bäumen gesäumten Flüsse von Cornwall sind häufige Motive in ihren Geschichten.

Zu den weiteren literarischen Schöpfern des Südwestens gehören der beliebte Dichter und Radioreporter Sir John Betjeman, der in der Nähe seines kornischen Hauses in Trebetherick am River Camel begraben liegt, und der Dichter Charles Causley, der in Westcornwall lebte und sich davon inspirieren ließ. Aus dem 17. Jh. stammt das Epos *Lorna Doone* von Richard Blackmore, das in Exmoor spielt und von der Atmosphäre dort geprägt ist (auf dt. nur als gekürzte Schulfassungen erschienen). Auch Henry Williamson preist die Landschaft seiner Heimat Norddevon in seinem Naturroman *Tarka der Otter*. Und dann ist da natürlich Arthur Conan Doyles *Der Hund von Baskerville*, der die Leser tief ins Dartmoor lockt.

Theater

Minack
(Porthcurno) Amphitheater an der Steilküste.

Drum *(Plymouth)* Preisgekrönte Studiobühne.

Asylum
(St. Agnes) Das magische, wandernde Zelt von Kneehigh.

Bike Shed
(Exeter) Zeigt neue Stücke.

Theater

Trotz seiner Entfernung von 320 km vom Londoner West End wird der Umsatz des **Theatre Royal Plymouth** (S. 112) nur vom National Theatre und der Royal Shakespeare Company (RSC) übertroffen. Ein Grund dafür ist das innovative Produktionszentrum von TR2, in dem Werkstätten für Bühne, Kostüme, Requisiten und Probebühnen untergebracht sind. Es lockt Weltpremieren nach Plymouth (z. B. *Edward Scissorhands* von Matthew Bourne) und schafft Arbeitsplätze für die Produktion von wichtigen Shows (*Legally Blonde* und *Shrek* für das West End und *Mary Poppins* für eine Tournee durch Australien). Die preisgekrönte Drum-Bühne des Theaters bringt neue Stücke; zu den Höhepunkten gehören *Love, Love, Love*, *The Empire* und *pool (no water)*.

Mit dem **Minack Theatre** (S. 254) hat Cornwall eine bemerkenswerte und einzigartige Bühne. Das Amphitheater zwischen den Felsen bei Land's End wurde in den 1930er-Jahren von der unzähmbaren Rowena Cade gegründet. Die Saison dauert von Juni bis September; es werden eigene und Tourneestücke gespielt.

Das Theaterensemble **Kneehigh** (www.kneehigh.co.uk) aus Cornwall gehört zu den innovativsten und aufregendsten in Großbritannien. Freudvolle, anarchische und bejubelte Produktionen sind *Tristan & Yseult, Nights at the Circus, At Matter of Life and Death* (im National) und *Cymbeline* (in Zusammenarbeit mit der RSC). Gespielt wird auch im Theaterzelt Asylum bei St. Agnes.

Natur & Umwelt

Von meerumtoster Küste bis zu sanften Hügeln im Inneren, die Landschaften des Südwestens sind erstaunlich vielfältig und für Outdoorfans eine wunderbare Region zum Erkunden. Am besten tut man das auf eigene Faust und radelt auf schmalen Straßen durchs Hinterland oder wandert auf dem Küstenweg – so bekommt man Gegenden zu sehen, zu denen die meisten Besucher nie vorstoßen.

Landschaften

Ein Großteil der Landschaft des West Country sieht unberührt aus, ist aber tatsächlich seit der ersten Besiedlung durch den Menschen vor etwa 10 000 Jahren immer bearbeitet und bewirtschaftet worden. Die Halbinsel war größtenteils mit dichtem Wald bewachsen, der stetig abgeholzt wurde, um für Landwirtschaft und Industrie Platz zu machen. Im Laufe des 19. Jhs. hatten sich große Landstriche in Devon und Cornwall schließlich in eine Industrielandschaft verwandelt, die von Schiefer- und Porzellanerde-Gruben, Zinn- und Kupferminen sowie zahlreichen Schlackehügeln und Aushubhaufen durchzogen war. In der alten Bergbaugegend um St. Agnes, Porthtowan, Portreath und Camborne, wo Felstrümmer und Schutt nur wenige Meter unter der Erdoberfläche liegen, sind noch viele Spuren der alten Industrien zu entdecken, obwohl sie heute weitgehend eingestellt sind.

Die Küste ist mit ihren Sandstränden, Felstümpeln, dem Watt, den Flussmündungen und der Steilküste zweifellos die markanteste Landschaft der Region. Grundsätzlich ist die Atlantikküste im Norden mit hohen Granitfelsen und breiten Sandstränden kahler und wilder als die Südküste, die mit Feldern, Wiesen und Tälern sanfter wirkt. Entlang der Südküste reihen sich mehrere von den Gezeiten beeinflusste Meeresarme, darunter Helford, Fal, Fowey, Tamar und Dart. Diese geschützten Flussläufe beherbergen einzigartige subtropische Mikrobiotope, in denen ungewöhnliche Pflanzen, Blumen und Bäume gedeihen, und sie bieten die Umgebung für viele der großartigen Anwesen und Landschaftsgärten der Region.

Der andere charakteristische Lebensraum des Südwestens ist das Moor – insbesondere die Moore Dartmoor, Exmoor, Bodmin und Penwith. Diese Hochmoore liegen alle auf einem Granitmassiv, das direkt durch das Herz von Devon und Cornwall verläuft und vor rund 300 Mio. Jahren von vulkanischen Prozessen geschaffen wurde. Das harte Granit ist besser gegen Erosionen gewappnet als andere Felsarten und hat sich viel langsamer ausgewaschen als die Landschaften drumherum. Übrig geblieben sind kahle Spitzen und merkwürdig geformte Felsgruppen, die von Einheimischen *tors* genannt werden. Zufälligerweise waren die gleichen vulkanischen Aktivitäten verantwortlich für die Entstehung der reichen Mineralvorkommen, die später die Bergbauindustrie nach Devon und Cornwall brachten.

Nationalparks & AONBs

Die Region hat zwei ausgewiesene Nationalparks: Dartmoor, gegründet 1951, und Exmoor, gegründet 1954. Die Nationalparks in Großbritannien haben allerdings eine andere Bedeutung als in vielen anderen Ländern

---

GEOTHERMISCHE ENERGIE

Die Granitfelsen Cornwalls sind reich an radioaktiven Isotopen wie Thorium, Kalium und Uran. Es wird überlegt, ob sie eventuell als Quelle geothermischer Energie genutzt werden könnten.

– sie sind keine reinen Naturreservate, sondern Gebiete, in denen die natürliche Umwelt geschützt und bewahrt werden muss, in die der Mensch aber in einem gewissen Rahmen eingreifen darf. So sind innerhalb der Parks Landwirtschaft, Waldwirtschaft, Wohnungsbau und selbst ein wenig Schwerindustrie (Steinbrüche, Minen) theoretisch erlaubt. Strenge Regeln über die Planung, Nutzung und Entwicklung des Landes sollen gewährleisten, dass die Landschaft dabei weitgehend unbeschädigt bleibt.

Die Parks werden von staatlich finanzierten Nationalparkbehörden verwaltet. Sie kümmern sich um die Landschaft, beschützen die Tiervielfalt und die Natur und beaufsichtigen die Aktivitäten der Besucher innerhalb der Parks.

Im Südwesten gibt es außerdem einige AONBs (Areas of Outstanding Natural Beauty; Gebiete von außerordentlicher natürlicher Schönheit), die auf ähnliche Weise geschützt sind wie Nationalparks. Allerdings sind die Regeln und Vorschriften zu Entwicklung, Landnutzung und Umweltschutz nicht ganz so streng. Es gibt auch einige kleinere Naturschutzgebiete und SSSIs (Sites of Specific Scientific Interest; Orte von besonderem wissenschaftlichen Interesse), die geschaffen wurden, um spezielle Lebensräume wie Wiesen, Flussufer, Schilfflächen, Moore und Watt zu schützen.

Große Flächen der Küste im Südwesten gehören zum National Trust, einer unabhängigen gemeinnützigen Organisation, die viele wichtige Grundstücke im öffentlichen Auftrag verwaltet.

Tierwelt

Landtiere

Die berühmtesten Einwohner der Region sind wahrscheinlich die kleinen Ponys, die wild in den Mooren leben. Am bekanntesten ist das Dartmoor-Pony, ein kurzbeiniges, zotteliges Pferdchen, das meist nicht größer als 1,20 m wird. Seine Vettern in Exmoor und Bodmin Moor werden kaum größer. Trotz ihrer niedlichen Größe sind diese zähen, kleinen Ponys erstaunlich stark und wurden ursprünglich als Pack- und Lasttiere gezüchtet.

Rotwild ist in Exmoor und Dartmoor auch weit verbreitet, allerdings sind die Wildtiere bekanntermaßen schreckhafte Wesen. Die größte Wahrscheinlichkeit, so ein Tier zu entdecken, besteht wahrscheinlich während einer Wildtier-Safari.

Weitere wilde Bewohner der Region sind Dachse, Hasen, viele Fledermausarten und natürlich mehrere Millionen Kaninchen. Auch Füchse sind sehr häufig und werden seit Februar 2005 (wie auch die Hirsche) durch das Verbot der traditionellen Fuchsjagden mit Pferden und Hunden geschützt – zur Freude der Tierschützer und zum Leidwesen eines Großteils der Landbevölkerung.

An Flussufern sind gelegentlich Hermeline, Wühlmäuse oder mit viel Glück auch mal ein verspielter Otter zu sehen. Die Otterpopulation hat sich nach Jahren des Rückgangs langsam erholt. Das früher verbreitete, einheimische Eichhörnchen hatte nicht so viel Glück – es ist aufgrund der Einführung des aggressiveren Grauhörnchens aus den USA in den letzten 50 Jahren fast verschwunden.

Die Hecken, Küsten und Wiesen des Südwestens eignen sich besonders gut zur Beobachtung von Schmetterlingen und Libellen. Zu den häufigen Arten gehören der Kleine Fuchs, das Rotbraune Ochsenauge, der Admiral und der Distelfalter, ebenso wie die eher unscheinbaren Arten Weißlinge und Kaisermantel. Am seltensten ist der Quendel-Ameisenbläuling, der 1979 auf den Britischen Inseln ausgestorben ist, sich aber seitdem in fünf Gebieten des Südwestens wieder etablieren konnte.

Bei warmem Wetter tauchen im offenen Moor und im Heideland auch immer wieder Ringelnattern, Blindschleichen und Kreuzottern (die einzige Giftschlange Großbritanniens) auf.

Die Jurassic Coast in Dorset und Ostdevon gehört zu den am schnellsten erodierenden Küstenabschnitten in Großbritannien, weshalb sie bei Fossilienjägern sehr beliebt ist, die in den abgerutschten Küstenfelsen häufig archäologische Schätze finden.

DIE ALPENKRÄHE

An der Küste von Cornwall eine Möwe zu entdecken ist kein Problem. Es gehört aber eine große Portion Glück dazu, die scheue Alpenkrähe (Cornish Chough, *chuff* ausgesprochen) zu Gesicht zu bekommen. Das elegante Mitglied der Krähenfamilie, das durch ihr samtschwarzes Federkleid und den leuchtend orangefarbenen Schnabel erkennbar ist, ist ein altes Symbol der kornischen Kultur. Eine Legende besagt, dass die Krähe den Geist von König Artus verkörpert. Der Vogel ist sogar Teil des kornischen Wappens.

Die Krähe war früher ein alltäglicher Anblick an der Küste der Grafschaft. Im 20. Jh. ist ihre Population stark zurückgegangen – möglicherweise wegen der intensiven Landwirtschaft und der allgemeinen Verkleinerung des Lebensraums. Glücklicherweise hat sich 2002 nach über 50 Jahren wieder das erste Krähen-Pärchen in Cornwall niedergelassen. Die Erfolge aktueller Zuchtprogramme lassen außerdem hoffen, dass die Krähe in den Felsküsten der Grafschaft wieder ein Zuhause findet. Die Halbinsel Lizard ist einer der besten Orte, um nach den Vögeln Ausschau zu halten.

Vögel

Für Vogelliebhaber ist der Südwesten ein Traum. Entlang der Küste muss man nicht lange suchen, die üblichen Verdächtigen sind hier kaum zu übersehen: Tordalk, Gryllteiste, Basstölpel, Kormorane und natürlich verschiedene Möwen. Die häufigste Möwenart ist die Silbermöwe, die sich durch ihre grauen Federn, die hellen Beine und die schwarzen Flügelspitzen auszeichnet. Wer wegen einer leckeren *pasty* von einer Möwe belästigt wird oder von oben „gesegnet" wird, kann darauf wetten, dass es eine Silbermöwe war. Etwas seltener sind die etwas dunkleren Mantelmöwen und die kleinere Sturmmöwe. Möwen jeder Art sind in den letzten Jahren zu einer ziemlichen Plage geworden, dank der Fütterungen durch ahnungslose Touristen und wegen der wachsenden Müllberge und Straßenabfälle. Möwen sollten auf keinen Fall gefüttert werden, sie werden dadurch nur aufdringlicher und die Einheimischen ärgert's.

Auf den Isles of Scilly und Long Island in der Nähe von Boscastle sowie in kleinerer Anzahl auch auf Lundy gibt es Kolonien von Papageitauchern.

Landeinwärts entdeckt man eher mal Raubvögel, die über Feldern und der freien Natur kreisen: Buntfalken, Turmfalken und am häufigsten Bussarde. Nachts sollten in entlegenen Gebieten die Ohren nach den Rufen der Schleiereule oder dem Waldkauz gespitzt werden.

Flussmündungen sind auch gute Orte für Vogelbeobachtungen, vor allem für Watvögel und verschiedene Arten von Ente, Lappentaucher und Gans. Vor allem die Mündungsgebiete rund um die Flüsse Tamar und Exe in Devon, Dawlish Warren in der Nähe von Exmouth und Hayle in Cornwall sind vielversprechende Ziele für Vogelfreunde.

> Eine nützliche, kostenlose App führt die besten Strände der Region auf; sie kann heruntergeladen werden auf: www.the beachapp.co.uk.

Meerestiere

Der spektakulärste Besucher der Gewässer im Südwesten Großbritanniens ist der Riesenhai (der zweitgrößte Fisch im Ozean nach dem Walhai), der in den Sommermonaten recht häufig vor der Küste von Cornwall gesichtet wird. Trotz der furchterregenden Masse – der durchschnittliche Hai ist zwischen 6 und 8 m lang – ist er für Menschen völlig ungefährlich, denn er ernährt sich ausschließlich von Plankton und anderen mikroskopischen Lebensformen des Meeres. Andere Haiarten sind weniger freundlich, wie Makohai, Heringshai und Blauhai. Allerdings ist die Wahrscheinlichkeit einer Begegnung gering; es sei denn, sie wurden bei einem Hochseeangelausflug aus der Tiefe gezogen.

Kegelrobben kommen auch recht häufig entlang der Küstenlinie im Südwesten vor. Ab und zu schauen mal ein grauer Kopf oder zwei Flossen aus dem Wasser vor Devon und Cornwall. Die Seehundkolonien der Region sammeln sich aber meistens auf kleinen Inseln vor der Küste, vor allem vor Cornwall und Scilly.

Delphine und Tümmler lassen sich eher selten sehen. Sie begleiten aber manchmal Ausflugsschiffe. Wer sein Glück von Land aus versuchen möchte, hat ganz weit im Westen die besten Chancen – rund um Land's End, Cape Cornwall und West Penwith.

In den wärmeren Monaten gelangen manchmal auch Quallen in die Gewässer des Südwestens. Die giftigen oder brennenden Arten sind zwar äußerst selten, dennoch sollte man einen Bogen um sie machen.

Umweltfragen

Das Thema Wasserverschmutzung steht ganz oben auf der umweltpolitischen Agenda. Vor einigen Jahrzehnten waren mehrere Strände in einem äußerst bedauernswerten Zustand. Es war damals nicht unüblich, ungeklärte und industrielle Abwässer nur wenige Kilometer von den beliebtesten Badestränden direkt ins Meer zu pumpen. Glücklicherweise wurde der Südwesten durch den Druck von Umweltorganisationen und örtlichen Bürgerinitiativen wie **Surfers Against Sewage** (www.sas.org.uk) auf die regionalen Regierungen „aufgeräumt" und kann heute mit der saubersten Küstenlinie in ganz Großbritannien aufwarten. 16 Strände in Devon und fünf in Cornwall wurden mit der begehrten blauen Flagge für gute Wasserqualität (die vollständige Liste steht auf www.blueflag.org.uk) ausgezeichnet. Zwischen April und Oktober sind Hunde an vielen Stränden verboten.

Cornwall Wildlife Trust (www.cornwallwildlifetrust.org.uk) verwaltet viele schöne Plätze und Tierreservate in Cornwall. In Devon gibt es eine ähnliche Organisation.

Andere Formen der Verschmutzung sind schwieriger in Griff zu bekommen. Die Landwirtschaft der Region hat kontinuierlich Probleme mit Pestiziden und künstlichen Düngern (vor allem durch Nitrate und Phosphate) verursacht, die in das Grundwasser eindringen, Flüsse verschmutzen, Fische vergiften und das Algenwachstum beschleunigen. Das Problem wird durch starke Regenfälle noch verstärkt, die den Oberboden in die Flüsse und ins Meer spülen.

Die allem der Küste ist in vielen Gebieten ein weiteres Thema, vor an der südlichen Küste von Devon und Dorset, wo Erdrutsche und Steinschläge an der Tagesordnung sind. Unlängst haben heftige Wolkenbrüche und starke Winterstürme die Erosion in vielen Gebieten noch beschleunigt, wodurch in mehreren Gegenden der Küstenweg buchstäblich ins Meer verschwunden ist.

Auch Verkehr und Luftverschmutzung verursachen zunehmend Kopfschmerzen, vor allem während der Hauptferienzeit. Die große Mehrheit der Touristen – rund 80 % – fährt mit dem Auto in die Region, was die üblichen Probleme nach sich zieht: fehlende Parkplätze, Luftverschmutzung und Staus. Es ist nicht immer die einfachste Lösung, aber manchmal ist der Urlaub stressfreier, wenn man das Auto zu Hause lässt und andere Möglichkeiten ausprobiert, die Region zu erkunden: Fahrräder, Busse und Züge sind praktisch, um einen Verkehrsstau an einem heißen Sommertag zu vermeiden.

Praktische Informationen

ALLGEMEINE INFORMATIONEN... 305

Elektrizität............ 306
Ermäßigungen 306
Essen & Trinken 306
Gefahren & Ärgernisse............ 306
Geld 307
Gesundheit 307
Internetzugang......... 308
Karten & Stadtpläne 308
Klima 308
Öffnungszeiten........ 309
Reisen mit Behinderung........... 309
Schwule & Lesben 309
Telefon 310
Toiletten...............310
Touristeninformation.....310
Unterkunft.............310

VERKEHRSMITTEL & -WEGE............313

AN- & WEITERREISE 313
Auto & Motorrad 313
Bus 313
Fähre..................313
Flugzeug 314
Zug 314
UNTERWEGS VOR ORT ...315
Auto & Motorrad 315
Bus 316
Fahrrad................317
Flugzeug 317
Schiff/Fähre 317
Taxi...................317
Zug 317

SPRACHE 319

Allgemeine Informationen

Elektrizität

230 V / 50 Hz

Ermäßigungen

Regionale Bahn- und Buspässe werden am Anfang des Kapitels Verkehrsmittel & -wege vorgestellt.

Es gibt keine Besucher-Ermäßigungspässe für die ganze Region, aber manchmal gibt es für zwei oder mehr Sehenswürdigkeiten Kombitickets. Die größten Einsparmöglichkeiten werden in den Kapiteln der jeweiligen Reiseziele genannt.

In Devon und Cornwall befinden sich etliche historische Gebäude. Bei mehr als drei oder vier Besichtigungen könnte sich eine einjährige Mitgliedschaft in einer historischen Gesellschaft lohnen. Der **National Trust** (NT; ☎0870-458 4422; www.nationaltrustcottages.co.uk) verwaltet eine breite Palette an Gebäuden in der Region, Mitglieder können auch die jeweiligen Parkplätze umsonst nutzen. Eine Jahresmitgliedschaft kostet für einen Erwachsenen ab 42 £, für zwei Personen 70 £ und für Familien 73 £.

English Heritage (EH; ☎0870 333 1181; www.english-heritage.org.uk) verwaltet ebenfalls eine gute Auswahl an Bauwerken im Südwesten. Die Jahresmitgliedschaft für Erwachsene kostet 47 £ (über 60-Jährige 35 £) und beinhaltet freien Eintritt für bis zu sechs Kinder. Für Paare kostet die Mitgliedschaft 82 £ (Seniorenpaare 56 £).

Lonely Planet kennzeichnet Stätten, die vom National Trust oder von English Heritage verwaltet werden, mit den Abkürzungen NT bzw. EH.

Essen & Trinken

Einen Überblick über die feine Küche des Südwestens bietet das Kapitel Essen & Trinken auf S. 289.

Gefahren & Ärgernisse

Verglichen mit den Unruheherden der Welt ist der Südwesten Englands ein sehr sicheres Land. Aber natürlich können Verbrechen überall geschehen und Vorsicht ist immer geboten. Besondere Brennpunkte können des Nachts Orte sein, an denen sich Bars und Clubs konzentrieren; man sollte nicht alleine unterwegs sein und sich nicht in Prügeleien verwickeln lassen.

Geld und wichtige Dokumente gehören, in Autos und anderswo, außer Sicht- und Reichweite, und das nicht nur in Stadtzentren – entlegenes Moorland und schöne Küstenstreifen sind bei Dieben manchmal beson-

---

PREISKATEGORIEN ESSEN

Die Preiskategorien von Lonely Planet geben jeweils den Preis für ein Hauptgericht an:

£ weniger als 9 £

££ 9–18 £

£££ mehr als 18 £

ders beliebt. Wer in Hostels übernachtet, sollte sich ein Vorhängeschloss mitnehmen, um seine Sachen in Schließfächern wegschließen zu können.

Strände

Die Lebensrettungsgesellschaft **RNLI** (0845-045 6999; www.rnli.org.uk) muss im West Country jedes Jahr Hunderte von Menschen retten. Sie rät,

➧ an Strände mit Rettungsschwimmern zu fahren.

➧ die Warnhinweise zu lesen und sich danach zu richten.

➧ niemals alleine zu schwimmen.

➧ nur im Bereich zwischen den roten und gelben Flaggen zu schwimmen und nur dort zu surfen, wo die schwarz-weiß karierte Flagge gehisst ist.

Die Rettungsschwimmer weisen Eltern auch darauf hin, Kinder keine Luftmatratzen oder dergleichen benutzen zu lassen. Wenn sie es dennoch tun, sollten die Eltern eine Leine daran befestigen und sie festhalten.

Im Südwesten gibt es einen der größten Tidenhube der Welt und der sandige Weg aus der einsamen Bucht raus kann rasch unter meterhohem Wasser verschwinden – Rettungsaktionen für Menschen, die abgeschnitten wurden, kommen häufig vor. Nicht ganz so dramatisch, aber ärgerlich ist es, wenn man nach einem Ausflug in die Brandung die Sachen durchnässt und über den Strand zerstreut wiederfindet.

Die Zeiten für Ebbe und Flut werden an viel besuchten Stränden oft angeschlagen und auch im lokalen BBC-Fernsehen und -Radio sowie in Zeitungen angekündigt. In Zeitungsläden und Geschäften vor Ort sind kleine gelbe Broschüren mit den Gezeiten erhältlich (1,40 £).

In den letzten Jahrzehnten haben Umweltschützer – vor allem die **Surfers Against Sewage** (www.sas.org.uk) in Cornwall – (teilweise erfolgreich) dafür gekämpft, die Wasserqualität zu verbessern. Die „Blaue Flagge" wird Stränden mit einwandfreier Wasserqualität sowie mit gutem Sicherheits- und Umweltstandard verliehen. Eine aktuelle Liste steht auf www.blueflag.org. Übrigens: Einige der besten Strände in Devon und Cornwall erreichen diesen Standard nicht. Das liegt allerdings nicht an der Wasserqualität, sondern daran, dass andere Merkmale fehlen, z. B. Toiletten, Mülleimer und Trinkwasser.

Wandern

Die Heidemoore sind zwar herrlich zum Wandern, aber eben auch sehr abgeschieden. Auf das Hochlandwetter müssen sich Besucher also vorbereiten. Warme und wasserfeste Kleidung, Wasser, Mützen und Sonnencreme sind unabdingbar. Teile von Dartmoor werden vom Militär als Schießübungsplatz genutzt, u. s. S. 113.

Wie im übrigen Großbritannien ist die Küste im Südwesten Erosionen ausgesetzt; gelegentliche Steinschläge verursachen immer wieder Verletzungen oder sogar Todesfälle. Gefährdete Küstenabschnitte sind häufig eingezäunt und Küstenwächter sorgen dafür, dass Strandgäste und Wanderer die Warnsignale beachten.

Geld

Geldautomaten

Geldautomaten (hier auch „cash machines" genannt) sind in den Städten überall zu finden, aber nicht in den kleineren Dörfern von Devon und Cornwall. Etwas Bargeld sollte also immer mitgenommen werden. In kleinen Lebensmittelläden stehen manchmal auch Geldautomaten (kostet meist eine Gebühr).

Kredit- & Bankkarten

Kreditkarten von Visa und MasterCard sowie die Bankkarten Switch und Maestro werden fast überall akzeptiert, aber kleinere Betriebe wie Pubs und B&Bs nehmen nur Bargeld.

Gesundheit

Kreuzotter

Die einzige Giftschlange Großbritanniens kommt recht häufig in den Bergen, Mooren und auf den Küstenwegen der Region vor. Kreuzottern greifen nur an, wenn sie belästigt oder bedroht werden. Obwohl ihr Gift keine große Gefahr für die Gesundheit des Menschen darstellt, ist ein Biss sehr schmerzvoll und bedarf medizinischer Behandlung. Keine Panik, wenn man gebissen wird. Den betroffenen Körperteil mit einer Schiene (z. B. einem Stock) ruhigstellen und über die Stelle eine feste Bandage binden. Die Wunde soll aber weder abgebunden noch herausgeschnitten oder ausgesaugt werden. Das Opfer so schnell wie möglich ärztlich versorgen lassen.

Sonnenbrand

Die Küste und der Lifestyle in Devon und Cornwall werden häufig für den hohen Anteil an bösartigem Hautkrebs in England und Wales verantwortlich gemacht. Experten weisen darauf hin, dass Engländer auch Sonnenschutzmittel benötigen, wenn sie zu Hause Urlaub machen. Zwischen 11 und 15 Uhr am besten die Sonne meiden, sich bedecken, Sonnenschutzfaktor 15+ verwenden und Sonnenbrillen mit gutem UV-Lichtschutz tragen. Bei Kindern ganz besonders auf Sonnenschutz achten.

Zecken

Zecken werden in den ländlichen Gegenden der Region zu einem immer größeren

Problem. Einige übertragen Lyme-Borreliose, eine relativ seltene, aber gefährliche Krankheit. Um Bisse zu vermeiden, sollte Insektenschutzmittel aufgetragen werden. Lange Hosen, die in Socken gesteckt werden, und langärmlige Hemden bieten auch Schutz. Am Abend den Körper nach Zecken absuchen. Wer eine Zecke findet, sollte sie so schnell wie möglich entfernen, indem man sie kurz über der Haut mit einer Pinzette greift und sie entgegen dem Uhrzeigersinn dreht. Anzeichen für eine Ansteckung mit Lyme-Borreliose ist eine sich schnell ausbreitende Rötung rund um die Bissstelle, die noch bis zu 30 Tage nach dem Biss auftreten kann. Symptome sind Grippe, schwache Kopfschmerzen und schmerzende Muskeln und Gelenke. Eine Erkrankung kann mit Antibiotika behandelt werden, eine frühe Diagnose ist aber wichtig. Wer vermutet, dass seine Symptome von einem Zeckenbiss stammen, sollte unbedingt zu einem Arzt gehen.

Internetzugang

In den größeren Städten von Devon und Cornwall gibt es Internetcafés; die Preise liegen bei etwa 1,50 £ bis zu 3 £ pro Stunde. Auch viele Hotels und Hostels bieten Internetzugang. Öffentliche Bibliotheken bieten oft kostenlosen Internetzugang. Allerdings muss der manchmal zuvor gebucht werden und ist auf eine halbe Stunde beschränkt.

Die meisten Orte und Städte sind zwar nicht flächendeckend mit WLAN-Zonen abgedeckt, sind aber doch mittelmäßig bis gut versorgt. Auch viele Hotels und recht viele B&Bs haben WLAN, ebenso Cafés (wie sonst auch in Großbritannien), die nichts oder bis zu 5 £ pro Stunde verlangen.

In diesem Buch weist das Internetsymbol (@) an, wo es einen Internetzugang gibt. Das WLAN-Symbol (📶) zeigt an, falls WLAN verfügbar ist.

Karten & Stadtpläne

Wer auf kleineren Straßen durch den Südwesten fährt, wird mit einem guten Regionalatlas Frust und Umwege vermeiden. In abgelegenen Gegenden ist auf die Ausschilderung kein Verlass, auch nicht, wenn die Schilder bekannte Ortsnamen tragen. Für einige ländliche Gegenden ist bekannt, dass Satelliten-Navigationssysteme Fahrer auf unbefahrbare Wege leiten.

Am besten sind die Karten mit einem Maßstab von 1:200 000 (1 cm = 2 km). Für die Städte gibt es Stadtpläne mit Straßenverzeichnis, nützlich sind auch gute Kartenbücher für jede Grafschaft oder für das West Country. Straßenkarten kosten etwa 8 bis 12 £ und sind an Tankstellen und in Buchläden erhältlich.

Für Wanderer und Radfahrer eignet sich die Reihe *Landranger* (1:50 000) für 7 £ des **Ordnance Survey** (OS; www.ordnancesurveyleisure.co.uk), viele bevorzugen jedoch die detailliertere Reihe *Explorer* (1:25 000) für 8 £.

Klima

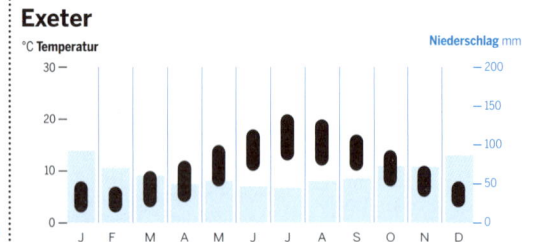

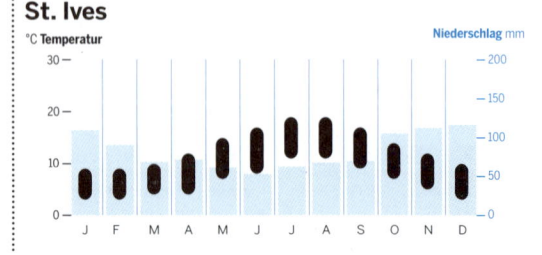

Exeter

Plymouth

St. Ives

PRAKTISCH & KONKRET

→ **Regionale Zeitungen** Die täglich erscheinende *Western Morning News*.

→ **Lokale BBC-Stationen** Mit Lokalnachrichten, Wetter und Verkehrsinformationen sowie Surfbedingungen und Gezeitenansagen: BBC Radio Devon (103.4 und 95.7FM) und BBC Radio Cornwall (95.2 und 103.9FM).

→ **Unabhängige Radiosender** Der Musiksender Pirate FM in Cornwall (102.2 und 102.8FM; www.pirate fm.co.uk) und die Stationen des Heart-Netzwerks (www.heart.co.uk).

→ **BBC-Websites** Lokalnachrichten und Informationen auf www.bbc.co.uk/devon und www.bbc.co.uk/cornwall.

→ **Regionale TV-Sender** *Spotlight* (BBC1 an Wochentagen 18.30 Uhr; am Wochenende am frühen Abend) und *The West Country Tonight* (ITV1 an Wochentagen 18 Uhr, am Wochenende am frühen Abend).

Öffnungszeiten

Informationen zu Öffnungszeiten von Banken, Museen, Postfilialen, Pubs, Restaurants, Cafés und Geschäften stehen auf S. 17.

Reisen mit Behinderung

Die Bedingungen für Menschen mit Behinderung sind im Südwesten wie überall im Land unterschiedlich. Mancherorts wurde erfolgreich versucht, barrierefreien Zugang zu ermöglichen, in anderen Einrichtungen aber nicht und die Situation ist beklagenswert. Manchmal vereiteln Kulturerbe und Geografie die besten Absichten, in anderen Fällen muss einfach mehr getan werden.

Neubauten sind zu barrierefreien Einrichtungen verpflichtet, auch wurden manchmal in bereits bestehende Gebäude Rampen, Aufzüge und andere Einrichtungen eingebaut, aber das gilt nicht überall. Die Barrierefreiheit kann sogar in einem einzigen Gebäude unterschiedlich sein: Ein vornehmes Restaurant mit Rampen und schönsten rollstuhlgerechten Toiletten – aber der Abstand zwischen den Tischen beträgt nur ein paar Zentimeter.

Busreisen können auf längeren Fahrten problematisch sein, aber das Personal wird, wann immer möglich, helfen. Züge sind meist geräumiger und besser ausgestattet; in einigen modernen Waggons sind alle Tafeln auch in Braille-Schrift. Wenn sich der Einstieg als schwierig erweist, gibt es normalerweise ein Telefon und eine Tafel mit Hinweisen, wie Hilfe angefordert werden kann. In Städten und größeren Orten gibt's manchmal Niederflurbusse, in ländlichen Gebieten aber kaum. Einige Unternehmen haben Taxis, die Rollstühle transportieren.

Die Erkundung der urtümlicheren Landschaften kann fraglos zur Herausforderung werden, aber hier gab es echte Fortschritte. Dazu gehört der **South West Coast Path** (www.southwestcoastpath.com), von dem einige der abgelegeneren Abschnitte leichter zugänglich wurden. Informationen dazu stehen auf der Website.

Die **Dartmoor National Park Authority** (www.dartmoor.gov.uk) gibt die Broschüre *Easy Going Dartmoor* für weniger mobile Besucher heraus (online verfügbar). Sie beschreibt Einrichtungen und eine gute Auswahl an barrierefreien Strecken.

Der **Good Access Guide** (www.goodaccessguide.co.uk) ist eine praktische Informationsquelle im Internet.

Schwule & Lesben

Die relativ große Toleranz gegenüber Schwulen und Lesben in Großbritannien ist im Prinzip auch im Südwesten verbreitet. Schwule (und schwulenfreundliche) Clubs und Bars sind auch in anderen Städten und größeren Orten zu finden (wie in Exeter, Torquay, Truro und Plymouth), in einigen Orten gibt es allerdings nur sehr wenige oder gar keine Gay-Locations.

Das gewohnte Gespür, wie offen jemand mit seiner sexuellen Orientierung umgehen mag, ist der beste Leitfaden. Zum Opfer von Homophobie kann man auch dort werden, wo man es gerade nicht erwartet hatte.

Selbst auf dem tiefsten Land florieren einzelne schwule Unternehmen, seien es von Lesben geführte B&Bs oder Hotels ausschließlich für Schwule – siehe **Turing Network** (www.turingnetwork.org.uk), die eine gute Datenbank mit Suchfunktion hat. B&Bs und Hotels für Schwule und Lesben in Devon und Cornwall stehen auch oft in den Magazinen **Gay Times** (www.gaytimes.co.uk) und **Diva** (www.divamag.co.uk).

Der **Intercom Trust** (☎0800 612 3010; www.intercomtrust.org.uk) betreibt eine Hotline für Lesben und Schwule in Cornwall, Devon, Plymouth und Torbay.

Telefon

Das Handynetz in den Städten der Region ist gut; für viele (aber nicht alle) Gegenden auf dem Land und an den Küsten gilt das gleiche. Unterschiedliche Netzanbieter haben verschiedene Gebiete, in denen der Empfang schlecht oder gar nicht vorhanden ist – je nach Standort und Provider. Einige Gegenden im Heidemoor oder an der Küste stecken völlig im Funkloch. Telefonzellen sind in größeren Orten und in Städten überall zu finden, auch auf dem Land gibt es eine halbwegs gute Versorgung.

Nützliche Telefonnummern & Vorwahlen

Lonely Planet trennt die Ortsvorwahlen (z. B. 01752 für Plymouth) durch einen Bindestrich von der Anschlussnummer. Im gleichen Vorwahlgebiet muss nur die Anschlussnummer gewählt werden. Wichtige Nummern sind:

Landesvorwahl Großbritannien 0044

Auslandsauskunft 118 505

Inlandsauskunft 118 118, 118 500

Vermittlung 100

Um aus Großbritannien ins Ausland anzurufen, wird zuerst 00, dann die Auslandsvorwahl gewählt (49 für Deutschland, 43 für Österreich, 41 für die Schweiz), dann die Ortsvorwahl (ohne die erste 0) und dann der direkte Anschluss.

Für Anrufe nach Großbritannien aus dem Ausland wird erst 0044 (Ländervorwahl), dann die Ortsvorwahl (ohne die erste 0) und dann der Rest der Nummer gewählt.

Toiletten

Öffentliche Toiletten sind in der Regel reichlich vorhanden und relativ sauber, manchmal aber etwas unangenehm. Selbst Tankstellen auf dem Land haben meistens ein Kundenklo. In einigen touristischen Gegenden werden die Toiletten im Winter geschlossen. Kosten tun sie meist nichts, und wenn, dann um die 20 p.

Touristeninformation

Die Mitarbeiter in den Touristeninformationen sind rundum hilfsbereit und wahre Kenner ihrer Gegend und somit eine unschätzbare Urlaubshilfe. Die Büros sind in der ganzen Region vertreten, manche Informationszentren werden auch von den Nationalparks betrieben. Touristeninformationen in größeren Städten werden öfter besucht und sind entsprechend größer und länger geöffnet. Die Öffnungszeiten sind im Buch überall angegeben.

Etliche bieten Broschüren und kostenlose Stadtpläne. Einige verkaufen Wanderkarten und lokale Lektüre und vermitteln Unterkünfte (manchmal gegen eine Gebühr). Das Personal spricht selten Fremdsprachen, am ehesten noch Französisch und seltener Spanisch.

Die regionale Fremdenverkehrsamt **Visit South West** (www.visitsouthwest.co.uk) hat Informationen zur Region und Links zu den Websites der einzelnen Grafschaften.

Unterkunft

B&Bs & Pensionen

Das großartige britische B&B (Bed & Breakfast) floriert überall im West Country. Das Angebot umfasst größere, moderne und professionelle Herbergen ebenso wie exzentrisch altmodische Unikate, ihr Angebot reicht von frisch gestärkten, weißen Bettlaken in schicken Stadtvierteln über rustikale Zimmer in entlegenen Dörfern bis hin zu farbenfrohen Teppichen in Strandorten.

Einige haben immer noch Gemeinschaftsbäder, die meisten bieten jedoch ein eigenes (wenn auch häufig winziges) Bad zum Zimmer. Viele servieren außerdem jene Art sättigendes Frühstück, das bis zum Abend hält.

Innerhalb der Region variieren die Preise stark. Sie reichen von 50 £ für ein einfaches Doppelzimmer mit Gemeinschaftsbad bis zu 130 £ für ein Doppelzimmer mit Bad in einer nobleren Pension. Einzelreisende zahlen meist 25 bis 50 % weniger.

Weitere B&B-Tipps:

➡ Telefonische Buchung kann günstiger sein, weil einige B&Bs für die Buchung über Online-Plattformen Vermittlungsgebühren zahlen müssen.

➡ Buchung vorab ist eine gute Idee und in beliebten Orten während der Hochsaison und in kleinen Dörfern unumgänglich.

➡ Einige B&Bs akzeptieren keine Kreditkarten und erwarten stattdessen Bar- oder Scheckzahlung.

➡ Die Preise steigen während der Feriensaison, aber einige Unterkünfte bieten Rabatte bei längeren Aufenthalten.

➡ Bei der Buchung nachfragen, wo das B&B genau liegt. Auf dem Land kann die Postleitzahl einen Radius bis zu 35 km rund um die betreffende Stadt meinen.

Schlafherbergen & Campingscheunen

Die Schlafherbergen und Campingscheunen in Devon und Cornwall bieten einfache und günstige Betten für eine Nacht. Sie liegen häufig in herrlichen, ländlichen Gegenden und richten sich meist an Wanderer und Radfahrer.

Die einzelnen Unterkünfte sind sehr unterschiedlich, aber die Schlafherbergen bieten meist mehr Infrastruktur: Übernachtung in Schlafsälen, Badezimmer und Kochmöglichkeiten; Gäste müssen ihren Schlafsack mitbringen. Campingscheunen sind noch primitiver – häufig gibt es nur eine Fläche für Schlafsäcke, kaltes Wasser und ein Spülklosett; Campingausrüstung ist also ratsam (bis aufs Zelt).

Die Preise für beide Kategorien liegen zwischen 8 und 15 £. Viele werden von der Youth Hostel Association (YHA) betrieben, die fünf Campingscheunen in Devon und Exmoor hat sowie zwei Schlafherbergen in Devon und Exmoor und eine in Cornwall. Die anderen sind unabhängig – Informationen dazu stehen in den Kapiteln zu den einzelnen Reisezielen.

Nützliche Informationsquellen im Internet:

Dartmoor National Park Authority (www.dartmoor.gov.uk)

Exmoor National Park Authority (www.exmoor-nationalpark.gov.uk)

Visit Cornwall (www.visitcornwall.com)

Youth Hostels Association (www.yha.org.uk)

Campen
CAMPINGPLÄTZE

Die meisten Campingplätze in Davon und Cornwall sind inzwischen mehr als eine Wiese mit Wasserhahn und Toilette. Diese einfachen Plätze gibt es zwar noch, aber sie liegen sehr entlegen. In den beliebten Touristenorten und rund um die wichtigen Ferienanlagen sind die Campingplätze in der Regel familienfreundlich und verfügen über zahlreiche Angebote wie Hüpfburg oder Swimming Pools.

Der Trend zum glamourösen Camping (auch Glamping) setzt sich fort und beide Grafschaften können mit überaus schicken mongolischen Jurten, Öko-Hütten im Wald und Retro-Wohnwagen auftrumpfen – die besten Campingplätze der Region werden im Buch vorgestellt.

Die genannten Preise gelten pro Platz und pro Nacht für zwei Personen. Campingplätze in der Nähe von

> **ONLINE BUCHEN**
>
> Noch mehr Beschreibungen von Unterkünften von Lonely Planet Autoren stehen auf http://hotels.lonelyplanet.com. Die Besprechungen sind unabhängig und es gibt Empfehlungen für die besten Herbergen. Und das Beste ist, man kann online buchen.

beliebten Ferienorten sind in der Hochsaison meist teurer. Die Preise in der gesamten Region liegen zwischen 9 und 30 £.

Nützliche Websites:

Camping & Caravanning Club (www.campingandcaravanningclub.co.uk)

Visit Cornwall (www.visitcornwall.com)

Visit Devon (www.visitdevon.co.uk)

WILD CAMPEN

Dartmoor ist der perfekte Ort für wildes Campen in unerschlossener Natur. An bestimmten Stellen im offenen Moor ist es erlaubt zu zelten, wenn einige einfache, aber strenge Regeln eingehalten werden. Sie sind bei der **Dartmoor National Park Authority** (DNPA; 01822-890414; www.dartmoor.gov.uk) erhältlich und umfassen:

➔ Nur eine oder zwei Nächte an der gleichen Stelle campen.

➔ Das Zelt nicht auf Ackerboden, auf von Mauern umgebenem Moor, in Flussniederungen oder auf archäologischen Stätten aufstellen.

➔ Das Zelt mindestens 100 m von der Straße entfernt aufstellen; es sollte weder von der Straße noch von Häusern und Höfen aus sichtbar sein.

➔ Leichte Campingausrüstung einpacken und auf große Familienzelte verzichten.

➔ Nur in Gebieten campen, die in der Karte *Where To Camp on Dartmoor* verzeichnet sind, und den Camping-Verhaltensregeln (Camping Code of Conduct; verfügbar auf der DNPA-Website) folgen.

Hostels

Der Südwesten Englands ist übersät mit offiziellen und inoffiziellen Hostels, in denen günstig und fröhlich übernachtet werden kann. Die Breite des Angebots ist bemerkenswert: kürzlich aufgemotzte YHA-Hostels in Städten und Dörfern, umgebaute Hütten auf der Steilküste, abgefahrene Backpackerherbergen und Surfer-Absteigen in Cornwall. Im Sommer sind sie sehr beliebt, also rechtzeitig buchen. Im Winter sind dafür einige geschlossen, also besser vorher anrufen.

YHA-HOSTELS

Die Youth Hostel Association (YHA) betreibt etwa 20 Hostels, die über Devon und Cornwall verteilt liegen, was sie zu geeigneten Anlaufstellen macht, wenn man eine Tour durch die Region plant. YHA-Hostels haben ein etwas konventionelleres Ambiente als unabhängige Hostels, aber das „youth" im Namen führt in die Irre – übernachten kann jeder, egal wie alt. Die Anlagen sind modern und viele bieten Doppelzimmer mit Bad, Familienzimmer und Schlafsäle. Einige haben sich auf das Angebot von Aktivitäten spezialisiert. Die Mitgliedschaft in der YHA kostet 16 £ für alle über 25-Jährige und 10 £ für alle zwischen 16 und 25 Jahren. Man muss nicht Mitglied werden, um übernachten zu dürfen, aber Mitglieder

> **PREISKATEGORIEN SCHLAFEN**
>
> Folgende Preiskategorien wurden für Übernachtungsmöglichkeiten angewandt. Sie gelten für ein Doppelzimmer mit Bad und Frühstück in der Hochsaison.
> £ weniger als 80 £
> ££ 80–150 £
> £££ über 150 £

bekommen einen Rabatt von 3 £ pro Nacht.

UNABHÄNGIGE HOSTELS

Die unabhängigen Hostels verströmen eine besondere Backpacker-Atmosphäre und sind perfekt, um die relaxte Atmosphäre der Region zu genießen. Sie verteilen sich über die ganze Region – es sind coole Herbergen im Stadtzentrum ebenso wie Absteigen mit Strandblick, in denen sich niemand darum kümmert, ob man Sand an den Füßen hat.

Die Schlafsäle sind meist nicht nach Geschlechtern getrennt. Der Preis liegt im Durchschnitt bei 15 £ für ein Bett; in der Hochsaison kann er aber bis 25 £ steigen. Viele bieten Doppelzimmer für rund 45 £, einige haben Internet und Waschmöglichkeiten. Der **Independent Hostel Guide** (www.independenthostelguide.co.uk) ist eine nützliche Informationsquelle.

Hotels

Die Hotels in Devon und Cornwall sind häufig etwas vornehmer und größer als die B&Bs der Region und bieten auch mehr Extras. Es gibt die üblichen Ketten Großbritanniens sowie unabhängige, kühle Businesshotels. Außerdem gibt es einige schmucke Boutiquehäuser – die Art luxuriöse Küsten- oder Landhausherberge, die ein Reiseerlebnis für sich sind. Die besten werden überall im Buch aufgeführt.

Preise & Buchung

Wie es sich für eine der beliebtesten Ferienregionen Großbritanniens gehört, schnellen die Preise in Devon und Cornwall während der Hochsaison kräftig in die Höhe, vor allem von Juni bis August. Es lohnt sich, die Reisezeit in die Nebensaison zu verlegen. Die Preise steigen außerdem rund um Weihnachten, Neujahr, Ostern und den wichtigsten Feiertagen. Wer in der Hochsaison reist, sollte unbedingt vorab buchen.

Bei den meisten B&Bs ist das Frühstück im Preis enthalten. Einige geben den Preis pro Person, andere für das Zimmer an. Hotels nennen Zimmerpreise und addieren gelegentlich das Frühstück hinzu. Besondere Angebote gibt es häufig kurzfristig und außerhalb der Hauptferienzeit. Es kann auch günstiger sein, direkt telefonisch beim Hotel oder dem B&B zu buchen.

Pubs & Inns

Die alten Inns des West Country bieten fabelhaftes Essen, Real Ales und gemütliche Übernachtungsmöglichkeiten. Sie liegen meist im Herzen des örtlichen Lebens, in das die Gäste unmittelbar eintauchen. Die Unterkunft ist häufig stilvoll, gelegentlich aber auch etwas heruntergekommen, wenn die Zimmer allzu sehr an die Atmosphäre in der Bar im Erdgeschoss erinnern. Im Buch sind die besten Inns der Region aufgeführt.

Die Preise liegen zwischen 40/60 £ und 90/150 £ für ein Einzel-/Doppelzimmer – können aber auch darüber hinaus gehen.

Selbstversorger

Selbstversorgung gewährt ein Höchstmaß an Flexibilität, besonders wenn man mit Kindern reist. Das Angebot an Ferienhäusern und -wohnungen ist groß: überall im Südwesten gibt es schicke Apartments, Fischerhütten und Landhäuser zur Miete. Die folgenden Anbieter haben sich auf die Vermietung von Ferienwohnungen spezialisiert:

Beach Retreats (01637-861005; www.beachretreats.co.uk)

Classic Cottages (01326-555555; www.classic.co.uk)

National Trust (0870-458 4422; www.nationaltrustcottages.co.uk)

Rural Retreats (01386-701177; www.ruralretreats.co.uk)

Stilwell's (0870-197 6964; www.stilwell.co.uk)

Unique Homestays (01637-881942; www.uniquehomestays.com)

West Country Cottages (01803-814000; www.westcountrycottages.co.uk)

Verkehrsmittel &- wege

AN- & WEITERREISE

Devon und Cornwall liegen herrlich abgelegen am westlichen Ende von England. Dorthin zu gelangen, kann manchmal recht umständlich sein. Einige Besucher müssen Verkehrsstaus, überfüllte Busse und verspätete Züge überstehen. Inlandflüge, vernünftige Zugverbindungen und Reisen außerhalb der Saison können das Reisen angenehmer machen – dieses Kapitel zeigt wie.

Flüge, Touren und Zugfahrkarten können auch online bei lonelyplanet.com/bookings gebucht werden.

Auto & Motorrad

Die Mehrheit der Besucher reist mit dem Auto in den Südwesten, was während der Hauptreisezeiten zu heftigen Verkehrsstaus führen kann – Reisen während der üblichen Feiertage und Schulferien sollten möglichst vermieden werden.

Von Londons Ringautobahn M25 zweigt die M4 ab, von der bei Bristol wiederum die M5 abgeht. Die M5 führt Richtung Süden nach Exeter, vorbei am Exmoor National Park. Die M6, von den Midlands und aus dem Norden kommend, führt bei Birmingham auf die M5.

Eine alternative Straße im Westen ist die A303, die von der M3 über Stonehenge nach Devon und Exmoor führt. Über weite Strecken ist sie nur einspurig. Etwa 32 km östlich von Exeter wird aus der A303 die A30, die dann um den nördlichen Rand von Dartmoor verläuft und weiter über Bodmin nach Cornwall.

Die über 300 km lange Fahrt von London nach Exeter dauert etwa 3½ Stunden. Von Birmingham nach Newquay sind es 390 km (5 Std.), von Edinburgh nach Penzance 900 km (10½ Std.). Im Sommer sollten noch eine halbe bis zwei Stunden (und mehr) hinzugerechnet werden.

Bus

Reisen mit dem Bus in den Südwesten ist billig und zuverlässig, dauert aber länger als mit dem Zug. **National Express** (08717 81 81 78; www.nationalexpress.com) verfügt über ein umfassendes Streckennetz nach Devon und Cornwall. Eine Fahrt kostet z. B. von London Victoria nach Newquay 35 £ (7½ Std., 4-mal tgl.) oder Edinburgh nach Exeter 45 £ (18 Std., 2-mal tgl.). Bei den Sonderpreisen (*fun fares*) gibt es echte Schnäppchen.

Fähre

Brittany Ferries (0871-244 1402; www.brittany-ferries.com) verkehren zwischen

KLIMAWANDEL & REISEN

Jede Form des Reisens, die auf Brennstoff auf Kohlenstoffbasis beruht, erzeugt CO_2, das für den von Menschen verursachten Klimawandel hauptverantwortlich ist. Modernes Reisen ist von Flugzeugen abhängig, die zwar pro Kilometer und Person weniger Kraftstoff als die meisten Autos verbrauchen, aber sehr viel weitere Strecken zurücklegen. Auch die hohen Luftschichten, in die Flugzeuge Treibhausgase (darunter CO_2) und Schadstoffe ausstoßen, verstärken ihren Einfluss auf den Klimawandel. Viele Websites bieten „Emissionsrechner", mit denen Reisende die CO_2-Emissionen ihrer Reise ausrechnen und die Auswirkung dieser Treibhausgase mit einem Beitrag für klimafreundliche Projekte in der ganzen Welt ausgleichen können. Lonely Planet gleicht die CO_2-Bilanz aller Reisen der Mitarbeiter und Autoren aus.

Plymouth und Roscoff in Frankreich (6–8 Std., zwischen 3-mal wöchentl. und 2-mal tgl.) und Santander in Nordspanien (20 Std., 1-mal wöchentl.).

Die Preise schwanken drastisch. Preiswerter wird es bei früher Buchung und bei Reisen außerhalb der Hochsaison und an Werktagen. Ein Ticket mit Rückfahrt innerhalb von zehn Tagen und während der Woche zwischen Plymouth und Roscoff kostet hin und zurück Mitte August pro Passagier 80 £, für ein Auto mit zwei Erwachsenen 350 £. Eine ähnliche Fahrt von Plymouth nach Santander kostet 230 £ pro Passagier und 800 £ für ein Auto mit zwei Erwachsenen.

Angebote außerhalb der Saison und besondere Rabatte können den Preis stark reduzieren, z. B. auf 60 £ für ein Auto und zwei Erwachsene von Plymouth nach Roscoff oder mit 20 % Ermäßigung für Fahrten zwischen Plymouth und Santander.

Flugzeug

➡ Die Preise für Inlandsflüge nach Devon und Cornwall schwanken stark, je nach Buchungs- und Flugdatum.

➡ Flüge innerhalb Großbritanniens in die Region kosten für einen Erwachsenen etwa 60 bis 140 £ hin und zurück, einschließlich Steuern.

➡ Viele Preise steigen zur Hauptferienzeit und an Wochenenden.

➡ Frühes Buchen kann Geld sparen.

➡ Besucher aus Deutschland, Österreich und der Schweiz müssen meist über London oder andere internationale Flughäfen in England fliegen, aber es gibt Anschlüsse zu recht vielen Städten Europas.

➡ Flüge zu den Isles of Scilly starten von den Flughäfen in Exeter, Land's End und Newquay, s. S. 317.

FAHRPREISE

Für die Zugfahrt in den Südwesten Englands gibt es keine Standardpreise. Wie anderswo im Land auch hängen die Preise von der Nachfrage und dem Kaufdatum ab. Wer lange im Voraus bucht und an einem Dienstag nach 9 Uhr fährt, zahlt wesentlich weniger als jemand, der sein Ticket kurz vor Abfahrt in der Hochsaison an einem Freitagmorgen kauft. Im Buch sind Beispielpreise angegeben, die irgendwo zwischen den beiden Extremen liegen. Der exakte Preis wird sicherlich ein anderer sein.
Fahrpreise unter 5 £ wurden gerundet.

Fluglinien

Das Angebot an Flügen nach Devon und Cornwall hat sich kürzlich verändert. Zum Zeitpunkt der Buchrecherchen sind die folgenden Fluglinien in die Region geflogen. Die Websites der Flughäfen bieten aktuelle Informationen über Fluggesellschaften und Flugrouten.

easyJet (☎0843-104 5000; www.easyjet.com) Flüge im Sommer (Ostern bis Oktober) zwischen Newquay Cornwall Airport und London Southend und Liverpool.

FlyBe (☎0871-700 2000; www.flybe.com) Inlandsflüge von Belfast, den Kanalinseln, Edinburgh, Glasgow, Manchester und Newcastle nach Exeter. Flüge ins europäische Ausland gehen nach Amsterdam, Barcelona, Dublin, Düsseldorf, Genf und Paris.

Inlandsflüge zum Newquay Cornwall Airport kommen ganzjährig aus Manchester, zwischen Ostern und Oktober aus Belfast, Edinburgh und Newcastle.

LoganAir (☎0871-700 2000; www.flybe.com) Zwischen Ostern und Oktober Flüge zwischen Newquay Cornwall Airport und Glasgow mit Logan Air, Buchung über FlyBe.

Lufthansa (☎0871-945 974; www.lufthansa.com) Zwischen Ostern und Oktober Verbindung zwischen Newquay Cornwall Airport und Düsseldorf.

Flughäfen

Exeter International Airport (www.exeter-airport.co.uk) Flüge aus Belfast, den Kanalinseln, Edinburgh, Glasgow, Manchester sowie Verbindungen in europäische Städte.

Land's End Airport (☎01736-785231; www.landsendairport.co.uk; Kelynack, nahe St. Just) Dieser winzige Flugplatz 8 km nordwestlich von Penzance bietet Flüge zu den Isles of Scilly.

Newquay Cornwall Airport (☎01637-860600; www.newquaycornwallairport.com) Direkte, ganzjährige Flüge aus Manchester und von den Isles of Scilly sowie im Sommer von London Southend, Belfast City, Düsseldorf, Edinburgh, Glasgow, Liverpool, Newcastle und Norwich. Achtung: 5 £ Abflugsteuer pro Person.

St Mary's Airport (ISC; ☎01720-424330; www.scilly.gov.uk) Wichtigster Flughafen zu den Isles of Scilly. Flüge gehen nur von Montag bis Samstag.

Zug

Züge zwischen den größeren Städten und Devon und Cornwall verkehren in der Regel mindestens stündlich.
National Rail Enquiries (☎08457 48 49 50; www.nationalrail.co.uk) gibt Auskunft zu Fahrplänen und -preisen.

Reisezeiten und -kosten schwanken (letztere stark); Vorausbuchung und Reisen außerhalb der Hochsaison sind erheblich billiger. Ein Ticket von London Paddington nach Penzance kostet z. B. 60 £ (5½ Std., 9-mal tgl.), von Edinburgh nach Plymouth 125 £ (10 Std., alle 2 Std.).

First Great Western (08457 000 125; www.firstgreatwestern.co.uk) bedient u. a. die Strecken ab London Paddington nach Exeter, Penzance, Plymouth, Tiverton Parkway und Truro. Züge fahren auch zum Flughafen Gatwick und auf Nebenstrecken nach Barnstaple, Exmouth, Falmouth, Looe, Newquay, St. Ives und Torquay.

CrossCountry (0844-811 0124; www.crosscountrytrains.co.uk) verbindet den Südwesten mit den Midlands, Schottland und dem Norden. Angefahren werden Aberdeen, Birmingham, Bristol, Edinburgh, Glasgow, Leeds, Newcastle, Cardiff und die größeren Bahnhöfe des Südwestens zwischen Tiverton Parkway und Penzance.

South West Trains (0845 6000 650; www.southwesttrains.co.uk) fahren zwischen London Waterloo und Axminster und Exeter.

UNTERWEGS VOR ORT

Cornwall und Devon sind ein relativ kompaktes Reiseziel, wo Sehenswürdigkeiten und Naturlandschaften dicht beieinander liegen. Die Mehrheit der Leute (Einheimische und Touristen) fährt mit dem Auto – und beschwert sich dann über den Verkehr. Wer außerhalb der Städte quer durch offenes Land fahren will, kommt mit dem Auto am schnellsten voran. Aber für Ausflüge in relativ dicht besiedelte oder urbane Gebiete sind öffentliche Verkehrsmittel gut geeignet.

Die **Southwest Traveline** (0871 200 22 33; www.travelinesw.com) hat Fahrpläne für alle Regional- und Fernbusse sowie für Züge. Anrufe kosten 10 p pro Minute, plus Netzwerkgebühren.

Auto & Motorrad

In Devon und Cornwall gibt es nicht viele Autobahnen – westlich von Exeter gibt es gar keine. Lange Abschnitte der wichtigsten A-Straßen sind zwar vierspurig, aber einige auch nicht. Die kleineren A-Straßen sind selten vierspurig.

Manchmal ist das Verkehrsaufkommen schier zu viel für das Straßennetz. Also Vorsicht: Wenn im Sommer, selbst auf einer freien Strecke, kurz vor einer Kurve ein Schild warnt „*traffic queuing ahead*" (Achtung Verkehrsstau), dann ist das meist auch so.

Die Großstädte haben die üblichen Ringstraßen, Verkehrsstaus und manchmal verwirrende Einbahnstraßensysteme – Torquay und Exeter können besonders schlimm sein. Die Zentren vieler Städte sind Fußgängerzonen.

A-Straßen und viele B-Straßen sind von reichlich Tankstellen mit Raststätten gesäumt. Es lohnt sich aber, vor der Abfahrt von diesen Hauptstrecken in ländliche Gebiete, in die Heide oder auf wenig befahrene Küstenstraßen nochmals vollzutanken.

In den Städten kostet Benzin genauso viel wie überall im Land, wird aber auf dem Land teurer.

Brückenmaut

Wer Cornwall auf der A38 über die Tamar Bridge bei Plymouth verlässt, muss Brückenmaut zahlen. Sie beträgt 1,50 £ für einen PKW und 3,70 £ für einen Kleinbus über 3,5 t. Maut wird nur in östlicher Richtung erhoben, bezahlt wird in bar an den Kontrollhäuschen. Motorradfahrer, Fußgänger und Radfahrer zahlen nichts.

Autofähren

Abgesehen von den Isles of Scilly und Lundy Island (s. Abschnitt Schiff/Fähre), ist es nicht nötig, ein Schiff zu nehmen, um in Devon und Cornwall herumzukommen. Es ist aber eine stimmungsvolle Art, die Region kennenzulernen. Die tiefen Flüsse und breiten Flussmündungen, die sich in das Land schneiden, machen Fähren manchmal zur schnellsten und malerischsten Verbindung von A nach B. In der Hochsaison kommt es aber auch vor, dass angesichts der Autoschlangen an der Fähre der Umweg von 30 km zu Land doch besser ist.

Einige Fähren transportieren Autos, Personen und Fahrräder, andere nur Fußgänger; im Buch wird das jeweils erwähnt. Die wichtigsten Autofähren verkehren das ganze Jahr über, an manchen Nebenstrecken fahren sie nur im Sommer. Wer die Fähre verpasst, kann immer noch die Straße (oder manchmal den Pfad) nehmen, aber der Umweg kann besonders für Radfahrer und Wanderer beträchtlich sein.

Die folgenden Angaben gelten für eine einfache Fahrt für Autos und Passagiere. Wenn nicht anders angegeben, gelten die Preise für jeweils beide Richtungen.

Fähre von Bodinnick nach Fowey Verbindet Zentral- und Ostcornwall, vorbei am Abzweig nach Lostwithiel; 3,50 £.

Dartmouth Higher/Lower Ferry Überquert den Fluss Dart bei Dartmouth in Devon, bietet eine Abkürzung nach Torquay; 4,70/4 £.

King Harry Ferry Eine Abkürzung zur Roseland-Halbinsel; überquert den Fluss Fal in der Nähe von Trelissick Gardens nach Philleigh; einige Kilometer nördlich von St. Mawes; 5 £.

Torpoint Ferry Verkehrt zwischen Devon und Cornwall, eine Abkürzung von Plymouth zur Rame-Halbinsel; 1,50 £; nur in Richtung Osten.

Autovermietung/ Mietwagen

Die Preise entsprechen jenen im ganzen Land. Autovermietungen gibt es auf den Flughäfen, in Städten und manchen größeren Orten. Zu den in der Region gut vertretenen Firmen gehören Avis, Europcar und Hertz.

Avis (0844-581 0147; www.avis.co.uk)

Europcar (0871-384 1087; www.europcar.co.uk)

Hertz (0843-309 3099; www.hertz.co.uk)

National (0871-384 1140; www.nationalcar.co.uk) Mit Filialen an den Flughäfen von Exeter und Newquay.

Parken

Parkgebühren betragen 1,40 bis 1,60 £ pro Stunde und etwa 8 bis 12 £ pro Tag. Manchmal muss als Minimum für zwei Stunden gezahlt werden, manchmal wird die Parkdauer auf 30 Minuten oder einen längeren Zeitraum begrenzt. Es kommt vor, dass in der einen Straße Parken über Nacht kostenlos ist, in der nächsten aber nicht.

Auch Parkgebühren an Stränden, selbst an abgelegenen, können sich summieren. Sie betragen teilweise 2,50/3,70 £ pro zwei/drei Stunden und 7 £ pro Tag.

Parkplätze sind zudem in den verwinkelten Kopfsteinpflastersträßchen der Fischerdörfer und Touristenhochburgen eher selten zu finden. Viele bieten Park & Ride an, was etwa 2,50 bis 5 £ kostet.

Hotels und B&Bs mit Parkplätzen sind im Buch mit dem Parksymbol (P) gekennzeichnet. Bei der Buchung sollte nachgefragt werden, ob es noch freie Parkplätze gibt und ob sie extra kosten.

Bus

Regionalverkehr

National Express (08717-818 178; www.nationalexpress.com) Häufige Verbindungen zwischen den Städten und Ferienorten der Region; Direktverbindungen bestehen z. B. zwischen Penzance und Torquay (15 £, 4 Std. 1-mal tgl.) oder Plymouth und Torquay (7 £, 1 Std., 1-mal tgl.).

Zu den größten Anbietern gehören:

First (www.firstgroup.com/ukbus) Hauptanbieter in Süddevon, Dartmoor, Plymouth und Westcornwall.

Stagecoach (www.stagecoachbus.com) Ortsbusse in Nordcornwall, Exeter und Ostdevon, Norddevon und rund um Torquay.

Western Greyhound (www.westerngreyhound.com) Umfangreiches Busnetz in Cornwall, bedient die Nordküste (mit Bude, Newquay, Padstow, St. Ives und Tintagel), Bodmin Moor, St. Austell und den äußersten Westen (darunter Penzance, Porthcurno, Land's End und Sennen).

Stadtbusse

Die Städte in Devon und Cornwall sind mit einem guten Busnetz versorgt, allerdings fahren einige der Busse nur bis etwa 22.30 Uhr. Bei mehreren Fahrten können sich Tageskarten (mit Namen wie Day Rover, Wayfarer oder Explorer) lohnen. Ein einfacher Fahrschein kostet etwa 1,60 bis 2 £.

ERMÄSSIGUNGEN

Es gibt zahlreiche Buspässe für die Städte und Bezirke in Devon und Cornwall. Es folgen einige Beispiele; in kleineren Gebieten gibt es häufig auch günstigere Pässe.

NAME	UNTERNEHMEN	GEGEND/REGION	DAUER	PREIS: ERW./KIND/FAMILIE
Day Explorer	Western Greyhound	Devon und Cornwall	1 Tag	8,50/5,50/17 £
FirstDay Cornwall	First	Cornwall	1 Tag	7/6/12 £
FirstDay Devon	First	Devon	1 Tag	7,50/5,30 £/*
FirstDay Southwest	First	Devon und Cornwall	1 Tag	7,60/6,20/18,70 £
FirstWeek Cornwall	First	Cornwall	7 Tage	25/20/35 £
FirstWeek Devon	First	Devon	7 Tage	37/22/58 £
MeggaRider Gold	Stagecoach	Devon und Cornwall	7 Tage	25 £/*
MeggaRider	Stagecoach	Exeter	7 Tage	13 £/*
MeggaRider	Stagecoach	North Devon	7 Tage	10,50 £/*
MeggaRider	Stagecoach	Torbay	7 Tage	17 £/*

* Keine speziellen Tickets für Kinder/Familien

PlusBus (www.plusbus.info) bietet zusätzlich zur Bahnfahrkarte auch Busfahrten für 2 £ pro Tag. In Devon und Cornwall für die Orte: Barnstaple, Bodmin, Brixham, Camborne & Redruth, Exeter, Falmouth & Penryn, Liskeard, Newquay, Newton Abbot, Paignton, Penzance, Plymouth, St. Austell, Torquay, Totnes und Truro.

Ride Cornwall (Erw./Kind/Familie 10/7,50/20 £) Tageskarte außerhalb der Hochsaison in Cornwall für First und Western Greyhound Busse sowie First Great Western Busse und Cross Country Züge.

Fahrrad

Im Südwesten gibt es ein gutes autofreies oder radlerfreundliches Wegenetz, mit Hunderten von Kilometern an Radwegen des National Cycle Network. Infos und Karten gibt es von der umweltfreundlichen Transportvereinigung **Sustrans** (www.sustrans.org.uk). Im Kapitel Outdoor-Aktivitäten werden die besten Radwege des West Country aufgeführt.

Das schönste Radfahrwetter ist meist zwischen Frühjahr und Herbst. Da im Juli und August viel los ist, bieten sich als reizvolle Alternativen Mai, Juni und September an.

Nicht überall ist Radfahren erlaubt oder angesagt. Fahrräder sind auf Autobahnen verboten, auf allen anderen öffentlichen Straßen sind sie erlaubt. Allerdings kann Radfahren auf den A-Straßen gefährlich und beängstigend sein, auch einige der viel befahrenen B-Straßen sind nicht gerade angenehm. Radfahrer dürfen öffentliche Reitwege benutzen, müssen aber anderen Nutzern ausweichen. Auf nicht allen Wanderwegen darf geradelt werden, was auf den Wegen im Heidemoor und an der Küste ein heikler Streitpunkt ist.

Bahnreisende können Fahrräder auf allen überregionalen Bahnstrecken kostenlos mitnehmen, müssen aber teilweise vorher buchen; zu Spitzenzeiten gibt es Einschränkungen.

Fahrradverleih

Fahrradverleihe werden im ganzen Buch aufgeführt. Im Prinzip gibt es überall, wo es viel genutzte Fahrradwege gibt, auch irgendwo einen guten Fahrradverleih. Die Preise liegen bei 12 £ für einen halben Tag.

Flugzeug

Skybus (☏0845-710 5555; www.islesofscilly-travel.co.uk) wird von Isles of Scilly Travels betrieben und bietet ganzjährlich tägliche Flüge von den Flughäfen in Newquay (Erw./Kind 170/130 £, 30 Min.) und Land's End (Erw./Kind 140/110 £, 15 Min.) nach St. Mary's; außerdem zwischen Ostern und Oktober täglich von Exeter (Erw./Kind 240/190 £, 1 Std.).

Lundy Helicopter (☏01271-863636; www.lundyisland.co.uk; Erw./Kind hin & zurück 105/55 £) Saisonaler Helikopterdienst, der nur im Winter (Ende Okt.–Ende März) fliegt; von Lundy Island in Norddevon zum nahe gelegenen Hartland Point auf dem Festland.

Schiff/Fähre

Isles of Scilly Travel (☏0845-710 5555; www.islesofscilly-travel.co.uk) betreibt die ureigenste Fähre des Archipels, die *Scillonian III*, zwischen Penzance und der Hauptinsel St. Mary's (Erw./Kind hin & zurück 76/40 £, 2 Std. 40 Min.). Sie fährt nicht im Winter; zwischen Ende April und Anfang Oktober gibt es zwischen zwei und sechs Überfahrten in der Woche (nur von Montag bis Samstag).

Auf den Isles of Scilly selbst verkehrt eine ganze Fährflotte zwischen St. Mary's und den kleineren Inseln. Betrieben werden die Fähren von der **St Mary's Boatmen's Association** (☏01720-423999; www.scillyboating.co.uk). Sie fahren zwischen April und Oktober mindestens einmal täglich, sie legen morgens auf St. Mary's ab und kehren nachmittags zurück. Rückfahrtickets kosten für Erw./Kind 8,40/4,20 £.

Das Passagierboot **MS Oldenburg** (☏01271-863636; www.lundyisland.co.uk) fährt zwischen April und Ende Oktober einmal täglich von Bideford oder Ilfracombe nach Lundy Island. Die Fahrtzeit beträgt bei beiden Überfahrten weniger als zwei Stunden. Der Preis ist derselbe von beiden Häfen: Erw./Kind zurück am gleichen Tag 35/18 £, Rückkehr zu einem späteren Zeitpunkt 62/31 £.

Taxi

Die Städte des Südwestens sind mit Taxis gut bestückt. Taxistände gibt es nahe den Einkaufszentren, Bahnhöfen und dort, wo das Nachtleben tobt. Auch in vielen ländlichen Gebieten gibt es eine ausreichende Taxiversorgung – auch weil öffentliche Verkehrsmittel selten fahren und ein Taxi für vier Personen oft ein recht kostengünstiges Transportmittel ist.

In den Städten kostet ein Taxi etwa 3 bis 4 £ pro Meile (1,6 km), in ländlichen Gegenden oft nur halb so viel. Taxistände sind auf den Stadtplänen von Lonely Planet verzeichnet. Auch Telefonnummern für den jeweiligen Taxiruf sind aufgeführt.

Zug

Fahrkarten-Websites

Internetseiten, auf denen Fahrkarten für alle Zuganbieter zu allen nationalen Zielen verkauft werden:

➺ www.thetrainline.com
➺ www.qjump.co.uk
➺ www.raileasy.co.uk

Bahncards

Die folgenden Karten werden von allen landesweiten (aber nicht den privaten) Bahnunternehmen anerkannt und können entweder bei ihnen oder in Bahnhöfen gekauft werden:

Devon Day Ranger (Erw./Kind 10/5 £) Einen Tag unbegrenzt mit allen Zügen der Grafschaft fahren.

Devon Evening Ranger (Erw./Kind 5/2,50 £) Unbegrenztes Reisen in Devon nach 18 Uhr.

Freedom of Devon and Cornwall Rover (Erw./Kind 42/21 £) Drei Tage Freifahrt innerhalb von sieben Tagen in beiden Grafschaften.

ZÜGE MIT AUSBLICK

Einige der Bahnstrecken bieten wunderbare Aussichten auf Küsten und Meeresarme. Es lohnt sich auf jeden Fall, zwischen den folgenden Orten aus dem Fenster zu schauen:

- Exeter und Newton Abbot
- Plymouth und Gunnislake
- Plymouth und Liskeard
- St. Erth und St. Ives
- St. Erth und Penzance

Die Website **Great Scenic Railways of Devon and Cornwall** (www.carfreedaysout.com) bietet eine Fülle an Informationen sowie Angaben zu lokalen Wanderwegen.

Freedom of Devon and Cornwall Rover (Erw./Kind 64/32 £) Acht Tage unbegrenzt Reisen innerhalb von 15 Tagen.

Ride Cornwall Pass (Erw./Kind/Familie 10/7,50/20 £) Einen Tag mit allen Bussen und Zügen der Grafschaft fahren.

Hauptstrecken

Guten Bahnanschluss zu verschiedenen Ortschaften in Devon und Cornwall gibt es grundsätzlich auf der Hauptstrecke von London Paddington nach Penzance. Die Züge verkehren normalerweise mindestens stündlich, manchmal auch öfter. Die Website der National Rail Enquiries (www.nationalrail.co.uk) informiert über Fahrpläne und -preise. Verbindungen sind z. B. von Exeter nach Penzance (25 £, 3 Std., stündl.), von Plymouth nach Truro (10 £, 1¼ Std., stündl.) oder von Truro nach Exeter (40 £, 2½ Std., stündl.).

Nahverkehrszüge

Von den Intercitystrecke London–Penzance zweigen Nebenstrecken ab. Die wichtigsten sind die von Exeter nach Barnstaple oder Exmouth, von Liskeard nach Looe, von Newton Abbot nach Torquay und Paignton, von Par nach Newquay, von Plymouth nach Gunnislake, von St. Erth nach St. Ives und von Truro nach Falmouth.

Dampfloks

Die privat betriebenen Dampfloks des West Country befahren einige atemberaubende Strecken:

Bodmin and Wenford Railway (01208-73555; www.bodminandwenfordrailway.co.uk; Erw./Kind/Familie 12/6/33 £; März–Okt.) Landschaftlich schöne Fahrt am Rand von Bodmin Moor entlang.

Dartmouth Steam Railway (01803-555872; www.dartmouthrailriver.co.uk; Torbay Rd, Paignton; Erw./Kind/Familie hin & zurück 13,50/7,50/36 £; März–Nov. 4–9 Züge tgl.) Verbindet die Torbay-Ferienorte Paignton und Dartmouth.

South Devon Railway (01364-644370; www.southdevonrailway.org; Erw./Kind hin & zurück 12/7 £; April–Okt. 4–9 Züge tgl.) Pendelt zwischen Totnes und Buckfastleigh.

West Somerset Railway (01643-704996; www.west-somerset-railway.co.uk; 24 Std. Rover Ticket Erw./Kind 17/8,50 £) Tuckert zwischen Minehead on Exmoor und Bishops Lydeard.

Sprache

Briten, Amerikaner und Neuseeländer, deutsche Geschäftsleute und norwegische Wissenschaftler, der indische Verwaltungsbeamte und die Hausfrau in Kapstadt – fast jeder auf der Welt scheint Englisch zu sprechen. Und wirklich: Englisch ist die am weitesten verbreitete Sprache der Welt (wenn's auch nur den zweiten Platz für die am meisten gesprochene Muttersprache gibt – Chinesisch ist hier die Nr. 1).
Und selbst die, die nie Englisch gelernt haben, kennen durch englische Musik oder Anglizismen in Technik und Werbung immer ein paar Wörter. Ein paar Brocken mehr zu lernen, um beim Smalltalk zu glänzen, ist nicht schwer. Hier sind die wichtigsten Wörter und Wendungen für die fast perfekte Konversation in fast allen Lebenslagen aufgelistet:

Konversation & Nützliches

Wer einen Fremden nach etwas fragt, sollte die Frage oder Bitte mit einer höflichen Entschuldigung einleiten („Excuse me, ...").

Guten Tag	*Hello*
Hallo	*Hi*
Guten ...	*Good ...*
Tag	*day*
Morgen	*morning*
Tag	*afternoon*
Abend	*evening*

> **NOCH MEHR ENGLISCH?**
>
> Zusätzliche Informationen zur Sprache sowie praktische Redewendungen finden sich im *Reise-Sprachführer Englisch* von Lonely Planet. Er ist in Buchhandlungen oder unter **shop.lonelyplanet.de** erhältlich.

Auf Wiedersehen	*Goodbye*
Bis später	*See you later*
Tschüs	*Bye*
Wie geht es Ihnen?/	
Wie geht es dir?	*How are you?*
Danke, gut.	*Fine. And you?*
Und Ihnen?/Und dir?	*... and you?*
Wie ist Ihr Name?/	
Wie heißt du?	*What's your name?*
Mein Name ist .../	
Ich heiße ...	*My name is ...*
ja	*yes*
nein	*no*
bitte	*please*
(vielen) Dank	*thank you (very much).*
bitteschön	*you're welcome*
Entschuldigen Sie, .../	
Entschuldige ...	*Excuse me, ...*

Fragewörter

Wer?	*Who?*
Was?	*What?*
Wo?	*Where?*
Wann?	*When?*
Wie?	*How?*
Warum?	*Why?*
Welcher?	*Which?*
Wie viel?	*How much?*
Wie viele?	*How many?*

Gesundheit

Wo ist der/die/das nächste …?
Where's the nearest …?

Apotheke	*chemist*
Zahnarzt	*dentist*
Arzt	*doctor*
Krankenhaus	*hospital*

Ich brauche einen Arzt.
I need a doctor.

Gibt es in der Nähe eine (Nacht-)Apotheke?
Is there a (night) chemist nearby?

Ich habe mich verirrt.
I'm lost.

Wo ist die Toilette?
Where are the toilets?

Ich bin krank.
I'm sick.

Es tut hier weh.
It hurts here.

Ich habe mich übergeben.
I've been vomiting.

Ich habe Durchfall/Fieber/Kopfschmerzen.
I have diarrhoea/fever/headache.

(Ich glaube,) Ich bin schwanger.
(I think) I'm pregnant.

Ich bin allergisch gegen …
I'm allergic to …

Antibiotika	*antibiotics*
Aspirin	*aspirin*
Penizillin	*penicillin*

Mit Kindern reisen

Ich brauche …
I need (a) …

Gibt es …?
Is there (a/an) …?

einen Wickelraum	*baby change room*
einen Babysitz	*baby seat*
einen Babysitter	*babysitter*
einen Kindersitz	*booster seat*
einen Babysitter-Service	*child-minding service*
eine Kinderkarte	*children's menu*
einen Kinderstuhl	*highchair*
(Wegwerf-)Windeln	*(disposable) nappies*
ein Kindertöpfchen	*potty*
einen Kinderwagen	*stroller*

Kann ich mein Kind hier stillen?
Do you mind if I breastfeed here?

Sind Kinder erlaubt?
Are children allowed?

NOTFÄLLE

Hilfe!	*Help!*
Es ist ein Notfall!	*It's an emergency!*
Rufen Sie	*Call*
die Polizei!	*the police!*
einen Arzt!	*a doctor!*
einen Krankenwagen!	*an ambulance!*
Lassen Sie mich in Ruhe!	*Leave me alone!*
Gehen Sie weg!	*Go away!*

Papierkram

Name	*name*
Staatsangehörigkeit	*nationality*
Geburtsdatum	*date of birth*
Geburtsort	*place of birth*
Geschlecht	*sex/gender*
(Reise-)Pass	*passport*
Visum	*visa*

Reservierungen vornehmen

(telefonisch oder schriftlich)

An …	*To …*
Von …	*From …*
Datum	*Date*

Ich möchte … reservieren.
I'd like to book …

auf den Namen ...
in the name of ...
vom ... bis zum ... *from ... to ...*
Kreditkarte *credit card*
Nummer *number*
gültig bis ... *expiry date*

Bitte bestätigen Sie Verfügbarkeit und Preis.
Please confirm availability and price.

Shoppen & Dienstleistungen

Ich suche ...
I'm looking for ...
Wo ist der/die/das (nächste) ...?
Where's the (nearest) ...?
Wo kann ich ... kaufen?
Where can I buy ...?
Ich möchte ... kaufen.
I'd like to buy ...
Wie viel (kostet das)?
How much (is this)?
Das ist zu viel/teuer.
That's too much/expensive.
Können Sie mit dem Preis heruntergehen?
Can you lower the price?
Haben Sie etwas Billigeres?
Do you have something cheaper?
Ich schaue mich nur um.
I'm just looking.
Können Sie den Preis aufschreiben?
Can you write down the price?
Haben Sie noch andere?
Do you have any others?
Können Sie ihn/sie/es mir zeigen?
Can I look at it?

mehr *more*
weniger *less*
kleiner *smaller*
größer *bigger*

Nehmen Sie ...?
Do you accept ...?
  Kreditkarten
  credit cards
  Reiseschecks
  travellers cheques

Ich möchte ...
I'd like to ...
  Geld umtauschen
  change money (cash)
  einen Scheck einlösen
  cash a cheque
  Reiseschecks einlösen
  change some travellers cheques

ein Geldautomat *an ATM*
eine Wechselstube *an exchange office*
eine Bank *a bank*
die ... Botschaft *the ... embassy*
  deutsche *German*
  österreichische *Austrian*
  Schweizer *Swiss*
das Krankenhaus *the hospital*
der Markt *the market*
die Polizei *the police*
die Post *the post office*
ein öffentliches Telefon *a public phone*
eine öffentliche Toilette *a public toilet*

Wann macht er/sie/es auf/zu?
What time does it open/close?
Ich möchte eine Telefonkarte kaufen.
I want to buy a phone card.
Wo ist hier ein Internet-Café?
Where's the local Internet cafe?

Unterkunft

Wo ist ...?
Where's a ...?
  eine Pension *bed and breakfast, guesthouse*
  ein Campingplatz *camping ground*
  ein Hotel *hotel*
  ein Privatzimmer *room in a private home*
  eine Jugendherberge *youth hostel*
Wie lautet die Adresse?
What's the address?

Ich möchte bitte ein Zimmer reservieren.
I'd like to book a room, please.
Für (drei) Nächte/Wochen.
For (three) nights/weeks.

Haben Sie ein …?
Do you have a …?

Einzelzimmer	*single room*
Doppelzimmer	*double room*
Zweibettzimmer	*twin room*
Familienzimmer	*family room*
Bett im Schlafsaal	*dorm bed*

Wie viel kostet es pro …?
How much is it per …?

Nacht	*night*
Person	*person*

Kann ich es sehen?
May I see it?
Wo ist das Badezimmer?
Where is the bathroom?
Kann ich ein anderes Zimmer bekommen?
Can I get another room?
Es ist gut, ich nehme es.
It's fine. I'll have it.
Ich reise jetzt ab.
I'm leaving now.

Verständigung

Verstehen Sie (mich)?
Do you understand (me)?
Ich verstehe (nicht).
I (don't) understand.

Könnten Sie …?
Could you please …?
  bitte langsamer sprechen
  speak more slowly
  das bitte wiederholen
  repeat that
  das bitte aufschreiben
  write it down

Verkehrsmittel & -wege

Wann fährt … ab?
What time does the … leave?

das Boot	*boat*
der Bus	*bus*
der Zug	*train*

Eigene Verkehrsmittel

Wo kann ich … mieten?
Where can I hire a…?

Ich möchte … mieten.
I'd like to hire a/an …

ein Fahrrad	*bicycle*
ein Auto	*car*
ein Allradfahrzeug	*4WD*
einen Schaltwagen	*manual*
ein Motorrad	*motorbike*

Wie viel kostet es pro …?
How much is it per …?

Stunde	*hour*
Tag	*day*
Woche	*week*

Benzin	*petrol*
Diesel	*diesel*
bleifreies Benzin	*unleaded*
Autogas	*LPG*

Wo ist eine Tankstelle?
Where's a petrol station?
Führt diese Straße nach …?
Does this road go to …?
(Wie lange) Kann ich hier parken
(How long) Can I park here?
Wo muss ich bezahlen?
Where do I pay?
Ich brauche einen Mechaniker.
I need a mechanic.

Ich habe (in …) eine Panne mit meinem Auto.
The car has broken down (at …)
Ich hatte einen Unfall.
I had an accident.
Das Auto/Motorrad springt nicht an.
The car/motorbike won't start.
Ich habe eine Reifenpanne.
I have a flat tyre.
Ich habe kein Benzin mehr.
I've run out of petrol.

Wegweiser
Können Sie mir bitte helfen?
Could you help me, please?

Wo ist (eine Bank)?
Where's (a bank)?
Ich suche (die Kathedrale).
I'm looking for (the cathedral).
In welcher Richtung ist (eine öffentliche Toilette)?
Which way's (a public toilet)?
Wie kann ich da hinkommen?
How can I get there?
Wie weit ist es?
How far is it?
Können Sie es mir (auf der Karte) zeigen?
Can you show me (on the map)?

Hinter den Kulissen

WIR FREUEN UNS ÜBER EIN FEEDBACK

Post von Travellern zu bekommen, ist für uns ungemein hilfreich – Kritik und Anregungen halten uns auf dem Laufenden und helfen, unsere Bücher zu verbessern. Unser reiseerfahrenes Team liest alle Zuschriften genau durch, um zu erfahren, was an unseren Reiseführern gut und was schlecht ist. Wir können solche Post zwar nicht individuell beantworten, aber jedes Feedback wird garantiert schnurstracks an die jeweiligen Autoren weitergeleitet, rechtzeitig vor der nächsten Auflage.

Wer uns schreiben will, erreicht uns über **www.lonelyplanet.de/kontakt**.

Hinweis: Da wir Beiträge möglicherweise in Lonely Planet Produkten (Reiseführer, Websites, digitale Medien) veröffentlichen, ggf. auch in gekürzter Form, bitten wir um Mitteilung, falls ein Kommentar nicht veröffentlicht oder ein Name nicht genannt werden soll. Wer Näheres über unsere Datenschutzpolitik wissen will, erfährt das unter www.lonelyplanet.com/privacy.

DANK VON LONELY PLANET

Vielen Dank an die folgenden Leser, die mit der letzten Auflage unterwegs waren und uns wertvolle Hinweise, nützliche Tipps und interessante Anekdoten geschickt haben:

Fabio Baldi, Franz Blaesi, Robyn Coates, Harry Hofman, Laura Sheil

DANK DER AUTOREN
Oliver Berry

Ein dickes Dankeschön an alle, die mir bei der Recherche geholfen haben: Paul Ainsworth, Jayne Back, Hana Backland, Peter Bawden, Rupert Ellis, Justin Foulkes, Thom Hunt, Liz King, Lifebuoy Café, Anna Melton, Laura McKay, Emma Mustill, Origin Coffee und all die anderen, die ich unterwegs getroffen habe. Ganz besonderen Dank an Susie, Mo und Gracie; an Cliff Wilkinson für den Auftrag; an Angela Tinson und Anthony Phelan für die interne Unterstützung und an Belinda Dixon für das Ausgraben all der Highlights in Devon.

Belinda Dixon

Riesendank an: OTB für kluge Ratschläge, Cliff für den Auftrag (mal wieder) und das Produktionsteam von Lonely Planet. An alle, die ich beim Reisen durch Devon getroffen habe, für Tipps, Fakten und zahllose Gefälligkeiten. Und an JL für die Begleitung auf Touren (besonders beim Radeln, Paddeln und Speedhiking) und dafür, dass du mich (immer noch) zum Lächeln bringst.

QUELLENNACHWEIS

Die Angaben auf der Klimakarte stammen von Peel MC, Finlayson BL & McMahon TA (2007) „Updated World Map of the Köppen-Geiger Climate Classification", Hydrology and Earth System Sciences, 11, 163344.

Umschlagfoto: Wanderweg zur Wheal Coates Tin Mine, St. Agnes, Cornwall, Pietro Canali/ 4corners.

ÜBER DIESES BUCH

Dies ist die 3. deutsche Auflage von *Cornwall & Devon*, basierend auf der 3. englischen Auflage von Oliver Berry und Belinda Dixon, die auch die beiden vorherigen Auflagen schrieben. Dieser Reiseführer wurde vom Lonely Planet Büro in London beauftragt und produziert von:

Chefredakteur Clifton Wilkinson

Koordinierende Redakteurinnen Susie Ashworth, Alison Ridgway

Kartografie Jennifer Johnston, Anthony Phelan

Koordinierender Layoutdesigner Frank Deim

Leitende Redakteurinnen Martine Power, Angela Tinson

Redaktion Karyn Noble

Layout Chris Girdler

Redaktionsassistenz Kate Daly, Kate Kiely, Jenna Myers

Kartografieassistenz Julie Dodkin, Mick Garrett, Rachel Imeson

Umschlaggestaltung Naomi Parker

Bildredaktion Aude Vauconsant

Dank an Ryan Evans, Larissa Frost, Jane Hart, Genesys India, Jouve India, Trent Paton, Kerrianne Southway, Gerard Walker

NOTIZEN

NOTIZEN

NOTIZEN

Register

A
Abteien
  Buckland Abbey 117, **162**
  Cleeve Abbey 138
  Hartland Abbey 168
  St. Benet's Abbey 172
  St. Michael's Mount 13, 262, **13**
Affen 208
Agatha Christie 85
Aktivitäten 21, 30, *siehe auch einzelne Aktivitäten*
An- & Weiterreise 313
Angeln & Fischen
  Beer 63
  Brixham 76
  Clovelly 167
  Dartmouth 88
  Looe 208
  Plymouth 109
  St. Ives 242
Appledore 164
Aquarien
  Blue Reef Aquarium 229
  Ilfracombe Aquarium 146
  National Marine Aquarium 108
Archäologische Stätten
  Bodmin Moor 177
  Dartmoor National Park 121
  Penwith 249, 251
Ashburton 124
Auto 313, 315
Autotouren
  Bodmin Moor 175, **175**
  Dartmoor National Park 118, **118**
  Die Küste von Ostdevon 57, **57**
  Exmoor National Park 142, **142**

Kartenverweise **000**
Fotoverweise **000**

Nordküste 218, **218**
Penwith 251, **251**
Roseland Peninsula 195, **195**
Süddevon 92, **92**

B
Bantham 100, **155**
Barnstaple 149
Bedruthan Steps 226, **5**
Beer 63, **155**
Behinderung, Reisen mit 309
Bergbau 279, 282, 285
Bergwerke
  Bergbau-Weltkulturerbe 235
  Camborne 235
  Cornish Mines & Engines 235
  Cornwall and West Devon Mining Landscape 235
  King Edward Mine 235
  Redruth 235
  Trevellas Porth 233
  Westcornwall 249
Bevölkerung 279
Bideford 164
Bier 293
Bigbury-on-Sea 101
Bildhauerei 295
Bodmin 39, 170, **171**
  Essen 170
  Highlights 171
  Klima 170
  Reisezeit 170
  Unterkünfte 170
Bodmin Moor 32, 175, **175**, **156**
Bootsfahrten
  Dartmouth 87
  Looe 208
  Padstow 223
  Plymouth 109
  Salcombe 97
  St. Ives 242

St. Martin's 275
St. Mary's 271
Truro 190
Boscastle 215
Bossiney Haven 219
Bramley, Frank 295
Branscombe 63
Brauereien 293
Braunton 147
British Fireworks Championships 23
Brixham 76
Brückenmaut 315
Bryher 273
Bücher 20, 278, 297
Bude 214
Budget 17
Burgen & Schlösser 283
  Berry Pomeroy 84
  Castle Dore 202
  Castle Drogo 125
  Chûn Castle 250
  Dartmouth Castle 87
  Dunster Castle 138
  Launceston Castle 176
  Lydford Castle 129
  Maen Castle 250
  Okehampton Castle 129
  Pendennis Castle 181
  Powderham Castle 53
  Restormel 201
  St. Catherine's Castle 202
  St. Mawes Castle 197
  St. Michael's Mount 13, 262, **13**
  Tintagel Castle 217
  Totnes Castle 81
Bürgerkrieg 284
Bus 313, 316

C
Camborne 235
Camelford 173
Camping 20, 311
Cape Cornwall 250
Carn Brea 234

Chagford 125
Chapel Porth 232
Charlestown 199
Christie, Agatha 69, 73, 298
Cider 293
Clay Trails 199
Clovelly 12, 167, **12**, **154**
Coast to Coast Cycle Trail 189
Coleton Fishacre 90
Constantine 187
Cornish pasties 12, 232, 290, **12**, **163**
Cornwall
  An- & Weiterreise 313
  Gut zu wissen 16
  Unterwegs vor Ort 315
Cornwall and West Devon Mining Landscape 235
Crackington Haven 215
cream tea 11, 291, **11**, **162**
Croyde 147

D
Dartmoor National Park 10, 31, 39, 113, **114**, **10**, **157**
  Aktivitäten 113
  An- & Weiterreise 116
  Essen 103, 116
  Highlights 104
  Klima 103
  Reisezeit 103
  Touristeninformation 113
  Unterkünfte 103, 116
  Unterwegs vor Ort 116
Dartmouth 85, **86**
  Aktivitäten 87
  An- & Weiterreise 91
  Ausgehen 91
  Essen 89
  Festivals & Events 88
  Geschichte 85
  Sehenswertes 85
  Unterhaltung 91
  Unterkünfte 88
Delphine 303

Devon
- An- & Weiterreise 313
- Gut zu wissen 16
- Unterwegs vor Ort 315

Devoran 189
Dittisham 88
Doc Martin 219
Drake, Sir Francis 108, 283
du Maurier, Daphne 298
Dulverton 135
Dunster 138

E

Eden Project 9, 201, **9**, **158**
Eden Sessions 22
Eisenbahnen
- Bodmin & Wenford Railway 172
- Dartmouth Steam Railway & River Boat Co 72
- Lappa Valley 229
- Launceston Steam Railway 176
- South Devon Steam Railway 82
- West Somerset Railway 187

Elektrizität 306
Erosion 303
Erster Weltkrieg 287
Essen 19, 279, 289, *siehe auch einzelne Orte*
- Festivals & Events 49

Eulen 229
Exeter 38, 42, **43**, **44**
- Aktivitäten 48
- An- & Weiterreise 52
- Ausgehen 51
- Essen 42, 50
- Festivals & Events 49
- Geführte Touren 48
- Geschichte 43
- Highlights 43
- Klima 42
- Nachtleben 51
- Reisezeit 42
- Sehenswertes 44
- Shoppen 52
- Touristeninformation 52
- Unterhaltung 51
- Unterkünfte 42, 49
- Unterwegs vor Ort 52

Exeter Cathedral 10, 44, 48, **10**, **282**
Exford 137

Kartenverweise **000**
Fotoverweise **000**

Exmoor National Park 15, 32, 39, 132, **133**, **15**, **157**
- Aktivitäten 132
- Essen 131
- Highlights 133
- Klima 131
- Reisezeit 131
- Touristeninformation 134
- Unterkünfte 131, 134
- Unterwegs vor Ort 134

Exmouth 59

F

Fähre 313, 317
Fahrrad *siehe* Radfahren, Radtouren
Falmouth 180, **182**
- Aktivitäten 181
- An-/Abreise 185
- Ausgehen 185
- Essen 183
- Festivals & Events 181
- Nachtleben 185
- Sehenswertes 181
- Shoppen 185
- Touristeninformation 185
- Unterkünfte 182

Fearnley-Whittingstall, Hugh 289
Felsklettern 35
Festivals & Events 21, *siehe auch einzelne Orte*
- Kunst 296
- Wandern 32

Filme 278, 298
Fisch 291
Flora Day 21
Flugzeug 314, 317
Flushing 188
Forbes, Stanhope 295
Fowey 202, **203**
Füchse 301

G

Gabo, Naum 297
Galerien *siehe* Museen & Galerien
Garstin, Norman 296
Gärten & Parks
- Abbey Garden 273, **159**
- Bonython 187
- Broomhill Sculpture Gardens 149
- Carwinion 187
- Cockington Country Park 71
- Eden Project 9, 201, **9**, **158**
- Elizabethan Garden 82
- Garden House 117
- Glendurgan 186
- Godolphin 187
- Greenway 85
- Lost Gardens of Heligan 13, 201, **13**, **159**
- Penjerrick 187
- Potager Garden 187
- RHS Rosemoor 164
- St. Michael's Mount 13, 262, **13**
- Torre Abbey Gardens 72
- Trebah 186
- Tregothnan 193
- Trelissick Gardens 189, **159**
- Tremenheere Sculpture Garden 257
- Trengwainton 257

Gefahren 306
Geld 16, 17, 306, 307
Geldautomaten 307
Geschäftszeiten 17
Geschichte 280
Gesundheit 307
Getränke 293
Gin 294
Glendurgan 186
Godrevy 245
Golant 206
Gorran Haven 199
Grand Western Canal 53, **153**
Gunwalloe 265
Gweek 187
Gwithian 245

H

Haie 302
Handys 16, 310
Hartland Peninsula 168
Hartland Point 169, **11**
Hayle 246
Helford River 186
Helston 264
Hepworth, Barbara 240, 297
Herrenhäuser & Landsitze
- Antony House 210
- Arlington Court 149
- Buckland Abbey 117, **162**
- Caerhays Castle 200
- Coleton Fishacre 90
- Cotehele 211
- Greenway 85
- Hartland Abbey 168
- Lanhydrock 173
- Mount Edgcumbe 209
- Port Eliot 210
- Prideaux Place 221
- St. Michael's Mount 13, 262, **13**
- Tregothnan 193
- Trerice 228

Historische Häuser 20
Höhlen & Tunnel
- Beer Quarry Caves 63
- Carnglaze Caverns 177
- Kents Cavern 69
- Merlin's Cave 217

Hope Cove 99

I

Ilfracombe 145
Impressionismus 295
Industriezeitalter 285
Infos im Internet 17, 278
Internetzugang 307
Isles of Scilly 9, 40, 269, **239**, **270**, **9**
- Essen 238
- Highlights 239
- Klima 238
- Reisesaison 238
- Unterkünfte 238

J

Jackson, Kurt 297
Jurassic Coast 60

K

Kanu- & Kajakfahren 34
- Bigbury-on-Sea 101
- Exeter 48
- Fowey 202
- Plymouth 109
- Salcombe 96
- St. Mawes 197
- Totnes 82

Karten 308
Käse 291
Keltische Herrschaft 281
Kinder 36
Kingsbridge 94
Kirchen & Kathedralen
- Chapel of St. Nicholas 242
- Church of St. Winwaloe 265
- Exeter Cathedral 10, 44, 48, **10**, **282**
- Roche Rock 200
- St. Finbarrus Church 202
- St. George's Church 139

St. Pancras Church 123
Truro Cathedral 190
Klettern 35
Klima 16, 21, *siehe auch einzelne Regionen*
Kochkurse 292
König Artus 217, 281
Kreditkarten 307
Kreuzotter 307
Kunst & Kultur 20, 295
Kunstkurse 295
Kynance Cove 267, **14**, **151**

L
Ladram Bay 60, **19**
Lamorna Cove 255
Land's End 247, 253, **247**
Langley, Walter 295
Leach, Bernard 297
Lesben 309
Leuchttürme
 Bishops Rock Lighthouse 274
 Foreland Point 143
 Godrevy Lighthouse 245
 Hartland Point 169
 Lizard Lighthouse Heritage Centre 266
 Longships Lighthouse 254
 Pendeen Watch 253
 Lundy Island 147
 Smeaton's Tower 108
 St. Anthony's Head 197
 Start Point Lighthouse 91
Liskeard 177
Literatur 20, 278, 298
Lizard Peninsula 14, 264, **14**
Lizard Point 266
Logan Rock 254, **151**
Looe 207
Lost Gardens of Heligan 13, 201, **13**, **159**
Lostwithiel 201
Lundy Island 147
Lydford 127
Lynmouth 143
Lynton 143

M
Malerei 295
Marazion 262
Mayflower 107, 284, **284**
Methodisten 284
Mevagissey 199
Millbrook Inn 95

Mittelalter 282
Mobiltelefone 16, 310
Moretonhampstead 124
Morris, Cedric 297
Motorrad 313, 315
Mousehole 261
Möwen 302
Mullion 266
Museen & Galerien 284, 295
 Bakelite Museum 139
 Barbara Hepworth Museum 241
 Bill Douglas Centre 46
 City Museum and Art Gallery 108
 Cookworthy Museum of Rural Life 94
 Dartmoor Prison Heritage Centre 120
 Exchange 256
 Helston Folk Museum 264
 Isles of Scilly Museum 271
 Leach Pottery 242
 Lyn & Exmoor Museum 143
 Maritime Museum 96
 Museum of British Surfing 148
 Museum of Witchcraft 216
 National Maritime Museum 181
 Newlyn Art Gallery 256
 Penlee House Gallery & Museum 255
 Plymouth 105
 RAMM 46
 Royal Cornwall Museum 190
 Shipwreck Museum 168
 Sidmouth Museum 62
 Spacex 48
 Tate St. Ives 240
 Tavistock Museum 119
 Teignmouth & Shaldon Museum 78
 Topsham Museum 56
 Torquay Museum 68
 Totnes Fashion & Textile Museum 82
Mylor 188

N
Nationalparks & Schutzgebiete 300
 Bodmin Moor 32, 175, **175**, **156**

 Braunton Burrows 148
 Dartmoor National Park 10, 31, 39, 113, **114**, **10**, **157**
 Dawlish Warren 78
 Exminster Marshes Nature Reserve 46, 48
 Exmoor National Park 15, 32, 39, 132, **133**, **15**, **152**, **157**
 Looe Island 207
 Northam Burrows 166
 Slapton Ley 93
Natur 300
Newlyn 261
Newlyn School 295
Newquay 12, 40, 226, **213**, **227**, **12**, **153**
 Essen 212
 Highlights 213
 Klima 212
 Reisezeit 212
 Unterkünfte 212
Nicholson, Ben 297
Norddevon 39, 145, **133**
 Essen 131
 Highlights 133
 Klima 131
 Reisezeit 131
 Unterkünfte 131
Nordküste 40, **213**
 Essen 212
 Highlights 213
 Klima 212
 Reisezeit 212
 Unterkünfte 212
Notfälle 17

O
'Obby 'Oss 21, 221
Öffnungszeiten 17
Okehampton 129
Ostcornwall 39, 171, **171**
 Essen 170
 Highlights 171
 Klima 170
 Reisezeit 170
 Unterkünfte 170
Ostdevon 38, **43**
 Essen 42
 Highlights 43
 Klima 42
 Reisezeit 42
 Unterkünfte 42
Otter 176
Outdoor-Aktivitäten 18, 30
Outlaw, Nathan 207, 209, 220, 289

P
Padstow 221, **222**
 Aktivitäten 223
 An- & Weiterreise 225
 Ausgehen 224
 Essen 223
 Sehenswertes 221
 Shoppen 225
 Unterkünfte 223
Padstow **222**
Pasteten 12, **12**
Pasties 12, 232, 290, **12**, **163**
Penryn 187
Penwith Peninsula 247, **247**
Penzance 255, **256**
Perranporth 231
Perranuthnoe 263
Plymouth 39, 104, **104**, **106**
 Aktivitäten 109
 An- & Weiterreise 112
 Ausgehen 111
 Essen 103, 110
 Geschichte 105
 Highlights 104
 Klima 103
 Reisezeit 103
 Sehenswertes 105
 Unterhaltung 112
 Unterkünfte 103, 109
Polperro 206
Polzeath 220, **15**
Ponys 301
Porlock 140
Port Eliot 210
Port Eliot Festival 22
Port Isaac 217
Porthcurno 254
Porthleven 265
Porthtowan 234
Portreath 234
Portscatho 194
Postbridge 122
Praa Sands 263
Prähistorische Stätten *siehe* Archäologische Stätten
Preise 17
Princetown 120

Q
Quallen 303
Quoits
 Bodmin Moor 177
 Penwith 249, **160**

R

Radfahren 35, 317, *siehe auch* Rad- & Wanderwege
- Camel Trail 223
- Clay Trails 199
- Coast to Coast Cycle Trail 189
- Dartmoor National Park 114
- Exeter 48
- Exmoor National Park 132
- Great Flat Lode Trail 237
- Tamar Trails 211

Radio 309

Radtouren
- Granite Way 128, **128**
- Tarka Trail 165, **165**

Rame Peninsula 209
Redruth 235
Reisen mit Behinderung 309
Reiseplanung
- Cornwall 38-40
- Devon 38-40
- Eventkalender 21-23
- Kinder 36-37
- Reiserouten 24

Reiserouten 24, **24**, **25**, **27**, **28**
Reisezeit 16
Reiten 35
- Bodmin Moor 174
- Clay Trails 199
- Dartmoor National Park 116
- Exmoor National Park 132, **157**

Restronguet Creek 189
River Helford 268
Robben 187, 302
Roche Rock 200
Rock 219
Römerherrschaft 281
Roseland 194
Royal Cornwall Museum 190

S

Salcombe 96, **97**
Schiff 313, 317
Schlangen 307
Schmetterlinge 301
Schmuggel 286
Schwule 309

Kartenverweise **000**
Fotoverweise **000**

Seehunde 302
Segeln 34
Sennen 253
Sicherheit 32, 306
Sidmouth 61
Sonnenbrand 307
South Hams 14, **14**
South West Coast Path 11, 31, **11**
Spaziergänge, *siehe* Wanderungen
St. Agnes (Cornwall) 232
St. Agnes (Isles of Scilly) 275
St. Austell 199
St. Ives 11, 239, **241**, 11, **292**
- An-/Abreise 245
- Ausgehen 244
- Essen 243
- Festivals & Events 242
- Nachtleben 244
- Sehenswertes 240
- Shoppen 244
- Touristeninformation 245
- Unterkünfte 242

St. Ives School 297
St. Juliot 217
St.-Just-in-Penwith 250
St.-Just-in-Roseland 198
St. Keverne 268
St. Martin's 274
St. Mary's 271
St. Mawes 196
St. Michael's Mount 13, 262, **13**
Stadtrundgänge
- Exeter 47, **47**
- Torquay 73, **73**

Start Bay 91
Steinkreise 250
Stein, Rick 289
Sternwarten
- Norman Lockyer Observatory 61

Strände 15, 18, 33
- Bantham 100, **155**
- Bigbury-on-Sea 101
- Bossiney Haven 219
- Bude 214
- Chapel Porth 232
- Croyde 147
- Dartmouth 88
- Falmouth 181
- Fistral 227
- Godrevy 245
- Gwithian 245
- Kynance Cove 267

- Lansallos 207
- Lantic 207
- Mullion 266
- Newquay 227
- Padstow's Seven Bays 225
- Perranporth 231
- Perranuthnoe 263
- Polkerris Beach 202
- Porthcurno 254
- Praa Sands 263
- Readymoney Cove 202
- Roseland Peninsula 196
- Salcombe 96
- Sennen Cove 253
- St. Ives 240
- St. Martin's 274
- St. Mary's 271
- Torquay 68
- Trebarwith Strand 219
- Trevaunance Cove 232
- Trevellas Porth 233
- Westward Ho! 166

Strom 306
Südcornwall 39, 179, **180**
- Essen 179
- Highlights 180
- Klima 179
- Reisezeit 238
- Unterkünfte 179

Süddevon 38, 66, **67**
- Essen 66
- Highlights 67
- Klima 66
- Reisezeit 66
- Unterkünfte 66

Südostcornwall 198
Surfen 33
- Bantham 100, **155**
- Bigbury-on-Sea 101
- Bude 214
- Croyde 148
- Gwithian 245
- Ilfracombe 146
- Newquay 12, 228, **12**, **153**
- Polzeath 220
- Sennen Cove 253
- Westward Ho! 167

T

Tamar Valley 210
Tate St. Ives 240
Tauchen 34, 275
Tavistock 117
Taxi 317
Tee 11, 291, **11**, **162**
Tehidy Woods 235

Teignmouth 78
Telefon 16, 17, 310
Theater 298
Thurlestone 100
Tiere 35, 301, *siehe auch einzelne Arten*
Tintagel 217, **161**
Toiletten 310
Topsham 56
Torquay 8, 67, **67**, **70**
- An- & Weiterreise 75
- Ausgehen 75
- Essen 66, 74
- Festivals & Events 72
- Geschichte 68
- Highlights 67
- Klima 66
- Nachtleben 75
- Reisezeit 66
- Sehenswertes 68
- Touristeninformation 75
- Unterkünfte 66, 72
- Unterwegs vor Ort 75

Totnes 80
Touren *siehe* Autotouren, Radtouren, Wanderungen
Touristeninformation 310
Trebah 186
Trebarwith Strand 219
Treen 254, **151**
Tregony 194
Tregothnan 193
Trelissick Gardens 189, **159**
Trelowarren 265
Tresco 273, **9**
- Strände 273

Tristan Stone 202
Tristan und Isolde 202
Truro 189, **191**
Turner, J. M. W. 295
TV 298, 309

U

Umwelt 303
Unterkünfte 310, *siehe auch einzelne Orte*
Unterwegs vor Ort 315

V

Vegetarier 292
Verkehrsmittel & -wege 313
Veryan 194
Vogelbeobachtung 302
- Dawlish Warren 78
- Exminster Marshes Nature Reserve 46, 48

Fowey 202
Hayle 246
Millook 215
Northam Burrows 166
Slapton Ley 93
Topsham 58
Vorwahlen 17, 310

W
Wadebridge 225
Wallis, Alfred 297
Wandern 31, 307, *siehe auch* Wanderwege
  Bodmin Moor 32
  Dartmoor National Park 31, 115
  Exeter 48
  Exmoor National Park 32, 134
  Festivals 32
  Lynmouth 143
  Lynton 143
  Princetown 121
  Sicherheit 32
  Teignmouth 79
Wanderungen
  Dartmoor National Park 126, **126**
  Exmoor National Park 136, **136**
  Fowey, Polruan & Bodinnick 205
  Land's End **252**
  St. Agnes 236, **236**
  Von Beer nach Branscombe 64, **64**
  Westcornwall 252, **252**
Wanderwege
  Camel Trail 223
  Clay Trails 199
  Coast to Coast Cycle Trail 189
  Granite Way 128, **128**
  Great Flat Lode Trail 237
  South West Coast Path 11, 31, **11**
  Tamar Trails 211
  Tarka Trail 165, **165**
Wassersport 33
Websites 17
Wechselkurse 17

Wein 293
Weingüter & -kellereien
  Camel Valley Vineyard 172
  Pebblebed Vineyard 56
  Polgoon Vineyard 258
  Sharpham Wine & Cheese 80, **163**
  St. Martin's Vineyard 274
  Yearlstone Vineyard 53
Westcornwall 40, 239, **239**
  Essen 238
  Highlights 239
  Klima 238
  Reisezeit 238
  Unterkünfte 238
Westward Ho! 166
Wetter 16, 21, *siehe auch einzelne Regionen*
Widecombe-in-the-Moor 123
Wild 301
Wildschutzgebiete & Reservate
  Braunton Burrows 148
  Dawlish Warren 78

Donkey Sanctuary 60
  Exminster Marshes Nature Reserve 46, 48
  Exmoor Owl & Hawk Centre 140
  Looe Island 207
  Northam Burrows 166
  Wild Futures Monkey Sanctuary 208
Wildwasser-Rafting 33
Wirtschaft 278
Wood, Christopher 297
Woolf, Virginia 245

Z
Zecken 307
Zeitungen 309
Zennor 248, **157**
Zoos
  Living Coasts 68
  Newquay Zoo 229
  Paignton Zoo 68
Zug 314, 317
Zweiter Weltkrieg 287

Kartenlegende

Sehenswertes
- Strand
- Vogelschutzgebiet
- buddhistisch
- Burg/Palast
- christlich
- konfuzianisch
- hinduistisch
- islamisch
- jainistisch
- jüdisch
- Denkmal
- Museum/Galerie/hist. Gebäude
- Ruine
- Sento/Onsen
- shintoistisch
- Sikh
- taoististisch
- Weingut/Weinberg
- Zoo/Naturschutzgebiet
- Sehenswürdigkeit

Aktivitäten, Kurse & Touren
- bodysurfen
- tauchen/schnorcheln
- Kanu/Kajak fahren
- Kurse/Touren
- Ski fahren
- schnorcheln
- surfen
- schwimmen/Pool
- wandern
- windsurfen
- sonstige Aktivitäten

Schlafen
- Hotel/Hostel
- Camping

Essen
- Restaurant

Ausgehen & Nachtleben
- Bar, Kneipe
- Café

Unterhaltung
- Unterhaltung

Shoppen
- Shoppen

Praktisches
- Bank
- Botschaft/Konsulat
- Krankenhaus/Arzt
- Internet
- Polizei
- Post
- Telefon
- Toilette
- Touristeninformation
- sonstige Informationen

Geografie
- Strand
- Hütte/Unterstand
- Leuchtturm
- Aussichtspunkt
- Berg/Vulkan
- Oase
- Park
- Pass
- Rastplatz
- Wasserfall

Städte
- Hauptstadt (Staat)
- Hauptstadt (Bundesstaat/Provinz)
- Großstadt
- Stadt/Ort

Transport
- Flughafen
- Grenzübergang
- Bus
- Seilbahn/Standseilbahn
- Radweg
- Fähre
- Metro-Station
- Schwebebahn
- Parkplatz
- Tankstelle
- Subway-Station
- Taxi
- Bahnhof/Bahnlinie
- Straßenbahn
- U-Bahnstation
- sonstigerTransport

Hinweis: Nicht alle in der Legende aufgeführten Symbole sind Bestandteil der Karten dieses Buches

Verkehrswege
- Mautstraße
- Autobahn
- Hauptstraße
- Landstraße
- Verbindungsstraße
- sonstige Straße
- unbefestigte Straße
- Straße im Bau
- Platz/Promenade
- Treppe
- Tunnel
- Fußgängerbrücke
- Spazierweg
- Abstecher von der Route
- Pfad/Wanderweg

Grenzen
- Staatsgrenze
- Provinzgrenze
- umstrittene Grenze
- Regional-/Bezirksgrenze
- Meeresschutzgebiet
- Klippen
- Mauer

Gewässer
- Fluss, Bach
- periodischer Fluss
- Kanal
- Gewässer
- Salzsee/trockener/periodischer See
- Riff

Gebietsform
- Flughafen/Landepiste
- Strand/Wüste
- christlicher Friedhof
- sonstiger Friedhof
- Gletscher
- Watt
- Park/Wald
- Sehenswertes (Gebäude)
- Sportplatz
- Sumpf/Mangroven

DIE LONELY PLANET STORY

Ein ziemlich mitgenommenes, altes Auto, ein paar Dollar in der Tasche und Abenteuerlust – 1972 war das alles, was Tony und Maureen Wheeler für die Reise ihres Lebens brauchten, die sie durch Europa und Asien bis nach Australien führte. Die Tour dauerte einige Monate, und am Ende saßen die beiden – erschöpft, aber voller Inspiration – an ihrem Küchentisch und schrieben ihren ersten Reiseführer *Across Asia on the Cheap*. Innerhalb einer Woche hatten sie 1500 Exemplare verkauft. Lonely Planet war geboren. Heute hat der Verlag Büros in Melbourne, London und Oakland mit mehr als 600 Mitarbeitern und Autoren. Und alle teilen Tonys Überzeugung, dass ein guter Reiseführer drei Dinge erfüllen sollte: informieren, bilden und unterhalten.

DIE AUTOREN

Oliver Berry

Koordinierender Autor, Bodmin & Ostcornwall, Südcornwall, Newquay & die Nordküste, Westcornwall & die Isles of Scilly Oliver ist Autor und Fotograf und lebt in Cornwall. Er ist für Lonely Planet schon kreuz und quer über die Britischen Inseln gereist, während er an den letzten Auflagen der Reiseführer Cornwall, Devon & Südwestengland, The Lake District und Great Britain arbeitete. Nebenbei schreibt er auch für Magazine. Für dieses Buch probierte er Ale, erwanderte meilenweise Wanderwege und wagte sich tapfer in Cornwalls winterliche Gewässer – und genoss jede Minute.

Mehr über Oliver auf: lonelyplanet.com/members/oliverberry

Belinda Dixon

Exeter & Ostdevon, Torquay & Süddevon, Plymouth & Dartmoor, Exmoor & Norddevon Belinda zog mit Begeisterung für ein Aufbaustudium in den sonnigen Südwesten: die Palmen auf dem Campus hatten es ihr angetan. Wie eine echte West-Country-Klette ist sie nicht mehr wegzukriegen und schreibt und sendet in der Region. Zu den Highlights ihrer Recherche gehörten die spektakuläre Wanderung durch die Teign Gorge, die Radtour auf dem Granite Way und das Exmoor, landschaftlich wie kulinarisch. Belinda schrieb auch die Kapitel Outdooraktivitäten, Reisen mit Kindern, Essen & Trinken, Kunst & Kultur, Allgemeine Informationen und Verkehrsmittel und -wege.

Mehr über Belinda auf: lonelyplanet.com/members/belindadixon

Lonely Planet Publications
Locked Bag 1, Footscray
Melbourne, Victoria 3011
Australia

Verlag der deutschen Ausgabe:
MAIRDUMONT, Marco-Polo-Str. 1, 73760 Ostfildern,
www.lonelyplanet.de, lonelyplanet@mairdumont.com

Chefredakteurin deutsche Ausgabe: Birgit Borowski

Redaktion: Bintang Buchservice GmbH, www.bintang-berlin.de
Übersetzung: Valeska Henze, Julia Rickers, Kathrin Schnellbächer, Gunter Mühl
An früheren Auflagen haben außerdem mitgewirkt: Petra Dubilski, Dagmar Klotz
Lektorat: Katharina Grimm, Katja Rasmus
Satz: Anja Krapat

Cornwall & Devon
3. deutsche Auflage Mai 2014,
übersetzt von *Devon & Cornwall, 3rd edition*, January 2014
Lonely Planet Publications Pty
Deutsche Ausgabe © Lonely Planet Publications Pty, Mai 2014
Fotos © wie angegeben

Printed in China

Obwohl die Autoren und Lonely Planet alle Anstrengungen bei der Recherche und bei der Produktion dieses Reiseführers unternommen haben, können wir keine Garantie für die Richtigkeit und Vollständigkeit dieses Inhalts geben. Deswegen können wir auch keine Haftung für eventuell entstandenen Schaden übernehmen.

MIX
Paper from
responsible sources
FSC
www.fsc.org
FSC® C021256

Alle Rechte vorbehalten. Das Werk einschließlich all seiner Teile ist urheberrechtlich geschützt und darf weder kopiert, vervielfältigt, nachgeahmt oder in anderen Medien gespeichert werden, noch darf es in irgendeiner Form oder mit irgendwelchen Mitteln – elektronisch, mechanisch oder in irgendeiner anderen Weise – weiterverarbeitet werden. Es ist nicht gestattet, auch nur Teile dieser Publikation zu verkaufen oder zu vermitteln, ohne schriftliche Genehmigung des Herausgebers. Lonely Planet und das Lonely Planet Logo sind eingetragene Marken von Lonely Planet und sind im US-Patentamt sowie in Markenbüros in anderen Ländern registriert. Lonely Planet gestattet den Gebrauch seines Namens oder seines Logos durch kommerzielle Unternehmen wie Einzelhändler, Restaurants oder Hotels nicht. Bitte informieren Sie uns im Fall von Missbrauch unter www.lonelyplanet.com/ip.